기독교 초보자를 위한
알기쉬운

신앙문답 (개정판)

초신자를 위한 신앙입문 안내서

기독교 초보자를 위한
알기쉬운 **신앙문답**(개정판)

초판발행 발행 2013년 5월 10일   **초판인쇄** 1쇄 발행 2013년 5월 13일
2판발행 발행 2014년 12월 08일   **2판인쇄** 2쇄 발행 2014년 12월 08일

지은이 정두화   **펴낸곳** 예디자인
디자인 박철우   **편집** 유영지   **일러스트** 김혜연

출판등록 2013년 4월 16일 제 2013-000116호 주소 서울시 마포구 동교로 17길 51, 4층(서교동)
전화 (070)4652-5887   팩스 (02)338-8132
정가 17,000원   ISBN 979-11-950360-2-8

ⓒ 정두화 (저작권자와 맺은 특약에 따라 검인을 생략합니다)

이 책은 저작권법에 따라 보호받는 저작물 임으로 무단전제와 무단복제를 금지하며, 이 책 내용에 전부 또는
일부를 이용하려면 반드시 저작권자와 예디자인에 서면동의를 받아야 합니다.

책머리에

참 오랜 시간이 지났다. 이 책을 쓰고자 마음먹은 것이 십여 년 전. 내가 신앙이 깊은 것도 아니고 아는 것이 많아서도 아니다. 단지 내가 아는 예수님을 글로 써서 다른 사람에게 소개해 주고 싶은 마음 하나로 시작했을 뿐이다. 언제나 죄 가운데 살며 하루에도 수없이 그 분의 속을 뒤집어 놓는 내가 남에게 복음을 전하겠답시고 글을 쓸 생각을 했으니 나 같은 위선자도 없을 성 싶다. 하지만 평생토록 나를 죽도록 사랑하신 그분을 그래도 살면서 한번쯤은 감사한 마음을 가지고 저 역시 당신을 사랑했노라고 고백해야 하는 것이 도리가 아니겠나 싶은 생각에 감히 용기를 내 펜을 들었다. 비록 그분이 내게 주신 사랑과 비교하자면 사랑축에도 끼지 못하는 것이지만 말이다.

이 책은 내 친구, 아니 나를 친구라고 불러주신 예수님을 사람들 앞에서 솔직하게 이야기하는 일종의 친구소개서라고 보면 될 것이다. 나는 내가 만난 예수님을 조금도 가감 없이 그대로 여러분 앞에 이야기하고 싶다.

사실 처음에는 가벼운 마음으로 읽고 덮을 수 있는 얄팍한 팸플릿 수준의 것을 생각했었다. 그래서 기독교입문에 필요한 기초적인 상식을 100가지 정도 추려 짤막한 문답형식으로 꾸미려고 했었다. 왜냐하면 실력도 없는 주제에 어려운 내용을 쓰기란 불가능할 것이고, 어차피 나름의 목적이 예수님에 대한 내 사랑의 고백이니 뭐 복잡하게 생각할 것 없이 초신자들을 대상으로 초보적인 신앙문답형식 정도로 꾸미면 내 실력으로 딱 적당하지 않겠나 싶었기 때문이다. 그래서 처음 생각했던 책의 제목도 '초신자를 위한 알기 쉬운 기독교신앙 100문 100답'이었다.

그래서 무조건 쉽게 쓰려고 했다.(이 원칙은 끝까지 지켰다고 자부한다.) 그래서 나름 쉽고 편안한 느낌을 주려고 존댓말로 썼다. 그런데 이건 완전 주제넘고도 잘못된 생각이었다. 쉽게 쓰는 것이 어렵게 쓰는 것보다 훨씬 어렵다는 것을 그때는 몰랐던 것이다. 아는 게 없으면 알량한 지식이라도 현학적으로 썰을 풀어 포장이라도 멋지게 해야 하거늘, 무식한 녀석이 쉽게 쓰려니 했던 이야기를 또 해야 하는 경우도 많이 생겼고, 한 문장이면 될 것을 두 줄 세 줄 풀어서 설명해야 하는 일도 다반사로 생겼다. 게다가 어려운 용어는 피해야 한다는 강박에 풀어쓰다 보니 문장은 망가진 채 분량만 감당할 수 없을 만큼 늘어났고, 애초에는 원치 않았던 장황한 말만 너절하게 늘어놓는 꼴이 되어 버렸다. 이런 이유로 도중에 스스로 한계를 느껴 쓰기를 포기하고 본업에 종사하다, 또 생각나면 조금 쓰고 그러다 또 포기하고… 그렇게 보낸 세월이 십년이 넘은 것이다. 물론 여기에는 내 천성적인 게으름도 한 몫 차지한다. 그러다 언제부턴가는 내 능력상 처음 생각했던 제목은 포기할 수밖에 없다는 결론에 도달하여 결국 제목마저 바꾸게 되었다. 그것이 지금의 제목이다.

그러나 한편으론 그 쉬움 속에서 모든 현학적 수사를 배제하고 철저히 초신자에게 눈높이를 맞추려는 낮아짐의 미학을 배울 수 있었음은 감사하다. 그럼에도 가끔은 불가피하게 읊어야 하는 어려운 내용을 피해갈 순 없었다.

또 오랜 기간 쓰다 보니 내용마다에는 시기에 따라 문체도 틀리고 구성도 달라진 부분이 생겨 버렸다. 아무튼 좋다. 나는 글을 잘 썼다는 평을 듣기 보단 단 한 사람이라도 이 책을 읽고 예수님을 믿게 되었다는 소리를 듣기를 원할 뿐이다. 물론 글에 관해 좋은 평을 듣는다면 더 좋겠지만 그것은 내 능력 밖의 일인 것 같고. 첫 번째 목적은 복음의 전도니만큼 단 한 사람이라도 그 목적에 부응된 사람이 있다면 나는 그것으로 만족할 것이다. 나는 사람의 칭찬보다는 예수님의 칭찬에 목이 마른 사람이다.

아무튼 이 책은 초신자들이 품기 쉬운 기초적인 의문에서부터 좀 더 깊은 신학적인 부분까지 기독교에 관해 초신자들에게 필요한 전반적인 내용을 두루 다루었다. 아마도 이 책을 읽고 나면 기독교에 관하여는 나름 어느 정도 기본적인 지식은 얻게 되리라 생각한다. 그러나 기독교는 하나님을 아는 것으로 만족되어지는 종교가 아니라, 하나님을 사랑하는 것으로 완성되어지는 종교인만큼 이 책의 주목적도 하나님의 사랑을 독자들이 느끼도록 하는 데 있다고 할 것이다.

또 이 책은 기독교에 부정적인 무신론자를 설득하기 위한 전도서가 아니라 기독교 초신자나 그 외 하나님을 참마음으로 궁금해 하고 또 그분을 겸허히 찾으려는 자들을 위한 일종의 가이드북으로서 엮어진 책이다. 솔직히 잘 알지도 못하면서 예수님을 비난하고 뒤떠드는 부류에 속하는 이들의 어쭙잖은 반론에 일일이 대응하며 정력을 낭비하기 보다는, 기독교에 긍정적인 생각을 갖고 있는 예비신자나 이제 막 신앙생활을 시작한 초신자들에게 하나님을 조금 더 깊이 알 수 있도록 안내하는 것이 지금 내게는 더 우선적이고 바람직하다고 생각한다.

이 책이 몇 권이 팔릴지는 중요하지 않다. 설사 책이 단 몇 권 안 팔려 인쇄비도 건지지 못하게 될지라도 오직 한 사람만이라도 이 책을 통해 예수님을 구주로 받아들이는 사람이 있다면 그것으로 이 책은 성공한 것이다.

이 책에 인용된 성경구절은 대한성서공회에서 발간한 성경전서(한글판개역)를 기본적으로 사용했다. 그 외 한국 천주교 주교회의판(版) 성경을 참고하였으며, 문장이 너무 고어(古語)라 요즘 젊은이들이 금방 이해하기 곤란할 것 같다고 생각되는 구절은 지금은 절판된 공동번역 성서(대한성서공회)를 인용하기도 했다.

끝으로 이 책이 나오기까지 옆에서 묵묵히 지켜봐 준 내 아내와 가끔씩 핀잔과 이상한(?) 협조를 아끼지 않아 준 아들 연호 녀석에게 감사한 마음을 갖는다. 그리고 디자인부터 편집까지 물심양면으로 도움을 주신 예디자인의 이규진 사장님께도 진심으로 감사의 말씀을 올린다.

- 2013년 3월 26일 아침, 내 방에서 -

차 례

책머리에   5

제1부 기독교의 기초적인 상식에 대하여

질문 1   기독교는 어떤 종교인가요?   17
    1) 기독교의 정의와 사상   17
    2) 기독교의 생성   19
    3) 초기기독교의 역사   20
    4) 기독교의 종파   21

질문 2   기독교에서 십자가는 무슨 의미인가요?   27

질문 3   왜 기독교를 믿어야 하나요?   29

질문 4   하나님은 어떤 신이신가요?   39
    1) 창조주 절대자로서의 하나님   39
    2) 아버지로서의 하나님   41

질문 5   여호와란 이름은 누가 지은건가요?   44

질문 6   하나님은 어떻게 생기셨나요?   47
    1) 공간의 초월자   48
    2) 시간의 초월자   48
    3) 하나님의 형상을 닮은 인간   49

질문 7   하나님은 왜 인간을 만드셨나요?   51
    1) 사랑하기 위해서   51
    2) 사랑받기 위해서   53

질문 8	**아담과 하와는 어떤 인물인가요?**	60
	1) 인간의 창조	60
	2) 신의 아들로서의 인간	62
	3) 영생의 인간	66

질문 9	**선악과란 무엇인가요?**	69

질문 10	**하나님은 왜 선악과를 만드셨나요?**	73
	1) 인간의 자유의지	73
	2) 하나님의 인본주의	76

질문 11	**선악과 하나 먹었다고 아담이 꼭 추방당해야 했나요?**	78

질문 12	**가인이 추방당할 당시 다른 곳에 살던 사람들은 누구인가요?**	83

질문 13	**성경은 어떤 내용인가요?**	88
	1) 그리스도 강림의 선언	88
	2) 강림의 이유	89
	3) 구속의 경륜	90
	4) 그리스도의 증거	91

질문 14	**성경은 누가 썼나요?**	95
	1) 구약의 분류	96
	2) 신약의 분류	98
	3) 성경의 결정	99
	4) 우리나라의 성경번역	128

| 질문 15 | 성경은 어디에 기록했나요? | 138 |

질문 16	아브라함이란 사람은 누구인가요?	140
1) 우르에서의 아브라함	140
2) 가나안으로 가기까지, 하란에서	141
3) 아브라함의 믿음	147
4) 할례와 이삭의 탄생	151
5) 하나님의 시험	153
6) 언약의 축복	160

질문 17	이스라엘은 무슨 뜻인가요?	163
1) 쌍둥이형제의 탄생과 유년시절	163
2) 장자 상속권을 훔친 야곱	166
3) 집 떠나는 야곱	168
4) 야곱의 결혼과 귀향	170
5) 야곱에서 이스라엘로	173

질문 18	이스라엘의 열두지파라는 것이 무엇인가요?	176
1) 열두지파의 기원	176
2) 요셉지파의 분리	177
3) 부족과 지파의 구분	180
4) 성서에 나타나는 지파의 변화	181

질문 19	성경에 나오는 이스라엘민족의 역사를 간략히 설명해 주세요	184
1) 부조시대	184
2) 이집트거주 및 출애굽시대	186
3) 가나안 정복시대	188
4) 사사시대	189

5) 통일왕국시대	190
6) 남북조시대(분열왕국시대)	191
7) 페르시아 속주시대(귀환과 예루살렘성전의 재건)	198
8) 그리스 속주시대	202
9) 마카베오혁명과 하스몬왕조의 탄생	208
10) 하스몬왕조시대	217
11) 헤롯왕조시대	232
12) 유다-로마전쟁과 유다의 멸망	249
13) 이스라엘공화국의 건국	272

질문 20 예수님의 생애에 대하여 이야기해 주세요. 280

1) 예수님의 탄생	281
2) 예수님의 공생애	304
3) 십자가를 향하여	336
4) 예수님의 재판	349
5) 예수님의 죽음	360
6) 예수님의 부활	375
7) 승천과 성령의 임재	380

질문 21 예수님의 제자들에 대해 알려주세요. 382

질문 22 성경에 나오는 바리새인이란 누구인가요? 398

1) 바리새파	398
2) 사두개파	399
3) 에세네파	400

제2부 기독교의 기본적인 교리에 대하여

질문 1 **왜 인간이 날 때부터 죄인이란 말인가요?**   404

질문 2 **죄란 무엇입니까?**   407
    1) 죄의 모호성   407
    2) 인간의 방황   411

질문 3 **율법이란 무엇인가요?**   412

질문 4 **십계명이 무엇인가요?**   419
    1) 나 외에 다른 신을 위하지 말라   421
    2) 상을 섬기지 말라. 나는 질투하는 하나님이다   423
    3) 내 이름을 망령되이 일컫지 말라   424
    4) 안식일을 지키라   424

질문 5 **대속이란 무엇인가요?**   429
    1) 대속의 종교와 행위의 종교   429
    2) 유월절의 속죄양 예수그리스도   431

질문 6 **구원은 어떻게 받나요?**   437
    1) 구원받는 자의 태도   437
    2) 가벼운 짐   438
    3) 믿는 자와 믿지 않는 자   442
    4) 아무나 오라   444

질문 7 **예수 믿고 구원받으면 더 이상 죄를 짓지 않나요?**   446

질문 8	**죄인의 태도는 어떤 것인가요?**	450
	1) 자기합리화	451
	2) 보편화	452
	3) 책임전가	453
	4) 피장파장	455
	5) 최후의 외면	456

질문 9	**삼위일체란 무엇인가요?**	458
	1) 삼위일체의 정립배경	460
	2) 성삼위 하나님	463

질문 10	**이단이란 무엇이며 어떻게 구별해야 하나요?**	474
	1) 구원의 완성이 예수님에게 있지 않다고 주장하는 이단	479
	2) 예수님의 본질을 왜곡하는 이단	484
	3) 사도신경에 의한 분별	488

질문 11	**사탄은 무엇인가요?**	491
	1) 사탄이란 이름의 유래	491
	2) 절대악	494
	3) 사탄의 흉계	496
	4) 교활한 약탈자	497

질문 12	**예정론은 사실인가요?**	503
	1) 예정론 대 자유의지론	503
	2) 하나님의 진정한 완전성	510

후기　　　　　　　　　　　　　　　　　　　　　　516

제1부

기독교의 기초적인 상식에 대하여

질문 1
기독교는 어떤 종교인가요?

1) 기독교의 정의와 사상

먼저 기독교를 간단히 정의하자면, 예수님은 하나님의 아들이시고 그리스도이시고 내 죄를 대신해서 십자가에서 돌아가셨다는 것을 믿는 종교입니다. 그리스도란 헬라어[1]로 '기름부음 받은 자'란 의미입니다. 고대이스라엘에서는 왕이나 제사장 또는 선지자(先知者)[2]를 임명할 때 머리에 향유(향기 나는 기름)를 붓는 의식을 치렀는데, 그리스도 역시 그렇게 머리에 기름부음을 받은 자라는 의미입니다. 이 그리스도를 히브리어[3]로는 메시아라고 하며 또 한자로는 기독(基督)이라고 합니다. 따라서 우리가 사용하는 기독교라는 표현은 그리스도교를 한자식으로 표기한 것입니다. 그러므로 알고 보면 그리스도나 메시아나 기독은 모두 같은 의미의 말이라 하겠습니다.

고대이스라엘의 역사에서 선지자란 하나님의 말씀을 전하는 사람으로 인간을 하나님께 나아가도록 하는 역할을 맡은 자였고, 제사장은 죄인을 위해 하나님께 제사를 지내며 용서를 받도록 하는 역할을 맡은 자였습니다. 또 왕은 가장 높은 보좌에 앉아 자기 백성을 다스리는 사람을 가리킵니다. 이렇게 볼 때, 기독교에서 예수님을 그리스도라고 부르는 것은 그분이 선지자

---

1) 고대그리스어를 말함. 신약성경은 이 헬라어로 기록되었는데 그 중 BC3세기~AD3세기경에 사용되던 일명 코이네(Koine)헬라어로 기록되었다. 헬라(Hellas)라는 말은 원래 그리스인들이 자신의 나라를 가리켜 부르던 말이며, 이에 따라 고대그리스문화를 헬레니즘문화라고도 한다. 참고로 헬라의 한자표기는 희랍(希臘)이다. 반면 그리스라는 명칭은 과거 로마인들이 자신들의 남부식민지를 가리키던 그라에키아(Graecia)라는 말에서 유래한 것이다.
2) 예언자라고도 함.
3) 고대이스라엘어를 말함. 신약성경이 헬라어로 기록된데 반해 구약성경은 히브리어와 일부 아람어로 기록되었다. 아람어는 고대시리아어이다.

이자 제사장이자 동시에 왕의 직분을 모두 가지고 계시다는 의미입니다.

이 모든 것을 합한 개념으로서 기독교에서 예수님에게 적용하는 그리스도라는 표현은 바로 구세주(救世主) 즉 '세상을 구원하는 자'란 의미를 갖습니다. 여기서의 구원이란 죄를 용서해 주신다는 의미이며, 따라서 예수그리스도는 온 인류를 죄로부터 해방하러 오신 분을 말합니다. 그렇다면 기독교에서 말하는 인류의 구원이란 무엇인지 그 의미를 알고 이해하는 것이 바로 기독교를 이해하는 것이며 나아가 기독교신자가 되는 첫걸음의 시작이라 하겠습니다. 그만큼 그리스도는 기독교의 핵심을 이루는 중요한 개념이라는 점을 미리 말씀드리고자 합니다.

여기서 먼저 기독교의 교리를 간략히 소개하면, 기독교는 영생하며 하나님과 동거할 만큼 위대했던 첫 인간 아담이 범죄 함으로써 자신의 위치로부터 실추되어 하나님과의 관계가 단절된 이래, 그 후손들조차 본질적인 죄의 혈통으로 말미암아 스스로는 빠져나올 수 없을 만큼 악의 세계에 젖어 모두가 죽음과 영벌의 세계로 떨어져야 할 비극적 운명에 처하게 되자, 이에 하나님 자신이 인간의 책임을 대신하고자 몸소 인간이 되어 세상에 오셔서 자신의 과오로 인해 죽을 수밖에 없는 인간의 운명을 십자가에서 대신 죽으심으로 대속(代贖)[4]하고 이제까지의 인간의 운명을 철폐하여 하나님과 인간의 관계를 재정립한다는 내용으로 되어 있습니다. 즉 기독교는 애초 하나님과 함께 하던 인간의 영생과 행복, 인간의 배신과 타락, 그로 인한 영생의 상실과 고통, 하나님의 고뇌, 그리스도의 강림과 대속, 구원과 영생의 회복이라는 긴 여정의 이야기를 순차적으로 노래하는 종교입니다.

그런데 여기서 중요한 점은, 기독교는 창조자 하나님과 피조물 인간의 관계를 아버지와 아들의 관계로서 보고 있다는 것입니다. 따라서 하나님께서 그토록 인

---

[4] 대속이란 '대신 속죄한다'는 의미로 기독교의 가장 중요한 핵심교리 가운데 하나이다. 이는 죄로 인해 죽을 수밖에 없는 나를 위해 예수그리스도께서 십자가 위에서 대신 돌아가셨고 이로써 나는 죽음을 벗어나게 되었음을 가리킨다. 이에 관하여는 제2부 '기독교의 기본적인 교리에 대하여' 중 질문5. '대속이란 무엇인가요?'에서 심층적으로 다룰 것이다.

류를 구원하려는 초월적 의지를 보이심은 바로 자식에 대한 아버지의 사랑으로 해석합니다. 기독교는 아버지로서의 하나님과 자식 된 인간 사이의 사랑과 이별 그리고 재회를 노래하는 종교이며, 그 과정에는 환희와 행복, 질투, 미움, 갈등, 그리움, 고뇌, 방황, 헌신, 감동 등 사랑하는 자들이 경험하는 모든 기쁨과 슬픔의 감정이 총망라되어 우리에게 진실한 사랑의 본질과 속성이 무엇인가를 알게 합니다. 물론 기독교의 결말은 그리스도에 의한 인류구원의 성취라는 대단원의 해피엔딩으로 완결되지만, 그러기까지에는 몹시 슬프고 애잔한 이야기가 전개되고 있으며 여기에는 인간의 구원을 위한 하나님의 깊은 고뇌와 사랑의 메시지가 담겨 있습니다. 그러므로 성서의 이야기는 잃어버린 아들(인간)을 되찾기 위한 아버지(하나님)의 처절한 노력의 과정을 담은 대서사시라 할 수 있습니다.

2) 기독교의 생성

기독교의 기원은 본시 이스라엘민족의 전통종교인 유대교에서 시작되었습니다. 유대교는 지금으로부터 약 4천년 전 이스라엘민족의 조상인 아브라함이 살던 시절부터 생성되기 시작한 종교입니다. 그 이전에는 하나님을 믿는 사람들이 여러 지역에 각각 흩어져 저마다 개별적으로 믿는 그런 신앙의 형태였습니다. 유대교는 그 중 자신을 택하신 하나님을 평생토록 신실히 믿고 따르던 아브라함의 신앙이 그 후손들에게 대대로 이어지며 생겨난 종교입니다.

유대라는 말은 BC930년경부터 약 430여 년간 이스라엘민족이 팔레스타인지방에 세웠던 '유다'(Kingdom of Judah)라는 나라의 이름에서 유래된 말입니다. 유대는 또 한자로는 유태(猶太)라고 표기합니다. 그러므로 유대인, 유다인, 유태인은 모두 이스라엘민족에 속하는 사람을 가리키는 동일한 말입니다. 그리스도이신 예수님도 민족적 혈통 상으로는 유대인에 속하는 분이십니다. 유대인의 역사에 관하여는 추후 자세히 다루게 될 것입니다.

유대인들은 어려서부터 자신들의 민족종교인 유대교의 교육을 받고 자라 자연스럽게 모두 유대교도가 되었습니다. 유대교는 똑같은 하나님을 섬기고 그리스도의 개념을 갖고 있다는 점에서 기독교와 같습니다. 다만 기독교는 2천년 전에 태어나신 예수님을 그리스도로 인정하는 반면 유대교는 예수님을 그리스도로서 인정하지 않고 여전히 그리스도를 기다리고 있다는 점에서 다릅니다. 이렇게 볼 때 기독교는 유대교로부터 분리되어 생겨난 종교이며 또한 유대인들에 의해 처음 시작된 종교라고 하겠습니다.

3) 초기기독교의 역사

역사적으로 볼 때 하나의 종교가 생성되어 전파될 때에는 그 지역 토속종교의 거부나 기존 주류세력의 반대 등 여러 이유로 시련을 겪는 경우는 많이 있었습니다. 그러나 기독교만큼 생성초기부터 수백 년 간이나 종교 및 정치적인 이유로 온갖 탄압과 시련을 겪은 경우는 찾아보기 힘들 것입니다.

먼저 예수님은 자신이 설파하던 하나님의 진리가 당시 사회지도층에 있던 유대교 고위성직자들의 위선과 부패를 들춰내는 결과를 초래함으로써 그들의 미움을 사 십자가에 못 박혀 죽는 형벌을 받으셨습니다. 물론 이 죽음은 성경에 기록된 그리스도에 관한 모든 예언이 최종적으로 완성되는 극적인 사건으로서 기독교의 핵심이자 근간을 이루는 반전으로 작용하게 됩니다.

이어 예수님의 제자들도 십자가에 거꾸로 못 박히거나 산채로 가죽을 벗겨 죽임을 당하는 등 대다수가 잔혹한 방식으로 처참하게 처형을 당했습니다. 예수님의 12명의 제자 중 예수님을 배신한 후 자살한 가롯 유다와 외딴섬에 유배형을 받은 요한을 제외한 10명의 제자들은 모두 가혹한 형벌로 순교했습니다.[5]

기독교가 생성되던 서기1세기의 서방세계는 로마가 전성기를 누리던 때로 당시는 이스라엘도 로마의 속주로서 지배를 받던 시절이었습니다. 이 시기 기독교는 유대교로부터는 줄곧 이단으로 몰리며 핍박을 받는 가운데, 밖으로 로마로부터는 예수그리스도를 만왕의 왕이라 칭하는 것이 로마의 황제를 부정하는 것이자 로마를 전복하려 한다는 그릇된 오해를 일으켜 수많은 신도들이

---

5) 제1부, '기독교의 기초적인 상식에 대하여' 중 질문21. '예수님의 제자들에 대해 알려주세요.' 참조.

공개처형장에서 십자가형으로 또는 맹수의 먹이로 목숨을 잃어야 했습니다.

이러한 기독교박해는 그 후로도 300년 이상이나 계속되었습니다. 그럼에도 기독교인들은 자신들의 신앙을 포기하지 않고 꿋꿋이 하나님을 찬양하며 믿음을 지켜나갔습니다.

그 결과, 서기313년 마침내 기독교는 로마황제 콘스탄티누스 1세[6]에 의해 자유롭게 믿을 수 있는 종교로서 공인받게 되었고, 그로부터 79년 후인 서기392년에는 로마황제 테오도시우스 1세[7]에 의하여 로마의 국교로 채택되기에 이르렀습니다.

4) 기독교의 종파

오늘날 기독교의 대표적인 종파로는 가톨릭과 개신교(改新敎), 정교회(正敎會), 성공회(聖公會) 등을 꼽을 수 있겠습니다. 그러나 요즘 우리나라에서 기독교라고 하면 신교인 개신교를 지칭하는 말로 주로 사용되고, 구교인 가톨릭은 일반적으로 천주교(天主敎)라는 이름으로 불리고 있습니다. 또 정교회는 가톨릭교도들에 의해 동방교회라고도 불리고 있습니다.

기독교의 각 종파들은 예배를 드리는 성전이나 예배를 인도하는 사제에 대한 호칭도 각기 다른데, 개신교가 예배드리는 곳은 교회라고 하고 천주교에서 예배드리는 곳은 성당이라 부르고 있습니다. 또 예배를 인도하는 사제

---

[6] 콘스탄티누스 1세(재위 306~337) : 디오클레티아누스 황제 퇴위 후 로마제국의 혼란을 수습하고 제국을 재통일하였다. 콘스탄티누스 대제라고도 불린다. 서기313년 2월 밀라노칙령으로 기독교를 공인하였으며, 이후 니케아 종교회의를 소집하여 삼위일체를 부정하던 아리우스파를 이단으로 규정하였다. 그러나 그 후에도 콘스탄티노플을 비롯한 로마 동부에서 강한 세력을 구축하던 아리우스파를 정치적인 이유로 계속 비호함으로써 이후 수십 년간 이어지는 살기등등한 논쟁의 빌미를 제공하였다. 서기330년에는 비잔틴으로 천도를 단행하였다.

[7] 테오도시우스 1세(재위 379~395) : 테오도시우스 장군의 아들. 서로마 황제 그라티아누스에 의해 동로마의 황제로 임명되었다. 그러나 서로마 황제가 살해되고 자칭 황제들이 난무하자 이를 무력으로 정벌하고 로마를 하나의 영토로 재통일하였다. 아타나시우스파를 따르는 독실한 기독교인이었으며, 392년 기독교를 국교로 선포하고, 394년에는 올림픽경기를 금지시켰다. 같은 해, 제국을 쪼개어 두 아들에게 계승시켰다.

에 대해서도 직급에 따라 개신교는 전도사(傳道師), 목사(牧師)라 칭하고, 천주교에서는 신부(神父), 주교(主教) 등 여러 호칭을 사용합니다.

하지만 현재의 이 다양한 기독교의 종파들도 원래 11세기 초까지는 하나로 통일되어 있었습니다. 기독교사에서는 이 시기를 '통일교회시대'라고 부릅니다. 이천년 전 기독교가 생겨난 이래 처음에는 하나였던 기독교가 오늘처럼 다양한 형태로 나뉘게 된 이유를 개략적으로나마 이해하기 위해서는, 지금으로부터 천 년 전인 유럽의 비잔틴시대까지 거슬러 올라가야 할 것입니다.

가. 동서교회의 분열

비잔틴시대란 로마의 황제 콘스탄티누스 1세가 서기330년 수도를 이탈리아의 로마로부터 동방의 항구도시인 비잔틴[8]으로 천도한데서부터 시작되었습니다. 이것이 이른바 '비잔틴시대'의 개막이며 콘스탄티누스 1세의 사후 도시의 명칭은 그의 이름을 따 콘스탄티노플[9]로 개명되었습니다. 그리고 이때부터 로마문화의 중심은 자연스럽게 로마[10]에서 비잔틴으로 옮겨지게 되었습니다.

그 후 테오도시우스 1세 황제는 임종(395년 1월 7일) 직전 로마제국의 영토를 동서로 양분하여 두 아들에게 각각 물려주었는데 이때부터 로마는 동로마제국과 서로마제국으로 나뉘게 되었습니다. 역사적으로 로마는 이전에도 여러 황제들이 동시에 군림하며 통치한 적이 있었지만, 테오도시우스 1세에 의한 분할은 로마제국의 영토가 영구히 분할되는 계기가 되었습니다. 이렇게 하여 로마제국은 동로마와 서로마라는 두 개의 영토에 각각의 황제가 다스리는 두개의 제국으로 분할되었습니다.

그러다 기존의 로마를 수도로 삼고 있던 서로마제국은 서기476년 게르만

---

8) 비잔틴은 영어식 발음이며 로마시대에는 비잔티움으로 불렸다. 비잔틴은 오늘날 터키의 이스탄불이다.
9) 콘스탄티누스의 도시란 의미. 로마명은 콘스탄티노 폴리스(Constantino Polis)이며 콘스탄티노플은 영어식 발음이다.
10) 로마는 국호와 수도의 명칭이 모두 로마였다. 이 때문에 곧잘 국호와 수도명의 지칭에 혼동이 빚어지기도 하는데 여기서는 수도 로마를 가리킨다.

족의 대이동으로 말미암아 멸망하고 말았습니다. 그러나 게르만족의 강자였던 프랑크족이 기독교를 받아들임으로써 서로마의 기독교는 유지 계승될 수 있었습니다. 반면 콘스탄티노플을 수도로 삼고 있던 동로마제국은 비잔틴제국이라 불리며 꾸준히 기독교 국가로서 서기1453년까지 지속되었습니다.

한편 서로마제국의 멸망 이후에도 기독교는 동로마제국(비잔틴제국)의 콘스탄티노플을 주축으로 하여 과거 서로마제국이 있었던 이탈리아반도와 스페인지역까지 아우르는, 말하자면 유럽 전체에 동일한 교리와 행정조직을 갖는 하나의 통일된 교회가 형성되어 있었습니다. 이 시기가 바로 앞에서 말한 '통일교회시대'입니다. 물론 이 시대 교권의 중심은 스스로 로마의 정통성을 계승하고 있다고 여기던 동로마의 콘스탄티노플 교회에 있었습니다.

그러던 것이 점차 세월이 지남에 따라 서쪽 로마지역의 교회세력도 콘스탄티노플 못지않게 확대되어 갔고 그에 따라 양측 주교들의 마찰이 잦아지게 되었습니다. 이러한 상황이 이어지며 동방의 콘스탄티노플과 서방의 로마를 각기 중심으로 한 양대 교회세력은 결국 정치적, 교리적인 견해차이로 1054년 서로 결별을 선언하며 각각 분리를 결정하게 되었습니다. 그 결과 교회는 동쪽의 콘스탄티노플을 중심으로 한 동방교회와 서쪽의 로마를 중심으로 한 서방교회로 갈라서게 되었는데, 이 중 로마를 중심으로 한 서방교회는 오늘날 가톨릭으로 계승되었으며, 콘스탄티노플을 중심으로 한 동방교회는 오늘날 정교회로 계승되었습니다. 이러한 이유로 요즘도 일부 가톨릭교도들 사이에서는 정교회를 동방교회라 부르고 있습니다.

나. 개신교와 성공회의 분리

이어 서방교회의 후신인 가톨릭에서는 16세기 들어 또 한 차례 중요한 역사적인 사건을 맞이하게 되는데, 그것이 바로 개신교와 성공회의 탄생입니다. 개신교는 1517년 독일의 신부 마르틴 루터(Martin Luther)의 종교개혁에 의해, 그리고 성공회는 1534년 영국의 왕 헨리 8세[11]에 의해 각각 가톨릭으로부터 분리된 것입니다.

먼저 종교개혁에 관하여 말씀드리면, 이것은 지금도 가톨릭의 중앙성전으로 사용되고 있는 로마의 성베드로 대성당의 개축공사가 발단이 되었습니다. 16세기 초엽인 당시에도 성베드로 대성당은 이미 지은 지가 거의 천년이 지난 노후한 건물이어서 이를 개축하고자 당시의 교황 레오 10세는 건축비용을 마련하기 위해 1515년 대사(大赦)[12]를 반포하였습니다. 이때 교황은 대사를 받기 위한 헌금은 각자의 형편에 따라 하되, 가난한 자는 회개와 고백 등 마음의 이행만으로도 헌금한 자와 같은 대사를 얻도록 했습니다. 그러나 독일지역의 일부 신부들이 이를 남용하여 면죄부(免罪符)라는 것을 판매한 것이 문제가 되었습니다. 면죄부란 말하자면 천국입장권과 같은 것인데, 그들은 교황의 대사령을 악용하여 어떠한 죄를 지어도 면죄부라는 증서를 가지면 누구나 천국에 갈 수 있다고 선전하며 비싼 값에 이를 팔았던 것입니다.

그러자 독일 비텐베르크대학의 신학교수이자 신부였던 마르틴 루터는 이같은 성직자들의 부패한 행태를 반박하며 가톨릭의 폐단을 고발하는 95개 조항의 의견서를 자신이 근무하던 교내성당의 정문에 게시하였는데, 이때가 1517년 10월 31일이었으며 이것이 종교개혁의 시발을 알리는 사건입니다. 그 후 루터는 교황청으로부터 체포령이 내려 도피생활을 했지만, 한편으론 많은 신부들이 은연중에 그의 주장에 동조하며 그의 개혁운동은 확대되어 갔습니다. 결과적으로 마르틴 루터가 시작한 이 운동은 그 후 유럽의 각 지역으로 확산되며 마침내 개신교 탄생의 근원이 되었습니다.

이렇게 시작된 개신교는 교황을 중심으로 조직적인 규율을 갖춘 가톨릭에 비해 상대적으로 개방적인 성향을 띠고 있으며, 그러한 특성에 따라 이

---

11) 헨리 8세(1491~1547) : 재위 1509~1547. 영국 튜더왕조의 두 번째 왕.
12) 대사는 가톨릭에서 행하는 죄사함의 의식이다. 가톨릭에서는, 사람이 죄를 지으면 사제 앞에 그 죄를 고백하고 회개함으로써 용서를 받을 수 있으며 그로써 사후의 영벌(지옥)을 면하게 된다고 가르친다. 그러나 현세에서는 잠벌이라 불리는 아직 그 죄에 대한 벌이 남아있으며, 이를 면제받기 위해서는 현세에서 속죄의 보속을 치러야 하는데, 대사는 이 보속의 일부 또는 전부를 감면해주는 의식이다. 잠벌을 인정하지 않는 개신교에서는 이 대사의식을 행하지 않는다.

는 훗날 종교적 성향이나 그 시대의 신앙적 분위기 또는 지역의 특성에 따라 다시금 다양한 교파로 늘어나게 되었습니다. 오늘날 그 대표적인 것으로는 먼저 마르틴 루터의 신학이론을 따르는 루터교를 비롯하여, 종교개혁 당시 프랑스의 장로 칼뱅[13]의 신학과 신앙고백을 중심으로 하는 장로교를 들 수 있겠으며, 그 후 1612년 영국의 존 스미스(John Smith)에 의해 회개와 침례의 중요성을 다시금 강조하며 시작된 침례교와 1729년 영국의 존 웨슬리(John Wesley)가 주창한 복음회귀운동으로부터의 감리교, 그리고 성령 체험과 오순절의 순수한 신앙운동을 외치며 1898년 미국 동부에서 시작된 하나님의 성회(일명 순복음교회), 1901년 우리나라에 파견된 감리교 선교사 카우만(Charles E. Cowman)과 킬보른(Earnest A. Kilbourne) 등이 주축이 되어 국내에서 창설된 성결교 등 많은 교파들로 불어났습니다.

한편 성공회는 영국의 헨리 8세가 세운 종파로, 그는 부왕 헨리 7세의 둘째 아들로서 왕위계승서열 1위였던 형이 왕자시절 후사 없이 요절하자 죽은 형의 미망인 즉 형수인 캐서린과 결혼하는 조건으로 왕위에 오른 사람입니다. 원래 그는 가톨릭신자였는데 형수와의 결혼생활이 재미가 없었던지 그녀와의 사이에 아들이 없다는 이유를 들어 이혼하려 했습니다. 그러나 가톨릭의 수장인 로마의 교황이 이를 승인하지 않자 1534년 가톨릭과 결별하고 영국의 왕을 수장으로 하는 독자적인 교단을 설립하는 종교개혁을 단행하였는데 이것이 성공회의 탄생입니다.[14]

---

13) 장 칼뱅(Jean Calvin, 1509~1564) : 프랑스 누아용에서 출생. 파리에서 신학을 공부하고 이후 오를레앙에 건너가 법학을 공부했다. 그는 1533년 강연의 초고에 루터의 이론을 인용했다는 이유로 이단으로 몰리게 되었는데, 이를 계기로 가톨릭과 결별하고 초대교회의 신앙회복을 외치며 종교개혁운동에 정진하였다. 그의 주된 종교적 활동지역은 스위스의 제네바였다.
14) 종교개혁을 단행한 헨리 8세는 결국 캐서린과 이혼을 하고 젊은 궁녀였던 앤 불린과 재혼하였다. 그러나 그는 3년 후 간통과 근친상간이라는 죄목을 씌워 앤 불린을 처형하였으며, 그 후에도 4명의 부인과 결혼과 이혼을 반복하였다. 그는 생애에 총 6명의 아내와 결혼하였으며, 그 중 앤 불린을 포함해 두 명의 왕비를 처형하였다.

다. 결론

이상과 같이 가톨릭, 정교회, 개신교, 성공회 등 각각의 종파들은 그동안 저마다 독자적인 길을 걸어오며 서로 간에 정치적 또는 종교적인 이유로 이견과 반목을 가졌던 시기도 있었습니다. 그러나 부분적인 색깔은 다소간 다를지언정 이들 모

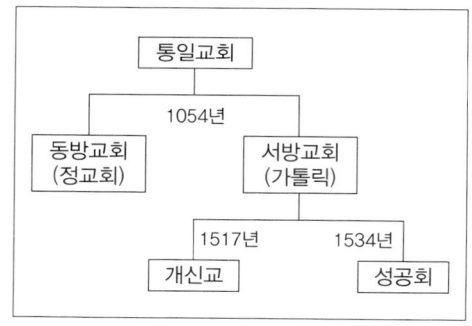

〈기독교의 분파〉

두는 그리스도를 통한 구원의 추구를 궁극의 목적으로 한다는 점에서 그 본질은 종국적으로 같은 것이라 하겠습니다. 예컨대 우리가 안방에 있다 건넌방으로 갔다고 해서 아버지가 바뀌는 것이 아니듯, 기독교 신앙에서도 중요한 것은 종파나 교파 그 자체가 아니라 자신이 속한 교회 안에서 하나님 앞에 올바른 신앙생활을 영위해 나가는 자세와 마음 바로 그것일 것입니다.

질문 2
기독교에서 십자가는 무슨 의미인가요?

원래 십자가는 로마시대에 중죄인을 공개처형할 때 사용하던 형틀이었습니다. 십자가 문양은 로마시대 이전인 고대 바빌로니아나 그리스 등에서도 나타나고 있지만, 이것이 형틀의 용도로 사용되기 시작한 것은 고대 페니키아인들에 의해서였다고 하며, 로마시대에 와서는 그곳에 죄인을 직접 못 박아 사형에 처하는 잔혹한 도구로 변모되었습니다.

이처럼 죄수의 처형도구로 사용되었던 십자가는 그 형태도 다양하여 예수님께서 못 박히셨던 일반적 형태인 '十'자 모양의 것 외에도, 예수님의 제자였던 안드레가 순교할 때처럼 사지를 각각 벌려 못을 박는 'X'자형의 십자가(일명 안드레 십자가)도 있었고, 죄인에게 고통을 더하기 위해 목을 기댈 수 없도록 한 'T'자형 십자가 등 다양한 형태가 있었습니다. 또 예수님의 제자 베드로는 십자가에 거꾸로 매달린 채 못박혀 순교하기도 했습니다.

사람을 형틀에 산채로 못을 박아 고정해 죽이는 이 십자가형은 그 방식이 너무도 잔혹하여 일반 사형수에겐 적용되지 않았으며, 국가반역자나 사회적으로 극악무도한 중죄인에 한해 일벌백계의 수단으로서 대중 앞에 공개처형할 때 집행되었다고 합니다. 또 그 잔인함으로 인하여 로마의 국민들에게는 적용하지 않았고 속국의 국민들이나 노예에게만 적용했습니다.[1] 그리고 이 형벌은 죄인에게 치욕을 극대화하기 위해 옷을 모두 벗긴 채로 집행되었습니다.

십자가에 매달린 죄수의 처절한 비명과 낭자한 선혈은 구경하는 사람들로 하여금 극심한 공포와 더불어 로마권력에 대한 두려움으로 가득 차게

---

[1] 한 예로, 사도 중의 한 사람이었던 바울은 예수님이나 다른 사도와 달리 단두형으로 순교하였는데, 이는 그가 유대인이긴 했지만 로마시민권자였기 때문이었다.

만들었습니다. 게다가 형을 당하는 죄수는 장시간의 출혈로 인한 빈혈과 늘어지는 몸의 하중으로 질식사하는 경우가 대부분이었는데, 짧게는 수 시간에서부터 길게는 며칠씩 걸리는 경우도 있었다고 합니다.

예수님께서도 이 십자가형으로 돌아가셨습니다. 그로 인해십자가는 이후 오늘날까지 기독교를 상징하는 의미로 사용되고 있습니다. 즉 기독교에서 십자가란 우리의 죄를 대신해 돌아가신 예수그리스도를 기리고 그분이 당하신 고통을 상기하기 위한 하나의 상징적인 조형물입니다.

물론 예수님께서는 삼일 만에 부활하셨습니다. 예수님의 부활은 그분의 죽음(대속)과 함께 기독교의 또 하나의 핵심적인 교리로서 하나님께서 우리를 죽음에서 영원히 해방시키셨음을 공표하는 사건입니다.

질문 3
왜 기독교를 믿어야 하나요?

　모든 종교는 내세(來世)를 이야기 합니다. 종교는 우리에게 이 세상의 삶이 전부가 아니라 죽은 후에도 연장이 되며 그곳에서의 삶은 이승과 달리 영원하다고 가르칩니다. 인생의 본질은 이승이 아니라 바로 저승에 있다는 이야기입니다. 다시 말해 삶이 끝나면 이승에서 행한 결과에 따라 저승에서 영원한 행복을 보장받으며 살 것인지 아니면 영원한 벌을 받으며 살 것인지 결정이 되는데, 이것이 우리에게 주어진 피할 수 없는 운명이라는 것입니다. 이처럼 종교는 우리에게 사후의 두 가지 삶에 대한 선택을 제시합니다.
　물론 사후의 세계가 있느냐 없느냐에 관한 문제는 논리적으로 증명할 수 있는 문제는 아닙니다. 어차피 그러한 논제는 과학적으로는 불가해한 문제입니다. 왜냐하면 과학으로써는 사후의 세계가 있다는 증거도, 없다는 증거도 모두 제시할 수가 없기 때문입니다. 마찬가지로 신이 있느냐 없느냐의 문제 역시도 같은 맥락의 것입니다. 이러한 것들은 논리적으로 서로가 피장파장이며, 이를 결론내리고자 하는 행동은 어리석고도 소모적인 끝없는 논쟁을 야기할 뿐입니다. 이것은 이성이나 논리에 의한 판단이 아니라 직관이나 심정에 의한 판단의 몫으로 돌아가야 할 부분입니다.
　이렇게 볼 때 신이나 사후의 세계가 없다고 주장하는 사람들은 실제로는 아무런 논리적인 근거도 없이 그렇게 믿는 것일 뿐입니다. 그러므로 무신론자들이 종교를 비판하는 이유가 그것이 과학적으로 이치에 맞지 않는다거나 비논리적이기 때문이라는 주장은 옳지 않으며, 오히려 그러한 주장이야 말로 스스로도 신이 없다는 증거를 대지 못한다는 점에서 이 역시 이성과 논리에 어긋난 그릇된 판단의 소치라고 해야 할 것입니다.
　반면 종교의 주장대로 사후의 세계가 정말로 존재한다고 가정한다면, 우리는 자신의 삶의 태도와 결과에 대해 한번쯤은 진지한 성찰을 해 봐야 할 것입니다. 그리고는 생애에서 가장 중요한 선택을 해야 할 것입니다. 왜냐하면 그 선택은 자신의 전존재가 걸려 있는 너무나도 중요한 문제이며 또 그 선택의 결과에 따라 자신의 삶과 도덕적 태도는 전적으로 상반된 차이가 생길 것이기 때문입니다. 신의 유무나 사후세계의 유무에 대한 선택은 바로 각자의 삶에 있어 행동원리를 결정하는 가장 중요한 요소로 작용합니다. 이것이 종교의 도덕적 역할이며, 이러한 역할 속에 종교는 또한 우리로 하여금 내세의 영원한 복락을 확신하며 현재의 고난을 극복할 수 있는 힘을 갖게도 합니다.

그러나 종교가 단지 우리의 정신건강에 유익한 도덕철학의 역할로서 끝나는 것은 아닙니다. 그것은 단순히 종교의 부수적인 기능일 뿐입니다. 인간의 선한 처세를 위한 철학이라면 종교 말고도 세상에는 수두룩합니다. 참된 종교의 목적은 우리에게 죽음이 사라진 영원한 안식을 보장해 주는 데에 있으며 기독교에서는 이것을 구원이라 부릅니다. 즉 구원이란 영원한 행복이 보장된 천국에서 영원히 사는 것을 말합니다.

그러나 비록 구원까지는 아니더라도 천국에서의 영생은 어느 종교에서도 이야기하는 내용입니다. 그리고 신의 존재를 인정한다는 점에서도 비슷합니다. 그렇다면 기독교는 다른 종교와 무엇이 다를까요?

먼저 기독교에서 말하는 천국이란 사실은 내가 원래 살아야 했을 곳으로, 아버지가 간절히 나를 기다리고 계시는 내 고향집을 가리킵니다. 다시 말해 이 세상은 내 고향이 아니며 이런 의미에서 나는 행복과 풍요가 넘치는 평화로운 고향집을 떠나 낯선 곳에서 방황하며 고통 속에 사는 타향살이를 하고 있는 것입니다. 어떤 이들은 기독교인들을 향해 "하나님이 계시다면 왜 세상에는 전쟁과 기아, 질병이 만연하며 그 외 온갖 불행과 고통이 우리를 괴롭히느냐?"고 항변합니다. 이에 대한 대답은 간단합니다. 이곳이 우리의 고향이 아니기 때문입니다. 낯선 타향에서 우리가 행복하면 얼마나 행복할 수 있을까요? 서러운 타향살이 속에서 행복하다면 그게 오히려 이상한 일 아닐까요?

성서는 우리에게 이야기합니다. "여기는 그대의 고향이 아니며 그대가 돌아가 살아야 할 본향은 따로 있다. 그대가 살 곳은 여기가 아니다. 이곳 타향에서 그대에게 주어지는 것은 고난과 불행의 슬픔뿐이다. 저기 그대의 고향집은 그렇지 않다. 그곳은 모든 것이 풍요롭고 사랑이 넘치며 넉넉한 곳이다. 그런 고향집을 놔두고 왜 객지에서 방황하느냐? 왜 돌아갈 생각을 하지 않느냐? 지금도 고향에선 그대를 사랑하는 아버지께서 그대가 오기만을 학수고대하고 계신다. 그대의 아버지는 왕 중의 왕이시며 더 이상 높은 자가 없는 분이시다. 그분의 마음을 더 이상 아프게 하지 마라. 그대는 본시 저 하늘의 혈통에 속해 있던 자다. 어서 돌아가자. 그대의 아버지께서 애타게 그대를 기다리고 계시는 본집으로 제발 돌아가자! 그대를 고향집에 데려가기 위해 바로 예수가 왔다! 이제 모든 무거운 짐을 내려놓고 그만 믿고 따라가라. 그대가 누구인지 어디서 왔는지 가르쳐 줄 것이다. 그대를 고향집으로 인도하여 쉬게 할 것이다."

성서는 우리네 인생은 어디서 와서 어디로 가는지 알지 못하고 태어날 때부터 방황하며 사는 타향살이일 뿐이라고 이야기하고 있습니다. 이어 우리의 본향은 따로 있다고 말하고 있습니다. 이 세상에서의 삶은 누구나 언젠가는 반드시 맞이해야 하는 죽음이란 굴레 속에서 한시적으로 머물다 떠날 수밖에 없는 서글픈 것입니다. 여기에는 아무리 좋은 신분이나 재력, 학력, 혈통도 예외가 없습니다. 그것은 바로 인생에게 짊어지워진 운명이기 때문입니다. 그리고 그 짧은 인생조차도 힘겨운 삶의 무게를 감당해야 하는 고단한 세월을 보내야 합니다.

이에 성서는 우리가 원래부터 그랬던 것은 아니라고 이야기합니다. 우리의 조상인 첫 인간의 잘못으로 그 후손마저도 모두가 낙원인 본향을 떠나 유리하는 삶을 살게 되었다고 이야기합니다. 그러나 이제 영원한 추방은 폐지되었으며 우리의 의지에 따라 고향으로의 복귀가 가능해졌다는 것이 또한 기독교의 가르침입니다. 바로 이 귀향의 중심에 예수그리스도가 계십니다. 실

낙원에서 복낙원으로의 길을 회복시킨 분이 바로 예수그리스도이시며 그를 통해 우리는 다시 우리의 본향으로 돌아갈 수 있게 된 것입니다.

요컨대 한 사람의 잘못으로 그 후손 모두가 벌을 받았다면, 이번에는 한 사람의 온전함으로 그를 믿는 모두가 구원을 받게 된다는 이 설명은 일종의 대표성의 문제로서 기독교가 갖는 비의적(秘意的)개념 중 하나라고 하겠습니다.[1] 이 문제는 기독교의 구원에서 중요한 개념이므로 앞으로 이야기를 진행해 가며 수시로 다루어지게 될 것입니다.

그러므로 우리는 이제 누구나가 예수님을 믿음으로 구원을 얻을 수 있으며, 인간의 죽음이 신분이나 재력, 혈통을 가리지 않고 범인류적으로 적용되었듯 구원 역시도 신분의 고하귀천(高下貴賤)을 가리지 않고 모두에게 똑같이 적용되는 것입니다. 그렇다고 우리가 구원을 얻고자 하는 것이 단순히 영생에 대한 물리적인 탐욕으로 해석되어서는 안 됩니다. 우리가 구원을 바라보는 것은 이미 그 자체가 자신의 본향으로 돌아가고자 하는 당연한 귀소 행위인 것이며 또한 그것은 우리의 권리가 아니라 바로 의무이기 때문입니다.

둘째, 기독교는 자신의 신 즉 하나님을 지엄한 숭배의 대상이 아니라 친밀하고 자상한 아버지로서 바라본다는 점에서 다른 종교와 다릅니다. 다른 종교 역시 그들 신의 선함과 관대함을 논하지만 기독교에서 말하는 하나님의 사랑과는 다릅니다. 우리가 기독교를 믿어야 하는 이유는 바로 하나님은 우리의 아버지가 되시기 때문입니다. 사랑으로 우리를 창조하신 하나님은 영적으로는 우리의 아버지가 되시는 분이십니다. 그러므로 아들이 아버지를 믿고 의지하고 따라야 하는 것은 당연한 일입니다. 앞에서도 언급했듯이 기독교는 하나님과 인간의 관계를 아버지와 아들의 관계로 보고 있습니다.

예수님이 오시기 전까지 하나님은 만주의 주로서 오직 경외의 대상으로서의 하나님이셨습니다. 물론 당시에도 하나님이 자애롭고 사랑이 충만한 분

---

[1] "사망이 한 사람으로 말미암았으니 죽은 자의 부활도 한 사람으로 말미암는도다." (고린도전서 15장 21절)

이심은 익히 알고 있었지만, 그보다는 먼저 하나님은 거룩하신 신으로서 공경과 두려움의 대상이었으며 더욱이 인간에게 아버지가 되신다는 생각은 감히 품을 엄두도 낼 수가 없었습니다. 만일 당시에 그랬다면 그것은 극도의 불경으로 다스려졌을 것입니다. 예수님이 오시기 전인 구약시대에서는 하나님을 '여호와'나 '주님' 또는 그대로 '하나님'이라고만 불렀습니다.

  이러한 하나님을 아버지라 처음 호칭하셨던 분이 바로 예수님이셨습니다. 예수님은 하나님이 우리의 아버지가 되심을 말씀 중에 수없이 직접 증언하셨습니다.[2] 여기 그 중 몇 가지를 추려보았습니다.

[공중의 새를 보라. 심지도 않고 거두지도 않고 창고에 모아들이지도 아니하되 너희 천부께서 기르시나니 너희는 이것들 보다 귀하지 아니하냐. (중략) 들의 백합화가 어찌 자라는지 보라. 수고도 아니 하고 길쌈도 아니 하느니라. 그러나 내가 너희에게 말하노니 솔로몬[3]의 모든 영광으로도 입은 것이 이 꽃 하나만 같지 못하였느니라. 오늘 있다가 내일 아궁이에 던지우는 들풀도 하나님이 이렇게 입히시거든 하물며 너희일까 보냐. 믿음이 적은 자들아, 그러므로 염려하여 이르기를 무엇을 먹을까 무엇을 마실까 무엇을 입을까 하지 말라. 이는 다 이방인이 구하는 것이라. 너희 천부께서 이 모든 것이 너희에게 있어야 할 줄을 아시느니라.] (마태복음 6장 26절. 28절~32절)

[너희 중에 누가 아들이 떡을 달라 하면 돌을 주며 생선을 달라 하면 뱀을 줄 사람이 있겠느냐? 너희가 악한 자라도 좋은 것으로 자식에게 줄줄 알거든 하물며 하늘에 계신 너희

---

2) 물론 이사야 64장 8절의 "여호와여, 주는 우리 아버지시니이다."와 같이 구약시대에도 하나님을 아버지라 칭한 적이 있기는 하지만, 이것은 예수님이 언급하신 것 같이 진정한 부자관계에서의 아버지의 호칭이기 보다는 이스라엘민족을 깊이 사랑하시는 하나님을 그렇게 비유하여 표현한 것으로 보아야 할 것이다.
3) 솔로몬(재위 BC970경~BC930경) : 다윗왕의 아들. 통일왕국시대 이스라엘의 세 번째 왕. '솔로몬의 지혜'라는 말이 생겨날 만큼 총명하였으며, 치세 시 이스라엘민족의 역사상 최고의 전성기를 이루었다. 또한 그는 사치에서도 오늘날까지도 부귀영화의 대명사로 불릴 만큼 호화로웠으나, 말년에는 폭정과 우상숭배에 빠져 하나님의 징계를 받기도 했다.

아버지께서 구하는 자에게 좋은 것으로 주시지 않겠느냐.] (마태복음 7장 9절~11절)

[내 아버지 곧 너희 아버지, 내 하나님 곧 너희 하나님께로 올라간다 하라.] (요한복음 20장 17절)

이처럼 예수님은 이제까지 엄하고 두렵게만 느껴졌던 창조주 하나님께서 우리에게 다정하고 사랑이 넘치는 아버지시라는 사실을 알려 주셨습니다. 이로써 우리는 하나님을 아버지 또는 아빠라고 부를 수 있게 되었습니다.[4] 그러므로 우리가 하나님을 부인하는 것은 실제로는 자식이 아버지를 부인하는 불효이자 패륜의 행위가 되기도 하는 것입니다.

셋째, 기독교가 다른 종교와 구별되는 또 하나의 중요한 차이점은 기독교는 유일한 대속의 종교라는 데에 있습니다. 이것이 기독교가 다른 여러 종교들 가운데서 가장 특징적으로 구별되는 차이점이라 할 것입니다.

모든 종교는 죄를 짓지 말 것을 명령합니다. 그러나 기독교 이외의 종교는 죄를 짓지 않는 것이 스스로의 극기와 금욕을 통해 가능하다고 가르친다는 데에서 기독교와 차이를 보입니다. 즉 기독교를 제외한 다른 모든 종교는 인간은 스스로의 노력으로 죄를 짓지 않을 수 있다고 말함으로써, 결과적으로 천국은 인간 스스로의 능력으로 갈 수 있다고 가르치는 것입니다. 이는 다시 말해 인간은 행위를 통해 스스로를 구원할 수 있다고 가르치는 것과 같습니다. 종교의 분류상 이러한 견해를 갖는 종교를 '행위종교'라고 부릅니다.

반면 기독교는 그것은 어림도 없는 일이라고 주장합니다. 기독교는 인간은 그 본질적인 죄성으로 인해 스스로의 힘으로는 단 한 발자국도 천국을 향해 나아갈 수 없다고 가르칩니다. 그만큼 인간은 타락한 존재이며, 스스로는 죄를 짓지 않을 수 있는 능력을 완전히 상실한 비참한 존재라고 보는

---

4) "너희가 아들인고로 하나님이 그 아들의 영을 우리 마음 가운데 보내사, 아바(아빠) 아버지라 부르게 하셨느니라. 그러므로 네가 이 후로는 종이 아니요 아들이니 아들이면 하나님으로 말미암아 유업을 이을 자니라."(갈라디아서 4장 6~7절)

것이 인간에 대한 기독교의 시각입니다. 기독교는 인간이 죄를 짓지 않을 수 있다고 믿는 그 자체를 이미 교만으로 간주하며 이와 같은 도덕적 교만은 인간의 죄성을 제대로 인식하지 못한데서 비롯된 결과라고 봅니다. 인간이 선할 수 있다고 믿는 것은 인간의 본질을 제대로 파악하지 못하고 있는 데에 따른 잘못된 판단이라는 것입니다.

하나님의 선의 기준은 인간의 선의 기준과는 완전히 차원이 다른 것입니다. 신의 세계의 선이란 절대의 선을 말합니다. 즉 하나님은 선(善) 그 자체가 되시고 따라서 그 뜻을 벗어나는 것은 그 자체로서 이미 악(惡)이 되는 것입니다. 다시 말해 절대선의 기준에 벗어나는 모든 행위와 상념은 곧 죄가 됩니다. 절대선의 기준으로 보면, 죄는 행위만이 아니라 이미 마음속에 나쁜 생각을 품었으면 그것만으로도 죄를 범한 것입니다. 예수님의 말씀을 예로 들면, 누구든지 여자를 보고 마음속에 음욕을 품으면 이미 간음한 것이라고 하셨습니다.

[간음치 말라 하였다는 것을 너희가 들었으나, 나는 너희에게 이르노니 여자를 보고 음욕을 품는 자마다 마음에 이미 간음하였느니라.] (마태복음 5장 27절~28절)

이런 기준으로 보면, 만약 누군가를 죽이고 싶을 만큼 증오한 적이 있다면 그것은 이미 살인을 범한 것이고, 타인의 재물을 탐낸 적이 있다면 이미 그것을 훔친 것과 다름없는 것입니다. 이렇듯 절대선의 기준에서 보면, 선이란 몸만 깨끗해서 되는 것이 아니라 마음마저도 일절 깨끗해야 하는 것입니다.

과연 그렇다면 우리는 그 누구도 죄인이 아니 될 수 없으며, 절대선과는 무한히 격리된 위치에서 단 한 걸음도 벗어날 수 없는 존재가 되고 맙니다. 그럼에도 인간이 자력으로 자신의 선을 신의 선과 동일한 위치까지 끌어 올릴 수 있다고 하는 주장은 결국 인간의 처지를 이해하지 못한 데서 비롯된 결과라고 해야 할 것입니다. 또 이와 같은 생각은 인간 스스로 신과 같아질 수 있다고 주장한다는 점에서 인간을 악마적인 오만에 빠지게 하는 악덕을 범하는 것이기도 합니다.

이렇듯 알고 보면 죄에 대해 근본적으로 무력한 존재, 또 스스로는 자신을 구원할 수도 없는 존재, 이것이 바로 우리 인간의 본질적인 현실의 모습이라고 하겠습니다. 한 마디로 인간은 죄의 숙명 속에서 절망하며 방황하다 결국 필연의 영원한 흑암 속으로 사라져야 하는 비참한 존재일 뿐입니다.

그러나 이 비참함 속에서 한줄기 빛과 같은 단 하나의 희망을 발견할 수 있는 것은, 바로 하나님께서 온 인류를 위한 전심의 사랑으로 우리에게 대속의 길을 마련해 두셨다는 사실입니다.

하나님께서는 인간의 죄를 대신 책임질 희생제물을 준비하셨으며 그 역할을 당신의 아들이신 예수그리스도에게 감당시키셨습니다. 그것은 바로 당신의 아들더러 죄로 인해 죽어야 할 우리 대신 죽으라는 것이었습니다. 이에 예수그리스도께서는 하나님의 그 처연한 명령대로 우리의 죄 값을 대신 치르기 위해 처절히 십자가를 지시고 피와 눈물과 고난으로 점철된 저 죽음의 길로 기꺼이 가셨습니다.

이로써 우리에겐 더 이상 죽음에 복속되어야 할 이유가 없어졌습니다. 예수님께서 우리가 죽어야 하는 이유의 근본이었던 우리 과거의 죄, 현재의 죄, 미래의 죄를 모두 짊어지시고 우리 대신 죽으심으로써 우리의 죄를 완전하게 청산해 버리셨기 때문입니다. 이로써 우리에겐 죄의 업과가 청산되었고 그와 함께 죽음도 사라졌습니다. 이것이 바로 '예수그리스도의 대신 속죄하심' 즉 대속의 능력입니다.

우리는 모두가 죄인이며 죄를 안 지을 능력도, 이미 지은 죄를 해결할 능력도 없습니다. 그러기에 우리에겐 예수그리스도의 대속이 필요합니다. 그 외에 다른 방법은 하늘 아래 존재하지 않습니다.

[그러므로 다른 이에게는 구원이 없나니 이는 하늘 아래서 우리가 구원을 받을 수 있는 다른 이름을 인간에게 주신 적이 없음이라.] (사도행전 4장 12절)

기독교에서 구원이란 나의 노력이 아니라 오직 하나님의 긍휼히 여기심으로 말미암은 전적인 은혜로써만이 가능하다고 가르칩니다. 기독교에서의 은혜[5]라는 말은 인간의 노력이나 수고가 일절 전제되지 않은 그야말로 완전히 조건 없이 하나님으로부터 공짜로 주어지는 일방적인 선물의 개념으로 사용되는 용어입니다. 구원은 그렇게 하나님의 은혜로서 주어지는 것입니다. 이는 구원 그 자체가 하찮은 것이어서가 아니라 오히려 인간의 능력으로는 도저히 대가를 지불하고 획득할 수 없는 지고지대한 것이어서, 이를 인간이 소유할 수 있는 방법은 오직 하나님의 일방적인 사랑에 의해 주어질 때만이 가능하기 때문입니다.

그리고 이 구원을 얻을 수 있는 방법은 오직 예수그리스도를 통해서만이 가능한 일입니다.

[나는 길이요 진리요 생명이니 나로 말미암지 않고는 아버지께로 갈 자가 없느니라.] (요한복음 14장 6절)

기독교는 인간의 구원에 대해 대속을 이야기하는 유일한 종교입니다. 기독교는 인간의 행위와 노력에 의해 천국에 갈 수 있다고 주장하는 행위종교가 아니라, 오직 예수그리스도의 전적인 은혜에 따른 대속을 통해서만이 갈 수 있다고 가르치는 단 하나뿐인 대속종교인 것입니다. 그리고 이 대속은 오직 예수그리스도만이 감당할 수 있는 사역입니다.

죄의 대가는 영생의 단절 즉 죽음입니다. 우리가 죽는 것은 바로 죄의 대가라고 기독교는 선언합니다. 그러므로 자신의 죄를 해결하지 않으면 죽음을 피할 수 없으며 죽은 후에는 반드시 죄의 대가를 치러야 합니다. 이것은 필연이자 운명입니다. 이 운명은 너무나 도도해서 우리가 그것을 인정하고 안 하고에는 관심도 없으며 오로지 자신의 역할에만 충실할 뿐입니다. 단지

---

5) 은총이라고도 한다.

여기에 우리의 천부(天父)가 되시는 하나님께서는 우리가 속죄 받을 길을 열어두셨으며 또 우리에게 가장 쉬운 방법을 마련해 두셨습니다.[6] 그럼에도 속죄받기를 거부한다면 이제 그 모든 책임은 자신이 져야 합니다.

앞서도 말한 바와 같이 종교란 모든 것이 논리적으로 설명될 수는 없는 것이니만큼, 여전히 가시적인 증거의 불충분을 이유로 신은 없다거나 하나님께서 우리의 아버지가 되심을 믿지 않겠다고 한다면 더 이상 할 말은 없습니다. 종교란 과학적 추리나 이성적 판단에 의해서 소유되는 것이 아니라 종국적으로는 심정의 느낌으로 다가가야 하는 영역의 것이기 때문입니다. 또 어떤 측면에서 종교는 과학과 반대되는 것을 이야기하고 있는 것이 아니라 단지 과학과 다른 것을 논하고 있는 것일 수도 있습니다. 종교와 과학이 동일한 차원의 것이 아니라면 종교의 세계를 현재의 과학이 미처 설명하지 못하고 있는 것일 수도 있다는 가정도 가능하기에 드리는 말씀입니다.

다만 지금으로서는 마음 한구석에 기독교인이 되고자 하는 의지가 조금이라도 있다면, 하나님은 사랑의 하나님이시며 우리의 아버지가 되신다는 사실과 또한 그 분은 우리와 영원한 복락이 보장된 고향집에서 함께 살고 싶어 하신다는 사실을 알고 출발해야 한다는 점을 강조하고 싶으며, 그 사실을 인정한다면 우리가 기독교를 믿는 것은 자신의 권리나 선택에 의해 믿어주는 것이 아니라 마땅히 자식으로서 해야 할 의무이기 때문에 믿어야 하는 것임을 말씀드리고자 합니다.

---

[6] 제2부, '기독교의 기본적인 교리에 대하여' 중 질문6 '구원은 어떻게 받나요?' 참조.

질문 4
하나님은 어떤 신이신가요?

1) 창조주 절대자로서의 하나님

우리가 기독교를 알기 위해서는 무엇보다 그 주체되시는 하나님에 대해 먼저 이해하고 가야 할 것입니다. 물론 인간이 만유의 초월자이신 하나님에 관하여 모든 것을 알기는 불가능합니다. 그러나 우리의 인식은 하나님에 대해 관념적으로나마 어느 정도의 접근이 가능하며 이것은 하나님께서도 허락하신 것입니다.

아시다시피 하나님은 기독교에서 섬기는 신입니다. 하나님의 '하나'라는 말은 오직 한 분밖에 계시지 않는 진짜 신이란 의미를 갖습니다. 그런데 하나님이란 호칭은 개신교에서 사용하는 표현이며 가톨릭에서는 하늘에 계신 분이라는 의미로 '하느님' 또는 하늘의 거룩하신 주인이라는 의미의 '천주님'이라는 표현을 사용합니다.

기독교는 다른 신을 인정하지 않습니다. 참된 신은 오직 한 분밖에 계시지 않으며, 그 외 우리가 신이라고 말하는 것들은 실제는 진짜 신이 아니라 신처럼 행세를 하는 가짜 신, 말하자면 사람이 지어낸 우상들이거나 아니면 하나님의 피조물로서 마귀의 졸개들과 같은 귀신들일 뿐입니다. 귀신들 같이 눈에 보이지 않는 생명체를 모두 신으로 본다면 그것들도 신으로 분류될 수 있을지 모르겠지만, 엄밀히 말하면 그것들은 신이 아니라 육체만 없을 뿐 우리와 똑같은 하나님의 피조물로서의 생명체들일 뿐입니다. 굳이 그것들도 신이라고 불러야 한다면 참신이 아니라 잡신들이라고 해야 할 것입니다. 기독교에서의 신은 시원(始原)의 지배자이시자 창조의 능력을 가진 자만을 가리킵니다. 그런 신은 오직 한 분뿐이시며 그분이 바로 우리의 하나님이십니다. 이것이 기독교의 유일신의 개념입니다.

먼저 하나님은 창조주 즉 창조의 주체자로서의 하나님이십니다. 하나님은 모든 존재하는 것과 존재하지 않는 것을 창조하신 창조주이십니다. 좀 더 자세히 말하면, 하나님은 우리 인간을 포함한 세상의 모든 생명체는 물론, 우리가 인식하는 천지만물의 전(全)우주와 그 바깥의 세계, 또 모든 원리와 개념을 창조하시고 또 그것을 주관하시는 분이십니다. 이 말은 곧 우리의 인식 안에서 존재하는 모든 것들은 물론 이를 벗어난 모든 실제와 비실제, 추상, 기타 모든 것이 하나님의 피조물이라는 이야기입니다. 그리고 창조는 오직 하나님께서만이 가능한 권능입니다. 요컨대 하나님은 존재의 본질이시자 만유의 주가 되시는 유일한 분이십니다.

이를테면 하나님은 시간과 공간이 있기 전에 계셨고 영원한 시간을 지으신 후 그 영원의 앞에서 시간에게 '시작하라!' 명하신 분이십니다. 또 공간을 만드셔서 그 안에 우리 은하계와 모든 별이 포함된 우주를 지으셨습니다. 물론 우주 바깥의 그 모든 것들도 지으셨습니다. 그리고 인간과 천사 그 외 살아있는 모든 생명들을 창조하셨습니다. 이 모든 것을 창조하시는데 시간이 얼마나 걸렸는가는 중요하지 않습니다. 시간 역시 하나님의 피조물이기에 이미 하나님은 시간의 차원을 벗어난 분이신 것이며, 그러기에 우리네 시간의 척도로 하나님 세계에서 벌어지는 일을 가늠할 수는 없기 때문입니다. 이러한 이유로 교회에서는 이 모든 것은 오직 말씀 하나로 지은바 되었다고 이야기하고 있습니다.

구약성경에는 하나님의 이름을 여호와라 칭하고 있는데, 이는 히브리어로 '스스로 존재하다'라는 의미입니다. 즉 하나님은 존재의 본질로서 시공(時空)의 처음이자 끝이고 나아가 그것을 넘어서는 분이시기에 처음도 끝도 없는 분이십니다. 그러므로 하나님은 어디에서 비롯되었다는 탄생의 기원도 적용되지 않는 분이십니다.

한 마디로 하나님은 '완전함' 그 자체로서 만물 위의 지존자가 되시며 영광과 존엄을 한 몸에 지니신 분입니다. 성경에는 이와 같은 하나님의 영광과 권위 그리고 지존하심에 관한 여러 이야기가 나오는데 그 중 한 가지 예를 들면 천사들이 하나님을 알현하는 다음과 같은 장면이 있습니다.

[스랍들은 모셔 섰는데 각기 여섯 날개가 있어 그 둘로는 그 얼굴을 가리었고 그 둘로는 그 발을 가리었고 그 둘로는 날며 서로 창화하여 가로되 "거룩하다! 거룩하다! 거룩하다! 만군의 여호와여! 그 영광이 온 땅에 충만하도다!"] (이사야 6장 2절~3절)

여기서 스랍이란 성경에 나오는 천사들 가운데 한 종류입니다. 또 여기에 등장하는 스랍들은 우리가 일반적으로 생각하는 바와 달리 세 쌍의 날개를 가지고 있습니다.[1] 이 장면에서 보면 하늘의 천사들조차도 하나님의 영광을 감당할 수 없어 그분 앞에서는 자신의 얼굴과 하체를 가린 채 영광을 찬양하고 있습니다. 그만큼 하나님은 누구도 감당할 수 없는 거룩하심 가운데 거하시는 분이라는 사실을 알려주는 대목입니다. 요컨대 하나님은 만군 천사의 찬양과 만 인류의 영광을 한 몸에 받으시기에 합당하신 유일한 분이십니다.

2) 아버지로서의 하나님

다음으로 하나님에 관하여 또 한 가지 알아야 할 중요한 사실은, 하나님은 바로 사랑의 하나님이시며 또 우리에게는 영적으로 아버지가 되신다는 사실입니다. 거룩하신 우리의 하나님은 온전히 선한 성품을 지니셨고 우리라면 어쩔 줄 몰라 하실 만큼 인간을 향해 진실한 사랑으로 가득 찬 분이심을 우리는 반드시 알고 있어야 합니다.

하나님의 모든 창조는 사랑에 의한 것이며 그러기에 만물은 사랑에 의해 움직이고 모든 생명은 사랑의 질서 가운데 숨 쉬고 있다는 사실을 기독교인

---

[1] 천사들이 모두 날개가 여섯인 것은 아니다. 성경에는 가브리엘, 미가엘, 라파엘(천주교용 성경, 토빗서 참조) 등과 같이 사람과 같은 모습을 한 천사들도 다수 등장한다. 성경에는 그 외에도 그룹이란 종류의 천사가 등장하기도 하는데 그들의 모습도 우리와는 사뭇 다르게 묘사되고 있다.(에스겔 1장 5절~12절 참조)

이라면 반드시 알아야 합니다. 성경은 믿음과 소망과 사랑의 세 진리 가운데 으뜸은 사랑이라 하였습니다.[2] 그러기에 사랑은 진리의 중요한 본질 가운데 하나이기도 합니다. 성경의 대주제이기도 한 사랑은 바로 하나님의 본성입니다.

[하나님은 사랑이시라] (요한1서 4장 8절)

하나님은 우리가 아버지라 불러드릴 때 기쁨을 이기지 못하십니다. 하나님은 누구보다 강하시나 우리 앞에선 지극히 연약하시며, 그 자체 지엄하시나 우리에겐 어쩌지 못해 결심을 번복하시기도 합니다.[3] 하나님은 언제나 진실한 사랑으로 우리를 그윽이 바라보시고, 우리와 언제나 함께 하시기를 원하시며, 우리가 기도할 때면 우리와 함께 하고 계심에 너무나 행복해 하십니다. 하나님은 우리가 기쁠 때면 함께 기뻐하시고, 우리가 슬퍼할 때면 우리보다 깊은 탄식으로 함께 슬퍼하십니다. 하나님은 우리가 의지해 주기를 기대하시고, 우리가 몸을 기대면 기다리셨다는 듯 즐거움에 기꺼이 어깨와 손을 내어 주십니다. 하나님은 우리가 잘못할 때 뉘우치길 바라시고, 노하시지만 우리가 반성하면 금방 본래의 온유함으로 안아 주십니다.[4] 하나님은 우리가 선한 마음으로 무엇을 구하면 그것을 들어주시지 않고는 못 견디시며,

---

2) "그런즉 믿음, 소망, 사랑, 이 세 가지는 언제나 있을 것인데 그 중에 제일은 사랑이라."(고린도전서 13장 13절)
3) 절대불변의 창조주 하나님이 결정을 번복하신다는 것은 쉽게 이해하기 어려운 일일 것이다. 그러나 성경에는 그와 같은 예가 여러 차례 등장한다. 그 한 예가 사사기 10장 6절~16절에 나오는 내용이다. 여기서 성경은 첫째, 사랑이란 하나님의 마음을 돌리기도 할 만큼 위대하다는 것과 둘째, 인간은 그토록 엄청난 하나님의 사랑을 받는 위대한 존재라는 사실을 부각시키고 있다.
4) "우리가 여호와께로 돌아가자 여호와께서 우리를 찢으셨으나 도로 낫게 하실 것이요 우리를 치셨으나 싸매어 주실 것임이라."(호세아 6장 1절~3절)
5) "너희는 먼저 그의 나라와 그의 의를 구하라. 그리하면 이 모든 것을 너희에게 더하시리라."(마태복음 6장 33절)

거기에 더 많은 것을 얹어주시기를 원하십니다.⁵⁾ 하나님은 우리가 무엇을 원하는지, 무엇을 좋아하는지 이미 다 아시고 계시며 우리를 위해 모든 것을 예비해 놓으십니다.

하나님께서 이렇게 우리를 대하시는 것은, 그분이 바로 우리를 사랑하실 수밖에 없는 우리의 아버지가 되시기 때문입니다. 그리고 이 모든 아름답고 중요한 사실을 깨닫게 해 주신 분이 바로 예수그리스도이십니다.

질문 5
여호와라는 이름은 누가 지은건가요?

구약성경에 보면 하나님을 가리켜 '여호와'라 부르고 있습니다. 또 근래에 출판되는 성경에는 출판사에 따라 히브리 발음에 충실하여 '야훼'라고 번역되어 있기도 합니다. 이 책에서는 아직까지 많은 교회에서 전통적으로 통용되고 있는 '여호와'란 호칭을 따르도록 하겠습니다.

성경에 보면 인간이 처음으로 하나님을 여호와라고 부른 것은 아담의 손자인 에노스가 살던 때부터였다고 기록되어 있습니다.

[셋[1])도 아들을 낳고 그 이름을 에노스라 하였으며 그 때에 사람들이 비로소 여호와의 이름을 불렀더라.] (창세기 4장 26절)

그러나 이 구절은 사람들이 정말로 이때부터 하나님을 여호와라는 이름으로 불렀다기보다는, 단지 그들이 정식으로 하나님을 위한 제례의식을 시작했다는 의미로 보는 것이 보다 타당할 것입니다. 왜냐하면 셋이 살던 시절은 우선, 아담처럼 하나님과 동거하던 사람들이 여전히 생존하고 있던 때였으므로 하나님께서 유일신이라는 생각은 당연한 것이었고 따라서 굳이 '하나님' 외에 다른 호칭이 필요치 않았을 것이며 둘째, 여호와라는 말은 히브리어인데 당시는 히브리어가 생겨나기 훨씬 전의 시절이었기 때문입니다. 성경 역시도 실제로 하나님을 여호와라는 이름으로 부르기 시작한 것은 그로부터 한참 후인 BC15세기경의 모세시대부터였다고 기록하고 있기 때문입니다.

사실, 여호와라는 호칭은 인간이 편의상 그렇게 부르는 것일 뿐 하나님의

---

1) 아담의 셋째 아들.

실제 이름은 아닙니다. 그 이름의 철자도 고대히브리어로는 당시 하나님을 경외하던 이스라엘민족에 의해 자음으로만 구성되어 있어 발음을 정확히는 알 수 없으며, 더욱이 BC3세기경 이후에는 그 이름을 거룩히 여기던 이스라엘인들이 함부로 입에 담는 것조차 꺼려하였으므로 이제는 그나마 구전되던 당시의 발음마저 잊혀져 전해지지 않고 있습니다. 그만큼 하나님을 경외하던 이스라엘인들은 여호와라는 단어가 거룩하신 분을 지칭하는 고유명사라 하여 발음하기조차 꺼려하였으며, 대신 하나님을 부를 땐 주님이라는 의미의 '아도나이'(Adonai) 또는 단순히 하나님이라는 의미의 '엘로힘'(Elohim)이라는 말을 사용했습니다. 따라서 오늘날 성서에 나와 있는 여호와라는 호칭은 기독교 초기의 문서들과 기타 여러 자료들을 기초로 하여 발음을 추정한 것입니다.

하지만 중요한 것은 하나님의 이름에 대한 발음보다는 그 의미일 것입니다. 하나님의 이름에 관해서는 구약성경의 출애굽기[2]에 그 의미가 정확히 소개되고 있습니다. 여기에는 하나님께서 모세에게 다음과 같이 자신에 대해 말씀하시는 대목이 나옵니다.

[모세가 하나님께 고하되 "내가 이스라엘 자손에게 가서 이르기를 너희 조상의 하나님이 나를 너희에게 보내셨다 하면 그들이 내게 묻기를 '그의 이름이 무엇이냐?' 하리니 내가 무엇이라고 그들에게 말하리이까? 하나님이 모세에게 이르시되 '나는 스스로 있는 자니라.' 또 이르시되 '너는 이스라엘 자손에게 이같이 이르기를 스스로 있는 자가 나를 너희에게 보내셨다.'하라.] (출애굽기 3장 13절~14절)

앞에서도 말한 바와 같이, '스스로 존재하는 자' 이것이 바로 여호와란 이

---

[2] 구약성경의 두 번째 경전. 하나님의 소명을 받은 모세가 400여 년간 이집트에서 노예생활을 하던 이스라엘민족을 해방시켜 가나안(오늘날의 이스라엘 지역)으로 인도하는 과정을 적은 기록. 애굽은 이집트의 한자식 표기인 '애굽'(埃及)의 옛 발음이다.

름의 의미입니다. 한 마디로 하나님을 이보다 더 정확히 표현하는 말은 없을 것 같습니다. 시작도 끝도 없고 모든 것의 시원(始原)이 되시고 존재의 본질이자 진리 그 자체, 창조의 주체이시자 주인, 모든 법칙의 주관자, 전지전능하시고 무소부재하신 만유의 주, 시간과 공간을 초월한 영원성이 숙연히 고개 숙이는 초절대의 지존자, 거룩한 영광의 주인, 글자 그대로 진정한 신… 하나님께서는 이러한 자신을 가리켜 '스스로 존재하는 자'라고 하셨던 것입니다.

　사실 하나님께 무슨 이름이 필요할까요? 누가 하나님보다 앞에 있어 그분께 이름을 붙일 수 있을까요? 결국 여호와란 이름은 하나님의 호칭에 대해 고민하던 모세를 위해, 다시 말해 인간의 편의를 위해 하나님께서 스스로 당신의 호칭을 그리 정해주신 것뿐입니다.

질문 6
하나님은 어떻게 생기셨나요?

결론부터 말씀드리자면 하나님은 형상이 없습니다.

하나님은 사람이나 여느 신들처럼 머리와 팔, 다리 등 외관상의 신체를 가지고 계시지 않습니다. 형상이 없다는 말은 하나님께서 원래는 어떤 모습은 가지고 계시지만 단지 투명인간처럼 그 모습이 보이지 않을 뿐이라거나 또는 형체는 있으시되 그 모습이 수시로 바뀌는 가변적인 형체를 가지셨다는 말이 아닙니다. 하나님은 원초적으로 형상 그 자체가 없다는 말입니다.

하나님은 형상이 없다는 말에 다소 의아해 하시는 분들도 계시겠지만 이것은 사실입니다. 아마 여러분들은 이제까지 신을 생각할 때면 대개 동양의 신선들이나 아니면 서양의 고대이집트, 그리스, 로마 등의 신들처럼 머리와 팔, 다리 등 어떤 외관적 형상을 가지고 있는 신들을 떠올리셨을 것입니다. 이는 우리가 그만큼 인간에 의해 만들어진 그와 같은 신들에 익숙해져 있다는 것을 의미하기도 합니다. 그에 따라 하나님께도 그러한 신들처럼 어떤 형상이 있을 것으로 일단은 생각하기가 쉽습니다.

만약 하나님 역시 고대이집트의 아톤[1]이나 그리스신화에 나오는 제우스[2]처럼 인간이 지어낸 신이라면 당연히 어떤 형상을 가지고 계실 것입니다. 그러나 하나님은 인간이 지어낸 신이 아니시므로 형상이 없습니다. 과거 인간이 지어낸 신들이 형상을 가지고 있는 것은, 사람이 우선은 시각에 의존하는 동물이기에 옛사람들 역시 자연스럽게 그들의 신들에게 형상을 부여했

---

[1] 고대이집트인들이 섬기던 태양신.
[2] 그리스신화에 나오는 신들의 최고신으로 하늘과 지상을 지배함. 로마신화에서는 유피테르(영어로는 주피터)로 불림.

던 것이 아닐까 합니다. 그러나 진정한 신이신 하나님은 형상이 없습니다.

그럼 이제 초신자분의 이해를 위해 이에 관한 설명을 조금 더 자세히 드리도록 하겠습니다.

1) 공간의 초월자

일단 우리의 시각에서 어떻게든 형상이란 것이 존재하려면 먼저 3차원 즉 전후·좌우·상하의 입체적인 공간이 있어야 합니다. 그런데 우리는 애당초 공간이란 것 자체를 창조하신 분이 바로 하나님이시란 사실을 상기해야 합니다. 따라서 하나님은 자신의 피조물인 공간이란 개념에 예속되는 분이 아니십니다. 예컨대, 저 우주라는 공간이 우리의 인식으론 다가갈 수 없을 만큼 아무리 무한하고 크다 한들 애당초 공간을 지으시고 그것을 주관하시는 하나님 앞에서 그 크기는 아무런 의미가 없습니다. 저 대우주가 생겨나기 이전에 공간을 창초하신 하나님이 계셨고 그 우주 바깥의 모든 것들이 있기 전에 하나님이 계셨습니다. 만유의 시원이 되시는 하나님에게는 무한대와 무한소를 비롯한 '크다'와 '작다'의 개념도 의미가 없으며, 그러하신 하나님에게 우주의 직경은 찰나의 거리에도 미치지 못할 만큼 보잘 것도 없는 것입니다.

이렇듯 하나님은 공간의 차원을 초월해 계신 분이시므로 먼저 공간이 있어야 존재할 수 있는 형상이라는 개념으로는 설명될 수 없는 분이십니다. 그러기에 하나님은 공간을 초월하여 어느 곳에나 동시에 임재해 계시며, 우리는 그런 하나님을 '무소부재(無所不在)하신 하나님'이라고 부르고 있습니다.

2) 시간의 초월자

또 하나님께는 먼저와 나중이라는 개념도 없습니다. 먼저와 나중이 있기 위해서는 일단 시간이라는 개념이 필요합니다. 그러나 이 시간이라는 것 역시도 하나님께서 창조하신 것입니다. 하나님은 시간이 존재하기 이전부터 계셨고, 시간을 출발시킨 분이시며, 영원의 양끝 너머 저편의 세계마저도 소유하고 계신 분이십니다. 그러므로 하나님은 자신의 피조물인 시간 속에 구속될 수가 없는 분이십니다. 사도[3] 베드로는 이를 가리켜 하나님께는 하루가 천년 같고 천년이 하루 같다고 했습니다.[4] 물론 베드로가 이 말을 한 것은 시간을 초월한 존재로서의 하나님을 설명하려는 의도였을 뿐 하나님의 하루가 반드시 천년이라는 의미는 아닙니다.

이렇듯 하나님은 우리의 시간과 공간의 차원을 초월하여 계시는 분으로 형상을 가지고 계시지 않습니다. 하나님은 우리의 시공이 감당할 수 없는 분이십니다. 그러므로 하나님을 어떤 외적인 모습으로 표현하기란 불가능합니다. 교회에서는 이러한 하나님에 대해 성경의 표현을 따라 '말씀'이라는 표현을 사용하고 있으며,[5] 부득이 하나님을 그림이나 기타 시각적인 수단으로 묘사해야 할 경우에는, 단지 밝은 빛이나 하나님의 성육신(成育身)[6]이신 예수님으로 표현하고 있습니다. '말씀'이란 신약성경의 원전에 나오는 헬라어 '로고스'(Logos)를 번역한 것으로 원래는 언어, 진리, 학문 등의 의미이지만, 기독교에서의 그것은 최고의 진리를 추상적으로 형상화한 표현입니다.

3) 하나님의 형상을 닮은 인간

그런데 여기서 한 가지 의문을 집고 넘어가야 할 것 같습니다. 성서를 보면 하나님이 인간을 창조하실 때 자신의 형상대로 인간을 만드셨다고 기록되어 있습니다.[7] 하나님은 형상이 없다고 했는데, 그런 하나님께서 자신의 형상대로 인간을 만드셨다니... 이는 대체 무슨 말일까요? 이 부분은 많은

---

3) 예수님의 제자를 이르는 말.
4) "사랑하는 자들아. 주께서는 하루가 천년 같고 천년이 하루 같은 이 한 가지를 잊지 말라."(베드로후서 3장 8절)
5) "태초에 말씀이 계시니라"(요한복음 1장 1절)
6) 하나님께서 스스로 인간이 되신 것을 칭하는 말. 즉 그리스도이신 예수님을 가리킨다.
7) '하나님이 자기 형상 곧 하나님의 형상대로 사람을 창조하시되'(창세기 1장 27절)

초신자분들이 의문과 오해를 갖는 부분이기도 합니다.

　성서에서 말하는 인간이 하나님의 형상을 닮았다는 말은, 하나님께서 우리와 같은 외형적인 육체를 갖고 계셔서 그것을 닮게 하셨다는 것이 아닙니다. 그것은 아름다운 것을 사랑하는 마음, 선을 지향하고 사랑을 추구하는 마음 등 하나님의 성품을 닮게 하셨다는 의미로 해석해야 합니다. 다시 말해 인간은 그 영혼 속에 사랑의 질서 가운데 선(善)을 지향하시는 하나님의 아름답고 따뜻한 성품이 담겨 있는 거룩한 존재임을 알아야 한다는 뜻입니다. 인간은 하나님께서 손수 영혼을 불어넣으신,[8] 그리하여 그 안에 하나님의 거룩한 성품이 담겨있는 유일한 피조물 즉 하나님의 아들입니다. 우리가 하나님의 아들이라 함은 인간이 그렇게 불러서가 아니라 하나님께서 그렇게 부르셨기 때문입니다.

---

[8] "여호와 하나님이 흙으로 사람을 지으시고 생기를 그 코에 불어 넣으시니 사람이 생령이 된지라"(창세기 2장 7절)

질문 7
하나님은 왜 인간을 만드셨나요?

하나님은 인간을 왜 만드셨을까요? 그저 심심풀이로 소일거리 삼아 만드셨을까요? 아니면 자신의 능력이나 권위의 과시 또는 군림을 위해 그러셨을까요?

이에 대한 대답을 얻기 위해서는, 먼저 하나님은 사랑의 하나님이라는 사실을 또 한 번 상기할 필요가 있습니다. 왜냐하면 사랑은 바로 하나님의 본질이자 근본이 되는 성품이기 때문입니다. 우리가 성경을 읽다가 품게 되는 모든 의문점은 사랑이라는 열쇠를 가지고 풀면 모두가 쉽게 열리게 되어 있습니다. 이 점을 마음속에 잊지 않고 항상 간직하고 있다면 이 질문 역시 간단하고 쉽게 이해될 수 있을 것입니다.

1) 사랑하기 위해서

세상을 창조하실 때 하나님은 당연히 사랑에 의해서 이를 기획하셨습니다. 물론 인간을 창조하실 때도 그러하셨습니다. 정신병자가 아니라면 누구에게 물어봐도 사랑은 아름다운 것이라고 말합니다. 그렇다면 왜 사랑이 아름다운 것일까요? 그것은 남을 먼저 배려하고, 아끼고, 그를 위해 눈물을 흘리며, 심지어는 조건 없이 남을 위해 생명까지도 내어 줄 수 있는 용기와 헌신의 마음이 바로 사랑에서 나오기 때문입니다. 인간의 마음속에는 누구에게나 사랑이 내재하고 있습니다. 왜냐하면 사랑은 바로 우리를 창조하신 하나님의 성품이기 때문입니다. 하나님에 의해 지은 바 된 인간은 창조 시부터 이미 당신의 거룩한 성품인 사랑이 스며들어 있습니다. 우리는 거룩하신 하나님을 닮은 거룩한 피조물입니다.

그런데 재미있는 것은, 사랑은 혼자서는 할 수 없다는 것입니다. 사랑은 반드시 대상이 필요하고 또 그 대상과의 교감을 필연적으로 요구합니다. 예컨대 부모와 자식 간이라던가, 형제간, 부부간, 또는 연인이나 친구간 등과 같이 우리는 언제나 생득적(生得的) 또는 자의적으로 누군가와 사랑하는 관계를 맺고 있습니다. 그리고 인간은 자신이 사랑하는 대상에게 마음이 전해질 때 행복을 느끼게 됩니다. 나아가 인간은 자기가 사랑하는 대상이 자기 자신보다, 심지어는 자기의 생명보다 더 사랑스런 존재일 때 뼛속 깊이 행복감을 느낍니다. 사람에 따라 그 대상이 가족일 수도, 사랑하는 연인이나 친구가 될 수도 있겠지만, 인간은 아무튼 자기보다 더 사랑하는 어떤 대상을 가질 때 비로소 더 큰 행복을 느끼게 됩니다.

이치적으로만 보자면 세상에서 누구보다 자기 자신을 가장 사랑해야 하는 것이 옳고 또 본능적으로도 당연한 행위일 것입니다. 왜냐하면 자신을 사랑하는 마음 즉 자애심(自愛心)은 인간이 생득적으로 타고나는 자연스런 본성이기 때문입니다. 이 자애심은 우리가 직업을 갖거나 결혼을 하거나 기타 행복을 추구하는데 있어 그 모든 행위를 결정하는 행동원리이기도 합니다. 물론 이것이 나쁜 방향으로 표출되면 이기주의가 되어 좋지 않은 결과를 초래하게도 됩니다. 그러나 그것은 개인의 인격에 따른 역기능의 결과일 뿐이며 자애심 그 자체만 놓고 볼 때 이것은 인간의 순수한 본성이라고 해야 할 것입니다. 그렇다면 우리의 행동원리의 기반을 이루는 이 자애심에 충실한 것이야말로 우리가 행복에 도달하는 충분조건이라 할 수 있습니다.

하지만 세상에서 가장 사랑하는 대상이 자기 자신일 경우, 아이러니하게도 그는 필경 행복 보다는 오히려 깊은 외로움과 허전함을 느끼게 될 것입니다. 이유는 바로 우리의 마음속에는 나 자신보다 더 소중한 어떤 대상을 갖고 싶은 욕망, 즉 하나님의 성품인 사랑의 속성이 내재되어 있기 때문입니다.

우리의 사랑은 곧 하나님으로부터 물려받은 신의 성품입니다. 우리가 사랑을 아름답다고 생각하며, 본능적으로 사랑을 추구하려고 하는 이유는 바로 우리의 마음속에 우리를 창조하신 분의 속성이 그대로 우리에게 전이된 흔적이 남아있기 때문입니다. 우리의 창조자이시자 아버지이신 하나님의 속성이 아들이자 피조물인 우리에게 그대로 유전되었기 때문입니다. 쉽게 말해 부전자전이라는 이야기입니다.

그러므로 우리 안에 내재된 사랑을 결코 과소평가해서는 안 됩니다. 우리의 사랑은 절대의 거룩하심을 지니신 하나님의 속성이자 또한 그분에게서 비롯된 것인 만큼 말로 표현할 수 없을 만큼 실로 위대하고 고귀한 것입니다.

누군가를 지극히 사랑해야 비로소 행복해지는 우리의 사랑의 속성을 비추어 볼 때, 사랑의 근본이신 하나님 역시 누군가를 지극히 사랑하셔야 기쁨과 행복을 느끼는 분이심은 자명한 사실입니다. 하나님은 그러한 사랑의 대상으로 우리 인간을 창조하셨는 바, 이는 도락으로써도 아니고 자신의 군림이나 권위를 위한 것도 아니었습니다. 그분은 지존의 절대자로서 영원을 걸고 진심으로 사랑하고자 우리 인간을 창조하신 것입니다. 하나님은 우리를 아들이라 칭하셨으며 자신의 모든 것을 걸고 우리를 사랑하고 계십니다. 진실로 장담하건대 하나님은 우리의 아버지로서 아들 된 우리를 깊이 사랑하심으로 몹시 기뻐하십니다.

2) 사랑받기 위해서

반면 하나님께서 인간을 창조하신 이유에는, 인간으로부터 사랑받으시기 위함도 포함되어 있습니다. 기독교를 처음 접하시는 분들에겐 이 말이 조금 생소하게 들리실지 모르겠지만, 사랑받기 위해서라는 것도 하나님께서 인간을 창조하신 매우 중요한 이유 가운데 하나입니다.

이것의 이해를 돕기 위해 잠시 연인간의 사랑을 예로 들어 보겠습니다. 만약 여러분이 한 이성을 진심으로 사랑해 본 경험이 있으시다면 잠시 과거로 돌아가 그 경험을 조용히 반추하며 자신을 되돌아보시기 바랍니다.

먼저, 누군가를 사랑할 때면 우리는 자기의 사랑을 수시로 그 사랑하는 대상에게 확인시켜 주려고 노력합니다. 이를 위해 우리는 선물을 하기도 하고 심지어 때로는 자신의 가장 소중한 물건을 사랑하는 상대에게 기꺼이 내어주기도 합니다. 사랑하는 사람은 그렇게 해서 자신의 진심이 전달되기를 기대하며, 또 마음이 전달되었음이 확인될 때면 마음 속 깊은 곳에서 환희가 솟구쳐 오름을 느낍니다. 사랑은 내가 사랑하는 상대에게 나의 마음을 확인시켜줌으로써 기쁨을 얻는 감정입니다. 그러므로 확인시켜주지 않는 사랑은 아름다운 사랑이 아닙니다. 자신의 사랑을 확인시켜주지 않으려 한다면 그것은 오직 두 가지 이유, 즉 상대를 사랑하지 않거나 아니면 상대로부터 사랑을 확인받으려고 잠시 자신의 사랑을 감추는 기술적인 경우뿐일 것입니다. 여기서 후자인 경우, 상대방으로부터 사랑을 확인받으려 한다는 것은 이미 자신은 그 사람을 사랑하고 있다는 것을 의미하며, 그럼에도 역설적으로 자신의 사랑을 감추는 행동은 내가 상대로부터 사랑받고 있는 존재임을 보다 빨리 확인하기 위해 의도적으로 연출되는 행위일 뿐입니다. 즉 '사랑의 역표현'이라는 또 다른 사랑의 한 양태일 뿐입니다.

이처럼 우리는 사랑하는 이로부터 똑같이 그 만큼 사랑받기를 원합니다. 나의 사랑을 상대방에게 확인시켰을 때 기뻐하는 만큼, 우리는 사랑하는 이로부터 내가 사랑받고 있음을 확인할 때에도 똑 같이 극적인 행복을 느낍니다. 사랑이란 줄 때만큼이나 받을 때 역시도 똑같은 행복을 느끼는 감정입니다. 이렇듯 사랑에는 '주려는 마음' 외에 '받으려는 마음'이라는 또 하나의 속성이 있습니다. 사랑이 이러한 특성을 갖고 있는 것 역시 하나님의 성품에서 비롯된 것이라 하겠습니다.

흔히들 사랑은 '주는 것'이라고 말합니다. 사랑이 내 마음을 상대에게 확인시켜주고 싶어 한다는 점에서 이 말은 틀린 말이 아닙니다. 하지만 사랑이 오직 '주는 것'만으로 만족되어지는 것은 아닙니다. 만약 그렇다면 사랑은 경우에 따라 가혹하고도 매우 고독한 것이 될 수도 있습니다. 사랑하는 이로부터 사랑을 받지 못하는 마음은 쓸쓸하고 외로운 것입니다. 한 가지 예로 남녀 간의 짝사랑을 들어 설명해 보겠습니다.

만약 사랑이 오직 주는 것만으로 완성되어지는 것이라면, 짝사랑은 대단히 아름답고 의미 있는 사랑이 되어야 할 것입니다. 그러나 사실상 짝사랑만큼 외롭고 초라한 것은 없습니다.

이성에 대해 깊은 짝사랑에 빠지게 되는 경우, 조용히 혼자 있을 때면 자연스럽게 상대편 이성을 상상하며 그와 아름다운 사랑을 나누는 자신의 모습을 상상하게 됩니다. 그런데 가만히 살펴보면, 어느새 나는 상대편 이성을 사랑하고 있는 내 모습을 상상하고 있는 것이 아니라, 상대편으로부터 사랑받고 있는 내 모습을 나도 모르게 상상하고 있음을 발견하게 됩니다.

이렇듯 짝사랑은 사랑의 최종목적이 무엇인지를, 즉 주는 것이 아니라 받는 것으로 완성되는 것임을 분명하게 보여주는 단적인 예라 하겠습니다. 그러기에 나의 사랑에 대해 메아리가 없는 짝사랑은 마치 동화 속 인어공주처럼 마음 한구석을 외로움과 아쉬움 등의 슬픔 감정들로 가득 차게 합니다. 이처럼 사랑이란 내가 사랑하는 대상으로부터 또한 사랑을 받기를 간절히 원하는 성질을 가지고 있습니다.

또 다른 예로, 우리는 생일을 맞이하면 가족이나 친구들로부터 축하를 받습니다. 만약 생일날 아무도 나를 축하해 주는 사람이 없다면 마음이 상당히 쓸쓸하고 울적할 것입니다. 여기서도 사랑은 받는 것임을 알 수가 있습니다. 왜냐하면 생일날 많은 사람들로부터 축하를 받을 때 내가 기쁜 것은, 나를 축하해 주는 그들을 내가 사랑해서가 아니라 내가 그들로부터 사랑받고 있는 존재임을 확인받고 있기 때문입니다. 즉 내가 다른 사람들의 사랑과 관심의 대상이라는 사실을 확인했기 때문에 기쁜 것입니다.

하다못해 주인이 외출했다 돌아오면 꼬리치며 반기는 강아지조차도 알고 보면 그 강아지가 주인을 사랑해서 꼬리치고 있기보다는, 궁극적으로는 자기를 사랑해 달라고 그러고 있는 게 아닐까요? 가만히 살펴보면, 우리의 마음은 사랑하는 기쁨 보다는 실제로는 사랑받는 기쁨을 보다 궁극적으로 요구하고 있습니다.

그렇다면 우리는 왜 사랑하는 것일까요? 또 우리가 누군가를 먼저 사랑하는 이유는 무엇일까요? 이유는 간단합니다. 상대로부터 사랑받기 위해서는 먼저 그에게 사랑을 주어야 하기 때문입니다. 이것이 사랑의 역학입니다.

사랑받고자 하는 대상에게 자기가 받고싶은 타입의 사랑을 그에게 먼저 보여줌으로써 그와 똑같은 사랑을 그로부터 얻어내기 위한, 말하자면 "이런 식으로 나를 사랑해 주세요."라는 일종의 메시지를 상대에게 먼저 전하는 것입니다. 이렇게 보면 우리가 사랑하는 것은 결국 자신이 받고 싶은 사랑을 상대로부터 얻어내기 위해 먼저 그에게 자기가 원하는 스타일의 사랑의 샘플을 보여주는, 즉 일종의 투자와도 같은 것입니다.

그런데 사람들은 아무나 사랑하지 않습니다. 자신이 사랑받고 싶은 대상에게만 자기의 사랑을 전합니다. 그리하여 그에게 자기가 좋아하는 타입의 사랑의 샘플을 먼저 보여주고 상대로부터도 그와 같은 사랑을 받으려고 노력합니다. 그리고 사랑을 받는 데에 성공하면 비로소 희열과 기쁨을 느낍니다. 요컨대 누군가를 사랑하는 행위의 최종 목표는 그로부터 똑같은 사랑을 받는 데에 있습니다. 사랑은 주는 것만으로 완성되는 것이 아니라, 주는 것으로 시작해서 받는 것으로 완성되는 것입니다.

하나님께서 우리를 사랑하시는 이유도 역시 최종적으로는 우리로부터 사랑받으시기 위함입니다. 그러기 위해 하나님께서는 우리를 먼저 사랑하셨습니다. 그리고는 마찬가지로 우리에게 똑같이 사랑을 요구하십니다. 이것은 사랑하는 자가 상대에게 바라는 당연한 권리이기도 합니다. 하나님은 우리에게 다른 신을 위하지 말며, 우상도 섬기지 말며, 그 누구보다 자신을 사랑해 달라고 하십니다.[1] 하나님께서 우리에게 사랑을 받고 싶어 하신다는 것은, 역설적으로 우리가 하나님으로부터 그만큼 지극한 사랑을 끝없이 받고 있다는 증거이기도 합니다. 하나님은 우리를 너무나 사랑하시기에 우리로부터 깊이 사랑받기를 간절히 원하시며, 우리로부터 사랑받고 계심을 확인하실 때 너무도 기뻐하십니다.

기원전 8세기의 예언자 호세아는 우리의 사랑을 원하고 계시는 하나님의 말씀을 성서에 다음과 같이 기록하고 있습니다.

---

1) 이것이 십계명 가운데 1조부터 4조까지의 요약이다. 제2부, '기독교의 기본적인 교리에 대하여' 중 질문4. '십계명이 무엇인가요?' 참조.

[나는 인애를 원하고 제사를 원치 아니하며 번제[2]보다 하나님을 아는 것을 원하노라.] (호세아 6장 6절)

이 구절을 현대말로 바꾸면 이렇게 해석될 수 있습니다.

[내가 반기는 것은 제물이 아니라 사랑이다. 제물을 바치기 전에 이 하나님의 마음을 알아다오.]

인간은 하나님의 사랑으로 창조되었기에 당연히 하나님의 사랑의 대상이 되는 것입니다. 또 우리가 하나님을 사랑해야 하는 것은 권리가 아니라 자식으로서의 당연한 도리이자 의무이기도 합니다. 하나님은 우리를 자식으로서 사랑하시므로 우리에게 군림하시거나, 두려움 속에 신으로서 경배 받기를 원하지 않으십니다. 그분은 아버지로서 무한히 우리를 사랑하시고 또한 아버지로서 우리에게 사랑받기를 원하고 계십니다.

모든 아버지는 누구보다 아들에게 영광을 받을 때 가장 흐뭇해하고 기뻐합니다. 예컨대 어린 아이에게 세상에서 누구를 가장 존경하느냐고 물었을 때, 그가 "우리 아빠요!"라고 스스럼없이 소리치며 자신 있게 대답하면 이 모습을 본 아빠는 눈물겹도록 감동하고 마음에 힘이 솟고 영화로움을 느끼게 됩니다. 하나님도 우리가 남들 앞에서 당당한 모습으로 당신께 영광을 돌릴 때 너무도 뿌듯한 마음으로 기뻐하고 행복해 하십니다. 하나님도 당신께서 사랑하시는 우리에게서 사랑과 관심의 대상이 되고 계심을 확인하셨기 때문입니다. 그러므로 우리는 하나님을 우리의 아버지로서 사랑하고 존경해야 하며 동시에 창조주로서 초절대적인 거룩하심과 그 지존하심에 대해 가장 아름답고 영화로운 표현으로 영광과 찬양을 드려야 하는 것입니다. 그리고 결과적으로 아들이 아버지에게 올리는 영광은 또한 그 아들의 영광이

---

[2] 하나님 앞에 죄를 씻기 위해 드리는 제사의 한 종류.

기도 한 것입니다.

　유치한 말 같지만, 우리가 사랑하는 이에게 마음속에 담아 둔 사랑을 고백할 때 그에게서 가장 듣고 싶은 말은 바로 "저 역시 당신을 사랑합니다!"라는 대답일 것입니다. 이렇듯 인간은 자기가 사랑하는 대상으로부터 자기도 사랑을 받고 있음을 느낄 때 강렬한 희열과 행복감을 느낍니다. 앞에서도 말했듯이 사랑이란 그만큼 '받는 것'도 매우 중요한 덕목이기 때문입니다. 사랑은 받는 것, 이것 역시 성서 속에 흐르는 또 하나의 커다란 테마이기도 합니다.[3]

　그러므로 주지는 않고 받으려고만 하려는 사랑은 매우 위험한 것입니다. 그것은 상대방을 외롭게 하고 마음을 아프게 하기 때문입니다. 사랑은 남을 배려하는 마음에서 출발하는 것이기에 결코 자기만을 위하는 이기적인 마음을 가지고는 결코 성립될 수 없습니다. 사랑은 주는 것만으로는 만족될 수 없듯이 받는 것만으로도 완성될 수 없습니다.

　사랑은 확인하는 작업의 연속입니다. 내가 누구와 사랑을 나누고 있다면 그 사랑은 상호적인 것이므로 상대방도 나로부터 사랑받고 있음을 끝없이 확인하기를 당연히 원하게 됩니다. 그러므로 나도 그를 위해 언제나 사랑을 확인시켜 줄 의무를 갖게 되고, 따라서 그를 위해 나의 사랑도 언제나 보여주어야 합니다. 사랑은 그렇게 서로에게 자신의 사랑을 확인시켜주고 확인받는 과정을 끊임없이 지속시켜 나갈 때 유지될 수 있는 유기적인 것입니다. 결국 사랑은 주고받을 때 가장 아름다운 모습을 띠는 것이라 할 수 있습니다. 따라서 사랑은 반드시 어떤 대상이 있어야 하고 그 대상으로부터 사랑

---

3) 한편 테레사 수녀나 슈바이처 박사처럼 평생을 남을 위해 베풀며 산 성자들의 경우, 어떻게 보면 인간에게서의 칭찬이나 보상을 바라지 않았을 뿐 그들 역시 궁극은 누군가의 사랑을 받고자 했던 것으로 볼 수 있다. 다시 말해 그들은 자신이 가장 사랑하는 존재 즉 하나님이 원하시고 좋아하시는 일을 함으로써 종국적으로는 그분의 사랑을 받고자 했던 것은 아닐까? 우리보다 한 차원 높은 것이긴 하지만 그들의 박애 역시 궁극적으로는 자신의 사랑의 대상으로부터 사랑을 받기 위한 행동이었다고 볼 수 있다. 다른 종교나 그 외의 순수한 선행자들의 경우도 이와 마찬가지일 것이다.

받고 있음을 확인할 때 기쁨과 행복과 희열 등등의 아름다운 감정을 소유하게 됩니다. 그러나 이 아름다운 감정을 갖기 위해서는, 앞에서도 말했듯이 먼저 자신의 사랑을 상대에게 확인시켜 주어야 합니다.

이 같은 사랑의 대원칙은 하나님과 인간 사이에서도 마찬가지입니다. 왜냐하면 하나님의 속성은 사랑이고 그 사랑에 의해 인간이 창조된 만큼, 인간의 성품에는 하나님의 속성이 내재되어 있으며 사랑하는 방식 역시도 하나님과 동일하기 때문입니다. 결론적으로 말해, 하나님은 우리를 사랑하시기에 또한 그만큼 사랑받기를 원하십니다.

초절대자 되시는 하나님의 사랑의 대상이 되는 존재, 그리고 하나님의 모든 피조물 중에서 하나님을 숭배의 대상이 아닌 사랑의 대상으로 가질 수 있는 유일한 존재, 이것이 바로 인간이며 이는 진정 아들만이 가질 수 있는 엄청난 권세이자 특권입니다. 다시 한 번 말씀드리지만, 우리의 사랑을 받으실 때 하나님은 기쁨을 이기지 못하실 정도로 행복해 하십니다. 하나님은 심지어 우리를 가리켜 '헵시바'[4]라는 별칭으로까지 부르셨습니다. 그 누가 감히 초월자이신 하나님의 사랑을 받을 수 있을 것이며 또 하나님께 사랑을 줄 수 있겠습니까? 또 누가 감히 하나님을 기쁘게 할 수 있겠습니까? 그런데 하나님은 바로 우리가 당신을 아버지 또는 아빠라고 불러드릴 때 한없는 행복과 기쁨을 느끼십니다. 하나님은 그런 분이십니다. 왜냐하면 우리는 그분의 사랑하는 아들이기 때문입니다.

하나님은 사랑하기 위해 인간을 창조하셨고, 또 그들로부터 사랑받기 위해 바로 여러분을 창조하셨습니다. 그러므로 기독교는 하나님을 아는 것으로 만족되어지는 종교가 아니라, 하나님을 사랑하는 것으로 완성되어지는 종교입니다.

---

4) "나의 기쁨이 그에게 있다"(이사야 62장 4절)

질문 8
아담과 하와는 어떤 인물인가요?

성경에 보면 하나님께서 천지만물을 지으시고 맨 마지막에 하나님의 형상대로 지으신 것이 바로 인간입니다. 하나님은 그를 아담이라 부르셨습니다. 아담은 히브리어로 인간이라는 뜻입니다.

1) 인간의 창조

구약성서에서 창세기를 읽어보면 하나님은 6일 동안 천지를 지으셨는데, 첫째 날에는 빛(낮)과 어둠(밤)을, 둘째 날에는 하늘과 물을, 셋째 날에는 육지와 바다와 온갖 식물(植物)을, 넷째 날에는 해와 달과 별을, 다섯째 날에는 모든 동물을, 그리고 마지막 여섯째 날에 인간을 창조하셨습니다.

천지를 창조하시던 하나님은 날마다 그날의 결과물에 대해 보시기에 좋다고 하셨습니다.[1] 완전의 주체이자 주관자이신 하나님께서 보시기에 좋았다고 하는 것은 그 창조하심이 무오(無誤)의 완전한 것임을 의미합니다. 그렇게 천지만물을 지으신 후 여섯째 날 하나님께서는 드디어 이제까지 만든 모든 천지만물을 소유하고 지배할 인간을 지으셨습니다.

사실 알고 보면 지금까지 하나님께서 지으신 모든 피조물은 이제 창조하실 인간을 위한 것들이었습니다. 말하자면 그것들은 인간을 위한 선물이었던 것입니다. 인간을 만드실 때 하나님은 이제까지와는 달리 처음으로 재료를 가지고 창조를 하셨습니다. 하나님은 흙으로 인간을 빚으신 후 그 인간의 코를 통해 직접 생령을 불어넣으셨습니다.[2] 그렇게 인간은 모든 만물이

---

1) 창세기 1장 3절, 10절, 12절, 18절, 21절, 25절, 31절.
2) 창세기 2장 7절

지어진 후 하나님께서 직접 자신의 영을 불어넣어 세상에 태어나게 되었습니다. 이제까지의 모든 피조물은 아무런 재료 없이 단지 말씀만으로 생겨났지만, 유일하게 인간은 소재를 가지고 창조되었습니다. 이렇듯 인간은 다른 피조물들과는 출생부터 다른 존재입니다.

아담을 만드신 하나님은 이어 여자를 창조하셨습니다. 하나님께서 창조하신 만물 가운데 유일하게 좋지 않다고 여기신 것이 한 가지 있었는데 그것은 바로 아담이 혼자 있는 것이었습니다.[3] 여기서 하나님께서 좋지 않다고 하신 것은, 하나님의 창조 자체에 결함이 있다는 의미가 아닙니다. 이것은 단지 인간의 홀로 있음을 깊이 배려하고 계시는 하나님의 사랑을 나타내는 것으로, 그에게 사랑을 나눌 수 있는 아름다운 대상을 갖게 해주시고자 하는 마음을 의미하는 것입니다. 그리하여 남자인 아담을 위해 여자를 짓기로 하셨습니다.

하나님은 아담을 깊은 잠에 빠지게 하신 후 그의 갈비뼈를 취하여 그것으로 최초의 여자인 하와를 만드셨습니다. 그리고는 그녀를 아담에게 보여주셨습니다. 그 순간 아담은 그 모습이 너무도 아름답고 사랑스러운 나머지 기쁨에 취해 "이 사람은 내 뼈 중의 뼈요 살 중의 살"[4]이라고 외쳤습니다. 이어 아담은 그녀가 남자인 자기에게서 나왔으니 이름을 여자라고 지었습니다. 구약성경 창세기 3장 20절에 보면 아담은 이 여자의 이름을 '하와'라고 불렀는데 이는 히브리어로 '모든 산자의 어미'라는 의미입니다.[5] 하와는 라틴어[6]로는 '이브'라고도 합니다. 참고로 성서에서 '하와'라는 이름은 위의 창세기 3장 20절에 가서 처음으로 소개되며, 그 이전에는 여자라고만 표현되고 있습니다.

하나님은 이렇게 인간을 지으신 후 그들에게 "생육하고 번성하여 땅에 충만하라! 땅을 정복하라! 바다와 고기와 공중의 새와 땅에 움직이는 모든 생

---

3) "사람의 독처하는 것이 좋지 못하니…"(창세기 2장 19절)
4) 창세기 2장 23절.
5) "아담이 그 아내를 하와라 이름하였으니 그는 모든 산자의 어미가 됨이더라."(창세기 3장 20절)
6) 고대로마어.

물을 다스리라!"[7]고 축복하셨습니다. 이 말씀은 하나님께서 당신이 만든 세상 모두를 인간에게 다 내어주시고, 그것을 다스릴 권세를 직접 부여하셨다는 뜻입니다. 성서의 창세기에 나오는 이상과 같은 내용은 그만큼 성서가 인간에 대해 그 권위를 선언하는 데서부터 출발하고 있음을 말해 줍니다.

2) 신의 아들로서의 인간

하나님께서 창조하신 피조물 가운데 인간에 관하여 먼저 알아야 할 것은, 인간은 바로 신의 아들로서의 인간이라는 사실입니다. 인간이 얼마나 위대한 존재인지를 성서는 곳곳에서 수없이 선언하고 있습니다.

가. 이름에서 나타나는 인간의 위대

먼저 창세기 2장 19절[8]을 보면 하나님께서 아담을 창조하신 후 모든 짐승을 그의 앞으로 데려와 이름을 짓도록 하시는 내용이 나오는데, 이 때 아담은 각각의 짐승들에게 이름을 지어주었고 그 때 아담이 붙여준 이름이 그대로 그 짐승의 이름이 되었습니다.

그런데 여기서 하나 놀라운 점은, 아담이 각각의 동물에게 지어준 이름을 이후 하나님께서도 그대로 따라 부르셨다는 사실입니다. 앞에서도 언급한 바와 같이 하나님께서 어떤 존재이신가를 제대로 이해하고 있다면, 이것은 참으로 놀라운 일임을 금방 알 수 있습니다. 존재의 본질이시자 초월자이시며 창조주, 그리고 천사들조차도 감당치 못하던 빛과 영광을 소유하신 만유의 주 하나님께서 자신이 창조하신 동물들에 대해 역시 자신의 피조물인 인간이 결정한 바를 그대로 따라 하신다는 것은, 천사나 기타 피조물들의 입장에선 상상도 할 수 없을 만큼 영광스런 권세가 아닐 수 없습니다. 물론 여

---

7) 창세기 1장 28절.
8) "여호와 하나님이 흙으로 각종 들짐승과 공중의 각종 새를 지으시고 아담이 어떻게 이름을 짓나 보시려고 그것들을 그에게로 이끌어 이르시니 아담이 각 생물을 일컫는 바가 곧 그 이름이라."

기서 아담이 동물에게 이름을 붙여주었다는 말은 하나의 대표적인 내용으로 표현된 것이며, 실제는 그 외 아담이 인식하고 명명한 자연계의 모든 것들이 포함된다고 보아야 할 것입니다. 창조주가 자신의 피조물의 판단과 결정에 동의하고 따른다는 것. 이것은 아들에게만 허락될 수 있는 특별한 권세였던 것입니다. 인간은 하나님께 그런 존재였습니다.

하나 더 놀라운 것은, 아담이 이름을 짓기 전까지는 하나님 자신도 그 짐승들의 이름을 모르고 계셨다는 점입니다. 전지전능하신 하나님께서 모르시는 게 있다는 건 언뜻 이해하기 어려울 것입니다. 그러나 이것은 성서에 하나님께서 짐승들을 아담 앞에 오게 하신 후 '아담이 어떻게 이름을 짓나 보시려고'라고 기록되어 있는데서 알 수 있습니다. 창세기 2장 19절은 분명히 그렇게 기록하고 있습니다. 이 부분은 지금 초신자분들이 이해하기에는 너무 어려운 내용이 될 수 있으므로 나중에 가서[9] 다시 자세히 설명하도록 하겠습니다. 다만 성서대로 보자면, 지금은 적어도 아담이 이름을 짓기 전까지 하나님께서는 각 짐승들의 이름을 알고 계시지 않았음을 강하게 시사하고 있습니다. 요컨대 우리가 이 대목에서 보다 주목해야 할 점은, 그만큼 하나님께서는 인간을 지극히 위대한 존재로 창조하셨다는 사실과, 또 그만큼 인간을 대단한 지위로서 대하고 계시다는 것을 말해준다는 점입니다.

또 한편으로 인간이 하나님의 피조물 가운데서 얼마나 위대한 존재인가를 이해하기 위해선, 세상의 모든 피조물은 인간이 이름을 지어준데 반해 오직 인간만큼은 하나님께서 직접 이름을 지어주셨다는 사실에 주목해 보아야 합니다. 이는 곧 인간은 다른 모든 피조물들과는 이름에서부터 근본적으로 서로 격이 다른 존재라는 의미를 갖습니다. 사실 이것만으로도 인간은 충분히 위대한 존재라고 할 수 있습니다. 성서는 우리에게 인간은 하나님께서 세상 무엇과도 견줄 수 없는 가장 아끼고 사랑하시는 존재, 바로 하나님의 아들이라는 것을 끊임없이 언급하고 있습니다.

---

9) 제2부, '기독교의 기본적인 교리에 대하여' 중 질문 12번 '예정론은 사실인가요?' 참조.

이밖에도 하나님께서 인간을 아들로서 얼마나 위하고 사랑하셨는지에 관한 내용은 성서에 수 없이 나오고 있습니다. 그러므로 우리는 하나님의 아들로서 자긍심을 가져야 하며 또 아들이기에 우리에게 무한한 사랑을 쏟아 부으시는 하늘의 아버지를 마땅히 사랑해야만 하는 것입니다.

나. 능력에서 나타나는 인간의 위대

우리가 여기서 또 한 가지 주목해야 할 점은 인간의 위대한 능력입니다. 성경에 나오는 정황상 판단해 볼 때, 아담이 짐승들에게 이름을 지어줄 때 오랜 시간이 걸리지는 않았을 것입니다. 그는 자기 앞에 줄지어 몰려온 수많은 짐승들에게 쉬지 않고 각각 이름을 지어주었으며 또 그 자리에서 그 이름들을 모두 외워버렸습니다. 아마도 수십만 내지는 수백만 종에 이르는 짐승들이 아담 앞을 쉼 없이 지나갔을 것이며, 이 때 그는 한 번도 멈춤이나 중복됨이 없이 그것들에 대해 이름을 붙였을 것입니다. 그리고 다음날 아담은 눈에 띄는 짐승들을 향해 전날 부여한 이름을 잊거나 혼동하지 않고 그대로 호칭했습니다. 이건 놀라운 일이 아닐까요?

이것이 바로 인간 본래의 모습입니다. 이렇게 보면 아담은 하늘을 날 수 있는 능력이 있었는지도 알 수 없는 일이고, 하늘의 별들을 일일이 헤아리며 이름을 붙였던 사람이었는지도 모르는 일입니다.

이처럼 원래의 인간 본연의 모습은 오늘날 우리와는 완전히 달랐다는 사실을 성서는 엿보게 합니다. 그리고 아담이 그랬다면 그의 놀라운 능력은 후손인 우리에게도 당연히 있어야 할 것입니다. 하지만 지금 우리에겐 그런 능력이 없습니다. 이것은 아마도 어떤 이유에 의해서 지금은 퇴화되었거나 잠재되어 있을 거라는 생각도 가능하게 합니다.

물론 이러한 생각은 막연한 추측에 불과한 것일 수도 있겠지만, 반대로 그렇지 않았다는 명확한 증거도 없다는 점에서 무작정 아니라고 단정할 수만도 없는 일일 것입니다. 아무튼 분명한 것은 처음 창조될 당시의 인간이 지금보다는 모든 면에서 비교할 수 없을 정도로 위대한 존재였다는 사실입니다.

다. 육체의 소유

인간이 육체를 가지고 있다는 것은 3차원의 시공에 얽매일 수밖에 없다는 점에서 어찌 보면 불편한 것일 수도 있습니다. 그렇다면 천사와 같이 인간도 육체가 없는 영체만의 존재라면 훨씬 편할 수 있었을까요? 얼핏 생각하면 그렇다고 할 수도 있겠지만, 곰곰이 생각해 보면 이것은 쉽게 확답을 내리기 어려운 문제인 것 같습니다. 왜냐하면 인간의 육체를 지금의 시각에서 보아서는 안 되며 일단은 창조 당시의 인간의 상태에서 생각해 보아야 하기 때문입니다.

하나님께서는 인간을 사랑하신다는 원칙에서 생각해 볼 때, 하나님께서 인간을 불편하게 하시려고 육체를 가진 존재로 만드셨다고 하기에는 어딘가 생각을 다시 해 볼 필요가 있습니다. 하나님께서는 완전한 창조자의 입장에서 인간에게 가장 좋은 것만을 허락하셨을 것임이 분명하다면, 우리에게 육체를 허락하신 것도 반드시 그에 맞는 최선의 이유가 있었을 것입니다.

인간이 천사에게는 없는 육체라는 틀을 하나 더 가지고 있는 것은 어쩌면 하나님의 또 하나의 축복일지도 모릅니다. 천사나 그 밖의 영체들이 가지고 있지 않은 육체라는 추가적인 구성물을 인간이 가지고 있다는 것은, 어쩌면 하나님께서 특별히 인간에게만 허락하신 선물일 수도 있습니다. 즉 인간의 육체는 천사나 그 밖의 영체들이 볼 때에는 너무나 탐스러운 영혼의 케이스일 수도 있다는 이야기입니다. 다만 인간은 누구나 당연히 갖고 있는 육체이기에 그 소중함을 깨닫지 못하고 있는 건지도 모릅니다. 이는 마치 공기가 너무도 풍족함으로 평소에는 그 소중함을 모르고 지내는 것과 같습니다. 하나님께서는 당신의 아들인 인간에게 육체라는 가장 멋지고 아름다운, 그래서 천사들도 부러워할 만큼 예쁜 영혼의 케이스를 선물하신 것이 아닐까 하는 것이 제 개인적인 생각입니다. 그렇다면 인간에게 육체란 하나님께서 우리 개개인에게 각자의 영혼에 꼭 맞는 가장 아름다운 케이스를 하나씩 선물하신 것이라고 보아도 큰 무리는 없을 것이라 생각합니다.

그러기에 우리는 자신의 몸이 영광된 것임을 알고 이를 소중히 여기는 마음을 가져야 할 것입니다. 항상 건강을 유지하고 나쁜 습관들에 노출되지 않도록 잘 가꾸어야 합니다. 몹시 슬퍼하거나 절망하거나 또는 누군가를 심히 증오할 때 우리는 몸도 영혼도 약해집니다. 언제나 우리를 망가트리려 기회를 노리는 사탄은 이때 틈을 탑니다. 그러므로 이를 막기 위해서는 언제나 건강한 정신으로 기뻐하는 마음과 사랑하는 마음, 긍정적인 생각을 유지하는 것이 중요하다 하겠습니다.

아무튼 우리는 에덴동산에 살던 시대의 그것과 비교하면 비교할 수 없을 만큼 육체의 기능이 퇴화되어 있을 것입니다. 그러나 육체가 내 영혼을 위한 하나님의 선물이라는 점에서 그 가치와 아름다움이 변하지는 않았을 것입니다. 비약일지도 모르겠지만, 육체를 가지고 있다고 해서 인간이 에덴에서조차 하늘을 날지 못했다거나 시공을 초월해 이동할 능력이 없었다고 함부로 단정할 수는 없는 일입니다. 왜냐하면 그 당시 인간은 하나님의 영광 가운데서 살고 있었고 또 하나님과 천사들을 수시로 만날 수 있는 자격과 위치에 있던 존재였기 때문입니다.

3) 영생의 인간

성서에는 아담이 구백 삼십년을 살다가 죽었다고 기록되어 있습니다.[10] 사람이 살다가 수를 누리고 죽는 것이 지금은 당연한 일로 여겨지고 있습니다. 그러나 죽음이 과연 처음부터 인간에게 그렇게 당연한 것이었을까요? 그렇다면 왜 당연한 것일까요? 하나님께서 인간을 그렇게 만드셨기 때문일까요? 완전무결의 창조자이신 하나님께서 과연 아담처럼 그렇게 구백여년 정도 유한하게 살다가 죽도록 인간을 만드셨을까요? 하나님은 절대 그런 분이 아니십니다.

우리가 최초 인간에 대해 또 한 가지 반드시 알아야 할 중요한 사실은, 아담은 오늘날의 인간과는 달리 불사(不死)의 존재였다는 사실입니다. 즉

---

10) "그(아담)가 구백 삼십 세를 향수하고 죽었더라."(창세기 5장 5절)

아담은 죽지 않고 영원히 살도록 창조된, 다시 말해 죽음과는 상관없는 영원한 생명을 소유한 존재였습니다. 이는 단순히 죽지만 않는 존재라는 말이 아닙니다. 그는 늙거나 병드는 일도 없고 슬픔도 존재할 수 없는 에덴이란 낙원에서, 하나님의 아들로서 모든 권한을 소유한 채 완전한 행복을 보장받고 하나님과 영생하는 특권을 소유한 자였습니다.

거룩하신 하나님의 창조는 오늘날의 우리처럼 불과 몇 십 년을 살다가 죽도록 만드는 그런 시시한 창조가 아닙니다. 사람이 구십년을 살기도 어려운데 아담이 구백년 넘게 살았으면 꽤 오래 산 것 아닌가 생각하시는 분들도 계시겠지만, 영원의 세계에서 구십년이나 구백년 따위는 유한하다는 면에서는 결국 같은 것입니다.

하나님께서는 완전한 분이시고 영원의 시작과 끝을 주관하시는 진정한 신이십니다. 여기서 완전이니 영원이니 하는 표현은 하나님의 지존성에 대한 극히 일부에 지나지 않을 뿐이며, 그분에 대한 정확한 표현은 언어의 차원에서는 불가능한 문제입니다. 그런 하나님의 세계에서 이루어지는 창조의 역사 또한 완전한 것이어야 합니다. 완전하신 하나님께서 창조하신 생명은 곧 완전하고 영원한 생명을 의미합니다. 아담도 그렇게 창조되었습니다. 그는 하나님의 축복 속에 낙원에서 하나님과 영원히 살게 되어 있었습니다. 그런데 그는 죽고 말았습니다. 왜 그렇게 되었을까요?

결론부터 말씀드리면 그것은 죄 때문입니다. 아담은 하나님께 스스로 죄를 지음으로써 온전했던 자신을 오염시켰고 그로 인해 영원한 생명의 근원이신 하나님과 함께 할 수 없게 되었던 것입니다. 그 결과 하나님과 헤어지게 된 그는 에덴을 떠나 고난의 세계를 유리하게 되었으며, 또한 그의 생명 역시 영원성을 잃게 되어 언젠가는 끝날 수밖에 없는 운명으로 변질되고 말았습니다. 이 같은 생명의 마감을 우리는 죽음이라 부릅니다. 이것이 기독교에서 이야기하는 죽음의 유래에 관한 간략한 설명입니다.

현재 우리의 생명은 죄로 인해 고장이 나버린 상태이며, 짧은 삶은 마치 충전기 없는 배터리 마냥 자체의 에너지를 소비하고 나면 덧없이 멈추고 마는 찰

나의 것일 뿐입니다. 누구나 사망의 권세에 굴복할 수밖에 없는 인간은 마지막엔 자신의 생명을 죽음에게 내어줄 수밖에 없습니다. 또 그 짧은 삶의 세월마저도 고난과 슬픔, 불행으로 가득 찬 것일 뿐입니다. 예언자 모세는 이토록 허무한 인간의 삶을 아침에 피었다 저녁에 사라지는 들풀과 같다고 했습니다.

[저희는 잠깐 자는 것 같으며 아침에 돋는 풀 같으니이다. 풀은 아침에 꽃이 피어 자라다가 저녁에는 벤바 되어 마르나이다. (중략) 우리의 년 수가 칠십이요 강건하면 팔십이라도 그 년 수의 자랑은 수고와 슬픔뿐이요 신속히 가니 우리가 날아가나이다.] (시편 90편 5절~6절, 10절)

    그렇다면 인간은 이대로 죽음 앞에 자기의 생명을 속절없이 내어주며 영원한 절망 속에 던져져야 하는 운명의 존재로 끝나야 할까요? 여기에 아무런 희망은 없는 걸까요?
    기독교는 여기에 희망을 제시하는 종교입니다. 기독교는 절망속의 인간을 구원하시기 위해 하나님께서 직접 세상에 오셔서 사망을 폐하고 인간 본래의 소유였던 영생의 삶을 우리에게 회복시키신다는 내용을 골자로 하는 종교이기 때문입니다.
    그것이 바로 예수그리스도의 이야기이며 기독교의 모든 초점은 여기에 맞춰집니다. 즉 예수님이 누구이시며, 왜 이 세상에 오셨으며, 어떻게 인간을 구원하셨는지의 총 과정, 이것을 기독교에서는 '복음'(福音)이라 부르며, 이는 곧 추락했던 신의 아들의 영광된 복권(復權)을 노래하는 것입니다. 하나님의 영광 가운데서 이루어지는 영생의 회복은 바로 기독교의 근간을 이루는 내용이며, 그 위대한 사랑의 휴머니즘이 우리에게 전개되는 과정은 한 편의 가슴 벅찬 드라마라고 해야 할 것입니다. 그러므로 기독교는 종국적으로 인간의 위대를 회복시키는 하나님의 사랑과 거룩하심을 찬양하는 종교이며 이것이 바로 기독교의 핵심이자 우리가 예수그리스도를 따르는 궁극의 목적인 것입니다.

질문 9
선악과란 무엇인가요?

선악과란 성서에 나오는 나무열매로 구약성서의 창세기 2장 9절[1]에 처음 등장합니다. 성서에 의하면 세상을 창조하신 하나님은 모든 것을 인간에게 허락하시고 또 그들을 축복하신 후 이 나무를 에덴동산의 가운데에 두셨다고 했습니다. 그런데 사실 '선악과'라는 말은 성서에 나오지 않습니다. 성서에는 단지 '선악을 알게 하는 나무'라고만 기록되어 있으며 이것을 근거로 그 나무의 열매를 편의상 선악과라고 부르는 것입니다.

이것은 하나님께서 에덴동산에서 유일하게 아담에게 허락하시지 않은 금단의 열매로 인간이 이것을 먹을 경우 영생을 잃고 죽음에 임하게 된다고 알려진 과일입니다. 하나님은 아담에게 이 열매에 대해 다음과 같이 당부하셨습니다.

[동산 각종 나무의 실과는 네가 임의로 먹되 선악을 알게 하는 나무의 실과는 먹지 말라. 네가 먹는 날에는 정녕 죽으리라.] (창세기 2장 16절~17절)

여기서 하나님께서는 처음으로 인간에게 금기를 제시하시며 그와 관련하여 죽음을 언급하고 계십니다. 이것은 인류 최초의 율법이자 이를 어길 시 받게 될 징계에 대한 말씀이셨습니다. 여기서 죽음이란 생명의 본질이신 하나님과의 영원한 단절을 뜻합니다.

앞에서도 말한 바와 같이, 하나님은 선(善) 그 자체이신 절대선이시므로

---
1) "여호와 하나님이 그 땅에서 보기에 아름답고 먹기에 좋은 나무가 나게 하시니 동산 가운데에는 생명나무와 선악을 알게 하는 나무도 있더라."

그 분을 벗어나는 모든 것은 악(惡)이 됩니다. 따라서 하나님께서 금기를 선언하시는 순간, 인간에겐 이제 그 말씀을 지키느냐 지키지 않느냐에 따라 선과 악이 구분됩니다. 요컨대 선악의 기준은 바로 하나님의 말씀 그 자체에 있는 것입니다. 다시 말해 인간이 선악을 알게 되는 것은 정작 선악과 때문이 아니라 실제로는 하나님의 말씀 가운데에 이미 임재하고 있는 절대선에 의해서라는 말입니다. 이렇게 볼 때 선악과라는 나무의 열매는 인간이 선과 악을 정의내리고 그것을 분별할 수 있도록 하나님께서 사용하신 상징적인 도구에 불과할 뿐, 그 열매 자체가 정말로 선악을 알게 하는 어떤 능력을 지니고 있는 것은 아니라고 하겠습니다. 이에 하나님께서 선악과를 따 먹지 말라고 하신 것은, 당신의 말씀 즉 진리(절대선)를 벗어날 경우 인간은 영원히 사는 능력을 상실하여 죽음을 맞게 될 것이라는 경고였던 것입니다.

그런데 뱀으로 변장한 사탄이 여자(이브)를 유혹했습니다. 당시 뱀은 지금과는 달리 날개달린 가장 아름답고 화려한 동물이었다고 합니다. 먼저 사탄은 아무래도 남자보다는 상대적으로 감성적인 여자를 유혹하는 편이 훨씬 유리하다고 판단했던 것 같습니다. 그리하여 그는 이 멋진 외관을 가진 동물로 변신해 여자에게 다가가 나직한 음성으로 유혹했을 것입니다.

뱀은 이브에게 이 과일을 먹으면 인간도 하나님과 같아질 것이므로 하나님은 이를 시기하고 두려워하여 못 먹게 하는 것이라는 날조된 거짓말로 꼬였습니다.[2] 사탄의 달콤한 속삭임에 귀를 기울이고만 여자는 결국 과일을 먹고 말았고, 그것을 자신의 사랑하는 남편(아담)에게도 먹게 함으로써 인간은 처음으로 하나님의 말씀을 거역하는 행동을 하게 되었습니다.[3] 즉 죄를 짓게 된 것입니다. 이것이 인간에게 찾아온 죄의 기원입니다.

---

2) "너희가 그것을 먹는 날에는 너희 눈이 밝아 하나님과 같이 되어 선악을 알줄을 하나님이 아심이니라."(창세기 3장 5절)

3) "여자가 그 나무를 본즉 먹음직도 하고 보암직도 하고 지혜롭게 할 만큼 탐스럽기도 한 나무인지라 여자가 그 실과를 따먹고 자기와 함께한 남편에게도 주매 그도 먹은지라."(창세기 3장 6절)

하나님께서는 무엇을 숨기시지도 않는 분이시지만, 설령 숨기셨다 하더라도 하나님께서 숨기시고자 하신 것을 누가 감히 알아낼 수 있겠으며, 더욱이 하나님의 아들인 인간 자신도 모르는 그것을 한낱 뱀이 안다고 믿었던 그 순간부터 이미 인간의 마음속에는 허황된 탐욕과 하나님의 사랑에 대한 의심 그리고 자신도 하나님과 같은 존재가 되겠다는 악마적인 교만이 스며들고 있었던 것입니다.

이 일로 인해 인간은 영원한 평화와 풍요의 고향 에덴으로부터 추방되었고,[4] 그로 인해 땅도 저주를 받아 신의 세계의 완전한 아름다움으로 꽃피던 대지는 가시덤불을 내며 인간이 수고하지 않으면 더 이상 먹을 것을 내주지 않았습니다. 하나님이 선물하여 인간에게 종속되었던 세상의 모든 것들도 함께 변해버린 것이었습니다. 이후 남자는 자신과 가족의 생존을 위해 반드시 땀 흘려 일을 해야만 했으며, 여자는 남편과의 사랑의 결실인 자식을 얻기 위해선 산통(産痛)이라는 커다란 수고를 겪어야만 했습니다. 또 뱀은 흉측한 몰골로 변해 평생을 배로 땅을 기어야 하는 형벌을 받았습니다.[5]

그러나 무엇보다 인간에게 닥친 가장 큰 비극은 영원히 살도록 창조된 자신들이 이제는 반드시 죽음을 맞아야 하는 운명에 갇히게 되었다는 것입니다. 하나님을 떠난 인간은 점차 생명이 소진되어 늙어가다 마침내는 원래의 흙으로 돌아가야 하는 존재로 전락하고 만 것입니다.

이것이 성서에 나오는 선악과에 관한 간추린 내용입니다. 이 선악과의 내용은 죄에 대한 정의(定義)와 그것이 하나님과 인간의 관계에 미치는 영향

---

4) "여호와 하나님이 에덴동산에서 그 사람을 내어 보내어…"(창세기 3장 23절)
5) "여호와 하나님이 뱀에게 이르시되 네가 이렇게 하였으니 네가 모든 육축과 들의 모든 짐승보다 더욱 저주를 받아 배로 다니고 (중략) 또 여자에게 이르시되 내가 네게 잉태하는 고통을 크게 더하리니 네가 수고하고 자식을 낳을 것이며 (중략) 아담에게 이르시되 (중략) 땅은 너로 인하여 저주를 받고 너는 종신토록 수고하여야 그 소산을 먹으리라. 땅이 네게 가시덤불과 엉겅퀴를 낼 것이라 너의 먹을 것은 밭의 채소인즉 네가 얼굴에 땀이 흘러야 식물을 먹고 필경은 흙으로 돌아가리니 그 속에서 네가 취함을 입었음이라. 너는 흙이니 흙으로 돌아갈 것이니라 하시니라."
(창세기 3장 14절, 16절~19절)

에 관하여 우리에게 이야기해 줍니다. 다시 정리하면 죄란 절대선인 하나님의 말씀을 따르지 않는 것을 말하며, 그 결과는 하나님과의 이별 즉 생명의 원천이신 하나님과의 소통이 끊어지게 되어 결국 죽음을 맞이하게 된다는 것입니다.

질문 10
하나님은 왜 선악과를 만드셨나요?

아마도 이 질문은 기독교에 관심을 가져본 사람이라면 대개 한 번쯤은 품어봤음직한 의문일 것입니다. 그런 까닭에 이 질문은 기독교에 입문하려는 초신자분들에게도 역시 가장 궁금한 내용 중의 하나일 것으로 생각됩니다. 그만큼 선악과의 존재에 관한 문제는 많은 이들로 하여금 하나님의 사랑에 대해 의구심을 갖게 하는 부분이기도 하며, 심지어 비기독교인들 가운데에는 이 문제를 제대로 이해하지 못한 나머지 자칫 하나님을 심술궂은 분이라고까지 성급히 오해하는 분들도 계십니다. 요컨대 하나님께서 선악과를 만들지 않으셨다면, 애당초 아담이 따먹을 리도 없었고 따라서 에덴동산에서 추방당하는 일도 없었을 것이라는 것이 그들 해석의 요지입니다.

1) 인간의 자유의지

정말 하나님은 왜 먹지도 못하게 하실 것을 만드셔서 인간으로 하여금 공연한 호기심을 갖게 하셨으며 당신에게 거역할 수도 있는 여지를 남기셨을까요? 과연 하나님이 짓궂으신 나머지 아담을 공연히 시험해 보시려고 그러셨을까요? 아니면 더 나아가, 처음부터 아담을 에덴에서 쫓아내실 요량으로 트집을 잡기 위한 수단으로 만드신 것일까요? 분명한 것은 하나님은 절대 그런 분이 아니십니다. 다시 말씀드리지만 하나님과 성경에 대하여 사랑을 빼고 생각하기 시작하면 오해와 의문은 끝없이 발생할 수 있습니다.

하나님께서 선악과를 만드신 이유를 결론부터 말씀드리자면, 그것은 사람에게 자유의지를 주시기 위함이셨습니다. 이 자유의지는 피조물인 인간에게 대단히 중요한 의미를 갖는 개념입니다. 우선 선악과에 담긴 자유의지의 개념을 이해하기 위해서는 다시 한 번 인간의 본향이었던 에덴동산의 환경부터 이야기해야 할 것입니다. 왜냐하면 하나님 세계의 일부였던 에덴이 어떤 곳이었는지에 대한 사전이해 없이는 자유의지에 대한 설명은 다분히 피상적이고 막연하게 다가올 수 있기 때문입니다.

에덴은 하나님께서 사랑으로 창조하신 아담을 위해 지으신 곳으로, 그곳은 하나님의 완전성과 영원성이 갖춰져 있던 곳이었습니다. 이를테면 그곳은 기쁨만이 존재하는 가운데 모든 생명은 영원한 것이었고, 아름다움은 완전한 아름다움이었으며, 그곳에서의 행복은 일말의 불행도 섞일 수 없는 그런 완전한 행복이었습니다. 여기서 말하는 완전함이란 우리가 일상적으로 곧잘 사용하는 감성적 또는 다소 문학적인 표현으로서의 그런 완전함이 아니라 진정 단 한 치의 오류도 허락될 수 없는 냉정하고 철학적인 개념에서의 실제적인 완전함을 말합니다. 그런 의미에서 에덴이란 곳은 진정 모든 것이 신의 완전함 속에 갖춰져 영원히 지속되는 참된 낙원이었습니다. 그러므로 에덴에서 인간과 하나님이 나눈 사랑도 완전한 차원의 사랑이었을 것입니다. 하나님은 그곳에서 아담이 영원히 당신과 함께 사랑을 나누며 행복 속에 살기를 원하셨습니다.

그런데 여기에는 한 가지 문제가 있습니다. 즉 아담의 입장에서 볼 때, 모든 것이 하나님의 완전한 사랑으로만 이루어진 그곳에서는 하나님을 사랑하지 않을 수 있는 방법이란 존재할 수 없다는 것입니다. 왜냐하면 모든 것이 하나님의 완전한 사랑으로만 가득 찬 세계에서는 그가 취하는 모든 행동은 이미 그 자체로서 하나님을 사랑하는 행위가 되고 말기 때문입니다. 예컨대 아담이 만약 하나님을 사랑하지 않는 행동을 취한다 하더라도 그 세계에선 이미 그것도 하나님을 사랑하는 것이 되는 것입니다. 그렇다면 하나님 세계의 완전한 사랑이란 아담에게 선택의 여지가 없다는 점에서, 한편으론 불완전한 사랑일 수밖에 없습니다. 하나님의 완전함이란 이런 것이 아니며 하나님의 사랑 역시도 마찬가지입니다.

그런 상황이라면 아담은 하나님께 다음과 같은 불평을 했을 수도 있지 않았을까 상상해 봅니다.

"하나님, 제가 하나님을 진심으로 사랑하는 것은 분명합니다. 그러나 한편으로 저는 솔직히 제 사랑에 대해 의구심이 들기도 합니다. 혹시 저는 하나님을 사랑만 하도록 만들어진 존재는 아닐까하는 의문이 들기 때문입니다. 왜냐하면 오직 하나님의 사랑만으로 가득 찬 이곳에선, 제가 만일 하나님을 사랑하지 않는다 하더라도 지금은 그 자체마저도 하나님을 사랑하는 것이 되고 마니까요. 하나님의 사랑만이 있는 이곳에서 저에게는 하나님을 사랑하지 않을 수 있는 방법이 없습니다. 참된 사랑이란 당신을 사랑하지 않을 수 있음에도 불구하고 저 스스로의 의지에 따라 당신을 사랑하는 그것일 것입니다. 그렇지 않다면 현재의 저는 하나님을 사랑하도록만 만들어진 일종의 로봇, 소위 '사랑하는 기계'에 불과한 것이지요. 물론 저는 지금 당신을 진정으로 사랑하고 있음을 부정할 수 없을 만큼 온 마음으로 느끼고 있습니다. 하지만 문제는 이 사랑이 저의 자발적인 의지에 따른 것임을 증명해 보일 수 있는 방법이 없다는 것입니다. 현재 이곳에선 '사랑' 이외엔 다른 선택의 여지가 없으니까요. 당신을 향한 이 사랑이 저의 선택에 의한 것이 아니라는 현실이 저를 슬프게 합니다."

물론 아담이 실제로 위와 같은 불평을 했다는 것은 아니며, 이는 단지 초신자분들의 이해를 돕기 위해 선악과가 없을 경우 아담이 처하게 되는 입장을 이야기로 꾸며 본 것입니다.

요컨대, 모든 것이 하나님의 완전한 사랑으로 충만 되어 있는 에덴에서는, 아담의 모든 행동은 하나님을 사랑하는 것일 수밖에 없습니다. 세상에 사랑밖에 없다면 미워하는 것도, 싫어하는 것도 모두가 원천적으로 불가능하게 됩니다. 그곳에서는 그것조차도 모두가 사랑하는 것이 됩니다. 다른 선택의 여지는 없는 것입니다.

이렇게 되면 에덴에서의 아담은 결국 하나님을 오직 사랑만 하도록 만들어진 일종의 기계나 로봇과 같은 존재로 전락하고 맙니다. 그런데 하나님은 당신을 사랑하도록만 입력된 로봇 같은 존재로부터 사랑받기를 원하시는 분이 결코 아닙니다. 하나님께서 아담을 그런 식으로 사랑하지 않으셨기에, 하나님 역시도 그런 의미 없고 가치 없는 사랑은 받고자 하지 않으셨습니다. 이런 이유로 해서 생겨난 것이 바로 선악과입니다.

2) 하나님의 인간주의

하나님이 에덴에 있는 모든 것을 아담에게 허락하신 것은 사랑으로 말미암은 것이지만, 한편으로 선악과만큼은 먹지 않기를 원하신다고 하신 것은 그에게 당신을 사랑하고 안하고에 대한 스스로의 선택을 허락하신 것입니다. 즉 이것은 아담에 대한 무한한 존중이자 배려인 것입니다.

사랑의 속성 가운데는 자발적으로 상대의 뜻에 기쁘게 동의하고 따르는 것도 포함됩니다. 그런 점에서 선악과를 먹지 않기를 하나님이 원하신다는 것을 아담이 알고 있고, 그런 상황에서 그가 평소 그 과일을 먹을 수 있음에도 불구하고 그렇게 하지 않는다는 것은, 그가 자신의 의지로써 하나님의 뜻을 따르고 있다는 의미이며, 이는 곧 자신의 자유선택에 의해 자발적으로 하나님을 사랑하고 있다는 표현이자 증거가 되는 것입니다. 또 반대로 그 과일을 먹는다면 그것은 더 이상 하나님을 사랑하지 않는다는 선언의 의미가 됩니다. 그러므로 이제 하나님을 사랑하느냐 하지 않느냐는 인간의 자의적인 선택에 의해 결정되는 것입니다.

에덴의 모든 것은 아담의 것이었으므로 그는 그 과일을 먹을 수 있는 자격도 충분히 있었습니다. 또 하나님께서도 선악과 주변엔 사람이 접근할 수 없거나 따먹을 수 없도록 할 아무런 방비도 두지 않으셨습니다. 즉 선악과는 인간이 원한다면 언제든지 따먹을 수 있었다는 이야기입니다. 이것은 완전한 선택의 자유를 의미합니다. 또 범접할 수 없도록 하는 아무런 장치도 없었다는 점에서 이것은 하나님의 위엄이나 권위를 위해 존재하는 것도 아니었습니다.

하나님과 인간의 애정적 관계에서 이 선악과가 갖는 의미는 대단히 중요할 수밖에 없습니다. 선악과가 없다면 인간은 단지 하나님을 사랑하도록만 만들어진 '사랑의 기계'로 전락하게 되지만, 그러나 선악과가 있음으로 해서 인간은 하나님을 스스로 사랑하고 있음을 증명할 수 있게 되기 때문입니다. 다시 말해 이 선악과는 자유의지에 의한 사랑의 공증표가 되어 아담이 하나님을 사랑하도록만 만들어진 기계와 같은 존재가 아니라, 그가 자발적으로 하나님을 사랑하고 있는 존재임을 명확히 말해주고 있으며, 그로써 하나님을 향한 그의 사랑이 진정한 사랑임을 증명해 주는 확실한 증거가 되는 것입니다.

따라서 선악과는 아담에겐 커다란 기쁨의 상징이 되기도 하는 것입니다. 왜냐하면 그는 하나님을 사랑하지 않을 수도 있지만 자신이 자발적으로 하나님을 사랑하고 있음을 떳떳하게 보여줄 수 있는 증거를 가지게 되기 때문입니다.

이렇듯 선악과의 존재는 기계적인 사랑, 강제적 또는 일방적으로 주입된 무의미한 사랑을 받고 싶지 않으셨던 하나님께서 아담의 사랑의 진정성을 위해 미리 준비해 두신 것이라는 점에서도 큰 의미가 있다 하겠습니다. 그로써 선악과는 또한 인간이 거룩한 자 앞에서 자유로운 의지를 소유한 존엄한 존재임을 천지만물에게 선언하는 상징이 되기도 하는 것입니다.

이상과 같이 볼 때 선악과에는 하나의 커다란 교훈이 담겨있는데, 그것은 바로 하나님께서는 자신의 피조물로 하여금 창조주에 대한 사랑과 배신, 믿음과 의심, 순종과 반역을 스스로 선택할 수 있도록 전적인 권한을 허락하셨다는 사실입니다. 이것이 바로 하나님이 우리에게 주신 가장 커다란 은혜 중의 하나, 바로 '자유의지'인 것입니다. 이것은 창조주이신 하나님께서 사람으로부터 진정한 사랑을 원하지 않으셨다면 결코 허락하실 수 없는 숭고한 결단이며, 동시에 그만큼 인간을 존중코자 하시는 사랑의 진정성과 그에 기반을 둔 아름답고 세심한 인본주의를 느끼게 하는 대목이기도 합니다.

그러므로 선악과는 우리에게 사랑이란 자의적인 선택으로 이루어져야 하는 것이며, 스스로 순종하는 것이고 또한 영원한 지속을 전제로 하는 아름다운 약속임을 일깨워 주는 것이라고 하겠습니다.

질문 11
선악과 하나 먹었다고
아담이 꼭 추방당해야 했나요?

인간이 저지른 최초의 범죄, 즉 선악을 알게 하는 나무의 열매를 따먹지 말라고 하신 하나님의 말씀을 어김으로 인간은 에덴에서 추방을 당하게 되었습니다. 그런데 하나님을 믿지 않는 분들 가운데에는 아담이 지은 죄에 비해 그 벌이 너무 가혹하다고 말하는 분들이 계시기도 합니다. 선악과가 뭐길래 과일 하나 따먹은 것을 가지고 고향에서 추방을 당해야 하고, 영생을 잃고 죽어야 하고, 땀 흘려 일해야 하고, 산통을 겪어야 하고… 어찌 보면 하나님께서 상당히 옹색하신 것 아니신가 하고 여기시는 분들도 혹자는 계신 것 같습니다. 그러나 이 사건에서 한 가지 분명히 알아야 할 것은, 하나님께서는 결코 과일 하나가 아까워 아담을 쫓아내신 것이 아니라는 사실입니다.

인간이 선악과를 따먹은 행동에 담긴 의미는, 그가 비록 악마의 유혹에 빠져 저지른 잘못이라 할지라도 그 행동은 이미 자신이 하나님과 같아지겠다는 탐욕과 교만에서 출발한 도전이었으며, 동시에 이제는 더 이상 하나님을 사랑하지 않는다는 단교와 배신의 선언이었습니다. 그로 인해 인간은 더 이상 하나님과 함께 할 수 없는 상황을 자초하고 말았던 것입니다.

그럼에도 하나님께서는 사람과 헤어지는 것을 원하지 않으셨습니다. 하나님께서 아담과의 이별을 얼마나 아쉬워하고 계셨는지는 아담 내외가 추방될 때 하나님께서 짐승의 가죽으로 손수 옷을 지어 입히신 것을 보아서도 알 수 있습니다.

[여호와 하나님이 아담과 그 아내를 위하여 가죽옷을 지어 입히시니라.] (창세기 3장 21절)

어쩌면 이별은 아담보다 하나님께서 더 원하지 않으셨을 수도 있었음을 이 대목에서 우리는 짐작해 볼 수 있습니다.[1] 만군의 하나님께서 누구를 위하여 직접 옷을 지어 입히신 이 사건은 성경 전체를 통 털어 유일무이한 일이었습니다. 이는 하나님께서 인간과의 헤어짐을 너무도 안타까워하고 계셨다는 증거이기도 합니다. 그만큼 하나님께서는 인간을 너무도 사랑하셨다는 의미입니다.

이에 어떤 분들은 질문하시기를, 하나님께서 인간을 그렇게 사랑하셨다면 당신은 전능자이자 창조주이신데 마음만 먹으면 당신의 직권으로 그들이 에덴에 계속 머물게 하실 수도 있었지 않았겠느냐고 묻는 분들도 계십니다. 얼핏 생각하면 그런 생각도 가능할 수 있을 것입니다.

하지만 그렇게 하기에는 한 가지 집고 넘어가야 할 문제가 있습니다. 그것은 바로 하나님의 세계는 완전의 세계이며 그 지배자 되시는 하나님 역시도 완전한 분이시라는 사실입니다. 우리는 여기서 아담 역시 완전한 선을 가지고 태어난 존재로서 완전의 세계인 에덴에서 영생하는 인간이었음을 상기해야 합니다.

그런데 이제는 죄인이 되어 절대선의 완전성을 상실하고 불완전한 존재로 추락한 인간이 그대로 에덴에서 영원히 살게 된다는 것은, 결국 에덴이라는 완전의 세계였던 하나님의 세계가 이제는 불완전한 존재가 함께 한다는 점에서, 그 완전함이 희석되어 더 이상은 완전하지 않은 세계가 되고 만다는 것을 의미합니다. 나아가 하나님께서도 이제는 완전선이 깨어진 상태의 인간과 그의 죄를 묵인한 채 예전과 같이 그와 영원히 함께 하신다는 것은 결

---

[1] 에덴에서 추방당하는 인간을 위해 하나님께서 옷을 지어 입히시는 이 장면에서 우리는 두 가지 사실을 읽어낼 수 있다. 첫째는 인간과 헤어지는 순간에도 하나님은 인간을 위하고 계시다는 것과, 둘째는 성경에 나오는 최초의 희생제물이라 할 그 짐승. 요컨대 인간 때문에 애꿎게 죽임을 당한 그 짐승은 장차 대속을 위해 세상에 강림할 그리스도를 상징하고 있다는 점이다. 이와 같은 그리스도의 상징은 이후로도 성경에서 무수히 찾아 볼 수 있다.

국 하나님 자신도 그 순간부터 완전한 존재가 아니라는 것을 의미하게 됩니다. 이것은 완전하신 하나님의 세계성과 배치되는 일입니다. 이런 의미에서 하나님은 인간과 함께 하실 수가 없으셨으며 그러기에 인간과 헤어지셔야 했던 것입니다.

완전의 세계에서는 그것을 오염시키는 티끌의 경중이 문제가 아니라 티끌 그 자체의 존재유무만이 문제가 될 뿐입니다. 다시 말해 완전의 세계인 하나님의 세계에서는 아담이 선악과라는 과일 하나를 따 먹은 것이 얼마나 큰 죄이냐를 논하는 것은 무의미한 일이며, 여기서는 오직 하나님의 말씀을 어겼느냐 아니냐 즉 절대선의 의지에 절대적으로 합치하느냐 그렇지 않으냐의 사실만이 적용될 뿐입니다.

그렇다면 이번에는 더 나아가 조금은 억지스러울지도 모르는 가정을 하여 이 문제를 생각해 보도록 하겠습니다. 가령 하나님께서 이미 지은 아담의 죄를 하나님의 직권으로 그 자리에서 용서하시거나, 아니면 아담을 죄 짓기 이전의 상태로 되돌려 다시 깨끗한 상태의 인간으로 만들어 예전같이 함께 사시면 안 될까 하는 것입니다. 이것은 시간을 주관하시는 하나님의 권능으로써 충분히 가능한 일일 것입니다. 하지만 여기에도 문제가 있습니다.

왜냐하면 이것은 인간을 위하는 것이 아니라 오히려 인간창조의 존엄을 해치는 일이 되기 때문입니다. 즉 그렇게 되면 인간은 앞으로도 어떠한 죄를 수없이 반복해도 상관없다는 점에서, 그리고 무슨 죄를 지어도 아무런 대가 없이 하나님께서 수시로 새로운 존재로 되돌려 주신다는 점에서, 나아가 인간은 그렇게 끝없이 불완전한 굴레 속을 맴도는 가운데 영생한다는 점에서 이제는 하나님과 진정한 사랑을 교류하는 존엄한 존재로서가 아니라 마치 망가지면 언제든 새로 장만하면 그만인 노리개처럼 매번 하나님의 일방적인 기쁨만을 위해 새롭게 마련되는 값싼 장난감과 같은 존재로 전락하는 것과 같기 때문입니다. 하나님은 결코 그러한 의미의 존재로 인간을 창조하지 않으셨습니다. 하나님은 그런 유희 같은 목적을 위해 자신의 권능을 사용하지도 않으십니다. 또 하나님은 결코 인간의 존엄을 해치며 자신만을 위한 일방적인 행위를 하지 않으십니다. 그것이 하나님의 공의(公義)입니다. 하나님의 창조는 유희가 개입될 수 없는 완전함 속에서 이루어지는 거룩한 역사(役事)입니다. 그러기에 인간은 결코 하나님의 장난감이 아님을 명심하셔야 합니다.

 하나님은 사랑의 하나님이시기도 하지만 한편으론 공의의 하나님이시기도 합니다. 죄를 지으면 정녕 죽으리라고 하셨으니 여기에는 누구도 예외 없이 죄를 짓는 경우 죽어야 합니다. 하나님께서는 당신의 말씀으로 정하신 것을 결단코 당신의 편의나 임의대로 바꾸거나 폐하지 않으십니다. 그러기에 하나님의 말씀은 곧 만유에 공통으로 적용되는 절대불변의 진리인 것입니다.

 그러므로 죄를 지으면 생명의 원천이신 하나님과의 관계가 끊어져 죽음을 맞아야 하는 것 역시도 진리입니다. 진리는 번복되지 않습니다. 죄는 반드시 대가를 요구하며, 그 대가로 죄는 우리의 생명을 요구합니다. 하나님도 이 진리를 바꾸실 생각이 없으셨습니다. 오히려 한 번 정하신 이 진리를 누구보다 존중하며 지키시기를 원하셨습니다. 설사 당신의 아들인 인간이 이 원칙을 어겼을지라도, 그래서 그와 헤어져야만 하고 그가 죽어가는 모습을 지켜볼 수밖에 없을지라도 이 진리를 존중하고자 하셨습니다. 당신께는 이를 되돌릴 수 있는 충분한 권능과 자격이 있으셨지만 그럼에도 원칙을 존중하고자 하시는 하나님의 모습. 이것이 바로 공의의 하나님의 모습입니다.

 그러나 성서에 나타나는 하나님의 성품을 미루어 헤아려 볼 때, 인간을 너무도 사랑하시는 하나님께서 인간이 사망의 먹이가 되는 모습을 바라만 보시기에는, 그것은 부모가 자식의 죽음을 눈앞에서 목도하는 것과 같은 고통이었습니다. 이것은 공의의 하나님에 반해 바로 사랑의 하나님의 모습입니다.

 여기에 공의와 사랑 사이의 딜레마를 마주하신 하나님의 고뇌가 있습니다. 즉 당신과 영원토록 사랑을 나누기 위해 창조한 저 사랑하는 인간이 영생(永生)이 아닌 영사(永死)의 먹이가 되어 지옥의 나락으로 떨어져 가는 모습을 두 손 놓고 바라만 봐야 한다는 것은 하나님께는 너무나 고통스러운 일이었습니다. 그렇다고 당신이 사랑하는 자라고 하여 이미 정하신 준엄한 섭리를 포기하시거나 번복하시기엔 스스로 공의를 무너뜨리는 결과를 초래하게 됩니다. 따라서 인간의 구원은 이 양단의 딜레마 즉 사랑과 공의를 모두 충족시키는 범위 안에서 이루어져야 한다는 또 다른 원칙이 생겨나게 되는 것입니다.

　이에 하나님께서는 당신에게 합당한 방법으로 인간을 다시 에덴으로 돌아오게 할 수 있는 방법을 강구하셨으며, 여기에 바로 그리스도께서 강림하시는 이유와 그분의 대속의 비의(秘意)가 담겨져 있는 것입니다.

질문 12
가인이 추방당할 때, 이미 다른 곳에 살고 있던 사람들은 누구인가요?

아담은 에덴을 떠난 후 이브와의 사이에 두 아들을 낳게 됩니다. 큰 아들의 이름은 가인이었으며 둘째의 이름은 아벨이었습니다. 두 아들은 성장하여 가인은 양을 치는 목자가 되었고 동생 아벨은 밭을 가는 농부가 되었습니다.

그리고 때가 되어 그들은 각자 하나님께 제사를 지내게 되었습니다. 가인은 자신이 키우던 양의 첫 새끼를 잡아 기름기를 제물로 바쳤으며 아벨은 자신이 농사지은 곡식을 제물로 바쳤습니다. 그런데 하나님은 동생 아벨의 제물은 반갑게 받으셨지만 가인의 제물은 반기지 않으셨습니다. 하나님께서 왜 그러셨는지에 대해 성경에는 명백한 이유가 나오진 않지만, 추측컨대 가인은 평소 하나님 보시기에 선하게 살지 않았던 것으로 여겨집니다. 다시 말해 그는 하나님을 사랑하지 않았던 것입니다. 이는 가인이 자신의 제물을 받지 않으시는 하나님의 행동에 분노를 품었다는 성경의 기록을 보아 알 수 있습니다.[1] 누군가를 사랑하는 사람은 자신의 선물을 받지 않는 상대에게 화부터 내지 않습니다. 오히려 그 보다는 상대가 왜 그랬는지 자신을 성찰하며 다시금 그에게 자신을 맞추고 마음을 전하려 노력합니다. 하지만 가인은 이에 안색이 변할 만큼 분을 품었고 결국 그 분을 참지 못해 동생 아벨을 살해하고 맙니다. 그로 인해 그는 하나님과 자신의 땅에서 추방되어 세

---

1) "가인과 그 제물은 열납하지 아니하신지라 가인이 심히 분하여 안색이 변하니"(창세기 4장 5절)

상을 떠돌며 살아야 하는 벌을 받게 됩니다. 이상은 창세기 4장 1절에서 14절까지를 간추린 내용입니다.

그런데 창세기 4장 14절에 보면, 세상을 떠돌아야 하는 징계를 받게 된 가인은 두려움에 하나님께 다음과 같은 말을 합니다.

[주께서 오늘 이 지면에서 나를 쫓아내시온즉 내가 주의 낯을 뵈옵지 못하리니 내가 땅에서 피하여 유리하는 자가 될찌라. 무릇 나를 만나는 자가 나를 죽이겠나이다.]

그는 자신이 사는 땅을 떠나 다른 곳으로 가면 그곳에 사는 사람들에 의해 죽임을 당할 것을 두려워하고 있었던 것입니다. 이에 하나님께서 가인에게 이르시기를, 그렇게까지 벌을 내리진 않을 것이며, 당신께서 가인을 지켜 그가 결코 해를 당하지 않도록 할 것을 약속하십니다.

[하나님께서 그에게 이르시되 "그렇지 않다. 가인을 죽이는 자는 벌을 일곱 배나 받으리라"하시고 가인에게 표를 주사 만나는 누구에게든지 죽임을 면케 하시니라.] (창세기 4장 15절)

그런데 그 당시 사람이라곤 아담과 이브, 그리고 가인과 그가 살해한 아벨밖엔 없었던 때에 이미 다른 곳에 살고 있던 사람들은 누구일까요? 하나님이 창조하신 또 다른 사람들이 있었다는 말인가요? 많은 사람들은 이에 대해 의아해 하며, 심한 경우 하나님마저 의심을 합니다. 과연 그럴까요?

이 내용을 이해하기 위해, 우리는 먼저 옛날의 풍속에 대해 잠시 몇 가지 이야기하고 넘어가야 할 것 같습니다.

첫째, 과거 이스라엘은 철저한 남성 위주의 사회였습니다. 예컨대, 예수님은 다섯 개의 빵과 물고기 두 마리를 가지고 오천 명을 배불리 먹이신 기적

---

2) 마태복음 14장 14절~21절, 마가복음 6장 35절~44절, 누가복음 9장 12절~17절, 요한복음 6장 5절~14절.

을 베푸신 적이 있었는데,[2] 그때에도 그 오천 명은 여성과 어린아이가 빠진 그리고 적어도 이십 세 이상의 건장한 남성만을 헤아린 숫자입니다. 따라서 실제의 인원은 그 몇 배에 달하는 숫자라고 보아야 합니다. 이렇게 볼 때, 아담도 이브와의 사이에 성서에 기록되지 않은 많은 딸들을 낳았을 것으로 보아야 합니다.

둘째, 당시는 특별한 이유가 없는 한 본처에게서 낳은 적자(嫡子)만을 대우하던 시대였습니다. 성경에는 족보와 혈통에 관한 내용이 많이 나오는데, 특별한 경우가 아닌 한 이는 모두 남성 특히 적자 중심의 기록입니다.

셋째, 옛날의 결혼관계는 오늘날과는 사뭇 다른 풍속을 유지하고 있었습니다. 즉 근친결혼이 허락되어 있었습니다. 이는 이스라엘의 역사에서도 예외가 아니었습니다. 고대 이스라엘에서는 형이 자식을 낳지 못하고 죽으면 동생이 형수와 동침하여 아들을 낳아 형의 후대를 이어주어야 하는 것이 율례였습니다. 이를 거부하는 사람은 죽임을 당하는 경우도 있었습니다.[3] 과거 일부다처제가 허용되던 우리나라의 경우를 보더라도 고려시대 광종[4] 때까지는 모친만 다르면 오누이끼리 결혼도 가능했었습니다. 또 성경의 예에서는 이스라엘민족의 조상인 아브라함과 그의 아내 사라도 배다른 오누이 관계였습니다.[5]

그러므로 이보다 훨씬 전인 아담이 생존하던 시대에는 현재와는 전혀 다른 결혼문화가 유지되고 있었으리라는 것을 쉽게 짐작할 수 있습니다. 현대인의 도덕적 기준으로 보자면 다소 충격적이고 거부감이 들 수도 있겠지만 사실 당시에는 근친결혼이 충분히 가능했을 것으로 보아야 합니다. 즉 그 시절엔 아담과 이브 사이에서만이 아니라 그 외 다양한 근친 사이에서도 상

---

3) 창세기 38장 8절~10절에 나오는 유다의 아들 오난의 경우가 그러하다.
4) 광종(光宗 서기925~975) : 재위 서기949~975. 고려 제4대 임금. 태조 왕건의 셋째 아들. 3대 임금 정종의 친동생. 권신훈족들을 숙청하여 고려시대 왕권강화의 기틀을 마련하였다. 노비안검법을 실시하였고 과거제도를 최초로 도입하였다.
5) 창세기 20장 12절 참조.

당히 많은 자녀가 태어났을 것입니다. 성경에는 아담이 구백 삼십세를 살았다고 되어 있는데, 그 동안 그 역시도 자신이 낳은 많은 딸과 나아가 손녀들과의 사이에서도 많은 자손을 낳았을 것으로 보아야 합니다. 그리고 그 자손들도 그와 같은 방식으로 수많은 후손을 도모했을 것입니다.[6]

그러나 아담이 이브와의 사이에서 얻은 적손이 아니었던 그들의 이름은 딸들과 마찬가지로 성서에 오르지 않았을 것입니다. 성경은 오직 아벨이 죽고 가인이 떠난 후 그 적통을 이어받는 아들 '셋'(Seth)의 탄생에 대해서만 기록하고 있습니다.

[아담이 일백 삼십세에 자기 모양 곧 자기 형상과 같은 아들을 낳아 이름을 셋이라 하였고. 아담이 셋을 낳은 후 팔백년을 지내며 자녀를 낳았으며 그가 구백 삼십세를 향수하고 죽었더라.] (창세기 5장 3절~5절)

아담이 가인과 아벨을 몇 살 때 낳았으며 또 가인이 아벨을 죽인 사건이 언제 벌어졌는지 성서에는 언급이 없습니다. 그러나 일백 삼십세에 셋을 낳고 이후로도 아담은 계속해서 자녀를 낳았다고 기록되어 있는 것을 보면, 가인의 사건이 일어나기 전에 이미 상당히 많은 딸들이 태어나 있었다는 것을 알 수 있습니다.

아담이 언제 에덴을 떠났는지 역시도 성서 상으론 알 수 없지만, 그가 본처인 이브와의 사이에서 셋을 낳기 이전에 가인의 살인사건이 벌어졌다고 가정한다면, 위와 같은 결혼관계에서 이미 백여 년의 기간 동안 인구는 어느 정도 부락을 이룰 만큼은 불어났을 것입니다. 물론 그들이 아담과 여전히 유대관계를 맺고 있었는지는 알 수 없습니다. 따라서 가인이 두려워 한 것이 동생을 살해한 죄로 인해 근친들에게 당할 징벌이었는지 아니면 세월

---

6) 창세기 19장 30절~38절에 보면 롯의 두 딸이 각각 그 아비와 동침하여 아들을 낳는 사례가 등장하는데, 이를 볼 때 그 훨씬 전인 아담 생존 시의 근친관계에 관해서는 어렵지 않게 짐작할 수 있다.

이 흐른 탓에 저들이 자신을 전혀 모르는 외지인으로 취급하여 배타적인 태도로써 취하는 공격이었는지는 알 수 없습니다.

아무튼 가인이 언급했던 타지의 사람들은 바로 이런 상황에서, 오랜 기간을 거치면서 독립해 나간 친족의 후손들이라고 보는 것이 성서를 통해 설명할 수 있는 가장 설득력 있는 추론일 것입니다.

질문 13
성경은 어떤 내용인가요?

성경(聖經)은 글자 그대로 '성스러운 경전'이란 뜻이며 기독교의 경전을 이르는 말입니다. 성경을 흔히 다른 말로는 '성스러운 책'이라는 의미의 성서(聖書)라고도 부릅니다. 이 성경은 크게 구약성경과 신약성경 이렇게 두 개의 성경으로 구성되어 있습니다. 물론 구약성경이나 신약성경은 각각 그 안에 수록된 여러 경전의 총칭을 이르는 것이지만, 일단 성경을 크게 분류할 때는 구약성경과 신약성경 이렇게 두 개의 경전으로 이야기합니다.

먼저 구약성경에서 구약(舊約, Old Testament)이란 하나님께서 인류의 구원을 위해 인간에게 약속하신 '오래전부터 맺어온 언약'이라는 의미입니다. 그리고 신약(新約, New Testament)은 그 언약이 이루어졌음에 대한 선언이자 동시에 하나님과 '새롭게 맺은 언약'이라는 의미를 갖습니다. 따라서 성경은 이 언약이 어떤 내용이며, 무엇을 위한 것이고, 또 어떻게 맺어지고 이루어졌는지를 구체적으로 설명하고 있는 기록이라 하겠습니다.

그럼 지금부터 이에 대해 좀 더 자세히 알아가 보도록 하겠습니다.

1) 그리스도 강림의 선언

구약성경과 신약성경을 각각 한 마디로 정리하자면, 먼저 구약성경은 '그리스도가 이 땅에 오신다!'는 이야기이며, 이어 신약성경은 '그리스도가 이 땅에 오셨다!'는 이야기로 요약될 수 있습니다. 구약성경은 이스라엘이라는 한 민족 전체가 그들 민족의 형성기부터 시작하여 이후 1,400여 년 동안을 대대로 내려가며 그리스도가 이 땅에 강림하실 것이라는 이야기를 예언과 상징 그리고 자기민족의 역사 등 여러 가지 방식을 통해 반복적으로 주장하고 있는 기록입니다. 그리고 신약성경은 그 그리스도가 드디어 이 땅에 임하셨다는 사실을 여러 증거와 경험을 통하여 전하고 있는 기록입니다. 참고로 기독교의 모태인 유대교는, 이런 시각에서 볼 때 '아직 그리스도가 오시지 않았다'고 이야기하는, 말하자면 구약성경만을 인정하며 여전히 그리스도를 기다리는 종교라고 하겠습니다.

그런데 기독교는 이천년 전 베들레헴에서 태어나신 예수님이 바로 그 그리스도라는 사실을 인정하는 것으로 성립됩니다. 즉 예수님은 구약성경에 예언된 약속에 따라 세상을 구원하러 이 땅에 오신 그리스도라는 것이 신약성경의 핵심적인 내용이며 기독교는 바로 이것을 기반으로 존재하는 종교입니다.

그러므로 구약성경과 신약성경은 그리스도를 중심으로 서로 마주보며 강림의 이유와 과정, 강림 후의 행적, 결과 등 많은 이야기를 여러 방식으로 다루고 있는 장편의 서술이라 하겠습니다.

2) 강림의 이유

그렇다면 그리스도는 이 땅에 왜 오셨을까요?

결론부터 말하자면, 그것은 바로 여러분 개개인을 죄로부터 구원하러 오셨습니다.

그렇다면 '내가 왜 죄인인가?' 또 '죄란 무엇인가?'와 같은 많은 질문들이 생겨날 수 있습니다. 그렇습니다. 바로 이 질문들이 기독교인이 되고자 할 때 제일 먼저 스스로에게 다가오는 질문이며 또한 예수님 앞에서 자기 자신을 깊이 돌아보게 하는 성찰의 시작입니다.

기독교는 모든 인간은 스스로의 힘으로는 결코 회복될 수 없는 죄인이라는 전제 하에서 출발하는 종교입니다. 그러므로 기독교를 받아들이기 위해서는 무엇보다 먼저 '나는 죄인이다'라는 자기고백이 우선되어야 합니다. 따라서 '나는 죄인이 아니다' 또는 '나는 착한사람은 아니지만 그렇다고 죄인이라고 말할 정도는 아니다'라는 생각을 가지고 있다면 그는 결코 기독교인이 될 수 없습니다.

따라서 철저한 성찰을 통해 자신이 죄인임이 스스로 인정될 때 비로소 우리에겐 회개의 마음이 싹틀 수 있게 되는 것입니다. 그리고 이 회개의 마음은 곧 용서를 가능하게 만드는 씨앗입니다. 용서는 뉘우침을 전제로 하는 것이기에 회개가 없으면 용서도 가능하지 않습니다.

그런데 하나님은 우리를 너무도 사랑하시므로 진심으로 회개하는 자에겐 무조건의 용서를 약속하셨습니다.[1] 그러므로 인간의 회개는 반드시 하나님의 용서를 보장합니다. 또 하나님의 용서는 곧바로 영원한 구원을 얻게 합니다. 그리고 바로 이 구원을 우리에게 주시기 위해 그리스도는 이 세상에 오신 것이며, 더 정확히 말하면 바로 여러분 각자를 찾아오신 것입니다.

3) 구속의 경륜

이처럼 하나님께서 인류를 구원하시기 위해 몸소 계획하시고 그리스도를 통해 실현하시기까지의 과정을 기독교에서는 '구속의 경륜'(救贖의 經綸)이라고 합니다. 여기서 구속은 속박한다는 의미의 구속(拘束)이 아니라, 구원할 구(救) 속죄할 속(贖) 즉 속죄시켜 구원한다는 의미의 구속입니다. 또 경륜이란 어떤 포부를 가지고 일을 조직적으로 계획하는 것을 말합니다. 따라서 기독교에서 말하는 구속의 경륜이란 인간을 속죄시켜 구원을 얻게 하기까지 하나님이 행하셨던 긴 여정의 이야기를 가리키며 이것이 성경의 전반에 흐르는 핵심적인 주제입니다. 그리고 이 경륜은 바로 예수그리스도의 강림과 십자가에서의 죽음 그리고 부활로 현실화되며 구원의 완성이라는 마침표를 찍게 되는 것입니다.

그러므로 그리스도는 인류를 죄로부터 구원하여 다시금 인간이 처음 창조되었던 상태 즉 복락과 영생의 상태로 되돌리기 위해 오신 분이십니다. 다시 말해 우리의 모든 죄를 용서하시고 다시금 우리의 본향인 하나님의 나라에서 하나님과 영원히 살게 하기 위해서입니다. 하나님은 여러분의 죄를 없애기 위해 예수그리스도를 보내셨습니다.

---

1) "나 곧 나는 나를 위하여 네 허물을 도말하는 자니 네 죄를 기억지 아니하리라." (이사야 43장 25절)

그런데 이렇듯 하나님께서 인간을 기어이 구하고자 하시는 이유는 바로 사랑입니다. 우리가 성서를 통해 깨달을 수 있는 한 가지 사실은, 하나님은 인간과의 헤어짐을 결코 원하지 않으셨다는 것입니다. 이는 성서를 읽다보면 쉽게 알 수 있습니다. 아담을 에덴에서 추방하신 이후 하나님은 사랑하는 자를 잃은 깊은 고뇌와 슬픔을 마음에 안으셨으며 이때부터 재회를 향한 하나님의 그리움은 시작되었습니다. 이러한 마음속에 하나님께서는 당신에게 합당한 모든 계획을 강구하시며 아버지로서 자식과 다시 만나기 위해 울부짖고 계시다면 여러분은 믿으시겠습니까? 때로는 처절하기까지 할 만큼 인간과의 재회를 향한 그분의 사랑은 성서의 근간을 이루는 기본이념이자 중심사상이기도 합니다. 우리는 인류역사 속에 스며있는 하나님의 슬픔과 번민을 성서를 통해 느낄 수 있습니다.

인간을 너무도 사랑하시는 하나님께서는 당신의 사랑의 대상인 인간이 본향을 떠나 어둠 속을 방황하다 결국엔 사망이라는 영원한 음부에 떨어지도록 그냥 놔두실 수가 없었습니다. 이것이 바로 그리스도가 이 땅에 오시게 되는 구속의 경륜의 동기입니다. 그리스도는 온 인류를 죄악으로부터 구원하기 위해 오셨습니다. 그리고 하나님이 우리를 구하시려는 이유는 두말할 여지없이 우리를 향한 사랑 바로 그것 때문이었습니다.

4) 그리스도의 증거

성경에서 구약성경은 '그리스도가 오신다'는 이야기이며, 신약성경은 '그리스도가 오셨다!'는 이야기로 함축될 수 있다는 것은 앞에서 말한 바와 같습니다. 그 중 구약성경에 나타난 그리스도 강림에 관한 이야기는 여러 예언자들에 의한 직접적인 예언으로도 나타나 있지만, 또 상당수는 이스라엘 민족의 역사 속에 비유나 상징으로 나타나 있습니다.

특히 그리스도에 관한 예언은 그분이 강림하시는 방법이라든가 강림하실 장소 등 다양한 내용을 구체적으로 언급하고 있기도 합니다. 그 중 몇 가지를 예로 들어 보겠습니다. 먼저 BC8세기 중후반에 활동했던 이사야라는 예언자의 예언 가운데 하나를 살펴보겠습니다.

[주께서 친히 징조로 너희에게 주실 것이라. 보라, 처녀가 잉태하여 아들을 낳을 것이요, 그 이름을 임마누엘[2]이라 하리라.] (이사야 7장 14절)

위 내용은 그리스도께서 처녀의 몸을 통해 임하시리라는 것을 예언하고 있습니다. 이 예언은 예수님이 탄생하실 때 성모마리아의 약혼자인 요셉을 찾아간 천사 가브리엘에 의해 다시 한 번 인용되기도 합니다.[3] 또 한 예로 다음과 같은 예언도 찾아볼 수 있습니다.

[베들레헴 에브라다야! 너는 유다 족속 중에 작을지라도 이스라엘을 다스릴 자가 네게서 내게로 나올 것이라. 그의 근본은 상고에 태초에니라.] (미가 5장 2절)

위 예언은 BC8세기 후반에 활동했던 미가라는 예언자의 예언입니다. 이 예언은 그리스도께서 베들레헴이란 곳으로 임하실 것임을 선언하고 있습니다. 여기서 '에브라다'는 베들레헴의 옛 지명으로 이스라엘에는 베들레헴이라는 지명을 가진 곳이 두 군데가 있었습니다. 그 중 하나는 북쪽 갈릴리지방에 있었으며 상대적으로 규모가 큰 고을이었고, 다른 하나는 남쪽의 유다지방에 있던 조그만 벽촌이었습니다. 그런데 위 예언에서 그리스도가 강림하실 베들레헴은 북쪽의 큰 고을 베들레헴이 아니라 바로 옛 이름이 에브라다였던 남쪽의 작은 고을 베들레헴이라고 구체적으로 적시하고 있는 것입니다.

물론 구약성경에는 이밖에도 그리스도의 생애 전반에 걸친 예언들이 수없이 수록되어 있습니다. 또 그 외에 이스라엘의 역사를 통해서도 그리스도는 상징이나 비유로 수없이 나타나고 있습니다. 예컨대 출애굽기 11장 5절

---

2) 임마누엘은 히브리어로 '하나님이 우리와 함께 계시다'는 뜻이며 이는 예수님의 별명이기도 함.
3) 마태복음 1장 23절 참조.

부터 12장 27절을 보면, 하나님께서 이집트에서 태어난 사람의 장남과 짐승의 첫 새끼는 누구나 할 것 없이 모두 죽임을 당하는 무서운 재앙을 내리시는데, 이것은 이집트 왕이 자기나라에서 노예로 살던 이스라엘민족의 해방을 거부한 데에 따른 징벌 가운데 하나였습니다. 그러나 이 때 이스라엘 민족에게는 자기 집 대문의 양쪽 기둥에 어린양의 피를 바르게 하여 이 표식을 한 집은 재앙이 닥치지 않도록 하셨습니다. 여기서 기둥에 표식으로 바른 어린양의 피는 바로 우리를 죽음의 권세로부터 구원해 내신 예수그리스도의 피를 상징하는 것입니다.

또 하나님께서는 그 후 이스라엘민족에게 이날을 유월절(逾逾節)이라는 이름의 명절로 정하여 매년마다 기념토록 하셨는데, 아울러 이 날에는 무교병(無鮫餠)이라는 빵을 먹도록 하셨습니다. 무교병은 누룩[4]을 넣지 않은 빵을 말합니다. 그런데 무교병에도 그리스도에 관한 하나의 상징이 내포되어 있습니다. 즉 여기서 누룩은 죄를 상징하며 누룩이 없는 빵은 죄가 없는 인간, 다시 말해 그리스도로 말미암아 구원받은 상태의 인간을 가리키는 것입니다.[5]

이와 같이 성경에는 그리스도에 관한 직·간접적인 많은 상징과 예언들이 담겨있습니다. 성서를 연구하시는 분들의 말에 의하면 성서에 나오는 그리스도에 관한 예언과 상징의 수를 모두 합할 경우 대략 2만 가지나 된다고 합니다. 인류 역사상 명멸해 간 모든 인구 중 한 사람에게 이 모든 예언이 한 치의 오차도 없이 들어맞을 확률은 아마도 피코(Pico)[6] 단위의 숫자를 동원해야 할 정도로 희박할 것입니다. 따라서 그리스도에 관한 예언이 이토록 많다는 것은 그리스도의 강림은 하나님만이 실현가능한 확률로 놓아둠으로써, 아무나 함부로 자신을 그리스도라고 주장할 수 없도록 함과 동시에, 장차 이 모든 예언들이 어떤 한 사람에게 모두 일치할 때 그가 바로 그리스도임을 알아차리라는, 말하자면 그리스도의 판별을 위한 일종의 좌표

---

4) 빵을 구울 때 식감이 부드럽도록 부풀게 하는 효모(Yeast).
5) 무교병을 먹는 의식은 신약시대에 이르러 예수에 의해 성찬예식으로 자리 잡게 된다.
6) 1조분의 1을 뜻하는 물리학의 단위.

와 같은 목적으로 그리하신 것이라 생각됩니다. 적어도 하나님의 현신이신 그리스도라면, 이 예언들이 하나도 남김없이 자신에게 정확히 들어맞도록 하는 그야말로 하나님만이 실현가능한 능력을 보여 주어야 하며, 그리하여 온 인류가 그를 그리스도로 동의하도록 만들 수 있어야 합니다.

    그런데 이런 분이 실제로 존재하셨으니, 바로 이천년 전 베들레헴에서 태어나신 예수님이 바로 그분이십니다.

질문 14
성경은 누가 썼나요?

오늘날 우리가 읽고 있는 신약과 구약성경은 한 사람에 의해 기록된 것이 아니라, 대략 BC1400년대 후반 경부터 AD100년경까지 1,500년이 넘는 장구한 세월 동안 여러 저자들에 의해 작성된 기록입니다. 그 저자들 중엔 예언자, 왕, 정치인, 농부, 세금징수원, 의사 등 사십여 명에 이르는 각계각층의 사람들이 포함되어 있으며, 그 내용 또한 율법, 예언, 역사, 시가(詩歌), 잠언, 편지 등 다양한 내용으로 구성되어 있습니다.

먼저 성경을 펼쳐 색인을 보면 구약성경에는 창세기부터 말라기까지 총 39개의 제목이 있으며, 신약성경에는 마태복음부터 요한계시록까지 총 27개의 제목이 있는 것을 확인할 수 있습니다. 따라서 이를 모두 합하면 총 66개의 제목이 있음을 알 수 있습니다. 원래 이것은 각각 별도의 저자가 있는 한권씩의 책이었습니다. 즉 각각의 제목은 각기 별도의 저자가 있는 66권의 경전들의 제목인 것입니다. 그러므로 오늘날의 성경은 이 66권의 경전을 한 권의 책 속에 모아놓은 일종의 전집과도 같은 것입니다. 그래서 성경은 각각의 경전마다 권(卷)이라는 단위를 사용하여 구약 39권, 신약 27권, 총 66권이라고 합니다.

또 각각의 경전은 그 내용에 있어 크게 줄거리가 바뀔 때마다 단원으로 나누어 거기에 차례로 번호를 매겨 구분해 두었고, 또 그 안의 문장들 마다에도 일일이 순번을 부여하여 구분하고 있습니다. 이렇게 함으로써 성경 전체의 모든 문장은 제각기 고유번호를 갖게 되어 찾아보거나 인용을 할 때 편리하게 되어 있습니다. 가령 신약성경 가운데 '태초에 말씀이 계시니라'라는 구절을 지목코자 할 때에는, 먼저 제목인 '요한복음' 가운데 단원의 번호인 '1장'과 구절의 번호 '1절'을 조합해서 '요한복음 1장 1절'이라고 명시하는 것입니다. 이런 식으로 성경의 모든 구절에는 고유번호가 부여되어 쉽게 찾아 볼 수가 있습니다.

그러나 성경이 처음부터 이렇게 나뉘어 있던 것은 아닙니다. 원래의 성경은 장이나 절의 구분 없이 총체적으로 서술된 기록이었으며, 지금과 같이 분류가 된 것은 기독교가 세상에 널리 전파된 후대에 와서 편의를 위해 이루어진 일입니다.

그러나 오늘날과 같이 분류된 성경 가운데서도 호칭 상 하나의 예외가 있는데 그것이 구약성경 가운데 열아홉 번째의 경전인 '시편'의 경우입니다. 시편은 여러 저자들이 자신의 신앙을 고백한 다양한 시들을 수록한 시집 성격의 경전으로, 여기서는 문단을 분류할 때 다른 경전과 달리 장(章)이란 단어를 쓰지 않고 편(篇)이란 단어를 사용합니다. 왜냐하면 시편에 수록된 각각의 시들은 저마다 독립된 하나의 작품들이기 때문입니다. 따라서 그곳의 시들은 동일한 작품 안에서 내용이나 주제가 바뀔 때 이를 분류하는 의미의 장(章)이 아니라 별개의 책이나 시문을 세는 단위인 편(篇)을 사용하는 것입니다. 이런 이유로 다른 경전은 각 문장을 가리킬 때 '몇 장 몇 절'이라 부르는데 반해 시편은 '몇 편 몇 절'이라 부르고 있습니다.

또 구약성경과 신약성경에 수록된 각 경전들은 각기 그 담고 있는 내용의 성격에 따라 다음과 같이 세부적으로 분류되고 있습니다.

1) 구약성경의 분류

먼저 구약성경은 아래와 같이 율법서, 역사서, 예언서, 시서(詩書)의 4가지로 분류됩니다.

　가. 율법서(5권) : 창세기, 출애굽기, 레위기, 민수기, 신명기.
　　이 율법서는 글자 그대로 유대교의 율법을 담은 경전을 말합니다. 특히 구약성경 가운데 이 다섯 개의 경전은 모세가 기록한 것으로 '모세 5경' 또는 '토라'(Torah)[1]라고도 하며 유대교에서는 가장 중요한 경전으로 여기고 있습니다. 이 중에서 창세기와 출애굽기는 역사를 기술한 경전이기도 하지만 유대교에서 분류한 전통을 따라 기독교에서도 율법서로 구분하고 있습니다.

나. 역사서(12권) : 여호수아, 사사기, 룻기, 사무엘상(上), 사무엘하(下), 열왕기상(上), 열왕기하(下), 역대상(上), 역대하(下), 에스라, 느헤미야, 에스더.

이상은 이스라엘민족이 가나안지역을 정복하던 때부터 페르시아의 속주(屬州)로 있던 BC5세기 중엽까지의 역사를 수록한 경전입니다.

다. 예언서(17권) : 이사야, 예레미야, 애가, 에스겔, 다니엘, 호세아, 요엘, 아모스, 오바댜, 요나, 미가, 나훔, 하박국, 스바냐, 학개, 스가랴, 말라기.

하나님의 예언을 수록한 경전들로 이는 수록된 예언의 분량과 규모 등에 따라 각기 대예언서와 소예언서로 분류됩니다. 예언은 그리스도의 강림에 관한 것이 주류를 이루지만 그 외에 이스라엘민족과 인류의 미래에 관한 예언도 상당수 포함되어 있습니다.

① 대예언서(5권) : 이사야, 예레미야, 애가, 에스겔, 다니엘.
이상 5권을 대예언서 또는 대선지서라고 합니다.

② 소예언서(12권) : 호세아, 요엘, 아모스, 오바댜, 요나, 미가, 나훔, 하박국, 스바냐, 학개, 스가랴, 말라기.
이상 12권을 소예언서 또는 소선지서라고 부릅니다.

라. 시서(5권) : 욥기, 시편, 잠언, 전도서, 아가.

---

1) 히브리어로 율법서라는 의미

신앙고백과 찬미, 시가, 기타 명상어록 등이 이에 속합니다.

2) 신약성경의 분류

신약성경에 수록된 각 경전들은 그 내용에 따라 크게 복음서, 사역서, 서신서, 예언서의 4가지로 분류되고 있습니다.

가. 복음서(4권) : 마태복음, 마가복음, 누가복음, 요한복음.
구약에 언약된 그리스도가 이 땅에 임하셨음을 선언하는 경전으로 예수님의 탄생과 생애를 구체적으로 서술하고 있습니다. 이 가운데 마태복음과 마가복음, 누가복음 이렇게 세 복음서는 그 내용에 비슷한 점이 많아 '공통된 관점에서 보았다'는 의미로 공관복음서(共觀福音書)라 부르며, 나머지 요한복음은 다른 세 복음서와 공통된 내용이 적고, 보다 신학적이며 관점도 달라 제4복음서라 부릅니다. 복음이란 '복된 소식' 또는 '복된 말씀'이라는 뜻입니다.

나. 사역서(1권) : 사도행전.
예수님의 승천 후 사도들의 사역을 기록한 경전입니다.

다. 서신서(21권) : 로마서, 고린도전(前)서, 고린도후(後)서, 갈라디아서, 에베소서, 빌립보서, 골로새서, 데살로니가전(前)서, 데살로니가후(後)서, 디모데전(前)서, 디모데후(後)서, 디도서, 빌레몬서, 히브리서, 야고보서, 베드로전(前)서, 베드로후(後)서, 요한1서, 요한2서, 요한3서, 유다서.
사도 및 초대기독교의 성현들이 교회의 신도들이나 신앙교우에게 보낸 편지들입니다.

라. 예언서(1권) : 요한계시록.
사도요한이 기독교를 전파하다 체포되어 유배를 간 섬에서 받은 계시를 기록한 책입니다. 초대교회의 신앙에 대한 책망과 격려, 그리고 신약시대 인류의 역사와 그리스도의 재림에 관한 예언들이 담겨있습니다.

3) 성경내용의 요약

다음은 성경의 각권에 대해 그 제목과 내용을 간단히 정리한 것입니다. 여기서는 성서를 처음 접하는 분들이 이해하시기 쉽도록 신학적 주제나 교리적 내용보다는 줄거리를 중심으로 간략히 요약해 놓았습니다. 여기 정리한 성경 각권의 제목은 구약성경에 수록된 순서에 따른 것입니다.

– 구약성경 요약편 –

1. 창세기(創世記)
    ⓐ 내용 : 전반에는 천지창조와 인간의 타락, 그 후 노아의 홍수, 바벨탑의 건축과 붕괴 등 초기인류사의 굵직한 사건들이 소개됩니다. 이어 중반에는 이스라엘민족의 조상인 아브라함과 그 아들 이삭, 손자 야곱의 일생에 이어 야곱의 열두 아들로 이어지는 민족의 형성배경을 구체적으로 기술합니다. 여기에는 하나님께서 아브라함을 택하셔서 언약을 맺는, 다시 말해 구속의 경륜이 시작되는 과정도 함께 설명합니다. 또 후반에는 야곱의 열한 번째 아들 요셉[2]의 이야기를 통해 아브라함의 후손들이 어떻게 이집트로 이주하여 정착하게 되는지를 이야기합니다.
    ⓑ 저자 : 모세.
    ⓒ 기록연대 : 출애굽이 시작된 BC1400년대 중반에서 모세가 사망한

---

[2] 성경에는 요셉이란 이름을 가진 사람이 여럿 나오는데, 그 중 많이 언급되는 사람으로는 3명 정도를 꼽을 수 있다. 첫째는 여기 언급된 야곱의 아들 요셉이고, 둘째는 예수님의 육적인 부친이자 성모마리아의 남편이 되는 요셉으로(마태복음 1장 18절) 직업은 목수였다.(마태복음 13장 55절) 그리고 세 번째는 예수의 장례를 치른 아리마데 출신의 요셉으로, 일명 '아리마데 요셉'으로 불리는 자이다.(마태복음 27장 57절)

BC1400년대 후반 사이에 기록된 것으로 추정되고 있습니다.

2. 출애굽기(出埃及記)
   ⓐ 내용 : 출애굽은 '이집트를 나온다'는 의미입니다. 이 기록은 창세기와 이어지는 내용으로, 전반은 이집트에 정착한 후 400여년이 지나는 동안 하나의 민족으로 불어난 아브라함의 후손들이 이집트에서 노예계급으로 몰락하게 되는 동기를 서술하고, 이어 모세의 탄생과 그가 하나님을 만나 민족지도자로 거듭나기까지의 과정을 담고 있습니다. 중반부터는 모세의 영도 아래 이스라엘민족이 이집트를 떠나 그들의 조상 아브라함이 살던 가나안땅으로 돌아가는 민족대이동의 이야기를 담고 있습니다. 애굽은 이집트의 한자식 표기로, 이것은 국한문혼용시대였던 1900년대 초반에 번역된 성경을 현재까지 그대로 사용한데서 연유한 것입니다.
   ⓑ 저자 : 모세. 후반의 일부는 후세의 누군가에 의해 가필된 것으로 여겨지고 있습니다.
   ⓒ 기록연대 : BC1400년대 중후반.

3. 레위기
   ⓐ 내용 : 이스라엘 12부족 중의 하나인 레위족의 임무와 제사규례에 관한 총론. 사제의 직분은 오직 레위족에게만 위임되도록 하는 것이 유대교의 율례였습니다. 모세도 레위족 출신이었습니다.
   ⓑ 저자 : 모세.
   ⓒ 기록연대 : BC1400년대 중반~BC1400년대 후반.

4. 민수기(民數記)
   ⓐ 내용 : 출애굽 당시 광야에서 유랑하던 이스라엘 백성의 이야기를 담고 있습니다. 민수기란 백성들의 인구조사를 의미하는 것인데, 이

는 내용 중에 이스라엘민족의 호구조사 기록이 있는 데서 붙여진 이름입니다.

ⓑ 저자 : 모세.

ⓒ 기록연대 : BC1400년대 중반~BC1400년대 후반.

5. 신명기(神命記)

ⓐ 내용 : 모세의 5경 가운데 마지막 것으로 하나님의 의로우심과 율법, 이스라엘민족과의 언약에 관한 이야기를 담고 있습니다. 특히 마지막 부분에서는 모세의 임종을 이야기하는데, 이는 후대에 다른 사람에 의해 추가된 것으로 보는 견해가 지배적입니다.

ⓑ 저자 : 모세.

ⓒ 기록연대 : BC1400년대 중반~BC1400년대 후반.

6. 여호수아

ⓐ 내용 : 모세의 임무를 이어받은 여호수아의 인도 아래 이스라엘 민족이 가나안지역을 정복하고 정착해 나가는 이야기를 담고 있습니다.

ⓑ 저자 : 여호수아.

ⓒ 기록연대 : BC1300년대 중반.

7. 사사기(士師記)

ⓐ 내용 : 역대 사사(士師)들의 활동과 업적에 관한 기록입니다. 사사란 12부족[3]으로 구성된 이스라엘민족 전체의 제사와 사법, 군사 등을 총괄하던 정치적, 종교적 지도자로 일종의 대부족장을 이르는 말입니다. 사사는 다른 말로 판관(判官)이라고도 합니다. 이스라엘의 역사에서 이들이 통치하던 시대를 '사사시대'라고 하며, 최초

---

3) 12지파라고도 함. 이에 대해서는 질문18. '이스라엘의 12지파라는 것이 무엇인가요?'에서 자세히 다루어질 것이다.

의 사사는 모세이고 그 뒤를 이은 여호수아가 2대 사사에 임명되었습니다. 사사시대는 사무엘을 마지막으로 끝나게 되며, 이후 이스라엘은 왕이 통치하는 '통일왕국시대'로 접어들게 됩니다.

ⓑ 저자 : 사무엘일 것으로 추측하지만 확실치 않음.

ⓒ 기록연대 : BC1050~BC1000년경.

8. 룻기

ⓐ 내용 : 다윗[4]의 증조할머니인 룻의 이야기입니다. 다윗은 이스라엘의 통일왕국시대 세 번째 왕이었습니다. 룻은 이스라엘인이 아닌 모압 출신의 이방여인으로 가난한 과부였는데 그녀가 어떻게 이스라엘 민족과 합류하게 되었는지를 설명하고 있습니다. 이 룻기는 훗날 메시아로서 오시는 예수님의 혈통 즉 다윗왕실의 가문에도 이방인의 혈통이 섞여있음을 보여줌으로써 하나님의 구원의 계획이 이스라엘민족에게만 국한 된 것이 아님을 전하고 있습니다.

ⓑ 저자 : 미상.

ⓒ 기록연대 : BC11세기 말엽으로 추정.

9. 사무엘상(上)

ⓐ 내용 : 마지막 사사인 사무엘의 생애와 이스라엘이 군주국가로 옮겨가는 과정의 이야기입니다. 초대 왕 사울의 일대기와 젊은 시절 다윗의 이야기 그리고 그가 왕이 되기까지의 과정을 다루고 있습니다.

ⓑ 저자 : 미상.

---

4) 다윗 : 재위 BC1003경~BC970경. 처음 사울왕은 어린 그를 귀여워하여 자기의 개인무기 당번으로 삼았으며 다윗이 골리앗과의 싸움에서 이긴 후로는 더욱 그를 총애했다. 그러나 다윗이 하나님에 의해 후대의 왕으로 선택되었다는 것을 눈치챈 후로는 그를 시기하여 여러 차례 없애려 했고, 다윗은 이를 피해 오랜 세월 도피생활을 하게 된다. 하지만 사울왕의 아들 요나단은 오히려 다윗의 피신을 도우며 우정을 쌓는다. 요나단은 블레셋과의 전투에서 사울왕과 함께 전사하였다.

ⓒ 기록연대 : 솔로몬 사후(BC930?)로 추정.

10. 사무엘하(下)
    ⓐ 내용 : 사울의 뒤를 이어 다윗이 왕이 된 후의 일대기입니다. 사무엘상권의 연속편입니다.
    ⓑ 저자 : 미상.
    ⓒ 기록연대 : 솔로몬 사후(BC930?)로 추정.

11. 열왕기상(列王記上)
    ⓐ 내용 : 열왕기란 '여러 왕들의 이야기'란 뜻으로, 사무엘서와 같이 상권과 하권으로 구성되어 있습니다. 상권에서는 통일왕국시대에서 분열왕국시대로 넘어가는 과정의 이야기를 기술하고 있습니다. 다윗왕의 말년에 관한 이야기로 시작되며, 그의 임종 후 왕위를 이은 아들 솔로몬의 일대기가 이어집니다. 예루살렘성전을 건축하는 과정을 이야기하고 이어 중반에는 솔로몬왕 말년의 폭정과 우상숭배로 인한 하나님의 징계로 영토의 반이 반란군에 의해 독립된 나라로 쪼개져 나가는 과정이 소개됩니다. 이로써 하나였던 왕국은 반란군 여로보암에 의한 북쪽 '이스라엘'과 솔로몬의 아들 르호보암이 이어받은 남쪽의 '유다' 두개의 나라로 분열되고 마는데 이때부터를 '분열왕국시대' 또는 남과 북으로 갈라졌다 하여 '남북조시대'라고 합니다. 그리고 후반에는 남북조시대 초기 두 나라 왕들의 갈등과 치적에 관한 역사적 내용들을 기록하고 있습니다. 이런 가운데 예언자 엘리야의 활동이 소개되기도 합니다.
    ⓑ 저자 : 미상.
    ⓒ 기록연대 : BC561년~BC537년경.

12. 열왕기하(列王記下)

ⓐ 내용 : 열왕기상에 이어지는 내용으로 두 왕국이 멸망하기까지의 이야기입니다. 초반에는 두 왕국 역대 왕들의 통치에 관하여 기술하고, 중반에는 아수르(아시리아)의 왕 살만에셀 5세[5]에 의해 북쪽의 이스라엘왕국이 멸망하는 과정을 기술하고 있습니다. 이어 후반에는 이스라엘왕국이 멸망한 후로부터 136년 후 바빌론(바빌로니아)의 왕 느부갓네살[6]의 침공에 의한 유다왕국의 멸망과 바빌론의 유수[7]를 기술하고 있습니다. 아울러 이 와중에 참담히 붕괴되는 예루살렘성전의 슬픈 이야기가 나옵니다. 한편 열왕기하에는 그 외에도 엘리야의 승천과 그의 제자 엘리사 그리고 이사야와 같은 여러 예언자들의 활동이 소개되고 있습니다.

ⓑ 저자 : 미상.

ⓒ 기록연대 : BC561년~BC537년경.

13. 역대상(歷代上)

ⓐ 내용 : 열왕기와 비슷한 내용을 가진 역사기록으로, 차이점이 있다면 역대기의 이야기는 아담으로부터 시작하여 민족의 형성과정 및 사사시대와 통일왕국시대의 다윗왕까지 그 서술범위가 상대적으로 광범위하다는 점입니다. 또 열왕기가 예언자들의 활동과 그들의 관점에

---

[5] 살만에셀 5세(재위 BC727~BC722) : 원래 이름은 '울룰라유'였으며 살만에셀은 헬라어로 개명된 이름. '술만누 아사리두'라고도 함. 그는 이스라엘 침공 중에 사망하였고, 실제로는 그 후계자인 사르곤 2세가 BC722년 12월 수도 사마리아를 함락시킴으로써 이스라엘을 멸망시켰음.

[6] 느부갓네살(재위 BC605~BC562) : 신바빌로니아 칼데아 왕조의 왕. '느부갓네살 대왕'으로 불림. 그는 BC607년 유다를 침공하였고 BC586년 수도 예루살렘을 함락함으로 유다를 멸망시킴. 7대 불가사의 중 하나인 공중정원을 건설한 왕으로 알려져 있는 인물. 헬라발음으로는 네부카드네자르 2세.

[7] 바빌론(바빌로니아)의 유수(幽囚) : BC586년 유다의 멸망 후 백성들은 바빌론에 포로로 끌려가 70년간 노예로서 살아야 했는데 이것이 이른바 바빌론의 유수이다. 바빌론의 유수는 모두 3차례에 걸쳐 이루어졌다.(p.195 ①바빌로니아의 유수 참조) 바빌론은 바빌로니아의 성서 상 표현이다.

많은 비중을 두고 있다면, 상대적으로 역대기는 제사장들을 중심으로 예배와 의식에 비중을 두고 있습니다. 역대기 역시 상·하 두 권으로 구성되어 있습니다.

ⓑ 저자 : BC 5세기 중엽의 유대교 율법학자였던 에스라.
ⓒ 기록연대 : BC450년경.

14. 역대하(歷代下)

ⓐ 내용 : 상권에 이어 솔로몬과 이후 유다왕국 역대 왕들의 업적과 통치에 대한 기록입니다. 역시 열왕기와 내용이 비슷하지만, 차이점은 열왕기가 이스라엘과 유다 두 왕국의 왕들을 모두 기술하고 있는데 반해, 역대기는 유다왕국의 왕들을 중심으로 기록하고 있습니다. 따라서 역대기하에는 이스라엘왕국의 멸망에 관한 기록은 없습니다.

ⓑ 저자 : BC5세기 중엽의 유대교 율법학자였던 에스라.
ⓒ 기록연대 : BC450년경.

15. 에스라

ⓐ 내용 : 바빌론의 포로가 되어 노예생활을 하던 유다의 백성이 페르시아의 왕 고레스[8]의 칙령에 의해 다시금 고향으로 돌아와 예루살렘성전을 재건축해 가는 과정을 이야기합니다. 에스라서는 느헤미야서와 함께 유다백성의 귀환과 성전재건축이 어떻게 진행되었는지를 자세히 기술하고 있습니다. 포로귀환은 3차례에 걸쳐 이루어졌는데, 성전재건축은 1차 포로귀환(BC538) 시기에 돌아온 스

---

8) 고레스(재위 BC559~529년) : 페르시아 아키메네스왕조의 시조이자 실질적인 페르시아제국의 건설자. 고레스대왕이라고도 함. BC539년 바빌론을 멸망시킨 그는 이듬해 칙령을 발표하여 이민족 포로들을 귀환시켰음. BC529년 이집트원정 중 사망. 고레스는 히브리발음에 따른 성경의 표현이며, 오늘날에는 주로 헬라발음인 키루스 2세라고 표기되고 있다.

룹바벨의 지도 아래 시작되었습니다. 본서는 그로부터 80년 후인 2차 귀환(BC458) 시기에 돌아온 율법학자 에스라가 선대의 성전 재건에 관한 역사를 기록으로 남긴 것입니다.

ⓑ 저자 : 에스라.

ⓒ 기록연대 : 느헤미야가 귀환할 즈음인 BC445년 전후로 추정.

16. 느헤미야

ⓐ 내용 : 페르시아의 황제 아닥사스다[9]의 칙령에 의해 유다총독의 지위로 BC445년(3차 귀환) 예루살렘에 귀환한 느헤미야가 많은 난관을 극복해 가며 유다백성을 지휘하여 무너진 예루살렘 성벽을 재건축해 가는 과정의 이야기입니다. 아울러 유다왕국이 망하고 그 백성들이 노예로 살아야 했던 것은 선조들이 우상숭배에 젖어 하나님과의 사랑을 저버렸기 때문임을 깨닫고, 이의 반성을 촉구하며 다시금 신앙의 회복을 다짐하는 메시지를 담고 있습니다.

ⓑ 저자 : 느헤미야. 유다지파[10]였던 느헤미야는 황제 아닥사스다의 주관(酒官)[11]이었으나, 황제에게 간청하여 귀환에 합류한 후 유대교를 재정립하는 데에 기초를 다진 인물입니다.

ⓒ 기록연대 : BC433년경.

17. 에스더

---

9) 아닥사스다(재위 BC465~425년) : 페르시아의 제5대 왕. 아닥사스다는 히브리발음이며 헬라어로는 아르타 크세르크세스 1세.

10) 이스라엘 12부족 중의 하나. 야곱의 넷째아들 유다의 후손. 남북조시대 당시 유다라는 나라의 명칭은 그 왕실이 유다지파였던 다윗의 법통을 이어받은 것에서 기인한다. 유다왕국에 속한 부족은 유다지파와 베냐민지파가 있지만, 일반적으로는 따로 구분하지 않고 모두 유다인으로 통칭하는 것이 관례였다.

11) 왕이 마시는 술을 담당하던 관리로 당시 이 직책은 왕의 최측근만이 맡을 수 있는 자리였다.

ⓐ 내용 : 페르시아에서 아하수에로[12] 황제의 치세 시, 유다인을 시기한 총리대신 하만이 페르시아에 남아있는 유다인의 말살음모를 계획하자 에스더와 그의 양부(養父) 모르드개가 하나님께 의지하여 민족을 구해내는 이야기를 담고 있습니다. 에스더가 페르시아의 황후가 되는 과정이 소개되는 한편, 민족말살의 절대위기에 놓인 유다민족을 하나님께서 유다 여인 에스더를 통해 극적으로 구원해 내시는 이야기입니다. 에스더서는 하나님의 예비하심과 또 인류의 역사에 어떻게 구체적으로 역사하시는지에 대한 실례를 보여주고 있습니다.

ⓑ 저자 : 미상.

ⓒ 기록연대 : BC464~BC436년경.

18. 욥 기

ⓐ 내용 : 당대의 거부이자 의인이었으나 사탄의 모함으로 하루아침에 극단의 환난 가운데 처하게 된 욥이, 그 가운데서도 끝까지 믿음을 지켜 하나님으로부터 더 큰 축복을 받는다는 이야기입니다. 욥기는 첫째 인간을 모함하며 하나님과의 관계를 집요하게 이간하려는 사탄의 속성과, 둘째 욥을 위로하러 온 친구들이 겉으론 위로하지만 속으론 그의 몰락을 즐기며 죄인으로 몰아가는 모습에서 인간의 거짓과 위선된 내면을 성찰하게 하는 글입니다.

ⓑ 저자 : 미상.

ⓒ 기록연대 : 미상.

ⓓ 참고 : 욥기에 담겨져 있는 중요한 메시지 가운데 하나는, 욥은 처음부터 사탄의 시험을 이겨낼 수밖에 없도록 정해져 있었다는 것

---

12) 아하수에로(재위 BC486~BC465) : 페르시아 아키메네스왕조의 제4대 왕. 다리우스 1세의 아들. 아하수에로대왕이라고도 함. 지중해의 패권을 놓고 BC480년 그리스와 제3차 페르시아 전쟁을 벌였으나 실패하였다. 아하수에로는 히브리발음이며 헬라어로는 크세르크세스 1세이다.

입니다. 왜냐하면 성서에 기록되었듯 욥은 최고의 의인이었으며,[13] 따라서 그런 의인이었던 욥이 만약 환난을 이겨내지 못했다면 그보다 못한 범인들은 환난을 겪어보나 마나 이겨내지 못할 것이 너무도 자명하기 때문입니다. 그러므로 욥은 후대의 우리를 위해서라도 사탄의 시험을 반드시 이겨내야 하는 것이며 그럼으로써 우리도 환난을 이겨낼 수 있다는 가능성을 갖게 되는 것입니다. 따라서 욥기는 하나님께서 우리로 하여금 환난을 이겨내도록 희망을 갖게 하기 위하여 미리 준비해 두신 것이라고도 할 수 있습니다. 물론 욥기의 메시지가 누구나 시험을 이길 수 있다고 말하는 것은 아닙니다. 욥기는 아무런 믿음이나 소망 없이도 누구나 쉽게 환난을 이겨낼 수 있는 것처럼 여기게 하지는 않습니다. 그렇다면 이 기록은 인간을 오만하게만 만들 뿐인 맹목의 위안으로 전락하고 말 것입니다. 기독교인이라고 환난이 닥치지 않는 것은 아닙니다. 그들도 비기독교인들과 똑같이 환난과 어려움을 겪습니다. 다만 그들이 다른 것은 환난을 이길 힘을 갖고 있다는 것뿐입니다. 그것이 바로 믿음과 소망과 사랑이 주는 막강한 힘입니다.

욥이 생존했던 시기는 BC2000년경부터 BC200년경까지 여러 설이 있으나, 만약 최고 BC2000년경이라면 아브라함과 비슷한 시기에 살았던 사람이 됩니다. 그가 살던 곳은 아브라함이 살던 가나안지방과는 전혀 다른, 그로부터 훨씬 동쪽인 오늘날의 인도나 파키스탄 서부였을 것으로 추정되고 있습니다.

19. 시편(詩篇)

    ⓐ 내용 : 하나님을 향한 사랑과 신앙을 노래한 시집입니다. 총 150

---

[13] "그와 같이 순전하고 정직하여 하나님을 경외하며 악에서 떠난 자가 세상에 없느니라."(욥기 1장 8절) 하나님은 이 말씀을 욥기 2장 3절에 다시 한 번 언급하고 계시다.

편의 시가 수록되어 있으며, 이중 작자가 밝혀진 것이 100편, 작자미상의 것이 50편입니다. 작자가 알려진 것 중에는 다윗의 시가 73편으로 가장 많습니다. 시편은 원래 다섯 권으로 나뉘어 있던 것을 하나로 묶은 것인데, 찬양과 회개, 승리, 구원 등의 주제를 가지고 주옥같은 표현으로 하나님에 대한 자신의 마음을 노래해 성경의 꽃으로 평가받고 있습니다.
ⓑ 저자 : 다윗(73편), 아삽(12편), 고라 자손(10편), 솔로몬(2편), 모세(1편), 헤만(1편), 에단(1편), 미상(50편).
ⓒ 기록연대 : BC 15세기~BC 5세기.

20. 잠언(箴言)
ⓐ 내용 : 솔로몬과 기타 현자들의 잠언을 수록한 경전입니다. 잠언은 '가르쳐 훈계하는 말'이란 뜻으로, 여기서는 하나님에 대한 경외와 올바른 삶의 처세에 관한 내용을 담고 있습니다.
ⓑ 저자 : 대부분이 솔로몬의 것이며 그밖에 야게의 아들 아굴과 르무엘왕의 모후 그리고 미상의 소수인의 잠언이 섞여 있습니다.
ⓒ 기록연대 : BC950~BC700년경. 대부분 솔로몬의 재위기간 중에 기록되었을 것으로 추측되며, 이후 유다왕국의 히스기야왕[14] 때에 최종 편집된 것으로 알려지고 있습니다. 그밖에 아굴과 르무엘왕의 활동연대에 관해서는 아쉽게도 알려진 것이 없습니다.

21. 전도서(傳道書)
ⓐ 내용 : 솔로몬의 참회와 회고를 담은 기록이라고 할 수 있습니다. 여기서 전도란 포교의 의미 보다는 글자 그대로 올바른 길을 전한다는 의미로 보아야 할 것입니다. 이 전도서는 저자가 왕으로서

---

14) 히스기야(재위 BC715경~BC686경) : 남북조시대 때 남방 유다왕국의 제13대왕.

온갖 부귀와 영화를 모두 누려봤으나 얻는 것은 회한과 허무와 염세뿐이며, 알고 보니 인생이란 결국 하나님을 잘 믿고 따르는 것이 최상이라는 메시지를 전하고 있습니다.

ⓑ 저자 : 솔로몬.

ⓒ 기록연대 : 솔로몬의 치세 말기인 BC935년경.

22. 아가(雅歌)

ⓐ 내용 : 이 아가는 신혼의 신랑과 신부가 주고받는 사랑의 연가의 형식을 빌려 하나님과 인간의 사랑을 은유적으로 표현하고 있는 시가입니다.

ⓑ 저자 : 여러 가지 이설이 있지만 솔로몬으로 보는 것이 일반적입니다.

ⓒ 기록연대 : 솔로몬이 하나님을 잘 섬기던 젊은 시절인 BC970년 ~BC960년경.

23. 이사야

ⓐ 내용 : 남북조시대인 BC8세기 때의 대예언자 이사야의 활동과 예언들을 담은 책입니다. 여기에 수록된 예언은 다가올 나라의 멸망을 경고하고 동시에 하나님의 위로와 구원, 영광 등 총체적인 내용을 담고 있습니다.

ⓑ 저자 : 이사야. 그는 남방 유다왕국의 왕족 출신이었으며, 이사야란 이름은 '여호와는 구원이시다'라는 뜻입니다. 신약성경의 히브리서 11장 37절에 의하면 이사야는 므낫세왕[15] 때에 톱으로 몸이 잘려 순교한 것으로 전해집니다.

ⓒ 기록연대 : BC739년~BC701년경.

---

15) 이스라엘의 남북조시대 때 남왕국 유다의 14번째 왕.

24. 예레미야

    ⓐ 내용 : 유다왕국 베냐민지파 출신의 대예언자 예레미야의 활동과 예언들을 담은 책입니다. 유다백성이 오랜 우상숭배와 타락을 회개치 않으면 나라의 멸망과 함께 백성들은 포로로 끌려갈 것임을 예언하고 있습니다. 또 포로로 끌려가도 70년 후에는 백성들이 예루살렘으로 돌아올 것을 예언하고 있습니다.[16] 놀라운 것은 BC586년 예루살렘성전이 붕괴된 때로부터 유다백성이 바빌로니아의 노예생활에서 돌아와 BC516년 같은 장소에 성전을 재건하기까지가 정확히 70년이라는 사실이며 이는 예레미야가 예언했던 바와 같습니다. 예레미야서는 그 외에도 민족의 미래에 관한 약속, 메시아의 강림 등 총체적인 내용을 담고 있습니다.

    ⓑ 저자 : 예레미야. 그는 온유하고 인간적인 성품의 소유자였고 때론 하나님께 인간의 입장에서 항의도 하는 솔직하고 담백한 성품의 인물이었습니다. 그리고 언제나 민족을 위해 눈물로 기도했던 예언자로 일명 '눈물의 예언자'란 별칭을 가지고 있기도 합니다. 그는 유다 멸망 후에도 바빌론의 왕 느부갓네살의 호의로 유다 땅에 머물렀으며, 후에 이집트에서 활동하다 동포들에 의해 순교당한 것으로 전해지고 있습니다.

    ⓒ 기록연대 : BC627년~BC586년경.

25. 예레미야 애가(哀歌)

    ⓐ 내용 : 바빌론의 유다침공 후, 예루살렘의 멸망과 성전파괴를 처절한 슬픔으로 노래한 5편의 서정시입니다. 민족의 비참한 수난을 애조 어린 묘사로 탄식하며 하나님을 향한 구원의 기도가 이어짐

---

16) "나 여호와가 이같이 말하노라. 바벨론에서 칠십 년이 차면 내가 너희를 권고하고 나의 선한 말을 너희에게 실행하여 너희를 이곳으로 돌아오게 하리라."(예레미야 29장 10절)

니다.
  ⓑ 저자 : 예레미야.
  ⓒ 기록연대 : BC586년 이후.

26. 에스겔
  ⓐ 내용 : 유대교의 사제이자 예언자 에스겔의 활동과 예언을 수록한 책입니다. 유다백성이 우상숭배로 하나님을 배신했음을 설명하고, 끝까지 회개치 않았으므로 심판이 불가피함을 예언하고 있습니다. 또 암몬, 모압, 이집트 등 주변 국가들이 심판받을 것임도 예언하고 있습니다. 반면 후반에는 하나님의 은혜와 위로, 예루살렘과 이스라엘의 부흥을 예언하고 있습니다.
  ⓑ 저자 : 에스겔. 그의 직업은 제사장이었으며 제 1차 바빌론의 유수(BC597년) 당시 포로로 잡혀 온 인물로, 바빌론 내 유다인 포로들의 종교지도자로서 존경을 한 몸에 받던 인물이었습니다.
  ⓒ 기록연대 : BC593년~BC570년.

27. 다니엘
  ⓐ 내용 : 예언자 다니엘의 활동과 예언을 수록한 책입니다. 유다의 귀족출신이었던 다니엘이 소년시절 바빌론에 포로로 잡혀와 왕의 궁정에서 시동으로 일하던 시기부터 기술하고 있으며, 느부갓네살의 꿈을 해석해 주는 유명한 이야기도 여기에 나옵니다. 또한 페르시아로부터 시리아의 안티오코스 4세[17]에 이르는 세계 권력의

---

[17] 안티오코스 4세 : 재위 BC175~BC163. 안티오코스 3세의 아들. 시리아 셀레우코스왕조의 8번째 왕. 안티오코스 에피파네스라고도 함. 로마에서 14년간 볼모생활을 한 바 있으며, 형 셀레우코스 4세가 죽은 뒤 왕이 되었다. 그는 헬레니즘문화로 통일된 제국을 꿈꾸며 유다에 그리스의 문화와 다신교를 강요하는 과정에서 이에 저항하는 유다인들을 탄압하고 유대교를 박해했다. 만년에 옛 영토 박트리아, 파르티아를 회복하기 위한 동방원정 도중 병사했다.

변천을 비롯하여 메시아의 강림을 예언하고 있고, 나아가 세상의 심판, 성도들의 영원한 나라 등 아직까지도 진행 중인 장구한 인류의 역사를 예언하고 있습니다.

ⓑ 저자 : 다니엘.

ⓒ 기록연대 : BC530년경.

28. 호세아

ⓐ 내용 : 북왕국 이스라엘의 예언자 호세아의 활동과 예언을 수록한 책입니다. 호세아가 하나님의 명해 의해 바람기 있는 여인과 결혼하는 이야기로 시작되며, 이를 통해 이스라엘의 우상숭배와 도덕적 타락은 마치 아내가 바람을 피우는 것과 같다고 비유하고 있습니다. 이에 회개하지 않으면 하나님께서는 이스라엘을 멸망시키실 것이며 백성은 노예로 끌려갈 것이라 예언하고 있습니다. 반면 회개하고 돌아오면 하나님께선 반드시 다시 회복시켜 줄 것이란 약속도 선언하고 있습니다. 호세아서는 하나님의 사랑을 남편이 아내를 사랑하는 것에 비유하는 등 감성적이고 현실감 있는 표현으로 구성되어 있는 것이 특징입니다.

ⓑ 저자 : 호세아.

ⓒ 기록연대 : BC755년~BC722년.

29. 요 엘

ⓐ 내용 : 남왕국 유다의 예언자 요엘의 활동과 예언을 수록한 책입니다. 메뚜기 떼의 발생으로 엄청난 피해가 발생하자 이를 하나님의 징벌로 보고 회개를 촉구하며, 이어 하나님의 사랑과 언약, 성령을 부어주심, 하나님의 백성을 괴롭힌 나라들에 대한 심판, 이스라엘민족에 대한 축복 등을 시가형식으로 기술하고 있습니다.

ⓑ 저자 : 요엘.

ⓒ 기록연대 : BC830년경.

30. 아모스
    ⓐ 내용 : 예언자 아모스의 활동과 예언을 수록한 책. 요엘서와 같이 시가의 형식으로 기록되었습니다. 내용은 주변민족에 대한 심판, 이스라엘과 유다 두 왕국의 죄악에 대한 규탄, 나라의 멸망과 포로로 잡혀 갈 것임, 향후 회복의 약속 등을 이야기합니다.
    ⓑ 저자 : 아모스. 그는 남왕국 유다출신의 목동이었는데, 하나님의 명으로 북왕국 이스라엘에서 활동했습니다.
    ⓒ 기록연대 : BC767년~BC745년.

31. 오바댜
    ⓐ 내용 : 예언자 오바댜의 예언서입니다. 예루살렘이 바빌론에 의해 무참히 짓밟힐 때, 주변국으로서 우호관계를 저버리고 오히려 침탈을 감행한 에돔에 대한 하나님의 엄격한 심판을 예언하고 있습니다.
    ⓑ 저자 : 오바댜. 그에 관해서는 알려진 것이 없습니다.
    ⓒ 기록연대 : 바빌론의 침략기였던 BC6세기 초중반.

32. 요 나
    ⓐ 내용 : 북왕국 이스라엘의 여로보암 2세 치세시의 예언자 요나의 활동을 수록한 책입니다. 요나는 하나님으로부터 아수르(아시리아)의 수도 니느웨로 가서 그들의 죄를 경고하고 회개할 것을 촉구하라는 명을 받지만, 자기민족을 수없이 괴롭혀온 아수르[18]가 정말로 회개하여 하나님의 벌을 피할 것을 염려한 나머지 니느웨

---

18) 당시 아수르의 통치자는 아슈르-단 3세(재위 BC773~BC755)였다.

로 가지 않고 다시스[19]로 가는 배를 탔는데, 도중에 큰 풍랑을 만나 바다에 버려진 후 큰물고기의 뱃속에서 3일간 갇혀있다 기적적으로 살아나 결국 니느웨로 가서 사명을 완수한다는 줄거리입니다. 물고기 뱃속에 3일간 갇혔던 것은 예수그리스도가 죽은 지 3일 만에 부활할 것을 비유적으로 예언하는 것이며, 또 후반에는 사소한 일에도 죽기를 바라는 요나의 어리광스런 기도에 하나님께서 자상한 대답으로 사랑을 깨우쳐 주시는 내용을 담고 있습니다. 요나는 신약시대에 많이 사용되던 이름 요한의 옛 발음이기도 합니다.

ⓑ 저자 : 요나.

ⓒ 기록연대 : BC760년경.

33. 미 가

ⓐ 내용 : 남왕국 유다의 서민출신 예언자 미가의 활동과 예언을 수록한 책입니다. 사제와 예언자들의 타락에 대한 탄식과 이스라엘의 멸망을 예언하고 있습니다. 동시에 유다의 멸망과 회복 및 메시아의 통치 등을 예언하고 있으며, 이에 대한 하나님의 은혜와 구원을 간구하는 기도로 구성되어 있습니다. 특히 메시아의 베들레헴 강림 등 메시아에 대한 구체적인 예언들을 담고 있습니다.

ⓑ 저자 : 미가.

ⓒ 기록연대 : BC700년경.

34. 나 훔

ⓐ 내용 : 엘고스(유다 남부로 추정) 출신의 예언자 나훔의 활동과 예언들을 담은 책으로 시가형식으로 기록되었습니다. 아수르의 수

---

[19] 오늘날의 스페인지역.

도 니느웨의 멸망을 주제로 하고 있으며, 하나님의 심판은 정의롭고 그분은 모든 세상의 도덕적 지배자라는 메시지를 담고 있습니다.
ⓑ 저자 : 나훔.
ⓒ 기록연대 : BC621년~BC612년(바빌로니아와 메디아연합군에 의한 니느웨 함락) 전후.

35. 하박국
ⓐ 내용 : 예언자 하박국의 예언서입니다. 불의가 판을 치고 의인이 고난 받는 모습을 보고 항의하는 하박국에게 하나님께서 대답하는 대화체의 형식으로 기록되어 있습니다. 하나님의 공의는 반드시 나타나며 의인은 종국엔 승리할 것이므로 모순된 듯 보이는 현실에 흔들리지 말고 하나님의 구원과 승리를 바라봐야 한다는 메시지를 전하고 있습니다.
ⓑ 저자 : 하바국. 그에 관해서는 알려진 것이 없습니다.
ⓒ 기록연대 : BC610년경.

36. 스바냐
ⓐ 내용 : 남왕국 유다의 예언자 스바냐의 예언서입니다. 스바냐서는 모든 더러운 것을 청소하시겠다는 하나님의 진노를 선언하는 것으로 시작하여, 곧바로 유다의 우상숭배와 정치인의 부패, 장사꾼의 타락 등을 조목조목 집어가며 규탄합니다. 이어 블레셋, 모압, 암몬, 이디오피아, 아수르 등 주변 국가들에게도 벌을 내릴 것임을 선언함과 아울러 하나님은 그동안 유다백성의 회개를 기다리시며 참고 또 참으셨으나 결국 회개치 않음으로 이제 심판 날이 다가왔음을 재차 경고합니다. 그러나 후반부에는, 그럼에도 불구하고 하나님의 백성은 다시 포로에서 풀려나 예루살렘으로 돌아올 것이라는 예언으로 끝을 맺고 있습니다.

ⓑ 저자 : 스바냐.

ⓒ 기록연대 : BC640년~BC622년경.

37. 학 개

   ⓐ 내용 : 바빌론의 포로에서 귀환한 예언자 학개의 예언을 담은 책입니다. 포로에서 귀환한 유다백성에게 하나님이 함께하신다는 위로와, 성전 재건축을 독려하는 예언들이 수록되어 있습니다. 포로귀환 후 시작된 성전의 재건축은 초기에는 현지인과의 갈등 및 주변의 국제정세, 기타 경제적인 문제 등으로 십년 이상 답보상태에 놓여 있었습니다. 이런 상황에서 성전건축은 바로 유다백성에게 주어진 하나님의 뜻이라는 학개의 예언이 선포된 것인데, 이와 같이 그에게 내려진 하나님의 예언은 다시금 민족을 단결시키는 촉진제가 되어 마침내 성전건축을 완수할 수 있게 하였습니다.

   ⓑ 저자 : 학개. 그에 관해서는 알려진 것이 없습니다.

   ⓒ 기록연대 : BC520년.

38. 스가랴

   ⓐ 내용 : 바빌론의 포로에서 돌아온 예언자 스가랴의 활동과 예언을 담은 책입니다. 우상숭배로 하나님께 벌을 받은 유다백성들에게 성전재건축은 자신들의 속죄와 회개를 의미하는 중요한 범민족적 사업으로 여겨지고 있었습니다. 그러나 포로에서 돌아온 후에도 여러 이유로 흐지부지되던 성전건축에 대해 스가랴는 예언자로서 좌시할 수 없는 사명감을 토로하고 있으며, 이어 유다백성을 향한 하나님의 위로와 성전건축의 독려, 민족의 영광, 메시아의 강림 등을 예언하고 있습니다.

   ⓑ 저자 : 스가랴.

   ⓒ 기록연대 : BC520년~BC518년과 말년인 BC480년~BC470년경.

39. 말라기
    ⓐ 내용 : 성전건축 이후에 활동했던 예언자 말라기의 예언을 수록한 책입니다. 하나님의 사랑을 언급한 후, 사제들의 잘못을 나무라고 당시 유행하던 잡혼과 이혼의 그릇됨을 경고하고 있습니다. 말라기 역시 성경의 중심이라 할 메시아의 강림을 예언하고 있습니다. 특히 메시아가 오기 직전 선도자가 나타날 것을 예언하고 있는데,[20] 그가 바로 예수님이 활동하시기 직전 요단강에서 침례를 베풀며 메시아의 강림을 외쳤던 침례요한이었습니다.[21]

    본서는 구약성경 제일 마지막에 수록되어 있으며 작성된 시기도 가장 늦습니다. 그래서 말라기를 가리켜 구약시대 마지막 예언자라 일컫기도 합니다. 그 후 예언자는 더 이상 나타나지 않았고 성서는 400여년을 침묵으로 건너 뛰어 그리스도의 강림에서부터 다시 시작하고 있습니다. 이때부터가 신약성경의 줄거리이며 기독교에서는 이를 신약시대라고 부릅니다. 또 이 침묵기간을 '신구약 중간사'[22]라고 하며, 신약시대가 시작될 당시 서방세계는 로마가 주도하고 있었습니다.

    ⓑ 저자 : 말라기.
    ⓒ 기록연대 : BC450년~BC400년경.

---

20) "보라 여호와의 크고 두려운 날이 이르기 전에 내가 선지 엘리야를 너희에게 보내리니"(말라기 4장 5절)
21) "내가 너희에게 말하노니, 엘리야가 이미 왔으되 사람들이 그를 알지 못하고 임의로 대우하였도다... 그제야 제자들이 예수의 말씀하신 것이 세례요한인 줄을 깨달으니라."(마태복음 17장 12절~13절)
22) p.231참조

— 신약성경 요약편 —

1. 마태복음
   ⓐ 내용 : 예수님의 12제자 중 하나인 사도 마태가 기록한 예수님의 일대기입니다.
   ⓑ 저자 : 마태. 실제로는 마태가 직접 기록했다는 보다 말년에 마태의 제자들이 그의 기억을 토대로 하여 작성한 것으로 추정되고 있습니다. 사도가 되기 전 마태의 직업은 세금징수원이었습니다.
   ⓒ 기록연대 : 서기50~70년경.

2. 마가복음
   ⓐ 내용 : 기독교신자였던 마가가 기록한 예수님의 일대기입니다.
   ⓑ 저자 : 마가.
   ⓒ 기록연대 : 네로황제의 통치 시기이던 서기65~68년경.

3. 누가복음
   ⓐ 내용 : 기독교신자였던 누가가 기록한 예수님의 일대기입니다.
   ⓑ 저자 : 누가. 그의 직업은 의사였습니다. 이 기록은 누가가 데오빌로라는 사람에게 전하는 장문의 편지형식으로 작성되었습니다. 데오빌로가 어떤 인물이었는지에 대해 정확히 알려진 것은 없으나, '각하'라는 호칭 등으로 미루어 당시 상당한 고위직의 인사였을 것으로 추정되며, 또 기독교에 상당히 우호적이고 깊은 관심을 가지고 있던 인물이었을 것으로 짐작되고 있습니다.
   ⓒ 기록연대 : 서기60년경.

4. 요한복음
   ⓐ 내용 : 예수님의 제자 중 하나인 사도 요한이 기록한 예수님의 일대기입니다.

ⓑ 저자 : 요한. 마태복음과 마찬가지로 요한이 직접 기록했다기 보다는 말년에 요한의 제자들이 그의 기억을 토대로 작성한 것으로 추정되고 있습니다.

ⓒ 기록연대 : 서기85~90년경.

5. 사도행전

ⓐ 내용 : 예수님의 승천 후 사도들의 활동을 적은 기록입니다. 전반에는 베드로를 중심으로 한 사도들의 행적을 이야기하고, 중반부터는 기독교에 적대적이었던 유대교도 바울이 기독교로 개종하게 되는 과정과 이후 사도의 대열에 합류하여 선교의 사역을 펼치는 구체적인 행적을 담고 있습니다.

ⓑ 저자 : 누가. 누가복음과 마찬가지로 이 역시 누가가 데오빌로에게 보내는 편지형식으로 작성된 것입니다.

ⓒ 기록연대 : 서기63년경.

6. 로마서

ⓐ 내용 : 사도 바울이 로마지방의 교인들에게 보낸 편지입니다.

ⓑ 기록연대 : 서기57년.

7. 고린도전서

ⓐ 내용 : 사도 바울이 고린도[1]지방의 교인들에게 보낸 첫 번째 편지입니다.

ⓑ 기록연대 : 서기55년경.

8. 고린도후서

ⓐ 내용 : 사도 바울이 고린도의 교인들에게 보낸 두 번째 편지입니다.

---

1) 오늘날 그리스의 코린토스.

ⓑ 기록연대 : 서기55~56년경. 고린도전서와 같은 해이거나 그 이듬해 가을쯤으로 추정되고 있습니다.

9. 갈라디아서
   ⓐ 내용 : 사도 바울이 갈라디아지방의 교인들에게 보내는 사도 바울의 편지입니다.
   ⓑ 기록연대 : 서기56년경.

10. 에베소서
    ⓐ 내용 : 에베소[2]지방의 교인들에게 보내는 사도 바울의 편지입니다.
    ⓑ 기록연대 : 서기62년경.

11. 빌립보서
    ⓐ 내용 : 빌립보[3]지방의 교인들에게 보내는 사도 바울의 편지입니다.
    ⓑ 기록연대 : 서기62~63년경.

12. 골로새서
    ⓐ 내용 : 골로새[4]지방의 교인들에게 보내는 사도 바울의 편지입니다.
    ⓑ 기록연대 : 서기62년경.

13. 데살로니가전서
    ⓐ 내용 : 데살로니가[5]지방의 교인들에게 보내는 사도 바울의 첫 번

---

[2] 오늘날 터키의 에페수스. 지금은 토양의 퇴적으로 내륙에 속하고 있으나 당시는 화려하고 번성하던 항구도시였다.
[3] 오늘날 그리스의 필립비.
[4] 오늘날 터키의 골로사이.
[5] 오늘날 그리스의 데살로니카.

째 편지입니다.

　　ⓑ 기록연대 : 서기51년경.

14. 데살로니가후서

　　ⓐ 내용 : 데살로니가지방의 교인들에게 보내는 사도 바울의 두 번째 편지입니다.

　　ⓑ 기록연대 : 서기51년경. 데살로니가전서가 기록된 후 대략 5~6개월 후로 추정되고 있습니다.

15. 디모데전서

　　ⓐ 내용 : 사도 바울이 제자 디오데에게 보낸 첫 번째 편지입니다.

　　ⓑ 기록연대 : 서기63년경.

16. 디모데후서

　　ⓐ 내용 : 사도 바울이 제자 디오데에게 보낸 두 번째 편지입니다.

　　ⓑ 기록연대 : 서기66~67년경.

17. 디도서

　　ⓐ 내용 : 사도 바울이 이방인 신도이자 사역의 협력자였던 디도에게 보낸 편지입니다.

　　ⓑ 기록연대 : 서기66년 초.

18. 빌레몬서

　　ⓐ 내용 : 사도 바울이 자기에게로 도망쳐온 노예 오네시모를 주인이자 신도인 빌레몬에게 돌려보내며 발송한 편지입니다.

　　ⓑ 기록연대 : 서기62년경.

19. 히브리서
    ⓐ 내용 : 유대인 교인들에게 보낸 편지입니다.
    ⓑ 저자 : 사도 바울의 서신이라는 설과 함께 한편으론 작자미상이라는 주장도 유력하게 제기되고 있습니다.
    ⓒ 기록연대 : 서기60년대 후반.

20. 야고보서
    ⓐ 내용 : 예수님의 동생 야고보가 각 지방에 흩어져 사는 유대인 교인들에게 보낸 편지입니다. 예수님의 모친인 마리아는 예수님의 출산 후 남편 요셉과의 사이에서 여러 자녀를 두었습니다.[6]
    ⓑ 기록연대 : 서기62년경.

21. 베드로전서
    ⓐ 내용 : 사도 베드로가 소아시아의 각 지방에 흩어져 사는 신도들에게 보내는 첫 번째 편지입니다.
    ⓑ 기록연대 : 베드로는 네로의 기독교박해가 한창이던 서기68년에 순교하였는데, 이 서신은 그 전인 서기64년경에 기록된 것으로 추정되고 있습니다.

22. 베드로후서
    ⓐ 내용 : 사도 베드로가 소아시아의 각 지방에 흩어져 사는 신도들에게 보내는 두 번째 편지입니다.
    ⓑ 기록연대 : 서기66~67년경.

23. 요한 1서

---

6) p.388 주)18참조.

ⓐ 내용 : 사도 요한이 교회에 공동회람용으로 보낸 첫 번째 편지입니다.
   ⓑ 기록연대 : 서기95년경.

24. 요한 2서
   ⓐ 내용 : 사도 요한이 교회에 공동회람용으로 보낸 두 번째 편지입니다.
   ⓑ 기록연대 : 서기95~96년경.

25. 요한 3서
   ⓐ 내용 : 사도 요한이 교회에 공동회람용으로 보낸 세 번째 편지입니다.
   ⓑ 기록연대 : 서기95~96년경.

26. 유다서
   ⓐ 내용 : 예수님의 동생 유다가 각 지방에 흩어져 사는 유대인 교인들에게 보낸 편지입니다.
   ⓑ 기록연대 : 서기70~80년경.

27. 요한계시록
   ⓐ 내용 : 사도 요한은 말년에 선교활동을 이유로 체포되어 밧모(Patmos)[7]섬에 유배되어 약 1년 6개월가량[8]을 살게 되었는데 이곳에서 받은 계시를 적은 기록입니다.
   ⓑ 기록연대 : 서기95~96년경.

3) 성경의 결정

한편 이 66권의 성경이 처음부터 한꺼번에 기독교의 경전으로 정해진 것

---

7) 에베소 남서쪽 90km상에 위치한 에게해(海)의 고도.
8) 대개 AD94~96년경으로 추측되고 있다.

은 아니었습니다. 구약성경은 이미 오래 전부터 유대인을 통해 검증되어 왔기에 큰 문제가 되지 않았지만, 신약성경은 상대적으로 그렇지를 못했습니다. 신약시대 초기에는 출처가 불분명하고 내용이 허위적인 기록들도 많이 있었기 때문입니다.

이는 곧 교리의 혼란과 이단출몰의 원인이 되기도 했는데, 이로 인해 교회는 기독교진리를 수호하고 이단적인 요설로부터 성도들을 지켜내기 위해 경전들을 정립할 필요가 생겼습니다. 하지만 이 작업은 결코 쉬운 일이 아니었으며, 로마에서 기독교가 공인된 이후까지도 이 문제는 많은 논쟁과 우여곡절을 겪어야 했습니다.

가. 70인역과 구약성경의 결정

초대교회시대의 기독교인들은 70인역이라는 구약성경을 주로 읽고 있었는데, 이것은 BC3세기경 이집트의 알렉산드리아[9]에 살던 유대인들이 모국어인 히브리어를 모르는 젊은 세대를 위해 히브리어성경을 헬라어로 번역한 성경입니다. 이 70인역은 전부 히브리어로 기록된 구약성경이 처음 외국어로 번역된 성경입니다.

70인역이란 이름은 처음 번역에 참여한 유대교 학자가 72명이었던 데서 유래한 것입니다. 72명의 학자들이 모여 사역했음에도 70인역이라 불리는 연유에 대해서는 명확히 밝혀진 바가 없습니다. 즉 이것의 원래제목은 알려져 있지 않으며, 다만 초대교회시대에 사용되던 것으로 보이는 이 성경의 표지에 라틴어로 숫자 70을 가리키는 'LXX'이란 큰 글씨가 붙어 있던 데서 자연스럽게 그렇게 불리기 시작한 것이라고 합니다.

이 성서는 BC3세기 중엽에 모세5경이 처음으로 번역되었으며, 그 후 구약

---

[9] 알렉산더대왕은 자신이 정복한 지역 곳곳에 자신의 이름을 딴 '알렉산드리아'라는 도시를 70개나 건설하였다. 그 중 이집트를 정벌한 후 건설된 알렉산드리아는 같은 이름의 도시 중 가장 규모가 크고 유명한 것이었다. 이곳은 헬레니즘의 중심지로서 로마에 편입되기 전까지는 헬라어가 사용되고 있었다. 이 도시는 이후 더욱 번성해 로마시대에는 수도인 로마 다음으로 큰 도시로 발전했다.

성경 전부를 번역하는 데에는 세대를 거듭하며 약 100여년의 기간이 걸렸다고 합니다. 처음에는 모세오경만을 번역하기 위해 시작된 일이었으나 나중에는 그 범위가 넓어져 구약성경 전체를 모두 번역하게 되었던 것입니다. 이렇게 오랜 기간 여러 사람들에 의해 번역이 이루어지다 보니 나중에는 히브리어 원전을 찾을 수 없는 구약성경들도 이 70인역에 다수 포함되게 되었습니다.

그러다 신약시대에 이르러 기독교도들 역시 이 70인역을 그대로 경전으로 읽고 있었는데, 그들은 이것 외에도 유대교에선 인정하지 않는 예수그리스도에 관한 다른 문서들도 경전처럼 읽고 있었습니다. 그러자 이를 경계한 유대교의 랍비[10]들은 서기90년경 유다 서부의 얌니아라는 곳에서 종교회의[11]를 개최하여 70인역 가운데 히브리어 원전이 있는 39권만을 정경으로 결정하고 이후 70인역의 사용을 금지시켰습니다. 이렇게 해서 결정된 39권의 구약성경은 향후 기독교의 구약성경 결정에도 중요한 영향을 미치게 됩니다. 물론 초대의 기독교도들은 얌니아회의의 결정에도 불구하고 여전히 70인역을 포함하여 유대교도가 읽는 경전보다 더 많은 경전을 읽고 있었습니다.

나. 신약성경의 결정과 신·구교의 정경채택

한편 당시 신생종교인 기독교 측에서도 구약성경 외에 그리스도의 강림을 가르치는 제대로 된 경전 즉 신약성경을 정립해야 할 필요를 느꼈습니다. 초대교회시대에는 예수그리스도에 관한 검증되지 않은 경전들이 신실한 기독교도들을 오도하며 신앙에 혼란을 빠뜨리는 경우가 많았기 때문이었습니다.

이러한 문제를 해결하기 위한 노력은 기독교 공인 후 박차를 가하게 되는데, 현재와 같은 27권의 신약성경은 서기367년 알렉산드리아의 주교 아타나

---

10) 히브리어로 '나의 선생님'이란 뜻으로 성직자, 율법학자 등과 같이 유대교의 가르침을 전하는 지도자를 이르는 말.
11) 보통 얌니아회의라고 함. 이 회의에서는 정경채택 외에 기독교에 대한 규탄도 함께 진행되었는데, 기독교를 다시 한 번 이단으로 단죄하는 한편 기독교인을 저주하는 기도문을 채택하기도 했다.

시우스에 의해 처음 정경으로 제시되었습니다. 그리고 이 제안은 많은 논란 끝에 서기397년 카르타고회의에서 신약의 정경으로 결정되었습니다. 하지만 그 후에도 신약의 정경채택에 대한 논란은 계속되었으며 결국 오랜 시비 끝에 최종적으로 오늘날과 같은 27권의 신약성경이 확정된 것은 마르틴 루터의 종교개혁이 벌어지고 난 이후인 1546년 트리엔트 종교회의[12]에서였습니다.

그런데 한편으로 이 트리엔트 종교회의에서는 구약성경을 46권으로 결정하여 개신교와 이견을 갖게 됩니다. 즉 기존의 39권외에 7권이 구약성경에 추가된 것입니다.[13] 이 경전은 토빗기, 유딧기, 마카베오기 상·하권, 지혜서, 집회서, 바룩서 이렇게 7권으로, 가톨릭에서는 이것들을 '제2경전'이라 부르며 정경과 같이 다루고 있습니다. 따라서 가톨릭의 구약성경은 오늘날까지 개신교와는 달리 39권이 아닌 46권으로 구성되어 있습니다. 반면 개신교에서는 이 경전들이 원전인 고대 히브리어성경에서는 찾아볼 수 없다 하여 '외경'(外經)이라 부르며 정경에는 포함시키지 않고 있습니다. 이렇게 하여 오늘날 성경은 가톨릭과 개신교가 사용하는 성경의 수에 서로 차이가 나게 되었는데, 가톨릭에서는 구약 46권과 신약 27권을 합쳐 총 73권이 되고, 개신교에서는 구약 39권과 신약 27권을 합쳐 총 66권을 채택하고 있습니다. 따라서 위 7권의 경전들은 오늘날 가톨릭용 성경에는 수록되어 있지만, 개신교용 성경에는 수록되어 있지 않습니다.

한편 개신교가 구약성경을 39권으로 고집한다는 점에서는 유대교 얌니아회의의 결정과 상통하는 것이긴 합니다. 하지만 가톨릭의 제2경전들에 대해서도 단지 히브리어 원전이 없다는 이유에서 수록하지 않는 것일 뿐 개신교

---

[12] 1545년부터 1563년까지 이탈리아 트리엔트(오늘날 트렌토)에서 개최된 종교회의. 종교개혁에 따른 교회분열을 극복하기 위한 일환(일명 반동종교개혁)으로 소집되었다. 이 회의는 여러 가지 이유로 중단되며 3차례(1기 1545~47, 2기 1551~52, 3기 1562~63)로 나뉘어 진행되었는데, 교황 바오로3세(재위 1534~1549)에 의해 시작되어 율리오 3세(재위 1550~55)를 거쳐 비오 4세(재위 1559~65) 때까지 진행되었다(중간의 마르첼로 2세와 바오로 4세는 회의중단시기임). 이중 정경의 결정은 제 1기였던 1546년이다.

[13] 이는 서기 4세기 후반에 작업된 구약의 라틴어역인 불가타(Vulgata)본의 일부를 인정한 데에 따른 것이다.

내에서도 경전 자체의 내용이나 권위를 부정하는 것은 아닙니다. 참고로, 1945년에 발굴된 쿰란사본[14] 중에는 이 경전들의 일부가 히브리어본으로 발견되기도 하였습니다.

4) 우리나라의 성경번역

우리나라에서 신구약 성경 66권 모두가 한글로 완역된 것은 1911년 3월 6일 미국인 선교사 윌리엄 레이놀즈[15]와 한국인 김정삼(金鼎三), 이승두(李承斗) 선생 등에 의해 '성경젼셔'란 이름으로 출간된 것이 처음이었습니다.

가. 우리말 성경번역의 초기역사

우리나라의 기독교 전래는 18세기 후반부터 가톨릭이 먼저 전파되기 시작하였으며, 개신교가 들어온 것은 그로부터 대략 백년이 지난 19세기 후반부터였습니다. 그러나 서양에서 처음 기독교가 전파될 때처럼 우리나라에서도 19세기 중반까지는 이 종교에 대한 그릇된 오해와 편견으로 말미암아 정부차원의 노골적이고도 모진 박해[16]가 적잖이 발생하고 있었습니다. 그로 인해 당시 국

---

14) 1945년 사해 서안 쿰란지역의 절벽에 있는 일단의 동굴에서 발굴된 BC2세기 ~BC1세기경의 구약성경 사본 및 유대교 관련 문서들. 일명 사해사본(死海寫本) 또는 사해문서(死海文書)라고도 하며, 오늘날 신학 및 고문서 연구에 대단히 귀중한 자료로 평가되고 있다.
15) 윌리엄 레이놀즈(William D. Reynolds, 1867~1951) : 한국명 이눌서(李訥瑞). 미국 버지니아 노폭 출생. 1887년 햄펀시드니대학을 수석졸업한 후 유니온신학교에서 신학공부. 존스 홉킨스대학 의학부 라틴어교수 역임. 미국 남장로회 선교사로 1892년 조선 입국. 초기에는 전북 전주를 중심으로 활동하였으며, 1901년 미국인 선교사 사무엘 모펫(한국명 마포삼열馬布三悅)이 평양신학교를 설립하자 그곳에서 교수로 재직하기도 하였다. 그는 히브리어에도 능통하여 구약성경의 번역에 크게 일조하였다.
16) 그 대표적인 것으로는 최초의 대대적인 정부차원의 기독교박해라 할 신해박해(1791)를 비롯해 이승훈 성현을 비롯해 100여명이 처형되고 약400명이 유배된 신유박해(1801), 이어 외국인 신부를 포함해 54명의 신도들이 참수되고 60여명이 옥사한 기해박해(1839), 그리고 1866년부터 1871년까지 5년에 걸쳐 외국인 선교사를 포함한 국내신도 8천여 명이 학살된 병인박해 등을 들 수 있다.

내에서 우리말 성경번역과 편찬이 공개적으로 이루어지기는 현실적으로 어려운 상황이었습니다. 따라서 당시의 신도들은 부득이 중국에서 발간된 한문성경을 어렵게 구해 읽어야만 하는 형편이었고, 한문을 공부하지 못한 하층계급의 신도들은 그나마 성경을 직접 읽을 수 있는 기회조차 가질 수 없었습니다.

이러한 분위기 속에서 1784년 가톨릭신도였던 최창현[17] 선생이 발간한 '성경직해광익'(聖經直解廣益)이란 책은 우리말로 번역된 최초의 성경관련 서적이라 하겠습니다. 이 책은 중국에서 발간된 동전한문서학서(東傳漢文西學書)[18]인 '성경직해'[19]와 '성경광익'[20]이라는 서적을 각각 발췌하여 번역한 후 한권으로 묶어 국내에서 출간한 책입니다. 내용은 신약성경 중 복음서의 내용을 발췌하여 해설을 붙여놓은 것으로, 이는 성경이라는 경전의 번역이라기보다는 교인들의 신앙지도용 서적에 가까운 것이었습니다. 따라서 엄밀한 의미에서 보면 이 책은 온전한 성경의 번역이라고 보기에는 다소 어려운 부분이 있지만, 그렇더라도 이것은 우리민족이 한글로 접한 최초의 성경말씀이라는 데에 큰 의의가 있다고 할 것입니다.

이후 온전한 형태로 성경이 처음 우리말로 번역이 된 것은 성경직해광익이 나온 후로부터 거의 100년이 지난 19세기 후반이었습니다. 또 그 일은

---

17) 최창현(1759~1801) : 세례명 요한. 한양의 역관(譯官, 오늘날의 통역관에 해당하는 하급관리) 집안에서 출생. 그는 이승훈, 이벽 등 남인출신의 천주교도들과 교제하다 1784년 입교하였다. 덕망이 높고 특히 교리설명이 뛰어나 교우들의 신임과 존경을 받았다. 1794년 천주교도 회장에 임명되어 활동하다 신유박해 시 천주교의 우두머리로 지목되어 처형되었다.

18) 개화기 당시에는 서양의 학문과 문화에 관한 통칭을 서학(西學)이라 불렀는데, 당시 한문으로 번역한 서양의 서적 또는 그들의 학문과 문화를 한문으로 기록하여 소개하는 서적을 일컫는 말이다.

19) 1636년 중국 북경에서 활동하던 포르투갈 선교사 디아즈(Diaz, 1574~1659) 신부가 간행한 것으로, 가톨릭교회에서 사용하던 주일과 첨례의 성경을 주석한 책.

20) 1740년 프랑스 선교사 마이야(De Mailla, 1669~1748) 신부가 북경에서 간행한 책. 첫머리에는 묵상에 대한 설명과 여러 가지 묵상방법들이 소개되어 있고, 본문에서는 당시 교회력에 따라 주일과 축일마다 그에 맞는 성서구절이 모두 22장으로 해설되어 있다.

아쉽게도 국내가 아니라 중국과 일본 등의 해외에서부터였습니다. 그리고 처음부터 성경전부에 대한 번역이 이루어진 것이 아니라 신약성경 가운데 일부를 발췌하여 번역하는 형태의 것이었습니다.

그렇게 이루어진 최초의 우리말 성경번역은 중국 선양에서 활동하던 스코틀랜드 선교사 존 로스[21]가 1882년 3월 현지에서 출간한 '예수셩교누가복음젼셔'로 알려져 있습니다. 이것은 신약성경 가운데 누가복음서를 번역한 것입니다. 그는 현지의 한국인들에게서 한국어를 배워 이를 번역하였는데, 재미있는 것은 그에게 한국어를 가르쳐 준 이들이 주로 함경도출신의 사람들이었는지 이 성경에는 함경도방언이 많이 사용되고 있다는 점입니다. 또 로스는 이 성경에서 'God'이라는 단어를 '하나님'으로 번역하였는데, 이 호칭은 이후 우리나라 개신교에서 기독교의 신에 대한 공식적인 한국어 호칭으로 자리 잡는 기반이 되었습니다.

존 로스의 누가복음이 외국인에 의한 최초의 우리말 성경번역이라면, 이에 반해 한국인에 의한 최초의 한글번역은 1885년 2월 일본에 파견된 수신사 박영효(朴泳孝)의 수행원으로 도쿄에 도착한 이수정[22] 선생에 의해서였습니다. 그는 신약성경 가운데 마가복음을 번역한 '신약마가젼복음셔언해'를 일본 현지에서 출간했습니다. 그리고 그해 4월 5일 한국개신교선교의 개척자라고 할 미국

---

21) 존 로스(John Ross, 1842~1915) : 스코틀랜드 연합장로회 소속의 중국파견 선교사. 1872년 8월 23일 중국에 도착한 그는 주로 만주일대에서 활동하다 우연한 기회로 한국에 대한 관심이 깊어지게 되었고 그 후 한국개신교 전파에 선구자적인 역할을 하였다.

22) 이수정(李樹廷, 1842~1886) : 전남 곡성출생. 고종의 재위시절 도승지(왕의 비서실장) 및 동경제국대학 한국어교수 역임. 구한말 개화파였던 그는 갑신정변(1884) 실패 후 일본에 머물다가 1886년 귀국하였으나 곧 수구파에 의해 살해되었다. 저서로는 천도소원(天道所願), 한국천주교사 등이 있다.

23) 언더우드(Horace Grant Underwood, 1859~1916) : 한국명 원두우(元杜尤). 영국 런던출생. 1872년 미국으로 이주한 뒤 뉴욕대학교 및 뉴브런즈윅신학교를 졸업. 미국 북장로교 선교사로 한국에 파견된 후 의료봉사, 교육과 계몽사업, 고아보호, 벽지전도 등에 헌신하였다. 서울 새문안교회 및 연희전문학교(현 연세대학교의 전신), 기독청년회(YMCA) 등을 설립함. 1916년 일본에서 사망.

선교사 언더우드[23]와 아펜젤러[24]가 바로 이 성경을 들고 인천에 입국했습니다.

이즈음에는 신도들의 지속적인 증가와 더불어 한편으론 기독교에 대한 편견도 많이 순화되어짐에 따라 신도들을 비롯한 국내 기독교계에서는 우리말성경의 필요성과 그것을 실현코자 하는 욕구도 점차 늘어나게 되었습니다. 특히 당시 국내에 입국한 개신교 선교사들에게 한글판 성경의 필요는 기독교 전파를 위해 현실적으로도 시급하고 또 절박한 문제로 여겨졌습니다.

나. 성서번역의 본격적인 움직임

이렇게 하여 본격적으로 시작된 한글번역작업은 아무래도 신약성경을 중심으로 이루어지게 되었습니다. 먼저 국내의 선교사들은 성경번역을 위한 사업으로 1887년 2월 '성서번역위원회'를 설립하고 언더우드와 아펜젤러를 책임자로 임명했습니다. 그리고 이들은 같은 해 '마가의젼한복음셔언해'를 발간하였는데, 이것은 이수정 선생이 발행했던 '신약마가젼복음셔언해'를 보완한 수정본이었습니다. 이어 1892년 1월 20일에는 '마태복음젼'을 발간하였는데 이것이 비로소 기존번역의 수정본이 아닌, 국내에서 곧바로 번역이 된 최초의 우리말성경이었습니다.

이와 한편으로 선교사들 사이에서는 개인에 의한 번역도 활발하게 이루어지고 있었는데, 아펜젤러는 1890년 '보라달로마인셔(保羅達羅馬人書)'와

---

24) 아펜젤러(Henry Gerhard Appenzeller, 1858~1902) : 한국명 아편설라(亞篇薛羅). 미국 펜실베이니아주 손더튼 출생. 원래는 장로교신자였으나 1876년 감리교로 이종. 프랭클린 마샬대학교 및 드류대학 신학부 졸업. 미국감리교 선교회에서 한국선교사로 임명된 후 아내 D.엘라와 함께 한국에 입국. 한국선교회 및 배재학당(현 배재고등학교 전신) 설립. 1902년 성경번역자회 모임에 참석차 배편으로 목포로 가던 중 조난으로 사망.

25) 게일(James Scarth Gale, 1863~1937) : 한국명 기일(奇一). 캐나다 장로교선교사. 캐나다 온타리오주 출생. 1888년 토론토대학 졸업 후, 모교 YMCA의 지원으로 조선에 선교사로 파견되어 황해도 해주지방과 경상도지방에서 선교활동을 시작했다. 1891년 선교지원 중단으로 미국 북장로교 선교회로 이적. 1928년 영국에서 사망.

1892년 '마태복음젼'을 발행하였고, 같은 해 게일[25]은 '마태복음'과 '에베소서', '사도행젼'을, 그리고 펜윅[26]은 '요한복음젼' 등의 개인역본을 발행하였습니다.

이어 한글번역활동은 1893년 5월 '상임성서실행위원회'가 조직되고 그 산하에 '한글번역자회'라는 협의회를 구성하며 더욱 박차를 띠기 시작했습니다.[27] 또 고무적인 일은 1895년 영국성서공회[28]가 오늘날 대한성서공회의 전신인 성서공회 조선지부를 개설함으로써 성경번역과 더불어 성경보급사업이 더욱 활기를 띠게 되었습니다.

한글번역자회의 노력은 곧 결실을 보아 1895년에는 마태복음, 마가복음, 요한복음, 사도행전이 간행되었습니다. 이 중 마태복음은 아펜젤러가 1892년 번역한 '마태복음젼'을 번역자회가 승인한 것이지만, 그 외 마가복음(아펜젤러)과 요한복음, 사도행전(이상 게일)은 개인역본이었습니다. 이어 1896년에는 누가복음이, 1897년에는 갈라디아서와 야고보서, 베드로전후서가 발간되었으며, 1898년에는 로마서, 고린도전후서, 골로새서, 빌립보서, 데살

---

26) 펜윅(Malcom C. Fenwick, 1863~1935) : 신학교육을 받은 바 없는 캐나다침례교의 평신도로서 그는 오직 개인적인 소명감만으로 1889년 독립선교사 자격으로 입국했다. 황해도 소래에서 활동했으나 이렇다 할 결실을 보지 못하자 1893년 캐나다로 귀국했다가 이듬해 재입국하였다. 이후 충남 공주와 강경지역에서 활동하다 함남 원산으로 선교지역을 옮겨 사역하였으나, 1901년 공주와 강경지역의 침례교선교회가 자금난으로 철수하게 되자 이를 인수받아 운영함. 이후 1906년 충남 강경에서 '대한기독교회'라는 이름의 최초 한국침례교단을 조직하였는데 이것이 한국침례교의 효시가 되었다.

27) 여기에는 언더우드, 게일, 아펜젤러, 스크랜톤(1856~1922, 미국기독교감리회 선교사, 의사)이 번역위원이었고, 1895년에는 레이놀즈가 추가되었다.

28) 1802년 영국인 찰스 목사의 주창으로 1804년 성경의 보급과 번역을 목적으로 설립된 개신교측 기구. 처음에는 영국을 중심으로 활동 하였으나 규모의 확산으로 1946년 '세계성서공회연합회'로 개편되었으며 현재 147개의 회원국이 가입되어 있다. 우리나라의 대한성서공회는 1895년 영국성서공회의 조선지부로 개설된 후 이듬해 독립된 지부로 의결된 것이 시초이다. 이후 1938년 조선성서공회로 개편되었다가 1940년 일제의 탄압으로 문을 닫았으며, 해방 후인 1947년 재건되어 대한성서공회라는 이름으로 개명되었다. 1949년 세계성서공회연합회에 가입하였다.

로니가전·후서, 디모데전·후서, 디도서, 빌레몬서, 히브리서, 요한1·2·3서, 유다서가 간행되었고, 1899년에는 에베소서, 그리고 1900년에는 요한계시록이 간행되었습니다. 이렇게 하여 신약성경이 모두 번역되자 드디어 이 모든 낱권을 하나로 묶어 출판하게 되었는데, 이것이 1900년 9월 9일 신약성경 27권 모두를 수록한 국내최초의 신약전서인 '신약젼셔'입니다.

그런데 이 '신약젼셔'는 한글번역자회만의 작업으로 이루어진 번역본만을 수록한 것이 아니라 그동안 여타의 선교사들이 개인적으로 번역한 사역본(私譯本)들도 다수 포함되어 있는 것이었습니다. 실제로 신약성경 모두가 한글번역자회의 협의와 승인을 거친 이른바 공인역본의 신약성경 출간은 그로부터 6년 후인 1906년에 발간된 같은 이름의 '신약젼셔'였습니다.

이처럼 오랜 시간과 눈물겨운 노력으로 이루어진 번역사업에는 외국인 선교사들뿐만이 아니라 김정삼, 이승두, 송덕조(宋德祚), 이창직(李昌稙), 정동명(鄭東鳴), 조성규(趙成奎)[29] 선생 등 많은 한국인들의 헌신적인 조력도 함께하는 것이었습니다.

다. 구약성경 번역과 성경전서의 출간

한편 구약성경의 번역은 신약성경보다 상대적으로 늦게 이루어졌습니다. 구약성경에 대한 국내최초의 한글번역은 1898년 러시아출신의 선교사 알렉산더 피터스[30]가 발간한 '시편촬요(詩篇撮要)로 알려져 있습니다. 이것은 구약성경 가운데 시편을 번역한 것으로 총 150편의 시로 구성된 시편 중에서

---

29) 조한규(趙漢奎)라고도 불림.
30) 알렉산더 피터스(Alexander A. Pieters, 1871~1958) 한국명 피득(彼得). 러시아계 유대인으로 일본에서 기독교로 개종하였다. 1895년 4월 미국성서공회 나가사키지부에 입사하였다가 곧바로 조선에 파견되어 그해 5월 13일 입국했다. 처음에는 주로 조선전역에 성경판매 및 보급을 하는 업무를 맡았는데 이때 구약의 한글번역사업이 미흡하다는 것을 알고 이에 소명을 느끼기 시작했다고 한다. 또한 북장로교 선교부에 가입하여 평생을 한국선교사역에 종사하였다. 히브리어, 라틴어, 독일어에 능통하였으며 1906년 한글번역자회 위원이 되었다.

하나님의 축복을 주제로 한 시 62편을 발췌하여 한글로 번역한 것입니다.

이것은 많은 이들로 하여금 구약성경의 한글번역에 대한 영감을 고무시키는 계기가 되었고, 이로써 구약의 번역사업도 활발히 이루어지게 되었습니다. 그리하여 1906년에는 여러 선교사들에 의해 창세기, 시편 전편(全篇)이 각각 개인역본으로 출간되었으며, 이듬해인 1907년에는 출애굽기, 사무엘 상·하, 잠언, 말라기 그리고 1908년에는 열왕기상·하와 이사야서가 번역되어 출간되었습니다.

한편 한글번역자회 역시 파란 많은 노력을 기울인 끝에 마침내 1910년 4월 2일 구약성경 39권 모두의 독자번역을 완료하고, 이듬해인 1911년 우리나라 최초의 구약전서인 '구약젼셔'를 발행하였습니다. 이 번역은 특히 레이놀즈, 김정삼, 이승두 선생의 10여년에 걸친 각고의 노력의 산물이었습니다.

이어서 같은 해인 1911년 3월 6일, 마침내 이들은 기존의 신약젼셔와 이 구약젼셔를 하나로 묶어 '셩경젼셔'라는 제목으로 신구약 66권을 모두 엮은 우리나라 최초의 한글판 성경전서를 발행하는 개가를 올리게 되었습니다. 이 책은 미국성서공회 조선지부에 의해 상(창세기~역대하), 하(에스라~말라기) 두 권으로 출판되었습니다.

이 '셩경젼셔'는 출판된 후 번역에 헌신했던 선교사들의 열정에 의해 다시금 개역과 보완번역의 작업을 거치게 되었습니다. 특히 구약성경의 보완이 먼저 시급하다고 여겼던 그들은 1911년 '구약개역자회'를 구성하고 '구약젼셔'의 개역작업에 들어갔습니다. 이 작업에 헌신한 이들은 언더우드와 게일 그리고 레이놀즈였습니다. 그러나 언더우드의 사망과 다른 여러 문제들이 겹쳐 이 작업은 순탄하지 않았습니다. 그러나 여러 헌신자들이 속속 이 일에 가담하여 마침내 26년의 오랜 작업을 완료하고 1936년 '구약젼셔개역본'이 간행될 수 있었습니다. 그 후 1938년에는 다시 이 개역본을 일부 수정해 보다 완전한 번역본을 출판하게 되었습니다.

한편 신약개역작업은 1926년 '신약개역자회'가 조직되면서 시작되었는데, 여기에는 레이놀즈를 비롯한 여러 선교사들이 합심했습니다. 이들은 1937년 신약성경 개역을 완료하여 이듬해인 1938년 '신약개역'이란 이름으로 발간했습니다.

그리고는 구약성경과 신약성경을 합본하여 1938년 '성경개역'이란 제목으로 출간하였습니다. 이와는 별도로 개인적인 성경전서의 번역으로는, 조선어풍 번역을 지향하던 게일이 1925년 '신역신구약전서'를 펴내기도 하였는데 이것이 우리나라 최초의 사역본 성경전서로 알려지고 있습니다.

이렇게 하여 일반인들이 쉽게 접하고 읽을 수 있게 된 우리말성경은 6.25 전쟁 중이던 1952년 한글맞춤법 통일안에 의거해 수정을 거친 뒤 '성경전서 개역한글판'이란 이름으로 간행되었다가, 1956년 다시금 당시의 맞춤법에 따라 수정되었고 이어 1961년 다시 한 번 815개소의 자구수정을 거쳐 오늘날에 이르고 있습니다.

이처럼 오늘날 우리가 읽고 있는 우리말성경은 어느 한 사람에 의해 하루아침에 생겨난 것이 아니라, 하나님의 소명으로 이 땅을 찾은 수많은 선교사들의 헌신과 우리 옛 선조들의 오랜 눈물과 기도가 한데 어우러져 빚어낸 한국기독교의 너무도 소중한 자산인 것입니다.

라. 우리말성경의 외래어표기

한편 성경을 읽다 보면 유난히 고어(古語) 표기가 많이 나오고 있는 것을 알 수 있습니다. 한 예를 들면 예수님이 태어나실 당시 로마의 황제는 아우구스투스[31]였는데 성경에는 '가이사 아구스도'[32]라고 되어 있는 것 등이 그

---

31) 아우구스투스(Augustus, 재위 BC27~AD14) : 본명은 가이우스 옥타비우스(Gaius Octabius). 제1차 삼두정치의 승리자 율리우스 카이사르의 5촌 조카(카이사르 누나의 딸의 아들)였던 그는 후에 카이사르의 양자로 입적하여 제1후계자로 지정되었다. 그 후 양부 율리우스 카이사르의 이름을 물려받아 '가이우스 율리우스 카이사르 옥타비아누스'로 개명했다. 아폴로니아에 유학하고 있던 그는 19세 때에 카이사르의 암살소식이 전해지자 즉시 로마로 돌아와 안토니우스, 레피두스와 함께 제2차 삼두정치를 시작하여 권력의 중심으로 나왔다. 원로원은 BC27년 제2차 삼두정치의 최후 승리자가 된 그에게 존엄한 자란 의미의 아우구스투스란 칭호를 부여했다. 이는 실질적인 황제에 상응하는 것으로 이때부터 로마는 황제가 다스리는 제정시대로 접어들게 된다.

32) 누가복음 2장 1절

것입니다. 아구스도는 아우구스투스의 우리말 옛 표기입니다. 또 가이사는 황제를 가리키는 카이사르[33]의 옛 표기입니다. 그러므로 '가이사 아구스도'란 요즘 말로 '황제 아우구스투스'라는 말입니다. 또 이집트의 왕 파라오(Pharaoh)를 성경은 '바로'[34]라고 표기하고 있습니다. 그리고 사도바울이 기독교를 전하기 위해 방문했던 그리스의 도시 아테네를 성경에는 '아덴'으로, 또 그곳에서 바울과 논쟁을 벌였던 에피쿠로스학파와 스토아학파 철학자들을 각각 '에비구레오'와 '스도이고' 철학자로 표기하고 있습니다.[35] 그밖에도 동사 '말하다'의 존칭에 해당하는 '가라사대'와 같이 요즘에는 거의 사용하지 않는 용어들이 등장하기도 합니다. 또 이집트를 애굽(埃及)으로, 페르시아를 바사(波斯)[36]로 표기하는 것처럼 한자식 표기도 상당히 많이 등장합니다.

이 같은 표현 및 표기법은 우리나라에서 처음 성경이 번역되던 백년 여 전에 사용되던 것으로, 당시 우리나라는 영어를 비롯한 서양의 외래어 보다는 한자가 훨씬 많이 사용되던 시절이었습니다. 따라서 한자에 입각한 발음에 익숙했던 당시 국내의 문화적 풍토에서 보자면 성서에 사용된 표기 역시도 그 접근법이 당연히 지금과는 사뭇 달랐다는 점을 이해해야 할 것입니다.

그럼에도 당시의 발음을 담고 있는 이러한 용어들이 지금까지도 성경에 변함없이 채택되고 있는 것은 아마도 전통을 중시하는 기독교 특유의 보수

---

33) 원래 카이사르는 로마 제1차 삼두정치(BC60~BC48)의 최후승자였던 율리우스 카이사르(Julius Caesar)의 이름에서 유래된 말이다. 그는 제1차 삼두정치를 끝내고 권력을 독점하였으나 4년 후인 BC44년 반대파에 의해 살해되었다. 그러나 그의 사후 양아들 옥타비아누스(훗날 아우구스투스)에 의해 제정시대가 시작되자 카이사르라는 이름은 권력의 대명사로서 로마의 황제를 뜻하는 말로 사용되게 되었다. 율리우스 카이사르는 라틴어 발음이며 영어로는 줄리어스 시저이다.
34) 창세기 40장 2절, 출애굽기 1장 11절 등.
35) 사도행전 17장 15절~18절.
36) 이집트, 페르시아를 가리키는 한자식 표기 '埃及'와 '波斯'의 정확한 발음은 각각 '애급'과 '파사'이지만 성서에서는 '애굽'(출애굽기 1장 1절), '바사'(에스더 1장 3절)로 발음한다. 이는 오랜 관례에 따른 것으로, 예컨대 한자 金(금)이 이름의 성씨로 사용될 때는 '김'으로 발음하는 경우와 같다.

성에서 그리 된 것이 아닌가 여겨집니다. 굳이 성경이 아니더라도 이와 같이 한자발음에 입각한 문화적 전통의 예는 요즘에도 프랑스를 불란서(佛蘭西), 잉글랜드를 영국(英國), 이탈리아를 이태리(伊太利), 도이치란트를 독일(獨逸)이라고 부르는 것처럼 여전히 우리 곁에서 상당부분 찾아볼 수 있습니다. 하지만 시대와 교육의 변화로 인해 이제는 현대의 표기에만 익숙한 젊은 세대들이 성경을 읽을 때에는 쉬운 의미조차 표기의 문제로 이해하지 못하고 그냥 넘어가 버리는 안타까운 경우가 매우 많이 발생하게 되었습니다. 그러나 다행인 것은 요즘에는 현대적인 표현과 맞춤법으로 번역된 성경도 많이 출간되고 있으므로 초신자분들은 그런 성경을 먼저 읽어 보는 것도 기독교와 성경에 대한 이해를 넓히는 데에 좋은 방법이 되지 않을까 생각됩니다. 이 책에서도 고어로 표기된 인명이나 지명 등은 현대어로 풀어쓰거나 주석을 달아 설명하는데 힘썼습니다.

질문 15
성경은 어디에 기록했나요?

　성경이 기록될 당시에는 현재와 같은 종이가 아직 나오기 전이었으므로, 당시의 책은 오늘날과 같은 형태의 것이 아니었습니다. 지금과 같은 형태의 종이가 발명된 것은 서기2세기 초 후한(後漢)시대였던 중국에서였습니다. 그때까지 동양에서는 대나무를 길게 쪼개어 그것을 이어 만든 죽간(竹簡)이라는 것에 글씨를 적고 있었습니다. 따라서 종이가 발명된 후 그것이 비단길을 통해 서방에 전해지기 전까지 저들은 지금과는 전혀 다른 방식으로 기록을 보존하고 있었습니다. 예를 들면 고대 아시리아에서는 점토판을 만들어 굳기 전에 글자를 새긴 후 이를 말리거나 구워서 책으로 사용했으며, 고대 이집트에서는 나일강변에서 자라는 갈대의 일종인 파피루스라는 풀을 가공하여 만든 종이[1]에 글자를 기록했습니다.

　그러다 주전190년경부터 서양에서는 양이나 송아지 등의 가죽을 석회로 표백 처리하여 만든 양피지(羊皮紙)에 글자를 기록하기 시작했습니다. 보통 두루마리 형태로 보관하는 이 양피지는 당시 보편화되어있던 파피루스와는 비할 바 없이 질기고 고급스러우며 장기간 보존이 가능하다는 장점이 있었지만, 반면 부피가 크고 무거우며 특히 가격이 비싸다는 단점이 있어 귀족이나 부자 등 소수만이 사용할 수 있는 물건이었습니다.

　또 당시에는 인쇄술이 없었기 때문에 출판은 일일이 손으로 써야하는 수작업에 의존해야 했습니다. 그만큼 당시의 책은 귀하고 소중하고 값비싼 것이었습니다. 서양에서 양피지가 발명된 이후, 유대교의 회당에서 사용하던 공식적인 성경은 모두 값비싼 양피지에 기록되었습니다. 이것은 하나님에 대

---

[1] 이 종이는 이름도 그 재료와 똑같이 파피루스라고 불렀다.

한 경외심과 공경에 따른 것이었습니다. 물론 수작업으로 출판을 해야 한다는 점은 성경도 마찬가지였습니다. 그래서 회당에는 매일같이 최고급 양피지에 성경을 베껴내는 서기관이란 직업을 가진 이들이 있었습니다. 이들은 성경을 필사해 내는 일이 본업이긴 했지만, 때론 유대교의 교리나 율법을 가르치기도 하는 등 나름 상당한 식자계층에 속해 있던 자들이었습니다. 참고로, 예수님을 배신한 제자 가롯 유다의 직업이 바로 이 서기관이었습니다.

그런데 놀라운 것은 이 서기관들이 하루에 필사해 내야 하는 할당량은 불과 다섯 문장(성경의 5개 절)에 불과했다는 사실입니다. 더욱 놀라운 것은, 만약 필사 중 단 한 글자라도 잘못 쓰게 되면 그 부분만 지우고 다시 쓰는 것이 아니라, 이전까지 아무리 많은 분량을 필사해 놓았다 해도 제사장들의 명에 의해 그 양피지는 가차 없이 통째로 폐기되었다고 합니다. 이것은 유대인들이 얼마나 하나님을 경외하며 성경의 기록에 신중을 기하고 있었는지를 말해주는 대목입니다.

유대인들의 하나님에 대한 경외심은 그뿐만이 아닙니다. 그들이 하나님의 말씀을 전할 때에는 자구 하나 틀림없이 정확히 전달해야 할 만큼 하나님을 경외했습니다. 예컨대, 성서에 나오는 예언들을 보면 모두가 간접화법이 아닌 직접화법으로 기록되어 있습니다. 즉 예언자들은 예언을 전할 때 "하나님께서 OO라고 말씀하셨습니다."라는 식의 간접화법을 사용하지 않았습니다. 그들은 하나님의 말씀을 전할 때 "하나님께서 다음과 같이 말씀하셨습니다. '나 주 여호와가 말하노라. 내가 너희를 건져내었고…'"와 같이 일인칭의 직접화법으로 전했던 것입니다. 그만큼 이스라엘민족은 하나님의 말씀의 권위를 지대하게 여겼습니다.

이러한 그들의 하나님에 대한 경외심과 성서에 대한 경건함 그리고 자신들의 종교에 대한 뜨거운 열정과 이를 보존하려는 헌신적인 노력 덕분에 우리는 고대 성경의 원전과 거의 다름없는 성경을 오늘날에도 볼 수 있게 된 것입니다.

질문 16
아브라함이란 사람은 누구인가요?

1) 우르에서의 아브라함.

아브라함은 오늘날 이스라엘민족의 직접적인 조상이 되는 사람입니다. 아브라함 없는 이스라엘은 있을 수 없고, 아브라함이 빠진 구약성경은 생각할 수도 없을 만큼 그의 존재는 기독교사(史)에서 중요한 위치를 차지하고 있습니다. 아브라함은 하나님께서 계획하신 인류구원에 역사에서 그 첫 페이지에 서있는 사람이라고 하겠으며, 그만큼 성서가 이야기하는 구속의 경륜도 알고 보면 이 아브라함에게서부터 실질적으로 시작된다고 해야 할 것입니다.

성서에 나오는 족보에 의하면 그는 아담의 20대손으로 지금으로부터 약 4,000년 전 즈음에 유프라테스강 하구에 있던 갈대아 지방의 우르라는 도시에서 태어났습니다. 그의 아버지의 이름은 데라였으며, 그는 일흔 살이 되기까지 아브라함과 나홀, 하란 이렇게 세 아들을 낳았습니다.[1] 항간에는 아브라함이 장남이라는 설이 있지만 이는 그의 이름이 데라의 세 아들 중 가장 먼저 나열된 데에 따른 추정일 뿐 명시적으로 그가 장남이라는 기록은 없습니다.

그의 형제 중 하란은 아들 롯과 두 딸 밀가와 이스가를 낳고 일찍 죽었습니다.[2] 하란이 요절하자 그의 자녀들은 남은 형제들이 챙기게 되었는데 하란의 딸 밀가는 나홀이 아내로 맞이하였으며, 아들 롯은 훗날 아브라함이

---

1) "데라는 칠십 세에 아브람과 나홀과 하란을 낳았더라. 데라의 후예는 이러하니라. 데라는 아브람과 나롯과 하란을 낳았고"(창세기 11장 26절~27절)
2) "하란은 롯을 낳았으며, 하란은 그 아비 데라보다 먼저 본토 갈대아 우르에서 죽었더라. (중략) 나홀의 아내 이름은 밀가니 하란의 딸이요, 하란은 밀가의 아비며 또 이스가의 아비더라."(창세기 11장 27절~29절)

가나안으로 이주할 때까지 함께 한 것으로 보아 그가 부양한 것으로 보입니다.[3] 아브라함에게는 가나안으로 이주할 때까지 자식이 없었습니다. 또 하란의 다른 딸 이스가에 대한 향후의 기록은 성경에 나오지 않는데 이는 그녀가 이방남자와 결혼했기 때문이 아닌가 추정되고 있습니다.

원래 아브라함의 본명은 아브람이었으며 아내의 이름은 사래였습니다. 그러나 후에 하나님의 명에 따라 아브라함과 사라로 각각 이름이 개명되었습니다. 아브라함과 사라는 이복남매의 관계였습니다.[4] 일부에선 이스가가 사라의 결혼 전 이름이라고 보는 견해도 있지만[5] 여기에는 무리한 추리가 요구되는 가설로 확실하지 않습니다. 아브라함은 '열국(列國)의 아버지'라는 의미이고, 사라는 '여주인' 또는 '왕비'라는 의미입니다.

2) 가나안으로 가기까지, 하란에서.

그런데 어느 날 데라는 가족 중 아브라함부부와 하란의 아들 롯을 데리고 우르를 떠나 가나안이란 곳을 향해 길을 떠나게 되었습니다. 가나안이라는 곳은 우르로부터 서쪽으로 장장 1,500km나 떨어져 있는 생면부지의 먼 땅이었습니다. 이 여행은 잠시 다녀오는 것이 아니라 완전한 이주를 목적으로 한 것이었으며,

〈아브라함의 이동 경로〉

---

3) 하지만 이 여행의 중반까지는 데라도 함께 하고 있어 그때까진 조부인 데라가 거둔 것일 수도 있다는 가정 또한 가능하다. 이후 아브라함이 가나안에 정착한 뒤에는 롯도 분가하였다.(창세기 13장 1절~12절)
4) 창세기 20장 12절
5) 이는 일부 유대인들의 해석에 따른 것인데, 성서기록의 특성상 밀가와 나홀과의 혼인사실은 명백히 밝히면서 그보다 중요한 이스가와 아브라함의 혼인은 모호하게 기록할 이유가 없다는 점에서 신빙성이 떨어진다.

그러기에 그 길은 사랑하는 친척과 이웃들 그리고 정든 풍경들을 떠나 다시는 돌아오지 않을 영원한 이별의 여행이었습니다. 그만큼 이 여행은 그들에게 결코 쉬운 결정을 내려 출발할 수 있는 그런 성격의 것은 아니었을 것입니다.

[데라가 그 아들 아브람과 하란의 아들 그 손자 롯과 그 자부 아브람의 아내 사래를 데리고 갈대아 우르에서 떠나 가나안 땅으로 가고자 하더니, 하란에 이르러 거기 거하였으며] (창세기 11장 31절)

 데라가 왜 세 아들 중 아브라함부부를 데리고 갔는지는 성경의 내용으로는 알 수가 없습니다. 아브라함이 자식이 없어서 상대적으로 다른 형제들에 비해 부담이 적어서 그리된 것인지, 아니면 그가 연로한 아버지를 그전부터 실질적으로 부양하던 아들이기에 그랬는지는 알 수가 없습니다. 만약에 그가 노부인 데라를 부양하던 입장이었다면 이 여정의 주체는 데라가 아니라 오히려 아브라함이었을 수도 있다는 개연이 생겨날 수 있습니다. 이 경우는 롯 역시도 처음부터 아브라함이 노부인 데라와 함께 부양하고 있었음이 분명해집니다.
 하지만 위 구절을 자세히 보면 주어가 아브라함이 아닌 데라로 되어 있습니다. 다시 말해 이 여행의 주도자가 아브라함이 아니라 그 아비 데라인 것처럼 언급하고 있는 것입니다. 이로 인해 롯을 처음 부양한 자도 데라인지 아브라함인지 역시 모호해집니다.
 다만 이들이 우르를 떠나 가나안 땅으로 거처를 옮기게 된 것이 하나님의 의지에 의해서였던 것만은 분명합니다. 이에 대해 성서는 여호수아 24장에 다음과 같이 기록하고 있습니다.

[이스라엘 하나님 여호와의 말씀에 "옛적에 너희 조상들 곧 아브라함의 아비, 나홀의 아비 데라가 강 저편에 거하여[6] 다른 신들을 섬겼으나, 내가 너희 조상 아브라함을 강 저편에

서 이끌어 내어 가나안으로 인도하여 온 땅을 두루 행하게 하고...(후략)"] (여호수아 24장 2절~3절)

당시 세상은 미신과 우상숭배가 만연하던 때로 아브라함의 부친 데라와 주변의 친척과 이웃들마저도 이미 모두가 미신과 우상숭배로 오염이 되어 있었습니다. 그 시절 하나님을 믿는 사람들은 성서에 소개된 아담의 직계후손들과 그 외 세상의 각처에 흩어져 살던 극히 일부에 지나지 않는 소수에 불과했습니다. 물론 데라와 같이 아담의 직계후손이라고 해서 전부가 하나님을 믿은 것도 아니었습니다. 이런 상황에서 하나님께서는 아브라함을 세상의 타락과 우상숭배의 위해로부터 격리시키고자 하셨던 것입니다.

하나님께서 아브라함을 고향 우르에서 먼 곳 가나안으로 이주케 하신 것은, 첫째 올바른 신앙을 위해 그를 우상숭배에 물든 고향으로부터 격리시키고, 둘째 그의 후손을 향후 메시아가 태어날 하나의 민족으로 만드시기 위한 조치였습니다. 결국 이와 같은 조치는 하나님에 의한 구속의 경륜이 이미 인류역사 가운데서 구체적으로 태동하기 시작했음을 의미하는 것이기도 합니다.

그렇게 길을 떠난 아브라함의 일행은 가나안으로 가던 도중 하란이란 도시에 다다르자 그곳에 한동안 머물며 살았습니다.[7] 하란은 우르로부터 유프라테스강을 건너 북서쪽으로 900km 쯤 떨어진 곳에 위치한 도시였습니다. 그들이 왜 가나안으로 곧장 가지 않고 중도에 하란에서 머물렀는지 또 언제부터 얼마동안 그곳에서 살았는지는 성경에 언급이 없습니다. 데라는 하란에서 살다 이백 오세에 그곳에서 영면하였습니다.[8] 데라가 하란에서 영면하

---

6) 유프라테스강 건너편을 말함. 우르는 유프라테스강 건너편이 아니었으며, 따라서 여기서는 아브라함이 가나안으로 가던 도중 수년간 머물렀던 도시 하란을 기준으로 말하는 것으로 보인다.
7) 하란이란 지명이 데라의 아들 중 요절한 하란과 이름과 동일하다는 점에서 그와 어떤 연관이 있는 곳이 아니었을까 추측하는 이들도 있지만 고고학적으로 현재 확실한 것은 없다.
8) "데라는 이백 오세를 향수하고 하란에서 죽었더라."(창세기 11장 32절)

자 아브라함은 가족을 데리고 다시 가나안을 향해 길을 떠났습니다. 그때 그의 나이는 75세였습니다.

[여호와께서 아브라함에게 이르시니, 너는 너희 본토 친척 아비 집을 떠나 내가 네게 지시할 땅으로 가라. 내가 너로 큰 민족을 이루고 네게 복을 주어 네 이름을 창대케 하리니 너는 복의 근원이 될찌니라. 너를 축복하는 자에게는 내가 복을 내리고 너를 저주하는 자에게는 내가 저주하리니. 땅의 모든 족속이 너를 인하여 복을 얻을 것이니라.[9] 이에 아브람이 여호와의 말씀을 좇아갔고 롯도 그와 함께 갔으며 아브람이 하란을 떠날 때에 그 나이 칠십 오세였더라.] (창세기 12장 1절~4절)

이 말씀을 아브라함이 처음부터 여행을 떠나기 전인 우르에서 들은 것인지 아니면 하란에 머물던 기간 중에 들은 것인지는 분명하지 않습니다. 만약 아브라함이 이 말씀을 우르에서 들은 것이라면 이 여행은 처음부터 아브라함의 주도에 의해서 시작되었다는 것이 분명해집니다. 반면 그가 하란에서 들은 것이라면 우르에서 하란까지의 여행은 창세기 11장 31절의 말씀을 토대로 데라가 주도한 것으로 볼 수 있습니다. 그러나 아브라함을 놔두고 굳이 우상숭배자였던 데라에게 하나님께서 말씀을 내리셨다고 보기는 어렵습니다. 이런 이유로 위 말씀은 아브라함이 우르에서 들은 것을 성경의 기자(記者)가 어떤 이유로 해서 뒤에 적은것이라는 주장이 설득력을 얻기도 합니다.

또 데라가 죽고 난 후에 아브라함이 하란을 떠났다는 것은 사도행전 7장 4절[10]의 기록에 근거한 것입니다. 그러나 한편으론 데라의 생전에 아브라함이 하란을 떠났다는 주장도 강하게 제기되고 있습니다. 이는 데라의 수명과

---

9) '땅의 모든 족속이 너를 인하여 복을 얻을 것'이란 이 말씀 가운데는 장차 그의 가계를 통해 임하실 그리스도와 그에 의한 온 인류의 구원이 예언되고 있다.

10) "아브라함이 갈대아 사람의 땅(우르)을 떠나 하란에 거하다가, 그 아비가 죽으매 하나님이 그를 거기서 너희 시방 거하는 이 땅으로 옮기셨느니라."

자식들을 낳은 나이, 그리고 아브라함이 하란을 떠난 나이의 계산에 따른 주장입니다. 즉 성경의 기록에 의하면, 첫째 데라는 70세가 되기까지 세 아들을 낳았고(창세기 11장 26절), 둘째 그는 205년을 살다가 하란에서 죽었으며(창세기 11장 32절), 셋째 아브라함은 75세에 하란을 떠난 것으로 되어 있습니다(창세기 12장 4절). 그렇다면 아브라함을 막내라고 가정해도 그가 하란을 떠날 때 데라의 나이는 최대 145세라는 계산이 나옵니다. 말하자면 그는 아브라함이 떠난 이후에도 60년을 더 살았다는 이야기가 되는 것입니다.[11]

이처럼 아브라함이 하란을 떠날 때 데라가 살아 있었느냐 아니냐에 대한 성서학자들의 의견은 여전히 분분합니다. 그러나 양측의 의견은 각기 그 논증에 강점과 약점이 있으며 솔직히 현재로선 어느 쪽도 만족할만한 대답을 내놓지는 못하고 있습니다.

그러나 이러한 혼란한 점이 있다고 해서 기독교가 허위라거나 기타 부정적인 판단을 함부로 해서는 안 됩니다. 또 이러한 난제가 곧 오류라고 쉽게 판정하기에도 무리가 따를 수 있습니다. 제가 이 같은 내용을 굳이 여기에 소개하는 것은 초신자 여러분들로 하여금 기독교에 대한 의심을 갖게 하기 위해서가 아니라, 오히려 이미 수천 년 간 노출된 일부의 논리적 취약에도 불구하고 그대로 기록을 보전시키고 있는 그 자체의 솔직함과 정직성에 주목해야 한다는 점을 말씀드리기 위해서입니다. 성경의 기록에 나타나는 일부의 난제는 이미 수천 년 전의 것들로 지금 확인하기에는 너무 먼 옛날에 일어난 일들에 관한 것들입니다. 그러기에 필연적으로 발생할 수 있는 일부의 모호성을 이유로 성경이 허구라고 말하기에는 성경은 너무나도 명백한 고고학적, 사학적 사실들을 수 없이 내포하고 있는 기록입니다. 지금의 성경의 권위는 강요에 의해 주어진 것이 아니라 오랜 인류의 역사와 함께 하며 그 스스로 쌓여진 것임을 여러분은 상기해야 할 필요가 있습니다. 수많

---

11) 205세(데라의 수명)-70세(막내아들을 낳은 나이)-75세(아브라함이 하란을 떠난 나이) = 60년(남은 데라의 수명)

은 현자와 성자들이 그 안의 글을 보며 눈물을 흘렸고 또 역사 속의 수많은 문인과 위대한 예술가들이 성경을 보고 영감을 얻었습니다. 다시 말해 성서 가운데 아직은 논증되지 않은 몇 가지 외관적 사실들이 있다 해도 여러분들은 지금은 그러한 난제에 연연할 것이 아니라, 그와는 비교할 수 없을 만큼 많은 객관적 사실들을 바탕으로 성경이 바라보는 전체적인 진실성과 궁극적인 주장을 먼저 깊이 통찰해야 한다는 것입니다.

아무튼 아브라함은 남은 가족을 데리고 다시 가나안을 향해 출발했습니다. 그러나 그에게 있어 가나안은 여전히 한 번도 가본 적이 없는 생소한 곳이었으며 거리도 아직 600km나 남은 당시로선 대단히 먼 곳이었습니다. 더욱이 이런 생면부지의 고장을 혼자도 아니고 가족까지 데리고 그것도 잠시 들렀다 오는 것이 아니라 평생 눌러 앉으러 간다는 것은 웬만한 용기가 아니고선 실행할 수 없는 대단히 위험하고 무모한 일이었습니다. 가는 도중의 예측할 수 없는 많은 위험은 물론 현지의 정착민들이 자신에 대해 과연 우호적일지도 알 수 없었으며, 만약 적대적이라면 가족전체의 생존마저도 보장 받을 수 없는 입장이었습니다. 게다가 그는 우르에서와 마찬가지로 하란에서도 먹고 살기 힘들어 떠나는 그런 입장도 아니었습니다. 오히려 아브라함은 하란에서 편안하게 먹고살기에 충분할 만큼 넉넉한 재산을 모은 부유한 가정의 가장이었습니다.[12] 그런 그에게는 떠나기 위해 재산을 정리하는 것 자체도 큰 문제였을 것입니다. 또 일흔다섯이라는 자신의 적지 않은 나이도 부담이 되었을 것입니다.

이상의 것들로 미루어 볼 때, 모든 것을 버리고 미지의 가나안이란 곳을 향해 떠난다는 것은 그에게는 엄청난 결단이 요구되는 문제였습니다. 그럼에도 아브라함은 결국 가나안을 향해 무작정 떠날 것을 결정했던 것이며 우

---

12) 창세기 12장 5절에는 '하란에서 모은 모든 소유와 얻은 사람들을 이끌고 가나안 땅으로 가려고 떠나…'라는 기록이 나온다. 이것은 그가 최소한 몇몇의 하인들을 비롯해 챙겨가야 할 어느 정도의 재산이 있었음을 말해 준다. 이로 미루어 그는 적어도 하란에서 궁핍한 삶을 살지는 않았음을 추리할 수 있다.

리는 바로 이 점에 주목해야 하는 것입니다. 그만큼 그는 오직 하나님 말씀만을 믿고 따르는, 어찌 보면 단순하고 무지하리만치 우직한 성품의 인물이었습니다. 그것이 바로 하나님에 대한 아브라함의 믿음입니다. 가나안은 오늘날 이스라엘공화국이 위치한 지역으로, 이로써 그의 후손인 이스라엘국민들은 현재 자신들의 영토가 이때부터 하나님께서 그들에게 점지해주신 불변의 땅이라고 확신하고 있는 것입니다.

3) 아브라함의 믿음.

마침내 가나안에 도착한 아브라함은 하란에서와 마찬가지로 그곳에서도 터전을 잡아 정착하는 데 성공합니다. 간혹 흉년 등의 이유로 잠시 다른 곳으로 이주한 적도 있지만 다시 가나안으로 돌아와 살았으며, 그곳에서 하나님의 축복으로 많은 재산과 식솔들을 거느리는 큰 부자가 되었습니다. 다만 한 가지 부족한 것으로는 그에게는 여전히 대를 이을 자식이 없다는 것이었습니다.

이에 하나님께서는 어느 날 밤 그를 찾아 오셔서 하늘의 별을 보여주시며 그가 친아들을 낳을 것이고 그의 자손이 하늘의 별만큼 불어나 큰 민족을 이룰 것이라고 하셨습니다.

[그를 이끌고 밖으로 나가 가라사대 하늘을 우러러 뭇별을 셀 수 있나 보라. 또 그에게 이르시되 네 자손이 이와 같으리라.] (창세기 15장 5절)

이 말씀은 그의 자손이 큰 민족을 이룰 것이라고 하란에서 하신 약속을 다시 한 번 상기시키는 것이었습니다. 하나님께서 이렇게 말씀하시자 아브라함은 자신의 나이에도 불구하고 이를 전혀 의심 없이 믿었고 하나님은 그런 순박한 아브라함의 모습을 선하게 여기셨습니다.[13] 이어 하나님께서는 현재

---

13) "아브람이 여호와를 믿으니 여호와께서 이를 그의 의로 여기시고"(창세기 15장 6절)

의 땅을 아브라함에게 자손 대대로 영원한 기업으로 주시겠다고 약속하셨습니다. 그러시고는 이에 대한 언약의식으로 3년 된 암소와 3년 된 암염소과 3년 된 수양, 그리고 산비둘기와 집비둘기를 각각 한 마리씩 제물로 바쳐 제사를 지내라고 하셨습니다. 아브라함은 그대로 했습니다. 이것은 하나님께서 아브라함과 맺은 일종의 계약으로 인간을 구원하시겠다는 의지를 확실한 징표로서 허락하신 약속이었습니다. 여기서 가나안 땅은 천국을 상징하며 그곳을 기업으로 주시겠다는 말씀은 천국으로의 복귀 즉 구원을 상징하는 것입니다. 이로써 아브라함은 자신도 깨닫지 못하는 사이에 하나님으로부터 인류구원에 대한 공식적으로 확실한 약속을 받아낸 최초의 인물이 되었던 것입니다.

그런데 이때 벌어진 흥미로운 사건을 하나 소개하고자 합니다. 성경에는 아브라함이 하나님께서 명하신대로 짐승들을 잡아 제단 위에 올려놓고 기다리고 있을 때, 솔개들이 제물로 올려놓은 고기들을 먹으려고 자꾸 내려와 앉았고 그때마다 아브라함은 그것들을 쫓았다고 기록하고 있습니다.[14]

이것이 우리 하나님의 모습입니다. 믿음의 조상 아브라함이 창조주 하나님께 드리는 거룩한 제물 위에 감히 미물인 솔개 따위가 덤벼들고 있는 이 모습에서 우리는 하나님이 권위주의자가 아니시라는 사실을 엿볼 수 있습니다. 지금 이 엄숙하고도 중요한 상황에서 당신의 제물 위에 날짐승들이 날아와 앉는 것을 막지 않으시는 하나님과 그것을 당연히 여기고 새를 쫓는 아브라함의 모습에서 우리는 진정 위대하신 하나님과 인간의 진솔한 관계를 깨달을 수 있으며 또 진정한 권위가 무엇인가를 생각하게 합니다. 하나님께서는 당신의 권위가 우선이 아니라, 중요한 것은 당신께서 정하신 섭리 가운데서 숨 쉬는 자연의 모든 생명들과 그밖에 피조물의 조화로움이었습니다. 그리고 이 모든 것을 존중하는 것, 그것이 하나님의 사랑이며 위대하신 권

---

[14] "아브람이 그 모든 것을 취하여 그 중간을 쪼개고 그 쪼갠 것을 마주 대하여 놓고 그 새(비둘기)는 쪼개지 아니하였으며, 솔개가 그 사체 위에 내릴 때에는 아브람이 쫓았더라."(창세기 15장 10절~11절)

위인 것입니다. 하나님의 이러한 모습은 성경의 여러 군데에서 목격됩니다.

그러기에 우리는 어느 대형교회의 웅장한 현관 앞 거대한 십자가 위에 둥지를 튼 방자한(?) 까치의 행태를 보며 미소 속에 하나님의 권위를 찬양할 수 있는 것이며, 또 그로써 너무나 멋진 위대함으로 우리를 지켜보시는 내 아버지 하나님과 조용히 미소를 교환할 수 있는 것입니다. 우리의 하나님은 그러하신 분이실진대, 문제는 다만 거기에 권위를 부여하려는 인간의 마음일 것입니다.

아무튼 이 만남이 있고나서도 아브라함에게는 여전히 오래도록 자식이 생기지 않았습니다. 그렇다고 하나님께서 매일 나타나셔서 그에게 말씀을 해 주시는 것도 아니었습니다. 우리가 여기서 한 가지 알고 넘어가야 할 것은, 성서를 읽다 보면 마치 하나님이 매일같이 아브라함에게 나타나셨던 것처럼 착각할 수 있으나 실제는 전혀 그렇지 않았다는 사실입니다. 성경에는 하나님과 아브라함이 만나는 장면이 10회 나오는데, 아브라함이 175년을 산 것을 고려하면 수시로 만난 것은 아니었습니다.[15] 물론 하나님을 평생 단 한번 만나는 것도 저같이 평범한 사람에게는 대단한 일이자 믿음에 극적인 도움을 주는 일이겠지만, 그렇다고 위대한 믿음의 조상 아브라함이라고 해서 인생의 활로를 결정해야 할 때마다 하나님이 매번 나타나셔서 조언과 결정을 해 주신 것은 결코 아니었던 것입니다. 하나님께서 언제나 자신을 명백히 나타내시는 가운데 직접 인생을 주관해 주시기를 바라는 것은 신앙의 잘못된 생각이라는 것을 이 대목은 교훈으로 가르쳐 주고 있습니다.

만약 하나님이 우리가 눈만 뜨면 만날 수 있는 그런 분이시라면 세상에 하나님을 믿지 않을 사람은 아무도 없을 것입니다. 그러나 진리가 그렇게 아무런 노력도 없이 누구나가 쉽게 찾을 수 있는 것이라면, 그것은 인간이 자기 스스로 하나님의 진리를 찾았다는 생각을 갖게 하여 결과적으로는 인간을 악마적인 오만이라는 악덕에 빠뜨리는 결과를 초래하게 될 것입니다. 이

---

15) "아브라함의 향년이 일백 칠십 오세라. 그가 수가 높고 나이 많아 기운이 진하여 죽어 자기 열조에게로 돌아가매"(창세기 25장 7절~8절)

것은 오히려 인간을 망가트리는 것으로 하나님께서 원하시는 바가 아닙니다. 그렇다고 반대로 하나님은 인간이 무슨 노력을 해도 결코 만날 수가 없는 미지의 흑암 속에 숨어계신 분이시라면 이번에는 하나님을 만나는 데 있어 인간은 절망에 빠져 결국엔 진리를 향해 아무 것도 하지 않으려는 나태와 무위(無爲)라는 또 다른 악덕을 초래하고 맙니다. 이 역시도 하나님께서 원하시는 바가 아닙니다. 따라서 하나님은 그 가운데에서 역사하고 계시며, 이에 기독교는 오만과 절망이라는 쌍방의 악덕을 피해 하나님을 찾도록 하는 종교입니다. 즉 하나님은 찾으려고 하는 자에게는 찾을 수 있을만한 충분한 빛을, 그리고 찾지 않으려고 하는 자에게는 결코 찾을 수 없을만한 충분한 암흑을 당신의 놀라운 지혜로서 교회 안에 두신 것입니다. 그것이 에덴을 떠나 있는 우리 앞에 주어진 하나님의 진리의 좌표입니다. 하나님은 이미 예수님으로서 우리에게 충분히 나타나신바 되었으며 그분을 만나는 것은 이제 우리의 몫인 것입니다.

아무튼 자식을 노심초사 기다리던 아브라함에게 어느 날 아내 사라가 미안했던지 제안을 하나 하였는데, 그것은 남편이 자신의 몸종인 하갈과 동침하여 아들을 얻자고 한 것입니다. 아브라함은 고심 끝에 그녀의 제안을 받아 들여 하갈과 동침을 하였습니다. 그리고는 정말로 아들을 얻었습니다. 그는 아들의 이름을 이스마엘이라 지었으며 이때 그의 나이가 86세였습니다.[16]

어떻게 보면 오랜 세월 아들을 기다린 아브라함의 입장에서는, 하나님께서 친아들을 주시겠다고 하셨지만 이는 본처를 통한 자식이 아니라 아내의 여종을 통해 주신다는 것을 상징적으로 말씀하신 것인가 보다 하고 인간적인 생각을 품을 수도 있는 일이었습니다. 그것도 아브라함의 입장에서 보면 친아들과 마찬가지이고 또 당시의 사회통념상으로는 아내가 자식을 낳지 못할 경우 아내의 여종을 취해 아들을 얻는 것은 보편적이고 합법적인 일이기

---

16) 창세기 16장 16절

도 했기 때문입니다.[17]

그러나 아내의 여종을 취해서 아들을 얻겠다는 아브라함 내외의 생각은 어디까지나 인간의 자의적인 해석일 뿐 하나님께서 내려주신 약속의 본질과는 관계가 없었습니다. 하나님의 말씀에 함부로 인간의 의지를 개입시키는 것은 대단히 위험한 일일 수 있습니다. 아브라함의 이 오판으로 말미암아 그 후예들은 오늘날까지 중동문제라는 끊이지 않는 분쟁의 후유증을 앓고 있습니다.[18]

4) 할례와 이삭의 탄생

이스마엘이 태어나고 아브라함의 나이가 99세이던 때, 하나님께서는 다시 아브라함을 찾아 오셨습니다. 그리고는 당신께서 약속하셨던 친아들은 이스마엘이 아니라 그의 본처 사라가 낳을 아들이며 그가 바로 적통을 이을 언약의 아들임을 밝히셨습니다.[19] 그러나 하나님이 이 말씀을 하실 때, 처음에는 아브라함은 이 말씀을 믿지 않았습니다. 왜냐하면 자신도 이제는 나이가 99살이 된 노인인데다 아내인 사라 역시도 나이 아흔 살에 이미 폐경기가 훨씬 지난 여인이기에 그녀가 임신을 한다는 것은 말이 되지 않는 일이었기 때문입니다. 또 자신은 이제 이스마엘이라는 아들이 있는지라 더 이상 자식에 대한 별 욕심도 없었습니다. 그는 현재 자신에게 주어진 현실에 안주하며 만족하고 있었습니다.

그러나 하나님의 말씀에 그는 곧 마음을 돌이키고 하나님을 믿었습니다. 그리고는 하나님께서 시키신 대로 온가족에게 할례를 집행하였습니다. 할례

---

17) 아브라함과 비슷한 시대라고 할 수 있는 바빌론 제1왕조의 함무라비왕(재위 BC1792경~BC1750경)의 법전에는 '본처가 아들을 낳지 못하는 경우 본처의 여종을 취하여 아들을 낳을 수 있다'는 조항이 있다.
18) 기독교의 시각에서 보면, 오늘날의 중동문제는 서자인 이스마엘의 후손(아랍계)과 나중에 본처 사라로부터 얻게 될 적자인 이삭의 후손(이스라엘) 간의 영토문제를 비롯한 기타 정치적, 종교적 문제 등이 복잡하게 얽혀있는 끝없는 집안싸움이라고 할 수 있다.
19) 창세기 17장 16절~18절

는 남성기의 포피 끝 일부를 끊어내는 행위로 기독교에서는 죄로부터의 해방을 상징합니다. 즉 여기에도 그리스도에 의한 인류의 구원이 상징으로서 담겨있는 것입니다. 즉 이 최초의 할례의식은 하나님께서 인간과 구원의 언약을 맺으셨다는 표징으로서 행해진 것이었으며, 이때부터 하나님께서는 아브람의 이름을 아브라함으로 또 그의 아내 사래는 사라로 이름을 바꾸도록 하셨습니다.[20]

드디어 아브라함이 100세가 되던 해, 사라는 정말로 그토록 기다리고 기다리던 아들을 낳았습니다. 폐경이 한참 지난 여인이 아기를 낳는 그야말로 기적이 일어난 것이었습니다. 아브라함은 하나님을 찬양하고 아기에게 하나님께서 미리 정해주신 대로[21] 이삭이라 이름 지었습니다. 그리고 태어난 지 팔일 만에 하나님의 명에 따라 이삭에게 할례를 베풀었습니다.[22] 이것이 전통이 되어 오늘날까지도 유대인들은 남자 아기가 태어나면 팔일 후에 할례를 하는 풍습이 있다고 합니다.

그러나 이삭을 얻은 기쁨도 잠시, 이로 인해 아브라함에게는 또 다른 불행이 찾아오게 되었습니다. 아들을 낳은 본처 사라가 이제는 후처인 하갈과 그 아들 이스마엘을 핍박하기 시작했던 것입니다. 결국 고민하던 아브라함은 간절히 기도하며 하나님께 어찌해야 할지를 여쭈었습니다. 하나님께서는 아브라함을 위로하시며 본처 사라를 위해 하갈 모자를 분가시키라고 하셨습니다. 아울러 이스마엘도 아브라함의 아들이니 큰 민족을 이루게 해주시겠다고 약속하셨습니다. 그리하여 아브라함은 괴로움 속에 그녀 모자에게 약간의 식량과 물을 주어 집을 나가도록 했습니다.[23] 이스마엘은 오늘날 아랍민족의 조상이 되는 사람입니다.

---

20) 창세기 17장 5절, 15절
21) 창세기 17장 19절
22) 창세기 21장 3절~5절
23) 창세기 21장 9절~20절

5) 하나님의 시험

가. 도키마조와 페이라조

그러나 아브라함의 인내와 믿음에 대한 하나님의 시험은 여기서 끝나지 않았습니다. 그에게는 하나님께서 계획하신 마지막 시험이 하나 남아있었습니다.[24] 그것은 아브라함이 하나님 자신을 얼마나 진심으로 사랑하고 있느냐에 대한 물음이었습니다. 가나안으로의 이주나 백세까지 기다려야 했던 아들 등 이제까지의 시험이 하나님을 얼마나 믿고 따르느냐에 관한 것이었다면, 이제는 하나님을 얼마나 진심으로 사랑하고 있느냐 하는 신앙에 있어 가장 중요하고 본질적인 문제에 대해 하나님은 아브라함의 대답을 요구하고 계셨던 것입니다. 참고로 말씀드리면, 이러한 하나님의 시험을 '도키마조'(Dokimavzw)라고 합니다. 헬라어인 이 말은 하나님께서 사랑하는 자에게 당신에 대한 사랑을 직접 확인받고자 하시는 행위입니다.

이 도키마조를 쉽게 이해하기 위해서는 인간의 사랑을 예로 들어 이야기하는 것이 좋을 것 같습니다.

우리도 누군가를 사랑할 때면 그로부터 자신이 진심으로 사랑받고 있는지 또 얼마나 사랑받고 있는지를 확인하고 싶어 합니다. 사랑에 빠진 사람들은 자신이 사랑하는 상대의 마음 모두를 갖고 싶어 합니다. 동시에 자신도 상대에게 세상 무엇보다 소중한 존재가 되기를 바라고 또 자신이 그러한 존재가 되었음을 안다고 해도 재차삼차 그것을 확인하고자 합니다. 만약 그렇지 않으려 한다면 그것은 사랑하지 않는 것이거나 아니면 체면상 또는 자존심상 표현하지 못하는 경우뿐일 것입니다.

그러기에 사랑을 확인하는 데에는 때로는 유치하고, 간혹은 편협하거나 졸렬하기도 한 방법이 동원되기도 합니다. 그렇게 해서라도 자신이 사랑하는 사람으로부터 진심으로 사랑받고 있음을 확인할 수만 있다면 기꺼이 그

---

[24] "하나님이 아브라함을 시험하시려고 그를 부르시되..."(창세기 22장 1절)

렇게 하려고 합니다. 사랑은 그런 것입니다.

또 상대방이 나의 선물을 받고 진심으로 행복해 할 때 나 역시 기쁨이 솟는 것처럼, 그가 내게 소중한 사람이었음을 확인하며 기뻐하는 모습을 볼 때 그를 사랑하던 나도 함께 기뻐합니다. 그렇게 사랑은 서로가 서로에게 가장 소중한 존재임을 확인시켜 주기 위해 노력하고 그것을 느낄 수 있도록 행동하게 합니다. 비록 그것이 어떤 때에는 유치한 것이라 하더라도 그렇게 하는 것이 바로 사랑입니다.

이런 점에서는 하나님의 사랑도 마찬가지입니다. 이 도키마조는 때론 하나님에 의한 연단으로 비쳐질 수도 있겠습니다만, 그 본질은 당신을 향한 우리의 사랑을 확인하시기 위해 역사하시는 하나님의 직접적인 확인입니다. 따라서 기독교인은 모두가 도키마조의 상황을 겪게 됩니다. 이것은 피할 수도 없고 피해서도 안 됩니다. 그러나 당신이 사랑하시는 자에게 하나님께서는 결코 감당할 수 없는 도키마조를 행하시지 않으십니다. 도키마조는 곧 이어질 더 큰 기쁨을 공유하기 위해 상대의 사랑을 확인하는 것이 목적일 뿐, 당신이 사랑하시는 자에게 상처를 주고 무너뜨리기 위한 것이 결코 아니기 때문입니다.

한편 시험이란 의미로 성서에는 도키마조 외에 '페이라조'(Peiravzw)라는 단어가 나오기도 합니다. 정확히 말해 이것은 사랑의 확인을 위한 하나님의 시험과 달리 우리를 죄로 이끌려는 악마의 유혹을 의미하는 말이지만, 우리 말성경에는 이 역시 '시험'이라고 번역되어 있습니다. 따라서 이 말은 도키마조와 구분되는 정확한 의미의 전달을 위해 시험 보다는 '유혹' 쯤으로 해석해서 보심이 좋을 것 같습니다. 예로 주기도문에 나오는 '우리를 시험에 들지 말게 하옵시며'라든가, 신약성경 야고보서 1장 13절[25] 등에 나오는 시험이란 단어의 원어는 모두 이 페이라조입니다. 이것은 사랑의 상호확인을 위한 도키마조처럼 하나님의 미래지향적인 거룩한 시험이 아니라, 인간을 죄

---

25) "사람이 시험을 받을 때에 내가 하나님께 시험을 받는다 하지 말찌니 하나님은 악에게 시험을 받지도 아니하시고 친히 아무도 시험하지 아니하시느니라."

에 빠트리려고 하는 악마의 간교한 유혹을 가리킵니다. 따라서 이것은 일순 달콤한 속삭임으로 들릴 수는 있겠지만 은밀한 가운데 다가오는 악의 미혹일 뿐이므로 단호히 물리쳐야 하는 시험입니다.

하나님께서는 아브라함을 장차 메시아가 태어날 민족의 시조로 삼기 위해 그의 일생을 통해 믿음과 사랑의 도키마조를 행하셨습니다. 그 마지막 도키마조의 이야기는 다음과 같습니다.

이삭이 십대의 건강한 아이로 장성하던 어느 날, 하나님께서는 아브라함에게 나타나셔서 그야말로 청천벽력 같은 요구를 하십니다. 그것은 정해주신 날까지 모리아산(山)으로 가서 아들 이삭을 당신께 번제물로 바치라는 것이었습니다.[26] 번제란 짐승을 제물로 잡아 그 피는 뿌리고 살은 불에 태워 하나님께 바치는 제사를 말합니다. 그런데 다름 아닌 자신의 아들 이삭을 번제물로 삼아 하나님께 제사를 지내라는 것입니다. 아브라함에게 이삭이 어떤 아들입니까? 평생 자식이 없다가 하나님 말씀 하나 믿고 십여 년을 기다렸음에도 응답이 없어, 제 깐에는 하나님 말씀을 성취시킨답시고 아내의 여종을 취하여 아들을 얻기까지 하였으나, 그로인해 본처와 후처 사이의 갈등이라는 극심한 가정불화만 야기하게 되었고 결국엔 서출인 큰 아들을 그 어미와 함께 내어 쫓는 기막힌 고뇌를 겪기까지 하며 나이 백세에 가까스로 얻은 아들이었습니다. 이렇게 우여곡절 끝에 얻은 아들인데 주실 땐 언제고 이제 와서 잡아 바치라는 말씀은 도무지 무슨 경우인지 그로서는 이해할 수 없는 일이었습니다.

하지만 아브라함은 하나님께서 요구하신대로 이삭을 바치기로 결심합니다. 그러나 이 결정이 아무렇지도 않게 내려진 것은 결코 아니었습니다. 성경에는 아브라함의 고뇌에 대한 구체적인 언급은 없지만, 어느 정도 분별력이 있는 사람이라면 몇 구절을 읽는 동안 그가 엄청난 갈등과 혼란 속에 시달리고 있었음을 쉽게 간파할 수 있습니다. 모리아산은 아브라함이 사는 곳

---

26) 창세기 22장 2절

으로부터 걸어서 사흘 정도 걸리는 곳에 있었습니다. 그러나 아브라함은 가는 내내, 그리고 산에 도착해 제단을 쌓을 때까지 이삭에게 그가 제물이 될 것임을 고백하지 않고 있습니다.[27] 이는 아브라함이 스스로 생각하기에도 지금 자신이 하고 있는 행동이 아들에게는 상궤를 벗어난 일이란 걸 잘 알고 있었다는 이야기이며, 이는 그만큼 그 자신이 마음속에 큰 고통을 안고 있었다는 것을 암시하고 있습니다. 그런 가운데 그는 아들에 대한 사랑과 하나님에 대한 사랑 사이의 큰 갈등 속에서 하나님을 선택했던 것입니다.

마침내 하나님께서 일러주신 장소까지 도착한 아브라함은 이삭을 포박하여 제단에 올려놓았습니다. 이때 그가 이삭에게 모든 사실을 고백했는지는 성경에 나와 있지 않습니다. 다만 그 순간 아브라함은 아들을 향해 칼을 들고 선채 마음속으로 부정(父情)의 마지막 절박함을 호소하며 최후의 순간까지 하나님께 숨 막히는 기도를 올리고 있었을 것입니다. 자신이 아들을 데리고 여기까지 온 것을 보면, 이제 하나님도 자신의 마음을 아셨을 터이니 이제 그만 이 잔인한 명을 거두어 달라고 마음속으로 처절히 외쳐대고 있었는지도 모릅니다. 그러나 하나님은 아무 말씀도 없으셨습니다. 결국 아브라함은 자신이 아들보다 하나님을 더 사랑하고 있음을 입증하고자 했습니다. 그는 아들을 내려치기 위해 칼을 잡은 손을 높이 치켜들었습니다. 그 때였습니다. 하늘에서 큰 소리가 들리며 하나님의 천사가 나타나 아브라함에게 말했습니다.

[아브라함아, 아브라함아! 그 아이에게 손을 대지 말라. 머리털 하나라도 상하지 말라. 나는 네가 얼마나 나를 공경하는지 알았다. 너는 하나밖에 없는 아들마저도 서슴지 않고 나에게 바쳤다.] (창세기 22장 11절~12절)[28]

천사는 이렇게 하나님의 말씀을 전하고 떠났습니다. 아브라함이 안도하며

---

27) 창세기 22장 3절~8절
28) 공동번역성경(대한성서공회) 참조.

칼을 내려놓는 순간 저만치 앞에 덤불에 뿔이 걸려 허우적거리는 수양 한 마리가 눈에 들어왔습니다. 아브라함은 기쁜 마음에 얼른 가서 그 양을 대신 잡아 제물로 바쳤습니다. 그리고는 그 장소를 '여호와 이레'라고 불렀습니다.[29] 여호와 이레란 히브리어로 '미리 준비해 두시는 하나님'이란 뜻으로 이 말에는 많은 의미가 담겨 있습니다.

하나님은 우리를 위해 모든 것을 예비해 두시고 우리의 인생을 보살펴주십니다. 하나님은 아브라함에게도 이미 모든 것을 예비해 두시고 그의 마음을 시험해 보셨습니다. 하나님은 애당초 아브라함으로부터 아들을 제물로 받으실 마음도 없으셨고, 또 만약 아브라함이 제 스스로 아들을 제물로 바치고자 했다면 이를 절대 용납지 않으셨을 분이십니다. 그에 관한 하나님의 계율이 신명기 12장에 소개되고 있습니다.

[네 하나님 여호와께서는 네가 그와 같이 행하지 못할 것이라. 그들은 여호와께서 꺼리시며 가증이 여기시는 일을 그들의 신들에게 행하여 심지어 자기들의 자녀를 불살라 그들의 신들에게 드렸느니라.] (신명기 12장 31절)

고대의 우상숭배 가운데는 사람을 자기 신들에게 제물로 바치는 의식이 있었는데 하나님께서는 이를 엄격히 금지시키고 계십니다. 인명을 소중히 여기시는 하나님의 성품은 사사 중의 한 사람이었던 입다가 자기 딸을 산채로 제물로 잡아 바칠 때에도 확연히 확인되고 있습니다. 사사기 11장 30절~40절에 나오는 이 내용은 초신자 여러분들이 하나님을 이해하시는데 참고가 될 것 같아 여기에 간략히 정리하여 소개합니다.

나. 입다의 교훈

사사였던 입다는 이스라엘을 쳐들어온 이웃 암몬이라는 나라와 전쟁을

---

29) 창세기 22장 14절

치르게 되었습니다. 그는 전쟁에 나가기 전 하나님께 기도하기를, 자신의 군대가 승리하게 해주시면 이기고 돌아올 때에 가장 먼저 환영 나오는 사람을 하나님께 제물로 잡아 바치겠다고 서원하였습니다. 서원은 기도의 한 종류로 하나님께서 기도를 들어주시면 감사의 표시로 자신도 어떤 행동을 하겠다고 하나님께 약속을 드리는 것을 말합니다. 한 마디로 하나님과 조건부로 약속을 맺는 기도입니다. 이것은 갈급한 영혼이 하나님께 간구할 때 주로 하는 기도이지만 기도가 응답받고 나면 반드시 약속을 지켜야 하는 만큼 신중한 태도로 임해야 하는 기도이기도 합니다.

그는 하나님의 도움으로 암몬과의 전쟁에서 크게 승리할 수 있었습니다. 그리고는 승전가를 울리며 전쟁에서 이기고 돌아오는데, 그와 전사들을 축하하러 가장 먼저 영접 나온 사람은 다름 아닌 자신의 사랑하는 외동딸이었습니다.[30] 그녀는 자랑스러운 아버지를 누구보다 먼저 축하해주려 달려 나왔던 것입니다. 그 순간 입다는 자신이 하나님께 올린 서원기도를 떠올리며 소스라치고 말았습니다. 그는 자신의 경솔함을 자책하며 자신이 올린 서원기도를 몹시 후회했습니다. 그러나 이제는 되돌릴 수 없는 일이 되고 말았습니다. 결국 그는 깊은 슬픔과 고뇌 속에 자신이 세상에서 가장 사랑하는 딸을 제물로 잡아 하나님께 바쳐야 했습니다.

그런데 우리는 이 이야기에서 한 가지 의문을 갖게 됩니다. 왜 하나님께서는 입다가 돌아올 때 다른 사람도 아닌 그가 가장 사랑하는 사람을 제일 먼저 마중 나오게 하셨을까요?

여기에는 인간을 위한 하나님의 깊은 교육적인 배려가 담겨져 있습니다. 입다가 사람을 잡아 제물로 바치겠다는 기도를 올렸을 때 아마도 하나님께서는 깜짝 놀라셨을 것입니다. 그리고는 인명을 가벼이 여기는 그의 태도를 근심어린 시선으로 보셨을 것입니다. 어쩌면 이는 입다의 문제만이 아니라 그 당시 사람들의 마음속에 은연중 퍼져있던 종교적 풍토였는지도 모릅니다.

---

30) 사사기 11장 34절

당시 이스라엘 주변의 다른 족속들의 우상숭배 의식 중에는 갓난아기를 산 채로 불에 태워 제물로 바치는 끔찍스런 의식도 있었습니다. 어쩌면 입다 자신도 이런 것들에 영향을 받고 있었는지 모릅니다. 하지만 그것은 선하고 아름다운 것을 지향하는 하나님의 사랑과는 너무도 동떨어진 지극히 악마적인 것이었습니다. 하나님께서는 이런 못된 풍토를 고쳐주시고자 하셨습니다.

만약 입다가 돌아올 때 가장 먼저 환영 나온 사람이 자기가 모르는 사람이거나 아니면 자기에게 별로 중요하지 않은 사람이었다면 그는 아무 죄책감 없이 그를 제물로 잡아 하나님께 바쳤을 것입니다. 그러면 이후 사람들은 그를 따라 자기들도 하나님께 믿음을 보여준답시고 너도나도 사람을 제물로 잡아 바치는 일이 관례화되었을지도 모릅니다. 하나님께서는 이것을 막고자 하셨던 것입니다. 이에 하나님께서는 가장 강력한 충격을 입다에게 주어 후세에 두고두고 교훈을 삼도록 하셨습니다. 그리하여 입다가 승전하고 돌아올 때 그가 가장 사랑하는 무남독녀 외동딸이 제일 먼저 그를 맞이하도록 하셨던 것입니다. 그리하여 그가 자기의 손으로 사랑하는 딸을 제물로 바치는 모습을 이스라엘백성들이 목도케 함으로써, 이후로는 사람을 제물로 바치는 짓은 엄두도 내지 못하게 만드셨습니다. 실제로 그 이후로 이스라엘에서 사람을 제물로 바치는 행위는 다시는 일어나지 않았습니다.

물론 하나님께서 단지 말씀만으로 입다에게 이르셨어도 충분히 그가 사람을 제물로 바치는 행동은 하지 않았을 수도 있습니다. 그러나 만약 하나님께서 그렇게 하셨더라면 그 후 사람들 가운데선 또 다시 자기 신앙의 공명심을 과시하려는 제2, 제3의 입다가 반드시 계속해서 출현했을 것입니다. 왜냐하면 인간제물을 금기시하신 위 신명기 12장 31절 계명의 말씀은 이미 입다가 살던 시절보다 훨씬 이전인 모세의 시대부터 이미 주어진 계명이었으며, 따라서 그와 같은 계명이 이미 있었음에도 입다와 같은 경우가 일어났다면, 필시 말씀만의 훈육으로는 차후 그의 후대에까지 교육적인 효과를 거두기는 어려웠을 것이라 사료됩니다.

우리의 하나님은 인명을 소중히 여기시는 하나님이십니다. 하나님의 십계명에도 '살인하지 말라'는 율례가 있습니다. 인간 각 개개인은 모두가 지존자이신 하나님의 형상대로 지으심을 받은 자들이며, 따라서 저마다 이 세상 무엇보다도 고귀한 가치를 품고 있습니다. 그러기에 인간의 생명은 왕이나 거지나 똑같이 고귀하고 소중한 것입니다. 이 땅에는 생명을 가진 것과 그 생명을 유지하는데 필요한 것 이렇게 두 가지가 존재할 뿐입니다. 그중에서도 가장 소중한 것은 인간의 생명입니다. 이것은 하나님께서 정하신 섭리입니다. 하나님은 우리를 사랑하십니다. 우리는 인간이 생각하는 인본주의보다 하나님께서 행하시는 인간주의가 훨씬 더 인간적이고 따뜻하다는 사실을 알고 있어야 합니다.

6) 언약의 축복

이렇게 하여 아브라함이 이삭 대신 하나님께서 예비해 두신 양을 잡아 번제를 드리자 하늘에서 두 번째로 천사가 나타나 아브라함에게 하나님의 말씀을 전했습니다.

[내가 나를 가리켜 맹세하노니, 네가 이같이 행하여 네 아들 네 독자를 아끼지 아니하였은즉 내가 네게 큰 복을 주고 네 씨로(네 후손으로 하여금) 크게 성하여 하늘의 별과 같고 바닷가의 모래와 같게 하리니 네 씨가 대적의 문을 얻으리라.[31] 또 네 씨로 말미암아 천하 만민이 복을 얻으리니 이는 네가 나의 말을 준행하였음이니라.] (창세기 22장 16절~18절)

이것은 겉으로 보면 아브라함에게 자손이 불어나고 강성하게 해주겠다는 말씀으로 들릴 수도 있겠지만, 사실은 하나님께서 아브라함을 통해 인간과 맺는 구원에 대한 불변의 언약이었으며, 그로 인해 이제 인류에게는 실질적인 구원의 역사가 시작되었다는 선언이었습니다. 다시 말해 인류를 죄로부터 구원할 메시아는 그의 후손을 통해 강림할 것이라는 대단원의 약속이었던 것입

---

31) 여기서 '대적의 문을 얻으리라'라는 말은 '원수의 성문을 부수고 그 성을 점령할 것이다'라는 의미이다. 이 구절에서도 장차 세상의 악을 도말하고 구원자로서 승리의 나팔을 울릴 그리스도가 아브라함의 가계에서 출현할 것임이 예언되고 있다.

니다. 이 언약을 맺으시기 위해 하나님께서는 그를 친족이 있는 고향 우르로부터 격리하여 내셨고 이제까지 그의 평생을 걸쳐 연단과 시험을 하셨던 것입니다. 그의 전 생애를 놓고 볼 때, 이 언약이 맺어지기까지 하나님께서 아브라함에게 바라셨던 것은 결국 당신을 향한 그의 믿음과 사랑이었습니다.

하지만 사랑에 있어 상대의 마음을 확인하는 과정은 참으로 가혹한 것일 수도 있습니다. 자신이 누구보다 사랑하는 아들을 죽여야 한다는 고뇌에 사로잡혀, 가는 내내 우울해하는 아브라함의 모습을 지켜보던 하나님께서도 결코 마음이 편하지는 않으셨을 것입니다. 그럼에도 하나님께서는 아브라함이 이삭을 데리고 모리아산을 향해가던 3일 내내 아무 말씀도 하지 않으셨습니다. 어찌 보면 이미 모리아산을 향해 출발한 아브라함의 태도를 보고서 그쯤에서 명을 거두셨어도 괜찮았지 않았을까 생각할 수도 있습니다. 하지만 '대부분'과 '모든 것'은 다른 것이기에, 하나님께서도 아브라함의 모든 사랑을 원하셨던 것이지 대부분의 사랑을 원하셨던 것이 아니었습니다. 그러기에 하나님께서는 사랑을 두고 결코 적당한 선에서 타협할 수 없으셨던 것입니다. 참사랑은 완전한 것을 요구합니다. 물론 하나님께서도 우리를 향해 완전한 참사랑을 언제나 넘치도록 부어주고 계십니다.

하나님께서 아브라함에게 원하시던 바는, 향후 메시아를 감당할 선택된 민족의 시조로서 만대에 귀감이 되어야 했으며, 또 그를 그렇게 만들기 위해 모든 것을 예비하시곤 엄격하게 시험하셨던 것입니다. 결과는 하나님께서 원하시던 대로 되었고, 아브라함에게는 '믿음의 조상'이라 불리며 세상이 끝날 때까지 추앙을 받도록 하셨습니다. 결론적으로 아브라함은 인류의 구원을 계획하시던 하나님의 구속의 경륜에 있어 그 시발이 되는 신학적으로도 매우 중요한 사람이라 하겠습니다.

이후 그의 아들 이삭은 본처 리브가와의 사이에서 쌍둥이 형제 에서와 야곱을 낳았고, 적통을 이어받은 동생 야곱은 네 명의 부인으로부터 열두 아들을 낳았으며, 이 열두 아들의 후손들은 후에 열두 개의 부족(지파)으로 불어나 이스라엘민족을 이루게 됩니다.

향후 아브라함은 가나안에서 세도있는 귀인으로 엄청난 부를 누리며 살았습니다.[32] 그의 나이 136세 때 본처인 사라가 세상을 떠나게 되는데 그때 사라의 나이는 127세였습니다.[33] 그 후 아브라함은 그두라라는 새 아내를 얻어 여섯 아들을 더 낳았습니다. 그두라에게서 낳은 아들들에게는 임종직전 재산을 넉넉히 나눠준 후 이삭에게서 떼어 먼 동쪽으로 이주토록 했습니다.[34] 그리고 상속권은 이삭에게 주었습니다. 그는 본처 사라가 세상을 떠난 이후 39년을 더 살다가 175세에 눈을 감았고 사라가 영면할 때 마련해 둔 막벨라의 동굴[35]에 사라와 합장되었습니다. 그의 장례는 이삭과 이스마엘이 치렀습니다.[36]

---

32) 창세기 23장 6절, 24장 35절.
33) 창세기 23장 2절
34) 창세기 25장 1절~6절
35) 유대인의 전통적인 묘는 작은 동굴이나 석굴을 파 그곳에 시신을 안치하고 큰 돌로 뚜껑을 해서 막는 방식이다. 막벨라는 그의 무덤이 위치한 지명이다.
36) 창세기 25장 7절~10절

질문 17
이스라엘은 무슨 뜻인가요?

성경을 보면 천사의 이름인 미가엘[1]이나 가브리엘[2] 또는 하나님을 찬송할 때의 할렐루야[3]와 같이 '엘'이 들어가는 단어를 유난히 많이 접하게 되는데, 이유는 '엘'은 히브리어로 하나님이란 뜻이기 때문입니다. 그러니 성경에 '엘'자가 들어가는 단어가 많을 수밖에 없는 것은 당연하다 하겠습니다. 이스라엘도 그 한 예로 이것은 히브리어로 '하나님과 겨루어 이기다'란 의미입니다. 성경에서 이 말은 이삭의 아들인 야곱이 얍복강(江) 근처에서 하나님의 천사를 만난 후에 개명되는 이름으로서 처음 등장합니다.[4]

이스라엘이란 이름에서와 같이 사람이 하나님과 겨루어 이긴다는 것이 초신자분들에게는 언뜻 이해가 가지 않으실 수도 있을 것입니다. 그러나 이삭의 아들 야곱이 이처럼 이스라엘로 이름이 바뀌는 데에는 다음과 같은 사연이 있습니다.

1) 쌍둥이형제의 탄생과 유년시절

아브라함의 아들 이삭은 자식이 없이 살다가 60세의 나이에 이르러 아내 리브가로부터 늦둥이 아들을 얻게 됩니다. 그들은 이란성 쌍둥이로 형의 이름은 '에서'였고 동생의 이름은 '야곱'이었습니다. 그 중 동생인 야곱은 태어날 때 형 에서의 발뒤꿈치를 잡고 나온 까닭에 야곱이라 이름 지어졌습니다. 야곱은 히브리어로 '발꿈치를 잡다'라는 의미입니다. 야곱은 훗날 신약시

---
1) 히브리어로 '누가 하나님과 같은가?'라는 뜻.
2) 히브리어로 '하나님의 사람'이라는 뜻.
3) 할렐루야(Hallelujah)는 '할엘루야'의 연음으로, 의미는 '하나님을 찬양하라'이다.
4) 창세기 33장 26절

대에 가서는 야고보로 발음되기도 합니다. 성경은 이들 두 형제가 엄마 뱃속에서부터 서로 다투어 모친인 리브가가 몹시 힘들어 했다고 기록하고 있는데,[5] 그래서인지 두 형제는 태어나서도 어릴 적부터 경쟁이 심했습니다.

그 후 성장하면서 두 형제는 외모와 성격에서도 확연히 차이가 나, 형에서는 온몸이 털북숭이인 건장한 체격에 취향도 산과 들을 헤매며 사냥을 즐기는 호탕한 성격의 사내로 성장한 반면, 동생인 야곱은 고운 피부에 차분한 성격을 지녔으며 취향도 집에서 요리 따위를 즐기는 내성적인 청년으로 자랐습니다. 두 아들의 성향이 이렇다 보니, 평소 육식을 좋아하던 아버지 이삭은 에서가 사냥해 온 고기요리에 맛을 들여 자연스럽게 형을 더 총애하였고 어머니 리브가는 반대로 동생 야곱을 더 사랑했습니다.[6]

그러던 어느 날, 야곱이 집에서 팥죽을 만들고 있는데 에서가 사냥을 마치고 돌아왔습니다. 에서는 사냥에서 막 돌아온 터라 배가 몹시 고팠기에 야곱에게 그가 만들고 있는 죽을 좀 달라고 했습니다. 그러자 야곱이 대답하기를, 먹고 싶으면 형의 장자 상속권을 자신에게 넘기라고 말했습니다. 당시 부모의 재산을 물려받을 권한은 장남에게 주어졌는데, 동생 야곱은 이것을 자신에게 넘기라고 요구했던 것입니다. 이에 급한 성격의 에서는 "배고파 죽을 지경인데 상속권 따위가 무슨 소용이냐!"[7]며 야곱의 제안에 동의했습니다. 야곱은 그러나 거기서 물러서지 않고 그렇다면 그냥 말로 하는 것은 의미가 없으니 먹기 전에 분명하게 맹세를 하고 먹으라고 다그쳐 요구했습니다. 그러자 에서는 그렇게 하기로 맹세한 후 음식을 받아 배를 채웠습니다.[8] 팥죽 한 그릇에 상속권을 팔아버린 것입니다. 그 때의 맹세가 어떤 형식으로 이루어졌는지 또 누가 배석했는지의 여부는 성경에 나와 있지 않습니다. 그러나 그 시대에 맹세는 그대로 법적인 효력을 갖는 중요한 행위였습니다. 어

---

5) 창세기 25장 22절
6) 창세기 25장 27절~28절
7) 창세기 25장 32절
8) 창세기 25장 33절

찌되었건 이렇게 해서 에서의 장자 상속권은 야곱에게로 넘어가게 됩니다.

오늘날의 시각으로 보면 참으로 어이없는 거래가 벌어졌던 것입니다. 팥죽 한 그릇에 상속권을 팔라는 동생이나 그 말에 선뜻 동의하고 넘겨버리는 형이나 모두가 이해하기 어려운 행동입니다. 아무튼 이 대목에서 우리는 그만큼 두 형제가 경쟁이 심한 관계였다는 것을 느낄 수 있습니다. 특히 야곱은 형에게 매사에 지기 싫어하는 성격이었던 것 같으며, 야곱의 이런 성격을 잘 아는 형 에서는 동생하고 왈가왈부하기 싫어 대충 넘어가는 그런 상황이었던 것 같습니다. 꼼꼼하고 계산이 빠른 성격의 동생은 물고 늘어지고, 급하고 단순한 성격의 형은 피해버리는 그런 상황이었는지도 모릅니다.

물론 에서가 맹세했다고 해서 후에 아비인 이삭이 상속을 야곱에게 하려고 하지는 않았습니다. 또 이후 야곱 역시도 그 맹세를 구실로 자신이 장자임을 주장하거나 아버지에게 상속을 요구하려 한 적도 없습니다. 그것은 어쩌면 철없을 때 있었던 형제간의 웃어넘길 일개 에피소드에 지나지 않을 수도 있습니다. 게다가 상속의 주체인 아버지 이삭의 동의도 얻지 않고 또 이삭이 알지도 못하는 사이에 자기들끼리 주고받은 어처구니없는 맹세를 나중에 아버지인 이삭이 알게 되었을 때 그가 어떻게 반응했을지도 의문입니다. 하지만 인간으로서의 부모는 어떻게 받아들였을는지 몰라도, 하나님께서는 그 맹세로 인해 야곱을 장자로 택하셨으며 그로써 두 형제 특히 야곱의 인생은 향후 극적으로 전개되어지게 됩니다.

아무튼 그런 일이 있고 난 후, 형 에서는 마흔 살이 되던 해에 이방민족인 헷족의 두 여인과 차례로 장가를 들었습니다. 그런데 헷족은 가나안의 토착민으로 종교나 관습 등 모든 것이 에서의 집안과는 달랐습니다. 그래서 이삭과 리브가는 전혀 다른 혈족에서 시집온 이 이방인 며느리들이 마음에 들지 않았습니다.[9]

---

9) 이삭의 아내 리브가는 이삭의 오촌 조카로 아브라함의 동족이 사는 나하라임(메소포타미아)에서 시집온 여인이다. 아브라함은 동족 중에서 며느리를 얻고자 하여 (창세기 24장 2절~4절) 동생 나홀이 사는 나하라임 지방으로 사람을 보내 나홀의 손녀인 리브가를 며느리로 맞았다. 나하라임은 아브라함이 부친 데라를 장사지내고 떠나온 하란의 근처였을 것으로 추정된다.

특히 시어머니인 리브가는 이 두 며느리들과 고부간의 갈등이 심했습니다. 그녀는 심지어 남편 이삭에게 "헷 여자들 때문에 죽고 싶네요. 야곱마저 저따위 헷 여자와 결혼한다면 내가 더 이상 무슨 낙으로 살겠습니까?"라고 하소연할 정도였습니다.[10] 며느리가 미우면 결국 아들도 미운 것인지 이로 인해 에서는 어머니 리브가의 눈 밖에 났던 것 같습니다.

2) 장자 상속권을 훔친 야곱

그렇게 여러 해가 지나고, 아버지 이삭은 나이가 들어 이제는 눈앞의 것도 제대로 분간할 수 없는 노인이 되었습니다. 자신이 거동하기조차 힘든 늙은이가 되어버렸다고 생각한 이삭은 장남에게 상속의 축복을 해 줄 때가 되었다고 생각했습니다. 이 축복은 아버지가 아들에게 구두로 복을 빌어주는 형식으로 이루어졌는데 당시는 이것만으로도 법적인 효력이 있었습니다. 이삭은 큰아들 에서를 불러, 자신을 위해 사냥을 하여 그 고기로 맛있는 음식을 만들어오면 그것을 먹고 기분 좋게 모든 상속의 축복을 하겠노라고 말했습니다. 이삭이 이렇게 말한 것을 보면, 그는 오래 전에 에서가 장자의 상속권을 야곱에게 넘기기로 맹세한 적이 있었음을 전혀 모르고 있었던 것 같습니다.

에서는 아버지의 말을 듣고 사냥을 하러 즉시 밖으로 나갔습니다. 그러나 상속에 관해 이삭이 아들 에서에게 하는 말을 리브가가 밖에서 모두 엿듣고 있었습니다. 그녀는 며느리 때문에 에서가 미워서였는지 아니면 평소 야곱을 더 예뻐해서 그랬는지 정확한 이유는 알 수 없지만, 아무튼 이삭의 아내 리브가는 에서에게 재산을 물려주고 싶어 하지 않았습니다. 그녀는 곧바로 야곱을 불렀습니다. 그리고는 그에게 말하기를, 아버지가 곧 모든 재산을 에서에게 물려주려고 하니 자신이 만들어 주는 음식을 아버지께 갖다드리고 형 대신 축복을 받으라고 일러줍니다. 어머니의 이런 모습에 당황한 야곱은, 자신은 형처럼 몸에 털도 없는데 눈이 어두운 아버지가 만약 자신을 만져보

---

10) 창세기 27장 46절

기라도 하면 금방 알아채시고 큰 경을 칠 것이라며 거절합니다. 그럼에도 리브가는 만약 발각되면 모든 책임과 저주는 자신이 받을 것이니 야곱에겐 자신이 시키는 대로만 하라며 강권합니다. 그런 후 그녀는 새끼염소 두 마리를 잡아 남편이 좋아하는 음식을 정성껏 만들었습니다. 그리고 이삭의 눈을 속이기 위해 에서의 옷을 야곱에게 입히고 매끈한 야곱의 손과 목에 염소가죽을 감아 준 다음, 장만한 요리와 구운 빵을 야곱의 손에 들려주었습니다.

　야곱은 몹시 긴장했으나, 어머니가 시킨 대로 음식을 아버지 이삭에게 들고 가서는 자신이 에서인 척하며 건넸습니다. 그러나 목소리도 다르고 어딘가 이상한 구석이 있음을 직감한 이삭은 음식을 가져온 사람이 정말로 에서인지 확인하고자 야곱을 가까이 오라고 하였습니다. 눈이 어두운 이삭은 그의 몸을 만져보아 에서처럼 털이 있는지 확인하기 위해서였습니다. 그러나 야곱이 입고 있는 옷에서 풍기는 에서의 낯 익은 체취와 팔에 두르고 있는 염소가죽의 털로 인해 이삭은 그를 에서인줄로 믿고 그가 가져온 음식을 맛있게 먹고는 상속의 전권을 넘겨주는 축복을 하기에 이릅니다.

　그렇게 야곱이 아버지의 축복을 받고 물러나오는데 형 에서가 막 사냥에서 돌아왔습니다. 잠시 후 에서가 자신이 사냥한 고기로 아버지가 좋아하는 음식을 만들어 가져간 순간, 아버지 이삭은 기가 막혀 얼굴이 사색이 된 채 온몸을 부들부들 떨었습니다. 지금 자기 앞에 벌어지고 있는 상황에 너무 놀란 이삭은 조금 전 자신에게 벌어졌던 일들을 에서에게 이야기해 주었습니다. 이삭도 처음엔 어찌된 영문인지 몰라 했으나, 곧 작은 아들 야곱이 형의 축복을 가로챈 것임을 알게 되었습니다. 그러나 한번 내린 축복은 다시 되돌릴 수 없는 것이 당시의 풍습이었습니다. 에서는 아버지 앞에서 목 놓아 울었습니다.

　결국 장자의 축복을 빼앗긴 에서는 동생을 증오하며 기회를 보아 그를 죽이기로 작정합니다. 에서는 생각하기를, 아버지가 사실 날도 얼마 남지 않았으니 아버지께서 돌아가시면 그때 동생 야곱을 없애버리기로 한 것입니다.

　하지만 에서의 이런 살기를 눈치 챈 어머니 리브가는 골육간의 살생을 막기 위해 남편을 설득해 야곱을 친정오빠인 라반의 집으로 피신시키게 됩니다. 이삭은 야곱을 불러 떠나기 전 복을 빌어주었습니다. 그러면서 "너는 이 방여자와는 절대 결혼하지 말고 반드시 동족과 결혼해야 한다."는 말도 함께 일렀습니다.[11] 이렇듯 이삭마저 그에게 반드시 동족과 결혼해야한다는 점을 단단히 이르는 것을 보아 짐작컨대 그 집안이 이방인 며느리들로 인해 항상 불화가 끊이지 않았던 것으로 여겨집니다.

야곱이 떠난 후, 에서는 아버지 이삭이 동생을 외삼촌댁에 보내 그곳에서 동족여인과 결혼시키려 한다는 것과 그에게 복을 빌어주며 가나안 여자에게는 장가들지 말라고 엄명을 내리셨다는 것을 알게 되었습니다. 또 그제야 아버지도 자신의 이방인 부인들을 못마땅해 하신다 것을 알고는 아버지의 배다른 형제인 이스마엘을 찾아가 그의 딸이자 자신과는 사촌인 마할랏 이란 여인과 세 번째 결혼을 하게 됩니다.

3) 집 떠나는 야곱

한편, 길을 떠난 야곱에게 외삼촌 라반의 집은 한 번도 가본 적이 없는 생소한 곳이었습니다. 자신이 태어나 살던 가나안은 예전에 할아버지인 아브라함이 하나님의 명을 따라 자신의 동족이 사는 땅을 떠나 멀리 이주해 온 곳이었으므로, 그의 가족은 자신의 동족과는 자주 왕래조차 할 수 없을 만큼 먼 곳에 격리되어 있었습니다. 그런 이유로 할아버지의 친족이 사는 나하라임이란 곳에서 시집온 어머니 리브가도 시집올 당시에는 오촌간인 아버지를 처음 보았던 것입니다.

그런데 어머니가 시집올 때 지났을 그 길을 이제 자신이 거슬러 가게 된 것입니다. 그것도 타의에 의해 어쩔 수 없이 찾아 가야하는 길이었기에 야곱은 더욱 착잡하고 무거운 발걸음을 옮겨야 했을 것입니다. 부잣집 막내아들로 살다 처음으로 고향집을 떠나 낯선 길을 홀로 가야 하는 나그네 길은, 야곱에게 낮에는 배고픔이란 낯선 느낌을 체험하게 했고 밤에는 돌베개를

---

11) 창세기 28장 6절

베고 이슬을 맞으며 자야하는 서러움과 외로움을 겪도록 했습니다. 그러던 어느 날 밤, 그는 자다가 꿈에서 처음으로 하나님을 만나게 됩니다. 하나님은 꿈에서 야곱에게 다음과 같이 이르셨습니다.

[나는 여호와, 네 할아버지의 하나님이요, 네 아버지 이삭의 하나님이다. 나는 네가 지금 누워 있는 이 땅을 너와 네 후손에게 주리라. 네 후손은 땅의 티끌만큼 불어나서 동서남북으로 널리 퍼질 것이다. 땅에 사는 모든 종족이 너와 네 후손의 덕을 입을 것이다.[12] 내가 너와 함께 있어 네가 어디로 가든지 너를 지켜 주다가 기어이 이리로 다시 데려 오리라. 너에게 약속한 것을 다 이루어 줄 때까지 나는 네 곁을 떠나지 않으리라.] (창세기 28장 13절~16절)

기이한 꿈에 잠을 깬 야곱은 자신이 베고 자던 돌베개를 세워 하나님을 만난 증표로 삼고 기도를 올렸습니다.

[제가 만일 이 길을 가는 동안 하나님께서 저와 함께 하여 주시고 저를 지켜 주셔서 먹을 양식과 입을 옷을 마련해 주시고, 무사히 아버지 집으로 돌아가게만 하여 주신다면, 저는 여호와를 제 하나님으로 모시고, 제가 세운 이 석상을 하나님의 집으로 삼겠습니다. 하나님께서 저에게 무엇을 주시든지 그 십분의 일을 반드시 드리겠습니다.] (창세기 28장 20절~22절)

그리고는 그 장소를 하나님의 집이라는 뜻으로 '베델'이라 명명하였습니다. 그리고 여러 날이 걸려 야곱은 외삼촌 집에 도착했습니다.[13] 그가 외삼촌이 사는 고장에 도착했음을 알게 된 것은, 그가 들에 서있는데 마침 양들에게 물을 먹이러 나온 사촌 여동생 라헬을 우연히 만나게 된 덕분이었습니다. 야곱은 자신이 목적지에 무사히 도착했다는 것을 알고는, 갑자기 자신의 처지

---

12) 이 역시도 그리스도가 야곱의 후손으로 강림할 것임을 예언하고 있는 대목이라 할 수 있다.
13) 야곱이 살던 가나안에서 나하라임까지의 거리는 거의 600km로 걸어가는데 족히 한 달은 걸렸을 것으로 추측된다.

에 대한 인간적인 서러움과 보고픈 어머니에 대한 그리움 등 여러 감정이 북받쳐 그만 소리 내어 펑펑 울고 말았습니다. 처음에는 형 에서의 분이 가실 때까지 잠깐만 가 있으면 될 것으로 여겼던 리브가와 야곱이었지만, 이후 그는 20년이란 긴 세월을 외삼촌의 집에서 보내야 했으며, 그 사이 어머니 리브가는 세상을 떠나 야곱은 더 이상 사랑하는 어머니를 만날 수 없었습니다.

그가 세상에서 가장 사랑하는 어머니를 다시 볼 수 없게 되었다는 것, 이것은 아버지를 속인 야곱의 잘못에 대해 하나님께서 내리신 첫 번째 징계라 할 것입니다. 축복을 받은 자라 해서 징계를 받지 않는 것은 아닙니다. 아이러니하게도 축복을 많이 받은 자일수록 유혹도 많고 따라서 징계 받을 일도 많은 것이 우리의 인생입니다. 어떤 면에선 거룩하고 모범적인 성자보다는 하나님의 축복 속에서 좌충우돌하며 인간적인 실수를 거듭하는 성서 속의 현자들을 볼 때, 우리는 차라리 그 안에서 묘한 동질성을 발견하며 위안의 미소를 짓기도 합니다. 물론 이것으로 아버지를 속인 범죄에 대해 야곱의 징계가 끝난 것은 아닙니다. 향후 그 역시 자신의 아들들에 의해 20여 년간을 속고 살게 될 것이기 때문입니다.[14]

4) 야곱의 결혼과 귀향

이렇게 해서 외삼촌 라반의 집에 머물게 된 야곱은 그곳에서 사는 동안 네 명의 여자와 결혼을 했습니다. 그의 아내들은 외삼촌 라반의 두 딸이자 야곱과는 외사촌간인 레아와 그 동생 라헬, 그리고 레아의 몸종 실바와 라헬의 몸종인 빌하였습니다. 야곱은 외삼촌 집에 머무는 동안 이들 아내와의 사이에서 총 12명의 아들 중 11명을 낳았습니다. 열두 번 째 아들인 막내 베냐민은 나중에 고향에 돌아간 후 라헬로부터 얻게 됩니다.

---

14) 훗날 야곱은 열한 번 째 아들 요셉을 편애했는데, 이를 시기한 열 명의 형들은 그를 이집트에 노예로 팔아버리고 아버지 야곱에게는 늑대가 물어갔다고 거짓말을 한다. 후에 요셉이 이집트의 총리가 되어 다시 나타나 모든 사실이 밝혀질 때까지 야곱은 20여 년간을 다른 아들들에게 속아 살게 된다.(창세기 37장 28절~35절, 46장 29~30절 참조)

야곱은 외삼촌 집에 거하며 많은 재산을 모으게 되었습니다. 그러나 야곱의 재산이 늘어남에 따라 그에 대한 외삼촌의 경계가 늘어나기 시작했고, 이로 인해 외삼촌 및 그 식솔들과의 이해다툼이 잦아짐에 따라 결국 야곱은 가족들을 거느리고 자신의 고향으로 돌아갈 것을 생각하게 되었습니다.

그러나 고향으로 돌아가는 것에도 문제가 있었습니다. 세월이 많이 흘렀다고는 하나 형 에서의 노여움이 가라앉았는지 장담할 수 없었고, 만약 아직도 자신을 미워하고 있다면 형의 성격으로 미루어 최악의 경우 자신의 생명조차도 보장받을 수 없는 상황이기 때문이었습니다. 그러나 별 뾰족한 다른 선택의 여지도 없는 상황이었습니다. 야곱이 결정을 내리지 못하고 고심하고 있을 때에 하나님께서 그에게 나타나셔서 당신께서 지켜줄 터이니 할아버지 때부터 살던 고향 친척에게로 돌아가라는 말씀이 있었습니다.

[할아버지 때부터 살던 네 고향 친척에게로 돌아가거라. 내가 너와 함께 있으리라.] (창세기 31장 3절)

이에 용기를 얻은 야곱은 가족과 그곳에서 모은 재산을 챙겨 고향으로 돌아가기로 결심했습니다.

그렇게 고향을 향해 길을 떠난 야곱은 여전히 형 에서의 생각에 마음이 내내 무거웠습니다. 그러던 중 그가 고향으로 돌아오고 있다는 사실을 알게 된 에서가 사병(私兵) 400명을 이끌고 자신을 만나러 오고 있다는 소식을 듣고는 극심한 공포에 사로잡히게 됩니다. 자기를 만나러 오는데 한두 명도 아니고 무려 사백 명이나 되는 부하들을 이끌고 온다는 것은 십중팔구 자신을 해치려고 오는 것이라고 판단했기 때문입니다. 순간 그의 머릿속에는, 자신을 지켜 주시겠다던 하나님의 약속이고 뭐고 오직 죽음에 대한 공포와 어떻게든 살아야겠다는 마음 외에 아무 것도 생각나지 않았습니다.

그는 나름대로 전략을 짰습니다. 일단 자신의 양떼와 소떼, 낙타떼 등의 무리를 둘로 갈라놓아, 에서가 한 편을 공격하면 그 시간에 나머지 한 편이라도 피할 수 있게 하였습니다. 그리고는 하나님께 무릎 꿇고 애원하며 살려달라고 기도했습니다.

[할아버지 아브라함의 하나님, 아버지 이삭의 하나님! 저에게 고향 친척에게로 돌아가면 앞길을 열어 주마고 약속하신 여호와여!...(중략)...저를 형 에서의 손에서 건져 주십시오. 에서가 와서 어미들과 자식들까지 우리 모두를 죽여 버리지나 않을까 두렵습니다. 당신께서는 '네 앞길을 정녕 열어주고 네 자손이 바닷가 모래처럼 셀 수 없이 불어나게 해주마.' 하시지 않으셨습니까?] (창세기 32장 9절~12절)

마치 하나님께 약속을 지키라고 떼를 쓰는 양상 같기도 한 이 기도를 가만히 보면, 당시 야곱의 마음이 얼마나 절박했는지를 잘 알 수 있습니다. 그러나 한편으론 지금 그는 조금의 가식도 없이 있는 그대로의 솔직하고 인간적인 모습으로 하나님께 매달리고 있는 올바른 기도의 자세를 보여주고 있기도 합니다.

기도를 마친 야곱은 밤을 보내며 머리를 짜내어 형으로부터 자신이 살 수 있는 방법을 궁리했습니다. 그는 먼저 자신의 가축 무리 중에서 암염소와 암양을 각각 이백 마리, 숫염소와 숫양은 각각 이십 마리, 젖을 빨리는 암낙타 삼십 마리와 그 새끼들, 그리고 암소 사십 마리와 황소 열 마리, 암나귀 이십 마리와 수나귀 열 마리를 에서를 위한 선물용으로 따로 떼어 이들을 세 조로 나눈 뒤, 한 조씩 순차적으로 에서를 향해 출발시켰습니다. 아울러 각 무리를 인도하는 종들에게 각각 이르기를, 가다가 에서를 만나면 이 짐승들은 모두 당신의 종 야곱이 형을 위한 선물로 준비한 것이라는 말을 꼭 전하라고 하였습니다. 이는 에서가 오는 도중에 그렇게 세 번에 걸쳐 선물을 받으면 혹 마음이 풀어져 자신을 살려줄지도 모른다고 생각했기 때문이었습니다. 야곱이 이처럼 밤에라도 이들을 출발시킨 것은 지금도 자신을 향해 달려오고 있을지 모를 에서가 너무나 두려웠고, 에서의 성격을 잘 아는 야곱은 그만큼 마음이 절박했기 때문이었을 것입니다.

밤은 더욱 깊어졌음에도, 야곱은 잠을 이루지 못하고 안절부절 하고 있었습니다. 아마도 그 시간 야곱에겐 지나간 세월의 많은 회한들이 몰려왔을 것입니다. 그러다 그는 남은 일행을 모두 데리고 '얍복'이라는 나루터를 건넜습니다. 그러나 그가 앞장 선 것은 아니었습니다. 개울을 건넌 뒤 야곱은 일행과 떨어져 맨 뒤에 혼자 남아 상황을 살폈습니다.

5) 야곱에서 이스라엘로

그때였습니다. 밤이 깊도록 두려움에 떨며 고심하던 야곱의 저만치로 빛나는 자태의 낯선 사람이 지나가는 것이 눈에 들어왔습니다. 순간 야곱은 그가 하나님의 천사라는 것을 직감했습니다. 야곱은 다짜고짜 그를 붙잡고는 자신을 살려달라며 매달렸습니다. 하지만 그는 야곱을 뿌리치며 자기의 길을 가고자 했습니다. 그러나 야곱은 그를 놓아주지 않았습니다. 이때부터 밀고 당기는 천사와 야곱과의 씨름이 시작되었습니다. 야곱은 필사적이었습니다.

시간이 한참 흘러 어느새 저만치 동이 트고 있었지만. 야곱은 죽기 살기로 매달리며 자신을 도와주기 전까진 절대로 보내줄 수 없다고 버티며 천사를 놓아주지 않았습니다. 그렇게 밤을 새워 씨름을 하는 동안 천사도 그만 마음이 지치고 말았습니다. 천사는 야곱을 이겨 낼 수 없으리라는 것을 알고는 그를 떼어내기 위해 한 손으로 그의 골반 밑을 힘껏 후려쳤습니다. 그러자 야곱은 환도뼈[15]가 탈골이 되어 주저앉고 말았습니다. 그러나 야곱의 팔은 여전히 천사를 붙들고 놓아주지 않았습니다. 오히려 천사는 이제 동이 트니 그만 놓으라고 야곱에게 사정하듯 말했습니다. 그러나 야곱은 자신을 도와주지 않으면 놓아드릴 수 없다고 막무가내로 떼를 썼습니다. 상황이 이렇게 되자 천사도 어쩔 수 없다는 표정으로 야곱에게 이름이 무엇이냐고 물었습니다. 야곱이 자신이 이름을 대자 천사가 입을 열었습니다.

[너는 하나님과 겨루어 냈고 사람과도 겨루어 이긴 사람이다. 그러니 다시는 너를 야곱이

---

15) 골반과 허벅지 연결부위의 뼈.

라 하지 말고 이스라엘이라 하여라.] (창세기 32장 28절)

바야흐로 야곱이 이스라엘로 다시 탄생하는 순간이었습니다. 그리고 천사는 야곱에게 무사할 것이라는 약속으로 복을 빌어준 후 떠났습니다. 야곱은 떠오르는 아침 해를 바라보며 중얼거렸습니다.

"내가 여기서 하나님을 대면하고도 목숨을 건졌구나!"[16]

야곱은 하나님의 천사와 씨름했던 그곳을 '브니엘'[17]이라 이름 붙이고는, 절뚝거리는 걸음으로 가족을 데리고 다시 길을 떠났습니다. 하지만 천사의 약속으로 인해 그의 마음은 한결 가벼워져 있었습니다.

이윽고 저 멀리서 사백 명의 부하를 거느리고 오는 에서의 일행이 야곱의 눈에 들어왔습니다. 비록 잠시 전 천사의 약속을 받았다고는 하지만 야곱은 또다시 본능적으로 마음이 불안해지기 시작했습니다. 그러나 그의 태도는 어제 밤과는 사뭇 달라져 있었습니다. 그는 이제 자신이 앞장을 서고 있었고 가족을 셋으로 나눠 뒤를 따라오게 하였습니다.

그리고는 자신이 형을 이기려고만 하던 예전의 야곱이 아니며, 이제는 아우로서 형님을 존경한다는 의미로 일곱 번을 땅에 엎드려 절을 하며 에서에게로 다가갔습니다. 물론 이것은 아직 속마음을 모르는 형 앞에서 자신이 살기 위한 또 하나의 처세였을 수도 있을 것입니다. 그러나 20년간의 타향살이 속에서 그는 마음의 겸허함과 도량을 배웠고 또 형제와 가족의 소중함을 깨달았던 것은 사실이었습니다.

야곱을 대하는 형 에서의 태도는 야곱이 걱정했던 것과는 완전히 달랐습니다. 얍복나루에서 야곱의 안전을 약속한 천사의 축복이 이루어졌던 것입니다. 에서는 멀리서 야곱을 발견하곤 그에게 달려와 목을 끌어안고 입을 맞추며 반가움에 울음을 터뜨렸습니다. 또 여러 제수들과 조카들을 보고는

---

16) 창세기 32장 30절~31절
17) '하나님을 대면함' 또는 '하나님의 얼굴'이란 의미.

너무도 기뻐했습니다. 야곱이 전날 밤 선물로 보낸 가축들에 대해서도 에서는 자신의 재산도 넉넉하다며 정중히 고사했지만 야곱이 받아주길 간청함에 따라 동생의 체면을 보아 받기로 하였습니다. 이것이 야곱이 이스라엘로 이름이 바뀌게 되는 전반적인 이야기입니다.

이 이야기에는 우리 인생을 책임지시고 동행하시고자 하는 하나님의 역사하심과, 사랑하는 자에게는 져주실 수밖에 없는 하나님의 사랑의 원칙이 교훈으로 담겨 있습니다. 우리의 옛말에 '자식을 이기는 부모 없다'는 말이 있습니다. 내리사랑은 언제나 아쉬운 입장에 서게 되기 때문입니다. 규모로 보자면 자식이 부모를 사랑하는 마음보다 부모가 자식을 사랑하는 마음이 훨씬 큰 것이며, 사랑은 언제나 그 대상에게 애처로운 마음을 품게 하는 것이기에, 아쉬운 쪽은 언제나 더 큰 사랑을 베푸는 자일 수밖에 없기 때문입니다. 그래서 더 많이 사랑하는 쪽이 지게 되어 있는 것이 바로 사랑의 기본원칙입니다. 사랑의 원칙은 바로 '강한 자가 진다'는 것입니다. 이러한 사랑의 구조적인 원리도 알고 보면 근본적으로는 하나님에게서 비롯된 것이라고 하겠습니다. 그러므로 더 많이 사랑하는 쪽이 아쉬워하고 져 줄 수밖에 없다는 원칙은 하나님에게도 예외일 수 없습니다. 이처럼 하나님께서 나를 사랑하고 계신다는 이 절대원칙은 우리가 신앙생활을 하는데 있어 어떤 상황에서도 결코 잊어서는 안 되는 가장 중요한 것입니다.

끝으로, 야곱은 이후 가나안에 정착하여 살았으며, 그 후로도 파란만장한 삶을 살다가 147세에 이집트에서 눈을 감았습니다. 그의 장례는 70일 동안 치러지는 이집트 국장수준의 예로 거행되었고, 그의 시신은 미이라로 처리되어[18] 유언에 따라 가나안에 있는 조상의 묘원에 안장되었습니다.[19]

---

18) 당시 이집트에서는 높은 신분의 귀인이 사망하면 시신을 미이라로 만들어 장례를 지냈다고 한다. 야곱은 총리의 아버지로서 그의 장례는 거의 국부(國父) 수준의 예로서 치러진 듯하다.(창세기 50장 2절~12절)
19) 창세기 49장 29절

질문 18
이스라엘의 열두지파라는 것이 무엇인가요?

1) 열두지파의 기원

 열두지파 또는 십이지파(十二支派)란 고대 이스라엘민족을 구성하고 있던 열두 개의 부족을 가리킵니다. 이들은 모두가 야곱의 아들들에게서 유래하는데, 야곱은 생전에 네 명의 아내로부터 열두 명의 아들을 얻었다는 것은 이미 앞에서 언급한 바 있습니다. 이들의 이름을 각기 태어난 순서대로 열거하면 ①르우벤 ②시므온 ③레위 ④유다 ⑤단 ⑥납달리 ⑦갓 ⑧아셀 ⑨잇사갈 ⑩스불론 ⑪요셉 ⑫베냐민입니다.
 그리고 이들의 후손이 세대를 거듭하며 각각 부족을 이루어 후에 이스라엘민족을 이루게 되는 것입니다. 이를테면 장남 르우벤의 후손을 '르우벤지파'라 부르며, 둘째 시므온의 후손은 '시므온지파'라 부르는 식으로, 결국 이스라엘민족이란 이 열두 개 부족의 집합체를 가리킵니다. 야곱은 임종 시에 열두 아들들을 불러 모아 유언과 함께 일일이 축복해 주었는데, 이때 모인 열두 아들이 십이지파의 기원이 되는 것입니다.[1]
 그러나 이들이 각각의 부족을 묶는 체계적인 행정력을 갖추어 보다 구체적인 민족적 결합체로 형성되기 시작한 것은 그로부터 수백 년이 지나서인 모세시대부터라고 할 수 있습니다. 예컨대 민수기 1장의 내용을 보면 이스라엘의 병역을 위한 최초의 호구조사가 각 지파별로 실시되고 있는데, 이는 국가로서 기틀을 갖춰가는 초기의 모습이라 할 수 있습니다. 이후 이들의 지파의식은 가나안 정벌을 통하여 각 부족마다 자신의 영토를 차지하여 정착하면서 더욱 확고해졌습니다.[2]

---
1) 창세기 49장 28절
2) 여호수아 13장~19장

2) 요셉지파의 분리

그런데 이 지파들 중 흥미로운 것은 열한 번째 아들인 요셉의 후손 즉 요셉지파입니다. 이 요셉지파는 요셉의 두 아들 므낫세와 에브라임의 후손까지도 각각 반쪽지파[3]라 하여 하나의 지파로 분류되기도 하는데, 이를 이해하기 위해서는 먼저 요셉의 생애부터 잠시 이야기해야 할 것 같습니다.

요셉은 야곱의 열한 번째 아들로 야곱이 가장 사랑했던 두 번째 아내 라헬에게서 얻은 아들이었습니다.[4] 그녀는 야곱의 네 아내 중 유일하게 아기를 낳지 못하다가 나중에 간신히 얻게 된 아들이 요셉이었습니다. 하지만 그녀는 요셉을 낳고 또 몇 년 후 열두 번째 아들인 막내 베냐민을 낳던 중 극심한 난산의 후유증으로 세상을 떠나고 말았습니다.[5]

이에 야곱은 라헬에게서 얻은 두 아들이 친모를 일찍 여읜 것이 안쓰러워서였는지 아니면 자신이 가장 사랑하던 여인이 낳은 아들이어서 그랬는지, 이 둘에 대해서는 편애에 가까울 만큼 다른 자식들 보다 사랑하고 보살폈습니다. 하지만 이것은 또한 다른 형제들에게 시기의 원인이 되어 요셉은 형들에 의해 이집트에 노예로 팔려가는 비극의 가족사를 연출하게 되기도 합니다. 물론 그를 인신매매한 열 명의 형들은 부친 야곱에게 늑대가 그를 물어갔다는 거짓말로 숨기고, 이를 믿은 야곱은 아들의 죽음을 가슴에 묻고 슬픈 세월을 보내게 됩니다.

그러나 이 비극 또한 '여호와 이레'[6]로서, 훗날 요셉이 당시의 강대국이던 이집트의 총리가 되는 반전으로 작용하게 됩니다. 즉 그는 어느 날 이집트왕의 꿈을 해몽하여 향후 다가올 연이은 7년씩의 대풍년과 대흉년을 예지해 냄으로써, 먼저 찾아올 7년간의 풍년기에 비축한 식량으로 뒤이은 7년의 대흉년을 대처할 수 있게 하였습니다. 그의 해몽은 정확했습니다. 그

---

3) 여호수아 22장 7절, 역대하 5장 27절
4) 창세기 30장 23절~24절
5) 창세기 35장 16절~20절
6) p.157 참조

리하여 7년의 풍년이 끝나자 온 세상이 흉년으로 기아와 아사로 시달릴 때, 이집트는 유일하게 식량이 남아도는 국가가 되어 세상을 호령하게 되었습니다. 요셉은 이와 같은 공로로 왕의 총애를 받아 마침내는 총리의 자리에까지 오를 수 있게 되었습니다. 총리가 된 요셉은 남아도는 식량을 무기로 기근에 허덕이는 모든 지방영주들의 토지를 모두 왕에게 복속시킴으로써 이집트왕에게 절대왕권을 장악토록 하였고,[7] 나아가 주변국들도 제압하여 이집트를 최강대국의 반열에 오르도록 하였습니다. 이에 그의 성실함과 충성에 대한 왕의 신임은 절대적이라 할 만큼 두터웠으며, 그로써 요셉은 이집트에서 명실공히 부동의 권력서열 2위 자리에 올라서게 되었습니다.[8]

한편 모진 흉년의 기근은 야곱이 살던 곳에서도 예외가 아니었습니다. 그리하여 야곱 역시 식량을 구하기 위해 아들들을 유일한 식량보유국가인 이집트로 보내게 되었습니다. 이런 와중에 야곱은 죽은 줄로만 알았던 아들 요셉과 우여곡절 끝에 극적으로 재회할 수 있었습니다. 당연히 그의 가족은 요셉의 도움으로 기근의 위기를 벗어날 수 있었고, 나아가 요셉의 권유에 의해 야곱과 온 가족은 아예 이집트로 이주하여 고센지방의 라암세스[9]라는 가장 비옥한 곳에 터전을 마련하였습니다. 그리고 야곱은 그곳에서 여생을 평안히 누리다 생을 마감하였습니다.[10] 물론 요셉은 형들을 용서하였고 형제들은 우애롭게 살았습니다. 이렇게 하여 야곱의 후손들은 이집트에 뿌리내리며 향후 400여 년간을 살게 되었습니다.

이상을 정리하면, 비록 속은 것이긴 하지만 야곱에게 요셉은 죽은 줄만 알고 가슴에 묻고 지내다 갑자기 살아 돌아와 준 고맙고도 귀한 아들이었습니다. 게다가 연이은 흉년으로 온가족의 생존이 걸린 곤경이 닥쳤을 때 누

---

7) 창세기 47장 20절~26절
8) 창세기 41장 40절~44절
9) 창세기 46장 34절, 47장 6절, 11절. 나일강 하구의 삼각주지역으로 이집트에서 가장 비옥한 지역 중 하나로 알려진 곳.
10) 이상 창세기 37장~50장 참조.

구도 도와줄 수 없었던 문제를 통쾌히 해결해 준 기특한 아들이기도 했습니다. 요셉의 효도는 여기에 그치지 않고, 이제는 권력의 중심에 서서 가문을 빛내고 가족의 수호자로서 우뚝 서있는 든든한 아들이 되어 있었습니다.

이집트인의 시각에서 보자면, 변방에서 목축이나 하는 늙은 촌부에 지나지 않았던 자신이 이집트의 권력서열 2위인 아들 덕에 이집트의 황제가 예우를 갖춰 대하는 알현도 경험해 보았고,[11] 또 그로부터 이집트에서 가장 기름진 땅을 하사받아 이후 평생토록 넉넉한 생계를 보장받는 특혜를 입었으며, 가족들은 누구든 마음만 먹으면 특례에 의한 추천으로 벼슬길에 나갈 수 있는 특전을 보장받았습니다.[12] 당연히 말년에는 총리의 아버지로서 이집트의 고관과 백성이 문안하는 세도도 누렸을 것입니다.

그래서였는지 성경은 야곱의 장자권이 장남인 르우벤이 아니라 요셉에게 주어졌다고 밝히고 있습니다.[13] 솔직히 인간적으로 야곱은 자신과 가문을 영화롭게 한 요셉을 다른 아들들 보다 기쁘게 여기며 총애하지 않을 수 없었을 것입니다. 이러한 야곱의 마음은 급기야 요셉의 두 아들 므낫세와 에브라임을 자신의 아들로 승격시키는 파격을 베풀게 만들었습니다.[14] 이렇게 하여 요셉의 두 아들인 므낫세와 에브라임은 이후 야곱의 손자가 아니라 아들로서 대우를 받게 되어 야곱의 아들은 열네 명으로 불어나게 됩니다.

그리고는 수백 년이 지나 인구가 늘어나고 출애굽을 할 때쯤에는 이스라엘의 열두지파 가운데 요셉지파라는 것은 실제로는 존재하지 않게 되고, 대신 요셉의 두 아들의 후손인 므낫세지파와 에브라임지파가 그것을 대체하게 됩니다. 이렇게 해서 일명 '반쪽지파'라는 것이 생겨나게 되었고 여기에는 므낫세지파와 에브라임지파가 해당됩니다. 아무튼 결과적으로는 열두지파였던 이스라엘민족은 열세 개의 부족(요셉은 빠져야하므로)으로 늘어난 것입니다.

---

11) 창세기 47장 7절
12) 창세기 47장 6절
13) 역대상 5장 1절~2절
14) 창세기 48장 5절~6절

3) 부족과 지파의 구분

그러나 성경을 보면 실제로 이 열세 부족이 모두가 지파로서 인정되는 것은 아닌 것 같습니다. 이는 부족과 지파는 개념에서 조금 다른 것으로 볼 수 있기 때문입니다. 즉 므낫세와 에브라임을 포함한 야곱의 열 세 아들들이 수백 년 후에 각기 하나씩의 부족을 이루었을지라도, 성경은 이스라엘민족을 오직 십이지파로 한정하고 있기 때문입니다.[15]

먼저 이스라엘민족이 이집트 이주 후 대략 400년 만에 다시 이집트를 나와 조상의 땅인 가나안으로 되돌아가[16] 그곳을 정벌하여 정착한 직후의 열두지파를 보면 야곱의 셋째 아들인 레위의 후손이 지파에서 빠져 있습니다.[17]

이유는 하나님께서 레위의 후손들에게는 다른 지파들처럼 농업에 종사하지 말고 하나님을 기업으로 삼는 사제직만을 담당하라고 하셨기 때문입니다. 하나님의 사제는 자기재산을 불리려 집착을 갖거나 욕심을 부리는 것을 방지하기 위해서였습니다. 따라서 그들에게는 정벌이 끝나고 각 지파별로 토지를 분배할 때 정착하여 농사지을 땅이 주어지지 않았습니다. 그래서 이들은 다른 지파들처럼 대대로 몸 붙여 수 있는 고유영토 없이 전국에 퍼져 살게 되었으며 단지 성전에서 사역하며 각 지파들이 봉헌하는 십일조 등으로 생활하였습니다.[18] 십일조란 자신의 소득 가운데 십분의 일을 하나님께 예물로 바치는 것을 말합니다. 그런데 얼핏 보면 이들이 다른 부족들에 비해 경제적으로 불이익을 당한 것처럼 보일 수도 있겠으나, 자세히 보면 여기에는 재미있는 하나님의 계산법이 숨어있습니다.

가령 12명의 사람이 있는데 그중 11명에겐 각각 똑같은 크기의 사과가 열 개 씩 있고 나머지 1명에겐 사과가 없다고 가정할 때, 여기서 사과를 가지고

---

15) 창세기 49장 28절, 마태복음 19장 28절, 요한계시록 21장 12절 등을 보면, 모두 이스라엘의 지파를 열두 개로 언급하고 있다.
16) 이것이 출애굽기의 줄거리이다.
17) 여호수아 13장~19장
18) 민수기 18장 19절~20절

있는 11명이 각자의 사과 10개 중 1개씩을 사과가 없는 사람에게 나눠준다고 한다면, 사과를 갖고 있던 11명에겐 각자 9개의 사과가 남게 되고 반면 사과가 없던 사람은 11개의 사과를 소유하게 됩니다. 즉 처음에 사과가 없던 사람은 기존에 사과를 가지고 있던 사람보다 최종적으로는 2개를 더 갖게 되는 것입니다. 다시 말해 이스라엘의 열두지파 가운데 열한지파에서 봉헌하는 십일조로 생활하는 레위사람들은 다른 열한지파보다 2개가 더 많은 11개를 소유하게 되는 것입니다. 이것이 하나님의 계산으로 여기에는 하나님을 섬기는 일에 종사하는 제사장들은 물욕에 오염돼서는 안 되는 대신 다른 사람들보다 사회적으로 존경받아야 하고 경제적으로도 비천해선 안 된다는 하나님의 배려가 깔려있습니다. 즉 하나님을 섬기는 자는 하나님께서 책임져 주시겠다는 의도가 담겨있는 것입니다. 또 레위사람들은 십일조와는 별도로 마흔여덟 개의 성읍을 생계를 위해 각 지파들로부터 헌납 받았습니다.[19]

그래서 한 곳에 모여 살지 않는 레위의 후손들은 레위지파라 하지 않고 레위사람[20] 또는 레위자손[21]이라고 부릅니다. 결국 야곱의 열두 아들로부터 출발한 열두지파는 수백 년이 흐른 뒤에는 레위지파가 빠지는 형태로 변화됩니다.

4) 성서에 나타나는 지파의 변화

반면 신약성경인 요한계시록 7장 5절에서 8절을 보면, 이 열두지파를 구약성경과는 또 다르게 언급하고 있습니다. 여기에 나열된 순서대로 열두지파를 열거하면 유다지파, 르우벤지파, 갓지파, 아셀지파, 납달리지파, 므낫세지파, 시므온지파, 레위지파, 잇사갈지파, 스불론지파, 요셉지파, 베냐민지파입니다.

---

19) 여호수아 21장 1절~42절
20) 여호수아 21장 41절
21) 역대상 23장 24절

† 각 시대별 열두지파의 변화 (O표는 각 성경에 기록된 지파)

구 분	르우벤	시므온	레위	유다	단	납달리	갓	아셀	잇사갈	스불론	요셉	베냐민	므낫세	에브라임	계
야곱의 축복 시	O	O	O	O	O	O	O	O	O	O	O	O			12
가나안 정벌 후	O	O		O	O	O	O	O	O	O		O	O	O	12
요한 계시록	O	O	O	O		O	O	O	O	O	O	O	O		12

　구약에 나오는 열두지파와 비교해 보면 요한계시록의 것에는 단지파가 빠지고 요셉지파가 등장하고 있습니다. 또 요셉지파의 지류인 므낫세지파가 요셉지파와 함께 나오는 반면 나머지 반쪽인 에브라임지파는 빠져 있습니다. 여기에는 계시록의 오기라는 설과 야곱의 예언[22] 및 우상숭배[23] 등으로 단지파가 저주를 받아 사라졌다는 설 등 의견이 분분하지만 명증치 않아 여기에 일일이 소개할 것은 못됩니다. 솔직히 이 문제는 성경을 전문적으로 연구하시는 분들 간에도 다소의 의견차이가 있는 부분입니다.

　다만 우리가 여기서 몇 가지 알아 두어야 할 것은, 먼저 성경은 가장 늦게 작성된 것도 지금으로부터 대략 1900년 전의 기록이라는 사실부터 인지하고 접근해야 한다는 것입니다. 다시 말해, 처음 열두지파가 언급되고 있는 창세기가 지금으로부터 대략 삼천사백여년 전에 기록된 문서이고, 요한계시록은 그 기록연대가 대략 천구백년 전이니 두 문헌 사이에는 무려 천오백년이라는 긴 시간차가 존재하고 있습니다. 이것은 결코 적지 않은 기간이며 따라서 이 두 문헌을 마치 동 시대에 같이 기록된 것처럼 비교하려는 것에는 아무래도 무리가 따를 것입니다. 그러므로 이 문제에 접근하기 위해 우리는 이 기간 동안의 이스라엘 민족사와 그곳에서 발생했던 많은 사건들이

---

22) 창세기 49장 16절~17절
23) 사사기 18장 1절~26절

성경과 어떤 함수관계를 갖는지에 대해서도 충분히 연구해 보아야 할 것입니다.

또 다른 한편으로, 두 문헌의 내용이 일치하지 않는다는 사실은 지금으로부터 천육백여 년 전인 서기313년 기독교가 로마에서 공인되고 신학적인 연구가 본격적으로 시작될 당시의 신학자들도 이미 알고 있었으리라고 봅니다. 따라서 이에 대한 논쟁은 어쩌면 그때부터 이미 존재하고 있었을지도 모릅니다. 하지만 중요한 것은 성경이 어떤 오해를 불러일으킬 수도 있는 외관상의 문제점이 내재함에도 불구하고, 또 그것으로 많은 곡해와 논쟁이 발생할 수 있음에도 성경은 천육백 년 이상의 장구한 세월이 지난 오늘날까지도 결코 한 점 수정되지 않았다는 사실입니다. 또 앞으로도 절대 수정되지 않을 것입니다. 성경은 자기 스스로를 위해서나 독자 여러분을 위해서 절대로 개정판이나 증보판을 허락하지 않습니다. 이유는 성경은 자신이 불리할지 모른다고 숨기거나 꾸미거나 속이지 않기 때문입니다. 그만큼 성경은 진리를 담고 있는 책이므로 세월을 초월하여 도도할 수 있었고 타인의 오해나 비판에 연연하지도 않았습니다. 초신자 여러분들은 큰 산은 보지 않고 기슭의 티끌을 집어 말하기 좋아하는 자들의 현학적 비판보다는 성경의 이런 부분에 주목하시기를 바랍니다.

끝으로, 이스라엘민족의 역사와도 직결될 수 있는 이 문제에 대한 결론은 성경 몇 구절을 가지고 이리저리 엮는 식의 단순한 추리로써 판단할 문제가 아니라 심도 있는 방대한 연구와 정확한 고증이 동반되어야 할 것입니다. 다만 이 열두지파는 성서에도 기록되어 있고 예수님께서도 언급한 적이 있는 만큼 함부로 결론지어서는 안 된다는 점을 알려드리며, 초신자 여러분들은 이런 문제가 있구나 하는 정도로만 알아두고 넘어가셨으면 좋겠습니다.

질문 19
성경에 나오는
이스라엘민족의 역사를
간략히 설명해 주세요.

어느 민족이나 그들의 형성과정부터 정확히 알기란 매우 어려운 일일 것입니다. 더구나 이스라엘민족처럼 초기의 인류문명과 연계될 만큼 장구한 역사를 지닌 경우에는 고고학적인 미제의 부분도 많아 더욱 그러할 것입니다.

이에 성서는 이스라엘민족의 역사를 그 형성기부터 자세하게 기록하고 있으며, 그 내용 또한 정치, 사회, 문화 등 다양한 분야를 포함하고 있습니다. 따라서 이스라엘민족의 역사를 알고 싶다면 무엇보다 먼저 성경을 탐독하는 것이 중요하다 하겠습니다. 그것은 곧 기독교의 이해를 위한 지름길이기도 하며, 나아가 올바른 신앙생활을 유지하는데 있어 가장 필수적이고도 기본적인 방법이기도 합니다. 여기서 이야기하는 이스라엘민족의 역사 또한 성서를 기초로 한 개괄적인 내용을 정리한 것입니다.

1) 부조시대(父祖時代)

이스라엘민족의 형성은 구체적으로는 아브라함에게서부터 시작된다고 볼 수 있습니다. 그가 생존하던 당시는 메소포타미아의 바빌로니아 제1왕조를 훨씬 웃도는 시기일 것으로 추정되고 있습니다. 이 시절은 청동기시대였으며 그로부터 수 백 년 후인 이집트 신왕국시대[1]에도 돌칼을 사용하는 장면이 성경에 나

---

1) 이집트 제18왕조~20왕조를 포함하는 BC1567?~BC1070?

† 이스라엘 역사표

구 분			연 대	비 고
구약성경	부조시대(상고시대)		BC22세기 초반~BC19세기 중반	아브라함부터 야곱까지
	이집트거주시대		BC19세기 중반~BC15세기 중반	요셉부터 모세의 출애굽까지
	출애굽시대(광야시대)		BC1445년경~BC1405년경	광야에서의 생활과 모세의 인도
	가나안 정복시대		BC1405년경~BC1380년경	가나안 도착과 영토개척
	사사시대		BC1380년경~BC1050년경	제정(祭政)일치 시기
	통일왕국시대		BC1050년경~BC930년경	사울, 다윗, 솔로몬의 통치
	남북조 시대	북왕국 이스라엘	BC930년경~BC722년	아시리아에 멸망
		남왕국 유다	BC930년경~BC586년	바빌로니아에 멸망
	제1차 디아스포라		BC586년~BC516년	바빌로니아 포로시대
	페르시아 속주시대		BC516년~BC330년	포로귀환 및 성전재건
침묵기	그리스 속주시대	마케도니아제국	BC330년~BC305년	알렉산더대왕의 통치
		이집트령시대	BC305년~BC198년	70인역 성경출간
		시리아령시대	BC198년~BC142년	유대교박해와 마카베오전쟁
	하스몬왕조시대		BC142년~BC37년	로마, 제1차 트로이카시대
신약성경	로마 속주시대	헤롯왕조시대	BC37년~AD70년	그리스도의 강림
신약성경 이후	제2차 디아스포라		AD70~AD1948	유다-로마전쟁 이후
	이스라엘공화국 건국		AD1948~현재	유대인의 이스라엘 영토회귀

오는 것을 보면,[2] 아브라함이 살던 시기 역시 아직 일부의 생활 속에는 금석병용(金石竝用)이 함께 이루어졌을 아주 오랜 옛날이었음을 짐작케 합니다.

아브라함은 앞서 이야기되었던 바와 같이 지금으로부터 약 4,000년 전 메소포타미아의 우르라는 곳에서 살다가 오늘날 이스라엘공화국이 있는 가나안으로 이주해 왔습니다. 이어 그의 아들 이삭과 손자 야곱, 그리고 야곱이 이집트의 고센지방으로 이주한 후 그의 열두 아들이 각각 불어나 이스라

---

2) 출애굽기 4장 25절. 이집트 신왕국시대는 이미 철기문명이 유입되어 있었지만 그렇다고 이 시절 일반 대중에게까지 모두 철기가 보급되어 있었다고 보기는 어렵다.

질문 19. 성경에 나오는 이스라엘민족의 역사를 간략히 설명해 주세요.

엘민족의 열두지파를 형성하는 시절을 '부조시대'라 합니다.

이 시대는 고고학적인 분야에 속하므로 그 연대를 정확히 구분하기는 어려운 일입니다. 다만 야곱이 이집트에 들어가 정착한 시기는, 야곱과 같은 셈족계통의 힉소스족이 이집트를 지배하던 중왕국시대 제2중간기[3]의 어느 때쯤일 것으로 추정하고 있습니다. 참고로, 아브라함의 탄생으로부터 이집트의 총리였던 야곱의 열한 번째 아들이자 아브라함의 증손자인 요셉이 사망할 때까지는 336년의 시간이 흘렀습니다.

2) 이집트거주 및 출애굽시대

야곱 이래, 이집트에 이주한 그의 후손들은 이집트에서 가장 비옥한 토질을 갖춘 고센의 라암세스지방에 정착하여 그곳에서 목축을 하며 안정되고 풍요로운 환경에서 수백 년간 인구를 불려가며 하나의 민족을 형성하는 기반을 갖추게 됩니다.

하지만 그 후 세월이 흘러 이집트에서는 왕조가 바뀌게 되었습니다. 그리하여 이스라엘민족에게 우호적이었던 정부는 사라지고 그들과는 아무런 연관이 없는 나라가 들어서게 되었습니다.[4] 이에 새로운 이집트의 왕은 이제 자신들에겐 정치적으로 성가신 이민족일 뿐인 이스라엘민족을 탄압하게 되었습니다. 그러자 야곱 이래 이집트에 정착하여 자손을 불리며 안정되고 풍

---

[3] BC1750?~BC1567?, 이집트 제13~17왕조의 시기. 이집트의 토착민은 함족계통의 아리아인이었으나, 이에 반해 제2중간기는 셈족계통의 힉소스가 지배하던 때로 이집트 역사상 최초의 이민족에 의한 지배시기였다. 요셉이 이집트에서 총리가 될 수 있었던 것도 어찌 보면 혈통 상 셈족계열이었던 그에게 같은 셈족이 지배하던 당시의 정치적, 민족적 배경이 작용했던 것으로 보인다. 한편 힉소스의 이집트는 BC1567년경 아리아인 아모세1세에 의해 축출되었고 그는 다시 토착민에 의한 이집트 제18왕조를 일으켰는데 이때부터를 이집트의 신왕국시대라 부른다.

[4] 출애굽기 1장 8절에는 "요셉을 알지 못하는 새 왕이 일어나서..."라는 구절이 나오는데 이는 신왕국의 18왕조가 들어섬을 이른다. 요컨대 출애굽기 1장 7절과 8절 사이에는 수백 년의 시차가 존재하고 있는 것이다. 성서는 제한된 지면에 방대한 내용을 망라해야 하는 기록의 특성상 이처럼 파격적인 시간의 도약을 종종 사용하고 있는데, 이점을 알고 다가가면 성서를 이해하는데 많은 도움이 될 것이다.

요롭게 살던 이스라엘민족은 급기야 노예의 신분으로 전락하게 되었습니다.

그리하여 그들은 이집트의 각종 부역에 강제로 동원되며 고통스런 나날을 보내게 되었습니다. 그렇게 오랜 세월이 흐르고 마침내 때가 이르자 하나님께서는 영도자를 일으켜 이스라엘민족을 구해낼 것을 명하셨는데 그가 바로 모세입니다. 이때가 야곱이 가족을 이끌고 이집트로 이주한 때로부터 대략 400여년이 흐른 뒤였습니다.

이에 하나님의 계시를 받은 모세는 노예로서 고통 받던 자기민족을 이집트로부터 이끌어 내어 아브라함이 살던 조상의 땅 가나안으로 되돌아가는 민족의 대이동을 감행하게 되는데 여기에 관한 기록이 바로 구약성경에 나오는 출애굽기의 줄거리입니다. 홍해바다가 갈라진다거나 하늘에서 '만나'라는 양식이 쏟아지는 등 수많은 기적이 벌어지는 것이 바로 이때의 일들입니다.

이스라엘민족이 살던 이집트의 고센지방에서 가나안까지는 보통 장정의 걸음으로 10~15일 정도면 족히 갈 수 있는 거리입니다. 그러나 모세가 자기민족을 이끌고 시나이사막을 지나 가나안으로 가기까지는 무려 40년이란 오랜 시간이 걸렸습니다. 이는 자신들을 노예신분에서 건져내신 하나님께 감사하지 않고, 오히려 가는 내내 현실에 대한 불평과 지도자 모세에 대한 불만 그리고 우상숭배 등 틈만 나면 하나님께 불순종하던 이스라엘민족에 대해, 이들이 곧장 가나안으로 가게 하는 대신 광야를 유리케 하며 하나님께서 이들을 훈계하시고 신앙을 일깨우던 기간이었습니다.

한편 모세는 가나안 땅 입구까지 그들을 인도하는 것으로 소명을 마치고 120세에 눈을 감았습니다. 그리고 그 뒤를 이어 민족을 이끌고 요단강을 건너 가나안 정착을 인도한 사람이 여호수아입니다. 모세가 출애굽을 인도하던 시대는 이집트 제18왕조 때인 대략 BC1445년경으로 알려져 있습니다. 이때 출애굽에 나선 이스라엘민족의 인구는 딸린 식구를 제외한 건장한 장정의 수만 육십만 명이나 되었습니다.[5] 이집트에 이주할 당시 야곱의 가족

---

5) 출애굽기 12장 37절. 따라서 실제인원은 이보다 4~5배 많은 이백사십만내지 삼백만 명에 달했을 것으로 추정되고 있다.

질문 19. 성경에 나오는 이스라엘민족의 역사를 간략히 설명해 주세요.   187

의 수가 칠십 명이었는데[6] 사백년 동안에 이처럼 불어난 것입니다.

한편 출애굽이 이루어지던 이 시기는 율법이 갖춰지고 인구조사가 이루어지는 등 이스라엘민족의 정체성이 형성되고 유대교가 종교로서 구체화되기 시작한 시기이기도 합니다.

3) 가나안 정복시대

모세의 뒤를 이은 여호수아는 이스라엘민족을 이끌고 마침내 가나안에 도달하게 되었습니다. 이후 그들은 그곳의 토착민들을 정벌하며 영토를 마련하고 각 지파 간에 그 영토를 분할하여 정착의 기틀을 다져나갔습니다. 가나안 정복시대는 이 시기를 말하는데 이때 레위지파는 앞서 말한 바와 같이 하나님의 명에 따라 영토를 할애 받지 못했습니다. 이유는 레위의 자손들은 오직 하나님의 제사를 담당하는 제사장의 직분에만 종사토록 하기 위함이었습니다.

한편 이 시기에 영토와 성읍을 나눌 때의 특징 가운데 하나는 도피성을 만들어 고의가 아닌 살인에 대하여 보호를 받도록 했다는 것입니다. 도피성은 죄인이 그곳으로 달아나면 체포할 수 없도록 보호구역으로 지정한 성읍을 말합니다. 지금과 마찬가지로 당시에도 살인은 중형을 면할 수 없는 중대한 범죄였습니다. 그러나 고의가 아니라 불의의 과실로 사람을 죽음에 이르게 한 자에게는 도피성을 두어 율법으로 보호해 주었습니다. 물론 고의적으로 살인을 한 자는 도피성에서도 보호를 받을 수 없었습니다.

이 도피성 제도는 모세시대부터 있어 왔습니다. 신명기 4장 41절~43절을 보면, 출애굽기간 중 모세가 하나님의 말씀에 따라 요단강 동편의 점령지에 세운 3개의 성읍이 그것입니다. 그러나 이것은 가나안땅에 들어가기 전의 임시적인 것이었으며, 영구적인 것은 가나안에 들어선 후 레위사람들이 다른 지파들로부터 할애 받은 48개의 성읍 가운데 6개를 지정하여 마련해 둔 그것이었습니다.

---

6) 창세기 46장 27절

도피성의 원칙은 첫째 전국에 산재하여야 하며, 둘째 과실에 의한 살인자가 하루 내에 도망갈 수 있는 거리에 있어야 했습니다. 그리고 각 도피성들은 이스라엘민족뿐만 아니라 그들 중에 사는 이방인에게도 동일한 혜택을 주었습니다.

이미 눈치 채신 분들도 계시겠지만 이 도피성은 우리를 죄로부터 구원하시기 위해 오실 훗날의 예수그리스도를 상징하고 있습니다.

4) 사사시대(士師時代)

구약시대에 하나님의 부르심을 받아 정치적, 군사적, 종교적인 지도자로서 이스라엘민족을 통솔한 사람을 사사(士師) 또는 판관(判官)이라 불렀습니다. 당시의 이스라엘에는 왕이 없었고 이들 사사가 다스렸는데 이 시대를 '사사시대'라고 합니다. 이 시기는 아직 이스라엘민족이 제정일치의 부족국가 수준에 머물러 있던 시절입니다.

최초의 사사는 모세였으며 따라서 원칙적으로 사사시대는 모세가 이스라엘민족을 인도하던 출애굽시기부터 시작되었습니다. 따라서 이스라엘민족이 광야에서 생활하던 시절과 모세의 사후 여호수아에 의해 그들이 가나안 땅에 정착하기까지의 시기도 엄밀히 말하면 사사시대에 속한다고 볼 수 있습니다. 그러나 이 시기는 이스라엘역사에서 차지하는 중요성이 큼으로 인하여 대개는 사사시대와는 별도로 '출애굽시대'와 '가나안 정복시대'로 각각 분리하여 다루는 경우가 많습니다. 이에 따라 역사적으로 사사시대는 이스라엘민족이 가나안 정복을 마무리 짓고 그곳에 정착한 이후의 시기, 다시 말해 두 번째 사사였던 여호수아가 사망한 후부터라고 보는 것이 일반적인 견해입니다.

사사시대의 마지막 사사는 사무엘이라는 사람이었습니다. 물론 사무엘이 말년에 자신의 두 아들 요엘과 아비야를 사사로 임명하여 짧으나마 이스라엘을 다스리게 한 적은 있지만,[7] 그들은 부친과 달리 탐욕적이었고 부패한 행위를 일삼아 이에 반발한 이스라엘민족으로 하여금 왕을 요구케 하는 계

---

7) 사사기 8장 1~2절. 이들 중 요엘은 구약성경의 예언서 '요엘'의 저자와는 다른 인물임.

기를 낳았습니다. 이에 따라 업적에 비중을 두어 사무엘을 마지막 사사로 보는 것이 지배적인 견해이긴 하지만, 원칙적인 입장에 따라 요엘과 아비야를 마지막 사사로 보는 견해도 있음을 부언해 둡니다.

5) 통일왕국시대

사무엘이 나이가 들어 두 아들에게 사사를 맡기고 있던 시절, 그 두 아들의 부패에 시달리던 이스라엘백성들은 평소 주변국들의 세련된 군주정치를 동경해 오던 터에 이참에 자신들도 사사시대를 끝내고 왕이 다스리는 왕국을 세워 줄 것을 사무엘에게 요청하게 되었습니다. 이에 군주제는 이스라엘민족의 영원한 왕이신 하나님을 부정하는 것이라 하여 사무엘은 반대했지만 그들의 굽히지 않는 요청에 결국 수락하게 되었습니다.

그리하여 사무엘은 하나님의 계시에 따라 아비엘의 아들인 사울[8]을 선택하여 왕으로 세웠습니다. 이렇게 하여 이스라엘은 정복이나 기타 무력 등의 사유에서가 아니라 민족적인 합의에 의해서 군주제로의 전환이 이루어졌는데 이때부터를 '통일왕국시대'라 부릅니다.

최초의 왕이었던 사울은 출중한 외모에 늠름한 기백을 갖춘 베냐민지파의 청년이었습니다. 그는 왕이 된 후 많은 전투를 승리로 이끌며 왕권국가의 기틀을 다져나갔습니다. 그러나 세월이 지날수록 그의 성품과 신앙은 교만으로 치우쳐 갔으며, 하나님께 대한 그의 불순종은 결국 그를 하나님으로부터 버림을 받게 만들었습니다. 사울은 블레셋과의 전투에서 패하자 자살함으로 생을 마쳤으며 왕위는 그가 시기하여 없애려 하던 다윗에게로 넘어가게 되었습니다.

다윗은 유다지파인 이새의 여덟 아들 중 막내로 양을 치는 목동출신이었습니다. 그는 사울의 종말을 예언한 사무엘이 하나님의 명을 받아 사전에 기름 부어 왕으로 임명한 자였습니다.

한편 사울왕의 사후, 왕국은 사무엘의 동조아래 유다지파가 BC1010년경 왕

---

8) 사울 : 재위 BC1050경~BC1010경.

으로 옹립한 다윗과 이에 맞서 사울의 장수였던 아브넬이 왕으로 세운 사울의 아들 이스보셋 등 두 명의 왕이 존재하던 시기가 있었습니다. 그러나 2년 후 이스보셋은 부하인 레갑 형제의 배신으로 암살을 당하고,[9] 이후 다윗은 이스보셋 추종자들의 건의를 받아들여 BC1008년경 유일한 왕으로 등극하게 되었습니다.

다윗에 이어 왕위는 그의 아들 솔로몬이 계승을 하였는데,[10] 그는 젊어서는 예루살렘의 성전을 건축하는 등 하나님에 대한 깊은 애정과 신앙을 가졌었지만, 말년에는 젊은 시절의 총기를 잃고 우상숭배와 방탕한 생활에 빠져 폭정을 거듭하였습니다. 그로 인해 전국은 반란이 들끓게 되었고 결국 그의 사후 왕국은 남쪽에 '유다'라는 나라와 북쪽에 '이스라엘'이라는 두 개의 나라로 갈라지게 되었습니다. 이렇듯 통일왕국시대는 사울과 다윗, 솔로몬 이렇게 세 명의 왕만이 존재했던 단명한 시대로 끝나고 말았습니다. 통일왕국이란 솔로몬 이후 두 개의 나라로 갈라지는 남북조시대와 대비하여 붙여진 이름입니다.

통일왕국시대부터 이스라엘은 제정일치가 해체되어 정치는 왕이 직접 행하고 제사장들은 종교업무만을 담당하게 되었습니다.

6) 남북조시대(분열왕국시대)

남북조시대는 위에서 언급한 대로 솔로몬의 사후 남방의 '유다'와 북방의 '이스라엘'이라는 두 개의 왕조가 동시에 공존하던 시대를 말합니다.

먼저 남방의 유다왕국은 솔로몬의 아들 르호보암이 왕위를 이어받은, 말하자면 다윗왕가의 정통성을 계승한 국가였으며 수도는 통일왕국시대 때에 다윗이 정한 예루살렘을 그대로 이어갔습니다. 유다왕국은 다윗가문이 속한

---

9) 레갑 형제는 이스보셋을 암살하고 다윗에 투항하였으나 다윗은 오히려 이들의 배신행위를 경멸하여 처형하였다.

10) 본시 솔로몬은 다윗의 왕후가 낳은 적통왕자가 아니라 후궁 바세바로부터 얻은 아들이었다. 그녀는 원래 다윗의 장수 우리야의 아내였으나 다윗이 탐하여 임신케 한 후 우리야를 의도적으로 전사케 하고 차지한 여인이다. 이로 인해 그는 하나님의 징계를 받아 우리야의 생전에 몰래 바세바를 임신케 하여 얻은 첫 번째 아기를 낳은 지 7일 만에 잃고 말았다. 반면 우리야의 전사 후 정식으로 후궁을 삼아 출산한 두 번째 아기가 바로 솔로몬인데, 다윗은 말년에 선양의 형식으로 그에게 왕위를 물려주었다.

유다지파와 이에 동조한 베냐민지파, 이렇게 두 지파가 합류해 있었습니다.

한편 북방의 이스라엘왕국은 솔로몬의 학정에 반란을 일으킨 여로보암이 솔로몬의 사후 유다왕국의 두 지파를 제외한 열 지파의 지지를 받아 세운 나라입니다. 수도는 처음에는 다르사로 정했었으나 제6대왕 오므리의 치세 때에 사마리아로 천도했습니다.

† 남북조시대의 군왕들

구분	유다의 왕들	다른 이름	특 징	이스라엘의 왕들	다른 이름	특 징
1	르호보암		솔로몬의 아들	여로보암		솔로몬에 반란
2	아비야	아비암		나답		
3	아사			바아사		찬탈
4	여호사밧			엘라		
5	여호람	요람		시므리		찬탈(7일간 재위)
6	아하시야			오므리		찬탈. 사마리아천도
7	아달랴		여왕	아합		
8	요아스	여호아스		아하시야		
9	아마샤			요람	여호람	
10	아사랴	웃시야	나병감염	예후		찬탈
11	요담			여호아하스		
12	아하스			여호아스	요아스	
13	히스기야			여로보암 2세		
14	므낫세			스가랴		6개월 재위
15	아몬			살룸		찬탈(1개월 재위)
16	요시야			므나헴		찬탈
17	여호아하스	살룸		브가히야		
18	여호야김	엘리야김	바빌로니아에 포로	베가		찬탈
19	여호야긴	여고니야	바빌로니아에 포로	호세아		찬탈 (아시리아에 포로)
20	시드기야	맛다니야	바빌로니아에 포로			

가. 북왕국 이스라엘

먼저 북방의 이스라엘왕국은 여로보암부터 마지막왕인 호세아까지 총 19

명의 왕들이 통치하였으며 BC930년경부터 BC722년까지 약 208년간 유지된 나라입니다.

이스라엘의 왕들은 모두가 예외 없이 하나님을 철저히 외면하고 우상을 숭배했습니다. 특히 제6대왕인 오므리 시대에는 '오므리의 율례'[11]라는 것을 만들어 바알이라는 신에 대한 우상숭배를 거의 국교화 하다시피 하였고, 또 제7대왕인 그 아들 아합의 치세 시에는 왕후 이세벨과 함께 하나님을 믿는 자들을 핍박하고 수많은 하나님의 예언자들을 학살하기도 했습니다.

또한 이 나라는 존속하는 동안 여덟 번의 쿠데타가 일어날 만큼 군왕들은 정통성이 취약하였으며 권력기반도 안정되지 못했습니다. 그러는 와중에 아홉 개의 왕조가 교체되었고 재위 중에 암살된 왕은 일곱 명이나 되었으며 그 중에는 제5대왕 시므리처럼 7일 만에 군부(오므리)에 의해 강제퇴위 당한 왕도 있었습니다. 그러다 이스라엘왕국은 역시 찬탈로 왕위에 오른 제19대 호세아왕 때에 북쪽의 대제국 아시리아의 침략을 받아 멸망하게 됩니다. 여기 멸망의 과정을 간략히 정리하면 다음과 같습니다.

호세아왕은 BC727년 아시리아의 왕 디글랏빌레셀 3세[12]가 죽자 그때까지 조공을 바쳐오던 관계를 끊고 이집트와 새롭게 친선관계를 맺으려고 하였습니다.[13] 그러자 디글랏빌레셀 3세에 이어 왕위에 오른 살만에셀 5세가 BC725년 이스라엘을 침공하여 호세아왕을 옥에 가두고 막중한 배상금을 물도록 하였습니다. 하지만 왕이 포로가 되었음에도 불구하고 이스라엘의 저항은 계속되었고 그로써 이스라엘과 아시리아의 전쟁은 3년간이나 계속되었습니다. 급기야 아시리아의 살만에셀 5세는 총공세를 감행하여 이스라엘 전국을 약탈하였고 점령지에 대해서는 주민들을 강제로 추방하는 등

---

11) 미가 6장 16절
12) 디글랏빌레셀 3세(재위 BC745~BC727) : 치세 시 서진정책을 단행하여 광대한 영토의 확장을 이룩하였고, 아시리아제국 황금기의 기틀을 다진 왕. 디글랏빌레셀은 성서의 표기이며 헬라발음으로는 티글라트 필레세르 3세.
13) 열왕기하 17장 4절

의 강경한 조치를 취함으로써 전쟁은 일단락되는 듯이 보였습니다. 그러나 이것이 이스라엘의 항복을 의미하는 것은 아니었습니다. 그들은 아시리아에 대해 끝까지 결사항전의 의지를 다지고 있었던 것입니다.

이러한 상황에서 BC722년 살만에셀 5세가 사망하고 그 후계자로 왕위에 오른 사르곤 2세[14]는 곧바로 다시 총공세를 취하여 결국 같은 해인 BC722년 12월 이스라엘왕국은 수도 사마리아가 함락됨으로써 역사 속으로 사라지게 되었습니다.

이스라엘을 멸망시킨 사르곤 2세는 선왕 살만에셀 5세보다 강경한 조치를 취했습니다. 그는 이스라엘에서 많은 사람들을 아시리아에 노예로 끌고 갔으며 그들이 살던 곳에는 다른 지역의 사람들을 강제로 이주시켰습니다.

신약성경에 나오는 사마리아인들은 바로 이때 이주해온 사람들의 후손으로, 선민의식과 혈통을 중시하던 유대인들의 시각에서 볼 때 이들은 외부에서 흘러들어온 근본도 없고 상스러운 존재로 여겨졌던 것이며, 그러기에 유대인들은 사마리아인을 경멸하며 가까이하려 하지 않았던 것입니다.

한편 북왕국 이스라엘을 멸망시킨 아시리아제국은 이후 바빌로니아(바빌론)와 메디아왕국[15]의 연합군에 의하여 BC612년 멸망하게 됩니다. 그리고

---

14) 사르곤 2세(재위 BC722~BC705) : 신아시리아 사르곤왕조의 시조. 그는 살만에셀 5세의 죽음을 기회 삼아 왕권을 가로채 즉위하였다. 북이스라엘왕국을 정벌하고 그 주민을 아시리아로 강제이주 시켰다. BC705년 소아시아의 수메르인과의 전투에서 전사함.

15) 메디아왕국 : 대략 BC1000년 전반에 이란 고원지방의 기마민족인 메디아인에 의해 세워진 왕국. 구체적인 왕국의 형태는 데이오케스(재위 BC728~BC675) 때에 이르러서야 갖추어진 것으로 전해진다. 4대왕인 키악사레스(재위 BC624~BC585)의 치세 시에는 서쪽으로 카파도키아(오늘날 터키 중부)에서 동으로는 인더스강 근방까지 이르는 대제국을 건설하기도 하였다. 그는 바빌로니아의 나보폴라사르(재위 BC626~BC605)와 동맹을 맺고 BC612년 신-샤르-이쉬킨(재위 BC627~BC612)이 치세하던 아시리아를 공격하여 수도 니네베(성서명, 니느웨)를 함락하고 아시리아를 멸망시켰다. 하지만 곧바로 그의 아들 아스티아게스(재위 BC585~BC550)는 페르시아의 키루스 2세의 침략을 받아 폐위 당하였고, 이어 BC549년 피살당함으로써 메디아왕국은 멸망하였다. 성서에는 '메대'라고 기술되어 있다.(이사야 21장 2절, 다니엘 5장 28절)

아시리아에 노예로 끌려갔던 북왕국 이스라엘의 백성들은 당시의 관례에 따라 그들 연합군의 전리품이 되어 현지에 그대로 남게 되었습니다.

나. 남왕국 유다

남방의 유다왕국은 르호보암 이후 마지막왕인 시드기야까지 모두 20명의 왕들이 통치한 나라였습니다. 이들 중에는 제4대왕인 여호사밧과 제13대왕인 히스기야 및 제16대왕 요시아 등 성군들이 일부 출현하기도 하였으나, 그 외 대부분의 왕들은 북방 이스라엘의 왕들과 마찬가지로 우상숭배에 빠져 하나님을 배척했습니다. BC930년경부터 BC586년까지 대략 344년간 유지되었던 남왕국 유다는, 북왕국 이스라엘이 멸망한 후로도 136년여 간 지속되다가 바빌로니아의 느부갓네살왕[16]에 의해 멸망하였습니다.

유다의 멸망 후, 대부분의 백성들은 바빌로니아에 포로로 끌려간 이후 바빌로니아가 멸망하기까지 70년간 노예생활을 하게 되는데 이를 가리켜 '바빌로니아의 유수' 또는 '제1차 디아스포라'[17]라고 합니다. 바빌로니아의 유수는 3차례에 걸쳐 이루어졌습니다.

① 바빌로니아의 유수(幽囚)

유다의 제18대왕 여호야김은 이집트의 왕 느고의 후원으로 왕위에 오른 사람이었습니다. 따라서 그는 자연스럽게 이집트와 연합을 맺고 친이집트정책을 펼치고 있었습니다. 이에 불만을 품은 바빌로니아의 왕 느부갓네살은 BC601년 유다왕국에 침입하여 유다왕 여호야김의 항복을 받았습니다. 그러나 3년 후인 BC598년 여호야김이 재차 이집트와 연합군을 형성하여 바빌로

---

16) p.104 주6) 참조.
17) 디아스포라(Diaspora) : 특정지역의 토착민족이 기존에 살던 땅을 떠나 대단위로 국외로 이동하는 현상을 말한다. 이는 일반적인 이민과는 다르고 주로 난민과 관련되는 개념이다. 이후 유대인들은 AD70년 로마와의 전쟁으로 또 한 번의 디아스포라(제2차 디아스포라)를 겪게 된다.

니아에 반기를 들자 느부갓네살은 군대를 보내 연합군을 격파하고 유다의 상당한 영토를 빼앗는 한편 여호야김은 쇠사슬로 묶어 바빌로니아에 포로로 잡아갔습니다. 여호야김의 최후에 대해서는 알려진 바 없으나, 예레미야의 예언[18]을 참고하면 바빌로니아에 끌려가 비참한 최후를 맞았을 것으로 추정됩니다.

그 후 야호야김의 뒤를 이어 왕위에 오른 여호야긴이 BC597년 또 다시 바빌로니아에 항거하자 느부갓네살은 친히 원정에 나서 여호야긴 역시 포로로 잡아가고 그의 삼촌 시드기야를 왕으로 세웠습니다. 이 때 여호야긴을 포함한 왕실가족과 귀족 등 상류계층과 전쟁수행이 가능한 수많은 젊은이들이 포로로 잡혀가는데 이것이 제1차 바빌로니아의 유수입니다. 이때 왕실 창고와 예루살렘성전의 집기 등이 약탈되었습니다.

제2차 유수는 BC589년 시드기야왕이 다시금 반기를 듦으로 인해 또다시 감행된 바빌로니아의 침공에서 비롯되었습니다. 유다를 침공하여 항복을 받아낸 바빌로니아는 이번에는 아예 유다에서 왕정을 폐지해 버리고 유다의 귀족 가운데에서 게달리아라는 사람을 바빌로니아의 총독으로 임명하여 유다를 통치토록 했습니다.

한편 시드기야는 포로가 되어 적군의 사령부로 끌려가 눈앞에서 두 아들이 처형당하는 장면을 직접 목도해야 하는 참극을 겪어야 했습니다. 그리고 자신은 두 눈이 뽑힌 채 쇠사슬에 묶여 비참하게 바빌로니아로 끌려가 옥에서 생을 마쳤습니다.[19] 이때 그와 함께 대다수의 백성들은 포로로 잡혀갔고 예루살렘은 폐허가 되었으며 급기야 BC586년 성전마저 완전히 파괴되었는데 이것이 공식적인 남왕국 유다의 멸망입니다.

그러나 유다에 잔류하던 백성들의 저항은 지엽적으로 계속되고 있었습니

---

18) "그러므로 나 여호와가 유다 왕 여호야김에 대하여 이같이 말하노라. 그에게 다윗의 위에 앉을 자가 없게 될 것이요 그 시체는 버림을 입어서 낮에는 더위, 밤에는 추위를 당하리라."(예레미야 26장 30절)

19) 열왕기하 25장 7절

다. 이러한 상황에서 BC582년 총독 게달리아의 암살사건이 벌어지자 이에 분노한 느부갓네살은 유다의 모든 도시를 파괴할 것을 명하고 그나마 유다에 남아있던 대부분의 주민을 바빌로니아에 포로로 압송해 갔는데 이것이 제3차 바빌로니아의 유수입니다. 이로써 이스라엘민족은 북왕국 이스라엘과 남왕국 유다의 멸망으로 말미암아 각기 차례로 아시리아와 바빌로니아에 노예로 끌려가 살게 되었습니다. 이때가 그들이 처음으로 나라 없는 민족으로 살게 되는 제1차 디아스포라의 시기입니다.

② 포로에서의 해방

이후 시대가 바뀌어 세상을 호령하던 강대국 바빌로니아도 페르시아의 왕 고레스[20]에 의해 BC539년 멸망하고 말았습니다. 바빌로니아를 정벌한 고레스는 BC538년 이방민족에 대한 귀환허가령을 칙령으로 반포하였습니다.[21]

그리하여 남왕국 유다의 백성들은 노예에서 해방되어 이때부터 다시 고국으로의 귀환을 시작하게 되었습니다. 그러나 이보다 먼저 아시리아에 노예로 끌려간 북왕국 이스라엘의 백성들은 끝내 귀환하지 못했습니다. 왜냐하면 그들은 오랜 기간의 깊은 우상숭배로 인하여 하나님에 대한 열망과 하나님의 민족이라는 정체성에 대한 의식이 약했으며, 그런 가운데 당시는 아시리아와 바빌로니아, 페르시아제국을 거치며 그들이 고국을 떠난 지가 180여년이란 세월이 지난 시기로 이 동안에 그들은 이미 현지인과의 문화적인 동화 및 혈통상의 혼혈화가 상당히 이루어져 있었기 때문이었습니다. 반면 유다백성은 비록 우상숭배로 말미암아 나라를 잃고 남의 나라에 포로가 되는 신세가 되기는 했지만, 종국에는 자신들의 잘못을 회개하고 하나님에게로 회귀를 외치며 민족의 정체성을 바탕으로 한 단결을 유지하고 있었습니다.

결국 이스라엘민족의 열두지파 가운데 북왕국 이스라엘의 백성이었던 열지파는 결국 세월의 흐름 속에 현지에서 다른 민족에 흡수되어 사라지게 되

---

20) p.105 주8) 참조.
21) 에스라 1장 1절~4절. 이것이 일명 '고레스칙령'이다.

었고, 오직 유다왕국에 속해 있던 두 지파 즉 유다지파와 베냐민지파 만이 본국으로 귀환하게 되었습니다.[22] 그리하여 이 두 지파는 온전히 순수한 혈통을 보전하며 신약시대까지 이어져 올 수 있었습니다.

이것은 바로 그리스도가 다윗의 가문인 유다지파의 혈통을 통해 오실 것이라는 예언된 약속[23]을 지키시기 위한 하나님의 역사하심이었습니다. 참고로, 예수님의 아버지인 요셉은 바로 유다지파였으며 가계로는 다윗가문의 후손이었습니다.

③ 유다인과 유태인, 유대인이란 호칭

원래 유다인이란 표현은 야곱의 열두 아들 중 넷째인 유다의 후손을 일컫는 데서 비롯되었습니다. 그러나 남북조시대에는 남방의 유다왕국의 백성을 가리키는 말로도 쓰이다가, 이후 유다백성들이 바빌론에 포로로 끌려갔다 돌아오는 BC6세기 후반부터는 이스라엘민족 전체를 가리키는 말이 되었습니다. 또 이 시기에는 다른 곳에서 건너왔다는 의미로 유다인들 스스로가 자신들을 가리켜 '헤브라이'[24]라고 부르기도 했으며 이는 발음하기에 따라 '히브리'로 읽혀지기도 합니다.

한편 유다인을 한자로는 유태인(猶太人)이라고 표기합니다. 또 성경에는 유다인을 유대인이라 표기하고 있기도 합니다.[25] 그러므로 유다인, 유대인, 유태인, 히브리인은 모두가 같은 말이며 오늘날엔 이스라엘민족 또는 그들의 혈통을 이어받은 사람들을 포괄적으로 이르는 말로서 혼용되고 있습니다.

7) 페르시아 속주시대(귀환과 예루살렘성전의 재건)

이렇게 하여 옛 유다왕국은 백성들이 고향에 돌아옴으로써 다시 역사 속

---

22) 여기에는 솔로몬의 사후 유다왕국을 지지했던 일부 레위인들의 후손도 포함된다.
23) 창세기 49장 9절~12절
24) 히브리어 '건너오다'란 의미의 이브리(Ibri)에서 유래.
25) 사도행전 22장 3절

에 모습을 드러낼 수 있었습니다. 그러나 이때는 독립적인 왕국의 형태가 아니라 페르시아에서 파견된 총독이 모든 행정을 주관하고 또 페르시아에 정기적인 조공을 바치는 속령의 체제였습니다.

페르시아의 고레스왕은 정복지에 대해 그들의 종교와 풍습 등의 문화를 인정하고 지원해 주는 유화정책을 폈습니다. 한 예로 바빌로니아의 경우, 그는 수도 바빌론을 함락한 뒤 시민들에게 평화를 약속하고 실제로 도시를 약탈하거나 신전을 파괴하지 않았습니다. 이로써 바빌론의 신전들은 전쟁 전과 다름없이 제 역할을 수행할 수 있었고, 페르시아군대에게는 바빌론주민들의 종교적 감정을 존중해 주고 그들에게 공포감을 주지 말라고 명령하였습니다. 그리하여 다수의 옛 바빌로니아의 관리들은 자신들의 직위를 그대로 유지할 수 있었습니다. 그는 이러한 관용정책을 통해 스스로를 정복자이기보다는 해방자로서 군림하고자 했던 것입니다. 유대인의 해방도 이러한 관용정책의 일부로서 취해진 조치였습니다.

그러나 엄밀히 보자면 이와 같은 고레스의 정책은 이민족에 대한 실제적인 박애주의에서 비롯된 것이라기보다는, 바빌로니아라는 거대한 점령지에 대한 관리능력의 미비에 따라 취해진 어쩔 수 없는 정치적 결단이었던 측면도 없지 않았습니다. 하지만 이유야 어찌되었건 그 조차도 알고 보면 유다백성이 포로에서 돌아오게 되리라는 예레미야의 예언을 이루시려는 하나님의 역사하심이 그 배경에는 흐르고 있었던 것입니다.

가. 유다백성의 귀환

이렇게 하여 유다의 백성들은 앞서 말한 바와 같이 다시 고향으로 돌아올 수 있게 되었는데, 이를 좀 더 자세히 알아보면 이들의 귀환은 크게 세 차례에 걸쳐 이루어졌습니다. 그 중 첫 번째는 BC538년 유대인의 귀환을 허락하는 고레스왕의 칙령에 의한 것으로 이때는 포로출신 유대인인 스룹바벨[26]이

---

26) 학개 1장 1절. 한편 에스라 5장 14절에는 유다의 초대 총독이름이 세스바살로 나오는데, 이는 스룹바벨과 동일인물로 추정되고 있다.

총독으로 임명되어 49,897명의 유다백성을 인솔하여 돌아왔다고 성경은 기록하고 있습니다.[27] 이어 두 번째는 BC458년 아닥사스다왕의 칙령을[28] 받은 유다의 율법학자이자 제사장 에스라를 중심으로 한 귀환이며, 세 번째는 BC445년 역시 아닥사스다왕의 2차 칙령[29]에 의해 유다의 신임총독으로 임명된 느헤미야를 중심으로 한 귀환이었습니다.

이렇게 볼 때 유대인의 귀환은 백년에 가까운 세월에 걸쳐 이루어진 것입니다. 또한 위 세 차례의 귀환은 단지 공식기록에 의한 것일 뿐 그 중간에도 많은 유대인의 귀환이 있었을 것이며 또 느헤미야 이후에도 귀환은 계속되었을 것으로 여겨집니다. 그렇다면 실제적인 유대인의 귀환은 백년이 넘는 기간 동안에 이루어진 것입니다.

나. 예루살렘성전의 재건

스룹바벨을 중심으로 가장 먼저 고향에 돌아온 유다의 백성들은 무엇보다 바빌로니아의 침공으로 무너진 예루살렘의 성전을 재건코자 하였습니다. 그들은 옛 유다왕국이 망하여 백성들이 다른 나라에 노예로 끌려갔던 것은 모두가 자신들의 조상이 하나님을 떠나 우상숭배를 한 탓이었음을 자각하고, 이에 따라 성전재건이야말로 하나님께 대한 배덕을 회개하고 다시금 신앙을 바로 세워 자신들이 반성한 모습을 하나님께 분명히 보여주고자 했던 범민족적인 사업이었습니다. 그리하여 스룹바벨이 돌아온 지 일 년 후인 BC537년 마침내 그들은 성전건축을 착공하기에 이릅니다.[30]

그러나 여기에는 반대도 만만치 않았습니다. 유다백성들이 바빌로니아에 끌려가 있던 동안, 주인 없던 그곳에 들어와 살던 이방인들 이른바 사마리아인들이 이 성전건축을 반대하고 나섰던 것입니다. 그들은 페르시아 정부

---

27) 에스라 2장 64절~65절
28) 에스라 7장 12절~26절
29) 느헤미야 2장 2절~9절
30) 에스라 3장 8절

와 연계하여 유대인들을 정치적으로 압박하였으며, 게다가 이 시기 공교롭게도 거듭되던 흉년은 재정적인 문제마저 녹녹치 않게 만들었습니다. 결국 이런저런 이유로 성전재건 공사는 그 후 다리오왕[31] 재위 2년인 BC521년까지 중단되기에 이르렀습니다.

이에 유다백성들은 깊은 좌절감과 회의에 빠지게 되었습니다. 이때 학개와 스가랴 같은 예언자들이 나타나 나태해진 사명감을 질타하고 동시에 하나님이 함께하심을 상기시켰으며, 이들의 외침에 용기를 얻은 유다백성들은 다시금 공사에 박차를 가하게 되었습니다. 그리하여 다리오왕의 재가[32]를 얻어낸 성전공사는 페르시아 정부의 국고지원까지 받아가며 마침내 5년 후인 BC516년 대망의 완공을 보기에 이르렀습니다. 이것을 역사적으로는 '제2예루살렘성전'(줄여서 제2성전) 또는 '스룹바벨성전'이라고 부르며, 솔로몬이 건축했던 첫 번째 예루살렘성전(제1성전)이 바빌로니아의 침략으로 무너진 해로부터 꼭 70년 만에 이루어진 일이었습니다. 물론 제2성전은 그 규모나 화려함으로 따지자면 솔로몬이 지은 제1성전과 비교할 수는 없는 것이었습니다. 그러나 유대백성들에게 이 성전은 과거의 우상숭배에 대한 진심어린 회개와 하나님께 참된 신앙을 전심으로 고백하는 그 무엇보다 소중한 상징물이었습니다.

그로부터 다시 한 세대가 지났을 무렵인 BC458년(아닥사스다의 칙령에 의한 2차 귀환), 이번에는 유대교의 제사장이자 신실한 율법학자였던 에스

---

[31] 다리오(재위 BC522년~BC486년) : 페르시아 아케메네스왕조의 세 번째 왕. 선왕 캄비세스 2세의 장수였던 그는 선왕의 사후 제사장 가우마타의 모반을 진압하고 왕이 되었다. 그의 세력은 인도북부 펀자브지방까지 진출하였고, 소아시아의 그리스 식민지들도 평정하였다. 그러나 BC492년과 BC490년 두 차례에 걸쳐 시도한 그리스원정(1차, 2차 페르시아전쟁)은 모두 실패했다. 그나마 1차 원정은 트라키아를 확보함으로 어느 정도 성과를 달성했으나, 2차는 마라톤의 전투에서 패배함으로 실패했다. 하지만 그는 군사적인 면보다는 행정전문가적인 왕으로 더욱 유명하며, 키루스왕 때부터 진행되던 포로해방 정책을 계승하였다. 그의 사후 아들 크세르크세스 1세가 왕이 되었다. 다리오는 성서에 사용된 한글의 옛날식 표기이며 지금은 일반적으로 다리우스 1세 또는 다리우스대왕으로 불린다.

[32] 에스라 6장 6절~12절

라가 귀환하여 그동안 백성들의 생활 속에서 느슨해져 있던 하나님의 율법을 바로 세웠습니다. 이어 3차 귀환이 이루어진 BC445년에는 느헤미야가 유다총독의 자격으로 돌아와 그때까지 주변인들의 집요한 방해로 이루지 못했던 예루살렘 성벽을 마침내 완성하는 등 과거 유다왕국의 재건을 향한 내외적인 기틀을 다져나갔습니다. 또 그들은 다시금 나태해지려는 유대인의 도덕적 해이함을 질책하며 신앙의 단속을 꾀하였고 아울러 민족의 순수혈통을 보존하기 위해 이방민족과의 잡혼을 금지시키는 등 윤리와 신앙의 개혁을 단행하기도 했습니다. 참고로, 일부의 주장에 의하면 느헤미야가 에스라보다 먼저 귀환했다는 설도 있으나, 여기서는 오늘날 대부분의 교회가 인정하는 에스라의 선귀환설을 따랐습니다.

8) 그리스 속주시대

BC4세기 후반 들어 페르시아는 환관의 농간으로 무력해진 왕실과 그에 따른 관료들의 부패로 국력이 급속히 쇠퇴하기 시작했습니다. 특히 환관 비고아스와 같은 자는 자신의 전횡을 연장하려 아르타 크세르크세스 3세와 그 아들 아르세스왕을 연이어 독살하고 왕실에 영향력이 약하다고 생각한 다리우스 3세[33]를 즉위시키는 등 왕권을 흔들었습니다. 이에 다리우스 3세는 왕위에 오른 뒤 비고아스를 처형하고 다시금 국력을 키우기 위해 전력을 기울였지만, 이미 페르시아에 드리워진 쇠망의 국운을 걷어내기에는 시간이 부족했습니다. 왜냐하면 페르시아가 약해진 틈을 노려 서쪽의 신흥강대국인 마케도니아의 알렉산더대왕[34]이 다리우스 3세가 미처 국력을 재정비하기도 전인 BC334년 대대적인 침공을 해왔기 때문입니다. 이에 맞서 다

---

33) 다리우스 3세(재위 BC336~BC330) : 페르시아 아케메네스왕조의 마지막 왕.
34) 알렉산더대왕(재위 BC336~BC323) : 일명 알렉산더 3세. 선왕 펠리포스 2세의 아들. 페르시아 아키메네스왕조를 무너뜨리고 페르시아의 전영토를 차지함. 그는 부친과 마찬가지로 범그리스 동맹인 헬라스동맹을 결성하여 평생에 걸친 정복사업을 통해 동서양을 아우르는 대제국을 건설하여 헬레니즘시대를 개막함. 인도원정 후 32세의 나이로 바빌론에서 병사. 헬라발음으로는 알렉산드로스 3세라고 한다.

리우스 3세는 4년간을 버티며 싸웠지만 결국 아키메네스왕조의 페르시아는 알렉산더대왕에 의해 BC330년 멸망하고 말았습니다. 이때부터 유다지역은 페르시아의 속주(屬州)에서 마케도니아 즉 그리스의 지배를 받는 속주로 바뀌게 되었습니다.

마케도니아는 그리스 북쪽의 산악지대에 위치하던 왕국이었습니다. 일반적으로 고대의 그리스하면 대개는 폴리스 형태의 도시국가를 떠올리기가 십상이지만, 그것은 그리스반도의 중·남부를 중심으로 한 지역에서 취해지던 국가형태이며, 북쪽의 산악시대에 있던 마케도니아는 여타의 지역과 같이 일반적인 군주국가 형태를 취하던 나라였습니다. 이 마케도니아는 그동안 그리스문화를 주도하던 남쪽 폴리스국가들의 시각에서 보면 변방의 후진국쯤으로 여겨지던 나라였습니다. 그러나 남쪽의 도시국가들이 취하던 폴리스문화와는 다른 정치형태를 가지고 있기는 했지만, 이 나라 역시 종교도 같았고 언어도 비록 방언이긴 했지만 다 같은 헬라어를 사용하고 있었다는 점에서 똑같은 그리스 문화권의 나라였습니다. 따라서 이러한 마케도니아제국이 세계를 지배하던 시대를 '헬레니즘시대'라고 하는 것입니다. 헬레니즘이란 그리스인들이 자신들의 나라를 가리켜 부르던 '헬라'에서 나온 말입니다.[35]

이처럼 과거에는 그리스의 변방에 지나지 않았던 마케도니아가 알렉산더대왕 때에 이르러서는 영토가 그리스와 이집트를 포함해 동으로는 인도 서부에 이를 만큼 거대한 제국으로 일어섰던 것입니다.

한편 알렉산더대왕은 원정에서 돌아오는 길에 열병으로 갑작스럽게 사망하고 말았습니다. 그런데 문제는 그가 결혼도 하지 않아 후계를 삼을 자식도 없었으며 그렇다고 다른 후계자를 분명하게 지정하지도 않은 채 급사했다는 것이었습니다. 이로 말미암아 그의 제국은 그의 사후 곧바로 후계자 문제가 발생하게 되었습니다.

이에 그의 수하에서 실력 있던 장수들은 각자가 자신이 대왕의 후계자라고

---

35) p.17 주1) 참조.

자칭하며 스스로를 '디아도코이'[36]라 불렀습니다. 디아도코이는 헬라어로 '계승자'란 의미입니다. 이 디아도코이들은 각자의 주둔지에서 왕으로 군림하며 서로 계승권을 놓고 전쟁을 벌였는데 이것이 '디아도코이전쟁'입니다. 디아도코이는 다른 말로 '에피고노이'[37]라고 불리기도 합니다. 이 전쟁의 결과로 마케도니아제국은 안티고노스왕조의 마케도니아와 프톨레마이오스왕조의 이집트, 그리고 셀레우코스왕조의 시리아 이렇게 세 나라로 갈라지게 되었습니다.[38]

하지만 이 세 나라는 그리스 문화권에 속했던 알렉산더대왕의 제국에서 갈라져 나온 나라였으므로, 모두가 그리스인의 혈통을 이어받은 자들이 왕실을 비롯한 지배계급을 형성하는 그리스계통의 나라들이었습니다. 가령 이집트의 경우, 이는 함족계통의 아리아인이 원주민이었던 고대이집트 당시에 셈족계통의 힉소스족이 점령하여 지배했던 때와 비슷한 경우라 하겠습니다. 또 이들 나라는 나름 알렉산더대왕의 후예를 자처했던 만큼 그리스문화에 대한 우월감이 충만했었으며, 특히 시리아의 경우는 알렉산더대왕의 범세계 헬라화정책을 계승하여 그리스문화를 점령지에 전파하려는 경향이 강했습니다.

가. 이집트 속주시대

유다는 위 세 나라 가운데 처음에는 이집트의 지배하에 놓이게 되었습니다. 이 시대의 유대인들은 페르시아 속주시절과 마찬가지로 정치적으로도 비교적 자유로웠고 종교나 문화에 있어서도 간섭을 받는 일이 적었습니다. 이집트에는 디아스포라 이전부터 이미 상당수의 유대인들이 건너와 각지에서 유대인 사회를 건설하고 있었는데, 이들은 알렉산더대왕의 이집트원정 당시 자발적으로 그를 도운 것이 인연이 되어 원정 후 그 보답으로 알렉산드리아에 거주하는 유대인에게는 많은 혜택이 주어졌습니다. 이것은 디아도코이들의 통치

---

36) 헬라어로 계승자란 의미
37) 헬라어로 후손들이란 의미
38) 초기엔 리시마코스왕조의 트라키아까지 합쳐 네 나라로 갈라졌으나 이는 곧 시리아의 정복에 의해 병합되었다.

기간에도 계속되었고 로마시대인 서기60년대 초반까지[39] 유지되었습니다.

이러한 분위기 속에서 유대인들은 많은 문화적인 사업을 펼칠 수 있었는데, 오늘날 성서연구는 물론 언어학상으로도 귀중한 자료가 되고 있는 70인역(70人譯)의 성서도 이 시기에 이루어진 기독교역사의 빛나는 업적이라 할 것입니다. 70인역 성서란 앞에서 설명한 바와 같이 알렉산더대왕이 생전에 이집트에 건설한 도시 알렉산드리아에서 72명의 성서학자들이 모여 구약성경을 헬라어로 번역한 성경을 말합니다.[40]

당시 세계를 지배하던 알렉산더대왕에 의해 시작된 헬라문화의 범세계화 기류[41]는 이집트에 거주하던 유대인들에게도 예외는 아니었습니다. 이 시기 이집트의 유대인사회에서 그들의 모국어인 히브리어는 이미 거의 사어화(死語化)되다시피 하고 있었고, 언어로는 그들 역시 당시의 범세계어인 헬라어를 사용하고 있었습니다. 특히 이집트에서 태어나 자란 젊은 세대들에게서 이러한 현상은 더욱 심화되어가고 있었습니다. 이 같은 상황에서 알렉산드리아에 사는 유대교의 종교지도자들은 세대 간의 종교적, 문화적 단절을 막고 자신들의 전통을 보존하기 위하여 히브리어 성경을 헬라어로 번역해야 할 필요성을 느끼게 되었으며 이에 따라 이루어진 사업이 바로 70인역 성경이었습니다.

나. 시리아 속주시대와 박해의 시작

그렇게 다시 세월이 흘러 BC198년, 시리아의 안티오코스 3세[42]는 이집트와의 전쟁에서 승리함으로써 세력을 팔레스타인지역까지 확장하게 되었습니

---

[39] 서기66년 유다-로마전쟁이 발발하기 직전까지.
[40] p.125 '가. 70인역과 구약성경의 결정' 참조.
[41] 이것이 알렉산더대왕 한 사람의 의에 의해 전세계에 퍼진 이른바 헬레니즘시대의 도래이다.
[42] 안티오코스 3세(재위 BC223~BC187) : 셀레우코스 3세의 동생으로 18세에 시리아 셀레우코스왕조의 여섯 번째 왕으로 등극. 초기엔 이집트와 전쟁하여 패한 적도 있으나 이후 동방원정을 도모하여 인도까지 진출함으로써 대왕칭호를 얻었다. 그는 또 헬레니즘제국의 통일을 꿈꾸며 이집트와 재차 전쟁을 벌여 페니키아 지방을 탈환하였다.

다. 이로써 유다는 이번에는 시리아의 지배하에 들어가게 되었습니다.

처음 안티오코스 3세는 유대인들에 대해 이집트와 같은 유화정책을 폈습니다. 그러나 BC191년 로마와의 전쟁에서 패하여 거액의 배상금을 요구받게 되자 유대인에게 과중한 세금을 부과시키고 예루살렘성전 내부의 값나가는 물건들을 탈취해 가는 등 박해로 돌아섰습니다.

로마와의 전쟁은 서쪽으로 팽창해 가던 시리아와 동진해 오는 로마간의 불가피한 충돌이었습니다. 또 한편으로 여기에는 제2차 포에니전쟁[43]에서 로마에 패한 후 안티오코스 3세에게 피신해 있던 카르타고의 장수 한니발의 선동도 한몫 작용했습니다. 그러나 결과는 BC191년 마그네시아전투에서 대패함으로 전쟁은 시리아의 완패로 끝나고 말았고, 이때 안티오코스 3세를 돕던 한니발은 전세를 돌이킬 수 없다고 판단한 끝에 자결을 하였습니다.

이후 안티오코스 3세는 왕자였던 안티오코스 4세[44]를 로마에 볼모로 보내고 지리적으로는 소아시아를 로마에 분할해 주어야 했습니다. 그러나 이보다 더 큰 고충은 로마에게 전쟁배상금을 지불하는 데에만 12년의 기간이 걸릴 만큼 경제적으로 혹독한 시련을 맞이하게 된 것이었습니다. 그 여파로 그는 각 속주에 중과세를 부과하였고 예루살렘성전의 보화들도 약탈하게 되었습니다.

그러나 이와 같은 박해는 시작에 불과했습니다. 이보다 더한 유대인의 실질적인 박해는 이후 안티오코스 4세 때에 이르러 절정을 이루게 되기 때문입니다. 볼모에서 돌아온 뒤 왕이 된 안티오코스 4세는 자신을 신으로 착각해 스스로를 '에피파네스'라고 자처하던 사람이었습니다. 에피파네스는 헬라어로 '신의 현신'이라는 뜻입니다. 이로부터 그를 가리켜 '안티오코스 에피파

---

43) 제2차 포에니전쟁(BC218~BC201) : 포에니전쟁은 지중해의 패권을 차지하기 위해 카르타고와 로마 간에 사활을 걸고 벌인 전쟁으로 총 3차례에 걸쳐 118년간 벌어졌다. 그 중 제2차 포에니전쟁은 한니발이 주도하였으나 로마의 대(大)스키피오장군에 패하였으며 한니발은 시리아로 망명하였다. 카르타고는 그후 제3차 포에니전쟁에서도 로마에 패하여 결국 역사 속에서 사라지게 되었다.

44) p.112 주)17 참조.

네스'라 부르기도 합니다. 그의 치세 시 유대인과의 관계는 가장 깊은 원한의 관계가 형성될 만큼 최악이었습니다.

헬라문화의 세계화를 꿈꾸던 안티오코스 4세는 하나님을 믿는 유대인들을 헬라문화에 흡수시키고자 했습니다. 여기에는 유대인들로 하여금 하나님을 버리고 그리스신들을 섬기게 하는, 말하자면 유대인에 대한 우상숭배 정책도 포함되어 있었습니다. 그는 처음에는 유다의 부패한 제사장들을 정치적으로 이용하여 일단 유다에 친헬라성향의 대제사장을 취임케 하고 그를 통해 우회적으로 헬라화를 추진하는 정책을 폈습니다. 그리고 한편으론 낙후된 지역에 헬라의 선진문화를 전파한다는 명목으로 예루살렘에 운동경기장을 세우고 이곳에서 벌어지는 그리스식 운동경기에 제사장을 포함한 많은 유대인들을 참가시키거나 관람케 하였습니다. 그렇게 하여 펼쳐진 경기종목에는 그리스의 신 헤라클레스를 위한 예배와 관련이 있는 것들도 있었습니다. 그리고 그와 같은 일들은 친헬라 성향의 대제사장과 그 추종세력의 동의와 묵인 하에 이루어지고 있었습니다. 말하자면 유대인의 생활에 헬라문화를 은연중에 침투시켜 교묘히 우상숭배를 세뇌시키고자 했던 것입니다.

이러한 가운데 유대인들 사이에서는 시리아의 정책에 타협하는 온건파와 이를 거부하는 강경파의 대립이 생겨나게 되었습니다. 이들 중 강경파를 '하시딤'이라고 불렀는데, 이들은 외부의 종교와 문화의 유입을 적극 반대하며 유대교의 경건을 유지하려는 보수성향의 사람들이었습니다.

그러던 중 유대인의 핍박이 더욱 심화하게 되는 한 가지 사건이 발생하게 되었습니다. BC169년 안티오코스 4세는 이집트를 침공하여 알렉산드리아를 점령하게 되었는데, 여기에 로마가 정치적으로 개입함으로 인해 안티오코스 4세는 부득이 퇴각해야 하는 일이 벌어지게 되었습니다. 이는 강대국 로마의 위협어린 철수종용에 굴복한 것이었습니다. 이로 인해 자존심이 상한 그는 돌아오는 길에 마침 유다에서 소규모의 소요사태가 일어났다는 소식을 듣고는 화풀이로 휘하장수 아폴로니우스를 앞세워 예루살렘을 공격하여 많은 사람을 학살하고 성전을 약탈했습니다. 이떄가 BC168년이었으며,

〈메노라의 예〉

이후 안티오코스 4세의 본격적인 유다핍박이 시작되었습니다.

유대교와 유대인에 대한 그의 박해는 무자비하고 잔혹했습니다. 그는 유대인에 대해 할례, 안식일, 기타 절기와 제사 등 그들의 종교관습을 행하지 못하도록 금지령을 선포하였습니다. 만약 아기에게 할례를 받게 하면 엄마는 죽이고 아기는 목을 매달았으며 할례식에 참여한 사람들은 모두 추방하고 재산은 몰수했습니다. 또 예루살렘성전에는 그리스 최고의 신인 제우스의 신상을 세워 경배토록 했으며 성전 내부에서는 메노라[45]를 없애버렸습니다. 게다가 심지어는 돼지를 잡아 하나님 제단에 분향케 하는 등 유대인들로서는 참을 수 없는 모욕감을 심어주었습니다.

9) 마카베오혁명과 하스몬왕조의 탄생

이와 같은 시리아의 박해가 계속되자 유대인들도 이에 맞서 범민족적인 저항운동을 시작하게 되었습니다. 처음 이들의 저항운동은 모데인이라는 시골의 작은 마을에서 시리아 관리들의 유대교 모욕에 대한 반발로서 벌어진 살인극에서 시작되었습니다. 그러나 이 사건은 불붙듯 이내 전국적인 규모의 반시리아 운동으로 확산되었으며, 급기야 이민족으로부터 스스로의 역사와 민족정체성을 지켜내려는 독립전쟁으로 확대되어 마침내는 독자적인 나라를 세우는 혁명적인 사건으로까지 발전하게 되었습니다. 이것이 이른바 '마카베오혁명'입니다.

사건의 발단은 BC167년 말[1] 모데인이라는 지역에 들이닥친 시리아 감독

---

45) 일곱 개의 가지를 가진 촛대. 성전의 내부를 밝히는 의례도구로 하나님의 임재하심을 상징한다.
1) 또는 BC166년 초

관들이 마을사람들에게 돼지를 잡아 그리스신에게 제사를 지낼 것과 이를 통해 안티오코스 4세에게 충성을 보이라고 강요한데서 비롯되었습니다. 이 마을에는 유다지파의 늙은 제사장 마타티아스[2]와 그의 다섯 아들이 살고 있었는데, 시리아의 감독관들은 특히 마타티아스를 향해 마을의 원로답게 먼저 모범을 보이라고 심하게 다그쳤습니다. 이에 하나님의 제사장으로서 모욕과 분노를 참지 못한 그는 감독관들을 모두 죽이고 5명의 아들과 함께 마을제단에 세워진 이방신상을 부숴버렸습니다. 이것이 마카베오혁명의 시작이며 그 후 이들은 반시리아 운동의 선봉에 서서 범민족적 저항운동을 선도하였습니다.

가. 유다 마카베오

마카베오는 마타티아스의 뒤를 이어 항쟁을 이끈 셋째아들 유다[3]의 별명으로, 의미는 히브리어로 망치라는 뜻입니다. 처음 이 항쟁은 마타티아스에 의해 시작되긴 했지만 정작 그는 나이가 많아 항쟁이 시작된 지 몇 개월 되지 않은 BC166년 봄 사망하였습니다. 이후 전국적인 규모로 조직을 갖춰 시리아와 전쟁에 준하는 실질적인 군사적 항쟁으로 발전한 것은 마카베오라는 별칭의 유다가 지휘할 때부터였습니다. 그런 이유로 이 항쟁을 마타티아스혁명이라고 하는 대신, 유다의 별명을 따서 '마카베오혁명' 또는 '마카베오전쟁'이라 부르는 것입니다.

마타티아스는 임종 시 군사적인 문제는 유다 마카베오가 맡아서 하되, 그

---

2) 마타티아스는 헬라식 이름이며 유다명으로는 마티야후라고도 함. 한편 레위지파가 아니라 유다지파인 그가 제사장을 지냈다는 것은 당시 유대교의 기강이 많이 해이해져 있었음을 암시하고 있다. 실제로 이 문제는 차후 하스몬왕조가 들어선 후 하시딤 등 종교지도자들과 정치적 갈등의 요인이 되기도 한다.
3) 마카베오 상권(가톨릭용성경/한국천주교 주교회의刊) 2장 4절에는 셋째아들로 되어 있으나, 요세푸스의 '유대전쟁사'에는 장남으로 기록되어 있다. 여기서는 마카베오서를 따랐다. 마카베오서에 기록된 다섯 아들의 이름은 다음과 같다. "그에게는 아들이 다섯 있었는데, 가띠라고 하는 요한난, 타씨라고 하는 시몬, 마카베오라고 하는 유다, 하우아린이라고 하는 엘아자르, 그리고 아푸스라고하는 요나단이다."

외의 일은 사리가 밝은 형 시몬과 상의하고 그의 지시를 따를 것을 유언으로 남겼습니다. 둘째 시몬은 훗날 다섯 형제 중 맨 마지막까지 생존하며 항쟁을 이끈 사람입니다.

초기에 이들은 소수의 인원으로 주로 게릴라전[4]을 펼쳐 시리아군대를 혼란에 빠트리며 많은 전과를 올렸습니다. 이렇듯 마카베오가 연전연승하며 선전하고 있다는 소문이 나자 전국으로부터 그에게 동조하는 많은 유대인들이 모여들어 곧 큰 무리를 이루게 되었습니다. 이 저항운동에는 하시딤도 적극 참여였습니다.

이즈음 시리아의 안티오코스 4세는 바닥난 국가재정의 충당을 위해 동방원정을 계획하고 있었습니다. 그런데 처음에는 하찮은 농성쯤으로 여기던 유대인의 저항이 예상외로 강하고 조직적으로 전개되자, 그는 자신이 가장 신임하는 장수이자 왕족인 리시아스에게 정예군을 몰고 가 아예 이번에는 유대민족을 지상에서 없애버리도록 명령했습니다. 그리고 자신은 리시아스를 믿으며 안심한 채 원정을 떠났습니다.

그러나 용사였던 마카베오는 오히려 시리아군을 노련한 전술로 격파하며 BC164년 마침내 예루살렘에 진군하여 성전을 접수하기에 이르렀습니다. 예루살렘을 수복한 마카베오는 먼저 성전에 세워져 있던 주피터 신상을 부숴버리고 메노라에 다시 불을 붙이며 8일간 성전청결 의식을 행하였습니다. 이를 기념하는 날이 현재까지도 유대인들에 의해 지켜지고 있는 하누카(Chanukah) 이른바 수전절(修殿節)입니다.[5] 이 수전절은 예수님께서도 지키시던 절기[6]로 원래는 솔로몬이 최초로 예루살렘성전을 완공한 후 하나님께 봉헌하던 기념일이었습니다. 그러나 당시는 매년 지키던 절기는 아니었으며 이를 유대인들이 정례적으로 지키기 시작한 것은 마카베오가 예루살렘을 수복한 후부터였습니다.

---

4) 산악이나 숲 등 지형을 이용하여 적의 후방을 기습하고 교란시켜 피해를 입히는 전술.
5) 매년 12월 18일 시작하여 매일 메노라에 불을 밝히며 12월 25일까지 8일간 진행된다.
6) 요한복음 10장 22절

한편 동방을 원정 중이던 안티오코스 4세는 페르시아에서 패배하고 바빌로니아로 향하던 길에 예루살렘이 유대인에게 함락되고 리시아스의 정예군이 대패했다는 소식을 듣고는 큰 충격에 빠지고 말았습니다. 그는 결국 이로 인해 병을 얻게 되었고 자신의 유다침공을 몹시 후회하다가 BC163년 원정 도중 사망하였습니다. 그가 죽자, 그의 어린 아들 안티오코스 5세[7]가 리시아스의 섭정을 받으며 왕위를 계승하였습니다. 이후 시리아의 정세는 왕권다툼으로 인한 내분과 혼란을 반복하며 급속한 쇠퇴기를 맞이하게 되었습니다.

한편 리시아스는 예루살렘을 다시 탈환하기 위하여 연이은 공세를 펼쳤으나 번번이 마카베오군의 기습과 절묘한 수비에 부딪혀 전황은 나아지지 않았습니다. 더구나 안티오코스 4세의 사망 후 본국으로 회군한 원정군 사령관 필리포스가 수도 안티오키아에서 모반을 일으켰다는 소식이 전해지자, 리시아스는 부득이 후방의 안전을 위하여 마카베오와 화친을 맺고 철군을 하게 되었습니다. 화친의 내용은 유다지역에 대한 내정불간섭과 종교의 자유를 인정하는 것이었습니다.

협약을 마친 리시우스는 시리아로 돌아가 필리포스를 제압해 사태를 수습하지만, 그들의 운명엔 더 큰 불행이 기다리고 있었습니다. 이듬해 로마에 볼모로 있다 돌아온 데메트리오스 1세[8]가 사촌인 안티오코스 5세 왕과 리시아스를 살해하고 왕위에 오른 것입니다.

한편 마카베오가 시리아와 항쟁을 하고는 있었지만, 시리아의 입장에서

---

7) 안티오코스 5세(재위 BC163~BC161 또는 160) : 안티오코스 4세의 아들. 일명 '안티오코스 에우파토르'라고도 한다. 9세에 왕위에 올라 리시아스가 섭정하였으나, 사촌형 데메트리오스 1세에 의해 리시아스와 함께 살해되었다.

8) 데메트리오스 1세(재위 BC161 또는 160~BC150) : 셀레우코스 4세의 아들. 일명 데메트리오스 소테르. 그는 부친 치세 시 로마에 볼모로 보내졌으며, 그 후 삼촌 안티오코스 4세가 죽고 안티오코스 5세가 즉위하자 로마를 탈출하여 안티오코스 5세와 그의 후견인 리시아스를 살해하고 왕이 되었다. 그러나 그 역시 반란에 의해 희생되고 만다.

보면 이는 두 개의 정부로 대표되는 국가 간의 전쟁이라기보다는 여전히 자국의 주권이 미치는 영역에서 벌어진 반란개념으로 받아들이고 있었습니다. 따라서 시리아는 아직 마카베오의 세력이 닿지 못한 유다의 각 성읍에 여전히 행정관을 파견하여 통치와 조세권을 행사하고 있었고, 유다지역의 공식적인 대제사장직도 아직까지는 시리아 정부가 임명하고 있었습니다. 이에 따라 유다지역 내에는 그때까지도 자신의 입신을 위해 시리아에 아부하는 친시리아파 사람들이 상당수 존재하고 있었습니다. 이러한 상황에서 데메트리오스 1세가 즉위하자 유대인 가운데 레위인이자 친시리아파인 알키모스라는 자가 이 새로운 시리아왕의 후원으로 대제사장직에 임명되었습니다. 그는 몹시 교활한 자로 데메트리오스 1세에게 아부하여 대제사장직에 오른 것이었습니다.

대제사장이 된 알키모스는 친시리아 계열의 사람들을 규합하여 마카베오의 항쟁을 방해하기 시작했습니다. 그리고 시리아의 사주를 받아 전횡을 일삼고 많은 수의 하시딤과 유대인들을 가두고 처형하는 등 악행을 저질렀습니다. 이에 분노한 유대인들은 마카베오에게로 모여들었고 그러자 알키모스는 자신의 지위를 지키려 데메트리오스 1세에게 마카베오를 향한 악의에 찬 고발을 하였습니다.

이에 따라 데메트리오스 1세는 대대적인 공격을 개시하였고, 여기에 마카베오 역시 물러서지 않고 치열한 전투를 벌이며 맞섰지만 결국 수적인 열세를 극복하지 못하고 BC160년 베레아에서 그는 전사하고 말았습니다. 마카베오가 죽자 막내 요나단이 뒤를 이어 항쟁을 이끌었습니다.

한편, 마카베오서에 의하면 알키모스는 마카베오가 전사한 같은 해에 예루살렘성전의 안뜰을 허물어 역대 예언자들의 자취까지도 없애려 하던 중 갑자기 쓰러져 극렬한 고통 속에 죽어갔다고 합니다.[9] 마카베오서는 그가 죽으니 2년 동안 유다에 평화가 깃들었다고 기록하고 있습니다. 그 후 대제

---

9) 마카베오 상권 9장 54절~57절

사장은 임명되지 않아 한동안 공석으로 남게 되었습니다.

나. 요나단

마카베오의 뒤를 이은 요나단은 시리아와 지루한 싸움을 계속하고 있었습니다. 한편 안티오코스 5세 이후 시리아는 왕위를 둘러싼 내분과 그에 따른 정국의 혼란으로 국력이 급격히 기울어 가고 있었습니다.[10] 안티오코스 5세부터 시리아는 약 26년간 8명의 왕이 바뀌는 등 반역과 내분으로 혼란이 이어지고 있었다. 반면 요나단은 로마,[11] 스파르타 등과 외교관계를 맺는 등 국제적으로도 유대인의 세력을 보다 확고히 구축해 나갔습니다. 또한 그는 데메트리오스 1세의 정적 알렉산더 발라스[12]를 도와 왕이 되게 하여 그로부터 유다의 총독으로 임명되기도 했습니다. 나아가 알렉산더 발라스는 요나단을 시리아의 귀족으로 삼아 유다가 최고의 우방임을 표시하기도 합니다. 이렇듯 요나단의 시대는 마카베오 시절과 달리 어느덧 국가에 준하는 대우를 받을 만큼 그 세력을 주변국들로부터 인정받고 있었습니다.

한편 알렉산더 발라스는 요나단으로 하여금 알키모스 이후 공석이던 대제사장직도 겸임케 하였는데, 이로 인해 유다의 내부에선 마카베오 가문과 하시딤 사이에 갈등이 생기게 되었습니다. 율법에 의하면 대제사장은 레위사람이 해야 하고 또 종교업무에만 충실할 수 있는 사람이어야 하는데, 요나단은 유다지파였으며 또 오랜 전쟁으로 손에 많은 피를 묻힌 전사출신이기 때문이었습니다. 그런 요나단이 대제사장이 되는 것을 보고 충격을 받은 하시딤은 이때부터 마카베오가문과 멀어지게 되었습니다. 하시딤은 차후 정

---

10) 안티오코스 5세부터 시리아는 약 26년간 8명의 왕이 바뀌는 등 반역과 내분으로 혼란이 이어지고 있었다. 이 가운데 데메트리오스 2세와 같은 경우는 폐위와 재등극을 반복하며 두 차례나 왕위에 오르기도 했다.
11) 로마와는 마카베오의 생전에 이미 군사동맹을 맺은 바 있었지만 별 실효는 없었다.
12) 알렉산더 발라스(재위 BC150~BC145) : 그는 반란으로 데메트리오스 1세를 살해하고 시리아의 왕위에 올랐다. 그의 치세 시 유다와는 우호관계가 유지되었다. 그 역시 반란군 데메트리오스 2세와 동맹을 맺은 이집트와 싸우다 전사하였다.

치적, 교리적인 문제로 다시금 바리새파(派)와 에세네파(派)로 양분되었는데, 이에 관한 이야기는 질문 22번 '성경에 나오는 바리새인이란 누구인가요?' 편에서 다시 자세히 다루기로 하겠습니다.

아무튼 요나단의 시대는 시리아의 분열을 교묘히 이용하는 외교전술을 펴 잠시 시리아와 평화기를 맞기도 했습니다. 그러나 BC145년 알렉산더 발라스가 죽고 데메트리오스 2세[13]가 즉위하게 되자 유다와 시리아의 관계는 새로운 국면으로 접어들게 되었습니다. 그러나 곧바로 우호관계가 종결되었던 것은 아니었으며, 즉위 초기 데메트리오스 2세는 여러 가지 내부적인 문제로 요나단과 동맹관계를 유지하고 있었습니다. 이후 요나단과 시리아는 서로의 이해관계에 따라 동맹과 반목을 거듭하며 지냈습니다.

한편 데메트리오스 2세의 치세 시에는, 알렉산더 발라스의 부하였던 디오도토스 트리폰[14]이 알렉산더 발라스의 어린 아들 안티오코스 6세[15]를 왕으로 내세우며 데메트리오스 2세와 대립하고 있었습니다. 이러한 상황에서

---

13) 데메트리오스 2세(1차 재위 BC145~BC142?, 2차 재위 BC129~BC126) : 데메트리오스 1세의 아들. 일명 데메트리오스 니카토르. 시리아 셀레우코스왕조의 12번째, 16번째 왕. 1차는 알렉산더 발라스를 밀어내고 왕이 되었으나 메디아의 영토를 침범한 사건으로 메디아왕 아르사케스에게 포로로 압송됨으로써 왕위를 잃었다. 이어 왕비 클레오파트라 테아가 섭정을 하였는데 곧바로 안티오코스 6세를 앞세운 트리폰의 찬탈이 벌어졌다. 이후 안티오코스 7세가 트리폰을 몰아내고 왕이 되자, 메디아는 왕권다툼에 의한 내란을 기대하여 데메트리오스 2세를 방면하였으나 기대는 빗나가고 말았다. 그는 결국 안티오코스 7세의 사망 후 다시 왕위를 차지하였지만 재위 3년 만에 알렉산더 2세 자비나스에게 암살되었다.
14) 디오도토스 트리폰(재위 BC142?~BC138) : 알렉산더 발라스의 부하. 그는 데메트리오스 2세가 군부의 인기를 잃고 있음을 간파하고는 반정을 계획하였고, 이를 위해 선왕 알렉산더 발라스의 어린 아들 안티오코스 6세를 정통성 있는 왕위계승권자로 내세우며 역모를 꾀했다. 그는 후에 안티오코스 6세를 살해하고 스스로 왕위에 올랐다. 그는 안티오코스 7세에 쫓기던 중 BC138년 병사하였다.
15) 안티오코스 6세(재위 BC145~BC142?) : 알렉산더 발라스의 아들. 일명 안티오코스 디오니소스. 선왕의 사망 시 어린나이였던 그는 아라비아의 이말쿠에가 맡아 키우고 있었으나, 트리폰이 넘겨받아 역모에 이용하였다. 그가 실제로 왕권을 행사했다고 보기는 어려우며 단지 트리폰에 의한 상징적인 왕으로 내세워졌던 것으로 보인다. 그는 BC142년 경 트리폰에 의해 살해되었다.

BC142년 요나단은 데메트리오스 2세와의 동맹이 깨지자 이번에는 트리폰의 요구로 그와 동맹을 맺었습니다.

그러나 트리폰은 자신이 섭정하고 있던 안티오코스 6세를 살해하고 스스로 왕이 될 속셈을 가지고 있었습니다. 하지만 동맹관계인 요나단이 불의를 명분으로 자신을 공격해 올 것을 두려워하고 있었습니다. 결국 그는 요나단을 먼저 없애기로 마음먹고는 계략을 꾸몄습니다. 그는 요나단에게 자기진영의 성들을 넘기겠다는 구실로 속여 그를 자기진영으로 불러들였습니다. 처음엔 요나단도 트리폰을 경계하였으나 결국 그의 설변에 속아 소수의 병력만을 대동한 채 회담장에 나가고 말았습니다. 트리폰은 기회를 놓치지 않고 요나단 일행을 포위하여 공격하였고, 요나단은 결국 생포되어 살해되고 말았습니다. 그 후 트리폰은 안티오코스 6세를 살해하고 스스로 왕이 되었습니다.

다. 시 몬

요나단이 사망하자 마타티아스의 다섯 아들 중 둘째이자 유일하게 남은 시몬이 뒤를 이었습니다. 시몬이 지도자로 있던 시기의 유다는 이미 시리아로부터 거의 독립된 국가의 위치에 있었습니다. 당시 유다는 시리아에 바치던 조공이나 세금이 완전히 폐지되었고, 공문서에도 자체적인 연대를 쓰는 등 독립된 주권을 행사하고 있었습니다. 그 외 경제적으로도 독자적인 화폐를 주조하였으며 외교적으로는 로마 및 스파르타와 같은 주변 강대국들과의 관계를 더욱 강화하는 등 독립국가의 형태를 갖춰나갔습니다. 이와 같이 외교와 군사, 경제력의 발전은 시리아로 하여금 유다를 독립국으로 인정하지 않을 수 없게 만들었습니다.

이에 BC142년 유다의 원로들은 유대인의 독립국가를 세우고 왕권을 시몬의 가문에 세습시킬 것을 결의하였습니다. 이렇게 하여 하스몬왕조가 탄생하게 되었습니다. 하스몬이란 최초의 봉기자 마타티아스의 부친의 이름으로 왕조의 이름이 여기에 헌정된 것입니다. 하스몬왕조는 마카베오의 이름을 빌려 마카베오왕조라고도 합니다. 시몬 역시 요나단과 마찬가지로 대제사장직을 겸임했습니다. 이후에도 대제사장직은 하스몬왕조 내내 왕에게 세습되었습니다.

한편 트리폰을 몰아내고 안티오코스 7세[16]가 왕위에 오른 시리아는 내분을 잠재우고 영토를 확장하는 등 잠시 국력이 강해지게 되었습니다. 내부의 정세를 안정시킨 그는 과거에 맺었던 화친을 파기하고 다시금 유다를 공격하기 시작했습니다. 그러나 시몬의 유다 역시 물러서지 않고 대등한 전세를 유지하며 맞섰습니다. 그렇게 유다와 시리아는 한동안 지루한 싸움을 계속하게 되었습니다. 그러던 중 전쟁이 잠시 소강상태에 접어들었을 때, 시몬은 여러 진지들을 시찰하던 중 사위인 프톨레마이오스의 배신에 의해 BC134년 여리고[17]에서 두 아들과 함께 살해되었습니다. 시몬이 죽자 뒤를 이어 그의 또 다른 아들 요한 힐카누스 1세가 유다를 다스렸습니다.

유대인들은 BC586년 바빌로니아에 의해 나라가 없어진 이후 무려 444년 만에[18] 정치적인 독립이 달성되자 이에 감격한 나머지 시몬을 메시아로 인정하려는 분위기가 한편에는 일고 있었습니다. 이러한 가운데 왕이 대제사장을 겸직하는 행위가 지도자들 사이에서도 은연중에 합리화되고 있었습니다. 그러다 시몬의 피살로 그를 메시아로 보려는 경향은 곧 사라지게 되었지만, 그 후에도 여전히 유지되던 군왕의 사제겸직은 향후 종교적인 문제로

---

16) 안티오코스 7세(재위 BC138~BC129) : 데메트리오스 1세의 아들. 데메트리오스 2세의 동생. 시리아의 14번째 왕(실제로 군림한 적이 없는 안티오코스 6세를 제외하면 13번째 왕). 일명 안티오코스 시데테스 또는 에우르게테스. 그는 형 데메트리오스 2세의 치세 시 그리스에 거주하고 있었으며, 트리폰의 찬탈이 있자 시리아로 건너와 형수인 왕비 클레오파트라 테아와 결혼한 후 트리폰을 축출하고 왕권을 회복하였다. 후에 유다를 공격하여 시몬의 아들 힐카누스로부터 항복을 받아내기도 했다. 그는 파르티아를 정벌하여 선대의 영토를 거의 회복하기도 하였으나 BC129년 겨울 파르티아인들의 기습으로 전사했다. 그의 사망으로 시리아는 또 다시 내전의 혼란에 빠져들게 되었다.

17) 오늘날 이스라엘의 예리코.

18) 시몬의 통치가 시작된 BC142년을 기준으로 함.

질문 19. 성경에 나오는 이스라엘민족의 역사를 간략히 설명해 주세요.

인한 권력 내부에서의 파란을 예고하는 것이었습니다.

10) 하스몬왕조시대

시몬 이후 하스몬왕조는 7명의 왕들이 더 이어지며 약 1세기 동안 유지되었습니다. 그리고 전성기 때에는 영토도 옛 솔로몬왕의 치세시절 만큼이나 확대되기도 했습니다.

가. 요한 힐카누스 1세

시몬의 뒤를 이은 요한 힐카누스 1세는 예루살렘에 머물며 유다를 통치하였습니다. 그러나 시몬이 사망한지 몇 개월 만에 안티오코스 7세의 공격을 받아 예루살렘이 포위되기에 이르렀는데 유다는 지도자들 간의 불화로 인하여 결국 항복하고 말았습니다. 이때 힐카누스 1세는 안티오코스 7세와의 협상을 위해 부득이 다윗왕의 무덤에서 3천 달란트[1] 이상의 보화를 꺼내갔다고 합니다. 그 결과 그는 간신히 안티오코스 7세로부터 유다의 자치를 인정받았지만 향후 시리아에 정기적인 조공을 바치기로 하는 수모를 겪었습니다.

이에 복수를 다짐하던 힐카누스 1세는 안티오코스 7세의 군대가 메디아[2] 원정에 나가있는 사이 시리아를 직접 쳐들어가 도시들을 공격했습니다. 후방의 허를 찔린 안티오코스 7세는 즉시 군대를 파견하였으나 연패하였고, 힐카누스 1세는 여세를 몰아 갈릴리와 사마리아, 에돔을 비롯한 여러 지역과 도시들을 장악했습니다. 그리고 스키토폴리스와 같은 도시는 거의 폐허로 만들다시피 파괴해 버렸습니다. 그는 새로운 영토로 편입된 지역에는 유대교를 믿도록 강요하고 언어도 히브리어를 사용토록 하는 등 과거 안티오코스 4세가 자신들에게 했던 것과 비슷한 문화정책을 강요했습니다. 이후

---

[1] 오늘날 1,200억~1,500억원에 달하는 금액.
[2] p.194 주15) 참조.

시리아는 안티오코스 7세의 죽음과 더불어 내부적인 혼란에 휩싸여 더 이상은 유다를 넘볼 수 없게 되었습니다.

한편 종교적으로 힐카누스 1세는 처음에는 바리새파와 우호적으로 지냈습니다. 그러나 왕이 대제사장직을 겸직하는데 대한 의견차이로 사이가 나빠지게 되어 결별하였고 이후로는 사두개파와 손을 잡았습니다. 이때까지만 해도 하스몬왕조는 왕이라는 칭호를 사용하지 않았으며 최초로 왕의 칭호를 사용한 자는 힐카누스 1세의 아들인 아리스토불루스 1세 때부터입니다.

나. 아리스토불루스 1세

힐카누스 1세는 죽기 전 자신의 아내를 여왕에 임명코자 하였습니다. 그러나 맏아들 아리스토불루스 1세가 반란을 일으켜 왕위를 가로챘습니다. 그리고는 편애하던 동생 안티고노스 1세를 제외한 모든 형제와 어머니를 옥에 가두었습니다. 그는 옥에 가둔 어머니를 굶겨 죽일 만큼 잔혹한 사람이었습니다. 또 왕이 된 후 그는 아내 알렉산드라 살로메의 모함으로 동생 안티고노스 1세마저도 죽이고 말았습니다. 이후 그는 가족을 살해했다는 죄책감에 시달리던 중 병을 얻어 왕이 된지 채 1년도 되지 않아 사망하고 말았습니다. 병명은 알 수 없으나 그는 복부경련을 호소하며 사망 시까지 많은 피를 쏟았다고 합니다.

다. 알렉산더 얀네우스

아리스토불루스 1세가 죽자 그의 아내 알렉산드라 살로메는 감금돼 있던 그의 동생들을 풀어주고 그 중 알렉산더 얀네우스를 왕과 대제사장에 임명하고는 그와 결혼했습니다. 하지만 이렇게 하여 왕이 된 얀네우스 역시 즉위 초 권력을 확고히 하기 위해 왕권을 노리는 형제 중 하나[3]를 처형할 만큼 그도 잔인한 성품을 가지고 있었습니다.

그는 주변국과의 전쟁을 통해 영토를 확장했습니다. 그러나 그의 폭정과

---

3) 누구인지 분명하지 않음.

잔혹함은 차후 끊임없는 반란의 원인이 되었으며, 그로부터 내부적으로 그는 정작 통치보다는 자기 민족과의 내전에 시달려야 했습니다. 하지만 포용과 자비를 모르던 그는 언제나 반란을 학살로 다스렸습니다. 한번은 800명에 달하는 반란포로들을 예루살렘 도심에서 산채로 십자가에 못 박았는데, 그 앞에서 그들의 부인과 자녀들마저 처형하며 자신은 후궁들과 향연을 즐기는 가운데 이 광경을 구경할 정도로 포악함을 드러내기도 했습니다.

이때 그는 상당수의 바리새파 사람들도 함께 반군으로 몰아 처형하였는데, 이는 백성들이 바리새파를 지지하고 있었으므로 그들에게 위협을 느끼고 있었기 때문이었습니다. 이처럼 그는 민중들이 지지하던 바리새파을 박해하고 대신 사두개파를 중용하였습니다. 그는 BC76년 병으로 사망했습니다.

라. 알렉산드라 살로메

얀네우스의 사후 그의 아내 알렉산드라 살로메가 뒤를 이어 통치했으며, 본인은 여자였으므로 대제사장직은 장남 요한 힐카누스 2세에게 맡겼습니다. 그녀는 선왕이 중용하던 사두개파를 배척하고 다시 바리새파와 손을 잡았습니다. 그녀의 치세는 하스몬왕조 가운데 그나마 가장 평화로웠던 시기로 평가되고 있습니다.

그러나 그녀가 말년에 병이 들자 차남 아리스토불루스 2세가 일부 친척들을 규합하고 개인적인 사병을 모집한 뒤 스스로 왕임을 선포했습니다. 이에 알렉산드라 살로메는 힐카누스 2세의 편을 들어 아리스토불루스 2세의 아내와 자녀들을 안토니아라는 곳에 감금하는 등 강경한 조치를 취하였습니다. 그러나 왕실의 상당수 친척과 사두개파의 지원을 받던 아리스토불루스 2세의 기세는 꺾이지 않았습니다. 결국 그녀는 두 아들의 권력투쟁 문제를 해결하지 못하고 남겨둔 채 BC67년 눈을 감았습니다.

마. 아리스토불루스 2세

그녀의 사후 요한 힐카누스 2세와 아리스토불루스 2세는 여리고에서 무력으로 충돌하게 되었습니다. 결과는 아리스토불루스 2세의 완승으로 끝났고 힐카누스 2세는 안토니아[4]로 도주했습니다. 힐카누스 2세는 그곳에서 아리스토불루스 2세의 가족들을 인질로 잡고 시위를 계속했습니다. 그렇게 살벌한 대치가 계속되다가 마침내 두 형제는 몇 가지 조건에 합의함으로 극적으로 타협하게 되었습니다. 협상조건은 아리스토불루스 2세가 왕이 되고 힐카누스 2세는 권력은 없지만 '왕의 형제'라는 칭호를 사용하며 권력 이외의 모든 대우를 받는다는 것이었습니다. 이로써 두 형제의 싸움은 일단락되는 듯 보였습니다.

① 로마의 내정개입

그러나 아리스토불루스 2세가 왕이 되는 것을 원치 않았던 반대세력들은 다시금 힐카누스 2세를 충동하기 시작했습니다. 그 중 대표적인 사람이 안티파테르[5]였는데 그는 에돔 출신의 인물로 매우 현실적이고 외교적 수완이 탁월한 사람이었습니다. 그는 힐카누스 2세에게 접근해 그가 바로 진정한 정통성을 가진 유다의 왕이며 따라서 빼앗긴 왕위를 되찾으라고 선동하였습니다. 여기에 설득당한 힐카누스 2세는 안티파테르와 함께 늦은 밤 예루살렘을 빠져나와 아라비아의 수도인 페트라로 망명하였습니다. 그리고는 그곳 왕 아레타스의 도움을 받아 5만 명의 군대를 이끌고 유다로 쳐들어왔습니다. 갑작스런 대군의 기습에 놀란 아리스토불루스 2세는 연패를 거듭하며 예루살렘까지 후퇴하여 최후의 방어선을 구축했습니다.

---

4) 알렉산드라가 사망 전 아리스토불루스 2세의 가족을 감금한 곳도 안토니아였다.
5) 안티파테르 1세(Antipater I, ?~BC43) : 에돔(이두매라고도 함)은 요한 힐카누스 1세 치세 시 유다의 영토로 복속시킨 곳이었는데, 그는 이 지역에 히브리어 사용을 강요하며 종교도 유대교로 개종시켰다. 에돔사람이었던 안티파테르는 힐카누스 1세의 이러한 정책에 십분 동조하며 그의 신임을 받아 이 지역의 행정장관에 임명되었다. 또 훗날 힐카누스 1세의 손자 힐카누스 2세와는 정치적으로 거의 혈맹에 가까운 불가분의 관계를 죽을 때까지 유지했다. 그는 후에 헤롯왕조를 일으키는 아들 헤롯1세를 정계에 입문시킨 장본인이기도 하다.

예루살렘이 포위되고 아리스토불루스 2세는 풍전등화와 같은 처지에 놓이게 되었는데, 이때 마침 시리아에 원정 중이던 로마군대에 이 소식이 전해지게 되었습니다. 로마군의 사령관 폼페이우스[6]는 상황을 알아보라며 스카우루스 장군을 파견했습니다.

이에 로마의 고위급 장수가 온다는 소식에 전쟁은 잠시 중단되었고, 스카우루스가 도착하자 힐카누스 2세와 아리스토불루스 2세는 저마다 대표단을 보내어 서로가 자신이 진정한 왕임을 역설하며 도움을 요청했습니다.[7] 그러나 스카우루스는 3백 달란트라는 거금을 뇌물로 바친 아리스토불루스 2세의 손을 들어 주었고, 힐카누스 2세와 아라비아 연합군에게 사신을 보내어 당장 포위를 풀고 회군하지 않으면 폼페이우스의 공격을 받을 것이라고 위협했습니다. 이에 로마군을 두려워 한 아라비아왕 아레타스는 포위를 풀고 철군하였습니다.

뜻하지 않은 로마군의 개입으로 한숨 돌리게 된 아리스토불루스 2세는 복수를 다짐했습니다. 그리고는 이내 전군을 이끌고 적들을 추적하여 회군하는 적의 후미를 기습하여 아라비아 병사 6천명을 살해하였습니다. 이에 힐카누스 2세와 안티파테르는 아라비아 군대가 회군을 돌이켜 다시 전쟁을 벌여주기를 기대하였으나, 아레타스는 재차 예루살렘을 공격할 경우 로마에 빌미가 잡힐 것을 두려워하여 반격하지 못한 채 그대로 본국으로 철수하고 말았습니다.

---

6) 폼페이우스(Gnaeus Pompeius Magnus, BC106~BC48) : 로마공화정 말기의 장군. 스파르타쿠스의 난을 진압하고(BC71), 로마를 괴롭히던 지중해 해적을 소탕하였으며(BC67), BC63년까지 이집트를 제외한 동방을 평정하였다. 그러는 동안 3차례에 걸쳐 집정관에 임명되었다. 그는 카이사르, 크라수스와 함께 로마의 제1차 삼두정치(BC60~BC48)를 이끌었으나, 카이사르와 최후의 패권을 놓고 싸운 파르살루스 전투에서 패하여 이집트로 도망한 후 그곳에서 암살되었다.
7) 이때 바리새파를 비롯한 또 다른 유대인들도 대표단을 보내 두 사람의 요구를 모두 거부해 달라고 청원하였는데, 그만큼 유대인들은 하스몬왕조에 대해 철저히 환멸을 느끼고 있었다. 이러한 상황은 로마로 하여금 자연스럽게 유다의 내정에 개입할 수 있는 구실을 제공하게 되었다.

상황이 이렇게 되자, 힐카누스 2세와 안티파테르는 이번에는 폼페이우스를 직접 찾아가 동생의 포악성을 고발하고 힐카누스 자신이야말로 정통성을 갖춘 진정한 유다의 왕임을 역설하며 아리스토불루스 2세를 축출해 줄 것을 탄원하였습니다. 한편 아리스토불루스 2세는 힐카누스 2세가 폼페이우스를 만났다는 소식을 들었으나, 그는 스카우루스를 매수한 것을 과신하였고 또 더 이상 로마군에 아첨하는 것은 유다의 왕으로서 위신이 떨어지는 일이라고 생각하여 폼페이우스를 만나지 않았습니다. 그리고는 디온이라는 도시로 떠났습니다. 그러나 이것은 잘못된 판단이었습니다.

결국 폼페이우스는 아리스토불루스 2세를 오만한 자로 여겨 분노하며 힐카누스 2세와 안티파테르의 요구를 들어주기로 합니다. 그는 유다로 출정하여 일단 아리스토불루스 2세를 불러 왕이 된 정당성을 설명하라고 요구했습니다. 이에 아리스토불루스 2세는 두 차례 폼페이우스를 만나 자신의 입장을 설명했습니다. 그러나 협상 도중 이런저런 이유로 불쾌해져 예루살렘으로 돌아가 폼페이우스와 전쟁을 준비했습니다. 그러나 폼페이우스는 그에게 그렇게 많은 시간을 벌어주지 않았습니다.

폼페이우스 역시도 협상 도중 온갖 이유를 내세우며 잔꾀어린 자기주장만 하는 아리스토불루스 2세의 태도가 몹시 불쾌했던 터라, 그가 예루살렘으로 돌아간 후 얼마 지나지 않아 바로 공격을 개시했습니다. 폼페이우스의 군대가 새벽에 예루살렘에 도착한 것을 보자 아리스토불루스 2세는 그 규모와 정예화 된 로마군대의 기세에 질려 무조건 항복하고 말았습니다. 그리고는 폼페이우스의 분노를 가라앉히려 배상금은 물론 도시와 자신의 생명까지도 처분에 맡기겠다고 하며 간절히 호소했습니다. 이에 폼페이우스는 그를 믿고 그대로 철군했지만 그 후 아리스토불루스 2세는 아무 것도 지키지 않았습니다. 심지어는 배상금을 받으러 온 로마의 파견관까지도 예루살렘에 들이지 않았습니다.

이에 격분한 폼페이우스는 다시금 예루살렘으로 진군했고, 이에 또 다시 머리를 조아리며 협상을 하러 나온 아리스토불루스 2세를 이번에는 감금해

버렸습니다. 이것은 그의 강제폐위를 의미하는 것이었습니다. 그가 감금되자 예루살렘 성 안에서는 화친과 항쟁을 놓고 분란에 빠져들었습니다. 화친을 주장하는 사람들은 힐카누스 2세를 추종하는 자들이었고, 항쟁을 주장하는 사람들은 아리스토불루스 2세를 추종하는 자들이었습니다. 그러나 성 밖에 주둔하고 있는 로마군의 사기와 일사분란하게 움직이는 모습을 본 유대인들은 결국 항복을 하기로 결정하고 성문을 열어주었습니다. 하지만 화친에 끝까지 동의하지 않던 항쟁파 일부는 성전으로 들어가 항전을 준비했습니다.

한편 예루살렘에 무혈입성한 폼페이우스는 성전에서 농성중인 항쟁파들을 일단 말로써 회유하였으나 아무도 투항하는 자가 없었습니다. 결국 그는 성전을 포위하고 공격을 개시했는데 이 전투는 그들의 결사적인 저항으로 말미암아 진압하는데 3개월이나 걸렸습니다. 하지만 폼페이우스는 진압 후 유대인에 대해 문화정책을 펼쳤습니다. 그는 도시를 일절 약탈하지 않았고 유대인의 문화와 전통을 존중해 성전에서 유대교의 제례도 계속할 수 있도록 허락했습니다. 이 때문에 유대인들은 그를 침략자가 아닌 덕망 있는 해방자로 여기게 되었습니다.

그렇다고 폼페이우스가 자신이 가둔 아리스토불루스 2세 대신 힐카누스 2세를 왕으로 인정한 것은 아니었습니다. 그는 힐카누스 2세에게 기존부터 갖고 있던 대제사장직 외에 단지 '민족지도자'라는 칭호만을 허락했을 뿐이었습니다. 또 그는 유다의 영토 중 상당한 면적을 시리아에 파견된 로마총독의 지배하에 두었습니다. 결과적으로 유다는 하루아침에 수많은 영토를 잃고 로마의 속국이 되어 조공을 바치는 나라로 전락하게 되었던 것입니다.

② 아리스토불루스 2세의 항전과 최후

아리스토불루스 2세는 전쟁포로로서 로마에 압송되었습니다. 여기에는 아내를 제외한 두 아들과 두 딸도 포함되어 있었습니다. 그러나 이 가운데 장남 알렉산더 2세는 압송 도중 탈출했습니다. 이후 그는 다시 군사를 모아 오래도록 힐카누스 2세와 로마주둔군을 괴롭혔습니다.

당시 로마군은 스카우루스의 후임자인 가비니우스가 지휘하고 있었습니다. 힐카누스 2세는 한때 가비니우스의 총공세에 항복할 위기를 맞기도 하지만, 가비니우스가 이집트를 원정하는 사이 또 다시 유대인을 선동하여 힐카누스 2세와 로마에 반기를 들었습니다. 하지만 그는 결국 전투 중에 포로로 잡혀 안티오키아에서 공개재판 후 참수되었습니다.

한편 로마로 압송된 아리스토불루스 2세 역시 남은 둘째 아들 안티고노스 2세와 함께 로마를 탈출하여 유다에서 반란을 일으켰는데, 이내 로마군에 의해 진압되고 두 부자는 체포되어 다시 로마로 압송되었습니다. 로마원로원은 아리스토불루스 2세를 감옥형에 처하고 안티고노스 2세는 유다로 돌려보냈습니다. 이는 유다에 머물고 있던 그의 모친이 가비니우스에게 간청한 결과였습니다.

그 후 BC49년[8] 로마에서 폼페이우스를 몰아내고 권력을 장악한 율리우스 카이사르[9]는 아리스토불루스 2세를 석방시켜 주었습니다. 그는 아리스토불루스 2세를 이용하면 시리아와 유다지역을 쉽게 자기편으로 끌어들일 수 있을 것으로 생각했기 때문이었습니다. 그리하여 카이사르는 그에게 자신의 2개 군단을 맡겨 시리아로 급파했습니다. 하지만 아리스토불루스 2세는 가는 도중 폼페이우스의 추종자들에 의해 독살 당함으로 생을 마치고 말았습니다. 그의 시신은 오랫동안 고국의 땅에 묻히지 못하고 꿀에 채워져 보관되다가, 로마의 제2차 삼두정치[10] 시기 안토니우스의 명에 의해 유대인

---

8) 이 시기는 크라수스의 죽음(BC54)과 함께 제1차 삼두정치가 종결되고 폼페이우스와 카이사르 사이에 권력투쟁이 막바지를 달리던 때였다. 결국 BC48년 폼페이우스가 이집트에서 전사함으로써 카이사르는 원로원으로부터 독재관(Dictator)이란 칭호를 받아 권력을 독점하게 된다.
9) 율리우스 카이사르(Julius Caesar)는 라틴어 발음이며 영어로는 줄리어스 시저이다.
10) 제2차 삼두정치(BC43~BC33) : 제1차 삼두정치에 이어 카이사르의 양자 옥타비아누스와 카이사르의 심복장수 안토니우스, 카이사르의 부관출신 무관 레피두스, 이렇게 3인이 권력 실세가 되어 카이사르의 복수를 명분으로 BC43년 결성한 동맹체제. 5년마다 갱신키로 하여 공식적으론 BC33년에 종결되었으나, 레피두스는 그 이전에 일찌감치 실각하였고 이후 권력의 독점을 놓고 옥타비아누스와 안토니우스가 내전을 벌인 끝에 BC31년 옥타비아누스의 승리로 종결되었다.

들에게 보내져 왕실무덤에 묻혔습니다.

바. 요한 힐카누스 2세

힐카누스 2세와 안티파테르는 처음에는 유다와 가까운 시리아에 주둔하던 폼페이우스와 연대했지만, 서기48년 그가 실권하자 재빠른 정치적 계산으로 이내 율리우스 카이사르에게 충성을 바쳤습니다. 그들은 카이사르의 이집트원정을 외교와 군사적으로 적극지원하고 때론 전투에 직접 참가하기도 하며[11] 로마군에 승리를 안겨주었습니다.

① 안티파테르의 부상(浮上)

카이사르는 그들의 공을 높이 치하하고 특히 안티파테르에게는 로마의 시민권과 함께 세금면제 혜택을 주었으며 또 자신과의 우정을 입증하는 많은 영예를 수여했습니다. 그리고 힐카누스 2세에게는 대제사장의 직위를 인정했습니다.

특히 안티파테르에 대한 카이사르의 총애는 계속되어 BC47년 그를 유다 전 지역의 행정장관으로 임명하였으며, 자신이 그에게 부여한 유다의 대규모 토목공사의 결과 등 모든 명예를 로마에 알리도록 하고, 나아가 카이사르 자신의 정의로움과 안티파테르의 공덕을 로마시내의 카피톨리노[12]에 함께 새기게까지 하였습니다. 그리고 힐카누스 2세는 유다의 분봉왕(分封王)[13]으로 인정했습니다. 이로써 힐카누스 2세는 비록 절대권력의 왕은 아

---

11) 실상 이 일은 거의가 안티파테르가 주도한 일이었다.
12) 고대 로마시내에 있던 일곱 언덕 중의 하나. 주피터 신전이 있는 곳으로 로마의 상징이 되는 장소이기도 했다.
13) 점령국이 자신의 속국을 다스리도록 임명한 왕. 분봉왕은 속국의 통치를 위해 본국에서 직접 파견하는 총독과 달리, 그 지역 출신의 사람을 책임자로 삼는 것을 말한다. 분봉왕은 총체적 권력의 소유자로서의 왕은 아니었으며 봉건시대 제후와 비슷한 성격의 직위였다. 로마는 지역과 상황에 따라 영토병합과 왕실폐지 후 직접 다스리는 총독제와, 고유영토 및 왕조보전 등 어느 정도 주권을 인정해 주는 분봉왕제를 병행하여 속국의 지배를 관리했다.

니었지만 마침내 숙원이던 유다의 왕이 되었고, 안티파테르는 이방인으로써 힐카누스 2세와 함께 유다 최고의 실력자가 되었습니다. 그는 이후 자신의 장남 파사엘(Phasael)에게는 예루살렘의 행정장관을 맡기고, 둘째 아들 헤롯[14]에게는 갈릴리지방의 행정장관을 맡겼습니다.

두 형제는 선의의 경쟁을 치르며 유다의 민심을 수습하는데 총력을 기울였습니다. 특히 활동적인 기질의 헤롯은 유다와 시리아를 넘나들며 폐해를 끼치던 악명 높은 강도떼 에제키아 일당을 소탕하여 치안을 수습하였고, 이런 그의 행적에 대한 소문은 당시 시리아총독 섹스투스[15]의 귀에까지 들어갔습니다. 또 이들 형제는 권력을 남용하지 않고 선정을 베풀어 백성들의 인기를 독차지하고 있었으며 덩달아 안티파테르는 백성들로부터 왕처럼 대우를 받았습니다.

② 헤롯의 활약

그러자 힐카누스 2세의 측근들은 안티파테르 부자를 시기하여 이들을 왕에게 모함하기 시작했습니다. 그러자 이에 넘어간 힐카누스 2세는 급기야 헤롯을 없애기 위해 그에게 누명을 씌워 재판에 회부하기에 이르렀습니다. 죄명은 강도 에케키아 일당을 유다의 최고의결기구인 산헤드린의 정당한 수속을 밟지 않고 처형했다는 것이었습니다. 헤롯은 총독 섹스투스의 도움으로 위험을 벗어나기는 하지만, 이때부터 힐카누스 2세와 헤롯의 관계는 정치적으로만 결탁되었을 뿐 마음은 멀어지게 되었습니다. 실제로 헤롯은 섹스투스에 의해 코엘레 – 시리아와 사마리아지역의 사령관으로 임명되었을 때, 힐카누스 2세를 몰아내기 위해 군대를 끌고 예루살렘으로 진격한 적도 있었습니다. 그러나 공격개시 직전에 부친 안테파테르와 형 파사엘의 충고

---

14) 훗날 하스몬왕조를 무너뜨리고 헤롯왕조를 세우는 바로 그 헤롯이다.
15) 카이사르의 친척으로 BC49년~BC48년까지 시리아총독으로 재임하였음. 한편 요세푸스의 유대전쟁사에 의하면 폼페이우스의 추종자 카에킬리우스 바수스에 의해 암살되었다고 함.

로 철군하였습니다.

그러던 중 BC44년 율리우스 카이사르가 가이우스[16] 일파에 의해 암살되는 사건이 벌어지자, 로마는 또 다시 복잡한 정치상황에 휘말리게 되었습니다. 가이우스는 카이사르 암살 후 그의 성난 지지자들을 피해 BC43년 시리아의 총독으로 쫓기 듯 부임해 와 있었습니다.[17] 이때 헤롯은 그에게 1백 달란트의 뇌물을 바침으로서 총애를 받게 됩니다.

가이우스는 카이사르의 복수를 다짐하는 로마연합군과 싸우기 위해 헤롯에게 도움을 요청하며 전쟁이 끝나면 그를 유다의 왕으로 임명하겠다고 회유했습니다. 헤롯은 처음 이에 동조하는 듯 했지만 그해에 부친 안티파테르가 그의 가문의 독주를 경계하던 정적 말리쿠스에 의해 독살을 당하자 이의 복수에 전념하느라 실제로 참전하지는 않았습니다. 한편 말리쿠스는 정치적으로 힐카누스 2세의 비호를 받았지만 결국 헤롯의 계략에 말려 죽고 말았습니다.

로마연합군에 의해 가이우스가 제거된 뒤 시리아지방엔 안토니우스의 군대가 주둔하게 되었습니다. 제2차 삼두정치시대였던 당시 세 사람의 최고권력자[18] 가운데 한 사람이었던 안토니우스는 과거 카이사르의 부하시절 이미

---

16) 가이우스 카시우스 롱기누스(Gaius Cassius Longinus, BC85~BC42) : 그는 처음 크라수스의 재무관으로 근무하다 전투 중 상관 크라수스를 버려둔 채 도망하여 전사케 했다. 이후 폼페이우스의 예하로 들어가 시리아원정에 참가하지만 무단약탈로 인하여 군사재판에 회부될 처지에 몰리기도 했다. 그러나 때마침 폼페이우스와 카이사르 간에 내전이 발생하여 모면했다. 그 후 카이사르 측과 대적하던 중 폼페이우스가 대패했다는 소식을 듣고 무조건 항복한 후 카이사르의 예하장수가 되었다. 그러나 카이사르가 자신을 중용하지 않는 것에 앙심을 품고 처남 브루투스 등 13명을 끌어들여 카이사르를 암살했다. 이후 카이사르의 복수를 결의한 안토니우스와 옥타비아누스의 연합군에 쫓겨 시리아로 달아났으나 필리피 전투에서 패하자 자살했다.

17) 이때까지만 해도 가이우스는 옥타비아누스를 견제하던 안토니우스의 묵인과 협조 아래 로마를 빠져나와 시리아의 총독으로 부임해 올 수 있었다. 그러나 이는 거의 망명에 가까운 도피였다. 한편 안토니우스는 정치적 계산에 따라 이내 옥타비아누스와 연합하여 가이우스를 공격하게 된다.

18) 옥타비아누스, 레피두스 안토니우스를 말함.

이곳 유다지방에 출정한 적이 있었습니다. 그때 그는 헤롯의 아버지 안티파테르에게 커다란 환대를 받은 바가 있었으며, 이런 인연으로 헤롯은 일찌감치 그에게 접근하여 적지 않은 돈으로 그를 매수하여 친분을 맺어두었습니다.

한편 아리스토불루스 2세와 함께 로마로 압송되었다 방면되어 유다에 돌아온 차남 안티고노스 2세는 자기 세력을 규합하며 수시로 힐카누스 2세를 몰아내려 했습니다. 그는 파르티아로 망명하여 주변국의 지원을 받기도 했으며 때론 로마의 실력 있는 정치인을 매수하여 외교적인 공세를 펼치기도 했습니다.

그러던 중 로마의 신임을 받던 안티파테르가 살해되는 사건이 벌어지자, 이로 인해 잠시 유다에서 로마의 영향력이 약화된 틈을 노린 그는 BC40년 파르티아의 총독 바르자바르네스에게 도움을 청하였습니다. 그는 금화 1천 달란트와 500명의 여자를 주고 파르티아의 군사를 얻어 예루살렘으로 쳐들어 왔습니다. 힐카누스 2세는 이번에도 헤롯형제의 도움을 받아 이들과 대항했습니다.

또 다시 왕위를 놓고 내전이 벌어진 가운데 안티고노스 2세는 협상을 빌미로 힐카누스 2세를 유인하였고, 이에 속은 힐카누스 2세는 파사엘과 함께 협상장에 나섰다 포로가 되고 말았습니다. 그들은 붙잡힌 후 모진 고문을 받게 되었습니다. 이때 안티고노스 2세는 힐카누스 2세를 무릎 꿇린 후 그의 귀를 물어뜯어 베어버렸습니다. 이는 그가 다시는 제사장에 오르지 못하도록 하기 위함이었습니다. 유대교의 율법에 의하면 육체적으로 흠이 없는 자만이 대제사장이 될 수 있었기 때문이었습니다.[19]

그 뒤 힐카누스 2세는 파르티아로 압송되었으며 파사엘은 고문을 받던 중 명예를 택해 자결하였습니다. 이렇게 하여 안티고노스 2세는 외세의 도움으로 결국 왕위를 찬탈하였습니다.

---

19) 민수기 21장 17절

† 시몬 이후 하스몬왕조의 군왕들

이 름	재 위 기 간	비 고
요한 힐카누스 1세	BC134년~BC104년	시몬의 아들
아리스토불루스 1세	BC104년~BC103년	요한 힐카누스 1세의 장남
알렉산더 얀네우스	BC103년~BC76년	아리스토불루스 1세의 동생
알렉산드라 살로메 (여)	BC76년~BC67년	아리스토불루스 1세와 알렉산더 얀네우스의 아내
아리스토불루스 2세	BC67년~BC63년	알렉산더 얀네우스의 차남 (로마에 압송)
요한 힐카누스 2세	BC63년~BC40년	알렉산더 얀네우스의 장남 (로마속주시대의 시작)
안티고노스 2세	BC40년~BC37년	아리스토불루스 2세의 차남

사. 헤롯왕조의 등장

한편 헤롯은 안티고노스 2세의 속셈을 간파하고 협상에 임하지 않았습니다. 그는 힐카누스 2세와 파사엘이 포로가 되었다는 소식을 듣고는 유다를 빠져나와 로마로 피신했습니다.

천신만고 끝에 추운 겨울 로마에 도착한 헤롯은 안토니우스를 찾아갔습니다. 헤롯은 그에게 아버지 안티파테르와의 우정을 상기시키며 지금 유다의 상황과 자신의 처지를 설명했습니다. 그의 달변어린 설득에 감동한 안토니우스는 그를 환대했고 그를 적극 도와주기로 하였습니다. 그러나 안토니우스보다 그를 더욱 반갑게 맞은 것은 옥타비아누스였습니다. 그는 자신의 양부 카이사르가 이집트 원정 시 헤롯의 부친 안티파테르가 보여주었던 충성과 호의 그리고 우정을 기억하고 있었습니다. 게다가 헤롯의 당당한 태도에 호감을 갖고 있었습니다.

옥타비아누스는 곧바로 원로원을 소집한 후 안티파테르의 행적을 설변하고 그의 아들인 헤롯을 로마의 친구로 소개했습니다. 헤롯은 유다에서 로마의 통치를 회복시킬 수 있는 자는 자기뿐이라고 웅변했으며, 이에 원로원은 안티고노스 2세를 부당한 왕이자 장차 로마와 전쟁을 일으킬 미래의 적으로 규정하였습니다. 이 회의에는 안토니우스도 참석해 있었습니다. 이번에는 안토니우스가 나서 유다 및 파르티아와의 전쟁에 대비해 헤롯이 왕권을 갖는 것이 유리할 것이라고 발언하자 모든 사람들이 찬성하였습니다. 원로원 회의가 끝난 후 안토니우스와 옥타비아누스는 모든 사람들이 지켜보는 가운데 헤롯과 함께 퇴장했습니다. 이렇게 해서 헤롯은 BC40년 겨울,[20] 로마에서 원로원에 의해 유다의 왕이 되었습니다. 안토니우스는 헤롯이 유다의 왕으로 임명된 첫날 그를 축하하는 만찬을 열었습니다.

이렇게 하여 왕이 된 헤롯은 로마를 앞세워 유다로 돌아와 3년간의 내전 끝에 BC37년 안티고노스 2세를 몰아내고 마침내 실질적인 유다의 왕위에 올랐습니다.

아. 안티고노스 2세와 하스몬왕조의 종말

안티고노스 2세는 로마의 장군 소시우스에게 붙잡혀 안토니우스에게 압송된 후 처형되었습니다. 그는 포로가 되자 비굴한 모습으로 목숨을 구걸했다고 하며, 이에 소시우스는 그를 '힘없는 여자 같은 안티고나'라고 부르며 조롱했다고 합니다. 또 왕의 자존심과 체통을 버린 모습에 실망한 안토니우스는 그에게 도끼로 처형하는 수모를 안겼습니다.

한편 파르티아에 포로로 끌려간 힐카누스 2세는 BC36년 석방되어 유다로 돌아왔으나 그 사이 이미 헤롯은 유다의 왕으로서 나라의 주인이 되어 있었고, 그의 귀국에 불안을 느낀 헤롯은 그를 반역음모죄로 누명을 씌워 처형했습니다.[21]

이로써 시기와 의심, 탐욕적 음모와 살상으로 얼룩졌던 하스몬왕조는 막을 내렸고, 유다는 역사상 처음으로 비(非)유대인 즉 에돔인이 왕이 되어 유대인을 직접 지배하는 헤롯왕조시대로 접어들게 되었습니다. 안티파테르의 아들 헤롯은 이 헤롯왕조를 일으킨 장본인으로 헤롯 1세 또는 헤롯대왕이라 불리기도 합니다. 또 그의 치세 시에 그리스도이신 예수님께서 강림하셨으며 신약성경의 이야기는 이때부터 시작되고 있습니다.

---

20) 또는 BC39년 초.
21) 그의 사망 시기는 분명치 않으나 대략 BC29년~BC30년경으로 추정되고 있다.

자. 신구약 중간사

한편 유대인의 역사에서 페르시아의 쇠퇴기로부터 하스몬왕조가 몰락하기까지 약 400년간의 역사를 '신구약 중간사'라고 합니다. 이 시기는 구약시대가 끝나고 신약시대가 시작되기 전까지의 중간에 해당하는 기간을 말합니다.

이 기간의 역사에 대해 성서는 침묵하고 있습니다. 그래서 이 시기를 다른 말로는 성서의 '침묵기'라고도 합니다. 다시 한 번 말씀드리지만, 구약성경은 창세로부터 시작하여 인간이 하나님과 결별하게 된 이유와, 그 후 구속의 경륜으로 하나님께서 아브라함을 택하시고 그 후손들에게 함께하셨던 역사를 추적한 기록으로, 사실상 페르시아의 다리우스 1세 치세 시에 있었던 스룹바벨의 예루살렘성전복구까지 이야기하며 끝을 맺습니다.[22] 이어 신약성경은 로마의 제정시대(帝政時代)[23]에서 예수그리스도의 탄생의 이야기로 시작하여 그분을 통한 구원의 완성을 증언하고, 구약에 언급된 모든 예언의 성취와 장차 도래할 하나님의 나라를 이야기하는 것으로 끝을 맺습니다. 그런데 그 사이에 있었던 알렉산더 대왕의 출현과 마케도니아제국의 분열, 이어 유다의 그리스 속주시기와 하스몬 왕조시대 그리고 로마의 제국시대 개막까지를 포함하는 동안의 이스라엘역사에 관해 성서는 언급하고 있지 않습니다.

이 시절은 구약시대 그토록 흔하던 예언자도 전혀 나타나지 않던 침묵과 고요의 시대였습니다. BC5세기 중반의 예언자 말라기를 끝으로 예언자도

---

22) 물론 그 후 크세르크세스 1세(성서명 아하수에로) 치세 시에 있었던 에스더의 이야기까지 감안하면 수십 년 더 늘어날 수는 있다. 하지만 이는 성전의 붕괴와 재건 그리고 참되고 영원한 성전의 도래를 상징하는 그리스도에 초점을 맞추는 제사장적 시각에서의 역사와는 다소 거리가 있다.

23) 로마에서 황제가 다스리던 시대. 초기 로마의 정치체제는 왕이 없었고 대신 원로원이 최고의결기구를 맡던 공화제였다. 반면 로마의 제정시대는 제2차 삼두정치를 종식시킨 옥타비아누스가 권력을 독점하게 된 데에서 시작되었다. 이는 그가 원로원에 의해 아우구스투스라는 칭호를 받아 최초로 실질적인 황제의 자리에 오른 BC27년부터이다.

더 이상 나타나지 않았습니다. 이와 같이 그리스도가 강림하기 앞서 예비된 고요함은 마치 질풍노도가 몰아치기 전의 고요함을 간직한 폭풍전야와 비교되기도 합니다. 그리스도의 강림을 알리는 신약시대는 이 같이 긴 침묵기가 흐른 다음 시작되었습니다.

물론, 신구약 중간사라고 불리는 이 기간 역시 역사적으로는 바람 잘 날 없던 격동의 시대였습니다. 허나 그것은 어디까지나 인간의 기준과 시각에서 바라본 것일 뿐 오직 인류의 구원만이 유일한 관심인 성서의 시각에서는, 그리스도와 하나님의 임재하심을 상징하는 예루살렘성전과 무관한 일들은 단지 관심 밖의 소소한 사건에 불과한 것일 뿐입니다. 예컨대 성서에 나오는 인물 중 역사상 세계의 지배자로 군림했던 아시리아의 살만에셀 5세나 바빌로니아의 네부카드네자르 2세, 페르시아의 키루스 2세, 다리우스 1세, 크세르크세스 1세, 그밖에 로마의 아우구스투스나 티베리우스,[24] 클라우디우스[25]와 같은 황제들도 성서 상에는 구원의 역사가 진행되는 과정에서 하나님께 쓰임 받는 한낱 조연에 불과할 뿐이었습니다.

11) 헤롯왕조시대

앞서 이미 설명한대로, 유다는 하스몬왕조의 힐카누스 2세 이후 로마의 지배 아래 놓이게 되었습니다. 소위 로마속주시대라고 불리는 이 시기는 뒤이은 헤롯왕조에 이르기까지 계속되었습니다. 헤롯왕조는 BC37년부터 서기70년까지 4대를 이어가며 107년 간 지속되었습니다. 그러나 헤롯이 로마 원로원에서 유다의 왕으로 인정받은 BC40년부터를 원년으로 본다면 110년 간 지속되었다고도 할 수 있습니다.

---

24) 티베리우스(BC42~AD37) : 재위 AD14~37. 아우구스투스에 이은 로마의 두 번째 황제. 아우구스투스의 사위이자 양자. 성경에는 '디베료'라는 이름으로 등장한다. 예) 마태복음 22장 17절 등.

25) 클라우디우스(BC10~AD54) : 재위 AD41~54. 칼리굴라에 이은 로마제정시대의 네 번째 황제. 성경에는 '글라우디오'(사도행전 11장 28절 등)로 등장함.

가. 헤롯 1세(헤롯대왕)

헤롯왕조의 문을 연 헤롯은 일명 헤롯 1세 또는 헤롯대왕이라고도 불립니다. 여기서 1세라는 말은 역사적으로 같은 이름의 동명이인이 다수 존재할 때 이들을 서로 구분하기 위하여 후세사람들이 편의상 시대순 또는 동일한 가문일 경우 서열순으로 이름 뒤에 순번을 붙여 부르는 호칭입니다. 지금도 그렇지만 서양에서는 옛날부터 자식의 이름을 지을 때 선대의 인물이나 평소 존경하던 사람의 이름을 차용하는 경우가 흔했는데, 헤롯 역시 차후 자손들 가운데 동일한 이름을 가진 인물들이 다수 등장하므로 이들을 서로 구분하기 위해 먼저 그를 '첫 번째 헤롯'(영어로는 Herode First 또는 Herode I)이라는 의미로서 헤롯 1세라 부르는 것입니다. 따라서 이름 뒤에 붙는 1세, 2세, 3세와 같이 호칭은 단지 동명이인을 구분하기 위한 편의에 따라 붙여진 것이므로 그것이 반드시 부모와 자식의 관계를 의미하는 것은 아니며 때로는 혈연 상 아무관계가 없는 동명이인을 구분할 때에도 적용되기도 합니다. 또 한편 그를 헤롯대왕이라 부르는 것은 그가 자신의 왕조를 세운 자이고 상대적으로 많은 업적을 행하였으며, 또 비록 악행에 의해서이긴 하지만 신약성경을 통해 너무도 유명해진 그의 인지도로 인해 역사학자들에 의해 그리 불려지게 된 것입니다.

그는 에돔의 수도였던 벳구브린(Beit Guvrin)[1]에서 에돔의 행정장관이었던 아버지 안티파테르와 나바테아 여인 키프로스 1세 사이에서 둘째 아들로 태어났습니다. 형제로는 형 파사엘 1세와 동생 요셉, 페로라스 그리고 막내 여동생 살로메 1세가 있었습니다. 또 그는 열 명의 아내와 총 10남 5녀의 자녀를 두었습니다.

그는 정계에 입문하기 전인 16세 때 로마에 유학한 바 있으며, 정치적 수완이 탁월하였으나 성품은 교활했고 잔인했습니다. 유대인이 아닌 외국인으로서 유다의 왕이 되었던 관계로 그는 평생 유대인의 반역을 두려워하며 의

---

1) 또는 마리사(Marissa)라고도 불림.

심과 경계 속에 살아야 했습니다. 특히 그의 잔혹성에 대하여는, 자신의 가족 중 한 명의 아내와 세 아들, 그리고 처남과 장모 한 사람씩을 죽일 만큼 비정하고 잔인한 면모를 가지고 있었습니다.

그가 죽인 아내는 마리암메 1세입니다. 그에게는 마리암메라는 이름의 아내가 두 명 있었는데, 그 중 하나는 두 번째 부인으로 하스몬왕조 아리스토불루스 2세의 손녀[2]로 구분상 마리암메 1세로 불리우며, 다른 한명은 세 번째 부인으로 대제사장 시몬의 딸로서 흔히 마리암메 2세로 불립니다. 마리암메 1세는 헤롯과의 사이에 3남 2녀를 낳았으나 헤롯은 그녀에 대한 집착과 그릇된 질투 끝에 그녀를 장모와 함께 살해하였습니다.

헤롯은 그녀의 친남매이자 자신의 처남이 되는 요나단[3]도 죽였습니다. 헤롯은 당시 17세였던 그를 대제사장직에 세웠다가 백성들이 과거 왕족이었던 그를 측은히 여기자 이를 질시하여 사람을 시켜 연못에 빠뜨려 살해했던 것입니다. 게다가 과거 헤롯에 의해 죽음을 당한 힐카누스 2세는 그녀의 큰할아버지가 되는데, 이와 같은 일련의 악연들로 헤롯은 그녀의 증오의 대상이 되었고, 이에 그녀를 사랑했던 헤롯은 그녀의 사랑이 떠나갈 것을 두려워한 나머지 왜곡된 집착 끝에 그녀마저 살해하게 되었던 것입니다. 이후 그는 그녀가 낳은 첫째아들 아리스토불루스 4세와 셋째아들 알렉산더 3세 마저도 왕자들의 왕위계승 암투의 불신에 젖어 처형시켰습니다. 둘째아들은 그 이전 로마 유학 중 병사했습니다.

또 첫 번째 부인 도리스는 아들들 간의 계승권 다툼 중에 자신에 대한 독살미수 혐의를 씌워 추방하였으며, 그녀에게서 낳은 아들 안티파테르 2세는 그가 어머니의 추방과 상속에 관한 원한으로 자신을 죽일 것이라는 피해망상 끝에 결국 자신이 죽기 5일 전에 처형시켰습니다.

그는 또 죽기 직전 각 고을마다 가장 덕망 있는 사람들을 뽑아 여리고에

---

[2] 로마로의 압송 도중 탈출한 알렉산더 2세의 딸.
[3] 일명 아리스토불루스 3세.

있는 원형경기장[4)]에 감금해 놓으라고 지시하였는데, 이유는 자신이 죽을 때 애도의 분위기를 고조시키고자 자신의 사망과 동시에 그들도 함께 죽여 많은 사람이 슬퍼하도록 만들기 위함이었습니다. 그러나 이 끔찍스런 계획은 그의 갑작스런 죽음과 여동생 살로메 1세의 기지로 실행되지 못했습니다. 살로메 1세는 헤롯이 죽자마자 그의 사망소식이 원형경기장을 지키던 초병들에게 알려지기 전에 미리 가 풀어줄 것을 명령하여 미수에 그쳤던 것입니다. 그 외에도 그는 많은 악행을 저질렀으며, 성경에는 예수님의 탄생 시 영아학살을 지시한 자로 기록되고 있습니다.[5)]

한편 그는 치세 시 많은 건축공사를 실시하였습니다. 그 중에는 예루살렘성전의 증축도 포함되는데 이는 유대인의 환심을 사기 위한 것이었습니다. 스룹바벨이 재건했던 당시의 예루살렘성전은 차후 안티오코스 4세부터 폼페이우스에 이르기까지 여러 차례의 전란을 통해 많이 훼손되어 있었습니다. 따라서 헤롯은 자신이 이를 보수하면 유대인으로부터 인기가 올라갈 것이라 생각했던 것입니다. 이런 목적으로 시작된 성전의 보수공사는 BC20년에 시작되어 서기26년까지 46년간이나 진행되었습니다. 그러나 정원 등 그 외부시설까지 모든 것이 실제로 완공된 것은 그의 증손자인 헤롯 아그립바 2세가 다스리던 서기64년에 이르러서였습니다. 그 만큼 이 공사는 그 기간으로 보아서도 헤롯이 크게 마음먹고 국책사업으로 시행한 엄청난 공사였을 것으로 짐작됩니다. 하지만 헤롯은 정작 이 공사의 끝을 보지 못하고 16년 후인 BC4년에 사망하고 말았습니다.

아무튼 이때 보수된 성전은 그 규모나 화려함에 있어 솔로몬이 건설한 제1성전에 못지않았을 것으로 여겨집니다. 그러나 이 성전은 단지 헤롯성전이라고만 불릴 뿐 제3성전이라 불리지는 않습니다. 에돔인이었던 그는 부친 때 온 가문이 유대교로 개종했고 겉으로는 하나님을 믿는 척하기는 했지만,

---

4) 히포드롬이란 이름의 경기장.
5) 마태복음 2장 16절

질문 19. 성경에 나오는 이스라엘민족의 역사를 간략히 설명해 주세요.

이는 어디까지나 출세와 타협을 위한 개인적 또는 정치적인 처세였을 뿐 진정한 믿음과는 거리가 먼 것이었습니다. 그래서였는지 이 성전에는 대문에 금으로 만든 독수리상까지 세움으로써, 성전에는 어떠한 신상이나 동물의 형상 따위를 놓아서는 안 된다는 율법조차 지켜지지 않았습니다.

평생 하나님과 동행하던 다윗에 의해 기획되고 그 아들 솔로몬의 지휘 아래 완성된 제1성전이나, 비록 제1성전에 비하면 볼품은 없었지만 스룹바벨을 중심으로 바빌로니아의 포로에서 돌아온 유대인들이 천신만고 끝에 재건한 제2성전은 모두 하나님을 향한 열정으로 지어진 것이었습니다. 그러나 헤롯이 증축한 성전은 하나님을 향한 열정이라고는 전혀 찾아볼 수 없던 한 이방인이 오직 자신의 정치적 처세와 대중적인 인기몰이를 위하여 막대한 자본을 투자해 그럴듯하게 지어놓은 건물일 뿐이었습니다. 그런 이유로 오늘날 이 성전은 유대교도나 기독교도 누구에 의해서도 제3성전이라고는 불려지지 않습니다. 그리고 이 성전은 완공된 후 불과 얼마 지나지 않아 벌어진 로마와의 전쟁에서 로마군에 의해 다시금 철저하게 파괴되고 말았습니다. 이때가 서기70년이었으며, 성전 전체가 완공된 지 불과 6년만의 일이었습니다. 이후 오늘날까지 예루살렘성전은 재건되지 않고 있습니다.

한편, 탁월한 외교적 감각을 소유한 헤롯이었지만 그도 판단을 잘못하여 폐위를 당할 뻔한 정치적 위기를 맞기도 했었습니다. 로마의 제2차 삼두정치가 막바지에 접어들던 시절, 동맹이 깨진 옥타비아누스와 안토니우스가 사활을 걸고 싸우던 당시 그는 이집트와 연합한 안토니우스를 지지하였으나 BC31년 안토니우스가 악티움의 해전[6]에서 완패하고 이듬해 자결하자 자신

---

6) 악티움해전 : BC31년 9월 2일 안토니우스와 그의 정부였던 이집트 클레오파트라 7세의 연합군이 옥타비아누스와 이집트 앞바다 악티움에서 맞붙은 해전. 각각 500여척의 전함을 이끌고 벌였던 대전투였다. 결과는 옥타비아누스의 대승으로 끝났고 BC30년 8월 안토니우스의 자결로 로마의 권력은 옥타비아누스가 독점하게 되었다. 한편 이 싸움의 패배로 프톨레마이오스왕조의 이집트 역시 멸망하고 이후 이집트는 로마의 총독이 다스리는 속주가 되었다. 이때 자결한 클레오파트라 7세가 바로 그 유명한 클레오파트라여왕이다.

의 왕위가 위태로워지게 된 것입니다. 그러나 워낙 처세에 능했던 그는 즉시 옥타비아누스를 찾아가 감동을 자아내는 모습으로 충성을 맹세하는 등 탁월한 외교능력을 발휘하여 유다왕의 지위를 계속 이어갈 수 있었습니다.

그는 수많은 악행을 저지른 뒤 말년에는 정신이상증세를 보이며 고생하다 70세의 나이로 BC4년 여리고에서 병사했습니다. 그는 전신경련 및 발작과 함께 극심한 온몸의 가려움증과 내장의 심한 통증, 수종과 염증으로 몸이 썩고 성기의 종양에선 벌레가 기어 나오는 등 비참한 모습으로 죽어갔습니다. 그의 사후 유다는 그의 유언에 따라 세 아들 아켈라오, 안디바, 빌립보 1세에게 각각 분할 상속되었습니다.[7] 하지만 그는 생전에 유언을 수차례 번복함으로 자식들 간에 상속에 관한 혼란과 다툼의 불씨를 남겼습니다.

예수님이 태어나신 시기는 그의 통치 말기인 BC6~BC4년경으로 추정되고 있습니다.

나. 헤롯 아켈라오

헤롯 아켈라오는 헤롯대왕과 그의 네 번째 아내인 사마리아출신의 여인 말타케와의 사이에서 태어났습니다. 말타케는 또한 그의 아우 헤롯 안디바와 여동생 올림피아를 낳았습니다.

헤롯대왕은 생전에 자신의 후계에 대한 유언장을 작성해 놓았는데 이것이 최종결정이 되기까지에는 그 과정이 상당히 복잡합니다. 처음 그는 첫 번째 부인 도리스의 외아들이자 장남인 안티파테르 2세를 계승자로 생각하고 있었습니다. 그러나 형제간의 불화와 다툼으로 인해 안티파테르 2세와 아리스토불루스 4세, 알렉산더 3세 이렇게 세 사람에게 분할해 주기로 하였다가 이후 그들에 대한 불신으로 또 다시 마리암메 2세의 아들 헤롯 2세로 변경하였습니다. 그러나 헤롯 2세는 차후 반역음모에 연루되어 실각한 뒤 암살되었습니다. 이러는 와중에 헤롯대왕은 아리스토불루스 4세와 알렉산더 3세를 처형하고 후

---

[7] 이들 이름은 성서의 표기이며 로마발음으로는 각각 아켈라우스, 안티파스, 필리포스이다.

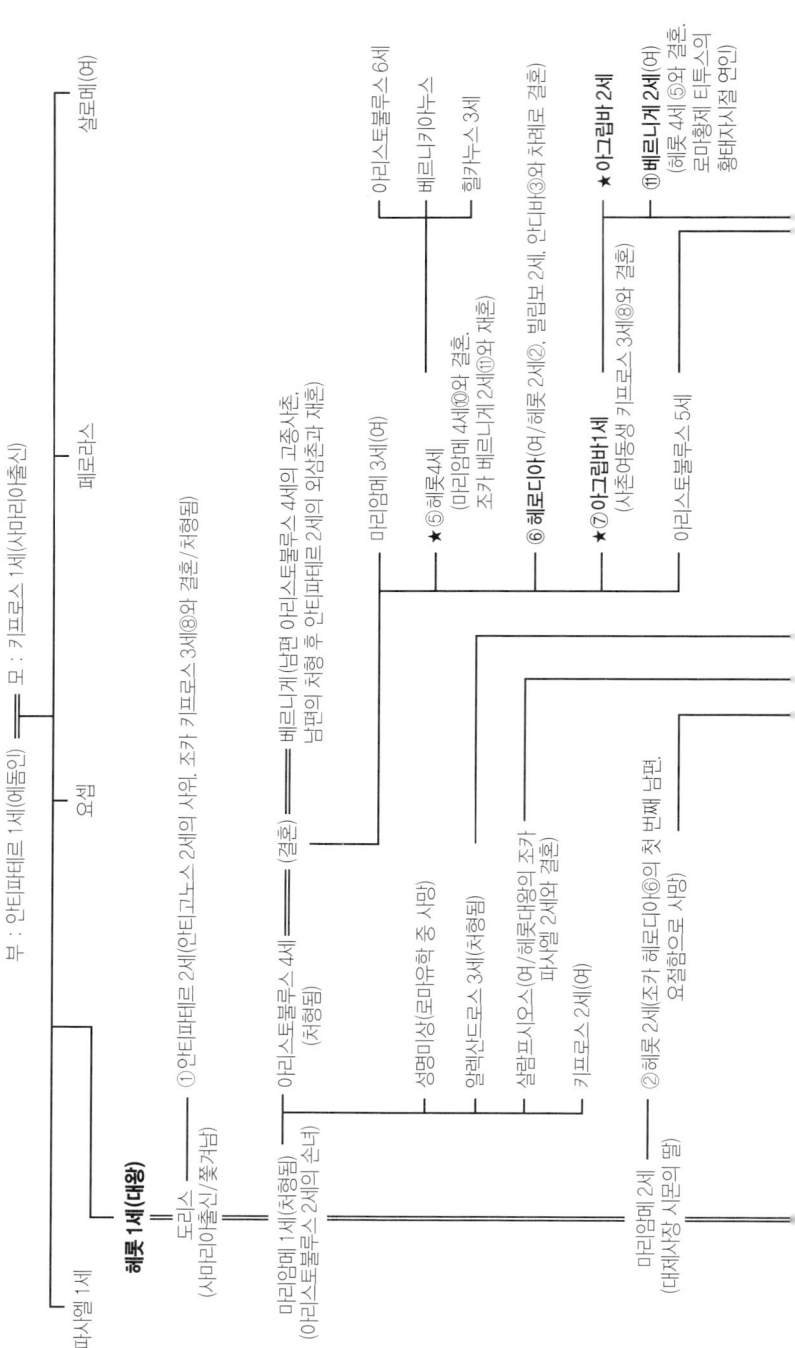

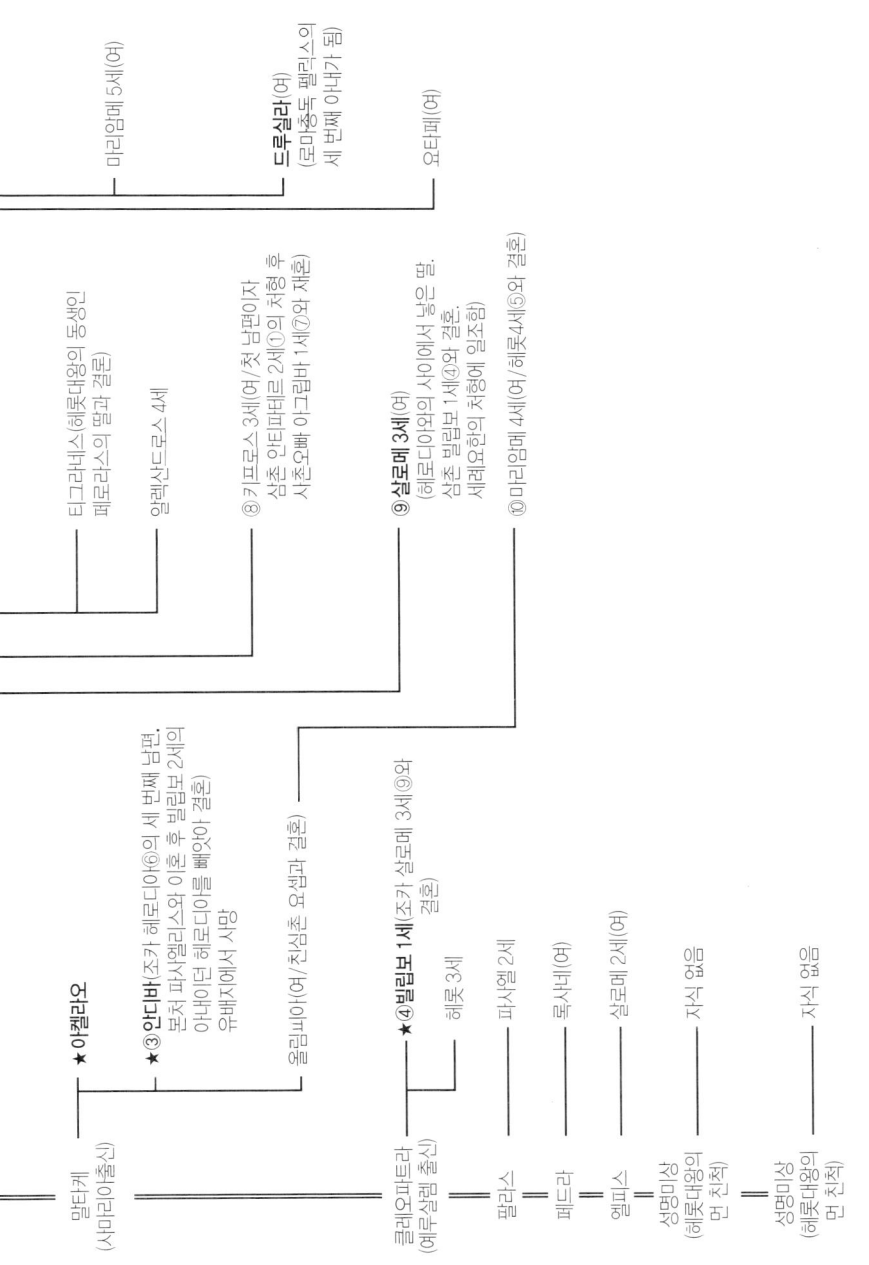

계자를 다시 아켈라오와 빌립보 1세로 정하였다가 그의 특유의 의심과 불신에 찬 망상으로 결국 계승자를 또 다시 안디바로 바꾸었습니다. 그러다 죽기 5일 전 안티파테르 2세마저 처형하고는 다시 아켈라오로 후계자를 바꾸었습니다.

이러한 변덕은 마침내 그의 사후 아켈라오와 안디바 사이에 계승권 다툼으로 비화되었습니다. 결국 BC4년 아켈라오는 왕이 되기 위한 로마의 인준과정에서 안디바의 방해공작으로 선왕 헤롯이 받은 이른바 '유다의 왕'이란 칭호를 얻지 못했습니다. 당시 속국의 왕들은 왕위에 오르기 전 로마의 인준을 받아야 했는데, 이들의 인준과정에는 모친 말타케까지 로마에 동행하여 다툼을 벌였습니다. 그녀는 의외로 아우인 안디바를 지지했습니다.

결국 아켈라오는 안디바에 설득된 황제 아우구스투스[8]에 의해 힙포 등 일부지역이 제외된 유다와 사마리아 및 에돔의 분봉왕(分封王)에 봉해졌습니다. 이것은 헤롯대왕이 다스리던 왕국의 절반 정도에 해당하는 영토였습니다. 그리고 나머지 반은 안디바와 빌립보 1세에게 각각 나누어 맡도록 했습니다. 이로써 그는 이스라엘 전 지역을 다스리며 왕의 칭호를 얻었던 선왕에 비하면 줄어든 영토를 다스리게 되었고, 권력도 왕보다는 영주의 지위에 가까운 분봉왕이라는 상대적으로 낮은 칭호를 얻게 되었습니다.

그의 성정은 한 마디로 포악무도라는 말로 정리될 수 있습니다. 그는 헤롯대왕의 장례가 끝난 직후 자신이 왕이 되는 것을 반대한 유대인의 봉기를 무력으로 진압하여 삼천 명을 학살하기도 했습니다. 더구나 이때는 유대인의 최대명절 중의 하나인 유월절 기간이었습니다. 유월절은 유다 온백성이 하나님께 속죄제를 지내는 경건한 기간입니다. 또 그는 이후에도 백성들을 돌보지 않고 폭정을 일삼아 로마에는 그에 대한 유대인들의 상소가 끊이지 않았습니다. 결국 그는 서기5년경[9] 로마로 소환되어 재산을 몰수당한 채 파

---

8) 제2차 삼두정치를 종식시킨 옥타비아누스가 황제가 된 후의 이름이다. 재위기간은 BC27~AD14.
9) 요세푸스는 '유대전쟁사'에서는 그가 9년간(BC4~AD5) 통치하였다고 하였으나, '유대고대사' 및 그의 자서전에는 10년간(BC4~AD6) 통치했다고 달리 기록하고 있다.

직되어 비엔나로 유배되었습니다. 당시 비엔나는 야만인이 사는 불모지였습니다. 이후 그가 다스리던 영지는 시리아에 주둔하던 로마총독이 관할하는 로마의 직할령으로 재편되었습니다.

다. 헤롯 안디바

헤롯 아켈라오의 친동생이었던 그는 헤롯대왕의 사후 갈릴리와 베레아 지방의 분봉왕에 봉해졌습니다. 헤롯대왕이 유언으로 왕위를 나눠 준 세 아들은 그가 죽고 난 후 로마의 인준과정에서 황제 앞에서 보여준 추한 왕위 다툼으로 모두가 황제의 재가를 받지 못하고 말았습니다. 여기에는 앞에서도 말한 바와 같이 특히 아켈라오와 아디바의 반목이 주원인이 되었으며, 결국은 헤롯대왕이 받았던 왕(King)이라는 칭호를 얻지 못하고 그보다 낮은 영주쯤에 해당되는 분봉왕의 칭호를 얻었습니다. 다툼의 결과 아켈라오는 대영주(Ethnarch) 쯤에 해당하는 분봉왕의 직위를, 그리고 안디바와 빌립보 1세는 각기 그보다 낮은 소영주(Tetrarch) 쯤에 해당하는 분봉왕의 직위를 받았습니다. 그럼에도 성경에는 이들을 가리켜 모두 왕이라 표현하고 있는 것은, 그것이 이들의 정식직위를 언급한 것이라기보다는 단순히 관습상 그렇게 부른 것으로 보여집니다.

그는 자신의 친척동생인 빌립보 2세의 아내이자 자신의 조카이기도 한 헤로디아를 가로채는 패륜을 범할 만큼 후안무치한 자였습니다. 게다가 그는 이를 나무라던 예언자 침례 요한을 옥에 가두고 결국 살해하기까지 했습니다. 헤로디아는 안디바의 이복형제이자 헤롯대왕에게 처형당한 아리스토불루스 4세의 딸이며 또 훗날 사도 야고보를 처형하게 되는 헤롯 아그립바 1세의 친누나로, 처음에는 삼촌인 헤롯 2세[10]와 결혼하였으나 그가 살해된 후 빌립보 2세와 재혼하였다가 다시 안디바의 아내가 된 여자입니다. 그녀는 첫 남편인 헤롯 2세와의 사이에 살로메 3세라는 딸까지 낳은 여자였습니다.

---

10) 헤롯대왕의 세 번째 부인 마리암메 2세의 아들.

살로메 3세는 헤로디아와 함께 안디바의 궁에서 살았는데 그녀는 어미를 닮아 꽤나 관능적인 미모를 가졌던 듯합니다. 그러나 이들 모녀는 둘 다 간교하고 사특한 성품을 소유하고 있었습니다. 성경에 살로메라는 이름은 직접 언급되진 않지만 마태복음 14장 6절과 누가복음 6장 22절에 나오는 '헤로디아의 딸'이 바로 살로메 3세를 가리키는 것입니다. 신약성경은 이 두 모녀의 인간적 성향을 보여주는 다음과 같은 이야기 하나를 소개하고 있습니다.

　안디바의 생일날 살로메는 사람들 앞에서 춤을 추게 되었는데, 이에 흥이 돋은 안디바는 사람들 앞에서 그녀에게 소원을 들어주겠다고 말했습니다. 그러자 살로메는 어미 헤로디아가 시키는 대로 감옥에 있는 침례 요한의 목을 달라고 청했습니다. 헤로디아는 자신과 안디바의 잘못된 관계를 누차 엄히 꾸짖던 요한이 몹시 미웠던 것입니다. 안디바 역시 요한을 미워해 죽이려 했지만 사람들의 이목이 두려워 실행하지 못하고 있었습니다. 그는 후환이 두려웠지만 이미 사람들 앞에서 공언한 약속이었기에 그녀의 요구대로 요한의 목을 베어 은쟁반에 담아 살로메에게 주었고 그녀는 그것을 헤로디아에게 전했습니다.[11] 이렇듯 두 모녀의 성품은 잔인하고 간악했으며, 안디바는 이렇게 하여 자신의 악행에 하나님의 예언자의 목을 베는 죄까지 더하게 되었습니다.

　안디바는 성정이 매우 교활했던 자였습니다. 그는 예수님께서 체포되셨을 때 심문을 하기도 했습니다. 또 어떤 이유인지 성경에는 언급이 없지만 한때 그는 예수님을 해치려고도 한 바 있으며, 이때 예수님은 그를 가리켜 여우라고 말씀하신 바 있습니다.[12]

　한편 그의 영지에는 갈릴리라는 이름을 가진 호수가 있었는데 그 지역 사람들은 갈릴리바다라고도 부를 만큼 규모가 큰 호수였습니다. 이 호수는 성경에 벳세다호수, 긴네렛호수, 티베리아호수 등 여러 이름으로 소개되고 있습니다. 이는 모두 이 호수 주변에 위치한 지방의 이름에서 비롯된 것인데,

---

11) 마태복음 14장 3절~12절. 마가복음 6장 17절~29절.
12) 누가복음 13장 31절~32절

갈릴리호수라는 이름도 이 호수가 갈릴리지방에 위치해 있었기 때문에 붙여진 이름입니다. 안디바는 티베리우스가 로마의 황제로 재위 중이던 서기 18년, 이 호수 서편에 아름다운 도시를 건설하고 황제에게 충성을 보이고자 도시의 이름을 티베리아스라 붙였습니다. 그리고는 자신의 영지인 갈릴리의 수도를 티베리아스로 옮겼습니다.

그는 이후 칼리굴라[13]가 로마의 황제가 되자 아내 헤로디아의 권고로 왕의 칭호를 얻으러 함께 로마에 갔다가 오히려 죄인으로 탄핵되어 갈리아[14]로 추방되어 그곳에서 죽었습니다. 그가 죄인으로 몰린 데에는 아내 헤로디아의 투기가 발단이 되었습니다. 그녀는 한때 자신이 후원하기도 했던 친동생 헤롯 아그립바 1세가 로마황제 칼리굴라의 후광으로 세도가 남편을 능가하자 이를 질시한 나머지 남편을 부추겨 황제에게 그를 모함하여 제거하려다 오히려 아그립바 1세의 역공을 당해 유배를 가게 되었던 것입니다. 이때 그녀에게는 유다귀환이 허락되었는데 그녀는 남편을 따라 함께 유배지로 간 것으로 전해집니다. 이후 안디바의 영지는 아그립바 1세의 차지가 되었습니다.

한편 성서에 나오는 '헤롯당'[15]이란 이 헤롯 안디바를 지지하며 권력과 시류에 야합하던 집단을 말합니다.

라. 헤롯 빌립보 1세와 2세

먼저 헤롯 빌립보 1세는 예루살렘출신의 다섯 번째 부인 클레오파트라가 낳은 아들입니다. 그녀는 빌립보 1세 외에 아들 하나를 더 낳았는데 그의 이름도 헤롯이었습니다. 그는 헤롯대왕(1세)이나 마리암메 2세의 아들 헤롯

---

13) 가이우스 칼리굴라(Gaius Caligula, 재위 AD37~41) : 로마의 3대 황제. 2대 황제 티베리우스의 조카이자 양아들인 게르마니쿠스의 아들. 본명은 가이우스이며 칼리굴라는 '칼리가에를 신은 꼬마'라는 의미로, 이는 군인이었던 아버지 게르마니쿠스가 그를 어린 적부터 전쟁터에 곧잘 데리고 다니며 로마군의 군화 칼리가에(Caligae)를 신게 했다는데서 붙여진 이름이다. 황제가 된 후 자신이 신이라는 망상과 폭압정치, 광포한 행위들을 일삼다 근위병에 의해 암살되었다.
14) 오늘날 프랑스 리옹지방.
15) 마가복음 3장 6절

2세와 구분하기 위하여 헤롯 3세라 부르고 있습니다.

빌립보 1세는 이복형제 아켈라오, 안디바와 함께 영지를 상속받았으며 바타네아, 트라코니티스, 아우라니티스 및 제노 일부지역의 분봉왕에 임명되었습니다. 그는 헤로디아의 딸 살로메 3세와 결혼하였으나 자식은 없었습니다. 그가 죽은 후 그의 영지는 총독령이 되었다가 칼리굴라의 치세 시 빌립보 1세의 조카손자인 헤롯 아그립바 1세가 다스리게 되었습니다.

빌립보 1세는 어려서 로마에서 수학한 바 있고, 성정은 헤롯가문에서 거의 유일하게 온순하여 백성들에게도 온유한 정책을 펴 별다른 마찰을 빚지 않았습니다. 또 그는 건축에도 관심을 기울여 황제에게 바치는 도시를 건설하기도 했는데, 그 도시가 '카이사리아 빌립보'입니다.[16] 카이사리아는 카이사르에게 바친다는 의미에서 비롯된 이름인데 당시에는 이런 이유로 건설된 카이사리아라는 명칭을 가진 도시가 여럿 있었습니다. 그 중에는 BC20년경 헤롯대왕이 로마의 초대황제 아우구스투스를 위해 예루살렘으로부터 북서쪽의 지중해변에 건설한 카이사리아가 유명했습니다. 이 도시는 이집트의 알렉산드리아, 시리아의 안티오키아와 함께 당시 지중해의 3대 항구도시라 불리울 만큼 번성했습니다. 특히 이곳은 유다에 파견된 로마총독이 집무하던 곳으로 당시 실질적인 유다의 행정수도 역할을 하던 도시이기도 합니다. 이렇듯 많은 수의 카이사리아란 도시가 있다 보니 빌립보가 건설한 카이사리아는 다른 동명의 도시들과 구분하기 위해 이름 뒤에 그의 이름을 붙여 '카이사리아 빌립보'라고 불렀던 것입니다.

한편, 아내 헤로디아를 안디바에게 빼앗긴 빌립보 2세는 헤롯대왕의 친자는 아닌 것으로 보입니다. 헤롯의 아들 가운데 빌립보라는 이름을 가진 자는 다섯 번째 아내 클레오파트라가 낳은 아들 한 사람 밖에는 없기 때문입니다. 그런데 이 아들(빌립보1세)은 후에 헤로디아의 딸인 살로메 3세와 결혼한 사이이며 헤로디아의 딸인 살로메 3세와 결혼한 사이이며 따라서 그

---

16) 마태복음 16장 13절. 성경표기는 '가이사랴 빌립보'이다.

가 아내의 모친 즉 장모인 헤로디아와도 결혼했다고 보기는 매우 어렵습니다. 이에 근거하여 안디바가 빌립보의 아내였던 헤로디아를 빼앗았다는 성서의 이야기는 기자의 착오에 의한 것이라고 보는 의견도 있습니다. 그러나 이 역시 함부로 속단할 수는 없는 일이며, 성서의 오기가 아니라면 그가 비록 어느 가계인지 아직 밝혀지진 않았지만 안디바와는 가까운 친척간의 형제로, 당시 헤롯 2세의 미망인이었던 헤로디아와 결혼하였으나 그녀를 안디바에게 빼앗긴 것이라고 보는 것이 현재로선 가장 설득력 있는 추리라고 여겨집니다. 아내를 안디바에게 빼앗겼다는 성서의 이야기 외에 그에 대해 알려진 것은 거의 없습니다.

마. 헤롯 아그립바 1세

그는 헤롯대왕의 손자로 부친은 헤롯대왕에 의해 처형당한 아리스토불루스 4세였습니다. 아리스토불루스 4세는 아그립바 1세를 비롯해 아들로 헤롯 4세와 아리스토불루스 5세, 딸로는 마리암메 3세와 훗날 안디바와 결혼하는 헤로디아 이렇게 3남 2녀를 두었습니다. 아들 아리스토불루스 4세를 처형한 헤롯대왕은 의외로 아비 잃은 손자들은 애처로웠는지 그들을 특별히 총애하며 후견인이 되어 주었습니다.

그 덕에 아그립바 1세는 젊은 시절 로마에 유학하여 로마황실과 귀족의 자제들과 어울리며 부러움 없이 지냈습니다. 그러나 후견인이던 조부 헤롯대왕이 죽자 경제적인 문제로 갈릴리로 돌아와 누이 헤로디아와 결혼한 매부 안디바에게 잠시 의탁하기도 했습니다. 그러나 자신이 기대한 만큼 지원해주지 않는 누이부부와 언쟁 끝에 헤어진 후 여러 곳을 전전하다 다시 로마로 가 머물게 되었는데,[17] 이때 그는 황제가 되기 전의 칼리굴라와 알게 되어 친분을 쌓게 되었습니다. 그러던 중 그와의 만찬자리에서 황제 티베리우스를 비방한 것이 문제가 되어 로마의 감옥에 6개월간 투옥되기도 하였습니다.

---

17) 요세푸스의 유대전쟁사에는 그가 안디바를 고발하러 르마에 왔으나, 황제 티베리우스가 귀담아 듣지 않았다고 한다.

그러나 서기37년 칼리굴라가 황제의 자리에 오르자 그는 이때부터 승승장구를 하게 되었습니다. 칼리굴라는 먼저 그를 석방시킨 후 그에게 바타나에아지역[18]과 빌립보 1세의 사후 총독령이던 그의 영지를 주었고, 또 2년 후인 서기39년에는 이미 몰락한 안디바의 영지까지 다스리도록 했습니다. 그리고는 마침내 서기 41년 그는 삼촌들이 얻지 못했던 왕이라는 칭호까지도 부여받았습니다.

그는 칼리굴라가 죽은 후에도 뒤이어 황제가 된 클라우디우스의 등극에 일조한 공로[19]를 인정받아, 클라우디우스가 즉위하던 서기41년 그의 조부 헤롯대왕이 다스리던 모든 지역을 하사받았습니다. 또 클라우디우스는 이전에 아우구스투스황제가 헤롯대왕에게 주었던 트라코니티스와 아우라니티스도 다스리게 하였으며 뤼사니아라는 지역도 봉지로 주었습니다. 게다가 그는 이 모든 사실을 공식 선포함과 동시에 동판에 새겨 카피톨리노에 보관토록 하였습니다. 그의 권세와 영화는 여기에서 그치지 않았습니다. 클라우디우스는 그의 친형제인 헤롯 4세에게도 레바논의 칼키스지역의 분봉왕으로 삼는 호의를 베풀었습니다. 이렇게 하여 아그립바 1세는 마침내 유다와 사마리아는 물론 실질적으로 조부인 헤롯대왕 시절보다 더 광활한 지역을 통치하게 되었으며 헤롯대왕 이후 다시금 왕의 칭호를 받은 자가 되었습니다. 한편 그의 이런 모습을 지켜보던 누이 헤로디아는 한 때 자신에게 빌붙어 살던 동생의 출세를 시기하여 로마황제에게 모함을 하려다 남편과 함께 화를 당하고 말았던 것입니다.

반면 그는 기독교를 박해하여 사도 야고보를 처형하였는데,[20] 이것이 반기독교성향을 가진 유대인들의 호응을 얻자 베드로마저 투옥시키는 등 이후 기독교박해를 자신의 정치적 인기를 위한 수단으로 이용하기도 했습니다.

---

18) 지금의 시리아 남부.
19) 클라우디우스는 칼리굴라의 사후 자신의 황제등극과 관련하여 원로원과 갈등을 빚었는데, 이 때 중재를 선 사람이 아그립바였다.
20) 사도행전 12장 2절. 세배대의 아들이자 사도요한의 형 야고보를 말함.

질문 19. 성경에 나오는 이스라엘민족의 역사를 간략히 설명해 주세요.

그렇게 그는 자신의 인기를 위해 유대교편에 서서 기독교를 박해하다 54세가 되던 서기44년에, 카이사리아의 원형경기장에서 행사를 주관하던 중 갑자기 비명을 지르며 쓰러진 후 5일 만에 숨을 거뒀습니다. 그의 죽음에 대해 성서는 "헤롯이 영광을 하나님께 돌리지 않으므로 즉시 주님의 천사가 그를 치자 그는 벌레에 먹혀 죽고 말았다."[21]라고 기록하고 있습니다.

그는 사촌여동생 키프로스 3세와 결혼하여 1남 3녀를 두었는데 아들의 이름은 헤롯 아그립바 2세이며, 딸은 베르니게 2세[22]와 마리암메 5세 그리고 드루실라[23]였습니다. 그의 아내 키프로스 3세는 친고모 살람프시오스의 딸이었습니다.

부친의 사후 왕위를 물려받은 헤롯 아그립바 2세에 관해서는 잠시 후 따로 이야기할 것입니다. 먼저 첫째 딸 베르니게 2세는 삼촌인 칼키스의 분봉왕 헤롯 4세와 결혼하였으나 그가 요절하자 길리기아의 왕 폴레모와 재혼하였다가 오래지 않아 이혼하였습니다. 그녀는 한때 로마의 황태자 티투스[24]와 연인관계를 맺기도 하였으나 이방여인이 로마의 황후가 되는데 대한 로마인들의 거부감과 비난으로 결혼에 이르지는 못했습니다. 훗날 티투스는 유다-로마전쟁에 참전하여 유다를 멸망시킨 장본인이기도 합니다. 그녀는 음탕하여 친오라비인 아그립바 2세와 근친상간을 벌이기도 했다고 합

---

21) 사도행전 12장 23절. 여기서 그가 벌레 먹혀 죽었다는 기록은 아마도 성경의 기자가 아그립바 1세를 정작 정신착란과 더불어 종양에서 벌레가 기어 나오는 등의 비참한 모습으로 죽어간 헤롯대왕과 혼동을 했던 것으로 여겨진다.
22) 사도행전 25장 13절
23) 사도행전 24장 24절
24) 티투스 플라비우스 베스파시아누스(Titus Flavius Vespasianus) : 재위 AD79~81. 일반적으로 티투스라 불린다. 그는 부친 베스파시아누스를 따라 유다-로마전쟁에 참여한 후 예루살렘을 정복함으로 실질적으로 이 원정을 종결했으며 후에 부친의 뒤를 이어 황제에 올랐다. 그는 부친이 시작한 플라비우스 원형경기장(일명 콜로세움)을 완공하였고, 유다정벌에서 돌아온 지 10년 후인 AD81년에는 자신의 유다원정을 기념하기 위한 개선문을 세웠다. 베수비오화산의 폭발과 폼페이의 매몰(AD79) 및 네로시대의 로마대화재(AD64)에 버금가는 두 번째 로마대화재사건(AD80)도 그의 치세 시에 있었던 사건이다.

니다. 이어 둘째 딸 마리암메 5세는 아켈라오[25]라는 남자와 결혼하여 딸 하나를 낳았으나 이혼하였고 다시 알렉산드리아의 행정장관이자 거부였던 데메트리우스와 결혼했습니다. 그녀는 데메트리우스와의 사이에 아들 하나를 낳았습니다. 막내 딸 드루실라는 아메세의 왕 아시수스에게 시집갔으나 일년 뒤 유다의 로마총독 펠릭스[26]의 유혹을 받고는 남편과 이혼하고 그의 세 번째 아내가 되었습니다. 그녀는 펠릭스와의 사이에 아들 아그리피누스(일명 아그립바 3세)를 낳았습니다.

바. 헤롯 아그립바 2세

헤롯 아그립바 1세의 아들이었던 그는 부친이 사망할 당시 17살이었으며 로마에 살고 있었습니다. 로마의 클라우디우스황제는 처음에는 그가 너무 어리다는 이유로 그에게 부친의 영지를 물려주지 않고 그곳에 총독을 파견하여 다스리도록 했으나, 4년 후인 서기48년 삼촌 헤롯 4세가 죽자 그의 영지였던 칼키스지역의 분봉왕으로 삼았습니다. 이후 서기52년에는 역시 삼촌 빌립보 1세가 다스리던 영지를 비롯해 뤼사니아왕국과 그밖의 광활한 영토를 얻었습니다. 사도행전 26장에는 그가 사도바울을 심문한 것으로 기록되고 있습니다.

그는 서기66년 로마지배에 항거하는 유대인의 독립전쟁[27]이 일어나자 로마편에 서서 진압을 적극 도왔으나, 결국 서기70년 로마에 의한 유다의 멸망과 함께 헤롯왕조의 마지막 왕이 되었습니다. 이후 그는 로마로 가서 행정관으로 있다 서기100년경 사망했습니다. 이렇게 해서 헤롯왕조는 끝이

---

25) 이 사람은 헤롯의 가문과는 아무 관계가 없는 자이다.
26) 마르쿠스 안토니우스 펠릭스(Marcus Antonius Felix) : 전임 벤티디우스 쿠마누스에 이어 서기52년~60년까지 유다지방에 파견된 로마총독. 그는 원래 유다의 노예출신이었던 것으로 전해진다. 성경에는 사도바울을 심문한 자로 벨릭스(사도행전 23장 24절)라는 이름으로 등장하며, 요세푸스의 '유대전쟁사'에 의하면 탐관오리였던 것으로 기록되고 있다.
27) 유다-로마전쟁(서기66~70)

나고 역사 속으로 사라지게 되었습니다.

† 성경에 등장하는 헤롯왕가의 주요 인물들

구분	재위기간	성경 언급	비 고
헤롯 1세(헤롯대왕)	BC37~BC4	마태복음 2장 1~22절 누가복음 1장 5절	예수탄생 당시 유다의 왕. 예수가 태어나자 영아살해를 명령함. 70세에 여리고에서 병사.
헤롯 아켈라오	BC04~AD5	마태복음 2장 22절	헤롯 1세의 아들. 유다와 사마리아와 에돔의 분봉왕. 포악무도. 즉위 2년 만에 로마에 소환, 파직되어 비엔나로 유배.
헤롯 안디바	BC4~AD37	마태복음 14장 1~12절 마가복음 6장 14~28절 누가복음 3장 1절, 19절, 9장 7~9절, 13장 31~32절, 23장 7~12절	헤롯 1세의 아들. 갈릴리와 베레아의 분봉왕. 세례요한을 죽임. 예수를 심문(예수께서 여우라 하심). 아내 헤로디아와 함께 리옹으로 유배.
헤롯 빌립보 1세	BC4~AD34	누가복음 3장 1절	헤롯 1세의 아들. 바타네아와 트라코니티스의 분봉왕.
헤롯 빌립보 2세	?	마태복음 14장 3절 마가복음 6장 18절	가계 불명확. 아내 헤로디아를 안디바에게 빼앗김.
헤롯 아그립바 1세	AD37~AD44	사도행전 12장 1~6절, 20~23절.	헤롯 1세의 손자(아리스토불루스 4세의 아들). 헤롯 1세에 이어 유다왕의 칭호를 받음. 사도야고보(사도요한의 형) 처형. 기독교 박해. 의문의 발작으로 급사.
헤롯 아그립바 2세	AD48~AD70	사도행전 25장 13~27절, 26장 1절, 19절, 26~32절.	헤롯 아그립바 1세의 아들. 칼키스 바타네아, 트라코니티스의 분봉왕. 사도 바울을 심문.

12) 유다-로마전쟁과 유다의 멸망

가. 당시의 사회적 분위기

서기1세기 들어 유다의 사회적인 분위기는 몹시 불안한 모습을 띠고 있었습니다. 당시 로마의 지배를 받고 있던 유다는 로마에게 단지 억압과 착취의 대상일 뿐이었고, 부임해온 로마총독들의 연이은 폭정은 유대인들에게 로마에 대한 반감과 불신을 누적시켰습니다. 게다가 현지에 주둔하던 로마군인들의 유대교에 대한 몰이해는 공공연한 신앙적 모독을 표출함으로써 종교적으로도 유대인의 반로마감정을 심화시켰습니다. 더욱이 칼리굴라와 같은 로마의 황제는 자신을 신으로 섬기기를 강요하여 예루살렘성전에 자신의 입상을 세우려고까지 하여 로마에 대한 유대인들의 적개심을 더욱 부추겼

습니다.[1]

　또 유다 내에서도 왕을 비롯한 귀족과 정치인들은 로마에 아부하기에만 바빴으며 제사장들 역시 민중의 마음을 위로하기에 앞서 자신들의 지위를 지키기에만 급급한 모습을 보임으로써 일반 민중들의 마음속엔 그들에 대한 불신과 환멸이 쌓여갔습니다.

　이러한 요소들은 1세기 중반 전국적으로 수많은 폭동과 민중봉기로 표출되어 정치적인 혼란을 가중시켰고, 이에 로마총독은 그때마다 학살에 가까울 정도로 이를 무자비하게 진압함으로써 유다민중의 반로마감정은 금세 전쟁이라도 터질듯 긴장감 속에 악화일로를 걷고 있었습니다.

　이 같은 분위기속에 당시 유다에서는 예루살렘을 비롯한 대도시를 중심으로 '시카리'라는 집단이 등장하여 활동하고 있었습니다. 시카리란 그들이 '시카'라는 조그만 칼을 사용하는데서 비롯된 말인데, 이들은 군중 속에서 친로마 인사들이나 정치적 이념이 다른 자들에게 몰래 다가가 숨겨둔 시카로 찔러 살해한 후 조용히 사라지곤 한데서 그렇게 불렸습니다. 이 같은 그들의 테러는 유월절과 같이 사람들이 많이 모이는 절기가 되면 더욱 기승을 부렸으며, 전국 도처에서 활동해 당시 사회의 커다란 불안요소로 작용했습니다. 이들은 열심당이라고도 불리던 셀롯(Zealot)[2]의 한 부류로서 유다-로마전쟁 시에는 마지막까지 로마에

---

1) 그는 자신을 신으로 착각하여 로마 및 속주의 모든 신전에 자신의 입상을 세우도록 했는데 여기에는 예루살렘성전도 예외가 아니었다. 이 명령을 수행하러 유다에 군대를 몰고 온 로마의 장군 페트로니우스는 격렬한 유대인의 저항에 부딪혔으나 곧 그들의 깊은 신앙심에 감동해 자신의 임무를 보류한 채 황제에게 명령의 철회를 건의하는 편지를 보냈다. 이에 칼리굴라는 분노하여 그에게 자결을 명하는 답장을 보냈는데, 이 답장은 겨울태풍으로 인해 석 달 동안이나 전달될 수 없었고, 그 사이 칼리굴라는 자신의 친위대에 살해되어 그 답장은 효력을 상실하게 되었다. 반면 칼리굴라의 죽음을 알리는 문서는 순탄한 기상 속에 일찍 도착하여 페트로니우스는 자신의 죽음을 명한 서신보다 황제의 죽음을 알리는 서신을 27일이나 먼저 받게 됨으로써 목숨을 건질 수 있었다.
2) 헬라어로 '열심인 사람'이란 의미인 셀롯은 유대인이 하나님의 선민(選民)이라는 신념하에 당시 자신들을 지배하던 로마에 대해 폭력이나 무력 등 직접적인 테러의 방식을 통해 독립을 쟁취하려던 극우성향의 집단이었다. 그러나 실제로는 유대인 사회에서조차 혼란과 무질서만을 양산시키던 폭도에 불과했다. 예수의 12제자 가운데 시몬이 열심당원이었다.

저항하며 결사항전을 벌이기도 했습니다. 시카리의 기원은 바빌로니아의 위협을 받던 BC6세기경 유다의 저항운동에 그 뿌리를 두고 있으며, 이런 이유로 그들은 자신들이 셀롯의 원조이자 핵심적인 멤버들이라는 인식을 갖고 있었습니다.

또 당시에는 유다와 인근 지역에 거주하는 유대인과 사마리아인 또는 유대인과 헬라인 사이의 민족갈등으로 인한 유혈충돌과 소요가 빈번했는데, 한 예로 쿠마누스[3]가 총독이던 서기52년, 갈릴리와 사마리아 간의 지역민 충돌이 일어나 수많은 사람들이 목숨을 잃는 사건이 있었습니다.

이 사건은 갈릴리출신의 한 유대인이 절기를 지키러 예루살렘으로 가기 위해 사마리아지역을 지나던 중 소위 사마리아인이라고 불리던 그 지역 주민들에게 살해당한 것이 발단이 되었습니다. 이에 갈릴리의 유대인들은 총독 쿠마누스에게 고소하였으나 그가 이를 방관하자, 유대인들이 직접 복수에 나서 사마리아인들에 대한 살인행위가 이어지며 결국 양측 지역민들끼리 내란에 가까운 대규모 살인극으로 증폭된 사건입니다. 이때 소요사태에 우세를 점하고 있던 유대인들을 쿠마누스가 무자비하게 진압함으로 일은 더욱 커지게 되었으며, 결국 로마황제에게까지 보고된 이 사건은 최종적으로 사마리아인들의 유죄가 인정되고 많은 사람이 처형되는 것으로 종결되었습니다. 이 사건으로 쿠마누스는 총독에서 해임되어 추방되었으며 그 후임으로 안토니우스 펠릭스가 총독으로 부임해 오게 되었습니다.

이후 펠릭스의 통치시기에도 카이사리아에서 유대인과 헬라인 사이에 민족 간 분쟁이 벌어져 많은 사람들이 죽는 사건이 발생했습니다. 이 사건은 서기 60년경 카이사리아에 거주하는 유대인과 시리아계 헬라인 사이에서 카이사리아의 원주민이 누구인가를 두고 다투다 벌어진 유혈사태였습니다. 유대인은 이 도시를 애초에 유다왕 헤롯 1세가 건설하였으므로 자신들이 원주민이라고 우긴 반면, 헬라인들은 헤롯 1세가 건설한 것은 맞지만 그가 처음 건설할 때부터 황제와 헬라의 신들을 위한 신전들을 여러 곳에 세운만큼 실제적으로는

---

3) 벤티디우스 쿠마누스(Ventidius Cumanus) : 클라우디우스황제 시대인 서기48년~52년까지 유다를 다스린 로마총독.

헬라인을 위한 도시라고 우겼습니다. 사소한 논쟁으로 시작된 이 싸움은 결국 두 민족 간의 유혈사태로까지 번져 여러 날 계속되었는데, 이때 진압에 나선 카이사리아 주둔 로마군에는 현지출신인 시리아계 헬라인이 많았으므로 진압은 편파적으로 진행되어 많은 유대인의 살상이 벌어졌습니다. 이 사태 역시 로마황제에게까지 보고되는 큰 사건으로 비화되었으며, 이후 이 사건은 6년간의 소송 끝에 서기66년 헬라인이 승소판결을 받는 것으로 종결되었습니다. 이로 인해 유대인이 느낀 좌절감과 로마정부에 대한 실망감은 같은 해 발발한 유다-로마전쟁에도 일부나마 원인을 제공하는 것이기도 했습니다.

그 밖에 또 다른 당시의 사회상을 소개하자면, 당시에는 거짓예언자들이 출현하여 민족해방을 외치며 민중을 동요시켜 소요를 일으키려는 사례들이 많았습니다. 이들은 하나님의 계시를 받았다는 거짓말로 사람들을 유혹하여 폭동과 반란을 선동했습니다. 그중 펠릭스 총독의 시기에 하나님의 예언자를 사칭한 이집트출신의 사람이 나타나 자신이 예루살렘의 왕이 될 것이라고 외치며 폭동을 부추기다 곧 진압된 사건이 있었습니다. 그의 이름은 알려지지 않았으나 당시 현혹된 유대인이 삼만 명에 이르렀으며 그중 많은 사람이 진압과정에서 목숨을 잃었습니다. 또 이런 거짓예언자들 중에는 강도들과 결탁하여 부유층을 약탈하고 살인과 방화를 자행하는 이들도 많았습니다. 이러한 일련의 사건들은 불안하고 어수선했던 당시 사회의 분위기를 대변하는 것이었습니다.

또 그 후 알비누스 총독[4] 때에는 떼강도들이 대낮에 활개를 치는 등 치안이 몹시 불안했는데 이들은 오히려 알비누스의 비호를 받아 악행을 저지르고 있었고, 그로 인해 피해자들은 하소연할 데가 없었으며 피해를 당하지 않은 사람들은 오히려 그들에게 아부를 해야 하는 처지였다고 합니다. 이와

---

4) 루케이우스 알비누스(Luceius Albinus) : 전임 포르시우스 페스투스(Forsius Festus, 총독재임 서기60년~62년)가 병으로 급사하자 뒤를 이어 부임한 로마총독. 총독재임 서기62년~64년. 유다의 역사가 요세푸스는 그를 유다에 부임한 역대총독 중에서 그의 후임인 플로루스 다음으로 많은 비리와 악행을 저지른 총독으로 기록하고 있다. 참고로, 그의 전임 페스투스는 신약성경에 베스도(사도행전 25장 6절~12절)라는 이름으로 등장하며 펠릭스 총독의 후임이다.

같은 상황에서 서민들은 의사표현의 자유가 완전히 사라졌으며 민심은 날로 흉흉해져만 갔습니다.

나. 플로루스 총독의 학정

그러나 무엇보다 유대인의 반로마감정을 폭발시키고만 직접적인 원인은 서기64년 총독으로 부임한 플로루스[5]였습니다. 한 마디로 그는 전형적인 탐관오리였으며 성격마저 잔인하고 포악무도한 사람이었습니다. 전임 알비누스가 숨어서 비리를 저지르는 은폐형 탐관오리였다면, 그는 자신의 부패를 과시하듯 공개적으로 비리를 저지르며 횡포를 일삼던 관리였습니다. 재물에 관해서는 광적으로 집착하여 온갖 탐욕스런 비리를 자행하고 수탈에는 게걸스러울 정도로 혈안이었다고 하는데, 그의 폭정은 그동안 억눌렸던 유다인의 감정을 폭발시켜 결국 로마와의 전쟁으로까지 비화되는 결과를 초래하고 말았습니다.

그는 임기 말 자신의 엄청난 비리혐의들이 드러나는 것을 피하기 위해 오히려 유대인이 반란을 일으키도록 유인하고 급기야 로마와 전쟁을 벌이도록 계략을 꾸몄습니다. 왜냐하면 일단 전쟁이 일어나면 모든 책임은 먼저 전쟁을 일으킨 유대인에게 돌아갈 것이고, 자신에게 향해지는 약간의 원인부분은 자신의 지위와 타고난 교활함으로 충분히 피해갈 수 있다고 자신했기 때문입니다. 그래서 그는 유대인이 분노심에 폭동과 반란을 일으킬 때까지 그들을 더욱 억압하며 한편으론 교묘하게 더 심한 악행들을 저질러 유대인의 감정을 자극했습니다.

그의 집요한 계략의 실행은 서기66년 카이사리아에서 유대인의 폭동이 일어남으로써 마침내 실현되었습니다. 발단은 그곳에 있던 유대인 회당과 인접한 시리아계 헬라인의 토지 때문이었는데, 유대인들은 편안한 예배환경을 위해 이 땅을 매입하고자 몇 배의 가격을 제시했음에도 매번 허사였고, 오히려 그 소유주인 헬라인은 유대인을 비웃듯 그곳에 자신의 공장을 지어버렸습니다. 그 결과 유대인들은 협소한 길을 매우 불편하게 통행할 수밖에 없게 되었고, 이에 유대

---

[5] 게시우스 플로루스(Gessius Florus) : 전임 알비누스에 이어 유다에 부임한 총독. 재임 서기64년~70년

교 지도자들은 플로루스에게 은 8달란트[6]를 뇌물로 주며 문제의 해결을 부탁했습니다. 돈에 욕심이 생긴 그는 모든 일을 해결해 주기로 약속하지만, 이내 출장을 핑계로 사마리아로 떠나고는 소식을 끊었습니다. 이는 곧 유대인들이 알아서 폭력으로 일을 해결하라는 암시였으며 이 역시도 결과적으로는 폭동을 획책하는 간계였습니다. 플로루스가 떠난 다음날 그가 약속을 지킬 의사가 없음을 눈치 챈 유대인들이 당황한 마음으로 회당에 모였는데 그날은 안식일이었습니다.

그런데 회당입구에서 한 시리아계 헬라인이 항아리를 엎어놓고 유대인들이 보라는 듯이 그 위에 새를 제물로 바치는 것이 목격되었습니다. 이것은 유대교에서 나병환자 등 부정 탄 자들이 제사를 드리는 의식[7]이었는데, 이교도인 그 헬라인이 유대인 앞에서 이와 같은 행동을 하는 것은 유대인들을 조롱하는 행위였으며, 게다가 항아리마저 거꾸로 놓은 것은 유대인들에 대해 공개적으로 모욕을 주고자 하는 의도였습니다. 안식일날 이런 모욕을 받은 유대인들은 결국 헬라인들과 실랑이 끝에 패싸움을 벌이게 되었습니다. 차후 플로루스는 이 일을 고소하기 위해 사마리아까지 찾아온 유대인 지도자들이 얼마 전 자신에게 건넨 은 8달란트에 대해 조심스럽게 이야기하자 말도 안 되는 트집을 잡아 그들을 모두 옥에 가두어 버렸습니다. 이 일로 모든 유대인이 분개했지만 그는 아랑곳하지 않았습니다. 오히려 그는 얼마 후 황제가 돈이 부족하다며 예루살렘성전의 금고에서 17달란트[8]를 갈취해 가는 만행도 서슴지 않았습니다.

이로 인해 예루살렘에서도 플로루스에 대한 불만의 목소리가 높아지자, 그는 군대를 앞세워 시위를 벌이며 위협을 가했습니다. 그는 유대인 대표들에게 자기를 비난한 자들을 당장 끌고 오라며 으름장을 놓았는데, 그들이 총독의 지위에 맞는 자비와 관용 그리고 품위를 지켜달라는 말에 더욱 분노하여 그는 자신의 군대에게 예루살렘을 마음껏 약탈하고 눈에 띠는 모든 자를 죽이라고 명령했습니다.

---

6) 오늘날 약 4억5천만원~5억원 정도의 화폐가치.
7) 레위기 14장 4절~5절
8) 오늘날의 가치로 환산하면 20~30대 청년의 대략 30년 치 연봉에 해당하는 금액이다.

이 명령으로 서기66년 6월 3일 무자비한 살육이 시작되었는데, 로마병사들은 마음껏 약탈하라는 말에 노략질에 눈이 어두워 명령받은 지역만이 아니라 모든 가옥 안으로 난입하여 주민들을 학살하고 약탈하기 시작했습니다. 또 체포된 사람들은 플로루스 앞에 무리로 끌려가 채찍질을 당한 후 십자가에 처형되었습니다. 이때 처형된 사람이 대략 3,600명이었으며, 여기에는 부녀자와 아이들은 물론 갓난아기마저 포함되어 있었습니다. 플로루스는 이렇게 유대인들의 감정을 자극하며 반란이 일어나기를 유도했습니다.

이러한 사태가 벌어지는 동안, 유다의 분봉왕이었던 아그립바 2세는 신임 이집트총독을 위한 축하행사 참석을 위해 알렉산드리아에 가 있어 자기 백성들을 위해 아무런 도움도 주지 못했습니다. 그러나 돌아온 후에도 그는 플로루스와 맞붙기를 부담스러워하여 유대인들을 달래기에만 급급했습니다.

이 일이 있은 후 회당에 모인 유대인들은 플로루스와 맞서 무기를 들고 싸우자는 강경파와, 일을 크게 벌였다가 자칫 로마본토의 군대를 불러들이는 상황이 벌어지면 나라가 멸망할 수도 있음을 걱정한 온건파 지도자들 간에 격론이 벌어졌습니다. 회의는 일단 원로들인 온건파의 제안을 따르기로 했지만 백성들의 대다수는 이미 마음속으론 강경파를 지지하고 있었습니다.

한편 소요가 커질 것을 예상하고 미리 두개의 부대를 카이사이라에서 추가로 출동시켜 놓은 플로루스는 소요가 확산되지 않고 예상외로 잠잠해진 데에 분개하며 다시금 폭동을 일으키기 위해 계략을 꾸몄습니다. 그는 다시 유대인 지도자들을 불러 모아, 유대인이 진심으로 반란을 일으킬 의도가 없다면 그 증거로 며칠 후 카이사리아에서 예루살렘으로 이동하는 자신의 두 개 로마부대가 예루살렘에 입성할 때 대대적인 환영식을 준비하라고 했습니다. 유대인 지도자들은 이를 거세게 반대하는 강경파들을 간신히 설득하여 환영식을 준비하지만, 그들도 환영식에 동원된 모든 사람들을 일일이 설득할 수는 없었습니다. 이 환영식은 결국 플로루스의 연출대로 또다시 학살극의 빌미를 제공하게 되었습니다.

플로루스의 군대가 입성하여 거리를 행진할 때 군중 속에서 로마군에 대해 누군가의 야유소리가 터져 나오자, 로마군은 기다렸다는 듯 행군대형에서 이내 대열을 바꿔 유대인을 공격하기 시작했습니다. 플로루스는 자신의 군대에게 환영인사를 받지 말고 앞만 보고 행진하다가, 군중 속에서 (이미 예상된) 야유가 터지면 이를 공격신호로 삼아 유대인을 짓밟으라고 미리 명령을 내려두었던 터였습니다. 이렇게 일어난 또 한 번의 참극으로 인해 예루살렘의 성문 근처에선 아비규환 속에 많은 사람들이 희생되었습니다.

살생을 마친 후 플로루스는 두 개 부대 중 한 개 부대를 예루살렘에 남겨놓고 카이사리아로 철수했습니다. 그리고는 자신이 저지른 사태에 대해 상관인 시리아 총독 케스티우스 갈루스에게,[9] 피해자는 자신 및 자신의 군대이며 그들은 유대인이 먼저 행사한 폭력을 피하기 위해 최소한의 정당방위를 했을 뿐이라고 거짓보고를 올렸습니다. 그러나 이번에는 유대인 지도자들도 가만히 있지 않았습니다. 그들 역시 안티오키아[10]에 머물던 케스티우스에게 정확한 사실을 적은 서신을 보냈습니다. 또 지난번 예루살렘이 약탈당할 때 왕궁에 있다 봉변을 당한 아그립바 2세의 여동생 베르니게 2세도 같은 서신을 보냈습니다. 이에 따라 케스티우스는 진상규명을 위한 조사관을 파견하였고 어느 정도 사실관계를 알아내었지만 그렇다고 플로루스를 문책하거나 징계하지는 않았습니다.

그러자 유다백성들은 이번에는 플로루스를 로마황제[11]에게 고발할 것을 아그립바 2세와 대제사장들에게 요구했습니다. 그러나 이번에도 아그립바 2세는 온건파의 도움과 장황한 연설로 그들이 감정을 자제해 줄 것을 설득했습니다.

다. 전쟁의 전조(前兆)

이후에도 플로루스의 폭정은 계속되었고, 그에 대한 유다 백성들의 감정은 마침내 폭발하고 말았습니다. 이는 플로루스가 의도했던 대로 유다의 운

---

9) 직급으로는 시리아총독이 유다총독보다 상관이었다.
10) 유다의 총독관저는 카이사리아에 있었고, 시리아의 총독관저는 안티오키아(성경에는 안디옥으로 표기)에 있었다.
11) 당시의 로마황제는 네로였다.

명이 흘러가고 있는 것을 뜻했습니다.

첫 폭동은 남부의 마사다[12]에서 시작되었습니다. 유대인들은 이곳의 요새를 급습하여 로마 경비병들을 살해했습니다. 이 소식이 예루살렘에 전해지자 대제사장 아나니아의 아들이자 성전의 상급관리자였던 엘르아살은 성전에서 어떠한 이방인을 위한 제사도 허용하지 말도록 명령했습니다. 아우구스투스황제 이후 로마는 황제숭배를 강요하여 매일 두 차례씩 성전에서 황제에게 희생제물을 바치도록 하였는데,[13] 엘르아살의 이 명령은 로마와 황제에 대한 제사를 정면으로 거부하는 것을 의미했습니다. 이에 유대교의 온건파 지도자들은 엘르아살과 그의 추종자들을 설득하고자 하였으나 그들은 이미 엘르아살을 사령관으로 하여 일전을 불사할 태세를 보였습니다.

설득에 실패한 지도자들은 사태가 확산되는 것을 사전에 막기 위해 플로루스에게 그들을 해산시켜 줄 것을 부탁했지만, 플로루스는 사태가 더욱 확산될 때를 기다리기 위해 아무런 답변도 주지 않았습니다. 한편 아그립바 2세는 폭동이 커지는 것이나 로마군이 개입하는 것이나 모두가 자신에게는 불리하다는 것을 잘 알고 있었으므로 최적의 해결책은 스스로 해결하는 것이라 생각하고 자신의 군대를 출동시켰습니다. 이렇게 해서 사태는 유대인들끼리의 내전의 양상으로 전환되는 듯 보였습니다.

그들은 7일간 팽팽한 공방전을 벌였는데, 로마군과는 달리 동족 간의 살생을 최소화하려는 양측의 암묵적인 정서가 작용해 인명피해는 크지 않았습니다. 그러나 시간이 지남에 따라 시카리 및 셀롯을 비롯한 여러 부류의 사람들이 엘르아살 편에 가담함으로써 그들의 규모는 늘어났고 세력도 점차 반란군의 성격을 띠어갔습니다. 결국 아그립바의 군대는 그들의 거센 저

---

12) 유다사막 동쪽에 위치한 고원지대. 마사다는 유다-로마전쟁의 발발지이기도 하지만 로마에 끝까지 항전하며 마지막으로 점령된 최후의 장소이기도 하다. 마사다에는 헤롯대왕이 전쟁을 대비해 건설한 왕궁과 군사요새가 있었다.
13) 자신의 동상을 성전에 세우려고 했던 칼리굴라의 행위는 이러한 황제 숭배사상이 극단으로 표출된 경우였다.

항에 밀려 진압에 실패하고 철수하게 되었습니다. 그러자 반란군은 여세를 몰아 공세를 강화하여 왕궁의 일부를 불태웠으며 또 문서보관서를 습격하여 서민들의 채무증서를 불태워버렸습니다. 이는 빚이 많은 가난한 사람들을 자기편으로 만들려는 의도였습니다.

　나아가 그들은 예루살렘에 주둔하던 로마군 진지를 포위하여 공격했습니다. 여기에는 앞서 언급한 플로루스의 두 개 부대 중 예루살렘에 남아있던 한 개 부대도 포함되어 있었던 것으로 보입니다. 사태가 이렇게 확산되자 이 같은 행위를 로마본토에서 반란으로 규정할 것을 염려한 예루살렘의 평화적인 주민들은 사태의 주동자들에게 로마군에 대한 공격을 중지해 줄 것을 여러 번 요청했습니다. 그러나 그들은 오히려 로마군을 더욱 거세게 공격했고, 외부의 지원이 없고 수적으로 열세였던 로마군은 더 이상 버틸 수 없다고 판단한 나머지 자신들을 살려줄 것을 보장받는 조건으로 결국 그들에게 항복하게 되었습니다.

　그러나 로마병사들이 무장을 해제하자마자 그들을 둘러싸고 있던 유대인들은 태도를 바꿔 삽시간에 그들을 모두 죽이고 말았습니다. 특히 이날은 안식일이었으며 이날 벌어진 살인사건으로 많은 유대인들은 경악했습니다. 그리고는 소수의 과격한 행동으로 인해 향후 불어 닥칠 로마의 보복으로 선량한 사람들마저도 시련을 겪을 수밖에 없음을 알고 두려워했습니다. 이제 유대인들은 돌이킬 수 없는 전쟁의 구실을 로마에 제공하게 되었던 것입니다.

　라. 소요의 확산

　그런데 공교롭게도 같은 날 카이사리아에서는 그동안 쌓여왔던 유대인와 시리아계 헬라인 주민들 간의 해묵은 감정이 또다시 폭발하여 그곳 시리아계 헬라인들에 의해 유대인 2만 명이 학살당하는 사건이 벌어졌습니다. 여기에는 앞서 말한 원주민 논쟁에 대한 로마법정에서의 판결 이후에도 여전히 남아있던 두 주민간의 누적된 적개심이 발단이 되었습니다. 당연히 총독 플로루스는 이번에도 헬라인 편을 들어주었습니다.

　이 소식을 들은 전국의 유대인들은 분노했으며, 그들은 저마다 시리아지역의 여러 도시로 쳐들어가 약탈과 방화를 저질렀습니다. 그리하여 곳곳에서 시리아인과 유대인 사이에 밤낮으로 유혈극이 벌어지게 되었고, 그러는 와중에 현지에 사는 상당수의 애꿎은 유대인들도 살해되고 약탈당하는 비극이 발생하였습니다.

여러 곳에서 유대인의 소요가 발생했다는 소문이 돌자, 시리아계와는 관계없지만 유대인이 많이 거주하는 다른 도시들에서도 지레 유대인의 동요를 두려워하여 현지주민들이 그들을 핍박하기 시작했습니다. 그리하여 아스글론과 프톨레메스, 두로 등 여러 도시에서도 많은 유대인이 살해되거나 투옥되었습니다. 특히 수도 로마 다음으로 큰 도시였던 이집트의 알렉산드리아에서도 민족갈등에 의해 많은 유대인이 살해되었는데, 이에 대한 유대인의 보복성 폭동이 연이어 발생하자 이집트 총독이었던 티베리우스 알렉산더가 직접 해결에 나서게 되었습니다. 그러나 이미 흥분한 유대인들은 그의 만류와 중재에 귀 기울이지 않았고 급기야 그는 유대인들에 대해 결국 무력으로 진압을 하게 되었습니다.

그러나 결과는 유대인의 저항과 폭동을 더욱 확산시키는 꼴이 되고 말았고, 이렇게 되자 결국엔 시리아 총독 케스티우스마저 진압에 나서게 되었습니다. 케스티우스는 자신의 군대인 로마군 제12군단 외에 주변국의 여러 왕들로부터 지원군을 모아 진압에 나섰습니다. 이때 유다왕 아그립바 2세도 그에게 합류했습니다.

케스티우스의 군대는 카이사리아에서 8,400명의 유대인을 학살하는 등 닥치는 대로 폭동을 진압하며 예루살렘으로 향했습니다. 예루살렘에는 각지의 폭도들이 모여들어 그 수가 눈덩이처럼 불어나 있었습니다. 그들은 주변의 산악지대를 장악하곤 외곽에서 케스티우스의 군대를 괴롭혔습니다. 예상외로 진압군이 고전하고 전황이 불리하게 돌아가자, 아그립바 2세는 아직 예루살렘성 안에는 전쟁을 원치 않는 백성이 많이 있다는 사실을 알고 협상단을 보내 이쯤에서 이 소요사태를 마무해보려고 하였습니다. 그러나 반군들은 예루살렘에 들어온 아그립바의 협상단을 몰살시킴으로 이를 거절했습니다.

케스티우스의 군대가 전열을 가다듬고 다시금 총공세를 감행하자 공세에

밀린 반군들은 예루살렘을 버리고 외곽으로 달아났습니다. 아나니아의 아들 엘르아살도 이때 그들과 함께 후퇴한 것으로 보이지만 이후 그에 대한 기록은 더 이상 나오지 않습니다. 이는 그가 전쟁발발의 한 원인을 제공키는 하였지만 차후론 더 이상 중요한 사건에 연루되거나 큰 역할을 한 인물은 되지 못했기 때문인 것으로 여겨집니다.

아무튼 그들이 달아난 틈을 타 성안에 남아있던 유대인들은 로마군에게 성문을 열어 주었습니다. 그들은 전쟁에 반대하던 예루살렘주민들로 로마군이 다시 도시의 치안을 회복시켜주고 이전처럼 안정된 생활을 되찾아 주기를 원했습니다. 이렇게 해서 로마군은 예루살렘을 점령할 수 있게 되었습니다. 그러나 무슨 영문인지 케스티우스는 사태가 완전히 수습되지 않았음에도 주민들의 기대와는 달리 얼마 안 있어 군대를 철수시켜버렸습니다. 요세푸스의 유대전쟁사에는 이것이 단순히 전술운용의 미숙이었는지 아니면 다른 이유가 있었는지는 밝히고 있지 않습니다. 다만 그는 만약 이때에 케스티우스가 더 오래 주둔하고 있었더라면, 이 사태는 그것으로 종결되어 끝내 유다의 멸망까지 가는 비극으로 이어지지는 않았을 것이며, 그럼에도 한편으로 이는 사악한 자들로 인해 하나님께서 이미 예루살렘을 떠나셨으며 그로써 전쟁이 끝나지 못하게 하시려는 뜻일 수 있었다고 술회하고 있습니다.

예기치 않은 로마군의 철수로 반군들은 또 다시 기회를 얻게 되었습니다. 그들은 철수하는 로마군의 후미를 기습하여 대파하는 성과를 거두었습니다. 이때 케스티우스의 군대는 주력부대가 괴멸되는 참패를 당하게 되었으며, 여기서 간신히 살아남은 로마 병사들도 뒤이은 유대인의 여러 파상공세에 의해 거의 전멸에 가까운 손실을 입었습니다. 그리고 케스티우스 자신은 간신히 몸만 빠져나와 야반도주를 해야 하는 굴욕을 당하고 말았습니다. 이 전투로 대략 6천명의 로마군 전사자가 발생했으며, 반란군은 이때 노획한 수많은 무기와 장비들로 자신들을 무장했습니다. 이때가 서기66년 11월 25일이었습니다.

마. 로마의 개입과 전쟁의 시작

예상치 못했던 케스티우스의 참패 이후, 많은 유대인 온건파 지도층인사들은 반란군을 피해 신속히 예루살렘을 빠져나갔습니다. 아그립바 2세와 그 식솔들도 이때 예루살렘을 빠져나와 케스티우스에게로 피신했습니다. 한편 간신히 안티오키아로 돌아온 케스티우스는 이 사태를 반란으로 규정하여 당시 로마황제인 네로에게 보고서를 올렸습니다.

로마의 패전소식에 충격을 받은 네로는 아가야지방[14]에 머물고 있던 베스파시아누스[15]에게 유다의 정벌을 명했습니다. 황제의 명을 받은 그는 즉시 로마 최정예 부대인 제5군단과 제10군단을 안티오키아에 집결토록 명령하였습니다. 동시에 그는 아들 티투스[16]에게도 이집트의 알렉산드리아로부터 로마군 제15군단을 이끌고 출동할 것을 명했습니다. 또 여러 속주의 왕들로부터 지원받은 병력도 속속 모여들었는데, 이들의 병력을 모두 합하면 노예부대와 부속인원을 빼고도 약 6만명에 달하는 대군이었습니다. 이들은 프톨레메스에서 합류하여 유다로 진격하기 시작했습니다. 여기에는 아그립바 2세도 합류해 있었습니다. 이제 유대인의 봉기가 폭동에서 로마와의 전면전쟁으로 바뀌는 순간이었습니다.

서기66년 겨울, 이들 로마군대는 유다북부인 갈릴리지역을 시작으로 차례차례 반란군들을 진압해 나가기 시작했습니다. 유대인에게 열정이 충만했

---

14) 그리스남부에 위치한 로마의 주(州)이름. 아테네와 코린터스(성서상의 고린도)가 속해 있었음.

15) 베스파시아누스 티투스 플라비우스(Vespasianus Titus Flavius) : 재위 AD69~79. 플라비우스왕조를 일으킨 로마의 황제. 일반적으로 베스파시아누스라 불린다. AD9년 세금징수원의 아들로 태어난 중인의 신분이었으나, 부지런하고 성실한 성격으로 집정관을 거쳐 황제에까지 올랐다. AD68년 6월 네로가 사망하자 로마는 군벌세력들이 왕위를 찬탈하며 2년간 갈바(재위 AD68~69), 오토(재위 AD69), 비텔리우스(재위 AD69)에 이르는 3명의 황제가 교체되는 내전상태에 빠져들었다. 이에 원로원이 이 혼란을 수습할 적임자로 베스파시아누스를 지명하자 유다원정 중 로마로 귀환하여 비텔리우스를 몰아내고 황제가 되었다. 그의 사후 두 아들 티투스와 도미티아누스가 차례로 황제를 이어받아 플라비우스왕조를 이룩하였다.

16) p.247 주24) 참조.

었다고는 하지만 군사지식과 전투경험이 부족한 민간인이 고도로 훈련되고 완벽한 무장을 갖춘 대규모의 정규군을 상대로 싸운다는 것은 아무래도 벅찬 일이었습니다. 유대인들은 완강히 저항했지만 황제의 명에 의해 직접 파병된 로마의 정예군은 규모와 전술, 장비 등 모든 면에서 예전 케스티우스의 지역주둔군과는 차원이 달랐습니다. 한 예로 갈릴리지방에서 반란에 참여한 여러 도시 중에서 천혜의 난공불락 요새였던 요타파타성(城)도 로마군의 공격에 맞서 처절한 사투를 벌이며 저항했지만 결국 47일 만에 함락되고 말았습니다. 이때가 이듬해 여름인 서기67년 7월 20일이었으며 로마군은 불과 반년 남짓의 기간에 이 지역 반군의 주요 거점들을 점령해버렸던 것입니다. 또 요타파타가 함락될 때 갈릴리지역의 반군지휘관 한 사람이 포로가 되었는데 그가 바로 '유대전쟁사'를 저술한 플라비우스 요세푸스[17]입니다.

이후 로마군은 카이사리아와 스키토폴리스에 나뉘어 주둔하며[18] 이곳을 거점으로 9월에는 욥바와 티베리아, 타리케아 및 게네사렛 등을, 그리고 11월에는 가말라를 차례로 점령하여 서기67년 말에는 유다북부의 반로마지역 대부분이 로마군의 수중에 들어갔습니다. 이어 서기68년 봄에는 요단강 동

---

17) 플라비우스 요세푸스(Flavius Josephus, 서기 37~100?) : 유다의 역사가, 유대교 사제. 전쟁 발발당시 29세의 젊은 사제로서 전쟁에 가담했던 그는 포로가 되자 베스파시아누스에게 장차 로마의 황제가 될 것이라는 예언을 하여 죽음을 면했다. 베스파시아누스는 투항한 그를 처형하지 않고 종군기록관에 임명하여 유다-로마전쟁을 낱낱이 기록토록 했다. 그리고 서기 75년경 이를 집대성한 책이 바로 '유대전쟁사'이다. 이보다 먼저 요세푸스는 서기 71년 티투스와 함께 로마로 가서 로마시민권을 획득하였고, 이후 베스파시아누스 가문의 보호 속에 로마에서 여생을 보냈다. 그의 히브리 본명은 '요셉 벤 맛티아스'이며 플라비우스 요세푸스라는 이름은 포로가 된 후 로마식으로 개명한 것인데, 그의 이름 중 플라비우스는 베스파시아누스의 이름을 하사받은 것이다. 한편 사제였던 그가 유대교의 바리새파였다는 설에는 이의를 제기하는 학자들도 많이 있다.

18) 베스파시아누스는 주둔하는 도시의 재정부담을 덜어주기 위해 5군단과 10군단은 카이사리아에, 그리고 15군단은 스키토폴리스에 나누어 주둔시켰다. 특히 카이사리아 주민들은 앞서 언급한 일련의 사건들로 인해 유대인에 적대적인 성향이 강했는데, 전쟁 중에도 유다에는 이같이 반유대적이자 친로마적인 도시가 많이 있어 한편으로 베스파시아누스는 이들의 협조를 받으며 전쟁을 수행해 나갔다.

부와 유다남부의 에돔지역까지 점령하였고, 같은 해 7월에는 예루살렘을 제외한 거의 모든 반군 도시들을 점령하게 되었습니다.

그러다 베스파시아누스가 잠시 카이사리아로 돌아가 예루살렘 진격을 위해 군대를 정비하고 있는 동안 로마로부터 급작스럽게 황제 네로가 사망했다는 소식이 전해졌습니다. 이때가 네로가 사망한 서기68년 6월 9일로부터 얼마 되지 않은 6월 중순 내지 7월 사이의 여름이었을 것으로 추정되고 있습니다.

이후 로마는 오토와 갈바, 비텔리우스 등의 군벌세력에 의한 왕권다툼으로 정치적인 혼란이 시작되었습니다. 이에 원로원은 황제의 갑작스런 죽음으로 인한 로마의 혼란을 수습하기 위해 베스파시아누스를 급히 호출하였고, 이에 따라 그는 아들 티투스에게 전장의 뒷일을 맡기고 로마로 귀환했습니다.

이 예기치 못했던 일련의 사태들은 로마군에게는 아무래도 전투의지에 영향을 미치는 계기로 작용하게 되었고, 반면 후퇴를 거듭하던 반군에게는 잠시 숨을 고르고 전열을 가다듬을 수 있는 시간과 기회를 제공하는 것이었습니다. 이로써 전쟁은 로마의 내부적인 이유로 인해 한동안 소강상태로 접어들게 되었습니다.

이 시기 예루살렘은 각지에서 모여든 반군세력들에 의해 장악되어 있었습니다. 예루살렘은 그때까지만 해도 반군에겐 안전지대에 속하였으므로, 전쟁이 지속되는 동안 패퇴한 반군들이 로마군을 피해서거나 아니면 다른 반란세력들이 시민들을 선동할 목적으로 들어와 있었습니다. 자신들의 무리를 이끌고 예루살렘에 들어온 반군들은 처음에는 예루살렘의 지도자들과 협의하는 태도를 취하는 듯했습니다. 게스티우스 때에도 그러했지만 당시 예루살렘의 지도층에는 온건주의자들도 많이 있었으며, 제사장계급과 일반 시민들의 상당수는 오히려 반란의 사태에 대해 평화적인 해결을 원하고 있었습니다. 그러나 로마의 예루살렘 공격이 임박했다는 소문이 돌자 그들은 전쟁에 반대하는 인사들을 무참히 살해한 뒤 무력으로 예루살렘을 지배하기 시작했습니다.

질문 19. 성경에 나오는 이스라엘민족의 역사를 간략히 설명해 주세요.

이들 반군무리들의 우두머리로는 기스칼라 출신으로 레위의 아들인 요한과 거라사 출신으로 기오라의 아들인 시몬[19], 그리고 셀롯과 시카리의 수장 격인 시몬의 아들 엘르아살[20]이 있었습니다. 특히 셀롯과 시카리는 이미 그 일부가 전쟁 전부터 예루살렘에 들어와 활동하고 있기도 했습니다. 이들 외에 예루살렘의 온건세력들이 반기를 들 것을 두려워 해 셀롯파가 끌어들인 에돔인들도 반군에 가담하고 있었습니다.

이들은 다 같이 로마에 항거하는 반군들이었지만, 로마군과의 전투가 없을 때에는 성안의 주도권을 차지하기 위해 서로 전투를 벌일 만큼 한편으론 적대감을 표출하는 관계이기도 했습니다. 특히 요한과 시몬의 관계가 그러했습니다. 그런데 이들은 모두가 자신들의 목적을 위해서는 동족들에 대한 약탈과 살생도 서슴지 않았습니다. 이들은 무자비함으로 예루살렘을 지배했으며 언제나 공포분위기로 시민들을 억압하려 들었습니다.

아직 성 안에는 이들 급진주의자들의 기세에 눌려 속내를 드러낼 수 없었으나 마음속으론 전쟁을 원하지 않던 사람들이 많이 남아 있었으며, 그들은 로마군의 포위가 느슨해지면 그 틈을 노려 성을 빠져나와 달아나곤 했습니다. 그러나 반군들의 감시로 인해 성을 빠져나가지 못한 사람이 훨씬 많았습니다.

바. 예루살렘 함락과 성전의 붕괴

이듬해 로마의 혼란을 수습한 베스파시아누스는 황제로 추대되었고,[21] 이로써 유다에 남아있던 티투스는 서기70년 4월 다시 예루살렘을 향한 본격

---

19) 그는 거라사 출신의 시몬과는 다른 사람이다. 요한이나 시몬이라는 이름은 예수님의 제자들 중에서도 찾아볼 수 있을 만큼 유다에는 많이 있었다. 여기 등장하는 반군지도자 요한과 시몬은 그런 동명인들과의 구분을 위해 각기 '기스칼라 요한'과 '기오라 시몬'으로 부르기도 한다.
20) 그도 앞서 예루살렘에서 반란을 일으켰던 대제사장 아나니아의 아들 엘르아살과는 다른 사람이다.
21) 서기69년 12월 20일.

적인 공격을 준비했습니다. 티투스는 예루살렘을 포위한 후 총공격을 감행했고 이에 따라 치열한 공방전이 계속되었습니다. 그는 성 외곽을 빙 둘러 방벽을 치고 공격을 했는데, 밤낮 구별 없는 양측의 처절한 전투 끝에 70년 5월 25일 예루살렘 남측의 외곽 성벽이 무너지며 성의 일부가 함락되었습니다. 당시 예루살렘은 성 안에도 몇 겹의 성벽으로 구역이 나뉘어져 있었는데, 이날 무너진 곳은 가장 바깥쪽에 있던 '제1성벽'이라고 불리는 외곽성벽의 남쪽 부분이었으며 함락된 곳은 그 안쪽의 하부도시라는 지역이었습니다. 전쟁의 종식을 기대하며 기세 좋게 성안으로 진격해 들어간 로마군들은 그러나 낙심하지 않을 수 없었습니다. 반군들은 성 안쪽에 있는 제2성벽으로 물러나 다시금 로마군과의 결사의지를 다짐하고 있었기 때문이었습니다.

한편 예루살렘 공격이 시작된 이후 예루살렘성 안의 일반 주민들은 거의 지옥과 같은 생활을 하고 있었습니다. 그들은 전쟁과는 아무 상관도 없었으며 단지 예루살렘에 거주한다는 이유만으로 이 모진 참상을 겪어야 했습니다. 특히 식량부족은 심각한 상황에 이르러 있었습니다. 이는 반군들이 결사항전의 의지를 드높인다는 의미로 성 안의 식량을 모두 불태웠기 때문인데 이 무모한 행위로 결국 많은 주민과 저항군들이 굶어죽고 말았습니다. 게다가 인명을 파리 목숨처럼 하찮게 여기는 반군들의 행태는 언제 어디서 무슨 트집을 잡혀 그들의 손에 죽임을 당할지 모르는 상황을 만들고 있었습니다. 이렇듯 주민들은 안으로는 동족에 의해서거나 밖으로는 로마군에 의해서거나 이래저래 자신의 생명을 위협받으며 불안에 떠는 처지에 놓여 있었습니다.

이 같은 예루살렘주민들을 보호하려했던 자는 오히려 성 밖에 있던 티투스였습니다. 성 안의 끔찍한 상황을 알고 있던 티투스는 수차례 도시민의 안전보장을 약속하며 투항의 기회를 주었습니다. 그러나 주민들은 폭도들에 의해 봉쇄되어 있었습니다. 반군들은 성을 빠져 달아나려 하는 자나 자신들에게 협조하지 않는 자들은 무자비하게 살해했으며, 군량미를 모은다는 명목으로 가택을 수색해 식량을 빼앗아가는 과정에서도 많은 사람을 죽였습니다. 그로 인해 극심한 기아로 굶어죽는 사람들이 속출했습니다. 아사자를 포함한 이들 사망자의 수는 서기70년 5월 1일부터 7월 20일 사이에만 무려 115,880명에 달했다고 합니다.[22] 그러나 반군들은 급기야 죽은 자의 장례도 치르지 못하게 했으며 이를 애도하다 발각되면 그 자리에서 가차 없이 처형되었습니다. 예루살렘은 여기저기 쌓여있는 시체로 가득했으며, 그 썩는 냄새가 진동하자 반군들은 악취를 피하려고 시신을 성 밖의 계곡으로 던져버렸습니다. 글자 그대로 성안은 아비규환의 상황이었습니다. 극심한 기아로 인해 당시 성 안에서는 소량의 밀이 1달란트[23]에 은밀히 팔렸다고도 합니다. 기아의 참상이 얼마나 참혹했는지, 당시 성 안에서는 다른 도시에서 피난 온 한 젊은 여인이 자신의 갓난아기를 삶아먹었다는 기록도 있습니다. 상황이 이쯤 되자 로마군은 정벌군이 아니라 오히려 예루살렘 주민의 해방군으로 비쳐지기도 했습니다. 유대전쟁사의 저자 요세푸스 역시 이러한 상황을 보고는 전쟁의 책임을 이스라엘민족 전체가 아니라 반란을 주도한 몇몇 폭도들에게 돌려야 한다고 말했습니다.

한편, 안전을 보장하겠다는 티투스의 제안이 거부되자 그는 이번에는 적들에게 공포감을 심어주는 전술을 택했습니다. 그는 예루살렘의 포위를 강화한 후 누구든지 성을 빠져나가 달아나려 하는 자는 붙잡아 온갖 고문을 가한 후 성벽을 마주한 곳에서 십자가에 매달았는데, 붙잡힌 자들이 매일같이 하루에 500명 이상이었다고 하며 그 수가 어찌나 많았는지 나중에는 십자가를 만들 나무는 물론 그것을 세울 곳도 부족했다고 합니다. 동시에 이 봉쇄로 인해 예루살렘의 기근은 더욱 심각한 상황을 맞이하게 되었습니

---

22) 이는 유대인 투항자 중 장례비를 담당하던 직책에 있던 만네우스라는 자에 의한 통계이다. 그러나 그 후에 탈주한 다른 지도층 인사의 증언에 의하면 장례비지원 없이 가족이 직접 장례를 해결한 비공식적 사례까지 합하면 60만명이나 된다는 주장도 있다. 그러나 115,880명이나 60만명이라는 통계는 모두 당시의 인구로 볼 때 상당히 과장된 숫자라는 의견이 지배적이다.

23) 오늘날의 가치로 약 5,600만원~6,200만원 정도의 금액.

다. 그러나 이처럼 처참하고 잔혹한 상황 속에서도 반군은 물러서지 않았으며 양측은 격돌과 대치를 반복하고 있었습니다.

이 와중에 서기70년 8월 30일[24] 유대교의 상징이었던 예루살렘성전이 전투 중 로마군의 화공에 의해 불에 타 붕괴되고 말았습니다. 이로써 유대인이 바빌로니아의 포로에서 귀환한 후 재건했던 예루살렘성전은 또 다시 전란으로 사라지게 되었습니다. 예수님께서 예루살렘을 방문하셨을 때 성전을 향해 '돌 하나도 돌 위에 남지 않고 다 무너뜨려질 것'[25]이라고 하신 예언이 그대로 이루어진 것입니다. 그때 이후 예루살렘성전은 아직껏 재건되지 않고 있습니다.

그 후 공세의 고삐를 늦추지 않은 티투스는 서기70년 9월 8일 마침내 예루살렘의 최종함락을 위한 총공격을 명령하였고, 로마군은 성의 중심부로 쳐들어가며 손에 닿는 대로 약탈하고 아이와 노인, 평민과 제사장 등 가리지 않고 수많은 유대인들을 닥치는 대로 살해했습니다. 결국 예루살렘은 그로부터 십팔일 후인 9월 26일 새벽 완전히 점령되었고 성 전체는 모조리 불에 타 폐허가 되어버렸습니다. 성안에는 이미 반군들에 의해 죽임을 당한 유대인들 시체가 거리마다 가득 메우고 있었고, 거기다 로마군의 진입으로 살해된 사람들의 시신까지 더해져 예루살렘은 지옥의 참상을 연출하고 있었습니다. 요세푸스는 당시의 상황을 다음과 같이 기록하고 있습니다.

"모든 유대인은 전쟁의 불길에 휩쓸려 자비를 구하는 자나 저항하는 자나 전부 목숨을 빼앗겼다. 사방으로 번져가는 무서운 불길에 죽어가는 자들의 신음소리가 뒤섞였다. 높은 산 위에 있던 거대한 성전 건물이 불타고 있었기 때문에 마치 예루살렘 전체가 화염에 휩싸인 듯이 보였다…(중략)…로마군대가 크게 함성을 지르며 적을 향해 달려들자 유대인 폭도들은 화염과 칼날에 둘러싸인 채 울부짖었다. 위쪽으로 올라가던 주민들은 길이 막히자 잔

---

24) 학자에 따라 8월 29일이라는 주장도 있음.
25) 마가복음13장 1~2절

뜩 겁을 먹고 몸을 돌려 도망치다가 곧바로 적의 수중에 떨어져 목숨을 잃었다. 이 끔직한 광경과 더불어 비명소리도 끔찍했다. 성전 산에 있는 사람들의 고함소리가 성안에 있던 무리의 비명소리와 뒤섞였다…(중략)…그러나 끔직한 비명소리보다 더 참혹했던 것은 눈에 보이는 참상 그 자체였다. 성전이 세워진 언덕은 바닥에서부터 온통 불덩이로 변해 있었고 곳곳에 화염이 치솟고 있었다. 불길보다 더 거세게 흘러넘친 핏물은 바다를 이루었으며, 살해된 자의 수효가 살해하는 자보다 더 많았다. 사방이 시체로 뒤덮여 발 디딜 곳을 찾기 어려울 지경이라 로마군은 도망치는 자들을 잡으려고 시체를 밟으며 추격했다."

이렇게 예루살렘은 함락되고 반군 지도자 요한과 시몬은 생포되어 로마로 압송되었습니다. 시몬은 티투스의 개선식에 끌려가 로마시내 한복판에서 처형당했으며, 요한은 종신형에 처해졌습니다.

그러나 전쟁이 이것으로 완전히 끝난 것은 아니었습니다. 물론 공식적으로는 예루살렘이 함락된 서기70년을 전쟁종식과 동시에 유다가 멸망한 해로 보는 것이 맞습니다. 하지만 예루살렘이 함락된 후에도 반군의 잔존세력은 유다 동부의 고원에 위치한 천연요새 마사다로 피신하여 끝까지 결사항전을 외치며 로마군에 대항했습니다. 이 마지막 반군들은 시카리의 수장 엘르아살이 이끌고 있었습니다. 이 엘르아살은 과거 예수님의 탄생 시 아우구스투스의 호적령에 반대하여 갈릴리에서 폭동을 일으킨 유다[26]의 손자이기도 합니다.

사. 마사다전투와 유다의 멸망

한편 전쟁을 일단락지은 티투스는 10군단만 유다에 남도록 하고 나머지 병력은 본래의 주둔지로 철수시켰습니다. 그리고 자신은 서기71년 로마로 귀환하였고 대신 루킬리우스 바수스 장군이 사후수습을 위해 파견되었습니다. 그는 힘을 잃은 반군잔당들의 거점들을 차례로 점령해 가며 마사다 근

---

[26] 사도행전5장 37절

처까지 진출하였으나 서기72년 병으로 사망하고 말았습니다. 후임으로는 플라비우스 실바 장군이 부임하게 되었습니다. 실바는 모든 유다지역이 로마에 정복당했음에도 불구하고 마사다 단 하나의 요새가 아직도 반역을 도모하고 있음을 알고, 흩어져 배치되어 있던 병력을 모두 집결시켜 이 요새를 치러 갔습니다. 마사다는 우뚝 솟은 고원 위에 위치한 천혜의 요새였으므로, 실바는 여러 날을 고민 끝에 이 요새와 같은 높이의 방벽을 세워 그 위에서 화공과 투석기 등으로 요새를 공격키로 했습니다. 로마군은 마사다를 철통같이 포위한 후 방벽을 쌓기 시작했으며 이 공사가 완성되자 즉시 마사다를 향해 총공격을 개시했습니다.

마사다의 반군들도 이에 맞서 용감히 싸웠으나, 날이 갈수록 모든 면에서 열세였던 그들은 자신들이 로마군을 이길 수 없음과 머지않아 죽음과 함께 결국 성의 함락이 도래할 것임을 예감했습니다. 그러나 그들은 항복 대신 특단의 조치를 취할 것을 결정했습니다. 그것은 항복을 하는 것이 아니라 전원이 자결을 택함으로써 로마인들에게 자신들의 용맹과 불굴성을 보여주는 것이었습니다. 이것이 유다-로마전쟁사에서 마지막을 장식하는 그 유명한 '마사다 사건'입니다. 이렇게 하여 서기73년 5월 2일, 실바가 이끄는 로마 제10군단에 의해 마사다 마저도 함락됨으로써

〈마사다 전경〉

7년간의 유다-로마전쟁은 비로소 종결되었습니다.

실바의 군대가 마사다 요새에 입성했을 때, 식량창고를 제외한 성 안의 모든 것은 불타있었고 유대인 전사들을 모두 자결한 상태였습니다. 그들은 이 전쟁에서 패배할 시 자식들은 노예로 팔려가고 아녀자는 로마군의 성노리개로 전락하는 치욕을 유다의 전사로서 용납할 수 없었기에, 굴욕보다는 영예로운 죽음을 택하여 가족들을 모두 죽인 후 자신들도 자결한 것이었습니다. 예

루살렘에서도 식량을 태워버린 그들이 이곳에선 식량창고를 태우지 않고 그대로 놓아둔 이유는, 그들이 식량이 떨어졌다거나 그 외 다른 이유로 죽은 것이 아니라 치욕을 피해 장렬하게 스스로 목숨을 끊은 것임을 로마군에게 분명히 알려주기 위해서였습니다. 이 때 자결한 사람의 숫자는 여자와 아이들을 포함해 모두 960명이었습니다. 뒤늦게 로마군이 마사다에 진입했을 때 성 안에는 두 명의 여자와 그들의 자녀인 다섯 명의 아이들이 살아있었다고 하는데 로마군은 유대인의 기개에 대한 경의의 표시로 이들을 살려주었다고 합니다.

이로써 이스라엘 전역에는 단 한 사람의 저항군도 남아 있지 않게 되었으며, 전쟁이 끝난 후 베스파시아누스황제는 유다를 사마리아와 분리시켜 로마의 직할령으로 만들었고 다시 로마총독을 파견하여 통치토록 하였습니다.

전쟁의 후유증은 엄청났습니다. 국토는 황폐화되었고 예루살렘과 성전은 초토화되다시피 불에 타 폐허가 되었습니다. 특히 유대교 의례의 구심점이 되던 성전의 붕괴는 유대인들이 매년 절기마다 예루살렘에 모여야 하는 의미와 명분을 사라지게 했으며, 결국 이것은 유대교의 제례의식마저 바뀌게 하는 계기가 되었습니다. 즉 이후로는 성전에서 제사를 집전하는 제사장이 사라지고, 율법학자가 주축이 되어 모이는 회당이 유대인의 종교와 신앙생활의 중심이 되었습니다.

또 이 전쟁으로 97,000명의 유대인이 포로가 되어 노예로 팔려갔으며, 사망자의 수는 예루살렘 포위기간 동안에만도 11만 명이 넘었다고 합니다.[27] 하지만 이들이 모두 예루살렘 주민들이었던 것은 아니었으며 이들 중에는 예루살렘이 전화에 휩싸이기 직전, 전국 각지에서 무교절을 지키기 위해 예루살렘에 모였다가[28] 예기치 못하게 전쟁에 휩쓸려 화를 입은 경우도 많았습니다.

---

27) 그러나 실제로 전쟁 중 유대인의 총 사망자 수는 정확히 밝혀진 것이 없다. 주22) 참조.
28) 요세푸스는 시리아총독 케스티우스의 통계자료를 근거로 당시 최소한 270만 명의 유대인이 예루살렘에 모여들었다고 주장하고 있다. 그러나 당시 예루살렘의 인구가 12만~15만 명이었던 것을 감안할 때 270만이라는 숫자는 요세푸스가 잘못 알고 있었거나 아니면 다소 과장된 것으로 보인다.

유다왕국은 이렇게 로마와의 전쟁으로 패망하여 역사에서 사라지게 되었습니다. 이로써 유대인은 바빌로니아에서 귀환한 지 육백여년 후에 다시 나라 없는 민족이 되고 말았습니다. 살아남은 유대인의 대부분은 폐허가 된 예루살렘과 고향을 떠나 로마 전역으로 흩어지게 되었는데, 이것이 유대인의 제2차 디아스포라입니다. 그리고 그들이 살던 지역은 세월이 지남에 따라 주변의 이방인들이 거주하며 정착하게 되었습니다.

그 후 서기132년 이들 민족은 그때까지 유다지역에 잔류하던 유대인들이 일으킨 '바르 코흐바 반란사건'으로 다시 한 번 살던 곳에서 추방당하는 수난을 겪기도 합니다.

제2차 유다-로마전쟁이라고도 불리는 이 사건은 로마의 하드리아누스황제[29]가 유대인의 할례를 금하고 무너진 예루살렘 성전터에 쥬피터 신전을 세우려고 하자, 서기132년 유대교 랍비였던 아키바 벤 요셉와 이에 동조한 시몬이 폭동을 일으킨 사건입니다. 외지의 유대인까지 합세한 이들 세력은 반란의 정당성을 극대화하기 위해 마카베오 혁명의 발원지였던 모데인에서 봉기를 시작하였으며, 한때 예루살렘을 정복하고 자체적으로 동전을 주조하는 등 세력을 떨치기도 했습니다. 그러나 3년 후인 서기135년 이들의 반란은 로마군의 무자비한 진압으로 종결되고 말았습니다. 결국 시몬은 자결하였고 아키바는 체포되어 처형되었습니다.

그 후 하드리아누스는 유다라는 이름을 '시리아 팔레스타인'이란 이름으로 바꾸도록 하였으며, 예루살렘도 로마식 이름인 '아일리아 카피톨리나'로 개명토록 했습니다. 그리고 예루살렘에는 이방인들이 거주케 하고 유대인들의 출입을 금지시켰습니다. 바르 코흐바란 이 반란의 주동자 시몬의 별명으로 '별의 아들'이란 의미의 아람어입니다. 이는 아키바가 민수기24장 17절에

---

[29] 하드리아누스(Publius Aelius Hadrianus) : 재위 AD117~AD138. 로마의 오현제(五賢帝)시대에서 세 번째 황제. 전임 트라야누스황제의 조카. 재위기간의 반쯤을 속주시찰에 소비할 만큼 왕성한 순유활동을 펼침. 장성과 방벽을 강화하고 아테네와 로마에 여러 신전을 건축하는 한편 문화정치에도 힘을 쏟아 문학과 회화 등의 예술을 애호하고 학자들을 우대하였다.

메시아를 가리키는 '야곱의 별'이라는 구절을 시몬에게 적용하여 시몬이 바로 메시아라고 반군에게 선포한 데에 따른 것입니다.

이와 같이 마사다사건 이후에도 국지적인 반로마운동이 있었기는 했지만, 그러나 유다의 역사는 서기70년 예루살렘 함락으로 일단 막을 내렸다고 보는 것이 일반적인 정설입니다. 디아스포라는 1948년 5월 14일 유대인이 고향에 돌아와 현재의 이스라엘공화국을 세우기까지 거의 2천년에 가까운 1,878년간이나 지속되었습니다.

† 신약시대의 로마황제

구 분	재위기간	성경언급	비고
아우구스투스	BC27~AD14	누가복음 2장 1절.	본명 옥타비아누스(카이사르의 양자). 예수탄생 시의 로마황제.
티베리우스	AD14~37	마태복음 22장 17절. 누가복음 3장 1절, 23장 2절, 요한복음 19장 12, 15절.	아우구스투스의 양자이자 사위. 예수의 청년시절과 십자가 사건 당시의 로마황제.
칼리굴라	AD37~41	무	자신을 신이라 착각하여 예루살렘성전에 자신의 입상을 세우려 시도. 헤롯 아그립바 1세의 권력을 후원.
클라우디우스	AD41~54	사도행전 11장 28절, 18장 2절.	AD45년 이탈리아거주 유대인의 강제추방령을 내림.
네로	AD54~68	무	기독교 박해. 베드로와 바울 처형. 유다-로마전쟁의 발발.
갈바, 오토, 비텔리우스	AD68~69	무	네로의 사후 혼란기의 군부출신 황제들
베스파시아누스	AD69~79	무	유다정벌을 지휘하던 중 황제로 추대. 즉위 후 유다를 멸망시킴.
티투스	AD79~81	무	베스파시아누스의 장남. 부친을 따라 유다-로마전쟁에 참가하여 실질적으로 전쟁을 종식시킴.

13) 이스라엘공화국의 건국

이렇게 하여 20세기 중반이 되기까지 유대인들은 장구한 세월을 나라 없는 민족으로 세계각지에 뿔뿔이 흩어져 살게 되었습니다. 그 동안 이 민족은 자신들을 옹호하고 지켜줄 정부가 없었으므로, 자연히 그들이 빌붙어 살던 지역의 토착민들로부터 부당히 차별을 당하거나 핍박을 받는 경우가 많을 수밖에 없었습니다. 심지어 어떤 때에는 토착세력의 그릇된 민족주의에서 비롯된 이민족말살정책으로 대학살의 대상이 되는 경우도 있었습니다.

그럼에도 그들은 강인한 생명력과 놀라운 지혜로 그때마다 위기를 극복하며 자신들의 혈통과 문화를 계승해 나갔습니다. 또한 오랜 기간 나라 없이 살았음에도 그들은 종교적인 신념을 포기하지 않고 자신들이 사는 곳 마다 유대교 회당을 지어 하나님을 예배했으며, 그러한 유대교적 신앙 속에 언젠가는 반드시 자기들의 조상이 살던 옛 유다 땅에 돌아갈 것이란 믿음을 갖고 살았습니다. 사실 하나의 민족이 거의 이천년에 달하는 기간 동안 전 세계에 퍼져 다른 민족들 틈에 섞여 살면서 그곳의 토착문화에 흡수되지 않고 자신들의 언어와 혈통을 지키며 살아왔다는 사실은 실로 믿기 어려울 만큼 놀라운 일이 아닐 수 없습니다. 이것은 그들이 조상 대대로 지켜 내려온 종교적인 신념과 언젠가는 고향으로 돌아갈 것이라는 민족적 집념이 빚어낸 결과라고 해야 할 것입니다.

그 결과 제2차 세계대전이 끝난 직후 이들은 마침내 옛 유다 땅인 오늘날의 팔레스타인지방에 자신들의 나라를 세우게 되었는데 이것이 바로 지금의 이스라엘공화국입니다. 그들이 이처럼 자신들의 나라를 다시 세우기까지에는 굳건한 그들의 종교적 신념과 이를 바탕으로 한 또 하나의 중요한 요소로서 시오니즘(Zionism)이라는 사상적 배경이 크게 작용하고 있었습니다.

가. 시오니즘의 태동

시온은 예루살렘의 별칭이며 시오니즘이란 19세기 후반부터 유대인사회에서 태동하기 시작한 예루살렘으로의 회귀운동 즉 옛 이스라엘 땅으로의 복귀를 위한 민족운동을 가리키는 말입니다. 시오니즘은 달리 시온주의라는 우리말 번역으로 곧잘 불리기도 합니다.

비잔틴시대 이후 기독교를 신봉해 왔던 유럽사회는 전통적으로 유대인에 대해 별로 곱지 않은 시선을 갖고 있었습니다. 그 가장 큰 이유 가운데 하나는 이들이 그리스도를 부인하고 못 박아 죽인 민족이라는 것이었으며, 그들이 나라 없는 민족이 된 것도 모두가 그 대가로 하나님의 저주를 받았기 때문이라고 여기고 있었습니다. 이러한 분위기는 디아스포라의 유대인들이 현지의 원주민들에 의해 은연중 또는 노골적으로 차별과 박해를 받는 원인이 되기도 했습니다. 또 사회적으로 불행한 사태가 생기면 그 책임을 유대인에게 돌리는 부당한 경우도 종종 발생하였는데, 예를 들면 14세기 유럽에서 페스트가 창궐했을 때에도 일부 지역에서는 이를 유대인이 퍼뜨렸다는 소문이 돌아 그들에게 억울한 피해가 돌아간 적도 있었습니다. 심지어 16세기 종교개혁의 선구자인 마르틴 루터조차도 그들을 악마의 집단으로 취급했을 정도로 유럽에서 유대인에 대한 인식은 좋지 않았습니다. 이와 같은 상황은 한편으론 그들로 하여금 고향으로 돌아가고자 하는 민족적 염원을 자연스럽게 고무시키는 이유가 되기도 했습니다.

이 같은 상황에서 특히 1881년 러시아에서 일어난 황제 알렉산드르 2세[1]의 살해사건에서 비롯된 유대인 박해는 시오니즘 확산에 박차를 가하는 계기가 되었습니다. 러시아인들은 이 사건을 유대인의 소행으로 몰아 대대적인 유대인의 학살과 억압을 자행하였는데, 그로부터 수많은 유대인들이 러시아를 떠나게 되었으며 그 중 상당수가 옛 고향땅인 팔레스타인지방으로 이주하였습니다.

이러한 역사적, 심정적 배경에서 태동한 시오니즘은 19세기 후반에 이르러 마침내 현실적으로 구체화되기 시작하였는데 그 중추적 인물이 바로 헝가리 출신의 유대인 테오도르 헤르츨[2]이었습니다. 1897년 그의 주도하에 스위스 바젤에서 개최된 세계시오니스트회의는 현대시오니즘이 범세계적인 정치운동으로 발전하는 발판이 되었습니다. 이후 시오니즘은 여러 시오니스

---

1) 알렉산드르 2세(Alexandr II) : 재위 1855~1881. 니콜라이 1세의 장남. 농노제를 폐지하여 '해방황제'로 불린다. 영토를 중앙아시아와 아프가니스탄 및 극동의 연해주까지 넓혔으며 1867년 알래스카를 미국에 매각하였다. 1881년 사회혁명을 추구하던 '인민 의지파'의 폭탄테러에 의해 살해되었다.
2) 테오도르 헤르츨(Theodor Herzl, 1860~1904) : 현대 시오니즘의 아버지. 헝가리의 부다페스트에서 출생. 18세 때 오스트리아의 비엔나로 이주. 그곳에서 법대를 졸업한 후 파리에서 신문기자 및 작가로 활동했다. 드레퓌스사건을 계기로 자신이 유대인임을 성찰한 후 시오니즘에 헌신하다 1897년 비엔나에 세계시오니스트 기구인 '디벨트'(Die Welt)를 창설하였다. 1904년 오스트리아의 에들라흐에서 심장질환으로 사망했다. 저서로는 「유대인 국가」「오래된 새로운 땅」등이 있다.

트들의 적극적인 노력의 결과로 점차 국제적 지지기반을 확보할 수 있었고, 그로부터 20세기에 접어들며 시오니스트들의 유대인국가건설은 점차 현실적으로 실현가능한 사안으로 가시화되기 시작했습니다.

그러한 예로 영국은 1903년 동아프리카에 있는 방대한 면적의 영국령에 유대인들의 독자적인 국가수립을 제안하였는데,[3] 시오니스트들은 2년간의 검토 끝에 1905년 이를 거부하고 '유대인의 국가는 역사적인 이스라엘에 건설해야 한다'는 원칙을 다시금 천명하기에 이르렀습니다.

나. 두 차례의 세계대전과 유대인의 복귀

20세기에 들어 두 차례의 세계대전은 시오니즘에 중대한 전환점을 가져다주었습니다. 제1차 세계대전이 한창이던 1917년 11월 2일 영국의 외상 벨푸어(A. J. Belfour)는 유대인의 여론을 연합국 측으로 끌어들이고자 세계금융계의 대부이자 거물 시오니스트 유대인이던 로트실트[4]에게 한 통의 서신을 보냈습니다. 그 내용은 '영국정부는 팔레스타인에 유대인들의 민족적 고향을 건설하는 것을 긍정적으로 고려한다'는 것이었습니다. 이것이 일명 '벨푸어선언'이라고 하는 것인데 이는 당시 최고의 강대국이던 영국과 시오니스트들의 정치적인 연합을 의미하는 것이었습니다.

원래 팔레스타인은 16세기 이래 오스만 터키의 속주로 있었으나 제1차 세계대전 이후 오스만 터키의 몰락과 더불어 영국이 위임통치를 하고 있었습니다. 그때부터 영국은 팔레스타인에 유대인의 이주를 허용하였으며 이

---

3) 일명 '우간다 프로젝트'라고 한다.
4) 로트실트(Mayer Amshchel Rothschild, 1744~1812) : 영어발음으로는 '로스차일드'. 독일 프랑크푸르트 출생의 유대인. 대금업자로 시작해 차후 세계금융업계를 평정한 인물로 유명하다. 유럽 각국의 주요도시에 지점장으로 파견된 그의 아들들은 저마다 세계금융계를 주름잡는 현지의 로스차일드가문으로 성장하였다. 이들은 각기 그 나라의 정부와 밀착하여 귀족의 칭호를 받는 한편 정치적으로도 활약하여 오늘날 국제금융계는 물론 20세기 세계정치사에 심대한 영향을 끼치기도 했다. 벨푸어선언은 런던의 로스차일드가문에 보내진 것이다.

에 따라 각국의 시오니스트들은 꾸준히 팔레스타인으로 이주하게 되었습니다. 그 결과 1925년 3월까지 팔레스타인 내의 유대인 수는 공식적으로 108,000명에 달하였고 그 수는 점차 증가하여 1933년에는 두 배가 넘는 238,000명으로 증가하였습니다. 그러면서 한편으로 그들은 그곳에 유대인의 전통문화와 히브리어를 위한 교육을 강화해 나갔습니다.

이렇듯 1930년대 들어 유대인의 팔레스타인 이주는 갈수록 속도를 더해 급격히 증가하게 되었습니다. 그러자 그곳에 기존에 살고 있던 아랍인들의 반발이 점차 일어나기 시작했고, 이에 따라 영국은 뒤늦게 유대인의 이주를 제한하려 하였으나 적극적이지 않았던 관계로 별 효과를 거두지는 못했습니다.

그러다 1939년 제2차 세계대전이 발발하며 독일의 나치즘[5] 등 다시금 유럽에서 반유대주의가 확산되자 이를 피하기 위해 많은 유대인들이 팔레스타인을 비롯하여 시오니즘을 옹호하던 미국으로 대거 이주하게 되었습니다. 동시에 한편으로 시오니스트들은 유대인국가 건설을 목표로 연합군 측과 결탁하게 되었는데, 이 결탁은 시오니스트 자본가들이 전쟁을 수행 중인 연합군에 대해 경제적인 지원을 하는 등 구체적인 협조가 뒤따르는 것이었습니다. 여기에는 막대한 전쟁자금이 필요했던 전쟁당사국에게 전함이나 전투기생산 등 전쟁에 필요한 상당비용을 부담함으로써 차후 승전 시 시오니스트들의 입장을 강화하기 위한 의도도 담겨 있었습니다.

그 후 1945년 전쟁은 마침내 연합군의 승리로 끝나게 되었고, 이에 시오니스트들은 팔레스타인에 유대인의 국가를 세울 수 있도록 연합국 특히 영국을 압박하기 시작했습니다.

다. 이스라엘의 독립

한편 현지 팔레스타인에서는 지속적인 유대인의 이주로 어느새 소수민으

---

5) 당시 히틀러에 의한 독일의 나치즘은 남녀노소를 불문한 6백만 명의 유대인을 잔악하게 학살한 만행을 저지름으로써 오늘날까지도 역사적 지탄의 대상이 되고 있다.

로 전락한 아랍인들이 유대인의 국가건립 조짐에 크게 반발하고 있었습니다. 이러한 상황에서 반영국, 반유대 감정이 증폭되며 일부 극단론자들은 폭동과 무장게릴라전을 펼치는 등 극심한 혼란이 이어졌습니다. 영국은 이를 무마하려 유대인의 독립운동을 억누르려 하였으나 이번에는 유대인 측에서 반영국, 반아랍을 외치며 투쟁을 벌이는 등 당시의 팔레스타인은 갈등과 반목이 연속되는 혼미한 정국에 빠져들게 되었습니다.

 이 와중에서도 영국은 팔레스타인의 지배권을 지키기 위해 필사의 노력을 기울였으나 결국은 수습하지 못하고 팔레스타인의 문제해결은 국제연합(UN)에 넘어가게 되었습니다. 이에 1947년 10월 27일 유엔총회는 팔레스타인을 분할하여 아랍인의 국가와 유대인 국가로 각각 독립시키기로 하는 내용의 분할안을 통과시켰습니다. 단, 유대와 아랍 모두에게 민감한 지역인 예루살렘은 어느 쪽에도 포함시키지 않기로 했습니다.

 이 안에 유대인측은 찬성하였으나, 아랍인측은 2,000년 동안이나 떠나 살던 민족의 귀향을 인정할 수 없다며 격렬히 반대했습니다. 아랍인측의 주장은 간략히 말해 "이제껏 조상대대로 이곳에 터전을 일구며 살아왔는데, 이천년 동안이나 나가 살다가 이제 와서 내 땅이니 들어와 살겠다는 건 무슨 경우냐?"는 것이었습니다. 반면 유대인측은 "이 땅은 조상인 아브라함 시절부터 하나님께서 우리에게 점지해 주신 땅이니 이 소유권은 영원한 것이고, 그러므로 이천년이 아니라 그 이상의 세월이 흘러도 주인이 돌아와서 살겠다면 비켜주는 것이 원칙이지 왜 말이 많으냐?"는 것이었습니다.

 그런데 당시의 국제여론은 아랍인측의 반대에도 불구하고 시오니스트들의 폭넓은 섭외에 힘입어 친유대쪽으로 기울고 있었습니다. 여기에는 대전 당시 시오니스트들의 도움을 받은 영국, 미국 등 강대국들의 논리도 상당히 작용했습니다. 그리하여 이들의 지원을 등에 업은 유

〈이스라엘 국기〉

대인 진영은 이듬해인 1948년 5월 14일 UN 분할안에 따른 팔레스타인지

역에 마침내 자신들 나라의 건국을 선포하기에 이르렀습니다. 이렇게 하여 유대인들은 자신들의 고향땅에서 쫓겨난 지 거의 2,000년 만에 다시 옛 땅에 돌아와 마침내 자주적인 독립국가를 설립하게 되었습니다. 이렇게 해서 탄생한 것이 오늘날의 이스라엘공화국입니다.

그 후 이스라엘 공화국은 오늘날까지 높은 경제력과 강력한 군사력을 자랑하며 세계 각국과 당당히 외교관계를 유지해 나가고 있습니다. 현재 이 나라 국기에 그려져 있는 일명 '다윗의 별'이라고도 하는 육각형의 별모양은 과거 통일왕국시대에 솔로몬 왕이 정한 다윗왕가의 문장입니다. 이것은 오늘날의 이스라엘 공화국이 옛 고대왕국의 정통성을 계승하고 있음을 상징하는 것입니다.

라. 오늘날의 중동문제

반면 이스라엘의 독립은 주변 아랍국들을 자극함으로써 국제정세에 또 다른 문제를 야기하게 되었습니다. 이스라엘 공화국이 선포된 지 불과 이틀 후인 1948년 5월 16일, 그들의 영유권을 인정하지 않던 주변의 아랍국가들이 연합군을 결성하여 이스라엘로 진격함으로써 팔레스타인문제는 새로운 국면으로 접어들게 된 것입니다. 이렇게 해서 시작된 것이 이른바 4차례의 '중동전쟁'입니다. 그러나 이 전쟁에서 최종적으로 승리한 이스라엘은 독립시의 영토보다 거의 50%에 이르는 면적을 더 확장하게 되었습니다.

이스라엘은 이 점령지역에 대해 원주민들을 강제로 추방하고 유대인을 이주시켰는데 그 과정에서 약 72만 명에 달하는 아랍계 팔레스타인 주민들이 고향을 떠나 주변의 아랍국가에서 난민생활을 하게 되었습니다. 이러한 조치는 결국 그들로 하여금 여러 아랍 게릴라단체 및 반이스라엘단체들이 결성되어 활동케 하는 계기가 되었습니다.[6] 그들은 자신들의 영토회복과 자주국가 건립을 위해 국제사회에 다양한 방법으로 자신들의 존재를 알리기 시

---

6) 그 중에 대표적인 것이 팔레스타인 해방기구(PLO, Palestine Liberation Organization)이다.

작했습니다.

그렇게 한 치의 양보도 없던 아랍계와 이스라엘의 반목은 점차 국제정치 및 세계경제에도 커다란 영향을 미치기 시작했습니다. 한 예로 4차 중동전쟁이 한창이던 1973년 아랍석유수출기구(OAPEC)는 석유생산량의 조정 및 금수를 결정함으로써 국제사회는 오일쇼크로 인한 엄청난 혼란과 타격을 입기도 했습니다. 이것은 세계주요산유국이던 아랍국가들이 국제여론으로 하여금 이스라엘의 아랍점령지 반환을 압박하도록 석유를 정치적인 무기로 사용한 조치였습니다.

그러나 전후 평화의 필요성을 자각한 양측은 1977년 이집트의 사다트 대통령과 이스라엘의 베긴총리가 상호 방문하는 등 팔레스타인의 평화를 위한 파격적이고도 성의 있는 노력을 기울이기 시작했습니다. 이에 미국 또한 양측의 중재를 적극 지원하고 나섬으로써 중동의 화해분위기는 더욱 고조되었습니다. 그 결과 수많은 우여곡절 끝에 1993년 팔레스타인과 이스라엘 간의 평화협정이 맺어져 가자 및 요단강 서안지구어 준국가 상태인 팔레스타인 자치기구의 설립이 확정되기에 이르렀습니다. 이곳은 1967년 이스라엘이 3차 중동전쟁에 승리함으로 아랍연합국으로부터 합병한 지역 가운데 일부입니다. 그러나 이러한 평화안의 모색에도 불구하고 팔레스타인은 여전히 정치 및 종교적인 여러 갈등요인들이 쌓여있는 분쟁지역으로 남아 있습니다.

특히 기독교의 시각에서 볼 때 이들의 문제는 아브라함의 장남이지만 후처 하갈의 아들인 이스마엘의 후손 아랍인들과, 아우이긴 하지만 본처 사라의 아들인 이삭의 후손 유대인 간의 갈등이기도 합니다. 즉 적자의 후손(이스라엘)과 서자의 후손(아랍)간의 대립인 것입니다. 비록 이처럼 같은 조상의 후손끼리 다투는 집안싸움이기도 한 이들의 반목은 그러나 이삭과 이스마엘이 화목했듯 언젠가는 하나님의 놀라운 지혜로써 평화로이 해결되어질 수 있기를 기대해 봅니다.

질문 20
예수님의 생애에 대하여 이야기해 주세요.

　이미 앞에서도 이야기한 바와 같이 성경은 크게 나누어 '하나님이 이 땅에 오실 것이다'(구약)라는 내용과 '하나님이 이 땅에 오셨다'(신약)라는 내용으로 구성되어 있습니다.[1] 그리고 그 하나님이 바로 이스라엘의 베들레헴이라는 마을에서 태어나신 예수님이라는 것으로 기독교는 성립됩니다. 그만큼 예수님은 기독교에서 없어서는 안 되는 필연적인 인물입니다.

　궁극적으로 하나님의 사랑에 의한 인류의 구원을 이야기하는 기독교는 예수님이 이 땅에 오신 이유와 더불어 그 분의 생애와 죽음, 부활, 승천 그리고 재림에 관계된 이야기로써 그 핵심교리를 이루는 종교입니다. 따라서 그만큼 예수님의 생애는 기독교에 입문하려는 초신자분들이 꼭 알고 넘어가야 할 부분입니다.

　예수님의 생애에 관하여는 신약성경의 마태복음과 마가복음, 누가복음, 요한복음의 네 복음서에 자세히 기록되어 있습니다. 여기서 말하는 복음(福音)이란 글자 그대로 해석하자면 '복된 음성' 또는 '행복을 전하는 말씀'이란 뜻이 됩니다. 하지만 기독교적인 해석으로는 '세상을 구원하실 그리스도께서 이 땅에 오셨음을 알리는 기쁜 소식'이라는 의미입니다.

　위 복음서들은 예수님의 제자였던 마태와 요한, 그리고 신도였던 마가와 누가가 각자 예수님에 대해 자신들이 직접 목격하고 체험한 내용들을 기록으로 남겨둔 것입니다. 각 복음서들의 제목은 그 저자의 이름을 딴 것이지만, 마태복음과 요한복음의 경우는 실제로 마태와 요한이 직접 기록했다기보다는 그들의 제자들이 스승의 기억을 토대로 하여 대신 작성했다고 보는 것이 일반적인 견해입니다.

---

1) 질문13. '성경은 어떤 내용인가요?' 참조.

이 복음서들은 각기 서로 다른 시간과 장소에서 작성된 기록입니다. 이것들은 저자의 필요에 따라 그때그때 각각의 장소에서 독자적으로 기록된 것이기 때문입니다. 따라서 각기 그 구성과 전개방식은 상당히 다르며 또 일부의 내용에서는 다소의 차이가 발견되기도 합니다. 그러나 이러한 차이점은 오히려 이 기록들이 서로 사전합의 없이 작성되었다는 사실을 반증하는 것이기도 합니다. 또 그러한 차이점에도 불구하고 이 네 권의 복음서가 담고 있는 전체적인 흐름과 내용은 서로가 놀랍도록 일치하는 통일성을 보여주고 있습니다. 각기 십 수 년에서 크게는 삼십여 년의 시차를 갖는 이 기록들이 이처럼 일관된 상호통일성을 갖추고 있다는 것은 여기에 수록된 각자의 증언들이 분명한 사실임을 증명하는 것이라 하겠습니다.

여기에 수록된 예수님의 생애는 위 네 권의 복음서에 나오는 내용을 알기 쉽게 추려서 정리한 것입니다.

1) 예수님의 탄생

예수님은 지금으로부터 약 이천년 전 이스라엘[2]의 베들레헴이란 곳에서 태어나셨습니다. 베들레헴은 이스라엘 남부의 유다[3]라는 지방에 위치한 곳으로 당시에는 50가구 정도가 거주하던 작은 고을이었습니다. 베들레헴이란 히브리어로 '빵집'이란 의미이며 그 이전에는 '에브라다'라고도 불리던 곳입니다. 이곳은 지금으로부터 약 3,700여년 전 이스라엘민족의 조상 가운데 하나인 야곱의 아내 라헬이 잠들어 묻힌 곳이며,[4] 또 그로부터 700년쯤 후에는 고대통일유다왕국의 왕이었던 다윗이 태어난 곳이기도 합니다.[5] 이

---

2) 당시의 나라이름은 유다였지만, 베들레헴이 속해 있는 유다지방과 혼동을 피하기 위하여 오늘날의 국호인 이스라엘로 표기하였다. 이스라엘과 유다는 시대마다 인명, 지명, 국호 등 여러 용도로 혼용되어 곧잘 혼란을 빚는 경우가 많다.
3) 당시의 나라이름이었던 유다와 지명이 같다. 이는 당시 로마가 국호와 수도의 이름이 동일한 것과 같다.
4) 창세기 35장 19절
5) 사무엘상 16장 1절~13절

베들레헴은 BC700년경 미가라는 예언자에 의해 그리스도가 강림할 장소로 예언되었습니다.

[베들레헴 에브라다야! 너는 유다 족속 중에 작을지라도 이스라엘을 다스릴 자가 네게서 내게로 나올 것이라. 그의 근본은 상고에 태초에니라.] (미가 5장 2절)

　예수님의 어머니의 이름은 마리아였습니다. 성경에는 마리아라는 이름을 가진 여성이 여럿 나오는데, 그 가운데 이분은 우리가 성모마리아라고 부르는 바로 그분이십니다. 그녀는 베들레헴에서 북쪽으로 약 103km 정도 떨어진 갈릴리지방의 나사렛이라는 마을에 살고 있었습니다. 베들레헴에서 나사렛까지의 거리는 우리나라로 치면 대략 서울에서 천안 정도의 거리입니다.
　그녀는 예수님을 낳기 전에는 베들레헴과는 아무런 연관도 없던 사람이었습니다. 그런 마리아가 베들레헴에 가서 예수님을 낳기까지에는 보이지 않는 가운데 역사하시는 하나님의 놀라운 섭리에 의함이었습니다. 이제 그 이야기를 시작하겠습니다.
　예수님을 잉태하기 전 마리아는 결혼을 약속한 남자가 있었습니다. 그녀의 약혼자는 같은 마을에 사는 요셉이란 이름을 가진 목수였습니다. 요셉이 나사렛에 살았다는 기록이 성경에 직접 나오지는 않습니다. 다만 예수님의 탄생과 관계된 성경기록의 정황으로 그가 나사렛에 살았을 것으로 추정하는 것입니다. 그는 가난했지만 가계는 다윗의 후손 즉 과거 왕가의 계보에 속하는 사람이었습니다.
　마리아와 요셉이 약혼한 사이이긴 했지만, 대부분 나라의 풍습이 그러하듯 당시의 이스라엘 역시도 약혼은 어디까지나 장차 혼인을 하겠다는 서로의 약속일 뿐 정작 결혼 전까지는 동침을 해서는 안 되는 것이 전통이었습니다. 그들도 당연히 이 전통에 충실하고 있었습니다.
　그런 마리아에게 어느 날 하나님의 명을 받은 천사가 집으로 찾아왔습니다. 천사는 자신의 이름을 가브리엘이라고 소개했습니다. 가브리엘이란 히브리어로 '하나님의 사람'이란 뜻입니다. 천사는 성령의 축복으로 그녀가 곧 아기를 잉태할 것이란 소식을 전하러 온 것이었습니다.

평생 처음 경험해보는 천사의 갑작스런 방문과 아직 처녀인 자신이 임신을 하게 될 것이라는 말에 마리아는 몹시 당황했습니다. 그녀는 자신이 비록 약혼한 남자가 있기는 하지만 아직 동침한 적이 없는데 어찌 아기를 잉태할 수 있겠느냐고 반문했습니다. 그러자 가브리엘은 지극히 높으신 하나님의 성령이 그녀에게 임하시고 그분의 능력으로 모든 것이 이루어질 것이니, 그 아기는 장차 거룩하신 하나님의 아들로 불리리라고 알려주었습니다.

차분히 이어가는 천사의 설명에 마리아는 그제야 안심을 하고 그의 말을 믿으며 하나님을 찬양했습니다. 천사는 그녀에게 인사를 한 후 떠나갔습니다. 그리고 이 일이 있은 지 얼마 후 마리아는 정말로 임신을 하게 되었습니다.

하지만 그녀가 하나님의 아들을 임신했다고 해서 모든 일이 순탄하게 흘러간 것은 아니었습니다. 우선 요셉이 그녀가 임신한 사실을 알고는 낙심하고 말았습니다. 그는 자신의 약혼녀가 자기 몰래 다른 남자와 간음을 한 것으로 생각했던 것입니다. 그리하여 그는 그녀와 파혼을 하기로 마음먹었습니다. 당시 이스라엘에서는 남편이나 약혼자가 있는 여자가 다른 남자와 간음을 하면 대중들 앞에 끌어내어 돌로 쳐서 죽이는 것이 율법이었습니다. 그러나 성품이 온유했던 요셉은[6] 자신과 혼인까지 약속했던 여인을 그렇게까지 하고 싶진 않았고 그저 조용히 파혼하는 것으로 마무리 지으려 했습니다.

그러자 하나님께서는 가브리엘 천사를 이번에는 요셉에게 보내 그의 꿈에 나타나게 하셨습니다. 성경에 보면 하나님께서는 당신을 계시하실 때 인간의 꿈을 이용하시는 경우가 종종 나오는데, 꿈은 그만큼 하나님께서 우리와 교통하실 때 사용하시는 중요한 수단 중의 하나이기도 합니다.

요셉을 찾아간 천사는 다음과 같이 위로하며 그에게 일렀습니다.

"다윗의 자손 요셉아, 마리아의 일로 너무 근심하지 마라. 그녀가 아기를

---

[6] 마태복음 1장 19절

가진 것은 성령께서 하신 일이다. 그녀는 아들을 낳을 것이니 이름을 예수라 하여라. 그분은 자기 백성을 그들의 죄에서 구원해 낼 분이시기 때문이다."(마태복음 1장 20절~21절)

예수란 히브리어로 '구원하다'라는 의미입니다. 즉 예수님은 그 이름 자체에 자신이 이 땅에 오시는 이유를 담고 계십니다.

이어 천사는 구약성경에 나오는 예언의 한 구절을 인용하며 다음과 같이 말했습니다.

"이 일은 하나님께서 예언자를 통해 하신 말씀을 이루려고 하시는 것이니 '보라! 처녀가 잉태하여 아들을 낳을 것이니 그 이름은 임마누엘이라 하리라.'[7]고 하신 바로 이 예언이다."(마태복음 1장 22절~23절)

그가 인용한 이 구절은 구약성경의 이사야서에 수록된 예언 가운데 하나였습니다. 그리고 이사야는 BC700년대 후반에 활동했던 예언자 가운데 한 사람입니다. 이 예언은 바로 그리스도는 처녀의 몸을 통해 임하실 것이라는 내용입니다. 또 임마누엘이라는 말은 히브리어로 '하나님께서 우리와 함께 계시다'란 의미로 예수님의 별명이기도 합니다.

잠에서 깬 요셉은 너무도 생생히 기억되는 이 설명할 수 없는 신비한 체험을 마음속에 깊이 담아 두었습니다. 그리고는 천사의 말대로 마리아를 아내로 맞이하기로 마음을 바꿨습니다. 이렇게 하여 두 사람은 마침내 혼인을 하게 되었고, 결혼 후에도 요셉은 그 신비했던 꿈을 상기하며 마리아가 해산할 때까지 그녀와 동침을 하지 않았습니다.

이후 때가 차 마리아는 만삭이 되어 출산이 다가오게 되었습니다. 그러자 하나님께서 이번에는 로마황제의 마음을 움직이셨습니다. 당시 로마의 황제는 아우구스투스였는데, 그가 로마의 전 국민들게 호적을 등록하도록 칙령을 내린 것입니다.[8] 말하자면 로마전역에 대해 대대적인 인구조사를 시행했

[7) 이사야 7장 14절.
8) "그 때에 가이사 아구스도가 영을 내려 천하로 다 호적하라 하였으니, 이 호적은 구레뇨가 수리아의 총독이 되었을 때에 처음 한 것이라."(누가복음 2장 1절~2절)

던 것입니다. 당시 이스라엘은 로마의 속주로서 헤롯 1세가 로마로부터 왕으로 임명받아 통치하던 시절이었습니다. 그러므로 로마의 속주였던 이스라엘은 황제가 명을 내리면 반드시 따라야 했습니다. 이번 인구조사 역시 모든 속주가 포함된 정책이었으므로 이스라엘도 예외가 아니었습니다.

이에 따라 만삭이던 마리아에게도 호적을 등록하러 남편과 함께 그의 고향을 다녀와야 하는 일이 벌어지게 되었습니다. 그리하여 요셉은 배부른 아내를 데리고 지정된 기간 내에 자신의 고향을 부득불 다녀와야 하게 되었는데, 그의 고향이 다름 아닌 이스라엘 남쪽에 위치한 베들레헴이었습니다.

앞서 말한 대로 베들레헴은 나사렛에서 대략 103km 그러니까 250리가 조금 넘는 곳으로 걸어서 갈 경우 사나흘 정도가 소요되는 거리입니다. 가난한 목수의 형편으로 부득이 걸어갈 수밖에 없는 요셉 부부에게 이것은 결코 가깝지 않은 거리였습니다. 게다가 만삭의 몸을 한 아내를 데리고 하룻길도 아닌 며칠 길을 도중에 숙박을 해가며 걸어서 다녀와야 하는 이 여행은 요셉에게 상당한 부담으로 다가왔을 것입니다. 그렇다고 이번 호적령이 황제에 의한 정부시책인 이상 안 갈 수도 없는 일이었습니다.

혹시나 그들 부부가 앞에서 말한 미가의 예언에 대해서라도 알고 있었더라면, 그들은 오히려 신이 나 하나님을 찬양하며 베들레헴을 향했을 수도 있었을 것입니다. 그러나 성경이 보여주는 내용의 정황상 그건 아니었던 것 같습니다. 또 간혹 어떤 그림에는 요셉이 마리아를 나귀에 태우고 간 것으로 묘사되어 있는데 성경에 마리아가 나귀를 타고 갔다는 말은 없습니다. 또 당시 나귀는 상당히 비싼 교통수단으로 과연 가난한 목수였던 요셉이 구입할 수 있었겠느냐 하는 것도 의문입니다. 설사 나귀를 타고 갔다고 하더라도 만삭의 몸을 한 그녀에게 이 여행이 힘들기는 마찬가지였을 것입니다. 아무튼 그들 부부는 호적등록을 하기 위해 베들레헴을 향해 길을 떠났습니다.

며칠이 걸려 그들이 도착하던 날, 베들레헴에는 그들이 묵을 방이 없었습니다. 평소 조용하고 한적한 마을이던 베들레헴이었지만, 요셉부부가 도착할 즈음에는 호적등록을 하기 위해 각지에서 모여든 사람들로 인해 이미 여관의 방들은 모두가 동이 나 있었던 것입니다. 요셉은 몹시 난감했을 것입니다. 아내는 곧 해산을 할 텐데 산파는 둘째치고 당장 묵을 곳조차 없다는 것은 보통 문제가 아니었을 것입니다. 결국 깊은 고심 끝에 요셉은 아내에게 밤이슬이라도 맞히지 않을 요량으로 부득이 어느 집 마구간을 빌려 숙소로 삼게 되었습니다.

그리고는 며칠 뒤, 밤이 깊어갈 때에 마리아는 마침내 해산을 했고 아기는 천사의 말대로 아들이었습니다. 예수님께서 태어나시던 날, 밤하늘엔 별들이 밝게 빛나고 있었습니다. 요셉과 마리아는 아기를 꼬옥 안아본 후 조심스레 강보에 싸 구유에 눕혔습니다. 그들 옆에는 베들레헴에서 알게 된 사람들 몇이 자리를 함께 하고 있었습니다.

한편 그날 밤, 마을 밖 들녘에서는 양치기들이 밤을 새워 양들을 지키고 있었습니다. 그런데 갑자기 그들에게 하늘로부터 찬란한 빛이 쏟아지듯 비치면서 하나님의 천사가 나타났습니다. 순간 양치기들은 너무나 놀라 두려움에 떨었습니다. 그러자 천사가 미소 지으며 말했습니다.

"두려워하지 마라. 나는 너희에게 기쁜 소식을 전하러 왔다. 이것은 온 세상 만민에게 기쁜 소식이 될 것이다. 오늘 밤 너희의 구세주께서 다윗의 고을에 나셨다. 그분은 바로 주님이신 그리스도이시다. 너희가 마을에 가면 한 갓난아기가 포대기에 싸여 말구유에 누워있는 것을 볼 것인데 그것이 바로 그분을 알아보는 징표이다."[9]

천사의 말이 끝나자 갑자기 하늘에서 수많은 천군천사들이 나타나 그 천사와 함께 하나님을 찬양했습니다.

"지극히 높은 곳에서는 하나님께 영광, 땅에서는 그가 사랑하시는 사람들에게 평화!"[10]

천사들이 떠나간 뒤, 양치기들은 천사의 말한 바를 확인하기 위해 마을로

---

9) 누가복음 2장 10절
10) 누가복음 2장 14절

달려갔습니다. 그들은 정말로 그날 한 마구간에서 사내아이가 태어난 사실을 확인하곤 그리로 몰려갔습니다. 그곳에는 천사의 말대로 사내아기 하나가 말구유에 누워 있었습니다. 양치기들은 그곳에 있던 사람들에게 자신들의 체험담을 전했습니다. 그리고는 아기를 바라보며 하나님을 찬양하곤 들녘으로 돌아갔습니다. 마리아는 이 모든 일을 말없이 들으며 마음 속 깊이 새겨두었습니다.

장차 세상을 구원할 아기예수는 이렇게 베들레헴의 허름한 마구간 한켠에서 우리에게 임하셨습니다. 그리스도는 베들레헴으로 강림하실 것이란 성경의 예언이 성취된 것입니다.

요셉부부는 아기를 낳은 지 8일 후에 율법대로 아기에게 할례를 베풀었고, 이 날 요셉은 전에 천사가 일러준 대로 아기의 이름을 예수라고 지었습니다.

가. 동방박사와 헤롯의 박해

베들레헴에서 요셉부부가 얼마나 머물렀는지, 또 아기예수를 낳은 후에도 마구간에 계속 머물렀는지 성경은 말해주고 있지 않습니다. 다만 할례를 베푼 날로부터 33일이 지난 후 그들은 아기의 정결예식을 치르기 위해 예루살렘에 갔다는 기록이 나오고 있습니다.[11] 정결예식이란 결혼한 부부가 자신들이 낳은 첫 아기를 하나님께 바치는 의식입니다.

그곳에서 그들은 제물로 비둘기 두 마리를 바쳐 정결예식을 치렀습니다. 제물은 원칙적으로 일 년 된 양 한 마리와 비둘기 한 마리를 바쳐야 하는 것이지만, 형편이 어려운 사람들에게는 비둘기 두 마리도 허락되었습니다.[12] 이에 따라 남편이 가난한 목수였던 마리아는 비둘기 두 마리를 제물로 바쳤던 것입니다.

한편 예수님이 태어나시고 얼마 후 예루살렘에는 동쪽의 먼 곳에서부터

---

11) 누가복음 2장 21절~22절. 이는 구약성경의 출애굽기 13장 2절, 레위기 12장 2절~8절에 나오는 율례를 따른 것이다.

12) 레위기 12장 8절

별 하나를 쫓아 온 사람들이 도착해 있었습니다. 세련된 옷차림에 귀한 자태를 풍기고 있던 이 특별한 사람들은 우리에게 동방박사라고 알려진 바로 그들이었습니다. 참고로 성경에는 '동방박사'라는 표현은 나오지 않습니다. 단지 '동방으로부터 박사들이 예루살렘에 이르러'[13]라고만 기록되어 있을 뿐입니다. 이 구절에 따라 우리는 그들을 편의상 동방박사라고 부르는 것입니다. 이 동방박사의 이야기는 마태복음에만 나오는 내용으로 그들이 정확히 어디에서 왔는지는 알 수 없습니다. 다만 오늘날의 견해로는 당시 유다 동쪽의 파르티아왕국에서 온 귀족 신분의 점성가들로 여겨지고 있습니다.

그들은 범상치 않은 하늘의 징조를 알리는 한 별을 따라 그들 나라로부터 여기까지 왔던 것입니다. 예루살렘에 도착한 그들은 그 별의 주인공을 유대인의 왕이라 부르며 그분이 어디서 태어나셨는지를 수소문하고 있었습니다. 그들이 그리스도에 대해서 얼마나 알고 있었는지는 알 수 없지만, 베들레헴이 아닌 예루살렘에서 그리스도를 수소문한 것을 보면 정작 성서에 관한 깊은 지식은 없었던 것으로 여겨집니다.

아무튼 동방에서 귀인들이 나타나 방금 태어난 유대인의 왕을 찾아다닌다는 소문은 곧 예루살렘을 온통 술렁거리게 만들었습니다. 그리고 이 소문은 마침내 당시 유다의 왕이었던 헤롯 1세의 귀에도 들어갔습니다. 헤롯은 예루살렘에 낯선 이들이 나타나 유대인의 왕을 찾는다는 소문에 몹시 놀라며 당황해 했습니다. 왜냐하면 그는 유대인이 아닌 신분으로 유다의 왕을 하고 있었기 때문이었습니다. 그는 과거 유대인이 왕이었던 하스몬왕조 시절 유다의 남부점령지였던 에돔지방 출신이었습니다. 젊어서 그는 하스몬왕가의 사람들과 친교를 맺으며 그 밑에서 관료를 지냈지만 차후 하스몬왕조의 무능과 분열을 틈타 뛰어난 외교술로 로마를 등에 업고 하스몬왕조를 무너뜨린 후 유다의 왕이 된 사람이었습니다. 이런 이유로 그는 언제나 자신을 몰아내고 유대인에 의한 왕조를 재건하려는 유다백성들의 반란을 의

---

13) 마태복음 2장 1절

식하고 있었으며 그로 인해 유대인들에 대해 폭압적인 통치를 하고 있었습니다. 그러던 차에 유대인의 왕이 태어났다는 소문은 그로 하여금 장차 그 아기가 자신이 왕위를 빼앗을지도 모른다는 두려움에 빠지게 했던 것입니다.

헤롯은 곧바로 제사장들과 율법학자들을 불러 그리스도가 나실 곳이 어디냐고 물었습니다. 그들은 베들레헴이라고 알려주었습니다. 그러자 헤롯은 이번에는 동방박사들을 은밀히 불러 그들이 따라온 별이 언제 나타났는지 등을 자세히 물었습니다. 그리고는 그들을 베들레헴으로 보내며 자기도 경배를 드리고 싶으니 그리스도를 찾거든 꼭 자기에게도 알려달라고 일렀습니다. 물론 헤롯의 이 말은 거짓말이었습니다. 그는 그리스도를 경배할 생각이 추호도 없었으며 오히려 아기그리스도를 발견하면 자신의 왕위를 지키기 위해 반드시 없애버리라고 마음먹고 있었습니다.

동방박사들은 예루살렘을 출발해 다시 별을 따라 나섰습니다. 그들을 앞서 가던 별은 마침내 아기가 있는 집 위에 이르러 멈춰 섰습니다. 그들은 몹시 기뻐하며 그 집에 들어가 마리아와 함께 있는 아기예수를 보고는 엎드려 경배했습니다. 그리고는 자신들이 가지고 온 황금과 유향과 몰약을 예물로 드렸습니다.[14] 이들이 바친 예물 가운데 황금은 물론이거니와, 유향과 몰약은 각각 유향나무와 몰약나무의 껍질에서 추출한 수액을 가공해 만든 약재로 당시에는 상당히 귀한 고가의 물건이었습니다.

여기서 한 가지 말씀드릴 것은, 흔히들 예수님을 경배한 동방박사는 세 사람이었던 것으로 알고 있는데 사실 성경에는 동방박사가 세 사람이라는 기록은 없습니다. 단지 성경에는 그들을 복수로 표현하고 있어 최소한 두 명 이상이었다는 것만 알 수 있을 뿐 정확히 그들이 몇 명이었는지는 알 수 없습니다. 물론 그들이 세 명이었을 수도 있겠지만, 한편으론 그들이 나타났

---

14) "집에 들어가 아기와 그 모친 마리아의 함께 있는 것을 보고 엎드려 아기께 경배하고 보배합을 열어 황금과 유향과 몰약을 예물로 드리니라."(마태복음 2장 11절)

을 때 예루살렘이 술렁거릴 정도였다면[15] 상당히 많은 수의 인원이었을 수도 있습니다. 그럼에도 그들이 세 사람이었던 것처럼 회자되는 것은 아마도 그들이 바친 예물이 세 가지였다는 데에서 기인한 것으로 여겨집니다.

아무튼 그 후 동방박사들은 꿈에서 헤롯에게 돌아가지 말라는 하나님의 지시를 받고 다른 길로 돌아갔습니다. 박사들이 떠나간 후, 그들이 자신에게 들르지 않고 다른 길로 귀국해버린 사실을 뒤 늦게 알게 된 헤롯은 몹시 분개했습니다. 더 솔직히 말하면, 아기를 없애 버리려던 자신이 계획이 그들에게 들통 난 것에 대해 화가 치밀었던 것이었습니다. 그는 아기 예수를 제거하려던 계획이 실패하자 아예 베들레헴과 그 일대에서 태어난 두 살 이하의 사내아이를 모조리 죽여 버리기로 결심했습니다. 그리고는 정말로 부하들에게 그대로 시행하라고 명령했습니다.

베들레헴에는 건장한 군인들이 들이닥쳤고 조용하던 이 시골마을엔 아들을 잃은 여인들의 울음소리로 가득 찼습니다. 실로 어처구니없는 이 영아학살의 잔혹한 만행은 그리스도의 강림을 방해하려는, 그리하여 인간의 구원을 어떻게든 막아 보려는 사탄의 첫 번째 발악이었습니다. 이로 말미암아 기독교 최초의 순교자들이 탄생하게 되었습니다.

다행히 예수님은 헤롯이 영아학살을 명령하기 직전 천사의 도움으로 화를 면할 수 있었습니다. 천사가 요셉의 꿈에 나타나 헤롯이 아기를 죽이려 하니 속히 일어나 아기와 마리아를 데리고 다시 알려 줄 때까지 이집트로 피신해 있으라고 일러 주었기 때문입니다. 이전에 꿈을 통해 가브리엘을 만났던 경험으로 이번에도 예사 꿈이 아님을 깨달은 요셉은, 꿈에서 깨자마자 그 밤으로 아기와 아내를 데리고 이집트로 도피했습니다.

그 후 헤롯 1세는 BC4년 병으로 사망했습니다. 헤롯이 죽자 천사는 다시 요셉의 꿈에 나타나 아기의 목숨을 노리던 자들이 죽었으니 본국으로 돌아가라고 했습니다. 이 말에 요셉은 가족을 데리고 이집트를 떠나 또 다시 먼

---

15) 마태복음 2장 3절.

길을 여행한 끝에 이스라엘 국경을 넘었습니다.

처음 요셉은 유다지방으로 가려고 했습니다. 유다지방은 수도인 예루살렘과 예수님이 탄생하신 베들레헴이 속한 지역으로, 요셉이 처음 거주지로 삼으려던 목적지도 아마 예루살렘과 베들레헴 중 한 곳이었던 것 같습니다. 그러나 그곳은 헤롯이 죽은 후 그의 아들 아켈라오가 분봉왕이 되어 다스리게 되었다는 사실을 알고 요셉은 몹시 불안한 마음에 빠졌습니다. 왜냐하면 그는 그의 아버지 헤롯에 버금하는 포악하고 잔인한 인물이었기 때문입니다. 아켈라오의 성정으로 미루어 짐작컨대 자칫하면 또 다시 가족의 생명이 위험에 처할 수도 있는 일이었습니다.

당시 이스라엘은 크게 북부의 갈릴리와 중부의 사마리아 그리고 남부의 유다 이렇게 세 지방으로 구분되고 있었습니다. 처음 위 세 지역은 모두 헤롯 1세에 의해 통치되고 있었지만, 그의 사후 나라는 그의 아들들에게 각기 분할되어 통치되고 있었습니다. 그런데 남부의 유다지방은 아켈라오가 물려받아 통치하고 있었던 것입니다.

요셉은 불안해하며 더 이상 국경에서 멀리 벗어나지 않으려 했습니다. 그러자 다시 천사가 나타나 그를 위로하며, 그렇다면 이스라엘의 북부인 갈릴리지방으로 갈 것을 지시했습니다. 그곳은 헤롯의 다른 아들 안디바가 다스리고 있었습니다. 요셉은 천사의 말에 따라 갈릴리지방으로 출발해 자신이 살던 나사렛에 가서 자리를 잡았습니다. 이렇게 하여 예수님은 성년이 되시기까지 그곳 나사렛에서 사시게 되었으며 이로 인해 예수님을 이를 때 '나사렛 예수'라고 부르기도 합니다.[16]

나. 서력기원과 성탄절의 유래

오늘날 우리가 사용하는 서기년도는 예수님께서 탄생하신 해를 원년으로 삼아 '주님이 오시기 전'이라는 의미의 주전(主前)과, '주님이 오신 후'라는

---

16) 마태복음 2장 13절~23절

의미의 주후(主後)로 구분하고 있습니다. 주전은 영어로 B.C라고 표기하는데, 이는 그리스도 전(前)이라는 뜻인 'Before Christ'의 약자입니다. 반면 주후를 의미하는 A.D는 영어가 아니라 라틴어에서 차용된 것으로, 주님의 해(年)라는 뜻인 '안노 도미니'(Anno Domini)의 약자입니다. 이 책력은 서양에서 유래한 것이란 뜻에서 서력기원(西曆紀元)이라고 하며, 줄여서 서기(西紀)라고도 합니다. 이에 따라 주전과 주후를 서기전(西紀前), 서기후(西紀後)라 말하기도 합니다. 서력기원은 6세기 초반 로마의 신학자 디오니시우스 엑시구우스(Dionysius Exiguus)에 의해 처음 사용되었으며 '안노 도미니'라는 표기도 그에 의한 것입니다.

그런데 예수님께서 탄생하신 시기가 일반적으로는 서기1년인 것으로 알고들 있지만 사실 그 정확한 년도와 시기는 아직껏 밝혀지지 않았습니다. 그럼에도 예수님께서 태어나신 해가 서기1년인 것으로 알려진 것은, 서력기원의 주창자인 디오니시우스 엑시구우스의 착오에서 비롯되었다고 합니다.

그는 예수님의 탄생을 기준으로 한 서력기원을 창시할 때 로마의 건국년도를 기준으로 삼았습니다. 그리하여 로마가 건국된 해로부터 754년 후에 예수님께서 탄생하셨다고 보고 그 해를 서기 원년으로 정하였던 것입니다. 하지만 현대의 학자들은 그보다 조금 앞선 BC6년~BC4년경에 예수님께서 탄생하신 것으로 추정하고 있습니다. 그 근거로서 첫째 누가복음 2장 2절에는 예수님이 태어나실 당시 시리아에 파견되어 있던 로마의 총독이 구레뇨[17]라고 나와 있고, 둘째 그가 시리아총독으로 재임한 것은 두 차례였는데 한번은 BC6년~AD4년이며 두 번째는 AD6년~9년이었다는 사실입니

---

17) 구레뇨 : 로마명 푸블리우스 술피키우스 퀴리니우스(Publius Sulpicius Quirinius, ?~AD21). 구레뇨는 퀴리니우스의 옛 우리말 외래어 발음표기(누가복음 2장 2절). 로마의 자치도시 라누비움 출신. 특별한 집안배경은 없었지만 아우구스투스의 수하에 들어가 여러 전쟁에서 혁혁한 공을 세워 그의 두터운 신임을 얻었다. BC12년 로마의 집정관에 임명되었다가 1년 후엔 길리기아의 호모나덴시안족(族)과의 전쟁(BC11~BC7)에 출정하여 훈장을 받았다. BC6년~AD4년과 AD6년~9년 두 차례에 걸쳐 시리아지방의 로마총독을 지냈으며, 그 사이 BC3년~BC2년에는 아시아의 총독을 역임하기도 했다.

다. 그리고 그 시절에 유다의 왕이었던 헤롯(1세)이 사망한 해는 BC4년이었습니다. 그렇다면 예수님께서 탄생하신 해는 분명 구레뇨와 헤롯이 동시에 공존하던 기간이어야 하며, 따라서 구레뇨의 첫 번째 재임시기였던 BC6년 ~AD4년 사이였음을 추론할 수 있는 것입니다.

또 우리가 매년 성탄절로 기념하고 있는 12월 25일도 예수님이 실제로 탄생하신 날은 아닙니다. 예수님의 탄생에 관하여는 네 개의 복음서 가운데 마태복음과 누가복음이 자세히 소개하고 있지만, 두 복음서 모두 그 날짜는 언급하고 있지 않습니다. 물론 예수님이 생존하셨을 때나 그 후 얼마동안은 그분의 생일이 기억되고 있었을 것입니다.

그러나 기독교는 이후 300년 이상이 지나서야 비로소 신앙의 자유를 인정받은 종교입니다. 그 동안 기독교신도들은 각 시대마다 권력자들에 의해 가혹한 박해를 감수해야 했었습니다. 때론 산채로 십자가에 처절히 못 박힘으로, 때론 원형경기장에서 관중들의 조롱 섞인 함성 속에 굶주린 맹수의 먹잇감으로 처형되는 가운데 그들은 예수님께 사랑을 고백하며 자기 앞에 놓인 순교의 길을 걸어갔습니다. 이러한 상황 속에서 초기의 기독교도들은 감시의 눈을 피해 지하무덤 같은 은밀한 곳에 모여 가며 목숨을 담보로 한 예배를 드려야 했습니다. 오늘날처럼 우리가 편안히 교회를 다닐 수 있기까지에는 먼 옛날 수많은 신도들의 피와 눈물과 오랜 기도와 소망이 거름이 되어 맺어진 은총의 보답임을 알아야 할 것입니다. 그렇게 몇 백 년씩이나 핍박을 피해가며 기독교가 유지되는 동안 예수님의 생일을 기억하는 사람은 점차 사라지게 되었고, 그러다가 정작 서기313년 로마에서 기독교가 공인된 후에는 이미 예수님의 생일에 관해서는 누구의 기억에도 그리고 아무런 기록에도 남아있지 않게 되었습니다. 예수님의 실제 생일은 아쉽게도 미처 챙겨지지 못한 채 잊히고 말았던 것입니다.

이러한 과거를 품은 채 오늘날 매년 12월 25일을 성탄절로 기념하는 것은 그날이 정말로 예수님이 오신 날이기 때문이어서가 아니라, 기독교가 로마에 전래된 이래 짧지 않은 역사 속에서 현지의 문화와 융화하는 과정을 거치는 가운데, 어느덧 이 날이 축일로 정해져 지금까지 전통으로 이어져 온 결과라 하겠습니다.

먼저 성탄절 즉 크리스마스(Christmas)란 영어로 그리스도(Christ)와 미사(Mass)[18]의 합성어입니다. 미사란 예수님께서 체포되시기 전날 제자들과 가졌던 저녁식사 일명 '최후의 만찬'을 기리는 가톨릭의 의식이며 이를 개신교에서는 성찬식이라고 합니다. 그러므로 크리스마스란 쉽게 말하면 그리스도를 기억하며 성찬예배(미사)를 드리는 날이란 뜻입니다. 또 성탄절을 때론 X-Mas라고 쓰는 경우가 있는데, 이는 헬라어표기로 그리스도(ΧΡΙΣΤΟΣ)[19]의 첫 글자 'X'를 따서 표기한 것입니다.

성탄절의 정확한 시기에 대한 오늘날의 견해는 예수님께서 탄생하실 때 목자들이 들판에서 양떼를 치고 있었다는 누가복음 2장 8절의 기록을 근거로 하여, 12월과 같이 추운 겨울이 아니라 이스라엘에서 방목이 가능한 봄이나 가을 중 어느 날이었을 것으로 추측하고 있습니다. 사실 이때는 호적등록을 하러 여행하기에도 적합한 기후이므로 황제가 호적령을 내리기에 좋은 시기라는 점에서 이 가설은 상당히 설득력을 갖기도 합니다. 하지만 이 역시도 예수님께서 탄생하신 정확한 날짜를 알려주지는 못합니다.

한편 기독교사에서 12월 25일을 예수님의 탄생일로 처음 주장한 사람은 3세기 초 로마의 역사가였던 히폴리투스(Hippolytus)였습니다. 그는 가브리엘 천사가 마리아에게 나타나 예수님의 잉태를 알린 날짜가 3월 25일라고 했고, 이 날로부터 임신일수를 계산하면 예수님의 탄생일은 9개월 후인 12월 25일이라고 주장했습니다. 그러나 그의 이런 주장은 워낙 근거가 희박하고 애매하여 별로 주목을 받지 못했습니다.

그보다 오늘날과 같이 성탄절이 12월 25일로 정해지게 된 이유로는, 일찍이 로마의 태양신 숭배사상에서 유래했다고 보는 것이 가장 정설로 받아들

---

18) Mass는 고전영어인 Maesse에서 유래되었다.
19) 그리스도의 정확한 헬라어 발음은 '크리스토스'이다.

여지고 있습니다. 여기서 말하는 태양신 숭배란 기존에 로마인들이 섬기던 아폴로나 헬리오스를 이야기하는 것이 아니라 다른 민족이 섬기던 별개의 태양신을 말합니다.

서기392년 기독교가 국교로 선포되기까지 로마는 주피터나 큐피드 등 여러 신들이 존재하는 다신교를 숭배하던 나라였습니다. 지금은 신앙이 아니라 로마신화라는 이야기 속에서나 만날 수 있는 이 신들을 당시는 실제로 있다고 믿으며 섬기고 있었습니다. 이는 그 이전의 그리스를 비롯한 다른 나라들도 마찬가지였으며, 그러기에 그들은 막대한 돈을 들여서라도 자기네 신들을 위하여 많은 신전들을 건축했던 것입니다.

한편 정복국가였던 로마는 지중해를 둘러싼 넓은 영토를 늘려가는 동안, 이미 자기네 신들 외에도 많은 속주 및 정복지들로부터 다양한 종교들이 유입되고 있었습니다. 다신교를 믿던 로마인들은 그들의 국가관에 어긋나지 않는다면 그들 다신교의 특성상 타종교의 신들에 대해 관대한 태도를 취했습니다. 그럼에도 기독교가 초기에 로마에서 박해를 받았던 이유는, 이 종교가 하나님만을 유일신으로 인정하고 다른 신은 모두 우상으로 배척한다는 점 때문이었습니다. 즉 기독교는 로마인들의 시각에서 볼 때 그들의 토속종교를 부정하는 종교였고, 또 예수님을 만왕의 왕으로 부른다는 점에서 로마황제의 존엄을 부인하는 종교로 오인 받아 국가를 문란케 하는 종교로 낙인찍혔기 때문이었습니다. 그러나 서기303년 디오클레티아누스황제[20]의 탄압을 마지막으로 기독교에 대한 시각도 많이 달라져 이후에는 과거에 비해 상당히 유화적인 태도를 보이게 되었습니다.

이렇듯 외부에서 유입된 여러 종교들 가운데 특히 로마인의 마음을 사로잡은 대표적인 것 중의 하나가 바로 페르시아로부터 유입된 미트라교(敎)였

---

20) 디오클레티아누스(Gaius Aurelius Valerius Diocletianus, AD245~316) : 재위 AD284~305. 이탈리아의 천민출신으로 말단 병졸에서부터 출발하여 황제가 되었다. 그는 AD303년 옛 다신교를 회복하는 과정에서 기독교에 대한 대대적인 박해를 가하였으나 실패로 끝났고 이를 계기로 305년 퇴위하였다.

습니다. 이는 빛과 태양의 신 미트라(Mithra)를 섬기는 종교로 BC15세기경 고대아리아인들에 의해 인도근방 및 이란지역에서 발생한 종교입니다. 미트라는 BC7세기말경[21]에 발생한 조로아스터교에도 영향을 미쳤으며, BC3세기경에는 페르시아에서 왕조의 수호신으로 숭배되기도 했습니다. 이것이 언제 로마로 유입되었는지는 정확히 알 수 없으나, 알렉산더대왕의 동방원정을 따라나섰던 군인들에 의해 그리스로 유입되었다가 로마에 전해진 것으로 알려져 있습니다. 폐쇄적 선교와 은밀한 장소에서의 집회 등 밀의적 성향이 강했던 이 종교는 특히 제1차 삼두정치의 멤버였던 폼페이우스의 동방원정 이후엔 군인들 사이에 미트라를 로마의 수호신으로까지 여길 만큼 많이 퍼져있었습니다. 그러나 이 종교가 비록 동방에서 전래된 것이긴 하지만, 로마인들이 믿던 미트라는 태양의 신이라는 것과 그 이름만 같을 뿐 그 외의 내용상으로는 원래 동방에서 믿던 것과는 상당히 변형된 형태의 것이었습니다.

그런데 이 종교는 매년 12월 25일을 태양의 탄생일로 정해 미트라를 위한 큰 제사를 지냈습니다. 이것이 오늘날 동지(冬至)의 기원으로 알려져 있습니다. 원래는 이듬해의 풍농을 기원하며 매년 이날 동지제사를 지내던 것이 점차 태양을 섬기는 제사로 변해간 듯 보여집니다. 동지란 일 년 중 밤이 가장 긴 날로 이제 어둠이 끝나고 해가 길어진다는 의미 즉 빛과 태양 그리고 희망을 상징하는 날로 여겼던 것입니다.

이 외에도 로마에는 다른 나라에서 들어온 태양신을 섬기는 종교들도 여럿 있었습니다. 이러한 태양숭배 사상은 은연중 로마에 널리 퍼지고 있었으며 급기야 태양신을 섬기는 사람들 중에는 로마의 황제들도 생겨나게 되었습니다. 그 대표적인 인물이 시리아의 태양신 엘가발을 섬기던 엘라가발루스 황제[22]와, 태양신을 '솔 인빅투스'(Sol Invictus)라 부르며 최고신으로 섬

---

21) 또는 BC6세기 초.
22) 엘라가발루스(Elagabalus. AD204?~222) : 재위 AD218~222. 본명 바시아누스(Bassianus). 태양신 바알을 섬기는 엘가발의 신관 집안 출신으로 그의 이름은 여기에서 따온 것이다. 219년에 태양신의 신전을 건립했다. 그는 괴팍한 행동과 방탕한 생활을 일삼다 222년 친위대에 의해 살해되었다.

기던 아우렐리아누스 황제[23]였습니다. 솔 인빅투스란 라틴어로 '불패의 태양'이라는 뜻인데, 그가 말하는 태양신(Sol)은 로마의 토속 태양신 아폴로가 아니라 동방에서 유입된 태양신을 가리키는 것입니다.

특히 아우렐리아누스 황제는 오늘날 성탄절이 12월 25일로 정해지게 된 것과 밀접한 관계가 있는 인물입니다. 군인출신이었던 그는 자신이 출정한 전쟁에서 승리할 때마다 태양신의 도움을 받은 것으로 생각하여 그때마다 감사의 제사를 지내며 태양신의 깊은 신봉자가 되었습니다. 태양신의 철저한 신자가 된 그는 급기야 서기274년 태양신 숭배를 로마의 국교로 정하고 12월 25일을 태양신의 기념일로 지정하여 대대적인 제사를 지내도록 했습니다. 그는 그동안 국지적으로 일부에 의해 지켜져 오던 12월 25일의 태양신 제사를 로마 전역에 공개적으로 퍼뜨린 인물로 평가되고 있습니다.

태양신 숭배는 서기313년 콘스탄티누스 황제에 의해 기독교가 로마에서 공인된 이후에도 여전히 이어지고 있었습니다. 사실 그의 밀라노칙령에 의한 기독교 공인은 이제부터 기독교를 믿어도 좋다는 조치가 취해진 정도이지 대세는 여전히 태양신 숭배였습니다. 콘스탄티누스 황제 자신도 비록 임종에 가까워 세례를 받기는 했지만,[24] 그전까지는 태양신을 자신의 수호신으로 섬기고 있었으며 또한 로마 고유의 신들에 대한 최고위 사제직[25]도 겸

---

23) 아우렐리아누스(Lucius Domitius Aurelianus, AD215?~275) : 재위 AD270~275. 군인출신으로 원래는 병졸의 계급이었으나 여러 전쟁에서 능력을 인정받아 후에 군대의 추대를 받고 황제의 자리에 올랐다. 전술 및 군제를 개혁하였고, 당시 로마에 위협이 되었던 반달족과 다키아인, 알라만족을 토벌하였으며, 동쪽으로는 팔미라제국을 격파하여 각지의 반란을 진압하였다. 또 외적의 침입에 대비하여 로마시 외곽에 성벽을 쌓기도 했다. AD275년 페르시아원정 중 부하들에 의해 암살되었다.
24) 그가 세례를 받은 것은 AD325년 자신이 주재한 니케아 종교회의에서 이단으로 정죄한 아리우스파의 주교에게서였다. 이 점은 그가 아내와 장남을 죽인 일과 함께 지금도 그의 개종의 진정성에 대해 논란이 일고 있다.
25) 일명 폰티펙스 막시무스(Pontifex Maximus)라는 이 직책은 최고신관의 지위를 말하는데, 폰티펙스란 로마의 전통신마다 각기 제사를 담당하던 신관을 이르는 말이었다. 한편 기독교가 로마의 국교이던 5세기부터 이 폰티펙스 막시무스는 유일하신 하나님의 제사장으로서 교황이 맡았다.

임하고 있었습니다.

아무튼 아우렐리아누스가 정한 이 12월 25일의 태양신 제사일은 콘스탄티누스 황제의 재임 중에도 여전히 축제일로 지켜지고 있었던 것으로 보입니다. 그러나 시간이 지나며 기독교세력이 로마의 정치와 경제, 사회, 문화 등 각계각층의 전 분야로 확대되어 감에 따라, 기존에 태양신을 기념하던 이 축일도 어느덧 기독교문화와 자연스럽게 어우러지게 되었습니다. 여기에는 빛을 상징하는 태양의 이미지와 세상의 빛이신 예수님의 이미지를 겹쳐서 보는 정서적 시각도 상당히 작용했던 것으로 보입니다.

이러한 분위기는 4세기 중반까지 더욱 확대되어 갔습니다. 그러나 아직 예수님의 탄생일에 대한 범교회적인 명확한 결정이 이루어진 것은 아니었습니다. 그러던 중 서기350년 교황 율리우스 1세[26]는 12월 25일을 예수님의 탄생기념일로 선언하였고, 그 후 서기354년 교황 리베리우스[27]는 이날을 다시금 예수님의 공식적인 탄생기념일로 선포함으로써 마침내 성탄절은 12월 25일로 정해져 오늘날까지 이어져오고 있습니다.

오늘날의 성탄절이 태양신 숭배사상에서 유래된 것임을 부인할 수는 없습니다. 그러나 이교도에 의한 태양의 축제일이 성탄절이라는 기독교의 축제일로 채택되기까지에는, 기독교가 그저 아무 생각 없이 맹목적으로 이방종교의 축일을 차용한 것이라고 보기는 어렵습니다. 오히려 여기에서는 언제나 상대의 문화와 품위를 존중하며 인격적인 감동으로 하나님의 사랑을 이해시키고자 스스로 다가가는 참된 기독교신앙의 자세가 숨어있음을 발견해야 할 것입니다.

---

[26] 율리우스 1세(Julius I) : 제 35대 교황. 재위 AD337~352. 니케아 종교회의(AD325)에서 이단으로 규정된 이후에도 여전히 득세하던 아리우스파의 주장에 맞서 정통교리를 지지했다. 또한 아리우스주의자들로부터 추방된 아나타시우스를 사르디카에서 종교회의를 열어 알렉산드리아의 합법적인 주교로 복권시켰다.

[27] 리베리우스(Liberius) : 제 36대 교황. 재위 AD352~366. 아나타시우스파를 지지하던 그는 아리우스파를 지지하던 콘스탄티누스 2세의 압력에 불복하다 미움을 받아 AD355년 추방되었으나 2년 후인 AD357년 복권되었다. 그가 복권된 원인이 콘스탄티누스 2세에게 굴복한 결과라는 설이 있으나 여기에 대해서는 아직도 의견이 분분하다.

성탄절이 단순히 태양신의 절기였다는 것만을 놓고 현학적 교만함으로 기독교에 트집을 잡으려 하기 보다는 장구한 역사 속에서 도도히 흘러온 그 진실성의 이야기들에 먼저 귀를 기울여 보아야 할 것입니다. 남을 함부로 판단하기 이전에[28] 그 내면에 수용된 참된 의도와 의미를 먼저 살펴보고 생각하는 것이야말로 올바른 덕목을 갖추고 그것을 행사하는데 있어 중요한 태도입니다. 그러므로 오늘날의 성탄절이 예수님의 탄생일이 아니기 때문이라거나 태양신을 섬기던 우상숭배의 날이므로 무시해야 한다는 식의 태도는 반드시 옳다고 볼 수만은 없습니다. 왜냐하면 예수님을 사랑하는 것은 좋지만 어찌 보면 그것은 '성탄절은 지켜선 안 된다'는 또 다른 율법을 스스로 만들어 거기에 자신을 가두고 그 행위에 의지하려는 편협한 사고와 행동으로 자칫 변질될 수도 있기 때문입니다. 사실 여기에 일일이 열거할 수는 없지만, 오늘날 이와 같은 현대판 바리새인과 같은 태도는 우리 주변에서 수많이 발견되고 있습니다. 그러나 이것은 정작 율법을 사랑과 은혜로 대체하러 오신 예수님에 대한 올바른 태도는 아닐 것입니다. 바리새인들도 하나님을 사랑하는 열정으로 오히려 예수님을 십자가에 못박았음을 우리는 상기해야 합니다. 율법을 지켜 구원을 얻는 것은 불가능합니다. 바리새인들은 너무도 율법을 중요시 했기에 정작 예수님의 사랑은 보지 못하고 말았습니다. 율법은 우리를 옥죌 뿐이고 또 언제나 우리를 심판하려 들 뿐입니다. 그렇다고 방종을 해도 괜찮다는 이야기는 아닙니다. 다만 성탄절이 이방종교에서 비롯되었다는 그 겉면만을 보고 판단하는 외식적인 해석보다는, 오늘날의 성탄절이 있기까지 그 속에 담겨진 많은 선배신도들의 아름다운 기독교적인 의견에도 주의를 기울이고 귀 기울여야 한다는 뜻입니다.

사도바울이 선교를 하며 때로는 곧잘 그곳의 이방인처럼 행동하기도 했던 것처럼, 올바른 기독교의 태도를 이해한다면 사랑은 우매한 추종이 아니라

---

28) "비판을 받지 아니하려거든 비판하지 말라. 너희의 비판하는 그 비판으로 너희가 비판을 받을 것이요, 너희의 헤아리는 그 헤아림으로 너희가 헤아림을 받을 것이니라."(마태복음 7장 1절~2절)

상대를 이해하고자 노력하며 그 시대의 문화를 포용하려는 정중한 겸손인 것임을 구별할 줄 알아야 하기 때문입니다.

다. 요셉에 대하여

이제 주제를 바꿔 예수님의 아버지인 요셉에 관한 이야기를 잠깐 하고 넘어가도록 하겠습니다.

요셉에 관하여 성경에는 그리 많이 언급되어 있지 않습니다. 예수님의 탄생 이후 그에 관한 기록은, 누가복음 2장에 당시 열두 살이던 어린 예수님을 데리고 아내 마리아와 함께 예루살렘을 방문했다는 내용이 전부입니다. 성년이 되어 이스라엘 전역을 다니시며 사역을 하시던 예수님께서 어린 시절을 보내신 나사렛을 방문하셨을 때에도 그를 기억하던 마을사람들이 모친인 마리아의 이름은 떠올려도 요셉에 대해서는 아무런 언급조차 하지 않던 점이나,[29] 예수께서 십자가에서 돌아가실 때에도 모친 마리아의 모습은 보여도[30] 요셉은 없었던 점 등 여러 정황을 미루어 보건대 아마도 그는 예수님께서 어릴 적에 일찍 사망한 것으로 보여집니다.

성경은 그를 의로운 사람이라고 기록하고 있습니다. 자기도 모르는 임신을 한 약혼녀의 문제를 당시의 엄격한 법대로 처리하려 하지 않고 조용히 마무리 지으려 했던 것을 보면 그는 다툼을 싫어하고 넓은 관용을 지닌 사람이었던 것 같습니다.

그는 혈통 상 다윗의 후손이었습니다. 일찍이 하나님은 여러 예언자들을 통해 장차 메시아는 다윗의 권좌를 통해 임할 것이라고 약속해 오셨습니다. 그 예언 중 몇 가지를 예로 들면 다음과 같습니다.

[그 정사와 평강의 더함이 무궁하며 또 다윗의 위(位,왕좌)에 앉아서 그 나라를 굳게 세우고 지금 이후(지금부터) 영원토록 공평과 정의로 그것을 보존하실 것이라. 만군의 여화와

---

29) 마태복음 13장 55절, 마가복음 6장 3절.
30) 요한복음 19장 25절

의 열심이 이를 이루시리라.] (이사야 9장 7절)

위 예언은 장차 메시아는 다윗의 왕가에서 나오신다는 것을 선언하고 있습니다. 또 다음과 같은 예언도 있습니다.

[나 여호와가 말하노라. 보라. 때가 이르리니 내가 다윗에게 한 의로운 가지를 일으킬 것이라. 그가 왕이 되어 지혜롭게 행사하며 세상에서 공평과 정의를 행할 것이며 그의 날에 유다는 구원을 얻겠고 이스라엘은 평안히 거할 것이며 그 이름은 여호와 우리의 의라 일컬음을 받으리라.] (예레미야 23장 5절~6절)

이 역시도 온 세상을 구원할 메시아는 다윗의 가문을 통해 임하실 것이며 그는 만왕의 왕으로서 지혜와 공정함과 정의의 이름으로 세상에 평화와 하나님의 의로우심을 전할 것이라고 예언하고 있습니다.

다윗은 지금으로부터 약 삼천년 전 고대유다왕국의 왕이었습니다. 그는 평생을 하나님을 사랑한 왕이었으며 또한 범사를 하나님께 의지하며 동행하려 노력한 왕이었습니다. 그 역시 때론 인간이기에 실수를 범하기도 했지만 즉시 하나님 앞에 돌이켜 회개하며 잘못을 변명하지 않았고, 인생의 실패와 좌절을 맛보긴 했어도 하나님을 바라보며 절망하지 않았습니다. 그러기에 다윗은 하나님께서 가장 총애하고 사랑하시던 왕이었으며, 그에 대한 당신의 신뢰와 사랑으로써 다윗의 가문을 통한 메시아의 강림을 계획하셨던 것입니다.

그리고 때가 이르자 하나님께서는 이 예언들을 성취하시기 위해 당신의 섭리 속에 요셉을 선택하셨습니다. 물론 요셉이란 사람은 이미 다윗왕조가 사라진지 수백 년의 오랜 세월이 흘러 이제는 이름만 남은 옛 왕조의 후예로서 족보상 다윗의 가계라는 것 외에는 전혀 보잘 것 없는 시골의 목수에 불과했습니다. 그러나 전능하신 하나님께는 아무런 문제가 되지 않는 일이었습니다. 하나님께서는 이미 오래 전부터 인류의 구원을 위해 약속하셨던 메시아 강림의 대역사(大役事)를 드디어 그를 통해 시작하셨던 것입니다.

비록 요셉 자신은 전혀 알 수조차 없었을지라도 그는 하나님의 영광스런 역사하심 가운데 마리아의 정혼남이 되어 예언된 동정녀잉태라는 인류초유의 위대한 기적 그 한가운데에 서있게 되었습니다. 동정녀란 처녀와 동의어로 기독교에서는 성모(聖母) 즉 예수님의 모친이 되시는 마리아를 존칭하기 위해 사용되는 말입니다. 따라서 마리아를 호칭할 때 예수님을 낳기 전에는 '동정녀마리아'라고 하며 예수님을 낳은 후에는 '성모마리아'라고 부릅니다.

그렇다고 요셉을 '성부요셉'이라고 하지는 않습니다. 왜냐하면 요셉은 예수님이 탄생하시기까지 단지 그의 가계가 차용되었을 뿐 실제적으로 예수님과의 혈육관계가 맺어져 있는 것은 아니기 때문입니다. 참고로 당시의 세계는 거의가 전통적으로 철저한 부계중심으로 사회가 운용되고 있었습니다. 이에 유대인사회의 가족체계 역시 예외는 아니었습니다. 특히 그들에게는 천지창조 당시 하나님께서 먼저 남자인 아담을 창조하시고 나중에 그를 위한 배필로서 여자인 하와를 지으신 데에 따라, 이를 근거로 남자를 우선시 하던 관습적 통념이 강하게 지배하고 있었습니다. 그들의 사회가 부계중심이었음을 보여주는 한 예로, 성서에는 중요인물들에 관한 족보가 수시로 등장하는데 이를 자세히 보면 철저히 남성위주로 전개되고 있음을 알 수 있습니다.

그런데 예수님은 여자의 임신을 통해 태어나셨다는 점에서 우리와 똑같은 육신을 소유하고 계시기는 하나, 반면 처녀임신으로 말미암아 모계만을 가지시게 되어 이것만으로는 당시의 풍속에 부합되지 않는 문제가 생길 수도 있습니다. 따라서 부계중심의 사회체제 가운데 그리스도께서 한 사람의 인간으로서 우리와 동일한 조건과 자격을 갖추고 오시려면 그분 역시 다른 한편으론 반드시 부계로서 누군가의 가계에 속하셔야만 되셨습니다. 이에 하나님께서는 다윗의 가계를 택하셨기에 그 섭리 가운데서 그리스도의 부친은 다윗의 후손인 요셉이 감당하게 되었던 것입니다. 이는 달리 생각하면 하나님께서는 악이 아닌 한, 인간에 의한 관습과 전통까지도 지켜주시고자 하실 만큼 인간을 존중하고 사랑하는 분이셨음을 깨닫게 하는 것이기도 합니다.

이렇게 볼 때 그리스도의 강림에 있어 요셉의 계보는 다윗의 후손으로서 선택되었던 것이며 이것이 예수님의 탄생에서 요셉이 갖는 중요한 신학적 의미입니다. 천사 가브리엘도 요셉을 찾아가서 처음 그를 부를 때 "다윗의 자손 요셉아!"[31]라고 하며 그가 다윗의 후손이란 사실을 강조하고 있습니다.

따라서 마리아의 몸을 통해 나오신 예수님은 가족관계상 그녀의 남편인 요셉의 아들이 맞기는 하지만, 이는 가계상의 성립이 그런 것일 뿐 실제로 피가 섞인 혈육의 부자관계는 아닙니다. 즉 요셉과 예수님의 부자관계가 유전적인 부자관계는 아닌 것입니다.

한편 예수님이 처녀의 몸을 통해 이 땅에 오신 이유는 원죄마저도 비켜가시기 위함인 것으로 해석될 수 있습니다. 메시아로서 온 인류를 죄로부터 구원하시기 위해서는 우선 자신부터가 한 점 죄 없는 완전히 선한 존재가 되어야 했으며, 그럼으로써 자기 몸을 죄인 된 온 인류를 위해 온전한 대속의 희생제물로 바칠 수 있기 때문입니다. 요컨대 인간의 죄는 인간 스스로가 해결해야 하는데 이것이 절대 불가능하자, 이제 방법은 오직 하나 즉 이 세상의 주인이 되시는 창조주께서 직접 개입하시는 것밖에는 없었던 것입니다. 이것이 예수그리스도께서 이 땅에 오시게 되는 이유이며, 이는 하나님께서 친히 온전한 인간이 되시어 죄의 문제를 모두 해결하러 오신 것을 의미합니다. 그리하여 몸소 인간이 되신 하나님께서는 이 땅에서 우리와 똑같은 조건의 환경 속에서 한 사람의 인간으로서 한 점의 죄도 짓지 않는 온전한 삶을 사시고, 그럼으로써 죽어야할 이유가 없는 몸이셨음에도 불구하고 인간의 모든 죄[32]를 뒤집어쓰시고는 대신 그들을 위해 사망의 십자가를 지게 되셨던 것입니다. 이에 예수님께 원죄가 없다는 것은 첫째 예수님이 여자의 몸에서 태어나시긴 하셨지만 부계로 전승되는 그들 혈통의 체계상 여자

---

31) 마태복음 1장 20절
32) 여기에는 과거와 현재와 미래의 모든 인류와 그들의 죄가 포함되며, 이로써 예수님을 바라보면 누구나 죄로부터의 해방 즉 구원(영생)을 얻을 수 있다는 가능성이 열리게 된다. 이것이 바로 오직 하나님만이 가능한 권능이다.

의 혈통은 가계에 포함되지 않는다는 점에서, 둘째 마리아의 잉태는 성육신 즉 사람의 육정에 의해서가 아니라 단지 처녀의 몸을 통해 역사하신 하나님의 권능에 의한 잉태였다는 점에서 타당성을 갖습니다.

그러므로 예수님은 요셉의 아들로 오심으로써 다윗의 후손으로 오시리라는 예언을 성취함과 동시에, 한편으론 동정녀의 몸을 통해 오심으로써 그의 육신은 부계를 통해 내려오는 모든 보응을 비켜 버리셨던 것입니다.

2) 예수님의 공생애

나사렛으로 이주한 예수님께서는 성년이 되시기까지 그곳에서 사셨습니다. 직업은 부친 요셉의 가업을 이어받아 목수로 일하셨으며,[1] 또한 집안의 맏이로서 어머니와 여러 동생들[2]을 책임지며 생계를 유지해 나가셨습니다. 이 기간 동안 예수님의 삶에 대해 알려진 것은 거의 없습니다. 단지 성경은 예수께서 열두 살이 되던 해에 부모님을 따라 유월절 제사를 지내러 예루살렘에 가셨던 일을 잠깐 언급하고 있을 뿐입니다.[3]

그러다 예수님은 대략 서른 살쯤이 되셨을 무렵 비로소 세상에 나와 사역을 시작하셨는데,[4] 이후 십자가에서 돌아가시기까지 삼년 반가량의 시기를 가리켜 기독교에서는 '공생애'(公生涯)라고 부릅니다. 공생애란 예수님의 생애 가운데 글자 그대로 공인(公人)으로서 대중 속에 들어가 저들과 함께 살아가신 시기라는 뜻이며, 이때는 예수께서 세상에 복음을 전파하며 실질적인 그리스도로서 사역을 하신 기간입니다.

예수님께서 서른 살이 다 되실 때까지 자신을 드러내지 않고 기다리셨던

---

1) 마가복음 6장 2절
2) 성경에는 야곱, 요셉, 유다, 시몬 등 예수님의 형제들이 거론되고 있는데, 이들은 예수님이 태어나신 후 요셉과 마리아 사이에서 실제적인 부부관계를 통해 얻은 아들들이다.
3) 누가복음 2장 41절~52절 참조.
4) 누가복음 3장 23절

것은, 당시 랍비(Rabbi)라고 불리던 유대교 선생의 자격이 그때부터 주어졌기 때문인 것으로 여겨집니다. 예수님은 그 시대가 요구하는 관례와 율법을 모두 지키시는 가운데 본인의 사역을 시작하고자 함이셨던 것입니다. 이것은 인간이 역사(歷史) 속에서 그때마다 정한 전통과 관습 그리고 율례 등을 하나님께서는 항시 존중하고 계시다는 사실을 말해주는 것이며, 동시에 이것은 당신의 권위 보다는 인간의 것을 소중히 여기시고 그와 융화하기를 원하시고 계시는 하나님의 사랑의 품성을 은연중에 느끼게 하는 대목입니다.

예수님은 공생애를 시작하시기 전, 먼저 침례(浸禮)를 받기 위해 요한이란 사람을 찾아가셨습니다.

가. 침례요한

요한은 하나님의 명에 따라 요단강에서 사람들에게 침례를 베풀던 사람으로 아버지의 이름은 사가랴였고 어머니의 이름은 엘리사벳이었습니다. 엘리사벳은 예수님의 모친인 마리아와는 몇 촌간인지는 알 수 없지만 친척관계였으며 마리아가 예수님을 성령으로 잉태하기 육 개월 전쯤 요한을 임신했습니다.[5] 따라서 요한은 개인적으로는 예수님의 친척으로 육 개월 정도 형뻘이 되는 사람이었습니다. 그러나 성경상의 정황으로 볼 때 두 사람이 어려서부터 자주 왕래를 하며 지낸 사이는 아니었던 것으로 보입니다.

성년이 된 요한은 어느 날 하나님의 소명을 받게 되었습니다. 그 후 그는 하나님의 명에 따라 광야에서 생활하며 요단강에서 사람들에게 침례를 베풀기 시작했습니다. 이때가 서기28년이었습니다. 이를 알 수 있는 것은 누가복음 3장 1절에 요한이 활동을 시작한 때가 로마황제 티베리우스 재위15년째 되는 해라고 밝히고 있기 때문입니다.

그는 침례를 베풀고 또 한편으론 요단강변의 여러 지방을 돌아다니며 사람들에게 이렇게 소리쳤습니다.

---

5) 누가복음 1장 36절

"회개하라! 천국이 가까이 왔다!"[6)]

하나님이 말씀을 선포하던 예언자는 BC5세기 말엽의 말라기를 끝으로 더 이상 나타나지 않았습니다. 그렇게 사백여년의 침묵기가 흐른 뒤 다시금 광야에서 하나님의 메시지를 전하는 우렁찬 외침소리가 울려 퍼졌던 것입니다. 이것은 마침내 대망하던 그리스도의 신약시대가 열리고 있음을 알리는 예언자의 음성이었습니다.

사람들은 이제껏 말로만 전해 듣던 예언자의 낯선 출현에 처음에는 당황하였으나 이내 그의 음성에 귀를 기울이며 모여들기 시작했습니다. 그는 온유하지만 강직하고 담백한 성격을 소유하고 있었고, 때론 독설도 마다하지 않는 거침없는 설교는 깊은 설득력을 지니며 사람들에게 크게 각인되었습니다. 그의 출현은 빠른 속도로 사람들에게 알려지게 되었고 많은 사람들이 그에게 모여 들어 침례를 받았습니다.

요한은 흐르는 강물 속에 사람을 머리까지 온몸을 담갔다 꺼내는 방식으로 침례를 베풀었습니다. 여기서 흐르는 물은 하나님의 은총을 상징합니다. 즉 이 의식은 하나님의 은총 속에 자신을 담금으로써 모든 죄를 씻고 온전한 새사람으로 거듭나는 것을 상징합니다. 오늘날까지도 이어지며 모든 교회에서 거행되고 있는 이 침례의식은 기독교인이 되고자 하는 사람이 치르는 첫 번째 절차로서 기독교에서는 가장 중요한 의식 중의 하나입니다.

다만 요즘에는 침례의 방식도 많이 간소화되어, 교파에 따라서는 이마나 머리에 물을 적시거나 뿌리는 형태로 침례를 행하는 곳도 많이 있습니다. 이렇게 치러지는 방식은 몸을 담근다는 의미의 침례라는 표현 대신 물로 씻어낸다는 의미의 세례(洗禮)라는 표현을 사용합니다. 이처럼 침례가 세례처럼 약식화 되기까지는 오랜 세월에 걸쳐 많은 이유가 작용했습니다. 예를 들면 기독교가 널리 전파되면서 내륙이나 산간지방과 같이 흐르는 물이 없는 곳에서는 호수와 같이 고인 물에서도 시행하게 되었고, 그마저도 안 되

---

6) 마태복음 3장 2절

는 곳에서는 큰 욕조에 물을 받아놓고 몸을 담그는 형식으로 침례를 치르게도 되었습니다. 또 병상에 누워있는 환자들처럼 물이 있는 곳까지 가기조차 어려운 이들에게는 이마에 물을 적시는 것으로 치러지기도 했습니다. 이렇듯 시대와 환경이 변함에 따라 침례의 형태와 절차 역시 그에 맞춰 변화되어 왔던 것입니다. 그러나 이것 역시 기독교가 가지고 있는 포용성의 한 예라 하겠습니다. 요컨대 침례나 세례나 결국 그 중심은 같은 것이고 따라서 그것의 외적인 형식에 의미를 두기 보다는 이 의식이 지니는 보다 깊은 의미와 본질을 바라보는 마음이 중요하다 하겠습니다.

한편 이 요한은 예수님의 열두제자 가운데 한 사람이었던 동명이인 요한과 구분하기 위하여 주로 '침례요한' 또는 '세례요한'이라 부르며, 예수님의 제자였던 요한은 '사도요한'이라 부름으로써 두 사람을 각각 구별하고 있습니다.

침례요한은 광야에서 은둔자와 같은 생활을 하며 언제나 낙타털로 지은 옷을 입고 허리에는 가죽띠를 두른 복장을 하고 있었고, 음식으로는 메뚜기와 석청(石淸)을 먹으며 살았습니다.[7] 석청은 바위틈에 지어진 벌집에서 채취한 야생꿀을 말합니다. 그리고 그의 또 다른 식량이었던 메뚜기는 들에 서식하는 곤충이 아니라 콩과식물인 하루브(בורח)라는 나무의 열매를 말하는 것입니다. 채식주의자였던 침례요한은 동물성인 곤충 메뚜기는 먹지 않았습니다.

이 하루브 나무의 열매는 누가복음 15장 16절에 쥐엄열매라는 이름으로 다시 한 번 등장하기도 합니다.[8] 그러나 중동지방의 하루브

〈하루브열매〉

는 사실 쥐엄나무와는 전혀 다른 식물로 우리나라에는 서식하지 않습니다.

---

7) 마태복음 3장 4절
8) 누가복음 15장 16절에 나오는 쥐엄열매의 원어는 하루빔(מיבורח)으로 이는 하루브의 복수형이다.

다만 그 외관과 열매가 하루빔과 비슷하여 한글성경에는 번역상 쥐엄나무가 채택된 것으로 보입니다. 이와 같은 번역의 예로 또 다른 대표적인 것으로는 '떡'을 들 수가 있겠습니다. 성경의 원문대로라면 '빵'으로 번역해야 맞겠지만 우리나라에서 성경이 처음 번역되던 조선시대 말에는 서양음식인 빵은 쉽게 보기 어려운 것이었고 따라서 많은 사람들이 모르는 음식이었습니다. 따라서 초기의 번역자들은 당시의 한국인들이 이해하기 쉽도록 모양이 비슷한 떡을 번역으로 채택했던 것인데, 엄밀히 말해 떡은 생일이나 제삿날 또는 명절과 같이 특별한 날에만 먹을 수 있는 쌀로 만든 별식으로 성경에 나오는 빵처럼 저들이 주식으로 매일 먹는 밀로 만든 음식과는 다른 것입니다.

한편 이 하루브 열매가 마태복음에서 메뚜기로 번역된 것은 아마도 히브리어로 메뚜기인 하가브(חגב)와 발음상 혼용된 데서 비롯된 것이 아닌가 여겨집니다. 실제로 하루브의 영어이름이 메뚜기나무(Locust tree)라는 데서도 이 주장은 상당히 설득력을 얻습니다.

이 나무는 중동지방에서 흔하게 발견할 수 있는 야생식물이었고 또한 열매는 말려서 쉽게 보관할 수 있었으며 당분과 단백질이 많아 광야에서 생활하던 요한에게는 가장 적합한 양식이었을 것입니다.

아무튼 점차 요한의 이름이 알려지며 따르는 사람들이 늘어나자 그동안 그를 지켜보던 제사장들은 그가 혹시 이스라엘민족이 기다리던 그리스도가 아닌지 물어보았습니다. 역사적으로 이스라엘민족은 다윗과 솔로몬시대의 짧았던 풍요시기를 제외하면 언제나 다른 민족의 침략과 억압에 시달려 오던 터라 그들로부터 자신들을 구해줄 그리스도의 출현을 항시 고대하고 있던 터였습니다. 그러나 그들이 생각하던 그리스도는 인류를 구원할 구세주로서의 그리스도가 아니라 단지 자기들 민족만을 강압자로부터 구하러 오시는, 말하자면 자기들 민족만을 위한 인간적인 영웅으로서의 그리스도였습니다.

요한은 그들의 질문에 아니라고 대답했습니다. 그러자 이번에는 그가 엘리야인지 물었습니다. 엘리야는 BC9세기 때 고대이스라엘왕국에서 활약했던 예언자로 살아서 하늘로 승천한 사람입니다.[9] 그들은 그 엘리야가 돌아온 것이냐고 요한에게 물었던 것입니다. 이번에도 요한은 아니라고 대답했습니다. 그리고는 자신을 이렇게 소개했습니다.

"나는 그리스도도 아니고 엘리야도 아니며 그렇다고 예언자도 아니요. 나는 단지 일찍이 예언에 이른 대로 '여호와의 길을 예비하는 광야의 외치는 소리'[10]일 뿐이요."

요한의 이 말은 이사야의 예언서에 나오는 내용이었습니다. 자신은 그리스도가 아니라 진짜 그리스도가 오실 때, 맨 앞에서 맞이하며 온 백성에게도 그분을 맞이하라고 알려주는 전령과 같은 존재라고 했던 것입니다. 성경은 이러한 요한의 등장에 대해 또 다음과 같이 예언하고 있습니다.

[만군의 여호와가 이르노라. 보라, 내가 내 사자(使者)를 보내리니 그가 내 앞에서 길을 예비할 것이요...] (말라기 3장 1절)

그에 대해 말라기서에는 다음과 같은 예언도 있습니다.

[보라, 여호와의 크고 두려운 날이 이르기 전에 내가 선지(先知)[11] 엘리야를 너희에게 보내리니...] (말라기 4장 5절)

위 구절들은 그리스도가 임하시기 전에 엘리야가 먼저 올 것이라는 사실을 예언하고 있습니다. 요한은 스스로 엘리야가 아니라고 했지만 그것은 자신이 과거에 승천한 그 엘리야 자체의 현신이 아니라고 말한 것뿐이며, 실제로 그는 이미 여러 선지자들에 의해 그리스도의 강림을 알리는 전조의 징표로서 예언되

---

9) 열왕기하 2장 1절~14절 참조.
10) 이사야 40장 3절. "외치는 자의 소리여, 가로되 너희는 광야에서 여호와의 길을 예비하라!"
11) 성경에는 예언자라는 말 대신 선지자(先知者)란 용어를 사용하고 있다.

어 있던 사람이었습니다. 후에 예수님도 제자들에게 요한에 관해 말씀하시기를, 엘리야는 예언대로 예수님 자신이 오기 전에 이미 왔으나 사람들이 알아보지 못하고 홀대하고 말았다고 하셨습니다. 이는 곧 요한을 가리켜 하신 말씀이었다고 성경은 직접 설명해 주고 있습니다.[12] 또 그에게는 많은 제자들이 따르고 있었는데 그 중 안드레 같은 사람은 후에 예수님의 제자가 되기도 했습니다.

요한은 곧 오실 그리스도를 가리켜, 자신은 물로 침례를 주지만 장차 오실 그 분은 성령과 불로 침례를 줄 것이라고 예고했습니다. 그러던 어느 날, 요한은 침례를 받으시기 위해 자신을 만나러 오시는 예수님을 보고는 제자들에게 이렇게 말했습니다.

"보라. 세상 죄를 지고 가는 하나님의 어린 양이로구나. 저분은 나보다 뒤에 오셨지만 실은 내가 태어나기 전부터 계셨고 그러기에 나보다 앞선 분이시다. 내가 물로 침례를 베푼 것은 바로 저분을 이스라엘에 알리려는 것이었다."[13]

요한에게 다가오신 예수님은 그에게 침례를 받기를 원하셨습니다. 그러자 요한이 사양하며 말했습니다.

"제가 당신에게 침례를 받아야 마땅한데 어찌 제게 침례를 행하라 하십니까?"

이에 예수께서 대답하셨습니다.

"지금은 내가 하자는 대로 하자. 그래야 하나님께서 원하시는 모든 일이 이루어진다."[14]

이렇게 해서 예수님은 요한에게 침례를 받으셨고 이때부터 랍비로서 공생애를 시작하셨습니다. 예수께서 이처럼 요한에게 침례를 받으신 것은, 당신의 본질은 하나님이시지만 스스로 인간의 의례에 순종하심으로써 세상에는

---

12) 마태복음 17장 10절~13절
13) 요한복음 1장 29절~31절
14) 마태복음 3장 15절

하나님으로서가 아니라 우리와 같은 한 사람의 인간으로 오셨음을 선언하는 것이었습니다. 이것이야말로 창조주 하나님이셨던 예수님께서 그리스도로서 이 세상에서 감당하셔할 역할이었으며 당신께서 앞으로 사역하실 곳에서의 신분이었습니다.

예수께서 침례를 받으시고 물에서 나오시는 순간, 돌연 하늘이 열리며 성령이 비둘기 모양으로 예수님의 머리 위로 내려오는 광경이 사람들의 눈앞에 펼쳐졌습니다. 그와 동시에 큰 음성이 하늘로부터 울려 퍼졌습니다.

"이는 내 사랑하는 아들이요, 내 기뻐하는 자라!"[15]

이 소리는 성경 전체를 통해 처음 자신을 드러내신 성부하나님의 음성이었습니다. 삼위일체 하나님의 한 위격이신 성부하나님에 대해서 우리가 알고 있는 것은 거의 없습니다. 성경에서 성부하나님은 오직 음성으로만 우리에게 단 세 차례 나타나셨는데 그 첫 번째가 바로 예수님께서 침례를 받으시던 이때였습니다. 그리고 두 번째는 훗날 예수께서 산에 올라 밤을 새워 기도하실 때 베드로와 요한, 야고보 세 제자에게 하늘로부터 우레와 같은 음성으로 드러내셨을 때입니다.[16] 특히 이때는 예수님의 모습이 광채 띤 모습으로 변화하셨던 데에 따라 당시 기도하시던 이 산을 일명 '변화산'(變化山)이라고도 부릅니다. 이어 세 번째는 예수님이 체포되시기 며칠 전 이제 곧 당신이 감당하셔야 할 십자가에서의 참혹한 운명 앞에서 두렵고 괴로운 마음을 다잡으시며 기도하실 때였습니다.[17] 이 때 역시 음성으로 나타나셨습니다.

성부하나님, 성자하나님이신 예수님, 그리고 예수님의 승천 후 첫 오순절에 임하신 성령하나님을 가리켜 우리는 삼위일체 하나님이라고 부릅니다. 삼위일체 하나님이란 성경 상에서는 세 가지의 위격으로 우리에게 나타나셨지만 그 본질은 동일한 한 분이시란 뜻입니다. 이 삼위일체론은 지금으로선 초신자분들이 이해하기에는 다소 어려울 수도 있을 것이므로 이 문제는 추

---

15) 마태복음 3장 17절
16) 마태복음 17장 5절, 마가복음 9장 7절, 누가복음 9장 35절.
17) 요한복음 12장 28절

후에 다시 자세히 설명 드리도록 하겠습니다.[18]

이렇게 예수님께서 침례를 받으시고 난 지 약 1년 후, 앞에서 언급한 헤롯 안디바와 헤로디아의 패륜사건이 벌어지게 되었고, 이 소식을 들은 요한은 안디바를 찾아가 그에게 직언을 고하다 옥에 갇히게 되었습니다. 그는 이때 그곳에서 헤로디아의 흉계로 참수형을 받아 삼십대의 젊은 나이로 생을 마쳤습니다.

나. 광야의 시험

한편 침례를 받으신 직후 예수님은 인근의 광야로 가셨습니다. 그리고는 그곳에서 40일 동안 금식을 하시며 기도에만 열중하셨습니다. 금식기도는 글자 그대로 생존을 위한 물 이외에는 아무 것도 먹지 않고 경건히 기도에만 전념하는 것으로, 이것은 인간이 할 수 있는 가장 극단의 기도행위입니다. 인간체력의 한계를 담보로 하는 금식기도는 하나님께 자기 마음의 절실함을 드러내 보여야 할 필요가 있거나 또는 철저한 영혼의 정화를 위해 최선의 진정성을 가지고 기도에 매진하려는 특별한 경우에만 행해지는 신앙인의 마지막 기도수단이기도 합니다. 따라서 이는 고도의 극기와 절제를 통해 얻어지는 가장 맑은 영혼의 상태를 유지하는 가운데 하나님께 자신을 온전히 드리며 교통코자 하는 행위인 것입니다. 이렇듯 금식기도는 수행자의 입장에서 자신의 심신을 가장 깨끗이 하여 하나님과 보다 맑은 영혼으로 교통키 위해서거나, 또는 생활에 극심한 고난이나 문제가 닥쳤을 때 욕망을 전적으로 희생시킴으로써 문제의 원인이었을 수도 있는 영적침체를 회복시키고 아울러 자신의 비장함을 하나님께 보이며 부르짖기 위해서 시행되는 것입니다.

하지만 금식기도는 신앙생활을 하는데 누구나 반드시 해야 할 의무사항은 아닙니다. 우리는 평소 조용히 마음으로 기도하는 것만으로도 충분히 하나님과 교통할 수 있으며, 또 하나님은 우리가 기도하기 전에 이미 모든 것

---

18) 제2부, '기독교의 기본적인 교리에 대하여' 중 질문9. '삼위일체란 무엇인가요?' 참조.

을 헤아리고 계시기 때문입니다. 기독교는 종교로서 당연히 생활 속에 겸손하고 절제된 태도를 요구하지만 그렇다고 지나친 금욕이나 육체적 고행을 수양의 미덕으로 요구하지는 않습니다.

기도나 예배 외에 금식기간 동안 가능한 것은 산책이나 명상, 신앙과 관련된 독서 그리고 목욕과 오수(午睡) 정도입니다. 그 외에 친구를 만난다거나 평소의 업무를 본다거나 하는 세상과 연접된 행위를 병행하는 금식은 하나님과 교통하는 올바른 금식이 아니라 그저 인간육신의 단순하고도 물리적인 단식에 불과할 뿐입니다. 신앙적 성실함이 결여된 금식은 하나님께서 기뻐하시지 않는 금식입니다.

여기 40일간의 금식은 아무나 할 수 있는 것이 아닙니다. 성경에서 예수님 외에 40일 금식을 단행한 자는 출애굽시기의 모세가 유일합니다. 그 외에는 다윗이 병든 갓난 아들을 살리기 위해 일주일정도 금식한 바가 있으며, BC6세기 후반의 예언자 다니엘도 21일간 금식한 것이 최고였습니다. 그러므로 예수님께서 행하신 40일간의 금식은 매우 특별한 경우라고 하겠습니다. 건강한 성인남성의 경우라도 40일을 금식하는 것은 인간체력의 한계에 도달하는 수치라고 합니다. 따라서 자신의 체력을 고려하지 않고 무리하게 금식을 강행하는 것은 대단히 위험한 일일 수 있으므로 금식기도를 하려고 할 때에는 먼저 자신의 건강조건을 신중히 고려한 후 시작해야만 합니다.

한편, 광야로 나선 예수님은 한낮의 작열하는 햇볕과 한밤의 차가운 이슬과 추위 그리고 극도의 허기와 외로움을 홀로 이겨내시며 밤낮으로 기도에 매진하셨습니다. 그렇게 40일이 지난 후 금식을 마치신 예수님은 몹시 시장하고 지쳐 계셨습니다. 그런데 그 순간 저만치서 왠 낯선 남자 하나가 예수님을 향해 다가오고 있었습니다. 예수님은 처음엔 그가 당신을 도우러 온 하나님의 천사인줄로 알았으나 곧 그것이 아님을 알고는 놀라셨습니다. 40일간의 금식을 이제 막 끝내고 극도로 지쳐계신 예수님께 제일 먼저 찾아온 것은, 하나님의 위로가 아니라 다름 아닌 사탄의 시험이었습니다.

사탄은 원래 이름은 루시퍼이며 하나님에 의해 가장 높은 지위 천사로 창조되었으나 자신의 신분에 취한 나머지 하나님의 피조물인 자신의 본질을 망각한 채 자신이 창조주이신 하나님과 같아지려고 하나님께 대적하다 추방당한 천사입니다. 하나님을 섬겨야 하는 본분을 벗어나 스스로 하나님이 되고자 했던 사탄은 바로 교만의 원조이며 모든 죄의 원흉이 되는 자입니다.

사탄은 예수님께 다가와 돌을 하나 접어들더니 묘한 웃음을 지으며 말했습니다.

"당신이 진정 하나님의 아들이라면 이 돌을 가지고 빵을 만들어 보시오."[19]

40일을 굶어 극도의 허기를 느끼시던 예수님께 그가 제시한 것은 그분을 위해 자신이 정성껏 준비한 빵이 아니라 예수님 스스로 빵을 만들어 먹으라는 야비한 제안이었습니다. 물론 태초에 세상을 창조하신 예수님께서 돌로 빵을 만드실 줄 몰라서 40일을 금식하신 것이 아님은 사탄도 잘 알고 있었을 것입니다. 그러나 교활한 사탄의 목적은 다른 데 있었습니다. 만약 예수님께서 돌로 빵을 만드시면 사탄은 하나님의 아들이 자기가 시키는 대로 했다며 스스로를 성자하나님보다 우위에 있는 것처럼 우기려고 했고, 반면 이를 거절하시면 하나님의 아들이 그 정도의 능력도 없느냐며 무능하다고 조롱할 목적이었습니다.

물론 우리도 하나님께 기도할 때면 수시로 뭔가를 요구하게 됩니다. 그러나 이것은 어디까지나 필요한 것을 당연히 들어주실 수 있는 아버지께 아들로서 구하는 행위이지 결코 아버지의 능력을 시험하려는 것이 아닙니다. 이것은 아버지와 아들이라는 사랑과 신뢰의 관계가 맺어진 관계에서 이루어지는 아름다운 인격적 교감의 행위입니다. 하지만 위에서 사탄이 예수님에게 한 행위와 태도는 사랑도 아니고 부탁도 아니며 스스로를 예수님과 동등한 위치에 놓고 던진 지시일 뿐입니다. 이것은 우리가 하나님께 드리는 기도와는 전혀 다른 성격의 것입니다. 예수님은 여기에 대꾸할 가치조차 느끼지 못하셨습니다. 오히려 하나님의 아들로서 사탄의 잔꾀어린 교활한 목적을 꺾고자 하셨습니다.

---

19) 마태복음 4장 3절, 누가복음 4장 3절.

사탄의 이 제안에 숨어 있는 또 하나의 의도는 예수님께서 과연 세상의 구세주시라면 먼저 이 세상의 식량문제부터 해결해 보라는 것이었습니다. 어찌 보면 하나님의 아들에게 던질만한 참으로 그럴듯한 요구인 것도 같습니다. 그러나 이 세상의 기아와 질병, 가난과 같은 모든 불행한 현상들은 예수님 때문이 아니라 오히려 사탄 바로 그 자신에 의해 생겨난 것들입니다. 인류를 기만하고 타락시켜 세상 모든 불행이 생겨나게 한 주범은 바로 사탄 자신이었으며 그 자야말로 모든 범죄와 불행의 근원이 되는 자였습니다. 그런 사탄이 자기가 타락시켜 놓은 세상을 참된 주인으로서 다시 복원하기 위해 오신 예수님 앞에서 가증스럽게도 이토록 가당찮은 말을 떠들고 있는 것이었습니다.

따라서 그의 제안을 역설적으로 해석해 보면 이미 사탄은 세상의 주인이신 예수님의 정체를 알고 있었고, 구세주로서 이 땅에 오신 그분의 목적도 훤히 알고 있었던 것입니다. 그러면서도 그렇게 천연덕스럽게 말하고 있는 지금 사탄의 행동은 지극히 악한 것이며 자신의 창조자 앞에서 더없이 불경한 피조물의 태도였던 것입니다.

인간은 음식을 아무리 많이 먹어도, 그리고 아무리 좋은 것을 먹어도 결국엔 죽고 맙니다. 예수님은 우리에게 그런 빵을 주려고 오시지 않았습니다. 예수님은 영원히 죽지 않는 생명 즉 영생을 주시려고 우리에게 오셨습니다. 그런 의미에서 예수님은 자신을 가리켜 생명의 빵이라고도 말씀하셨습니다.[20]

또 그런 의미에서 예수님은 자신이 세상에 임하실 자리로 빵집이란 의미의 베들레헴을 택하셨는지도 모릅니다.

예수님은 사탄에게 단호히 대답하셨습니다.

"성서에 이르기를, 사람이 빵으로만 사는 것이 아니라 하나님의 말씀으로 살 것이라고 하였다!"[21]

---

20) 요한복음 6장 35절
21) 마태복음 4장 4절, 누가복음 4장 4절. 이 말씀은 신명기 8장 3절의 구절을 인용한 것이다.

이 한 마디로 예수님은 겉으로는 그럴 듯이 포장되어 그동안 인간을 그토록 기만하던 사탄의 거짓된 질문을 보기 좋게 제압해 버리셨습니다. 사탄의 말에 일일이 대응하기 보다는 성서의 한 구절을 인용하심으로써 사탄의 음흉한 궤계를 들춰내고 꾸짖으셨던 것입니다.

예수님은 유한된 삶을 잠시 연장시키는 물질적인 양식이 아니라 우리에게 무한한 삶을 보장하는 생명의 양식을 주러 오셨던 것입니다. 일시의 배부름이 가져다주는 잠깐의 기쁨보다는 영원한 행복을 약속하는 하나님의 진리야말로 예수님께서 우리에게 건네주시려는 참된 양식이었습니다.

예수님은 우리 개개인을 부자로 만들어 주기 위해 오시지도 않았고, 우리에게 명예나 권력을 보장해주러 오시지도 않았습니다. 예수님은 우리 모두가 풍요롭고 행복하게 살기를 원하십니다. 그러나 이 망가진 세상에서 잠깐 있다 사라지는 일신의 풍요와 행복보다는 우리를 영원한 삶이 보장되는 우리의 본향으로 데려가 하늘의 아버지와 함께 영원히 즐기며 기뻐하는 행복과 풍요를 주시고자 하셨습니다.

사탄은 자신의 흉계가 들통 나자 이번에는 예수님을 순간이동 하듯 한 순간에 높은 곳으로 데리고 가서 온 세상의 왕국을 보여주며 다시 말했습니다.

"저 모든 권력과 영화를 당신에게 주겠소. 저 모든 것은 내가 넘겨받은 것이니 내가 주고 싶은 사람에게 줄 수가 있소. 그러니 당신이 내 앞에 엎드려 절만 하면 모두가 당신 것이 될 것이오."[22]

사탄은 이번에는 세상의 모든 권력과 부귀영화를 가지고 예수님을 유혹했습니다. 여기서 사탄은 세상의 모든 권력과 영화가 자기 것이라고 말하고 있습니다. 원래 이 세상은 하나님께서 첫 인간인 아담에게 선물로 주신 것으로 원래의 주인은 인간이었으나 사탄의 유혹에 빠져 하나님께 죄를 지음으로써 탈취당한 것입니다. 하나님을 거역하고 죄를 지은 이후, 본시 영원

---

22) 누가복음 4장 6절~7절. 예수가 사탄에게 시험받으신 이야기는 마태복음과 누가복음에만 수록되어 있는 내용으로 질문의 순서는 다르다. 여기서는 누가복음의 순서를 따랐다.

한 생명을 소유했던 인간은 죽음을 운명으로 맞이해야 하는 사망의 포로로 전락하였고, 동시에 이 세상의 지배권도 사탄에게 내어주게 되었던 것입니다. 이후 세상에는 기아와 질병, 증오와 슬픔, 전쟁과 탐욕 등 온갖 부조리한 현상들이 넘쳐나 인간들을 지배하게 되었습니다. 그런데 이렇듯 온 세상의 질서를 망가뜨려 놓은 사탄이 인간을 위해 세상을 지으시고 그에게 지배권을 주신 장본인 앞에서 세상이 자기 것이라며 주인행세를 하고 있는 것입니다. 사탄은 자기가 불의하게 탈취한 권세를 가지고 이제껏 모든 사람을 기만하고 지배해 온 것처럼 예수님께도 인간의 탐욕을 이용하여 어떻게든 이겨보려 수작을 떨고 있었던 것입니다.

예수님은 사탄에게 말씀하셨습니다.

"'주님이신 너의 하나님을 예배하고 그분만을 섬기라'[23]고 성경에 나와 있지 않느냐!"[24]

이 말씀 역시 성서의 구절을 인용하신 대답이었습니다.

예수님께서 하늘의 보좌를 비워두고 이 땅에 내려오신 이유는 자기에게 필요한 무엇인가를 얻으려고 오신 것이 아닙니다. 있다면 오직 하나, 자기의 백성 즉 죄로 물든 세상에서 신음하는 인간의 구원이었습니다. 대신 그분은 오히려 자신이 세상에 가지고 온 모든 것을 내어주셔야 했습니다.

그런 예수님에게 사탄은 출세를 시켜주겠다며 유혹을 한 것입니다. 사탄의 판단으로, 예수님은 현재 인간으로 오셨기에 반드시 지닐 수밖에 없는 '인간의 속성'을 소유하고 계실 것이며, 따라서 이것을 잘 이용하면 유혹이 가능할 수도 있을 것으로 생각했을지 모릅니다. 그러나 예수님의 인성은 오염되지 않은, 말하자면 아담이 애초에 하나님으로부터 부여받은 그 완전함과 순수함을 그대로 보유한 인성이었습니다.

예수님의 이 답변을 들은 사탄은 순간 옛일을 떠올리며 자신이 처음 만났을 당시 죄짓기 전의 아담을 기억했을 것입니다. 그리고 지금 자기 앞에 서

---

23) 신명기 6장 13절.
24) 마태복음 4장 10절, 누가복음 4장 8절.

있는 또 한 사람의 이 순수한 인간은 예전의 첫 인간과는 비교할 수 없이 강하고 다르다는 사실을 깨달았을 것입니다.

이 유혹도 실패했음을 직감한 사탄은 이번에는 예수님을 예루살렘으로 데리고 가서 하나님의 성전 꼭대기에 세웠습니다. 그리고는 말했습니다.

"당신이 하나님의 아들이라면 이 성전 꼭대기에서 뛰어내려 보시오. 성서에 이르기를 '하나님께서 당시의 천사들을 시켜 너를 지켜 주시리라'[25] 하였고 또 '너의 발이 돌에 부딪히지 않게 손으로 너를 받들게 하시리라'[26]고 기록되어 있지 않소?"[27]

사탄은 이번에는 하늘의 성부하나님을 시험하려 들었습니다. 처음에는 성자하나님이신 예수님의 능력을 시험하다 실패했고, 두 번째는 인간예수 앞에서 세상의 자랑거리를 가지고 유혹을 하다가 또 다시 실패했으며 이제 세 번째는 하늘의 아버지가 과연 예수님을 돕는지 아닌지를 확인시켜 보라며 성부하나님으로까지 범위를 확대시켜 예수님을 시험하고 있는 것입니다.

여기서 눈여겨 볼 것은, 이번에는 사탄도 성서의 말씀을 들먹이며 예수님께 도전했다는 사실입니다. 아담이 창조될 때부터 인간을 지켜보고 있던 사탄은 성경 역시 처음 기록될 때부터 지켜보아 오던 자입니다. 그러므로 인간이 성경을 사탄보다 많이 그리고 자세히 알 수는 없습니다. 하지만 예수님은 달랐습니다. 사탄이 성경을 제아무리 많이 알기로 예수님을 능가할 수는 없는 일입니다. 예수님은 바로 성경의 기획자이자 저자이자 주인공이시기 때문입니다. 사탄은 성경이 기록된 후에야 그것을 보고서 알았지만 예수님은 사탄이 태어나기도 전부터 이미 성경을 아시고 계셨던 분입니다. 상황이 이러할진대 예수님이 성경을 인용하셨다고 하여 감히 자기도 성경의 말씀을 가지고 그것의 주인 되시는 예수님께 대응하려 한 것은 사탄이 얼마나 교만한 자인지를 여실히 드러내는 것이며, 또 그 교만함의 필연적인 소산이라 할

---

25) 시편 91편 11절
26) 시편 91편 12절
27) 마태복음 4장 6절, 누가복음 4장 9절~11절.

어리석음에 또 다시 스스로 빠져버렸음을 보여주는 희극적인 일이었습니다.

예수님은 이번에는 사탄을 엄히 꾸짖으시며 단호한 어조로 말씀하셨습니다.

"사탄아 물러가라! 성경에 '하나님을 시험하지 말라'[28]는 말씀이 있음을 네가 모르느냐?"[29]

이 같은 호통에 사탄은 마침내 예수님을 피해 사라졌습니다. 그러나 언제나처럼 자신의 집요함을 포기하지는 않았습니다. 그는 다음 기회를 노리면서 떠나갔습니다.[30] 사탄이 사라지고 모든 시험이 일단락되자 천사들이 나타나 지치신 예수님의 시중을 들었습니다.[31]

다. 사역의 시작

금식을 마치신 예수님은 본격적인 사역을 시작하셨습니다. 예수님은 먼저 나사렛이 속한 갈릴리지역의 여러 지방을 다니시며 사람들에게 설교를 하셨습니다. 처음에는 주로 마을의 회당(會堂)을 찾아가 설교를 하셨습니다. 회당은 유대인들이 모여 예배나 다양한 집회를 갖던 장소였습니다. 유대교는 기독교와 달리 성전은 오직 예루살렘 한 곳에만 있었고 지방에는 마을의 크기에 따라 한 두 개의 회당을 지어 그곳에 사람들이 모여 예배와 그 밖의 집회장소로 사용하고 있었습니다.

원래 유대교는 절기마다 신도들이 예루살렘에 모여 하나님께 대대적인 제사를 지내는 성전예배 중심의 종교였으나, 바빌론의 침공으로 예루살렘의 성전이 파괴되고(BC586년) 전 국민이 바빌론에 노예로 끌려간 뒤로는, 성전이 없는 곳에서 살 수밖에 없게 되어 예배의 양상이 지역마다 회당을 지어 그곳에서 기도와 설교를 하는 형식으로 바뀌기 시작했습니다. 그 후 포

---

28) 신명기 6장 16절
29) 마태복음 4장 7절, 누가복음 4장 12절.
30) 누가복음 4장 13절
31) 마태복음 4장 11절

로에서 해방되어 고향으로 돌아온 뒤 예루살렘에 다시 성전을 재건하며 (BC516년) 제사예배는 회복되었지만 한편으론 회당예배도 그대로 유지되고 있었습니다. 이후 서기70년 유다-로마전쟁으로 인해 성전이 재차 파괴되고 그에 따라 제사예배도 다시금 사라졌으며 그 후 유대교는 현재까지 회당예배를 중심으로 운용되고 있습니다.

유대인들은 처음 이 회당을 히브리어로 만남의 장소를 뜻하는 '벳 하케네셋'이라고 불렀으나 이후 그리스의 지배를 받던 BC4세기 후반부터는 같은 의미의 헬라어 '시나고그'(Synagogue)라고 불렀습니다. 예수님도 처음에는 이같이 사람들이 많이 모이는 회당에 가서 하나님의 말씀을 전하셨습니다.

한편, 활동을 시작하시던 초기에 예수님은 자신과 동행하며 함께 생활할 제자들을 불러 모으셨습니다. 예수님은 그들에게 당신 자신의 삶과 사역을 직접 보게 하심으로써 훗날 사도로서 하나님의 진리와 그리스도의 복음을 증거하고 이를 전파하는 사역을 담당케 할 목적이었습니다.

예수님은 제일 먼저 베드로와 안드레 형제를 찾아가 그들을 제자로 삼으셨습니다. 그들은 갈릴리호수에서 고기를 잡던 어부였는데 예수님을 만날 당시에도 호수에서 고기를 잡고 있었습니다. 예수님은 그들을 향해 "나를 따라오너라. 내가 너희를 사람을 낚는 어부로 삼을 것이다."[32]라고 하셨습니다. 뒤이어 같은 날 야고보와 요한 형제가 제자가 되었습니다. 이들도 역시 갈릴리호수에서 고기를 잡던 어부였습니다. 이 가운데 요한은 침례요한과는 동명이인으로 앞서 말씀드린 것처럼 그와 구별하기 위해 사도요한이라 부르고 있습니다. 그리고 안드레는 예수님의 제자가 되기 전 침례요한이 제자였습니다.

위 네 사람을 제자로 삼으신 다음날, 예수님은 베드로 형제와 동향인이던 빌립을 제자로 부르셨고 또 빌립은 친구인 나다나엘을 예수님께 인도해 제

---

32) 마태복음 4장 19절, 마가복음 1장 17절.

자가 되게 하였습니다. 그리고는 얼마 후 예수님은 세금징수원이던 마태를 제자로 부르셨습니다. 그 후에는 도마와 또 다른 야고보, 다대오, 시몬 그리고 훗날 예수님을 배신하게 되는 가룟 유다가 마지막으로 제자의 반열에 합류하게 되었습니다.

이렇게 하여 모두 열두 명의 제자가 예수님을 따르게 되었는데, 소위 예수님의 12사도라고 일컬어지는 사람들이 바로 이들입니다. 그러나 이들 중 스스로 예수님을 찾아와 제자가 되기를 청하여 마지막으로 합류한 가룟 유다는 나중에 예수님을 모함해 죽이려는 자들에게 은전 서른 닢을 받고 예수님을 팔아넘기는 배신을 저지른 끝에 죄책감으로 자살하였습니다. 그리하여 그는 12사도에서 제외가 되고 그 자리는 나머지 제자들의 추천에 의해 맛디아라는 사람이 임명되었습니다.[33]

예수님은 이 열두 명의 제자[34]와 함께 갈릴리와 사마리아, 유다에 걸친 이스라엘 전역을 다니시며 하나님의 말씀을 전했습니다. 그분은 가난하고 소외된 자들에게 하나님의 위로와 안식을 전했고, 고통 받는 자들이 있으면 치유해주셨습니다. 또 절망하는 자에게는 희망을 주셨으며, 마음이 닫힌 자에게는 열림을, 미움과 슬픔의 포로가 된 자들에게는 놓임의 자유를 전했습니다. 그분의 말씀에는 힘이 있어 듣는 이마다 처음 경험하는 뜨겁고 무한한 사랑을 느끼게 했으며, 마음속에는 희망과 기쁨을 가득 품게 만들었습니다. 또 그분은 신분이나 직업을 가리지 않고 누구에게나 친구로 대하셨으며, 그리스도로서 하늘나라가 가까이 왔음을 알리며 만나는 이마다 하나님의 구원과 영생을 허락하셨습니다.

그렇게 시간이 지나며 차츰 예수님에 관한 소문은 칭송과 함께 온 사방에 퍼지게 되었습니다. 그분이 가시는 곳에는 많은 사람들이 모여들었고 때로는 그 인파가 수만 명을 헤아리는 경우도 적지 않았습니다. 그로 인해 하나

---

33) 사도행전 1장 15절~26절 참조.
34) 가룟 유다가 자살하기 전을 말함.

님의 말씀을 전하는 일도 이제는 좁은 회당이 아니라 들판이나 호숫가와 같은 야외의 넓은 장소를 택해야 경우도 많아지게 되었습니다.

그러나 예수님을 보러 모여든 군중들은 주로 가난하거나 소외된 계층에 속한 사람들이 대부분이었습니다. 병이 들었어도 돈이 없어 의원에게 갈 수 없는 사람들, 서러움 속에 홀로 자신과 가족의 생계를 책임져야 하는 과부, 사회의 냉대와 멸시에 찌든 창녀, 인간이길 포기당한 노예, 매일의 동냥에 서글픈 거지, 그리고 고향 떠나 갈 곳 없는 부랑아... 예수님은 자신의 불행을 운명으로 알고 살던 이들 모두를 벗으로 삼으며 함께 하셨습니다. 그들에게 예수님은 하늘나라의 안식을 전해주는 소망의 전도자였으며, 자신들도 하나님의 무한한 사랑을 받고 있는 소중한 존재임을 깨닫게 해 주는 위안의 스승이자, 지친 심신에 그늘을 제공해 주는 커다란 나무와 같은 존재였습니다. 그분은 자신을 필요로 하거나 애타게 찾는 사람이 있으면 언제든지 그곳에 가셨고, 또 아파하고 슬퍼하는 자들에게는 그들이 원하는 모든 것을 들어주셨습니다.

또 예수님은 가시는 곳마다 놀라운 기적을 베풀어 아픈 사람들을 치료하셨습니다. 날 때부터 소경이었던 자는 예수님을 만난 후 앞을 보게 되었고, 선천적인 귀머거리는 듣게 되었으며, 삼십팔 년을 걷지 못하던 앉은뱅이는 사슴처럼 뛰어다녔습니다. 또 십이 년을 하혈로 고생하던 여인이 나음을 얻었고, 문둥병으로 고통 받던 자들도 예수님을 만난 즉시 모두가 깨끗함을 얻었습니다. 또 사람에게 빙의하여 괴롭히던 악령들은 예수님의 호통 한마디에 벌벌 떨며 혼비백산 쫓겨났습니다. 뿐만 아니었습니다. 자신의 모든 희망이었던 외아들의 죽음으로 절망하던 가난한 과부의 서러운 눈물을 보셨을 때는 그 아들을 다시 살려내기도 하셨습니다.[35] 이밖에도 다섯 개의 떡과 물고기 두 마리를

---

[35] 성경에는 예수께서 죽은 자를 다시 살리신 경우가 세 번 나오는데, 첫 번째가 지금 언급한 나인성 과부의 아들(누가복음 7장 11절~15절)을 살리진 경우이며, 두 번째는 회당장 야이로의 딸(누가복음 8장 49절~56절), 세 번째는 나자로를 살리신 경우(요한복음 11장 1절~44절)이다. 이중 나자로를 살리실 때는 죽은 지 삼일이 지나 이미 시신이 무덤에서 부패하고 있던 상태에서 이루어진 역사였다.

가지고 오천 명의 군중을 배불리 먹이신 일이나,[36] 풍랑을 꾸짖어 잠잠케 하신 일 등 예수님이 베푸신 기적은 이루 헤아릴 수 없을 만큼 많습니다.

이처럼 놀라운 기적들은 하나님의 아들로서 가능한 권능이었습니다. 그러나 예수님께서 보여주신 기적은 결코 당신 자신을 과시하거나 아니면 당신의 편의를 도모할 목적으로 행해진 적은 한 번도 없었습니다. 그것은 오직 인간을 위하고 인간의 편에서 생각하시는 하나님의 사랑을 드러내고자 하실 때에만 이루어졌습니다.

예수님은 인간이 태초에 하나님으로부터 받은 진정한 행복과 평화를 다시금 되찾기만을 바라셨습니다. 그러기에 그분은 우리가 늘 하나님의 사랑 속에서 기쁨이 충만된 삶을 누리기를 원하셨고, 또 우리에게 영원한 생명이 회복된 완전한 해방을 주시고자 진심으로 바라셨습니다. 그것을 이루는 것이야말로 하나님의 아들로서 예수님께서 이 땅에 오신 이유였으며 세상을 구원해야 할 그리스도로서의 임무였던 것입니다. 예언자 이사야는 이러한 그리스도의 임무를 다음과 같이 노래했습니다.

[주의 성령이 내게 임하셨으니, 이는 가난한 자에게 복음을 전하게 하시려고 내게 기름을 부으시고, 나를 보내사 포로 된 자에게 자유를, 눈먼 자에게 다시 보게 함을 전파하며, 눌린 자를 자유케 하고, 주의 은혜의 해(年)를 전파하게 하려 하심이라.] (이사야 61장 1절)

예수님께서도 고향 나사렛을 방문하셨을 때, 회당에서 설교하시기 전 사

---

36) 성서에 이 숫자는 여자와 어린 아이가 제외된 것이라고 밝히고 있는데(마태복음 14장 21절), 당시 유대인들은 인원수를 헤아릴 때 여자와 어린 아이는 제외하는 것이 일반적이었다. 따라서 여기의 오천 명이란 성인 남자만을 계산한 수치이며 이에 여자와 아이의 수까지 감안한다면 그보다 4~5배가량 늘어난다고 보아야 할 것이다. 이 경우 총인원수는 약 이만 내지 이만 오천 명에 달했던 것으로 추정된다. 이 기적은 빵 다섯 개와 물고기 두 마리를 가지고 일으키신 기적이라 하여 '오병이어(五餅二魚)의 기적'이라 부르고 있다. 또 빵 일곱 개와 물고기 몇 마리로 사천 명(역시 성인 남자만을 헤아린 숫자)을 먹이신 기적을 베풀기도 했다.(마태복음 15장 32~38절, 마가복음 8장 1~9절)

람들 앞에서 자신을 가리키는 이 구절을 조용히 낭독하신 적이 있었습니다. 이것은 그리스도이신 당신께서 드디어 세상에 오셨음을 선언하는 작은 의식이기도 했습니다.[37]

예수님께서 사람들의 질병이나 마음의 문제를 치료해 주셨을 때, 그것은 치유와 동시에 그가 구원도 함께 받은 것을 의미했습니다. 예수님은 누군가를 구원하실 때 반드시 그에게 "네가 구원을 받았다"라고 말씀하신 것은 아닙니다. 한 예로 성경은 예수께서 어느 중풍병자를 고쳐주실 때의 경우를 이야기하고 있습니다. 이 이야기는 마가복음 2장 1절~12절에 나오는 내용입니다.

당시 예수님께서는 가버나움이라는 마을에 머무르고 계셨습니다. 그 마을에는 병이 깊어 몸을 움직일 수조차 없는 중증의 중풍병자 한 사람이 살고 있었습니다. 그는 불치의 병을 앓고 있는 자신의 삶에 대해 절망과 비관 속에서 살고 있었습니다. 그러던 어느 날 그는 예수님이 자기마을에 오셨다는 소문을 듣고는 주변사람들의 도움을 받아 들것에 실려 예수님을 찾아갔습니다.

그러나 예수님께서 머무시던 집에는 당신을 보기 위해 찾아온 인파가 이미 문 앞에서부터 북새통을 이루고 있었습니다. 어찌나 사람들이 많이 모였던지 도저히 들것을 들고는 비집고 들어갈 틈이 보이지 않았습니다. 그들 대부분도 저마다 딱한 사정을 안고 예수님을 찾아온 사람들이었습니다. 그는 낙담했습니다. 그러나 그 역시도 너무나 간절한 마음으로 찾아온 터였기에 여기서 발걸음을 돌릴 수는 없었습니다. 또 지금 예수님을 만나지 않으면 다시는 병을 고칠 수 있는 기회가 오지 않을 거라 생각되었습니다.

그는 자신의 들것을 들고 온 사람들과 한참을 고민했습니다. 결국 그들은 무리한 방법을 강행키로 결정했습니다. 그것은 지붕 위에 올라가 구멍을 뚫고 들것을 달아서 예수님이 계신 밑으로 내려 보내기로 한 것입니다. 물론 이것이 다소 원칙에 어긋나는 방법이긴 하지만 지금 예수님을 만날 수 있는 방법이라곤 이것밖에 없었으며, 또 병만 나을 수 있다면 이보다 더한 것도

---

37) 누가복음 4장 18절~19절

상관없다고 그는 생각했습니다. 그리하여 그들은 환자를 실은 들것을 들고 어렵게 지붕 위로 올라갔습니다. 그리고는 지붕을 뜯어내 구멍을 뚫고는 그를 들것에 눕힌 채 예수님 앞으로 내려 보냈습니다.

갑자기 천장에 구멍이 나고 들것이 내려오자 사람들이 놀라며 술렁거렸습니다. 그러나 예수님만은 의외로 조용히 그 모습을 지켜보며 그의 눈을 바라보고 계셨습니다. 들것 위의 병자도 주위엔 아랑곳하지 않고 간절한 눈빛으로 예수님을 바라보고 있었습니다. 그의 눈에는 예수님은 반드시 자신의 병을 고쳐주실 거라는 확신이 배어있었습니다. 서로의 시선이 그렇게 잠시 교차된 뒤 예수님은 곧바로 그를 향해 말씀하셨습니다.

"네 죄가 용서를 받았다."

그런데 말씀이 좀 이상합니다. 예수님은 그에게 "네 병이 다 나았다"라고 말씀하시지 않고 뜬금없이 "네 죄가 용서를 받았다"고 하신 것입니다.

그러자 주변에 있던 몇몇 사람이 숙덕거리기 시작했습니다. 그들은 바리새인과 회당에서 일하는 서기관들이었는데, 이들은 자신의 문제를 해결하러 온 것이 아니라 단지 예수님에 관한 소문을 듣고 구경삼아 온 사람들이었습니다. 이들은 예수님께서 중풍병자의 죄를 용서하시는 모습을 보고는 못마땅한 표정으로 말했습니다.

"저 사람이 누구길래 감히 자기가 남의 죄를 용서한다고 떠드는거야? 죄는 오직 하나님만이 용서하실 수 있는 것인데 참으로 주제 넘는 말을 하며 하나님을 모독하는군."

예수님은 한편에서 그들이 수근대는 것을 알아차리시고는 그들을 향해 말씀하셨습니다.

"이 사람에게 '네 죄가 용서받았다' 하는 것과 '일어나 네 들것을 들고 가라' 하는 것 중 어느 편이 더 쉽겠느냐?"

예수님은 다시 말씀하셨습니다.

"이제 내게 죄를 용서할 권한이 있다는 것을 보여주겠다."

그러시고는 그 중풍병자에게 말씀하셨습니다.

"네 들것을 가지고 집으로 돌아가라."

이 말씀과 동시에 그 병자는 자리에서 벌떡 일어나 걷기 시작했습니다. 그리고는 자신이 깔고 누웠던 침구를 챙긴 후 하나님을 찬양하며 집으로 돌아갔습니다. 이 모습을 지켜본 사람들은 몹시 놀라워하며 하나님을 찬양했습니다.

성경의 이야기는 여기서 끝을 맺고 있지만, 예수님께서 하신 말씀 가운데 '네 죄가 용서받았다'고 하시는 것과 '일어나 네 들것을 들고 가라'고 하시는 것의 차이는 한번 생각해 볼 필요가 있습니다.

예수님을 찾아온 중풍병자는 자신의 병을 고치려 했을 뿐 구원이란 말은 입에 담지도 않았습니다. 그럼에도 예수님은 먼저 그의 죄를 사하셨습니다. 그리스도이신 예수님에 의한 죄사함이란 곧 구원을 의미하는 것이며, 이 구원은 바로 하늘나라의 영원한 생명을 허락하는 것입니다. 그 중풍병자는 병의 완치는 물론 그와 더불어 자신이 미처 생각치도 않던 구원 즉 영생을 이미 받아버리고 말았던 것입니다.

예수님의 입장에서는 그에게 영생을 허락하는 것이 우선이었고, 병의 치료는 그 다음에 당연히 따라가는 덤이었는지도 모릅니다. 왜냐하면 예수님의 관심은 단순히 우리에게 육신이란 껍데기만을 치료해주시는 데 있는 것이 아니라, 우리 내면의 본질까지 치유해 주심으로써 인간을 창조되던 때와 똑같이 완전한 새것으로 변모시켜 놓는데 있었기 때문입니다. 그것이 바로 그리스도께서 이 땅에 오신 이유이자 기독교에서 말하는 구원입니다. 요컨대 죄라는 본질적인 내면의 문제가 해결되면, 육체라는 껍데기의 문제는 자연스레 함께 해결되는 것입니다.

이렇듯 예수님은 당신을 만나기를 원했던 사람들에겐, 단지 만나기를 원했다는 이유 하나만으로 진정 아무 조건도 없이 그들의 모든 죄를 사해주시고 구원을 선물로 주셨습니다. 요컨대 진심으로 예수님을 바라는 자는 그분과 눈을 마주치기만 해도 이미 하나님의 사랑 안에 들어와 구원을 받게 되는 것입니다. 구원은 아주 쉽고 가벼운 것입니다. 이 놀라운 역사는 지금도 진행되고 있으며 분명 앞으로도 주님이 다시 오시는 날까지 진행될 것입니다.

이토록 쉽고도 쉬운 구원의 역사는 오직 우리 아버지 하나님의 사랑이 있었기에 가능한 것이며, 이것을 이루심은 역시 우리에게 모든 것을 사랑으로 베푸시는 예수그리스도에게만 허락된 권한입니다. 다시 말해 구원의 권능은 전능하신 하나님의 아들로서 이 땅에 오신 예수그리스도 오직 한 분만이 가지고 계시고 또 그분만이 행사하실 수 있는 주권입니다.

예수님은 "나는 길이요 진리요 생명이니 나로 말미암지 않고는 아버지께로 갈 자가 없다"[38]고 하셨습니다. 이 말씀은 바로 우리를 구원하실 수 있는 분은 세상에 오직 예수그리스도밖에는 없다는 뜻입니다. 그리고 예수님께서 이 권능을 행사하시는 근원은 바로 우리를 너무도 사랑하시기에 우리에게 그리스도를 허락하신 하나님 아버지의 깊은 사랑이라는 사실을 우리는 깊이 명심해야 할 것입니다.

[하나님이 세상을 이처럼 사랑하사 독생자[39]를 주셨으니 이는 저를 믿는 자마다 멸망치 않고 영생을 얻게 하려 하심이라.] (요한복음 3장 16절)

라. 갈등과 배척

예수님은 이렇게 가시는 곳마다 하나님의 나라를 전파하시며 많은 사람을 구원으로 인도하셨습니다. 그러나 아이러니하게도 예수님은 정작 유대교 제사장이나 신학을 연구하는 종교인들과는 마찰을 빚는 일이 잦았습니다. 이유는 단순했습니다. 당시 종교인들의 하나님을 섬기는 태도는 외식에 치우쳐 정작 하나님을 바라보는 올바른 마음과 신앙의 본질이 결여된 경우가 많았기 때문이었습니다. 예를 들면 그들 가운데는 자신의 신앙을 자랑하기

---

38) 요한복음 14장 6절
39) 독생자(獨生子)란 하나님의 외아들이란 뜻으로 기독교에서는 예수를 가리키는 말이다.

위해 큰길에서 두 팔을 들고 남들이 보는 앞에서 큰소리로 기도를 한다거나, 또는 자신의 사회적, 종교적 위치를 과시하며 주변사람들에게 대접받기를 바라는 사람들이 대다수였던 것입니다. 골방에서 조용히 기도하며 남몰래 흘리는 눈물을 값지게 여기셨던 예수님이 볼 때 이러한 태도는 참된 신앙의 것이 아니었습니다. 하나님의 가장 중요한 본질이자 성품인 사랑은 결여한 채 겉치레만 화려하고 타성화된 신앙은 예수님께서 전하시는 하나님과는 거리가 먼 것이었습니다.

특히 예수님을 미워하는 사람들 중에는 바리새파라고 하는 유대교의 한 교파에 속한 사람들이 많았습니다. 성경에는 이들을 바리새인이라 부르고 있습니다. 바리새파는 원래는 율법의 준수를 통한 경건한 신앙생활의 영위라는 순수한 목적에서 출발한 단체였습니다. 그러나 나중에는 이 율법의 준수라는 명분이 타성에 젖어 율법을 지키는 자신들의 태도를 자랑으로 삼으며 그렇지 못한 자들을 경멸하는 교만에 빠져들었고, 또 한편으론 율법에 대한 문자주의에 빠져 그것에 담긴 본질은 외면한 채 그 외형만 추구하는 오류를 범하게 되었습니다. 결과적으로 이러한 그들의 태도는 사랑의 본질을 주장하시던 예수님과 각을 세우게 되는 중요한 요인이 되었습니다.

이렇듯 바리새파를 비롯한 당시의 종교인들이 예수님을 배척하게 되는 이유로는 첫째 그들과는 달리 참된 하나님의 말씀과 사랑을 전하시는 예수님 앞에서 자신들의 가식과 위선적인 신앙이 드러나는데 대한 반발심과, 둘째로는 가난한 시골목수 신분의 예수님이 성경에 예언된 그리스도라는 것에 대한 깊은 거부감, 그로부터 셋째로는 그런 예수님이 감히 하나님만의 전권인 죄사함과 구원을 행하고 있는 것에 대해 이를 신성모독으로 여긴 오해를 들 수 있습니다.

바리새인들의 율법에 관한 외식적인 태도에 관하여 성경에는 다음과 같은 이야기가 나오고 있습니다. 어느 안식일 예수님께서 제자들과 밀밭 사이를 지나시다가 허기를 느낀 제자들이 길가의 밀이삭을 잘라 손으로 비벼먹은 일이 있었습니다. 그 때 이를 본 바리새인들은 제자들이 안식일을 어겼다며 예수님을 비난하기 시작했습니다. 율법에 의하면 안식일엔 타작이나 방아질을 해서는 안 되었으므로, 예수님의 제자들이 손으로 밀이삭을 비벼먹은 행위는 방아질에 해당한다고 해석하여 제자들이 안식일을 어겼다고 주장한 것입니다. 이에 예수님께서는 그들에게 "사람을 위해 안식일이 있는 것이지 안식일을 위해 사람이 있는 것이 아니다"[40]고 하시며 정작 하나님의 사랑은 결여된 채 껍데기뿐인 율법을 주장하는 그들을 나무라셨습니다.

또 한 번은 안식일에 한쪽 손이 오그라든 사람을 고쳐주신 일이 있었는데 바리새인들이 이를 가지고 시비를 걸려 하자 예수님께서는 "안식일에 선을 행하는 것과 악을 행하는 것, 생명을 구하는 것과 죽이는 것, 어느 것이 옳으냐?"[41] 하시며 그들의 외식적인 태도를 꼬집으신 적도 있습니다.

원래 안식일은 하나님께서 천지를 창조하실 때, 6일간 세상을 모두 창조하시고 그 다음날인 제 7일째에는 휴식하셨던 데에서 유래한 날입니다.[42] 하나님께서는 천지창조를 하시며 제일 처음 빛을 창조하시고 밤과 낮을 나누셨는데, 이 날이 첫째 날이며 훗날 사람들은 이 날을 일요일이라 불렀습니다. 이어 둘째 날에는 하늘을, 셋째 날에는 바다와 육지와 세상의 온갖 식물(植物)을, 넷째 날에는 해와 달과 별을, 다섯째 날에는 하늘과 땅과 바다의 모든 동물을, 그리고 여섯째 날에는 하나님의 형상대로 인간을 창조하셨습니다.[43] 이렇게 6일간 세상을 창조하시고 일곱 번째 날에는 휴식을 취하셨는데 이날이 바로 안식일이라 불리는 날입니다. 이 안식일은 일주일 중에서 토요일에 해당합니다.

안식일의 정확한 시간은 금요일 일몰 직후부터 토요일 일몰 직전까지입니다. 이는 천지창조 당시를 설명한 성경의 기록을 근거로 하는데, 성경에 보

---

40) 마가복음 2장 27절
41) 마가복음 3장 4절
42) 창세기 2장 1절~2절
43) 물론 창조 당시의 하루를 지금의 하루로 보는 데에는 무리가 있다. 하나님의 시간은 알 수 없는 것이며 인간의 기준에 편입시킬 수도 없다.

면 하루가 지날 때마다 '저녁이 되고 아침이 되니'[44]라고 기록되어 있기 때문입니다. 즉 하루가 저녁에서 시작되어 아침으로 이어지고 있는 것입니다. 이를 근거로 유대인들 역시 하루를 일몰직후의 저녁부터 다음날 일몰직전의 낮까지로 계산했습니다. 따라서 그들에겐 매일의 해지는 시각에 따라 하루의 길이도 달라졌습니다.

반면 근래에는 많은 사람들이 일요일을 주말인 것으로 알고 있는 경우가 많은데, 이는 오늘날의 근무제도가 일요일엔 쉬고 월요일부터 일을 시작하는데서 빚어진 오해이며 실제로는 토요일이 주말이고 일요일은 주초가 됩니다. 이 같은 사실은 요즘의 달력에서도 일주일이 일요일부터 시작되고 있음을 보아도 쉽게 알 수 있습니다.

그런데 전통적으로 기독교에서 토요일이 아닌 일요일에 예배를 보는 것은 예수님께서 부활하신 날을 기념하는 것입니다. 뒤에 말씀드리겠지만, 예수님은 금요일 오후에 돌아가셔서 일요일 새벽에 부활하셨습니다. 교회의 일요일예배는 이것을 기념하는 것이며, 그러므로 기독교에서는 안식일이라는 말보다는 '주님의 날'이라는 의미의 주일(主日)이라는 말을 즐겨 사용합니다. 엄격히 말하면 오늘날 교회의 일요일예배는 안식일예배가 아니라 주일예배인 것입니다.

아무튼 유대인들은 안식일을 하나님께서 쉬신 날로 거룩히 여겨 이 날은 아무 일도 하지 않는 날로 정하여 철저히 지켰습니다. 심지어는 다른 나라와 전쟁이 벌어졌을 때에도 안식일에는 싸움을 하지 않아 이를 간파한 적군이 안식일을 골라 공격해 오는 바람에 많은 유대인들이 목숨을 잃는 일도 있었습니다.[45] 율법을 중시하던 유대인들은 그만큼 안식일을 철저히 지키고

---

44) 창세기 1장 5절, 8절, 13절, 19절, 23절, 31절.
45) 마카베오전쟁 당시 유대인들은 안식일에 전투를 금하여 이날을 이용해 공격해 오는 적군에 의해 많은 사상자가 발생하곤 했다. 결국 이로 인해 유대측은 안식일에는 공격은 하지 않되 수비를 위한 전투는 허락하는 것으로 전략을 수정할 수밖에 없었다.

있었습니다.

그러나 안식일은 하나님께서 창조의 역사를 쉬신 날일뿐 하나님의 권능이 멈춘 날은 아닙니다. 다시 말해 안식일에도 해와 달은 떴으며 바람이 불고 비가 내리고 또 들녘의 꽃들이 피어났습니다.

그렇다면 하나님은 세상을 창조하신 후 왜 일곱 번째 날에는 쉬셨을까요? 정말로 천지를 창조하신 후 피곤하셔서 그러셨을까요? 결코 그렇지 않습니다. 절대의 신이신 하나님은 피곤해 하시거나 주무시는 법이 없습니다.[46] 그렇다면 또 왜 하나님은 우리에게 안식일엔 쉬라고 하셨을까요? 당신이 쉬셨으니 피조물인 인간도 무조건 쉬어야 하는, 말하자면 우리에게 맹목의 복종을 요구하시는 권위의식 때문이었을까요? 이 역시 전혀 그렇지 않습니다.

하나님께서 안식일을 만드신 이유는 인간의 삶을 옥죄기 위해서가 아니라 인간의 삶을 보다 자유롭고 풍요롭게 하기 위함이셨음을 알아야 합니다. 하나님께서 우리를 향해 하시는 모든 일은 오직 우리를 사랑하시기에 우리를 위해 하시는 것이며, 그러기에 하나님은 언제나 우리 편에서 역사하시고 계심을 잊어서는 안 됩니다. 진실로 하나님은 우리에게 사랑의 하나님이십니다.

안식일에 대해 성경에는 이런 구절이 나옵니다.

[너는 육일 동안에 네 일을 하고 제 칠일에는 쉬라. 네 소와 나귀가 쉴 것이며 네 계집 종의 자식과 나그네가 숨을 돌리리라.] (출애굽기 23장 12절)

세상에는 권력, 재력, 높은 지위 등을 가지고 주변을 호령하며 군림하는 사람들이 많습니다. 그런데 위 구절을 보면 하나님께서 안식일을 정하신 것은, 정작 그 같이 힘을 가진 자들 보다는 그들 앞에서 눈치를 보아야 하는 약자들을 위함이셨음을 알 수 있습니다. 즉 하나님은 강한 자들이 자기만의 축재나 안위를 위하여 힘없는 자들을 가혹하게 대하지 말 것을 당부하고

---

46) 시편 121편 3절~4절

계시며, 동시에 힘을 가진 자들이 그렇지 않은 자들과 서로 마음의 여유를 나누기를 바라셨던 것입니다. 이 같은 하나님의 의도는 아래의 신명기 5장 12절~15절에 이르면 더욱 확고하게 드러나고 있습니다.

[제 칠일은 너의 하나님 여호와의 안식인즉 너나 네 아들이나 네 딸이나 네 남종이나 네 여종이나 네 소나 네 나귀나 네 모든 육축이나 네 문안에 유하는 객이라도 아무 일도 하지 말고 네 남종이나 네 여종으로 너 같이 안식하게 할찌니라. 너는 기억하라. 네가 애굽 땅에서 종이 되었더니 너의 하나님 여호와가 강한 손과 편 팔로 너를 거기서 인도하여 내었나니 그러므로 너의 하나님 여호와가 너를 명하여 안식일을 지키라 하느니라.]

위 말씀을 보면 우리는 다음과 같은 사실을 알 수 있습니다. 즉 인간이 힘을 가지게 되면 얼마나 가혹해질 수 있는지를 미리 알고 계신 하나님께서는, 창조주의 자격으로 먼저 쉬심으로써 인간으로 하여금 이날을 거룩히 여기게 하셨으며, 그리하여 힘 있는 자들에게는 약한 자들을 억압하고 착취하지 못하도록 경각심을 갖게 하시고, 반면 강한 자 밑에서 눈칫밥을 먹어야 하는 나약한 자들에게는, 저들의 식객이나 노예 심지어 가축까지도 포함된 모두가 최소한 칠일 중 하루는 휴식을 얻을 수 있도록 안식일을 정하셨던 것입니다. 아울러 이스라엘민족 자신도 과거에 이집트에서 노예생활을 했었음과 그곳에서 그들을 구해낸 자가 바로 하나님 당신이셨음을 상기시키시고 그때의 고단했던 삶을 기억하여 남에게는 그와 같은 일을 행하지 말 것을 당부하고 계신 것입니다. 요컨대 하나님께서 칠일 중에 안식일을 두신 이유는 하나님께서 당신의 권위를 세우기 위해서가 아니라 바로 인간끼리 사랑의 나눔과 베풂 그리고 삶의 복지를 위해서였으며, 이렇게 볼 때 안식일을 지키라는 이 율법의 바탕에는 인간을 향한 하나님의 사랑에서 출발한 깊은 휴머니즘이 깔려있다고 하겠습니다.

하지만 이를 오해한 바리새인들은 이 율법에 담긴 아름다운 본질은 간과한 채 단지 '안식일을 지키라'는 율법을 교조적인 문자주의로만 해석하여 인간의 삶을 옥죄는 데에 이용하였고, 또 율법을 공부한 식자로서 자신들의 세련을 추구하고 하나님이 아닌 자신들의 위엄을 세우려는 교만한 목적으로 남용하고 있었던 것입니다. 이런 그릇된 태도를 용납하실 수 없으셨던 예수님께서는 그들이 불순한 목적을 가지고 도전해 올 때마다 물러서지 않으시며 그들과 시시비비를 가리셨습니다.

그리하여 예수님께서는 자신을 시기하던 세력들과 갈수록 충돌이 빈번해지게 되었고, 그로 인해 예수님에 대한 그들의 미움은 더욱 깊어지게 되었습니다. 게다가 예수님의 대중적인 인기는 날로 상승하였으므로 이를 시기한 그들은 기회가 있을 때마다 예수님을 찾아가 시험하고 어떻게든 트집을 잡아 무고하려 했습니다. 그리하여 그들은 번번이 예수님과 충돌했으나 그때마다 자신들이 뽐내던 세련과 박식은 여지없이 무너졌고 오히려 스스로를 포장했던 가식과 위선이 공개적으로 드러나는 망신을 당하기 일쑤였습니다. 더욱이 예수님은 그들의 그릇된 신앙을 비난하며 그들을 하나님 앞에 죄인으로 몰아세웠습니다. 이에 그들은 더욱 예수님을 미워하게 되었고 급기야 예수님을 처치해 버릴 생각을 갖게 되었습니다. 그리하여 그들은 예수님을 모함하기 위해 기회를 엿보고 있었습니다.

그들은 평소 예수님께서 사람들의 죄를 사해주시는 모습을 몹시 못마땅하게 여기고 있었습니다. 죄를 사할 수 있는 것은 오직 하나님만이 가능하신 일인데 예수님께서 사람들에게 죄를 사해주신다고 말하는 것은 '자신이 곧 하나님'이라고 말하는 것과 같은 의미로 받아들여졌기 때문입니다. 그들이 보기엔 촌동네인 나사렛에서 가난한 목수의 아들로 자란 볼품없는 사내에 불과했던 예수께서 하나님을 감히 자기 아버지라 부르며 다니는 것이 도저히 묵과되지 않았던 것입니다. 거기다 예수님의 기적을 체험한 사람들이 그분더러 엘리야니 그리스도니 운운하며 따르는 작금의 사태가 그들에겐 하나님을 모독하는 일로서 도무지 용납할 수 없는 불경이자 망동으로 여겨졌습니다. 그들 눈에는 예수님께서 베푸신 경이로운 기적들이 단지 악마의 사주를 받은 거짓선지자의 사술로 보였고, 또 예수님 주변에 군중이 모여드는 것을 보고는 오히려 그분이 폭동이나 그 외 어떤 불순한 정치적인 목적을 가지고 민중을 선동하는 것은 아닌지 의심스럽게 여겼습니다.

이어 그들이 예수님을 배척하게 된 또 하나의 이유로는 아이러니하게도 그들이 그토록 기다리던 그리스도가 바로 예수님이라는 점 때문이었습니다. 당시 로마의 속령이었던 유다는 밖으로는 로마의 수탈과 억압에 시달리고 있었고, 안으로는 헤롯이라는 비유대인 가문이 왕으로 군림하며 폭정을 일삼아 당시의 백성들은 정치적, 사회적으로 불만이 크게 증폭되고 있었습니다. 이러한 분위기는 자연스럽게 대중들 사이에 이 현실을 벗어나게 해줄 그리스도를 기다리는 소위 메시아사상이 은연중 팽배해지게 만들었습니다.

그러나 그들이 바라던 그리스도는 전 인류를 위한 그리스도가 아니라 오직 이스라엘민족만을 위한 그리스도였으며, 사랑의 그리스도가 아니라 적들에게 자신들이 당한만큼 원수를 갚아주는 복수의 그리스도였습니다. 그들이 바라던 그리스도는 과거 출애굽기에 하나님께서 여러 재앙으로 이집트를 혼내주시고 그들 민족을 구해내셨던 것처럼, 이번에도 자신들이 보는 앞에서 현재의 원수인 로마를 보기 좋게 무찔러 주시고 만천하로 하여금 자신들이 하나님의 백성임을 알게 하는 그런 그리스도였던 것입니다.

그러던 차에 예수라는 남자가 나타나 대중들 앞에서 온갖 기적을 일으키며 하나님의 구원을 전파하고 다니자 사람들은 그가 이스라엘을 로마로부터 구출해줄 그리스도로 여겼습니다. 그러나 알고 보니 예수님은 그들이 생각하던 그런 그리스도가 아니었습니다. 예수님은 그들이 원하던 것처럼 이스라엘만의 그리스도가 아니라 온 세상의 구원을 외치는 그리스도였으며, 또 그들이 바라던 복수의 그리스도가 아니라 용서와 사랑을 전하러 온 그리스도였던 것입니다. 게다가 그분은 기대했던 것처럼 천군천사를 대동한 채 하늘로부터 영광의 나팔소리와 함께 찬란한 모습으로 임하신 것도 아니었으며, 오히려 허름한 마구간의 구유를 택해 임하신 초라한 그리스도일 뿐이었습니다.

유대인들은 이런 사람이 그리스도라는 것을 용납할 수 없었습니다. 아니, 이런 사람은 절대 그리스도여서는 안 되었습니다. 예수님 같이 가난한 일개 목수의 아들이 그리스도라는 것은 그들에게는 영광으로만 점철되어야 하는 하나님을 참람히 모독하는 것이었습니다. 이것이 유대교의 신학자들이 예수님을 배척하게 되는 또 하나의 중요한 이유로 작용하게 됩니다.

  그러나 예수님은 분명히 구약에 기록된 모든 예언을 그대로 이루시며 임하셨습니다. 단지 그분은 영광만을 결여하고 계셨는데 그리스도가 이 땅에 임하실 때 영광을 가지고 오신다는 말은 예언서의 어디에서도 찾아볼 수 없습니다. 그것은 어디까지나 유대인들이 하나님을 생각할 때 당연히 갖춰져야 할 조건으로 여긴 나머지 그들 스스로의 상상이 빚어낸 일방적인 산물일 뿐이었습니다. 인류의 대속제물이 되시기 위해 오신 예수님은 추락한 인간과 함께 하시고 십자가의 순종을 몸소 실천하시고자, 높은 보좌를 비워두신 채 가난한 목수의 집안을 통해 낮은 마구간으로 조용히 임하셨던 것입니다.

  예수님은 자신이 그리스도라는 사실을 만인 앞에 공포하고 다니시지 않았습니다. 예수님은 돌아가시기 며칠 전 제자들에게 자신이 성서에 예언된 그리스도임을 밝히신 적은 있었지만, 그 외 병자들을 고쳐주실 때나 대중 앞에서 설교를 하실 때에는 한 번도 자신을 그리스도라고 이야기하지 않으셨습니다. 오히려 사람의 몸에 빌붙던 악령들을 쫓아내실 때 그들이 예수님을 향해 "하나님의 아들이시여!"라고 소리치며 두려움에 달아나던 일들은 있었지만, 예수님께서는 도리어 그들에게 입을 다물라며 준엄히 꾸짖으셨습니다. 예수님은 평소 자신을 가리켜 인자(人子)라고 하셨습니다. 인자는 '사람의 아들'이란 뜻으로 예수님께서 사람의 몸으로 오신 자신을 가리켜 곧잘 사용하시던 표현입니다.

[인자가 온 것은 섬김을 받으려 함이 아니라 도리어 섬기려 하고 자기 목숨을 많은 사람의 대속물로 주려 함이니라.] (마태복음 20장 28절)

  예수님은 수많은 놀라운 기사와 이적을 보여주시고 그 밖에 하나님만이 하실 수 있는 많은 증거들을 보여주심으로써 자신이 그리스도가 되심을 자

질문 20. 예수님의 생애에 대하여 이야기해 주세요.

기 백성들이 알아주기를 바라셨습니다. 그러나 단지 예수님께서 영광을 결여하고 있다는 이유로, 당시 유대교의 지도자들은 그분이 하나님의 아들이자 그리스도라는 사실을 충분히 알 수 있었던 많은 정황들을 간과한 채 결국엔 하나님을 배척하고 말았습니다.

인류 역사상 처음으로 하나님께서 스스로 당신의 현신을 만천하에 드러내신 이 그리스도 강림사건은 그 자체만으로도 인간이 하나님의 실체를 명백히 확인하기에 충분한 축복이었습니다. 그럼에도 유대교의 지도자들이 예수님을 알아보지 못한 것은 자신이 율법을 지켜 하나님께 나아갈 수 있다는 도덕적 우월감 때문이었습니다. 이 우월감은 곧 타인에 대한 교만으로 변질되어 결국엔 오히려 하나님을 알아보지 못하게 만드는 올무가 되었던 것입니다.

인간은 자력으로는 하나님을 뵐 수도 만날 수도 없습니다. 인간이 하나님을 만날 수 있는 방법은 오직 하나님께서 스스로를 인간에게 드러내시는 것뿐입니다. 이것을 계시(啓示)라고 하며, 이는 하나님의 전적인 주권이자 은혜에 속하는 것입니다. 그러나 성자하나님이신 예수그리스도께서 우리에게 오셔서 자신을 드러내심으로 이제 우리는 언제든 하나님을 만날 수 있게 되었습니다. 또 그분은 베들레헴의 마구간을 택하신 겸손 가운데에 오셨습니다. 그러기에 교만하고 요란한 자는 예수님을 만날 수가 없습니다.

이렇게 볼 때 예수님은 수많은 대중 앞에 자신을 나타내시며 복음을 전파하셨지만 결국 그분의 음성을 듣는 것은 하나님의 은혜에 속하는 것이며, 우리 가운데 오셔서 죄인을 부르시던 예수님은 그렇게 하나님의 진리 가운데 조용히 임하고 계셨던 것입니다.

3) 십자가를 향하여

가. 예루살렘 입성

예수님은 이제 자신이 세상에 머무르실 시간이 거의 다 되었음을 아시고 사역을 마무리하실 준비를 하셨습니다. 때는 추운 겨울이 지나고 유대인의 최대명절인 유월절이 다가오는 봄이 시작되고 있었습니다. 예수님은 제자들과 함께 예루살렘으로 향하셨습니다.

유월절은 이스라엘 백성 중 성인이면 누구나 예루살렘에 있는 성전에 찾아와 자신이 지난 일 년 동안 지은 죄를 하나님께 용서받기 위해 양(羊)을 제물로 잡아 바치며 속죄제라고 하는 제사를 지내는 날이었습니다. 예루살렘은 이맘때가 되면 속죄제를 지내기 위해 전국에서 올라온 많은 사람들로 몹시 북적였습니다.

예수님은 예루살렘으로 가던 도중 제자들과 함께 베다니아라는 곳을 들르게 되었습니다. 베다니아는 예루살렘의 동편 근처에 위치한 작은 마을이었습니다. 예수님은 그곳에서 제자들을 시켜 나귀새끼 한 마리를 빌려오도록 하셨습니다. 이는 그리스도가 나귀새끼를 타고 오실 것이라는 구약성경의 예언을 이루기 위함이셨습니다.[1] 예수님은 그 어린 나귀를 타시고 다시 예루살렘으로 향하셨습니다.

나귀새끼를 타신 예수님 일행이 예루살렘 성문에 들어서자 많은 사람들이 예수님 주변에 모여들었습니다. 그들은 예수님께서 귀신을 쫓아내고 많은 사람의 병을 고쳐주신 일과 그 밖의 많은 기적들에 대한 소문을 들어 이미 예수님을 알고 있었습니다. 그만큼 예수님은 사람들의 입을 통해 많이 알려져 있었던 것입니다. 그들은 예수님을 향해 종려나무[2] 가지를 흔들며 큰 소리로 외쳤습니다.

"호산나!
주의 이름으로 오시는 이여.
이스라엘의 왕, 찬미 받으소서!"[3]

---

1) "시온의 딸아, 크게 기뻐할지어다. 예루살렘의 딸아 즐거이 부를지어다. 보라, 네 왕이 네게 임하나니 그는 공의로우며 구원을 베풀며 겸손하여서 나귀를 타나니 나귀의 작은 것 곧 나귀새끼니라."(스가랴 9장 9절)
2) 야자나무과의 상록교목에 속하는 열대성식물로 대추야자라고도 함.
3) 요한복음 12장 13절. 이는 시편 118편 25~26에 나오는 구절이며 호산나는 '구원하소서'란 의미의 아람어에서 파생된 히브리어이다.

사람들은 구약성경의 한 구절을 외치며 어린나귀를 타고 가시는 예수님의 주위에 몰려들어 열렬히 환호했습니다. 이로써 메시아는 나귀새끼를 타고 오실 것이라는 예언이 이루어지게 되었습니다. 이렇게 예수님께서 예루살렘에 도착하신 날은 유월절로부터 6일 전인 일요일이었습니다.

예수님께서 예루살렘에 입성하시는 날로부터 일주일간을 '수난주간' 또는 '고난주간'이라고 합니다. 이렇게 부르는 이유는, 이날로부터 예수님께서 십자가에서 돌아가시기까지가 꼭 일주일이었으며, 또 이 기간에는 많은 고통과 고초를 겪으셨기 때문에 붙여진 이름입니다. 예수님께서 생전에 예루살렘에 몇 차례나 들르셨는지는 알 수 없습니다. 단지 고난주간은 예수님께서 마지막으로 그곳을 방문하셨던 기간을 말합니다.

나. 성전청결

이튿날, 예수님은 예루살렘의 성전으로 가셨습니다. 성전의 마당에 들어서신 예수님은 눈앞에 펼쳐진 모습에 너무도 실망하고 마셨습니다. 그곳에는 유월절 축일기간을 맞아 시장이 들어서 있었던 것입니다. 한쪽에선 제물에 쓰일 양이나 비둘기를 팔고 또 다른 편에는 이를 사기 위해 물건을 돈으로 바꿔줄 환전상들이 늘어서 있었습니다. 자신의 죄를 회개하며 하나님께 경건히 제물을 바쳐야 하는 거룩한 성전이 장터가 되어 장사꾼들이 호객하는 소리로 가득 차 있는 광경에 예수님은 격분하셨습니다.

예수님은 어디선가 밧줄로 채찍을 만들어 오셔서는 그것을 마구 휘두르시며 성전 마당을 휘젓고 다니셨습니다. 예수님은 닥치는 대로 환전상들의 좌판들을 둘러엎으셨고 가축들은 모두 내쫓아 버리셨습니다. 순간 성전마당은 한순간에 아수라장이 되어버렸습니다. 예수님은 상인들에게 꾸짖으시며 소리치셨습니다.

"내 아버지의 집을 장사꾼의 소굴로 만들지 마라! 성서에 '내 집은 만민이 기도하는 집이라 하리라'[4]고 기록되어 있지 않느냐?"

---

[4] 이는 이사야 56장 7절을 정리하여 하신 말씀임.

말릴 틈도 없이 성전마당을 온통 뒤집어 놓은 예수님의 이런 행동에 제자들도 몹시 놀랐습니다. 그들도 예수님의 이런 모습은 처음 보았기 때문입니다. 그들은 예수님의 분노어린 표정과 태도에 말릴 엄두도 내지 못하고 있었습니다. 웬 낯선 사내에 의해 느닷없이 성전마당이 난장판으로 변해 버린 이 사태에 다른 사람들도 놀라고 당황해 할 뿐 아무도 나서서 말리지 못하고 있었습니다. 잠시 후 소란이 진정 상태에 이르자 사람들이 예수님께 대들며 말했습니다.

"당신이 누구인데 이런 일을 하는 거요? 당신이 무슨 권한으로 이런 일을 하는지 말해보시오."

그러자 예수께서 대답하셨습니다.

"이 성전을 헐물어 보라. 내가 삼일 안에 다시 짓겠다."[5]

이 말에 사람들은 어이없다는 듯 예수님을 바라보며 말했습니다.

"이 성전을 짓는데 무려 46년이나 걸렸는데 당신이 무슨 수로 삼일 만에 다시 짓겠다는 거요?"

옆에 있던 제자들을 포함해 그 때는 아무도 예수님께서 하신 말씀이 무슨 뜻인지 몰랐습니다. 그것은 예수님께서 죽으신 후 삼일 만에 부활하실 자신의 육신을 가리켜 하신 말씀이었습니다. 나중에 예수님께서 삼일 만에 부활하시자 그제야 제자들도 당시 예수님께서 말씀하신 성전이 죽은 후 삼일 만에 다시 부활하실 당신 자신을 가리켜서 하신 말씀이었음을 깨달았습니다.[6]

여기에는 성전에 관한 중요한 의미가 담겨 있습니다. 참된 하나님의 성전이란 무엇일까요? 그것은 하나님께서 거하시는 곳을 말합니다. 그렇다면 하나님은 어디에 거하실까요? 바로 우리의 몸과 마음속에 거하십니다. 그러므로 우리의 몸과 마음이야말로 진정한 하나님의 성전인 것입니다. 예수님은

---

5) 요한복음 2장 19절
6) 요한복음 2장 21절~22절

위 말씀을 통해 진정한 하나님의 성전이란 바로 우리의 몸과 마음이란 사실을 가르쳐 주고 계십니다.

그러므로 우리는 진정한 하나님의 성전인 몸과 마음을 언제나 정결히 해야만 합니다. 이와 같이 성전청결이란 의미에서 교회에서는 술이나 담배[7] 같이 인체에 해가 되거나 중독성이 있는 음식, 또는 너무 폭력적이거나 음란한 매체 등에 깊이 빠져들지 말 것을 권고하고 있습니다. 이러한 것들은 청결해야 할 우리의 심신을 오염시키고 하나님을 향하려는 나의 의지를 방해하며 우리를 지배할 수 있는 여지가 크기 때문입니다. 성경에 금주나 금연을 언급하는 구절은 없습니다. 또 사실 그 당시 담배는 있지도 않았습니다. 그러나 기독교인들은 하나님의 진정한 성전인 내 몸과 마음을 항상 청결히 유지토록 노력해야 하고 나아가 올바른 도덕을 소유하도록 노력해야 합니다. 그것은 곧 하나님을 사랑하는 사람으로서 당연히 가져야할 덕목이기 때문입니다.

참고로 오늘날과 같은 교회의 건물은 서기313년 로마에서 기독교가 공인된 이후부터 생겨나기 시작했습니다. 그 전에는 기독교를 믿으면 박해는 물론 목숨을 잃을 수도 있었기에 교회라는 건물을 세운다는 것은 엄두도 낼 수 없었습니다. 그러므로 하나님께서 거하시는 진정한 성전은 외형의 교회건물에 앞서 하나님을 사랑하려는 나 자신의 몸과 마음 가운데 있다고도 말할 수 있습니다. 그렇다고 교회를 다닐 필요가 없다는 말은 결코 아닙니다. 오늘날의 교회는 하나님의 명으로 지어진 건물이며, 예수님도 예루살렘 성전을 내 아버지의 집이라고 분명히 말씀하셨던 만큼 교회나 성당은 성도

---

[7] 한국 개신교에서 금주에 관한 풍습은 우리나라에 기독교가 전파되던 초기의 전통에 따른 것이다. 당시 외국선교사들의 눈에는 한국인의 잘못된 음주문화로 그 가족과 주변사람들이 고통 받는 경우가 많이 목격되었다고 하는데, 이에 기독교인은 타인의 모범이 되도록 금주를 실천케 한 것이 전통화된 것으로 전해진다. 또 기독교인의 금연은 1904년 '제칠일 안식일 예수재림교' 교단의 선교사들이 펼친 담배의 해악에 대한 계몽운동이 그 효시라고 할 수 있으며, 점차 이 운동이 기독교단 전반으로 확산되면서 하나의 불문율로 정착한 한국기독교의 문화적 전통이라고 볼 수 있다.

가 서로 교통하며 함께 모여 하나님을 예배하고 말씀을 들으며 신앙의 성숙을 위해 반드시 필요한 외적인 성전입니다.

다. 음모의 시작

한편, 예수님을 시기하던 세력들은 그 즈음 예수님을 없앨 모의를 하고 있었습니다. 그들은 우선 예수님이 백성들의 민심을 급속히 얻어가고 있는 것이 부담스러웠습니다. 당시는 지도층에 대한 백성들의 원성이 대단했고 민심도 몹시 흉흉할 때라 사람들이 모여 어떤 집단을 이루는 것을 몹시 경계하던 때였습니다. 게다가 예수님은 며칠 전 성전에서 있었던 소란의 주인공이었고 또 하나님의 성전을 자기 아버지의 집이라 부르는 망언을 서슴지 않는 등 당시 유대교의 지도자 입장에서는 도저히 묵과될 수 없는 중대한 범죄를 저지르기까지 한 것이었습니다.

이들은 이제까지 예수님과 시비가 붙었던 바리새인들이나 그 밖의 종교인들과는 신분이 달랐습니다. 그들은 예루살렘의 현직 대제사장을 포함한 유대교의 최고지도부에 속한 사람들이었으며, 또한 종교계뿐만이 아니라 유다왕실이나 로마총독 등 최고위 정계인사들과도 긴밀한 관계를 유지하고 있는 소위 권력의 핵심계층에 속한 거물들이었습니다. 지금 이들에 비하면 이제까지 예수님께 시비를 걸던 사람들은 애송이에 불과했습니다. 예수님은 이제 예루살렘의 권력핵심부에 속한 사람들의 표적되고 있었던 것입니다.

이들이 보기에 예수님은 지금의 종교계와 정계 등 지배계층에 비판적인 태도를 취하는 것으로 여겨졌습니다. 그런데 만약 그런 예수님을 따르던 저 많은 무리들이 일제히 봉기라도 일으킨다면 그야말로 큰일이 아닐 수 없었습니다. 또 만약에 그럴 경우 로마가 이를 자신들에 대한 반란으로 규정하여 이를 진압하기 위해 본국에서 군대를 출동시키기라도 한다면, 최악의 경우엔 나라의 운명이 걸린 심각한 상황이 연출될 수도 있다고 생각했습니다.

예루살렘의 제사장들과 백성의 원로들은 한 자리에 모여 예수님의 문제를 어떻게 처리해야 할지 의논했습니다. 회의가 열리고 여러 사람들이 갑론을박하던 중 회의를 주재하던 대제사장 가야바[8]가 말했습니다.

"왜 그렇게들 아둔하십니까? 온 민족이 멸망하는 것보다 한 사람이 백성을 대신해서 죽는 편이 낫다는 것도 모르십니까? 대를 위하여 소가 희생되는 것이 옳지 않습니까?" 그의 말에 모여 있던 대부분이 찬성했습니다. 의견이 모아지자 그들은 예수님을 없앨 음모를 꾸미기 시작했습니다.

이 음모에는 예수님의 제자 중 가롯 유다도 개입되어 있었습니다. 그는 은전 서른 닢을 받고 그들의 흉계에 협조키로 약속했습니다.[9] 당시 은전 서른 닢은 성인 남자노예 한명의 금액이었는데 그는 이 돈에 매수되어 자기의 선생님과 동료들을 배신하고 말았던 것입니다.

라. 최후의 만찬

예수님이 예루살렘에 오신 지 5일째 되던 날이었습니다. 이날은 유월절 축일로부터 하루 전인 목요일이었습니다. 이날 예수님은 제자들에게 어느 신도의 2층 다락방을 빌려 저녁식사를 준비하라고 이르셨습니다. 그리고 오후가 되자 제자들 모두와 함께 그곳에서 식사를 하셨습니다. 일명 '최후의 만찬'으로 알려진 이 저녁식사는 호화로운 음식들로 채워진 그런 만찬 상은 아니었습니다. 단지 유월절에 먹는 무교병과 포도주 그리고 당시의 일반서민들이 평소에 먹던 음식 몇 가지로 차려진 소박한 저녁상이었습니다.

예수님은 이 자리에서 많은 이야기를 제자들에게 하셨습니다. 자신의 죽음과 부활, 승리 그리고 성령하나님에 관한 이야기 등, 이 때 예수님께서 하신 말씀에 성서의 복음서들은 많은 부분을 할애하고 있습니다.[10]

---

8) 가야바(Jeseph Caiaphas) : 서기18년경 로마의 유다총독 발레리우스 그라투스(Valerius Gratus)에 의해 대제사장에 임명되어 서기36년 시리아총독 루키우스 비텔리우스(Lucius Vitelius)에 의해 면직될 때까지 총 18년간 대제사장을 지냈음. 발레리우스 그라투스는 서기15~26년까지 유다총독을 지냈으며 그 후임으로 부임한 자가 바로 예수님을 재판한 폰티우스 필라투스(성서에는 '본디오 빌라도'로 소개)이다.
9) 마태복음 26장 14절~15절
10) 특히 요한복음은 13장에서 17장에 이르는 많은 부분을 할애하여 최후의 만찬을 다루고 있다.

제자들과 함께 식사를 하시던 예수님은 식탁 위의 무교병을 집어 그것을 떼어 제자들에게 나눠주셨습니다. 그러시면서 "이것은 너희를 위하여 내어 주는 내 몸이다"[11]라고 말씀하셨습니다. 이어 예수님은 포도주도 제자들에게 일일이 나눠주시며 "이것은 많은 사람을 위하여 내가 흘리는 계약의 피다."[12]라고 말씀하셨습니다. 이것은 내일 동이 트면 예수님께서 십자가에서 대속의 죽임을 당하시며 처참히 흘리실 피와 참혹히 해어질 육신을 가리켜 하신 말씀이었습니다.

　무교병과 포도주를 나눠주신 예수님의 이 행위는 훗날 성찬식이라는 중요한 의식으로 자리 잡아 오늘날까지 이어져 오고 있습니다. 성찬식이란 예수님이 십자가에서 흘리신 피와 살로 온 인류의 죄를 대속하신 것을 마음에 새기고 이를 기념하기 위하여 신도들 간에 떡과 포도주를 나누어 먹는 의식입니다.

　예수님께서는 잠시 슬픈 표정으로 제자들을 물끄러미 바라보시고는 "이제 하나님의 나라가 임할 때까지 포도로 빚은 것은 결코 마시지 않겠다."라고 하셨습니다. 이 말씀은 예수님께서 훗날 우리와 함께 천국에서 축배를 들기 전까지는 포도주를 마시지 않겠다는 선언이었습니다. 예수님께서는 우리를 위해 지금도 천국에서 포도로 만든 것은 마시지 않고 계십니다. 이는 천국에 마실 것이 풍부하므로 포도로 만든 것 하나쯤 안 드셔도 상관없다는 뜻이 아니라, 오직 떠나시기에 앞서 우리를 향한 깊은 사랑의 정리를 드러내신 간절한 언약이었던 것입니다.[13]

　그러나 제자들은 당시 예수님께서 하신 이 말씀을 대부분 이해하지 못했습니다. 예수님의 말씀 중에, 이제 잠시 후면 예수님을 보지 못하게 될 것이고 또 조금 있으면 다시 보게 될 것이라든가, 또 예수님께서 떠나시면 진리의 성령이 오실 것이라는 말씀 등 제자들은 예수님이 하시는 말씀이 도무지

---

11) 누가복음 22장 19절
12) 마가복음 14장 24절
13) 이 말씀으로 우리는 천국에도 포도나무가 있다는 사실을 흥미삼아 엿볼 수 있다.

무슨 뜻인지 알아차리지 못하고 있었습니다. 더군다나 오늘 밤 제자들 모두가 예수님을 버릴 것이라는 말씀을 하실 때에는 서운한 마음마저 들었습니다. 이 말에 평소 나서기 좋아하던 베드로가 말했습니다.

"선생님, 다른 제자들은 다 선생님을 버릴지라도 저는 결코 버리지 않겠습니다."

그는 단순하고 성격이 급하긴 했지만 순수한 성정을 지녔고 제자들 중 가장 예수님을 마음속으로 좋아하며 따르던 제자였습니다. 그러자 예수님은 베드로를 바라보며 대답하셨습니다.

"네가 오늘 닭이 울기 전에 나를 세 번이나 부인할 것이다."

예수님은 제자들을 둘러보며 또 말씀하셨습니다.

"서로 사랑하여라. 내가 너희를 사랑한 것 같이 너희도 서로 사랑하여라. 이것이 내가 너희에게 주는 새 계명이다. 이제 나의 평화를 너희에게 주고 간다. 내가 너희에게 주는 평화는 세상이 주는 평화와는 다르다. 용기를 내어라. 내가 세상을 이겼다."

예수님은 이날 제자들에게 많은 말씀을 하셨습니다. 그리고는 그들을 위해 오랜 기도를 하나님께 드렸습니다. 이 기도는 이제 날이 밝으면 십자가를 지고 떠나야 하는 예수님께서 사랑하는 제자들을 위해 하나님께 구하는 마지막 눈물의 기도였습니다.

마. 겟세마네의 기도

저녁식사가 끝날 무렵엔 밤이 깊어 있었습니다. 유대인의 날짜로는 이미 목요일을 지나 유월절 당일인 금요일로 넘어가 있었습니다. 유대인들은 일몰시부터 다음 날 일몰시까지를 하루로 계산했기 때문입니다.

식사를 마치신 예수님은 밖으로 나가셨습니다. 제자들은 예수님이 밤을 새워 기도하러 가시는 것으로 생각했습니다. 그들 가운데 베드로와 요한 그리고 그의 형 야고보가 따라나섰습니다. 예수님이 향하신 곳은 예루살렘 동편의 올리브산 기슭에 위치한 '겟세마네'라고 하는 곳이었습니다. 아람어로 '즙을 짜는 틀'이란 의미인 이곳 겟세마네는 예수님께서 전에도 제자들과 가끔 들르던 장소였습니다.

그런데 제자들이 보기에 오늘따라 예수님의 안색이 몹시도 고민에 가득 찬 모습이었습니다. 그분의 표정에는 깊은 고독과 슬픔이 가득 넘쳤고 심지어는 두려움의 그림자까지 드리워져 있었습니다.

예수님은 제자들에게 자신의 마음을 숨기지 않으셨습니다.

"지금 내 마음이 괴로워 죽을 지경이니 너희는 여기 남아서 나와 같이 깨어 있어다오."

예수님께서 제자들에게 이런 부탁을 하신 적은 없었습니다. 예수님은 그만큼 고독하셨으며 아직은 영적으로 무지한 제자들에게서라도 위안을 얻고 싶으실 만큼 마음이 초췌해지셨던 것입니다. 그리고는 혼자 저만치 떨어진 곳으로 가셔서 무릎을 꿇고 하나님께 간절히 기도하기 시작하셨습니다.

"아버지, 만일 아버지의 뜻이 괜찮으시거든 이 쓰디 쓴 포도주잔이 내게서 그냥 지나가게 해 주십시오."[14]

예수님은 이제 곧 자신이 죽어야 한다는 사실 앞에서 두려움에 떨고 계셨던 것입니다. 예수님은 정말로 죽고 싶지 않으셨고 정말 다른 방법이 있다면 그것을 택하고 싶으셨습니다. 너무나 깊은 죽음의 공포에 두려워하시던 예수님의 얼굴에는 피가 섞인 땀이 흐르고 있었습니다. 의학이론으로 사람이 극도의 긴장상태가 되면 드물게 모세혈관이 터져 땀구멍으로 피가 나오는 경우가 있다고 합니다. 자신이 얼마나 참혹한 고문을 받고 또 얼마나 모진 조롱과 모욕과 처참한 고통 속에 죽어가야 하는지를 이미 너무나 잘 알고 계셨던 예수님은 시간이 지날수록 더욱 선명하게 다가오는 극도의 긴장과 불안으로 이처럼 떨고 계셨던 것입니다.

하나님의 아들이자 그리스도로서 자신만이 감당할 수 있는 인류구원의 대속제물이 되기 위해 이 땅에 오신 예수님이었지만 이제 그 거사를 앞 둔 시

---

14) 누가복음 22장 42절

점에 이르자, 그분 역시도 한편으론 인성을 소유한 한 사람의 인간이었기에 본능적으로 다가오는 죽음의 공포 앞에선 어쩔 수 없이 떨고 계셨던 것입니다. 이 공포는 지금 자신을 짓누르는 처절한 고독 속에서 인간으로서의 예수님이 스스로 극복해야 할 마지막 관문이었습니다. 자신이 감당해야 할 사명의 완수를 앞두고 예수님은 그렇게 죽음의 공포라는 지극히 인간적인 무기를 가지고 덤벼드는 악마의 마지막 공격에 힘겹게 외로이 맞서고 계셨습니다.

그러나 인류구원을 위해 자신이 가야할 고난의 길 앞에서, 예수님은 그 길로 가라 하신 하늘아버지의 고뇌와 사랑을 생각하시며 끝까지 순종할 것을 다짐하셨습니다. 지금의 두려움이 자신이 전심으로 품어야 할 아담의 후손들보다 우선될 수는 없었으며, 또 이날을 위해 미리 계획하신 구원의 완성이 가져다 줄 기쁨을 이길 수는 없었습니다. 예수님은 모든 것을 하늘아버지께 의탁하며 당신의 계획이 이루어지기를 기도하셨습니다.

"그러나 내 뜻대로 하지 마시고 아버지 뜻대로 이루어지게 하옵소서."

그리고는 자신의 죽음은 인류를 죽음으로부터 해방시키기 위한 죽음이라는 것을 다시금 상기하셨습니다.

[사망아 너의 이기는 것이 어디 있느냐? 사망아 너의 쏘는 것이 어디 있느냐?] (고린도전서 15장 55절)

예수님께서 기도를 마치고 제자들에게 다가갔을 때 그들은 슬픔과 피로에 지쳐 잠이 들어 있었습니다. 예수님은 그들을 깨우시고는 이르셨습니다.

"너희는 나와 함께 단 한 시간도 깨어 있을 수 없더란 말이냐? 죄의 유혹에 빠지지 않도록 깨어 기도하라."

그러시고는 측은한 눈빛으로 그들을 바라보시며 말을 이으셨습니다.

"마음은 원하지만 몸이 말을 듣지 않는구나."

예수님은 그들을 나무라시기 보다는 마음만큼 따라주지 못하는 육신의 가녀림을 헤아리셨습니다. 그리고는 조금 전 기도하시던 장소로 가셔서 다시 기도하기 시작하셨습니다.

　예수님이 다시 돌아 오셨을 때 그 세 명의 제자들은 또 다시 잠에 빠져 있었습니다. 그들은 밤도 깊은데다가 너무나 지쳐있어 눈을 뜨고 있을 수가 없었던 것입니다. 하는 수 없이 예수님은 제자들을 그대로 두시고 다시 좀 전의 장소로 가 세 번째로 같은 기도를 하셨습니다. 그리고는 돌아와 제자들을 깨우시며 말씀하셨습니다.

　"일어나 가자. 나를 넘겨 줄 자가 가까이 왔다."

　예수님의 이 말씀이 채 끝나기도 전에 저만치서 건장한 사내들로 구성된 일단의 무리가 몰려오고 있었습니다.

바. 예수님의 체포

　그들은 얼마 전 예루살렘에 모여 예수님을 없앨 모의를 한 유대인의 공회에서 보낸 자들이었습니다. 산헤드린(Sanhedrin)이라고 불리는 이 공회는 당시 유대사회에서 정치와 종교 및 사법적인 문제들을 다루는 자치조직으로 귀족과 제사장 그리고 율법학자들을 중심으로 이루어진 유대인의 최고의결기구였습니다. 이곳은 성전에 관계된 세금징수권과 유대교 율법에 따른 재판권을 행사하였으며 사형을 제외한 형벌을 집행할 권한도 지니고 있었습니다.

　산헤드린은 구약시대부터 존재했던 것으로 보이지만 정확히 언제부터 시작되었는지는 확실하지 않습니다. 당시 유다에는 주요도시마다 산헤드린이 있었으며 인원은 주로 32명으로 구성되었으나 특별히 예루살렘은 71명의 대인원으로 구성되어 이를 대(大)산헤드린이라 불렀습니다. 이곳에서의 회의는 주간에만 진행되었으며 야간에는 열지 않았습니다. 또 안식일과 유대교 기념일에도 운용하지 않았습니다. 그리고 이곳에서 선고된 법관의 판결은 반드시 다음날 다시 검토되도록 하여 사법권의 독단을 금했습니다. 로마 속주시기에 이 기구는 비록 유대인의 자치조직이긴 했지만 대산헤드린은 로마로부터도 유대인의 공식행정기구로서의 권위를 인정받고 있었습니다.

　이 산헤드린에서 예수님을 체포하기 위해 사람들을 보낸 것이었습니다. 그들의 손에는 몽둥이와 칼이 들려 있었고 맨 앞에는 가룟 유다가 앞장서고 있었습니다. 예수님의 일행 앞에 다다른 그들은 누가 예수님인지를 찾았습니다. 그러자 예수님께서 당당한 어조로 자신이 바로 그들이 찾는 사람이라고 대답하셨습니다. 그 순간 앞에 서 있던 사람들이 갑자기 놀라며 뒷걸음을 치다 땅에 넘어지고 말았습니다. 그들은 평소 수많은 기적을 행하시던 예수님의 소문을 들어왔던 터라 그분이 어떤 능력을 발휘해서 자신들을 해칠까봐 겁을 먹었던 것입니다.

그때 가룟 유다가 예수님께 다가와 "선생님, 안녕하십니까?"하고 입을 맞추며 이분이 예수님임을 일행들에게 확인해 주었습니다. 그러자 예수님께서 말씀하셨습니다.

"내 친구 유다야, 네가 입맞춤으로 나를 넘기는 것이냐?"

이미 유다의 목적을 모두 알고 계셨던 예수님께서는 마음이 몹시 슬프셨지만 그럼에도 아직까지 그를 친구라 부르시며 사랑하고 계셨습니다. 유다의 신호와 함께 사내들은 한꺼번에 달려들어 예수님을 붙잡았습니다. 순간 곁에 있던 제자들이 막아서며 그들과의 사이에 몸싸움이 벌어졌습니다. 그 와중에 베드로가 들고 있던 칼로 말코스라는 자의 귀를 잘라버리는 불상사가 벌어지고 말았습니다. 순간 말코스의 비명과 함께 사람들이 놀라며 분위기가 바뀌었습니다. 베드로도 엉겁결에 휘두른 칼이긴 했지만 사람의 귀가 잘려나간 결과에 대해 스스로도 당황하고 있었습니다. 저들도 당황하긴 마찬가지였지만 수적으로 우세했던 그들에겐 이내 보복이라도 하려는 듯 처음에는 없던 살기가 돌았습니다. 그러자 예수님께서 나서 베드로에게 말씀하셨습니다.

"베드로야, 칼을 거두어라. 칼로 흥한 자는 칼로 망하는 법이다."

그러시고는 땅에 떨어진 말코스의 귀를 집어 그의 귀에 대셨습니다. 순간 말코스의 귀가 다시 제 자리에 감쪽같이 붙는 기적이 벌어졌습니다. 이 같은 놀라움의 와중 속에 상황이 수습되자 세 명의 제자들은 곧바로 저들의 위세에 눌려 뿔뿔이 달아나고 말았습니다. 홀로 남으신 예수님은 아무런 반항도 하지 않으셨습니다. 그들은 예수님을 포박하여 산을 내려갔습니다.

4) 예수님의 재판

가. 안나스의 심문

예수님은 먼저 안나스[1]에게 끌려 가셨습니다. 그는 전임 대제사장이었으며 현재의 대제사장인 가야바의 장인이기도 했습니다.[2] 은퇴한 대제사장으로서 그가 예수님을 심문할 수 있었던 것은 아마도 산헤드린이 그를 여전히 권세있는 원로로서 대우했기 때문이었던 것으로 보입니다.

예수님을 마주한 그는 이것저것 물어보며 예수님을 무고할만한 혐의를 잡기 위해 노력했습니다. 그러나 조금도 위축되지 않고 당당히 답변하는 예수님의 태도에 결국 그는 아무런 혐의도 잡을 수가 없었습니다. 그러자 옆에 서있던 경비병 하나가 "대제사장님께 무슨 태도냐?"며 주먹으로 예수님의 얼굴을 후려쳤습니다. 그러자 예수님께서 그에게 말씀하셨습니다.

"내가 한 말에 틀린 것이 있다면 증명해 보아라. 그렇지 않고 내 말이 모두 옳다면 어찌하여 나를 때리느냐?"

조금도 수그러듦이 없는 예수님의 당당한 태도를 지켜본 안나스는 더 이상 심문할 자신을 잃고 말았습니다. 그는 예수님의 기개와 조금도 이치에 어긋남이 없는 논변 앞에 더 이상 말을 이어갈 수가 없었고, 이대로 심문을 계속하다간 오히려 자신이 불리한 상황에 처할 수도 있다고 판단했습니다. 결국 그는 심문을 끝내고 예수님을 다시 포박하여 산헤드린의 의장인 가야바에게로 보냈습니다.

나. 베드로의 부인

한편 예수님이 안나스에게 심문을 받고 있던 그 곳의 마당에는 베드로가 사람들 틈에 섞여 불을 쬐고 있었습니다. 그는 예수님이 체포되신 것을 알

---

[1] 안나스(Annas) : 서기7년 시리아의 총독 구레뇨에 의하여 대제사장에 임명되어 서기16년 유다총독 발레리우스 그라투스에 의해 면직될 때까지 총 9년간 대제사장을 지냈음. 참고로, 구레뇨의 로마식 본명은 푸블리우스 술키리우스 퀴리니우스(Publius Sulkirius Quirinius)이며, 구레뇨는 퀴리니우스의 성경식 표기(누가복음 2장 2절)이다.
[2] 요한복음 18장 13절

고 멀리서 이들을 따라와 있었던 것입니다. 그런데 그곳에서 일하던 여종 하나가 지나가다 베드로를 알아보고 말했습니다.

"당신도 나사렛사람 예수와 같이 있었잖아요?"

그러자 베드로는 아니라고 말했습니다. 그리고는 대문이 있는 곳으로 슬그머니 자리를 옮겼습니다. 그러자 이번에는 다른 여종이 베드로를 가리키며 사람들에게 말했습니다.

"이 사람, 나사렛 예수와 함께 있던 사람 맞아요!"

이 말에 베드로는 또다시 부인하며 잡아뗐습니다.

"생사람 잡지 마시오! 나는 그 사람을 정말로 모른단 말이오!" 베드로는 적들로 가득한 이곳에서 두려움을 느낀 나머지 자기 생각과는 전혀 다른 말을 하고 있었습니다. 그러나 일은 여기서 끝나지 않았습니다. 이번에는 저만치서 베드로를 가만히 지켜보던 사람들이 그에게 다가가 확신에 찬 어조로 말했습니다.

"맞아. 당신은 분명히 그들과 한 패다. 당신이 전에 그 사람과 함께 정원에 있는 것을 우리가 본 적이 있어!"

그러자 베드로는 예수님에 대해 큰소리로 욕까지 해대면서 자신이 거짓말을 하면 어떠한 천벌이라도 받겠다고 맹세하며 부인했습니다.

바로 그때 저 멀리서 새벽을 알리는 닭의 울음소리가 들려왔습니다. 순간 베드로는 '닭이 울기 전에 네가 나를 세 번이나 모른다고 할 것이다'고 하신 예수님의 말씀이 떠올랐습니다. 그는 자신의 비겁한 모습으로 인한 부끄러움에 온몸이 부르르 떨렸습니다.

그 동안 자신이 선생님께 그토록 장담해 왔던 그분에 대한 사랑과 믿음은 이제 보니 편할 때면 누구나 할 수 있는 싸구려 공언뿐이었음을 스스로 증명하고 말았던 것입니다. 베드로는 예수님에 대한 죄스러움과 스스로에 대한 실망감에 몸서리가 쳐졌습니다. 그는 폐부 깊숙한 곳에서 북받쳐 오르는 서러운 감정을 이기지 못해 그만 밖으로 뛰쳐나가 통곡을 하고 말았습니다.

베드로가 예수님을 세 번 부인한 성서의 이 이야기는 두려움이라는 본능적인 감정 앞에서 어쩔 수 없이 드러나게 되는 인간의 솔직한 모습을 여과 없이 보여주고 있습니다. 그러나 이것은 그의 비겁함이나 연약했던 믿음을 탓하기 위해 소개된 것이 아니라, 오히려 하나님께서는 그러한 인간의 본성을 누구보다 잘 이해하고 계시기에 곁에서 우리를 도우려 하신다는 사실을 전하려는 위안의 메시지로 보아야 할 것입니다. 물론 그렇다고 우리가 남을 배신해도 괜찮다는 말은 아닙니다. 성서는 단지 하나님은 우리를 심판하시거나 정죄하시려는 분이 아니라 우리 편에서 언제나 우리를 사랑으로 이해하시며 우리를 구원하기 위해 역사하시고 계시다는 사실을 여기 베드로를 통해 간접적으로 언급하고 있는 것입니다.

다. 가야바의 심문

예수님은 안나스의 집을 나와 이번에는 산헤드린으로 끌려가셨습니다. 그곳에는 이미 대제사장인 가야바와 율법학자들 그리고 여러 원로들이 모여 있었습니다. 가야바는 유대교 중 사두개파에 속한 사람이었는데, 사두개파도 다른 유대교 종파인 바리새파와 마찬가지로 자신들의 위선을 비난하는 예수님을 미워하며 배척하고 있었습니다.

그런데 이번 산헤드린의 소집에는 문제가 있었습니다. 산헤드린의 규정에 따르면 회의는 원래 주간에만 하게 되어 있었는데, 지금 이 집회는 해도 뜨기 전인 새벽에 이루어지고 있었기 때문입니다. 그들은 예수님을 없애기 위해 서로의 묵인 하에 스스로 불법을 자행하고 있었던 것입니다.

그곳에 모인 사람들은 예수님을 무고하기 위해 여러 거짓증언자들을 내세웠습니다. 그들은 예수님을 사형에 처할만한 혐의를 찾으려고 그분이 로마에 반란을 일으키도록 백성들을 선동했다느니, 세금을 내지 못하게 했다느니 하며 거짓증언을 하였습니다. 그러나 그들의 증언은 서로 일치하지 않아 결국 혐의는 하나도 찾지 못했습니다. 그러자 몇 사람이 일어서서 이렇게 주장했습니다.

"우리는 이 사람이 '나는 사람의 손으로 지은 이 성전을 헐어 버리고 사람의 손으로 짓지 않은 새 성전을 삼일 안에 짓겠다!'며 큰소리치는 것을 들었습니다."

이것은 예수님께서 며칠 전 성전에서 사람들과 논쟁을 하시던 중 성전을 허물면 삼일 만에 다시 짓겠다고 하신 말씀을 교묘히 바꾸어 말한 것이었습니다. 하지만 이 말도 그들 서로 간에 엇갈려 아무런 혐의를 만들어 낼 수 없었습니다. 예수님은 그들의 말에 아무 반론도 하지 않고 계셨습니다.

죄목을 찾을 수 없자 그들은 주제를 바꿔 예수님께서 정말로 그리스도인지 그리고 진짜 하나님의 아들인지를 심문하기 시작했습니다. 대제사장 가야바가 예수님께 물었습니다.

"그대가 정말 하나님의 아들 그리스도인가?"

이 말에 예수님이 대답하셨습니다.

"그렇소. 사람의 아들이 전능하신 분의 오른편에 앉아 있는 것과 하늘에서 구름을 타고오는 것을 볼 것이오."

이 말에 대제사장은 자기 옷을 찢으며[3] 대중들에게 말했습니다.

"더 이상 무슨 증거가 필요하겠는가? 여러분은 방금 하나님을 모독하는 소리를 들었소. 이를 어떻게 생각하시오?"

그러자 모두들 예수님을 사형에 처해야 한다고 소리쳤습니다. 어떤 사람은 예수님께 침을 뱉고 또 어떤 사람은 예수님의 얼굴을 주먹으로 때리기도 하며 모욕을 주었습니다. 경비병들도 가담하여 예수님을 폭행했습니다. 또 어떤 사람은 예수님의 눈을 가린 후 뺨을 때리며 "그리스도야, 누가 네 뺨을 때렸는지 알아맞혀 보아라!"하며 조롱을 퍼붓기도 했습니다.

라. 빌라도의 심문

날이 밝자 그들은 당시 유다의 로마총독이던 본디오 빌라도[4]의 관저로 예

---

[3] 구약시대부터 유대인들은 깊은 분노나 슬픔을 느낄 때 옷을 찢거나 머리에 재를 뿌리는 것으로 감정을 표출하는 풍습이 있었다.

[4] 본디오 빌라도 : 로마명 폰티우스 필라투스(Pontius Pilatus). 티베리우스황제 시대인 AD26년~36년까지 유다를 통치한 로마의 총독. 그러나 AD37년 티베리우스 황제의 사망과 함께 실각한 후, 지금의 프랑스 남부인 로느강변의 비엔느 지방으로 유배되어 거기서 비관 끝에 자살했다. 그는 예수를 재판한 자로 더 유명하다.

수님을 끌고 갔습니다. 당시 유다는 로마의 속주였던 관계로 사형과 같은 중요한 판결은 독자적으로 내릴 수 있는 사법권이 없었습니다. 따라서 그들은 예수님의 사형판결을 받으려고 이곳에 온 것이었습니다.

유다에 파견된 로마총독이 근무하던 곳은 예루살렘이 아니라 유다의 서쪽영역에 속한 지중해의 큰 항구도시 카이사리아였습니다. 따라서 본디오 빌라도 역시 평소에는 카이사리아에 근무하고 있었지만, 때마침 유대인의 명절인 유월절 행사에 참석하기 위해 잠시 예루살렘에 건너와 머무르고 있었던 것입니다. 총독은 이날처럼 출장 올 때를 대비해 예루살렘에도 임시로 머물 관저를 갖고 있었습니다.

예수님의 재판이 진행되는 지금 빌라도가 예루살렘에 머물고 있었다는 사실은 참으로 공교로운 일이 아닐 수 없습니다. 만약 빌라도가 예루살렘에 와있지 않았다면 저들은 재판을 위해 예수님을 카이사리아로 호송해야만 했을 것입니다. 그러나 이것은 우연이 아니라 "선지자는 예루살렘에서 죽어야 한다."[5]는 예수님의 예언을 이루고자, 하나님의 역사하심에 의해 벌어지고 있던 무거운 필연이었습니다. 이렇게 하여 로마총독 본디오 빌라도는 성도(聖都) 예루살렘에서 그리스도의 재판에 개입하게 되었던 것입니다.

예수님께서 빌라도 앞에 끌려오실 때쯤은 이미 날이 밝은 금요일 아침이었습니다. 예수님은 밤새 한잠 주무시지 못하고 이리저리 끌려 다니시며 저들의 심문에 시달리시느라 몹시 지쳐계셨습니다.

그들은 이러한 예수님을 빌라도총독 앞에 세우고는 또 다시 고발하기 시작했습니다.

"이 자는 대중들을 선동하여 소요를 획책하고, 로마황제폐하께 세금을 바치지 못하게 하였으며, 또 자칭 그리스도요 왕이라고 하기에 붙잡아 왔습니다."

처음 빌라도는 유대인의 유지(有志)들이 자신을 찾는다는 말을 듣고 이른 아침부터 무슨 소란인가 싶어 일단 나와 보긴 했는데, 웬 젊은 사내 하나를

---

5) 누가복음 13장 33절

묶어 와서는 그러러 반란을 획책했다느니 유대인의 왕을 사칭했다느니 하는 거의 신빙성 없는 말을 늘어놓는 것을 보고는 실망하고 말았습니다. 그들의 주장을 정리하면 예수님이 로마에 정치적으로 위험하기 짝이 없는 인물이라는 것인데, 오랜 정치경험을 갖고 있던 빌라도가 듣기엔 전혀 동의가 되지 않는 말들이었습니다. 그렇다고 이 나라의 유지들인 그들의 체면을 보아 단번에 무시해버릴 수도 없는 노릇이고 해서, 그는 그들의 주장 가운데 반로마선동과 관계된 질문 하나를 예수님께 던졌습니다. 그것은 예수님이 정말로 로마에 대한 반란을 획책했는지를 묻는 것이었습니다.

"그대가 유대인의 왕인가?"

이 말에 예수께서 대답하셨습니다.

"그건 당신의 말이요? 아니면 다른 사람한테서 들은 말이요?"

그러자 빌라도가 비웃듯 말했습니다.

"내가 유대인인 줄로 아느냐? 대체 무슨 일을 했기에 너희 유대인과 제사장들이 너를 고발한 것이냐?"

예수님은 이렇게 대답하셨습니다.

"내 왕국은 이 세상에 속한 것이 아니요. 만약 내 왕국이 이 세상에 속한 것이었다면 내 휘하의 수많은 천군천사들이 나를 유대인들의 손에 넘어가지 않게 했을 것이요."

그러자 빌라도가 귀찮다는 듯 단도직입적으로 물었습니다.

"아무튼 네가 왕이냐?"

"당신이 말한 대로요. 나는 오직 진리를 증언하려고 났고 또 그 때문에 세상에 왔소. 무릇 진리에 속한 사람은 내 말을 귀담아 들을 것이요."

이 말에 빌라도는 가소롭다는 듯 예수님을 향해 말했습니다.

"진리가 무엇인가?"

진리가 뭐냐고 묻는 빌라도의 이 질문에는 많은 의미가 담겨 있습니다. 당시 세계최강대국 로마의 관리답게 그가 믿는 진리는 힘이었으며, 지금 세상을 지배하고 있는 로마의 힘이 바로 그에게는 진리였던 것입니다. 그런 차원에서 빌라도가 생각하는 진리는 지금 예수님의 생사여탈권을 쥐고 있는 자신의 권세야말로 진리였습니다. 그래서 그는 포승에 묶여 자기 앞에 끌려온 입장의 예수님께서 진리를 이야기하는 것을 보고 비웃었던 것입니다.

이때 예수님을 끌고 온 사람들이 여러 가지로 빌라도에게 고발을 하기 시작했습니다. 예수님께서는 그들의 거짓증언에 아무런 대답도 하지 않으셨습니다. 이를 이상하게 여긴 빌라도가 예수님께 말했습니다.

"사람들이 저렇게 여러 가지 죄목을 들어 고발하고 있는데 그대는 할 말이 전혀 없느냐?"

예수님은 여전히 아무 말씀도 없으셨습니다. 빌라도는 지금 예수님이 유대인끼리의 어떤 불화에 휘말려 죄인으로 몰리고 있음을 간파했습니다. 그의 생각에 지금 저들이 예수님을 가리켜 말하는 유대인의 왕이란 실제로 로마에 반란을 선동하려는 정치적 의미의 지도자가 아니라, 단지 유대인끼리의 어떤 종교적인 이유에서 나온 표현에 불과하다고 보았습니다. 예수님께 아무런 죄도 없다는 것을 감지한 빌라도는 사람들에게 선언했습니다.

"나는 이 사람에게서 아무런 잘못도 찾아낼 수 없다!"

그러자 예수님을 끌고 온 사람들이 물러서지 않았습니다. 그들은 계속 예수님을 무고하며 우겨댔습니다.

"이 사람은 갈릴리에서 이곳에 이르기까지 온 땅을 돌며 백성들을 선동했습니다!"

이 말을 들은 빌라도는 그들에게 예수님이 갈릴리사람이냐고 물었습니다. 사람들이 그렇다고 하자 이 재판을 피하고 싶었던 빌라도는 속으로 잘 되었다고 생각했습니다. 왜냐하면 유다지방의 총독으로 부임한 자신에게 갈릴리지방은 그의 관할구역이 아니기 때문이었습니다. 빌라도는 예수님을 갈릴리지방의 분봉왕인 헤롯 안디바에게 넘기라고 명령하고는 자리를 떠났습니다.

마. 안디바의 심문

이렇게 해서 예수님은 이번에는 헤롯 안디바에게 넘겨지게 되었습니다. 안디바는 이미 30여년 전 부왕인 헤롯 1세가 사망하자 친복형 아켈라오와 상속분쟁을 벌인 끝에 지금은 갈릴리와 베레아지방을 다스리는 분봉왕이 되어 있었습니다. 그는 과거 자신이 건설한 도시이자 갈릴리지방의 행정수도 격인 티베리아스에 살고 있었지만, 지금은 그 역시도 유월절을 맞아 잠시 예루살렘에 와있던 터였습니다. 그는 친척동생의 아내를 빼앗아 결혼하는 패륜을 범하였고 또 이를 나무라던 침례요한을 처형한 바로 그자입니다. 또 예수님은 그를 두고 여우라고 표현할 만큼 성정이 매우 교활한 자였습니다.

헤롯 안디바는 자기 앞에 끌려오신 예수님을 보고는 매우 기뻐했습니다. 그것은 평소 예수님을 흠모해서가 아니라 단지 소문에 듣던 대로 예수님께서 행하시는 기적을 자기도 한번 구경해 보려는 심산이었습니다. 그가 예수님께 바랐던 것은 진리와 구원의 말씀이 아니라 단순히 눈요깃거리로 자신의 흥미를 채워줄 이벤트였던 것입니다. 하지만 그는 곧 실망하고 말았습니다. 왜냐하면 예수님은 그의 말에 아무런 대꾸나 대응도 하지 않으셨기 때문입니다.

결국 헤롯 안디바는 경비병들과 함께 예수님을 조롱하며 모욕을 주었습니다. 그런 다음 유대인의 왕이라는 말을 비웃는 의미로 예수님께 화려한 옷을 입혀 다시 빌라도에게 돌려보냈습니다. 그 역시 예수님께서 무죄라는 사실을 알고 있었습니다. 그러나 자신이 무죄를 선고할 경우 제사장들과 원로들로부터의 상당한 저항이 예상되는 만큼 구태여 이 천한 목수 하나를 구하고자 그럴 필요까지는 없다고 판단했습니다. 그리하여 그는 로마총독의 결정을 존중하는 것처럼 꾸며 아무런 선고도 하지 않고 그대로 빌라도에게 돌려보냈던 것입니다. 이러한 조치는 정치적으로도 효과를 보아 평소 사이가 좋지 않았던 안디바와 빌라도는 그 날 이후 한동안 우호적인 사이가 되었습니다.

바. 빌라도의 판결

예수님을 다시 넘겨받은 빌라도는 본격적으로 재판을 하기 시작했습니다. 그러나 아무리 조사해 봐도 그는 예수님에게서 죄의 혐의를 찾을 수가 없었습니다. 그는 그곳에 모인 사람들을 향해 말했습니다.

"너희는 이 사람이 백성들을 선동한다는 명목으로 끌고 왔지만 너희가 보는 앞에서 직접 심문을 했는데도 나는 아무런 증거를 찾지 못했다. 헤롯(안디바)이 이 자를 우리에게 돌려보낸 것만 봐도 그 역시 아무런 혐의를 찾지 못했다는 것 아니냐? 보다시피 이 자가 사형에 해당하는 일은 하나도 하지 않았다. 그러므로 나는 이 자를 매질이나 해서 풀어줄 생각이다."

그는 예수님이 아무런 죄도 없지만 그를 고발한 자들의 사회적 지위와 체면을 고려해 일종의 타협안으로 예수님께 적당히 태형이나 선고해 사건을 종결지을 생각이었습니다. 물론 죄 없는 자에게 태형을 선고하는 것도 안 되는 일이지만 당시는 인권이 오늘날과 같지 않던 시대였습니다.

빌라도가 예수님을 풀어주겠다고 하자 온 무리가 일제히 소리를 질렀습니다.

"안됩니다. 사형에 처하시오!"

그들의 일관된 목소리에 빌라도는 당황했습니다. 그는 잠시 생각을 정리한 후 다시 말했습니다.

"나는 너희의 관례에 따라 유월절에는 죄수 하나를 사면해 주곤 했는데, 이번에는 누구를 풀어주랴?"

빌라도는 예수님이 죄가 없음이 명백했기에 상황을 보아서 유월절의 사면 관례에 따라 예수님을 풀어줄 요량이었습니다. 그러나 그건 아직 그들의 의도를 모르고 한 순진한 발상이었습니다. 그때 빌라도의 아내가 하인을 통해 전갈을 보내왔습니다. 내용은 어젯밤 꿈자리가 몹시 사나왔는데 아무래도 예수라는 무고한 사람의 일에 관여하지 말라는 경고 같다는 것이었습니다. 아내의 전갈에 빌라도는 마음이 더욱 꺼림칙해졌습니다.

그때 군중들이 소리쳤습니다.

"바라바를 풀어주시오!"

바라바는 폭동을 일으키고 살인까지 한 이름난 강도로 얼마 전에 체포되어 사형선고를 받고 형의 집행을 기다리고 있는 죄수였습니다. 제사장들과 원로들은 빌라도가 부인의 전갈을 듣는 사이에 군중들을 선동하여 바라바를 놓아주고 예수님에게 사형을 언도해 달라고 요구토록 하였던 것입니다. 이렇게 하여 저들은 예수님을 죽이기 위해 명백한 죄인인 바라바를 풀어주라는 어처구니없는 요구를 하고 있었습니다.

빌라도가 그들에게 물었습니다.

"그럼 예수는 어떻게 하면 좋겠느냐?"

그들이 일제히 소리쳤습니다.

"십자가에 못박으시오!"

다시 빌라도가 물었습니다.

"도대체 그 사람의 잘못이 무엇이냐?"

그들이 예수님을 죽이려는 이유를 이해하지 못했던 빌라도는 예수님의 죄목을 재차 물었습니다. 그러나 사람들은 이제 빌라도의 말은 들은 척도 않고 더욱 악을 쓰며 외쳐댔습니다.

"십자가에 못박으시오! 십자가에 못박으시오!"

빌라도가 다시 한 번 말했습니다.

"나는 그에게서 아무런 죄목도 찾아내지 못하였다고 하지 않았느냐? 이럴 거면 나한테 올 것 없이 너희가 데려다가 너희의 손으로 십자가에 못박아라."

그러자 그들이 큰 소리로 말했습니다.

"우리에게는 율법이 있습니다. 그 율법대로 하면 그자는 자신이 하나님의 아들이라고 했으니 죽어 마땅합니다."

그리고는 다시 말했습니다.

"만일 그자를 풀어준다면 총독께서는 로마에 계신 황제폐하의 충신이 아닙니다. 누구든 자기를 왕이라고 하는 자는 황제폐하의 적이 아닙니까?" 그들은 예수님을 풀어주려고 하는 빌라도에게 이제는 로마황제를 들먹이며 협박했습니다.

군중들의 함성에 눌린 빌라도는 재판석에 앉아 그들에게 예수님을 가리키며 말했습니다.

"자, 여기 너희의 왕이 있다."

유대인들은 한결같이 소리쳤습니다.

"죽이시오. 죽이시오. 십자가에 못박아 죽이시오!"

빌라도가 소리쳤습니다.

"너희의 왕을 나더러 십자가형에 처하란 말이냐?"

그러자 사람들이 대답했습니다.

"우리에게 왕은 로마의 황제폐하밖에는 없습니다!"

빌라도는 더 이상 말해 봐야 아무런 소용도 없다는 것을 알았습니다. 게다가 더 이상 그들의 요구를 거절했다가는 오히려 폭동이 일어날 것 같은 기세였으므로 그는 물을 가져다가 그들 앞에서 손을 씻으며 이렇게 말했습니다.

"너희가 알아서 처리하여라. 나는 이 사람의 피에 대해서는 책임이 없다."

그러자 사람들이 대답했습니다.

"그 사람의 피에 대한 책임은 우리와 우리 자손들이 지겠습니다!"

이렇게 하여 빌라도는 바라바를 놓아주고 예수님은 채찍질하게 한 다음 십자가형에 처하라고 내어 주었습니다.

사. 가롯 유다의 자살

한편 예수님을 유다인들에게 넘겨준 가롯 유다는 예수님이 빌라도 앞에서 사형판결을 받는 과정을 군중들 틈에 끼여 모두 보고 있었습니다. 그 모습을 지켜본 그는 자신이 한 일에 대해 깊은 뉘우침이 들었습니다. 그래서 그는 제사장들과 원로들을 찾아가 자기가 받은 은전 서른 닢을 돌려주며 말했습니다.

"내가 죄 없는 사람을 배반하여 죽게 하였으니 나는 죄인입니다. 여기 은전 서른 닢을 돌려 드립니다."

그러자 그들은 냉정한 태도로 "그래서 우리더러 어쩌란 말이냐? 너와는 거래가 끝났으니 그 돈은 네가 알아서 처리하라"고 말했습니다. 유다는 그 은전을 바닥에 내팽개치고는 그곳을 나와 스스로 목을 매어 자살했습니다. 그가 죽은 후 제사장들은 그가 버린 돈으로 밭을 사서 부랑자들의 묘지로 사용했는데 사람들은 그곳을 가리켜 '피밭'이라고 불렀습니다.[6]

5) 예수님의 죽음

가. 예수님의 수난

예수님은 총독관저 내부의 마당으로 끌려가 채찍질을 당하셨습니다. 유다인의 형벌 중 태형은 40대 이상은 생명이 위험하다 하여 금하고 있지만[1] 로마의 태형은 100대까지도 허용하고 있었습니다. 정황으로 볼 때 예수님께 가해진 태형은 로마법에 의해서였던 것으로 보입니다.

예수님을 끌고 온 로마병사들은 예수님의 옷을 벗기고 온몸을 사정없이 채찍으로 후려치기 시작했습니다. 로마군인의 채찍질만큼 혹독한 고통은 없었습니다. 가죽으로 만든 그들의 채찍은 손잡이에서 7~10갈래의 갈기가 갈라져, 그 끝에는 동물의 뼈나 쇠로 된 추를 매달아 놓은 것이었습니다. 이 채찍을 사용한 매질은 후려칠 때마다 몸에 감긴 갈기 끝의 추가 살점을 도려낼 만큼 맞는 이에게 끔찍한 고통을 안겨주었습니다.

게다가 예수님을 매질하던 병사들은 예수님께 유다의 왕이 왕관이 없으면 되겠느냐며 굵은 가시나무줄기를 엮어 만든 면류관을 그분의 머리 위에 우악스럽게 눌러 씌우고는 그 앞에 무릎을 꿇고 "유다인의 왕, 만세!"하며 조롱하고 뺨을 때렸습니다. 예수님의 얼굴은 굵은 가시에 찔려 붉은 피가 줄기를 내리고 있었고, 온몸은 채찍에 맞을 때마다 선홍빛 자국이 새겨지며 살

---

[6] 마태복음 27장 3절~8절
[1] "유죄판결을 받은 사람에게 내린 형이 매를 치는 것이라면, 재판관은 그를 자기 앞에 엎드리게 하고 죄의 경중을 따라 몇 대이든지 때리게 해야 한다. 그러나 사십대 이상은 때리지 못한다. 한 동족을 그 이상 때려 너희 눈앞에서 지나친 천대를 받게 해선 안 된다."(신명기 25장 2절~3절)/공동번역성경(대한성서공회)참조.

점이 떨어져 나갔습니다. 또 그들은 예수님께 자홍색 옷을 입히고는 모욕어린 말들로 놀려댔습니다. 자홍색 옷은 왕이 입는 용포의 색깔이었습니다. 그렇게 예수님을 향한 극단의 조롱과 모진 고문은 한동안 이어졌습니다.

나. 골고다로 가는 길

정오가 조금 지났을 무렵, 로마병사들은 예수님께 준비된 십자가를 짊어지게 한 뒤 밖으로 끌고 나갔습니다. 이날은 예수님 외에 두 명의 사형수도 함께 끌려갔는데 그들은 모두 살인범이었습니다.

십자가는 세로로 세우는 종대를 '스티페스'(Stipes), 가로의 횡대는 '파티불룸'(Patibulum)이라 부릅니다. 십자가형에서 보통 스티페스는 형장에 미리 세워놓고 파티불룸만 죄수가 지고 가는 것이 일반적이었습니다. 이날 함께 끌려간 두 죄수도 파티불룸만을 지고 갔습니다. 그러나 예수님은 스티페스와 파티불룸이 합쳐진 십자가를 지고 간 것으로 알려지고 있는데 이는 그분을 미워한 유대인들에 의한 조치였던 것으로 여겨집니다.

예수님에 대한 일말의 동정이나 자비심도 없던 군인들은 육중한 십자가를 메신 예수님을 매질로 재촉하며 골고다(Golgotha)라는 이름의 언덕으로 향했습니다. 골고다는 아람어로 해골이라는 뜻으로 예루살렘성 바깥에 위치한 작은 동산이었습니다. 이 언덕은 갈보리산(山)이라고도 하는데, 이것은 같은 의미의 라틴어 '칼바리아'(Calvaria)에서 유래한 말입니다.

로마군대의 죄수호송 규정에 따르면, 예수님에겐 네 명의 로마병사가 따라나섰을 것으로 추정됩니다. 그 중 한 사람은 앞에서 흰색 바탕에 검은 글씨로 죄명을 쓴 팻말을 들고 행진했습니다. 군인들은 관례적으로 죄인을 처형당할 장소까지 곧바로 가게 하지 않고 사람들이 많은 번화가의 골목을 돌아가도록 했습니다. 이것은 많은 사람들에게 죄인의 비참한 모습을 보여줌으로써 그들로 하여금 죄에 대한 경각심을 갖게 하기 위함이었습니다.

예수님께서 십자가를 지고 가시던 길에는 수많은 구경꾼들이 모여들어 뒤따랐습니다. 거기에는 예수님을 비웃는 사람도 있었고 흐느끼거나 가슴을

치며 통곡하는 사람들도 있었습니다. 예수님을 위해 슬퍼하는 사람은 주로 여인들이었습니다.

이미 예수님의 온몸은 인정사정없는 채찍질로 만신창이가 되어 있었고, 머리에는 피부를 찢으며 파고드는 가시관을 두르셨으며, 다리는 온몸을 짓누르는 십자가의 무게로 지탱할 수 없을 만큼 후들거리고 있었습니다. 게다가 예수님은 밤새 한숨 재우지 않으며 진행된 재판과 모욕, 폭력과 매질로 지칠 대로 지쳐 계셨습니다. 십자가를 지시고 힘겹게 걸음을 옮기시던 예수님은 가다가 쓰러지시기를 반복하셨습니다.[2] 그때마다 예수님의 몸은 무거운 십자가와 함께 도로 위에 나뒹굴어졌으며, 그때마다 로마병사들의 채찍은 사정없이 예수님의 몸을 내리쳤습니다. 예수님께서 십자가를 지시고 골고다까지 가신 그 길을 오늘날 기독교신자들은 '비아 돌로롯사'(Via dolorossa)라 부르며 마음에 기리고 있습니다. 이 말은 라틴어로 '고난의 길' 또는 '슬픔의 길'이라는 뜻입니다.

하지만 예수님께서 맞으신 이 채찍은 바로 나를 구원하시기 위해 대신 당하시는 대속의 고통이었습니다. 일찍이 예언자 이사야는 지금 그리스도 예수께서 당하시는 고통을 다음과 같이 예언했습니다.

[그는 실로 우리의 질고를 지고 우리의 슬픔을 당하였거늘 우리는 생각하기를 그는 징벌을 받아서 하나님께 맞으며 고난을 당한다 하였노라. 그가 찔림은 우리의 허물을 인함이요 그가 상함은 우리의 죄악을 인함이라. 그가 징계를 받음으로 우리가 평화를 누리고 그가 채찍에 맞음으로 우리가 나음을 입었도다. 우리는 다 양(羊) 같아서 그릇 행하여 각기 제 길로 갔거늘 여호와께서는 우리 무리의 죄악을 그에게 담당시키셨도다.] (이사야 53장 4절~6절)

그분이 가시는 이 십자가의 길은 죄지은 우리가 가야할 길을 죄 없는 당신께서 대신 가시는 것이었으며, 우리가 죄로 인해 죽어야 할 것을 당신께서

---

2) 예수는 골고다로 가던 중 14차례 쓰러졌다고 하며 그 장소를 14정류소라 부르고 있다.

죽어 대신 죄 값을 치르고, 그 대신 우리에겐 영원한 생명을 새로이 채워주시기 위해 가시는 대속의 길이었습니다.

예수님은 희미해져가는 정신을 놓지 않으려 안간힘을 쓰셨습니다. 살을 에는 처절한 고통과 혼미해져가는 의식 속에서도 예수님은 당신께서 절실히 사랑하시는 온 인류 개개인의 얼굴을 시야에서 놓지 않으려고 애쓰셨습니다. 그러나 현재 예수님의 체력으로 더 이상 골고다의 오르막길을 오르기는 무리였습니다. 탈진한 예수님은 바닥에 쓰러진 채 모진 채찍질 속에서도 일어나지 못하고 계셨습니다. 그러자 로마병사들은 구경꾼들 중 사내 한 사람을 불러 강제로 예수님의 십자가를 대신 지게 한 뒤 그분의 뒤를 따르도록 했습니다. 그는 구레네라는 시골에서 온 시몬이라는 사람이었습니다.[3] 그의 도움을 받은 예수님은 간신히 일어나 다시 천근같은 발걸음을 옮기며 골고다로 향하셨습니다.

다. 십자가 위에서

골고다에 다다르자 사람들은 예수님에게 먼저 짐승의 쓸개를 풀은 신포도주를 마시게 했습니다.[4] 신포도주란 포도주가 오래되어 심하게 산화된 것으로 거의 식초와 같은 맛을 내는 것이었습니다. 이는 요리할 때 양념으로나 쓰이던 것이지 결코 음료용으로는 사용되지 않는 것이었습니다. 그들은 몹시 목말라하고 있을 사형수에게 그나마 인간적인 배려에서 죽기 전에 해갈이나 하라고 신포도주라도 주었던 것입니다. 그리고 십자가 위에서의 고통을 조금이나마 덜어주기 위해 당시의 민방의학에 마취효과가 있다고 여겨지던 쓸개를 술에 탄 것으로 보입니다. 그러나 예수님은 이를 거절하셨습니

---

3) 마가복음 15장 21절. 구전에 의하면 후에 그는 기독교 성자가 된 것으로 알려지고 있다.
4) 쓸개 탄 포도주는 마태복음(27장 34절)의 표현이며 마가복음(15장 23절)에는 몰약을 탄 포도주, 누가복음(23장 36절)에는 신포도주라고 되어있다. 여기에서는 마태복음의 표현을 인용하였다.

다. 그분은 하나님의 뜻에 따라 자신에게 주어진 고통을 온전한 상태에서 받으시기를 원하셨던 것입니다.

이어 로마병사들은 이미 초죽음이 된 예수님의 옷을 벗긴 후 십자가에 눕혔습니다. 그들은 각자 능숙한 솜씨로 서로 예수님의 팔과 다리를 잡아당긴 후 사지에 못을 박아 고정했습니다. 십자가에 죄인을 못박는 방식은 먼저 십자가를 땅에 눕혀놓고 죄인을 그 위에 눕힌 후 손과 발에 못을 박은 다음 미리 파놓은 구덩이에 십자가를 세워 고정하는 방식이었습니다. 파티불룸만 메고 간 경우에는 거기에 손부터 못을 박고 나서 미리 세워놓은 기둥에 죄인의 몸을 끌어올린 후 발에 못을 박아 고정했습니다. 또 발에 박는 못은 일반적으로 우리가 알고 있는 것처럼 두 발을 포개놓고 그 위에 하나의 못을 박는 것이 아니라, 근래의 연구에 의하면 양발을 벌려 각각 십자가 기둥(스티페스)의 바깥 면에 댄 후 옆에서 발꿈치 뼈를 관통하도록 양쪽에서 하나씩 못을 박아 고정하는 방식이었다고 합니다.

이렇게 하여 십자가가 세워지게 되면 몸은 밑으로 처지고 그 하중에 의해 손과 발의 통증은 배가되었습니다. 이렇게 시작되는 십자가형벌의 고통은 죄인이 숨을 거둘 때까지 계속되는 것이었습니다. 알몸으로 못에 박혀 허공에 매달린 채 극심한 통증에 시달려야 하는 죄수는 그동안 물 한 모금 마시지 못하고 한낮의 햇볕과 한밤의 추위, 출혈과 허기, 탈진 등에 시달리며 서서히 죽어가야 했습니다. 십자가형벌은 이처럼 치욕적이고 잔인한 형벌이었습니다.

게다가 예수님의 십자가 위에는 '유대인의 왕 나사렛 예수'라고 적힌 팻말이 붙어 있었습니다. 이 글씨는 아람어와 라틴어, 헬라어로 각각 적혀있었습니다. 이 팻말은 예수님께서 판결을 받고 총독관저를 출발할 때 빌라도가 적은 것인데, 한 유대인이 이를 보고 '유대인의 왕'이 아니라 '자칭 유대인의 왕'이라고 적어야 한다고 요구했습니다. 그러자 빌라도는 "한번 썼으면 그만이다."며 거절했습니다.

예수님의 좌우 양편에는 함께 끌려온 두 죄수가 각각 매달렸습니다. 예수님께서 십자가에 달리신 모습을 보고 밑에 있던 사람들은 비웃으며 조롱하기 시작했습니다.

"성전을 헐고 삼일이면 다시 짓겠다고 하던 자야, 네 목숨이나 건져봐라!"

여기에는 제사장들과 원로들도 가세해 예수님을 비웃었습니다.

"네가 남은 살리면서 자신은 살리지 못하는구나!"

"네가 하나님의 아들이면 어서 십자가에서 내려와 보시지. 그럼 우리가 믿고말고!"

그러는 동안 로마병사들은 밑에서 예수님의 옷을 제비뽑기로 나누어 가졌습니다. 예수님은 사람들의 그러한 행동을 보시곤 지친 목소리로 하나님께 기도를 올리셨습니다.

"아버지, 저들을 용서하여 주십시오. 자기들이 무엇을 하는지 알지 못해서 그렇습니다."

하나님의 사랑을 가지고 우리를 구원하시기 위해 오신 예수님은, 죽는 그 순간까지 자신을 비웃고 능멸하던 자들을 위해 기도하셨습니다.

예수님을 비웃기는 옆의 십자가에 매달린 죄수도 마찬가지였습니다. 그들 중 하나가 고통스런 표정 속에 예수님을 향해 큰소리로 떠들었습니다.

"너는 그리스도라고 하지 않았느냐? 그러면 너도 살리고 우리도 살려보아라!" 그러면서 그는 예수님께 욕을 해댔습니다.

그러자 다른 편에 있던 죄수가 그에게 말했습니다.

"조용히 해라! 너와 나는 죽을 죄를 지었기에 당연히 죽는 것뿐이다. 그런데 이 분은 무슨 잘못이 있단 말이냐? 죽는 마당에 하나님이 두렵지도 않느냐?"

그는 다른 죄인을 나무라며 예수님을 두둔했습니다. 그는 죽기 전 뒤늦게나마 자신의 죄를 뉘우치고 있었습니다. 그는 예수님을 바라보며 말했습니다.

"선생님, 당신의 나라가 임하게 되면 저를 기억해 주십시오."

힘에 겨워 고개를 숙이고 계시던 예수님께서 그에게 희미한 미소를 보이시며 말씀하셨습니다.

"네가 오늘 정녕 나와 함께 낙원에 들어가게 될 것이다."

그렇고 얼마의 시간이 지났을 때, 예수님께서는 밑에서 하염없이 눈물을 흘리며 애처롭게 아들을 바라보고 있는 어머니 마리아의 모습이 눈에 들어왔습니다. 어머니 옆에는 이모와 막달라 출신의 마리아[5] 그리고 평소 예수님을 따르던 많은 여자들이 와 있었습니다. 그들은 너무도 서럽게 울고 있었습니다. 어머니 옆에는 제자 요한이 그녀를 부축하며 위로하고 있었습니다.

예수님은 슬픈 눈으로 어머니를 바라보며 말씀하셨습니다.

"어머니, 당신의 아들입니다."

그리고는 어머니를 붙들고 있던 요한에게 말씀하셨습니다.

"부탁한다. 그분이 네 어머니이시다."

어머니 마리아는 결국 정신을 잃고 혼절하고 말았습니다. 그 후 요한은 마리아를 평생토록 돌보았다고 전해지고 있습니다.

아무런 죄도 없이 이렇게 대중 앞에서 그것도 악의적인 조롱 속에 공개처형을 당해야 하는 자신을 돌아보자 예수님은 너무나 고독하고 슬퍼지셨습니다. 게다가 못이 박힌 손과 발에서 온몸으로 퍼져 오는 견딜 수 없는 고통은 예수님의 아픈 마음을 더욱 아프게 했습니다. 감정에 북받친 예수님은 괴로움에 하늘을 향해 슬프게 소리치셨습니다.

"나의 하나님이여, 나의 하나님이여, 어찌하여 나를 버리셨나이까?"[6]

너무도 사랑하기에 그 사랑하는 상대를 살리기 위해 자신이 대신 죽어야 하는 이 처절한 하나님의 사랑을 지금 저들은 알 턱이 없었습니다. 그것은 예수님께서 숨겨서가 아니었습니다. 이미 메시아의 강림은 예전부터 예언자들에 의해 누누이 선언되어 왔던 것입니다. 오히려 예수님께서 보여주신 하나님의 사랑이 너무도 큰 것이어서 당시로선 그러한 사랑이 과연 존재하리라고는 감히 사람들이 인정하지 못했던 것입니다.

아담이 죄를 지어 죽음을 자초한 이래[7] 그 모든 후손들도 죄를 지을 수

---

5) 일명 막달라 마리아라고 불리는 여인이다.
6) 성경에는 이 말이 아람어인 "엘리 엘리 라마 사박다니!"(마가복음 15장 34절)로 기록되어 있다.

밖에 없는 몸이 되어 그 대가로 모두가 죽을 수밖에 없는 암흑의 세계로 추락한 지금, 저들을 구할 수 있는 방법은 오직 하나밖에는 없었습니다. 그것은 바로 저들의 죄 값으로 누군가 대신 자신의 생명을 제물로 내어주고 그 보상으로 저들은 죽지 않게 하는 것뿐이었습니다. 그러나 그 제물로 바쳐질 생명은 티끌 하나 없는 온전히 맑은 생명이어야 했습니다. 죄인의 생명은 대속의 제물이 될 수 없기 때문입니다. 죄인의 생명은 어차피 그 자신도 똑같이 죽음의 제물이 될 것이기에 의미가 없습니다. 죽음을 이기지 못하는, 언젠가는 자기도 죽음의 소유가 될 수밖에 없는 그런 유한하고 오염된 생명은 백번 남을 대신해 죽어봐야 아무 소용이 없습니다. 애초부터 그런 죄인의 생명은 누구를 대신해 죽을 자격이 없는 것입니다.

그런데 한 점 죄 없는 온전한 인간의 생명을 찾는 것은 불가능했습니다. 이 세상에 죄를 짓지 않은 사람은 단 한 사람도 없기 때문입니다. 결국 인류를 구원하기 위해서는 하나님께서 스스로 인간이 되셔서 자신의 생명을 저들을 위해 대신 죄 값으로 내어주시는 것 외에는 방법이 없었습니다. 이것이 예수님께서 이 땅에 오시게 된 이유입니다. 그렇다고 하나님께서 단순히 겉모습만 인간으로 오셨다는 말이 아닙니다. 하나님은 진짜로 여자의 몸에서 열 달 동안 잉태기간을 거쳐 아기로 태어나셨고, 엄마젖을 먹고 자라셨고 우리와 똑같은 성장과정을 거치셨습니다. 그렇게 하나님께서는 실체적 육신을 지닌 한 사람의 인간으로 오셔서 죽기 전까지 수십 년을 우리와 같이 먹고, 마시고, 숨쉬고, 주무시고, 일하시며 이 땅에서 사셨습니다. 다시 말해 그분은 분명 우리와 똑같은 인성을 가지신 한 사람의 인간이셨던 것입니다.

그렇다고 그분이 한편 하나님이 아니신 것은 아닙니다. 그분은 분명 인간이셨지만 그 본질은 또한 하나님이시기에 놀라운 능력 등 한편으론 우리와 다른

---

7) 아담은 죽지 않고 하나님과 동거하며 영원히 살도록 창조된 인물이었고, 죄도 범하지 않을 능력을 가지고 있었다. 그런 의미에서 인간의 범죄함과 죽음의 숙명은 모두가 인간의 전적인 책임으로 귀속된다. 그 책임을 하느님이 대신 지시고 인간을 원래의 영원한 생명으로 되돌리기 위한 행위가 바로 그리스도의 십자가 사건이며, 그 행동의 동기는 바로 사랑이었다.

면들을 가지고 계셨습니다. 그러기에 우리는 예수님을 가리켜 한편으론 신이자 한편으론 인간, 즉 인류유일의 신인(神人)이라고 말합니다. 말하자면 예수님은 신성을 가지신 인간도 되시고, 인성을 지니신 하나님도 되시는 분입니다.

그러므로 그분을 이야기할 때에는 어느 면에 중점을 두느냐에 따라 내용이 달라질 수 있습니다. 즉 대속의 문제에 초점을 맞춘다면 인간으로서의 예수님이 중점적으로 논해지게 될 것이며, 달리 창조의 문제에 초점을 맞춘다면 하나님으로서의 예수님이 거론되게 될 것입니다. 따라서 지금과 같이 대속의 문제를 이야기할 때에는 분명한 인성을 가지고 사셨던 인간으로서의 예수님에 중점이 맞춰질 것입니다. 예수님께서는 한 사람의 인간으로 사시며 죄를 한 점도 짓지 않은 온전한 삶을 유지하셨습니다. 이는 곧 자신을 대속의 제물로 바치기 위함이었습니다.

우리가 죽는 것은 죄를 지은 대가입니다. 그렇다면 죄를 하나도 짓지 않는다면 죽지 않아도 된다는 등식이 성립됩니다. 그런데 죄 없는 예수님께서 죽으셨습니다. 예수님은 죽으실 필요도, 죽으셔야할 이유도 없는데 죽어야만 하셨습니다. 바로 그분은 여러분과 나, 그리고 온 인류를 죽음으로부터 해방하기 위해 자신이 대신 죽으신 것입니다. 죽음과는 상관없는 분이 인류의 모든 죄를 한 몸에 지시고 그 죄 값으로 죽임을 당하신 사건이 바로 십자가의 대속입니다.

인간을 본래대로의 모습으로 회복시키기 위해 하나님께서 자신이 창조하신 세상에 직접 개입하신 이 사건은, 인간이 스스로 복구하는 것이 불가능하기에 하나님께서 직접 인간으로 오셔서 한 점 죄 없이 사신 후 그 생명을 우리를 위해 내어주신 것입니다. 하나님께서 굳이 이렇게까지 하셔야 했던 이유는 바로 인간을 향한 하나님의 견딜 수 없는 사랑 때문이었습니다. 하나님은 인간이 사망의 늪에서 방황하는 모습을 아버지로서 결코 지켜볼 수만은 없으셨고, 결국 인간을 죽음에서 건져내기 위해 하나님 자신이 죽어야 하는 길을 택하셨던 것입니다. 즉 하나님 자신이 인간이 되셔서 전혀 죄를 짓지 않고 사신 후, 그 깨끗한 상태의 생명을 우리를 위해 죽음에 내어주시기로 하셨던 것입니다. 이것이 바로 구원에 담긴 그리스도의 비의(秘意)입니다.

그러나 이 비의에는 인간의 사악함과도 역학적인 관계가 있습니다. 왜냐하면 인간은 자신을 구원하러 오신 그 하나님마저도 죽여 버리는 죄악을 범하고 말았기 때문입니다. 이로써 인간은 그 자체 얼마나 사악에 물든 존재인가를 여실히 드러나게 하여 하나님 앞에서 스스로를 성찰케 합니다. 하나님께서는 인간의 사악함을 치유하기 위해 이 땅에 오셨으나, 그 사악함으로 말미암아 죽임을 당하시고 또 그 죽음으로 인간의 사악함을 치유하시는 역동과 역설이 꼬리를 무는 반전극, 그것이 바로 기독교가 우리에게 들려주는 한 편의 긴 드라마인 것입니다.

시간은 어느덧 오후 세시경이 되었습니다. 장시간 뙤약볕에 노출되어 있던 예수님은 몹시 목이 마르셨습니다. 게다가 과다한 출혈은 밤새 한 숨 못 주무신 피로감과 이제껏 아무 것도 드시지 못한 허기 그리고 극심했던 매질의 후유증과 더불어 예수님의 정신을 더욱 혼미하게 만들었습니다. 예수님은 이제 자신의 역할이 거의 다 끝나가고 있음을 느끼셨습니다. 예수님은 조용히 혼자 말씀하셨습니다.

"목이 마르다…"

아까는 자신을 제물로 온전히 바치기 위해 마시기를 거절했지만, 이제 모든 소임의 끝이 다가오자 예수님은 꺼져가는 육신이 그토록 갈구해 대던 목마름을 표현하셨습니다. 그러자 한 사람이 해융에 신포도주를 적셔 그것을 우슬초 줄기에 꿰어 예수님의 입가에 대 주었습니다. 갯솜 또는 해면이라고도 하는 해융은 해면동물의 뼈를 가공하여 수세미처럼 물을 머금도록 만든 것이고, 우슬초는 유대인들이 악귀나 재앙을 쫓으려고 제물의 피를 적셔 뿌리는데 사용하던 식물입니다. 그런데 그가 우슬초를 사용한 것을 보면 저들은 예수님을 악귀나 그와 관련된 부정한 인물로 여겼던 것으로 보입니다. 예수님은 신포도주를 조금 맛을 보신 후 고개를 들어 먼 곳을 바라보며 나직이 말씀하셨습니다.

"이제 다 이루었다."

그리고는 하늘을 향해 "아버지, 내 영혼을 아버지께 부탁하나이다."하시고는 고개를 떨구며 숨을 거두셨습니다.

그 순간 갑자기 해가 빛을 잃더니 온 세상이 어두워지기 시작했습니다. 그리고 산 밑에서는 여기저기서 바위가 갈라지고 땅이 흔들리는 지진이 일어났습니다. 이런 일들이 벌어지자 사람들은 "저 사람이 정말로 하나님의 아들이었구나."하며 두려워했습니다. 그러나 가장 놀라운 일은 예루살렘에 있는 성전에서 벌어졌습니다. 그것은 바로 성전 안에 있던 두꺼운 휘장이 위에서 아래까지 두 폭으로 찢어져버린 것이었습니다.

성전의 내부는 가운데 휘장에 의하여 성소(聖所)와 지성소(至聖所)라 불리는 두 개의 방으로 나뉘어져 있었습니다. 성소에는 진설병[8]을 올리는 상과 향을 피우는 제단, 그리고 촛대인 '메노라'가 있었고, 지극히 성스러운 곳이라는 의미의 지성소에는 십계명이 새겨진 돌판

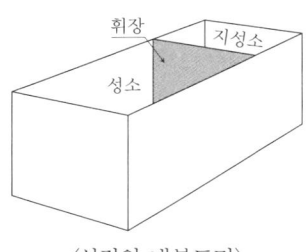
〈성전의 내부도면〉

을 담은 법궤가 있었습니다. 여기서 성소는 인간의 세상을 의미하며, 지성소는 하나님이 계신 곳을 상징합니다. 그런데 유대교성전의 특징은 창문이 없다는 점이었습니다. 그러므로 성전은 빛이 들어올 곳 없는 어두운 공간이었습니다. 그나마 성소에는 메노라에 불을 켜 빛을 밝힐 수 있었지만, 지성소는 그런 것조차 없어 아무 것도 보이지 않는 암흑뿐이었습니다. 지성소에 불을 밝히지 않는 이유는 하나님께서 몸소 캄캄한 데 계시겠다고 하셨기 때문인데,[9] 이는 하나님께서 인간을 구원할 때까진 우리와 함께 어둠에 있겠다는 의미로 하신 말씀이었습니다. 이 지성소는 워낙에 거룩한 곳이라 평소엔 아무도 들어갈 수 없었고, 단지 1년에 한 번 대제사장이 속죄제를 드리러 들어갈 수 있을 뿐이었습니다. 그러므로 지성소에 있는 법궤는 아무도 볼 수 없었고 만약 이곳에 함부로 들어오는 사람은 신성한 곳을 침범한 죄로 누구든

---

8) 무교병의 일종으로 거룩한 떡이라 불렸으며 성소의 북편 상(床) 위에다 한 줄에 6개씩 두 줄(12개)로 연중 진설하였다. 떡 12개는 이스라엘의 12지파를 상징한다. 떡은 안식일마다 새 것으로 바꾸었으며 지난 것은 성소 안의 제사장만이 먹을 수 있었다.

9) 열왕기상 8장 12절

모두 죽음을 맞았습니다. 그만큼 이곳은 인간이 결코 범접해서는 안 되는 신성한 곳이었으며 인간은 오직 휘장 건너편의 성소에서만 하나님을 알현해야 했습니다. 그런데 바람 한 점 들어올 곳 없는 이 성전 내부의 휘장이 저절로 찢어져버린 것입니다. 그리고 둘로 갈라져 너풀대는 휘장 저 너머로 인간이 결코 보아서는 안 되는 법궤가 훤히 보이게 된 것입니다.

이것은 예수님의 죽음으로 말미암아 하나님과 인간 사이를 가르던 죄의 장벽이 사라졌음을 의미합니다. 동시에 이제는 인간이 아무런 장애 없이 하나님을 마주할 수 있게 되었음을 상징하는 사건이기도 합니다. 이것이 바로 예수님께서 십자가 위에서 당신의 피로써 이룩해 놓으신 대속의 결과인 것입니다.

과거 아담 한 사람이 범죄함으로 모든 인류가 죄와 죽음의 나락으로 떨어지게 되었던 것과 같이, 이제는 반대로 예수님 한 사람의 죽음으로 인해 모든 인류는 죽음을 벗어날 수 있게 되었고, 처음 아담이 하나님으로부터 받았던 것과 같은 영생을 얻을 수 있게 된 것입니다. 이렇듯 인간의 타락과 회복을 대변하는 아담과 예수님 두 사람은 각각 하나님의 섭리 안에서 대표성을 가지며 십자가에서 서로 융화되어 우리가 어디로 나아가야 할지를 바라보게 합니다.

하늘과 하늘들의 하늘도 감당치 못할 분[10]께서 그 보좌를 비워두신 채 낮고 낮은 이 죄로 물든 세상에 친히 임하신 것은 바로 나를 포함한 여러분의 모든 죄를 도말하기 위해서, 다시 말해 우리와 하나님 사이를 가로막고 있는 죄의 장벽을 허물고 우리를 사랑으로 뜨겁게 끌어안기 위해서였습니다.

† 가상칠언

예수님은 십자가 위에서 모두 일곱 차례 말씀을 하셨는데 교회에서는 이 말씀들을 '가상칠언'(架上七言)이라 부르고 있습니다. 즉 '십자가 위에서 하신 일곱 가지 말씀'이란 뜻입니다. 이 말씀들을 정리하면 다음과 같습니다.

① 아버지, 저들을 용서하여 주십시오. 자기들이 무엇을 하는지 알지 못

---

10) 열왕기상 8장 27절

해서 그렇습니다.
② 네가 오늘 정녕 나와 함께 낙원에 들어가게 될 것이다. (함께 십자가에 달린 한 편의 죄수에게)
③ 어머니, 당신의 아들입니다. (요한에게) 부탁한다. 그분이 네 어머니시다.
④ 나의 하나님이여, 나의 하나님이여, 어찌하여 나를 버리셨나이까?
⑤ 목이 마르다.
⑥ 이제 다 이루었다.
⑦ 아버지, 내 영혼을 아버지께 부탁하나이다.

이 가상칠언은 네 개의 복음서마다 각기 몇 개씩 발췌되어 기록되어 있으며 그 순서 역시 조금씩 다르기도 합니다. 따라서 일곱 가지란 그것들을 모두 종합한 숫자를 말합니다.

라. 피와 물을 쏟으신 예수님

예수님께서 돌아가신 시간은 유월절 하루 전인 금요일 오후 세시 경이었습니다. 이제 몇 시간 후면 해가 질 터인데 그때부터는 안식일이 시작됨과 동시에 유월절 축일로 접어들게 되는 시점이었습니다. 유대인들은 이날까지 죄인들이 십자가에 매달려 있는 모습이 보기에 좋지 않다 하여 빨리 치워버리기를 원했습니다. 그들은 빌라도총독에게 죄인들과 십자가를 치워달라고 요청했습니다. 빌라도는 그들의 청을 허락해 주었습니다.

빌라도의 명을 받은 군인들은 골고다언덕으로 올라가 예수님과 두 죄인의 상태를 보았습니다. 이미 예수님은 돌아가셨지만 옆에 매달렸던 두 죄인은 아직 숨이 붙어 있었습니다. 숨이 끊어지기까지 며칠씩 걸리는 것이 일쑤였던 십자가형에서 예수님께서 불과 몇 시간 만에 돌아가신 것은 상당히 이례적인 일이라 할 수 있습니다. 이는 십자가에 못박히시기 전 심한 고문에 시달리신 탓에 이미 쇠잔해진 체력과 탈진으로 인한 결과라고 보여집니다.

그들은 예수님을 제외한 두 죄인이 아직 살아있음을 확인하고 그들의 다리를 꺾어 인위적으로 죽음에 이르도록 했습니다. 그러나 예수님은 이미 숨을 거두신 것을 확인하고는 다리를 꺾는 대신 군인 하나가 예수님의 옆구리에 창을 깊숙이 찔러 죽음을 확인했습니다.[11] 순간 예수님의 몸에서는 그 상처를 통해 피와 물이 흘러나왔습니다. 몸에서 피 외에 물이 나오는 것은 심장이 파손되었을 때 일어나는 현상이라고 하는데, 의학적으로는 창끝에 심장이 터져 체내에 남은 혈장과 삼출액이 분출되는 현상이라고 합니다. 그의 창은 오른편 옆구리에서 깊숙이 찔러 들어가 예수님의 심장까지 관통했던 것입니다.

마. 무덤에 묻히심

골고다언덕에서 이런 일이 있을 무렵, 총독관저에는 요셉이라는 사람이 빌라도를 찾아왔습니다. 그는 아리마대 출신으로 우리에게는 '아리마대 요셉'으로 알려진 사람입니다. 그는 산헤드린의 회원이었으며 인품과 덕망이 높은 사람이었습니다. 그가 비록 산헤드린의 회원이긴 했지만 그는 예수님을 죽이려던 그곳의 결정과 행동에 동의하지 않았습니다.[12] 그는 예수님을 따르던 신자였지만 유대인들이 두려워 이 사실을 숨기고 있었습니다. 그러나 예수님께서 십자가에서 돌아가시는 모습을 보고는 자신의 믿음을 더 이상 숨겨서는 안 된다고 생각했습니다. 그래서 그는 용기를 내어 총독을 찾아갔던 것입니다. 그는 빌라도에게 예수님의 시신을 내어달라고 청했습니다. 빌라도는 부하를 불러 예수님께서 분명히 돌아가셨음을 확인한 후 그에게 시신을 내어주라고 하였습니다.

이 소식을 듣고 니고데모라는 사람도 달려왔습니다. 그는 바리새파의 고위직에 있는 사람으로 상당한 재력도 갖추고 있던 사람이었습니다. 그는 언

---

11) 요한복음 19장 34절~35절. 이 군인의 이름은 롱기누스로 알려져 있으며 훗날 기독교의 지도자가 되었다고 한다. 이 때 그가 찌른 것으로 알려진 창의 머리가 현재 오스트리아 국립박물관에 소장되어 있다.
12) 누가복음 23장 50절

젠가 밤늦게 예수님을 몰래 찾아가 만난 후 감동을 받고 신도가 된 사람이었습니다. 그가 밤에 몰래 찾아간 이유는 예수님과 척을 두고 있는 바리새파의 고위직에 있는 자신이 낮에 예수님을 드러내 놓고 만나는 것이 자칫 저들의 비난의 대상이 될 수도 있기 때문이었습니다. 이후 예수님을 따르기로 한 그는 바리새파 사이에서 예수님을 변호하는데 앞장섰습니다. 그는 재력가답게 예수님의 장례에 사용할 침향[13]과 몰약을 거의 백근이나 준비해 왔습니다.

요셉과 니고데모 두 사람은 예수님의 시신을 십자가에서 내려다가 유대인의 장례 풍속대로 향료를 바르고 고운 베로 정성스레 감쌌습니다. 그리고는 아직까지 아무도 사용한 적이 없는 무덤에 안치했습니다. 유대인은 매장하는 풍습을 갖고 있었는데, 이는 우리나라처럼 시신을 땅에 묻고 봉분을 세우는 것이 아니라 자연의 동굴이나 아니면 바위에 굴을 파서 방을 만든 후 그곳에 시신을 안치하고 둥글게 깎아 만든 바위로 입구를 막는 방식이었습니다. 그리고 입구의 돌은 사람들이 불결함을 느끼지 않도록 아름답게 꾸미고 석회로 희게 칠하는 것이 일반적이었습니다. 예수님의 시신을 안치한 무덤에는 평소 예수님을 따르던 많은 여인들이 몰려와 애도했습니다.

한편 제사장들과 바리새파 사람들은 생전에 예수님께서 삼일 만에 부활하시겠다고 하신 말씀이 기억나 빌라도를 찾아가 말했습니다.

"혹시 그의 제자들이 시체를 훔쳐가 놓고 자기 선생이 부활했다고 거짓말을 할 수도 있으니 경비병들로 하여금 삼일 동안 무덤을 지키도록 해 주십시오."

빌라도는 그렇게 하라고 했습니다.

장례를 모두 마쳤을 때는 금요일 초저녁, 날짜로는 안식일이 시작될 즈음이었습니다.[14]

---

13) 침향나무에서 추출한 진액.
14) 누가복음 23장 54절

6) 예수님의 부활

그렇게 금요일 밤이 지나고 또 안식일인 토요일이 지났습니다. 그리고 일요일 새벽이 되었습니다. 이날은 예수님께서 돌아가신 날로부터 삼일 째가 되는 날이었습니다. 유대인들의 날짜계산은 사건이 벌어진 당일부터 기산하는 방식이었습니다. 따라서 이날 일요일은 예수님께서 돌아가신 금요일로부터 이틀이 지난 날로 그들의 계산대로 하면 3일째가 되는 날입니다.

아직 동이 트기 전의 어둠이 깔려 있던 시간, 막달라 출신의 마리아와 야고보의 어머니 마리아, 그리고 몇몇 여인들은 예수님의 무덤을 향하고 있었습니다. 그들은 예수님의 시신에 향유를 바르러 가기 위해 안식일이 지나기를 기다렸다가 이른 새벽부터 일어나 무덤을 향하고 있었던 것입니다. 유대인의 장례풍속에 따르면 시신에 향유를 바르는 것은 아주 고급스런 장례의식이었다고 합니다. 그런데 예수님의 시신에 향유를 바르는 일은 아리마대 요셉과 니고데모가 장례를 치를 때 이미 이루어진 일이었습니다. 그럼에도 여인들은 그와 별개로 자신의 손으로도 직접 예수님의 시신에 향유를 발라드려야 도리를 다하는 것이라고 생각했기에 새벽 일찍부터 일어나 예수님의 무덤을 향했던 것입니다. 하지만 한편으론 과연 여자 몇 명이 무덤입구의 큰 돌을 치울 수 있을까 걱정도 하고 있었습니다.

그러나 막상 그들이 무덤에 도착하자 그곳에는 놀라운 일이 벌어져 있었습니다. 예수님의 무덤 입구를 막고 있던 큰 돌이 이미 치워져 있었던 것입니다. 막달라 마리아는 너무나 놀라 무덤 안으로 들어가 시신을 확인했습니다. 그러나 예수님의 시신은 보이지 않았습니다. 여인들은 달음질쳐 내려와 이 사실을 제자들에게 알렸습니다. 그들은 누군가 예수님을 미워하던 자들이 그분의 시신을 훔쳐간 것으로 생각했습니다.

시신이 사라졌다는 소식을 들은 베드로와 요한은 한 걸음에 무덤으로 달려갔습니다. 막달라 마리아도 그들을 따라갔습니다. 무덤엔 달리기를 잘 하던 요한이 먼저 도착했습니다. 그가 멀리서 보니 무덤은 들은 대로 입구의 돌이 치워져 있었습니다. 요한은 망연자실하여 그 자리에 멍하니 서있었습니다. 곧 이어 베드로와 마리아도 도착했습니다. 베드로가 무덤 안에 들어가 보자 시신을 쌌던 수의만이 한 곳에 잘 개어져 있을 뿐 시신은 보이지 않았습니다. 잠시 후 제자들은 낙심하여 돌아갔습니다. 그들은 예수님과 오랫동안 함께 지냈지만 안타깝게도 예수께서 부활하셨다는 사실은 여전히 생각하지 못하고 있었던 것입니다. 그동안 수많은 기적을 목격하고 체험했으며 몇 년간을 하루 종일 예수님의 말씀을 듣고 산 그들이 아직도 예수님의 부활을 받아들일 마음의 준비가 되어 있지 않았다는 사실은 오늘날 우리에게도 많은 것을 돌이켜보게 합니다.

제자들이 떠나고 홀로 남은 막달라 마리아는 무덤가에 주저앉아 슬피 울고 있었습니다. 그녀는 생전에 언제나 자상히 웃어주시던 예수님의 모습이 떠올라 다시 한 번 무덤 안을 들여다보았습니다. 그런데 예수님의 시신이 있던 곳에는 분명 아까는 없었던 웬 흰옷을 입은 청년 둘이 앉아 있었습니다. 그들은 천사였으나 마리아는 이를 미처 알지 못했습니다.

성서를 보면 천사는 아주 특별한 경우가 아니면 자신이 천사임을 밝히지 않습니다. 그들은 우리를 놀라게 하기를 원하지 않으며 우리가 모르는 가운데 우리를 위해 사역하고자 합니다. 이것은 아마도 주님의 명령이 그렇기 때문인 것으로 여겨집니다. 아브라함이 만난 천사도,[1] 롯이 만난 천사도[2] 그리고 야곱이 만난 천사도[3] 모두 처음에는 길을 가는 나그네인 줄로 알았습니다. 성서에서 천사가 처음부터 자신의 신분을 밝힌 적은 가브리엘이 성모마리아에게 성령잉태를 알리기 위해 찾아왔을 때와 예언자 다니엘에게 기도의 응답을 전해주기 위해 나타났을 때[4] 정도입니다. 사실 지금도 천사들은 수시로 우리 앞에 나타나지만 우리가 그것을 깨닫지 못하고 있는 것일지도 모릅니다.

무덤 안에 앉아 있던 천사 중 하나가 울고 있는 마리아에게 "여인아, 왜 울고 있느냐?"하고 물었습니다. 그녀는 눈물을 훔치며 누군가가 자신이 사

---

1) 창세기 18장 1절~12절
2) 창세기 19잘 1절~13절
3) 창세기 32장 24절
4) 다니엘 9장 23절

랑하는 선생님의 시신을 훔쳐갔다고 대답했습니다. 여기서 볼 때 천사는 우리를 돕기를 원하지만, 원하지 않는 자에게 도움을 주지는 않습니다. 성경에 보면 천사들은 결코 "내가 무엇을 도와줄까?"라고 처음부터 직접 말하지 않습니다. 그들은 우리를 돕기 전에 항상 우리에게 천사의 도움을 받을 만큼 낮은 마음이 준비되어 있는지를 물어봅니다. 그 예가 "여인아, 왜 울고 있느냐?"와 같은 질문입니다. 이때 만약 마리아가 "당신이 누구인데 상관합니까? 지금 기분도 그러니 나를 귀찮게 하지 마세요."라고 했다면 천사는 그것으로 조용히 떠나고 말았을 것입니다. 그러나 마리아는 자신의 속마음을 처음 보는 이에게 솔직하게 이야기했습니다. 어떻게 보면 이것은 바보처럼 순진한 행동일 수 있습니다. 젊은 여자가 누군지도 모르는 낯선 남자에게 자기가 우는 사연을 털어놓고 있는 것입니다. 천사가 원한 것은 바로 이런 순수하고 낮은 마음가짐이었던 것입니다. 마음이 교만한 자는 천사의 도움을 받기에 적합하지 않습니다. 마리아를 돕기를 원했던 천사들은 그녀에게 "내가 무엇을 도와줄까?"라고 직접 묻는 대신 "여인아, 네가 왜 거기서 울고 있느냐?"라고 그녀의 마음을 먼저 떠보았던 것입니다. 천사의 "네가 왜 울고 있느냐?"라는 물음은 곧 "내가 너를 도와주면 안 되겠느냐?"라는 질문을 천사특유의 우회적인 표현으로 한 것이라 하겠습니다.

천사에게 대답을 하는 순간 마리아는 인기척에 뒤를 돌아보았습니다. 그곳에는 예수님이 서있었습니다. 예수님은 빙긋이 웃으시며 친근한 음성으로 마리아에게 물었습니다.

"왜 울고 있느냐? 누구를 찾고 있느냐?"

하지만 마리아는 그분이 동산지기인 줄로 알고 사정하듯 말했습니다.

"혹시 당신이 우리 선생님 시신을 치워갔거든 어디에다 모셨는지 알려주세요. 제가 모셔 갈게요." 이 말을 하며 그녀는 또 다시 마음이 슬퍼져 울음을 터뜨리고 말았습니다.

그때 예수께서 "마리아야!"하고 그녀를 부르셨습니다. 순간 그때서야 마리아는 그분이 예수님임을 알아보았습니다. 그녀는 너무나 놀라 그만 자기도 모르게 "선생님!"하고 소리를 질렀습니다. 그리고는 예수님께 달려가 부둥켜 안으려 했습니다. 그러자 예수님께서는 아직 아버지께로 올라가 뵙기 전이니 붙잡지는 말라고 하시며 제자들에게 당신의 부활을 전하라고 하셨습니다. 마리아는 그길로 달려가 제자들에게 이 모든 사실을 전했습니다.

그러나 마리아의 증언을 들은 제자들은 반신반의했습니다. 그들은 아직 예수님의 부활을 이해하지 못했습니다. 그들은 시신을 잃어버린 것으로 알고 있었습니다. 오랜 기간 예수님과 동행하며 수많은 기적을 체험한 그들이었지만 현재 이것이 그들 믿음의 현주소였습니다. 그렇다고 지금 저들이 보여주고 있는 영적인 미숙함을 비웃거나, 우리라면 저들과 다를 것이라고 함부로 착각해서는 안 됩니다. 하나님의 허락 없이 인간이 그 필연의 나약함과 영적인 무지함을 벗어나기란 불가능한 일입니다. 비록 저들의 믿음이 지금은 어리석고 미숙해 보일지는 모르겠지만, 저들이 바로 오늘날 12억 기독교인의 모태가 되는 그 위대한 성자들이었음을 우리는 상기해야 합니다. 그렇게 보면 저들의 영적인 미숙함은 어쩌면 지금도 똑같은 무지 속에서 헤매고 있을지도 모를 우리를 위해 하나님께서 마련하신 위안의 메시지일 수도 있습니다. 예수님은 저처럼 나약하고 부족한 자들에게도 미리 용기를 주시고자, 그 시대의 세련된 석학들이 아니라 거칠고 무지한 갈릴리 촌뜨기출신의 저들을 제자로 부르셔서 온 세상에 뿌려질 복음의 씨앗으로 삼으셨던 것입니다. 그러므로 누구도 결코 남의 믿음을 비웃거나 자신의 믿음에 자만해서는 안 되는 이유는, 바로 우리의 구원은 오직 예수님의 은혜로써만이 얻어진 것이기 때문입니다.

한편 주변에선 제자들이 예수님의 시신을 감추고서 부활했다며 거짓말을 퍼뜨리고 다닌다는 소문이 돌았습니다. 이에 따라 제자들은 유대인들의 위해를 받을 것을 두려워하여 모일 때마다 그곳의 문을 꼭 잠그고 있었습니다. 그날도 그렇게 문을 걸어 잠그고 제자들이 모여 있는데 예수님께서 갑자기 제자들 앞에 나타나셨습니다. 예수님은 벽을 통과해 들어오셨던 것입니다. 제자들은 그런 예수님의 등장을 보고 처음에는 유령인줄 알고 몹시 당황했습니다. 그러자 예수님께서는 평소처럼 웃으시며 "샬롬!"하며 다정하게 인사를 건네셨습니다. 샬롬은 히브리어로 평화라는 뜻이며, 유대인들 사이에서는 '하나님의 평화가 그대에게 있기를!'이라는 의미로 주고받는 인사말이었습니다. 예수님은 제자들의 당황해 하는 표정을 보시고는 말씀하셨습니다.

"왜 그리 안절부절 못하고 의심을 품느냐? 내 손과 발을 보아라. 틀림없이 나다!"

또 말씀하시기를 "자, 만져보아라. 유령은 뼈와 살이 없지만 나에게는 있지 않느냐?"하시고는 손과 발을 보여주셨습니다. 그리고는 먹을 것을 좀 달라고 하시더니 제자들이 보는 앞에서 구운 생선 한 토막을 맛있게 드셨습니다.[5]

그리고는 못박히셨던 손과 창에 찔린 옆구리의 상처를 보여주시자 제자들은 그제야 그분이 진짜 예수님이심을 믿고 너무나 기뻐 어쩔 줄을 몰라 했습니다. 그들은 비로소 마리아의 증언이 사실이었음을 알게 되었던 것입니다. 하지만 제자들 중 그 자리에 없었던 도마는 여전히 예수님께서 부활하셨음을 믿지 않았습니다. 그는 자기가 직접 예수님의 못 자국에 손가락을 넣어보지 않고는 그리고 옆구리에 손을 넣어보지 않고는 믿지 못하겠다고 말했습니다.

그런 일이 있고부터 팔일 후, 제자들은 같은 장소에 다시 모여 있었습니다. 이때는 도마도 그 자리에 있었습니다. 이날도 예수님은 제자들을 찾아오셨습니다. 예수님은 "너희에게 평화가 있기를!"하고 인사하시며 역시 잠긴 문을 통과해 들어오셨습니다. 그리고는 거기에 있던 도마에게 손을 내미시며 "이리와 네 손가락으로 내 손을 만져보아라. 그리고 네 손을 내 옆구리에 넣어 보아라."라고 하셨습니다. 예수님은 도마가 부인하던 때 그 자리에는 안 계셨지만 그가 한 말을 모두 듣고 계셨던 것입니다. 예수님의 말씀에 얼굴이 붉어진 도마는 무릎을 꿇으며 "나의 주, 나의 하나님!"하고는 더 이상 말을 잇지 못했습니다. 예수님은 도마에게 "너는 나를 보고야 믿느냐? 보지 않고도 믿는 자는 복이 있는 자다"고 하셨습니다.[6]

---

5) 누가복음 24장 37절~43절
6) 요한복음 20장 24절~29절

그 뒤로도 예수님은 제자들에게 여러 차례 나타나셔서 하늘나라의 이야기를 들려 주셨습니다.

7) 승천과 성령의 임재

예수님이 부활하시고 40일이 지났습니다.[1] 이날도 예수님은 제자들에게 나타나셔서 말씀을 나누며 보내셨습니다. 말씀을 마치신 후 예수님은 제자들을 이끄시고 베다니아 근방의 올리브 산으로 가셨습니다. 이 때 예수님을 따르던 무리는 열한명의 제자 말고도 대략 오백 명이나 되었습니다.[2] 그들은 대다수가 갈릴리에서부터 예수님을 따르던 사람들이었습니다. 예수님은 두 손을 들어 그들을 축복해 주셨습니다. 그리고는 말씀하셨습니다.

"성령이 너희에게 오시면 너희는 권능을 받아 예루살렘과 온 유다와 사마리아를 넘어 땅 끝까지 나의 증인이 될 것이다!"

이 말씀을 마치시고 예수님은 그들이 보는 앞에서 하늘로 올라가셨습니다. 승천하시던 예수님은 곧 구름에 싸여 그 모습이 보이지 않게 되었습니다. 이 기이한 현상을 바라보던 사람들은 예수님이 사라지신 후에도 여전히 넋을 잃고 하늘만 바라보고 있었습니다. 그 때 흰 옷을 입은 천사 둘이 갑자기 그들 앞에 나타나서 말했습니다.

"갈릴리 사람들아, 너희는 왜 그렇게 서서 하늘만 쳐다보고 있느냐? 지금 하늘로 올라가신 예수님은 너희가 보는 앞에서 하늘로 올라가시던 그 모습 그대로 다시 오실 것이다."

천사는 이렇게 말하고 사라졌습니다. 이것은 앞으로 있을 예수님의 재림에 관하여 중요한 정보를 제공해 주는 대목입니다. 즉 예수님께서 다시 세상에 오실 때에는 처음처럼 은연중에 오시는 것이 아니라 만인이 보는 앞에서 하나님의 영광을 가지고 임하신다는 사실을 전해주고 있는 것입니다. 제자들은 모두 기쁨에 넘쳐 예루살렘으로 돌아갔습니다.

1) 사도행전 1장 3절
2) 고린도전서 15장 6절

이 일이 있고 나서 첫 번째 오순절[3]이 되는 날이었습니다. 이날 제자들은 여러 명의 신도들과 함께 한 신도의 집에 모여 기도에 힘쓰고 있었습니다.[4] 그런데 갑자기 하늘에서 강한 바람과 같은 소리가 들려오더니 이내 온 집안에 가득 차는 기이한 현상이 벌어졌습니다. 그리고는 허공에서 불처럼 생긴 혀 같은 것이 나타나 각자의 머리 위에 내렸습니다. 순간 사람들은 마음이 뜨거워지며 강렬한 영적인 힘이 온 몸에 충만해짐을 느꼈습니다. 바로 예수님께서 그동안 제자들에게 말씀하시던 성령이 임하시는 순간이었습니다.

그 순간 그들은 또렷한 의식 속에서 갑자기 혀가 말리며 자신들도 알 수 없는 외국어로 기도를 하기 시작했습니다. 그들은 자기들도 배운 적이 없는 여러 가지 외국어로 기도를 하는 현상에 스스로도 놀라워했습니다. 심지어는 이 세상에 존재하지 않는 천사의 말로 기도하는 이들도 있었습니다. 이것이 기독교 역사상 처음으로 나타난 방언이었습니다. 이 오순절의 성령 임재사건은 예수님께서 그동안 말씀하셨던 보혜사 성령이 그저 추상적인 개념의 것이 아니라 구체적으로 실재하시는 존재이시며 구약시대에는 알지 못했던 성령하나님의 존재를 드러내시는 사건이었습니다.

이상은 신약성경에 소개된 예수님의 생애를 정리한 내용입니다. 물론 이 외에도 많은 이야기들이 성경에는 수록되어 있습니다. 이천년 전 이 땅에 오신 예수님은 지금도 살아 계시며 우리를 부르고 계십니다. 예수님은 우리와 함께 하시기를 원하십니다. 그분은 늘 우리 곁에서 우리 마음의 문을 노크하고 계십니다. 이제 우리가 마음의 문을 열고 그분을 내 안에 모셔 들일지 아니면 그대로 밖에 머무시게 할지는 우리의 선택입니다. 그분은 무엇이 부족하셔서 그것을 얻고자 내게 오신 것도 아니며, 한가하셔서 내 문 밖에서 기다리고 계신 것도 아닙니다. 다만 그분은 우리를 너무도 사랑하시기에, 그분에게도 가장 소중한 것을 우리에게 전해주시고자 우리의 문 앞에 서 계신 것입니다.

---

3) 초실절(유월절 이후 첫 안식일의 이튿날)로부터 50일째 되는 날. p.472 참조.
4) 구전에 의하면 장소는 마가의 다락방이며 약 120명 가량의 신도가 모였다고 한다.

질문 21.
예수님의 제자들에 대해 알려주세요.

　예수님에게는 12명의 제자들이 있었습니다. 예수님의 제자들을 다른 말로는 사도(使徒)라고도 합니다. 제자는 가르침을 받는 사람을 뜻하지만, 사도는 누군가에 의해 파견된 사람 즉 예수님께서 복음을 전하라고 보내신 사람들이라는 의미에서 붙여진 말입니다.

　사도들의 이름을 열거하면 베드로와 그의 동생 안드레, 세베대의 아들 야고보와 그 동생 요한, 알패오의 아들 야고보, 마태, 도마, 빌립, 야고보의 아들 유다(다대오), 바돌로매, 가나안 출신의 시몬, 그리고 가룟 출신의 유다입니다. 이들은 대개가 갈릴리라는 어촌의 서민 출신으로 예수님의 제자가 되기 전에는 저마다 다양한 직업에 종사하고 있었습니다. 이들의 전직은 어부가 4명, 세리가 1명 그리고 열심당원이 1명이었으며, 나머지 6명의 직업은 알려져 있지 않습니다. 그나마 제자들의 밝혀진 직업으로 비추어 볼 때, 나머지 다른 제자들도 거의가 당시 사회적으로는 낮은 계층에 속해 있던 사람들이었을 것으로 추정되고 있습니다.

　그런데 예수님의 제자들은 그들이 예수님을 찾아가 제자가 된 것이 아니라, 예수께서 직접 그들을 찾아가 제자로 삼으셨다는 특징이 있습니다. 그렇다고 그들이 예수께서 오실 것을 기다리고 있었던 것도 아닙니다. 사실 그들은 매일을 자기 생업에 충실하며 살던 사람들이었고, 그들 중 몇몇은 예수님을 만나기 전까진 그분이 누구인지도 몰랐습니다. 이것은 하나님께서 우리에게 다가오시는 모습을 보여주는 하나의 상징적인 예이기도 합니다.

　이들 열 두 명 중 가룟 유다를 제외한 열 한 명의 제자들은 평생을 그리스도의 강림과 구원의 기쁜 소식을 온 세상에 알리기 위해 사역하였습니다. 또 요한을 제외한 10명의 제자들은 복음전파의 사역 중 하나님을 거역하는 세력의 박해를 받아 순교했습니다. 다만 요한은 온갖 핍박 속에서도 90세까지 수를 누렸으며, 가롯 유다는 예수님을 배신한 후 목을 매 자살했습니다. 여기 그들의 활동과 약력을 간단히 정리하였습니다.

1) 베드로

성경에서 그는 베드로[1] 외에 시몬[2], 게바[3], 바요나[4] 이렇게 네 가지의 다양한 이름으로 불리고 있습니다. 이 중에 그의 본명은 시몬이지만 성서에서는 베드로와 게바라는 이름이 더 많이 사용되고 있습니다. 시몬은 '듣다'라는 의미의 히브리어에서 따온 것으로 보입니다. 베드로와 게바는 예수님께서 붙여주신 이름[5]으로 둘 다 '바위' 또는 '반석'이란 의미를 갖는 헬라어와 아람어입니다. 그리고 바요나는 '요나(요한의 옛 발음)의 아들'이란 히브리어입니다. 당시 유대인들은 고유어인 히브리어 외에도 그대시리아의 언어인 아람어를 공용어로 사용하고 있었습니다. 그러나 실제로는 아람어가 히브리어를 제치고 거의 자국어처럼 사용되고 있었습니다. 따라서 예수님이 사용하시던 언어도 실제로는 아람어였습니다. 성경에 '아람'으로 소개되고 있는 고대시리아는 BC8세기경 상업국가로 널리 활동하였으며 이때부터 이들의 언어가 국제통상언어로 사용되기 시작했습니다. 유대인 사이에도 이 시기에 아람어가 유입되기 시작하였으나 이것이 자국어처럼 사용하게 된 것은 바빌로니아의 유수가 결정적인 계기가 되었던 것으로 보입니다. 당시 바빌로니아는 아람어를 사용하고 있었으며 그 후에도 페르시아의 고레스황제 역시 아람어를 공용어로 채택함으로써 이 언어는 그곳에 거주하던 유대인들에게 지대한 영향을 끼치게 되었던 것입니다. 그 후 그리스속주시대를 거치며 유

---

1) 마태복음 4장 18절
2) 마태복음 16장 18절
3) 요한복음 1장 42절
4) 마태복음 16장 17절
5) 마가복음 3장 16절

대인사회에는 헬라어가 유입되었고, 이어 로마의 속주였던 당시에는 라틴어까지 유입되어 유대인들 사이에는 다양한 언어가 사용되고 있었습니다. 이러한 상황에서 당시의 유대인 사이에 한 사람이 히브리어나 아람어 이름 외에 헬라어, 라틴어 등 여러 이름을 가지고 있는 일은 드문 일이 아니었습니다. 특히 북쪽 갈릴리지방과 같은 시골의 경우 이러한 현상이 두드러졌습니다. 반면 예루살렘을 중심으로 한 유다지역에서는 히브리어를 사용하였는데 그들은 예수님이나 사도들 같이 아람어를 쓰는 유대인들을 촌스럽게 여겨 은근히 무시하는 경향이 있기도 했습니다.

베드로는 갈릴리 호숫가에 위치한 벳세다라는 마을 출신으로, 예수님을 만나기 전에는 아우이자 또 다른 사도인 안드레와 함께 갈릴리 호수에서 고기를 잡던 어부였습니다.[6] 사도행전 4장 13절의 기록을 비추어 볼 때[7] 그의 학력은 매우 낮았던 것 같으며, 젊은 시절 성격은 몹시 급하고 정열적이었으나 한편 겁도 많았던 것으로 추정됩니다.

그는 예수님의 승천 후 주로 예루살렘을 중심으로 한 유다지방에서 활동하였으며 말년에는 로마에서 선교하다 그곳에서 순교했습니다. 그의 순교는 서기64년 7월 18일 발생한 로마의 대화재사건 직후였는데, 당시의 황제였던 네로[8]는 자신을 방화범으로 의심하는 시민들을 달래기 위해 기독교인들을 방화범으로 무고하였고, 이로 인해 베드로는 그 수괴로 몰려 체포되어 같은

---

6) 마태복음 4장 18절
7) "저희가 베드로와 요한이 기탄없이 말함을 보고 그 본래 학문 없는 범인으로 알았다가..."(사도행전 4장 13절)
8) 네로(Nero Claudius Caesar Augustus Germanicus) : 재위 AD54~68. 로마 제정시대의 다섯 번째 황제. 본래 모친 아그리피나가 전남편과의 사이에서 난 아들이었으나, 그녀가 숙부인 클라우디우스황제와 재혼함으로 클라우디우스의 양자가 되었다. 54년 아그리피나가 클라우디우스를 독살하고 그를 황제로 추대하였으나, 그녀 역시 5년 후 네로에 의해 죽임을 당한다. 초기에는 선정을 베풀었으나, 점차 포악한 성정을 드러내어 이복동생과 아내 그리고 스승 세네카 등을 차례로 살해하였다. 기독교를 박해하여 사도 베드로와 바울을 처형하였고, 68년 반란에 의한 도피 중 자살하였다.

해[9] 로마에서 십자가형으로 순교하였습니다. 야코부스[10]가 기록한 황금전설에는 그의 순교에 관한 유명한 일화가 나오는데 이를 간략히 소개하면 다음과 같습니다.

로마에서 박해를 피해 피신하던 베드로는 밤에 산길을 택해 도시를 빠져나가고 있었습니다. 그렇게 산을 넘던 그에게 갑자기 어두운 숲길 맞은편에서 희미하게 자기 쪽으로 걸어오는 누군가의 모습이 눈에 들어왔습니다. 자세히 보니 그분은 바로 예수님이었습니다.

갑작스런 예수님의 출현에 베드로는 순간 놀랐지간 이내 반가운 마음에 주님께 달려가 말을 건넸습니다. 이때 그가 한 말이 바로 그 유명한 라틴어 "쿠오바디스 도미네?"(Quo Vadis, Domone?), 즉 "주여, 어디로 가시나이까?"라는 질문이었습니다.

그런데 베드로를 바라보시던 예수님의 표정은 어둡고 슬퍼 보이셨습니다. 예수님은 낙심어린 표정으로 그에게 대답하셨습니다.

"네가 죽음이 두려워 도망을 가니, 나라도 로마에 가서 또 한 번 십자가에 못 박혀야겠구나."

이에 주님의 말씀을 깨달은 베드로가 대답했습니다.

"주여, 그렇지 마소서. 제가 가겠나이다."

그리고는 발걸음을 되돌려 로마로 돌아가 스스로 자수를 하고 십자가형을 받았습니다. 그는 판결을 받을 때, 자신과 같은 죄인은 감히 주님과 똑같은 방식으로 십자가에 달릴 자격이 없으니 자신은 십자가에 거꾸로 매달아 줄 것을 요구하여 그렇게 십자가에 거꾸로 못 박혀 순교했다고 전해집니다.

베드로는 신약성서의 베드로전서와 베드로후서의 저자이기도 합니다.

---

9) 또는 3년 후인 서기67년이라는 설도 있다.

10) 야코부스 데 보라지네(Jacobus de Voragine, 1228 ?~1298) : 이탈리아 제노바의 대주교. 여러 성자들의 이야기를 담은 '황금전설'(Legenda Aurea)의 저자. 도미니크 수도회는 7월 13일을 그의 축일로 정함.

2) 안드레

안드레는 '남자답다'는 의미이며 베드로의 친동생이었습니다. 그는 예수님을 만나기 전까지 베드로와 함께 고향 벳세다에서 어부로 일하고 있었습니다. 또한 예수님의 제자가 되기 전에는 침례요한의 제자이기도 했습니다.[11] 그는 소아시아와 그리스에서 선교를 하다 파트라이(Patrai)[12]라는 곳에서 X자 모양의 십자가에 못 박혀 순교한 것으로 전해집니다. 이런 이유로 X자 모양의 십자가를 '안드레 십자가'라 부르기도 합니다.

3) 세베대의 아들 야고보

야고보는 '발꿈치를 잡다'라는 의미입니다. 그는 갈릴리호수 북쪽에 있는 가버나움 출신으로, 예수님을 만나기 전에는 친동생이자 또 다른 사도인 요한과 함께 갈릴리 호수에서 고기를 잡던 어부였습니다. 그는 예수님의 승천 후 주로 예루살렘과 유다지방에서 복음을 전했으며 예수님의 제자 중 가장 먼저 순교를 당한 사도이기도 합니다. 그는 당시 유다의 분봉왕이었던 헤롯 아그립바 1세의 박해를 받아 순교했습니다. 예수님의 제자 중에는 이 야고보 외에 동명이인인 또 다른 야고보가 한명 더 있습니다. 따라서 지금 설명하고 있는 요한의 형인 이 야고보는 그와 구분하기 위하여 '세베대의 아들 야고보' 또는 '큰 야고보'라 부르기도 합니다.

4) 요 한

큰 야고보 사도의 친동생이었던 요한은 젊은 시절 급하고 불같은 성정으로 인하여 예수님으로부터 형 야고보와 함께 '보아너게'[13]라는 별명을 얻기

---

11) 요한복음 1장 35절~40절
12) 오늘날 그리스 아카이아주(州)의 주도. 파트라에(Patrae) 또는 파트라스(Patras)라고도 함.
13) 우레의 아들이라는 의미(마가복음 3장 17절). 이들 형제의 불같은 성정은 누가복음 9장 53절~55절에도 잘 나타나 있다. 이는 평소 예수께서 그들의 급하고 다혈질적인 성격을 타이르시는 가운데 애칭으로서 붙여주신 것으로 보인다.

도 했습니다. 그러나 후에 그는 자신의 서신기록인 요한 1서, 2서, 3서에서 보듯 오직 자상한 태도로 우리에게 사랑을 전하는 사랑의 사도로 변화됩니다. 요한은 '여호와는 은혜로우시다'라는 의미입니다. 직업은 형 야고보와 함께 갈릴리호수에서 고기를 잡아 생계를 유지하던 어부였습니다.

요한은 예수님께서 십자가형을 받으실 당시 성모마리아를 모시고 십자가 밑에서 예수님의 임종을 끝까지 지켜본 유일한 제자였습니다. 이후에도 그는 말년에 에베소에 머물며 성모마리아가 세상을 떠날 때까지 노후를 돌보던 사도였으며,[14] 자신도 그곳에서 90세의 나이에 눈을 감았습니다.

그는 초기에는 베드로와 함께 예루살렘과 사마리아를 중심으로 선교활동을 했습니다. 그러나 서기44년경부터는 아그립바 1세의 박해를 피해 그리스로 피신하여 에베소를 비롯한 소아시아에서 선교활동을 했습니다. 그가 말년이던 서기95년경에는 로마황제 도미티아누스[15]의 기독교 박해로 인하여 로마에서 체포되어 기름가마솥에 던져져 죽는 형을 선고받지만, 기적적으로 감형되어 에게해(海)의 외딴섬인 밧모섬에 유배되는 형을 받았습니다. 그곳에서 그는 약 18개월 동안 나이 팔십을 바라보는 노구로 대리석을 캐는 중노동에 시달렸으며, 이러한 생활 가운데서 예수님의 계시를 받아 작성한 기록이 바로 저 유명한 요한계시록입니다. 이후 도미티아누스가 암살되자 그는 사면을 받아 다시 에베소로 복귀하였으며 그곳에서 요한 1서, 2서, 3서를 기록으로 남겼습니다. 또한 그는 요한복음의 저자이기도 합니다.

한편 그는 교인들에게 당시 막 태동하기 시작한 영지주의(靈智主義)[16]의

---

14) 서기431년 에베소회의에서는 성모마리아가 사도요한과 함께 에베소에서 지냈다는 사실을 공인하였음.

15) 도미티아누스(Titus Flavius Domitianus) : 재위 AD81~96. 베스파시아누스 황제의 아들. 형 티투스 황제의 뒤를 이어 즉위함. 즉위 초기인 AD86년부터 자신을 '주인이자 신'으로 받들게 하고 기독교를 박해하였음. 근위장관과 결탁한 황비에게 암살됨.

16) 예수님은 본질이 하나님이시므로 결코 인간이 되실 수도 없고 따라서 이 땅에 오신 예수는 인간으로서 오신 것이 아니라 단지 인간의 탈을 쓴 영(靈)으로서 오신 것뿐이므로, 십자가에서 돌아가신 것도 사실은 허상의 가현(假現)이었다는 주장.

이단에 대한 경계를 촉구하였으며, 이에 맞서 올바른 복음을 구축하는데 힘쓴 사도이기도 합니다.

5) 알패오의 아들 야고보

신약성경에는 야고보란 이름을 가진 사람이 여러 명 나오는데, 그 중 대표적인 사람으로는 세 명 정도를 꼽을 수 있을 것입니다. 첫째는 요한의 형으로 앞에서 언급한 사도 야고보 즉 큰 야고보라고도 하는 사람이고, 둘째는 지금 이야기할 알패오의 아들 야고보로 일명 작은 야고보라고도 불리는 사람입니다. 작은 야고보라는 말은 성서의 표현을 따른 것입니다.[17] 왜 그를 '작은 야고보'라고 불렀는지에 대해 성경은 알려주고 있지 않습니다. 다만 사도 가운데 동명이인인 두 사람의 야고보를 서로 구분하기 위해 큰 야고보에 상대되는 말로써 그를 작은 야고보라 칭한 것으로 여겨집니다. 또 이들은 각각 부친의 이름을 적용해 작은 야고보를 '알패오의 아들 야고보'(마태복음 10장 3절), 큰 야고보를 '세베대의 아들 야고보'(누가복음 5장 10절)라 칭하기도 합니다. 이어 세 번째로 많이 알려져 있는 야고보는 예수님의 동생[18]으로 신약성경의 야고보서를 기록한 성 야고보를 들 수 있겠습니다.

---

17) 마가복음 15장 40절

18) "이 사람(예수)이 마리아의 아들 목수가 아니냐. 야고보와 요셉과 유다와 시몬의 형제가 아니냐. 그 누이들이 우리와 함께 여기 있지 아니하냐..."(마가복음 6장 3절)이 말씀을 근거로 개신교에서는, 성모마리아는 처녀의 몸으로 예수를 낳으신 이후 남편 요셉과의 사이에 여러 아들과 딸을 낳았다고 주장함으로써, 육적으로는 예수님의 친형제 및 남매들의 존재를 인정한다. 그리고 신약성경의 야고보서와 유다서는 이들 형제들의 저술이라고 주장한다. 반면 가톨릭에서는, 마리아는 평생 동정녀를 유지하셨으며 성경에 나오는 예수의 형제들은 친형제간이 아니라 친척 간(외사촌간)의 형제를 이르는 것인데 개신교는 이를 잘못 해석하였다고 주장한다. 또 야고보서와 유다서는 이들 사촌형제들의 기록이며, 특히 그 중 야고보는 바로 예수님의 제자이기도 한 작은 야고보라고 말한다. 이렇게 보면 야고보서의 저자인 성야고보와 작은 야고보는 동일인물이 된다. 어느 편 주장이 옳은지 여기서 결론내리기는 어려울 것이다. 다만 초신자인 독자들은 이와 같은 종파 간 해석의 문제에 치중하기 보다는, 기독교의 본질인 하나님의 사랑과 예수그리스도의 대속을 바라보는 마음에 더욱 정진하는 것이 기독교인으로서 보다 성실하고 중요한 자세라는 것을 조언하고 싶다.

큰 야고보와 같이 히브리어로 '발꿈치를 잡다'라는 의미의 이름인 이 작은 야고보에 관하여는, 성경에는 12제자 중의 한 사람이며 알패오와 마리아 사이에서 난 아들이라는 사실 정도만을 밝히고 있습니다. 그 외 예수님을 만나기 전의 직업이라든가 제자가 되는 과정 및 기타 행적에 관한 내용은 별로 나오지 않습니다. 성서에서 알려주는 그의 행적으로는 사도행전 15장 13절~21절에 나오는 사도회의에서의 발언 정도가 거의 전부입니다.

단지, 전승에 의하면 그는 후에 예루살렘 교회의 지도자가 되었으며 네로 황제 치세 시인 서기57년~66년 사이의 어느 해에, 예루살렘성전 꼭대기에서 내던진 후 돌과 망치 등의 흉기를 맞고 순교한 것으로 전해지고 있습니다.

6) 마 태

성경에서 그는 마태(마태복음 10장 3절)라는 이름 외에 레위(누가복음 5장 27절)라는 이름으로도 소개되고 있습니다. 마태는 히브리어로 '여호와의 선물'이라는 의미이며 레위는 '결합시키는 자'라는 뜻입니다. 또 성경은 그를 '알패오의 아들'이라고 기록하고 있는데,[19] 이는 공교롭게도 작은 야고보의 아버지와 이름이 일치합니다. 이로 인해 어떤 분들은 마태가 작은 야고보인 알패오의 아들 야고보와 형제일 개연성을 제기하기도 합니다. 물론 그럴 수도 있겠지만 성경에서 동명이인의 예는 대단히 많으며 또 그들이 형제라는 언급이 없다는 점에서 함부로 단정 지을 수는 없습니다.

예수님의 제자가 되기 전 마태의 직업은 세리 즉 세금징수원이었습니다. 당시 이 직업은 부정과 비리의 대명사로 인식되어 유대인사회의 식자계층들은 함께 식사하기도 꺼릴 정도로 천하게 여기고 있었습니다.[20] 누가복음 5장 29절에, 마태가 예수님을 만난 후 많은 사람을 초대하여 큰 잔치를 베풀었다는 기록을 보면, 그 역시도 직업상 적당히 부정한 방법으로 어느 정도

---

19) 마가복음 2장 14절
20) 누가복음 5장 28절~30절

는 넉넉한 재산을 모으고 있었던 것으로 여겨집니다. 사실 그것이 예수님을 만나기 전 마태의 모습이었습니다. 그런 마태가 자신의 직업을 포기하고 선뜻 예수님을 따라 나섰다는 것은[21] 그가 단호한 결단을 내릴 수 있는 충직한 성격의 소유자였음을 엿보게 하는 대목입니다.

후에 마태는 마케도니아와 페르시아, 이집트, 이디오피아 등을 다니며 사역했습니다. 그는 신약성경 마태복음의 저자이기도 하며, 말년에는 이교도에 의해 이디오피아에서 순교한 것을 알려져 있습니다.

7) 도 마

도마는 히브리어로 '쌍둥이'라는 의미이며, 요한복음에는 같은 의미의 헬라어인 '디두모'라는 이름으로 소개되기도 합니다. 성경은 예수님의 제자가 되기 전 그의 직업에 대해 언급하고 있지 않으며, 어떻게 예수님의 제자가 되었는지의 경위도 이야기하고 있지 않습니다.[22]

예수님께서 부활하셨을 때 도마는 자신의 손가락을 예수님의 허리와 손의 못자국에 넣어보지 않고는 믿지 못하겠다며 의심했던 제자였습니다. 이 때문에 그는 의심 많은 제자로 회자되기도 하지만, 한편으론 그만큼 정확하고 명증적인 것을 지향하는 이성적인 사고의 소유자였을 것으로 추정되기도 합니다. 또 그는 예수께서 죽은 나사로를 살리러 가고자 하실 때에 앞장서서 "우리도 주와 함께 죽으러 가자!"[23]고 다른 제자들을 선동한 것을 보면, 그는 일단 확신을 갖게 되면 죽음을 불사하고 저돌적으로 행동하는 강직한 성격의 소유자였던 것으로 보입니다. 요컨대 그는 자신의 성품상 믿음 역시도 속도가 조금 더뎠을 뿐 그 강도마저 낮은 사람은 아니었습니다.

도마는 페르시아와 아프리카 등지에서 활동했으며 이후엔 당시로선 땅 끝이라고 할 인도로 건너가 선교활동을 하다 브라만교도에 의해 창에 찔려 순

---

21) 누가복음 5장 27절
22) 요한복음 11장 16절, 20장 24절, 21장 2절.
23) 요한복음 11장 16절

교했습니다.

8) 빌 립

빌립은 헬라식 이름으로 '말(馬)을 사랑하는 자'란 의미입니다. 그는 베드로, 안드레와 같은 고향인 벳세다 출신이며(요한복음 1장 44절) 예수님을 만나기 전의 직업에 관하여는 성경에 나와 있지 않습니다. 그는 예수님을 만난 후 친구 나다나엘을 예수님께 인도하여 함께 제자가 되었습니다.[24]

빌립은 후에 주로 소아시아 지방을 다니며 선교활동을 했습니다. 말년에는 소아시아의 프리기아 지방에 있는 히에라폴리스(Hierapolis)[25]라는 곳에서 복음을 전하다 현지인들의 박해를 받아 기둥에 매인 채 돌에 맞아 순교했습니다.

9) 야고보의 아들 유다

유다의 이름은 '찬양하다'라는 뜻을 지닌 히브리어입니다. 그에 대해 누가복음과 사도행전에서는 '야고보의 아들 유다'[26]로 소개되고 있고, 마태복음과 마가복음에는 '다대오'[27]라는 이름으로, 그리고 요한복음에는 '가룟인 아닌 유다'[28]라고 나오고 있습니다. 이는 예수님을 배반한 제자인 가룟 출신의 유다와 구분하기 위함인 것으로 여겨집니다. 다대오는 '왕을 붙드는 사람'이라는 뜻입니다. 또 유다의 아버지로 소개되고 있는 야고보란 이름 역시 사도인 야고보나 신약성경에 나오는 야고보서의 저자 야고보와는 전혀 다른 동명이인의 별개인물입니다.

예수님을 만나기 전 유다의 직업도 성경에는 나와 있지 않습니다. 전승에

---

24) 요한복음 1장 46절~51절
25) 오늘날 터키의 파묵칼레.
26) 누가복음 6장 16절, 사도행전 1장 13절.
27) 마태복음 10장 3절, 마가복음 3장 18절.
28) 요한복음 14장 22절

따르면 유다는 페르시아를 비롯한 소아시아 지방을 다니며 선교활동을 하다 기독교를 거부하던 현지인들에 의해 창에 찔려 순교했다고 전해집니다.

10) 바돌로매

바돌로매는 히브리어로 '돌로매의 아들'이라는 뜻입니다. 그는 마태복음과 마가복음, 누가복음 및 사도행전에는 바돌로매라는 이름으로 소개되지만, 요한복음은 그를 다른 이름으로 소개하고 있습니다. 요한복음에는 바돌로매 대신 '나다나엘'[29]이라는 사람이 등장하는데 교회에서는 이를 바돌로매와 동일인물로 보는 것이 일반적인 견해입니다. 나다나엘은 갈릴리지방의 가나 출신[30]으로 사도 빌립의 소개로 예수님을 만나 제자가 됩니다. 빌립이 나다나엘에게 예수님을 소개한 것을 보면, 두 사람은 예수님을 만나기 전부터 친분이 있는 사이였던 것으로 보입니다.

성경을 보면 처음 그는 빌립이 예수님을 만나보라고 권하자, 나사렛 같은 빈촌에서 무슨 대단한 사람이 나오겠느냐며 코웃음을 치던 사람이었습니다.[31] 그만큼 그는 자신의 생각을 거르지 않고 그대로 상대에게 표현해버리는 솔직하고 담백한 성격의 소유자였습니다. 그런 성격 때문인지 빌립의 강권에 못 이겨 예수님을 만난 후에는 "당신은 하나님의 아들이시며 이스라엘의 왕이십니다!"[32]라며 자신의 마음을 즉시 고백하는 모습을 보이기도 합니다. 예수님께서도 그런 그를 보시고는 "이 자야말로 진정 이스라엘 사람이다. 그 속에 간사한 것이 없다"[33]고 말씀하시기도 하셨습니다.

바돌로매는 이란과 아르메니아를 비롯한 메소포타미아지역과 인도에까지 건너가 활동한 것으로 전해지는데, 그는 아르메니아에서 복음을 전하다 왕

---

29) 요한복음 2장 45절
30) 요한복음 21장 1절
31) 요한복음 1장 46절
32) 요한복음 1장 49절
33) 요한복음 1장 47절.

의 동생을 개종시켰다는 이유로 산 채로 가죽을 벗기는 고문을 당하며 순교한 것으로 전해지고 있습니다.

11) 시 몬

앞서 베드로를 설명할 때 말씀드린 바와 같이, 시몬은 히브리어로 '듣다'라는 의미입니다. 그는 가나안 출신[34]으로 누가복음과 사도행전에는 그가 셀롯 이른바 '열심당'이라고 불리는 단체의 회원이라고 밝히고 있습니다.[35] 열심당이란 이스라엘민족이 하나님의 선민(選民)이라는 확신에 입각해 당시 로마의 지배를 받던 이스라엘을 무력에 의해서라도 해방시켜 독립을 쟁취하려던 집단이었습니다. 요즘으로 말하자면 테러를 수단으로 갖는 지하조직과 같은 것이었습니다. 또 그들은 유사시 자결을 최상의 저항수단이자 마지막 희생제사로 여길 만큼 극단적인 행동주의자이기도 했습니다. 하지만 요세푸스의 기록에 의하면 이들은 유다-로마전쟁 시에 동족인 유대인을 약탈하며 학살에 가까운 살생을 저지르기도 한 오점을 남기기도 했습니다.

그가 열심당원으로서 어떤 활동을 했는지는 성경에 나와 있지 않지만, 그는 예수님의 제자가 되기 전 어떤 형태로든 이 민족주의운동과 연관을 맺고 있었던 것으로 보입니다. 또 한편으로 시몬이 열심당원이었다는 사실은 예수님을 만나던 당시 그가 자기민족에 대한 강한 신념과 적극적인 열정에 넘치는 젊은이였음을 말해줍니다.

성경이 그를 소개할 때 '가나안인 시몬' 또는 '열심당원 시몬'이라고 표현하고 있는 것은 아마도 베드로의 본명인 시몬과 구별하기 위한 의도였던 것으로 보입니다. 하지만 제자들의 이름을 열거할 때 외에는 성경은 어디에도 그의 이름을 언급하고 있지 않습니다. 따라서 그가 가나안 출신으로 열두제자 중의 하나였으며 열심당원이었다는 것 외에 성경이 그에 대해 직접적으로 우리에게 알려주는 내용은 안타깝게도 더 이상은 없습니다.

---

34) 마태복음 10장 4절, 마가복음 3장 18절.
35) 누가복음 6장 15절, 사도행전 1장 13절.

다만 전승에 의하면 그는 복음을 전파하기 위해 다른 사도들과 흩어진 후, 이집트를 포함한 아프리카와 메소포타미아지역을 비롯해 멀리 영국에까지 건너가 사역하였으며, 말년에는 페르시아에서 복음을 전파하다 이교도들에 의해 기둥에 거꾸로 매달린 채 톱에 의해 위에서 아래로 육신이 둘로 잘리는 잔인한 방법으로 순교한 것으로 전해지고 있습니다. 반면 정교회의 전승에 따르면 페르시아의 에뎃사라는 곳에서 영면했다는 설도 있습니다.

12) 가롯 유다

가롯 출신의 이 유다는 예수님을 모함하여 죽이려는 자들과 거래를 하여 은전 서른 닢을 받고 배신함으로써 예수께서 무고히 십자가에 못 박히게 되는 단초를 제공한 자로, 그의 이름은 오늘날 배신자의 대명사가 되었습니다.

그는 적들과 배신의 거래를 마치고 돌아온 후에도, 예수님께서 그의 회개를 기대하며 자신을 팔아넘길 자가 제자 중에 있음을 이야기하시자 오히려 예수님께 "선생님, 저는 아니지요?"라며 철면피한 모습을 드러내기도 합니다.[36] 성경은 그가 예수님의 제자들 중 회계직무를 담당하였으며 평소에도 자기 직책을 남용하여 횡령을 일삼았다고 기록하고 있습니다.[37] 그는 예수님께서 돌아가신 후 자신의 잘못을 후회하고 나무에 목을 매 자살하였습니다.

† 그 외 이야기

가롯 유다가 자살한 후 나머지 사도들은 성도들 가운데 맛디아라는 사람을 뽑아 가롯 유다를 대신해 사도로 세웠습니다.[38] 그러나 안타깝게도 맛디아의 행적이나 활동 등에 관하여는 몇 가지 구전 외에는 거의 알려진 바가 없습니다.

한편 전통적으로 기독교에서는 바울 역시도 사도로 인정하고 있습니다.

---

36) 마태복음 26장 25절
37) 요한복음 12장 6절
38) 사도행전 1장 26절

그의 본명은 사울이었으며 기독교로 개종 후 바울로 개명하였습니다. 그는 본시 바리새파의 열성적인 유대교도로서 기독교도를 적극적으로 박해하던 자였습니다. 그는 베냐민지파의 유대인으로[39] 길리기아의 다소에서 태어났으나 어릴 적부터 예루살렘에서 성장하였으며, 당시 최고의 석학이자 바리새파 율법학자였던 가말리아의 제자가 되어 엄격한 교육을 받은 지성인이었습니다.[40] 또 그는 유대인이긴 했지만 태어날 때부터 로마의 국적을 갖고 있던 명문집안의 자제이기도 했습니다.[41] 그가 유대인이면서 태어날 때부터 로마의 시민권을 소유했다는 것은 그의 집안이 어떤 형태로든 명문의 집안이었다는 것을 암시해 주고 있습니다. 당시 로마시민권자는 속주의 시민과 달리 많은 특혜를 누리고 있었는데, 로마의 속주였던 유다지역에서 그 가치와 위력은 더욱 발휘되었을 것입니다. 가령 사도행전 22장 22절~29절에 보면 바울을 무단으로 체포하여 매질토록 한 천부장[42]이 그가 로마시민권자임을 뒤늦게 알고선 문책을 당할까 몹시 두려워하는 장면이 나옵니다. 이는 로마시민권자는 영장 없이 무단으로 체포할 수도 없었고 재판도 로마법에 의해 재판을 받아야 했기 때문이었습니다.

또 바울이 베냐민지파라는 것은 그가 당시 유대인사회에서도 흔치 않던 순수혈통의 유대인이었음을 말해주는 것입니다. 이스라엘의 12지파 가운데 순종혈통을 유지하고 있었던 것은 유다지파와 베냐민지파 뿐이었습니다. 왜냐하면 과거 남북조시대 때에 그들 민족이 아시리아와 바빌로니아에 차례로 노예로 끌려간 후, 다시 고국에 돌아올 수있었던 것은 유다왕국의 백성인 유다지파와 베냐민지파밖에는 없었기 때문입니다. 이 말은 곧 그 두 지파만큼은 다른 민족과 혼혈이 되지 않고 유대인의 순수혈통을 유지해 왔다는 것

---

39) "내가 팔일 만에 할례를 받고 이스라엘의 족속이요, 베냐민 지파요, 히브리인 중의 히브리인이요. 율법으로는 바리새인이요…"(빌립보서 3장 5절)
40) 사도행전 22장 3절
41) 사도행전 22장 28절.
42) 천명의 부하를 거느리던 고위관료.

을 의미합니다. 그러므로 바울이 베냐민지파라는 말은 그가 바로 순종의 유대인이라는 의미입니다. 이것은 전통적으로 족보와 혈통을 중시하던 유대인 사회에서는 최고의 자랑거리였습니다. 왜냐하면 유대인에게 베냐민지파라는 사실은 자신의 족보가 아담까지 닿아있다는 것을 의미하는 것이기 때문입니다. 이런 의미에서 그는 자신을 가리켜 '히브리인 중의 히브리인'이라 말하기도 했습니다. 다시 말해 그의 출신과 배경은 다른 사도들과 달리 명문가의 자제에다 순수한 유대인혈통, 그리고 요즘으로 치면 최고의 명문대에서 정통으로 유대교신학을 공부한 수재였습니다.

따라서 개종하기 전 그의 시각에서 기독교도들은 아무 것도 모르는 무지한 자들이 하나님을 참람하게 떠드는 이단적 작태로 보였을 것입니다. 그런 입장에서 기독교에 적개심을 품고 있던 사울은 기독교인들을 체포하러 다메섹[43]으로 가던 중 예수님을 만나는 신비한 체험을 하게 되었고 그 후 소명을 받아 기독교로 개종하게 되었습니다. 그리고 이 때 이름을 바울로 개명하였습니다.[44] 따라서 그는 예수님께서 세상에 계실 때에는 비록 함께한 적은 없지만 예수님의 승천 이후 그분에 의해 직접 사도로 발탁된 특별한 사례라고 하겠습니다.

그 후 그는 바리새파로부터 변절자라는 비난과 모진 박해를 꿋꿋이 견뎌내며 당시의 세계라고 할 수 있는 유럽 각지를 세 차례나 순회하며 복음을 전파하다 네로황제의 기독교 탄압 때에 체포되어 로마로 압송된 후 그곳의 법정에서 단두형(斷頭刑)을 선고받고 순교하였습니다. 바울이 다른 사도들과 달리 로마로 압송되어 공식적인 절차에 따라 재판을 받은 것은 로마시민권자였던 그에 대한 예우 때문이었습니다.

사도로서 그가 전도여행을 다니며 각지에 세운 교회의 신도들에게 보냈던 장문의 편지들은 그 내용의 신학적 중요성으로 인해 차후 교부들에 의해 경

---

43) 오늘날 시리아의 수도인 다마스커스를 말함. 다메섹은 성경 상의 표기임.
44) 9장 2절~19절

전으로 채택되어 현재 신약성경에 수록되어 있으며 그 분량은 자그마치 신약성경의 거의 절반을 차지하고 있습니다. 세련되고 솔직하며 감동적인 문체로 써내려간 그의 서신들은 그만큼 그리스도의 사랑과 기독교의 교리를 정확히 전달하며 이해시키고 있습니다. 예수님께서 십자가에서 이루신 대속의 의미를 처음 깨닫고 전파한 사람도 실제로는 예수님과 수년간이나 동행했던 사도들이 아니라 나중에 합류한 사도 바울이었습니다. 그만큼 그는 지성인다운 깊은 신학적 통찰력과 식견을 지닌 사람이었습니다.

질문 22
성경에 나오는 바리새인이란 누구인가요?

 신약성경에서 예수님이나 사도들과 자주 논쟁을 벌이며 그들을 배척하는 모습으로 등장하는 바리새인은 유대교의 한 종파인 바리새파(派)에 속한 사람들을 가리키는 말입니다. 바리새파는 사두개파 및 에세네파와 함께 서기1세기를 전후하여 유대교의 주류를 이루던 종파였습니다. 이들 중 바리새파와 사두개파는 성경에 언급되고 있지만 에세네파에 관한 기록은 성경에 없습니다. 이들 종파에 대해 간단히 소개하면 다음과 같습니다.

1) 바리새파(Pharisees)

 마카베오 가문과 함께 시리아와의 독립전쟁에 참여했던 하시딤들 중 일부는, 하스몬왕조가 들어선 후 왕실이 대제사장의 지위를 겸임하려는 정책에 대하여 공개적으로 반대했습니다. 율법에 의하면 사제의 직분은 레위지파만이 할 수 있는 것인데 하스몬왕조를 세운 마카베오 가문은 유다지파였기 때문입니다. 그러나 왕실은 이러한 하시딤의 주장을 받아들이는 대신 그들과는 종교적 이념이 달랐던 사두개파를 중용하는 등 그들을 배척하는 것으로 맞섰습니다. 그러자 이들은 올바른 경건함을 주장하며 하스몬왕가와 결별하게 되었는데 이것이 바리새파가 형성되는 계기가 되었습니다.

 바리새파는 엄격한 율법준수를 선의 추구로 여겼습니다. 그들은 사제가 되려고 하기 보다는 율법연구 자체를 중요시하고 있었으므로 가입을 위한 자격의 제한 같은 것은 두지 않았습니다. 따라서 원하면 누구나 심사를 거쳐 바리새파에 소속될 수 있었습니다. 이들은 정치적으로는 하시딤에서 파생된 만큼 외세에는 국수주의적 성격을 띠고 있었습니다. 그러나 하스몬 왕가와의 경험을 바탕으로 이들은 폭력에 의한 변화시도를 포기하고 기도나 금식 등 경건한 생활을 통해 하나님을 바라보고자 했습니다. 바리새파의 이러한 태도는 훗날 열심당원들이 폭력에 의한 방식을 주장하며 유다-로마전쟁을 적극 지지할 때에도 그들과 함께 하기를 거부한 데에서도 잘 나타나고 있습니다.

이들은 선악의 행위는 인간 각자의 의지에 달려 있으나, 그것은 또한 하나님의 결정 즉 운명과도 같은 것이라 믿었습니다. 그들은 영혼과 천사의 존재를 믿었고 부활을 인정했으며, 경전으로는 모세오경을 비롯하여 구전되는 율법도 인정하며 받아들였습니다. 또 한편으론 악한 영혼은 벌을 받게 되지만 선한 영혼은 다른 육체로 다시 태어난다는 일종의 윤회설을 주장하기도 했습니다.

그들은 자신들의 민족이 외세의 침략과 지배에 시달리는 것은 하나님을 경외하지 않은 데 대한 징계로 받아들여 엄격한 율법의 준수를 강조했습니다. 하지만 이것이 지나친 나머지 나중에는 교조적 문자주의자에 빠져 결국엔 율법의 본질을 떠난 외형과 가식만이 난무하는 오류에 빠지게 되었습니다. 또 그들은 율법을 아는 것을 세련으로 여겨 이를 모르는 자들에게는 경멸과 독선적인 태도를 취하기도 했습니다. 율법에 의한 그들의 도덕적 오만은 부득이한 이유로 율법을 지키지 못하는 이들까지도 죄인으로 몰아 비난하는 등 오히려 율법의 본질을 왜곡하는 폐해를 양산키도 했습니다. 예컨대, 극빈자들이 생계를 위해 어쩔 수 없이 안식일에도 쉬지 못하고 일을 해야만 하는 것에 대해서도 당시 바리새인들은 죄인으로 몰아세웠습니다. 이러한 극단적 율법주의는 후에 율법에 대한 그릇된 태도와 그로 인해 위선으로 변질된 신앙을 나무라시던 예수님과 각을 세우며 기독교도들과 배치하게 됩니다.

2) 사두개파(Sadducees)

제정일치를 주장하던 하스몬왕조에서는 왕이 대제사장을 겸직하는 것을 원칙으로 하고 있었으므로, 이에 따라 왕실에 의해 임명된 제사장들은 자연스럽게 친왕실그룹을 형성하며 권력의 중심부에서 각종 실권을 장악하고 있었습니다. 이렇게 왕실의 우호세력으로서 엘리트 계층을 형성하고 있던 그들은 자신들이 다윗시대의 모범적인 제사장 사독의 후손이라고 자처하며 스스로를 '사두개'라 불렀습니다. 바리새파가 평신도나 중급의 사제들, 수공업자, 농부, 상인 등과 같이 주로 중산층이 속해 있었던데 반해, 사두개파에는 귀족들이나 제사장 가문 등 주로 상류층 인사들이 속해 있었던 것도 이 같은 그들의 형성배경과 연관이 있다고 보아야 할 것입니다. 예수님께서 활동하시던 당시에도 사두개인들은 정계의 요직이나 제사장직 등을 거의 독점하고 있었고 당시 사회에 큰 영향력을 행사하고 있었습니다. 예수님께서 재판받으실 때의 대제사장인 가야바도 사두개파에 속한 사람이었습니다.

사두개파의 정치적인 입장은 바리새파와 달리 유다의 헬라화 등 외세의 개입에 온건적인 입장을 취했습니다. 종교적인 입장에서도 바리새파와는 상당한 견해 차이를 가지고 있었는데, 그들은 영혼이나 천사, 부활을 믿지 않았고 오직 현세의 풍요와 평안을 행복으로 보았으며 따라서 운명도 철저히 부정하였습니다. 다만 선악은 인간의 선택에 달려 있다고 믿는 점에서는 바리새파와 상통하는 부분이 있기는 하나, 영혼의 사후불멸과 저승에서의 상벌사상에 대해서는 부정적인 입장을 취했습니다. 경전도 오직 모세오경만을 인정하고 기타 구전되는 율법은 인정하지 않았습니다.

예수님은 제자들에게 "바리새인과 사두개인들의 누룩을 조심하라."[1]고 하시며 그들을 바리새인과 동일한 위선자 집단으로 보셨습니다. 이들은 평소 바리새파와 적대관계에 있었지만 예수님을 그리스도로 인정하지 않는 데에는 이들 역시 바리새파와 마찬가지였으며, 또한 자신들의 위선을 비난하는 예수님을 증오하여 그분의 처형에 앞장서는 등 예수님에 관해서 만큼은 바리새파와 합심하는 행동을 취했습니다.

3) 에세네파(Essenes)

바리새파와는 별도로 하스몬왕조의 제정일치 정책에 반기를 든 하시딤의

---

[1] 마태복음 16장 6절

일부는 세속을 떠나 사해 서쪽에 터를 잡고 은거를 하게 되었는데, 이들이 에세네파의 기원이 되는 것으로 알려져 있습니다. 에세네파는 성경에는 등장하지 않지만 당시 바리새파, 사두개파와 대등한 교세를 가지고 있던 종파였습니다.

이들의 특징은 세속을 떠나 은둔하는 가운데 종교적 공동체생활을 하며 산다는 것이었습니다. 이들은 재산은 공유하였으며 예배와 독서, 금주 등의 절제된 생활 그리고 채식을 중심으로 한 공동식사를 중요한 의식으로 삼았습니다. 또 예루살렘은 타락했다고 비판하며 더 이상 예루살렘을 성지로써 인정하지 않으려는 탈(脫)예루살렘주의의 성향을 띠고 있었고, 당시의 제사장직에 대단히 부정적인 시각을 갖고 있어 성전예배는 지양하였습니다. 이들은 대부분 결혼하지 않은 채 독신을 추구했던 것으로 보이며, 극기와 절제, 금욕 등을 통한 수행이 하나님과 보다 완전한 일치를 향해 나아가는 길이라 여겼습니다. 부활은 인정하지 않았고 경건한 자는 죽으면 영혼이 육체에서 풀려나 영생과 기쁨을 누린다고 믿었습니다.

외세에는 바리새파 보다 훨씬 급진적이었으며 이러한 성향은 그들로 하여금 유다-로마전쟁에도 적극 참여하게 만들었던 것으로 보입니다. 그로 인해 에세네파는 유다-로마전쟁 이후 유다의 멸망과 함께 사라지고 말았습니다. 한편 1945년 사해 근처에서 발견된 쿰란의 동굴[2]이 그들이 은둔하며 생활하던 공동구역으로 여겨지고 있으며, 이곳에서는 이들의 것으로 추정되는 다량의 문서들이 발굴되었습니다.

---

2) p.128 주14) 참조.

제2부

기독교의
기본적인
교리에 대하여

질문 1
왜 인간이 날 때부터
죄인이란 말인가요?

　최초의 인간이었던 아담이 죄를 범함으로써 스스로 영원한 생명력을 잃게 되었다는 것은 앞에서도 이야기한 바 있습니다. 그런데 영생의 존재가 죽어야 한다는 이 엄청난 변화는 죄지은 당사자인 아담 혼자만 죽는 것으로 끝나는 것이 아니었습니다. 이미 아담의 영에 오염된 죄는 자식의 영에게도 전이되어 급기야 그의 후손인 모든 인류가 죽음의 먹이가 되게 만들었습니다. 게다가 죄를 통해 세상에 침입한 죽음은 인간만이 아니라 그의 지배 하에 있던 다른 모든 피조물들의 생명도 함께 취해 갔습니다. 하나님에 대한 한 사람의 거역으로 인해 영생의 세계가 필사의 세계로 변해버리고 만 것입니다. 이 비참한 몰락은 그 후로 모든 생명체에게 스스로는 극복할 수 없는 저주스런 숙명으로 작용하게 되었습니다.
　기독교에서는, 첫 인간 아담이 죄를 지은 후 그 죄의 씨가 후손에게까지 유전되어 모든 인류는 천성적인 죄인으로 태어난다고 가르칩니다. 이것이 바로 기독교에서 말하는 원죄설입니다. 즉 인류는 태어날 때부터 죄의 유전자를 안고 나와 그로써 죄 짓지 않을 수 없는 삶을 살게 되며 결국 그 대가로 죽음을 면할 수 없게 된다는 것입니다. 이런 면에서 기독교는 성악설(性惡說)[1]을 주장하는 종교라고 하겠습니다. 모든 인간은 하나님 앞에 원초적으로 죄인이고 그로 인해 하나님 앞에 바로 설 수 없는 존재가 되어, 고향 떠난 나그네와 같이 세상을 유리하며 살다가 마침내는 영원한 죽음을 맞이할 수밖에 없는 비참한 운명의 존재입니다.

---
1) 인간의 타고난 본성은 악하다고 생각하는 윤리사상.

죄를 체험한 후 인간은 선과 악을 알고 구분할 수 있게 되었지만, 반면 죄는 인간을 점령하여 더 이상 선을 실천할 수 없도록 인간의 능력을 완전히 박탈해 갔습니다. 그리하여 이제 인간은 선을 지향하려는 의지만 남아 있을 뿐 그것을 실행할 능력은 완전히 상실한 슬픈 존재가 되어 버렸습니다. 이것이 오늘날 인간의 가장 현실적이고도 실제적인 도덕적 자화상입니다. 첫 인간인 아담에게 들어간 죄의 씨가 우리의 내면에도 유전되어 있기 때문입니다. 우리 내면의 어딘가에는 우리로 하여금 죄를 짓지 않을 수 없게 하는 어떤 요소가 분명히 있습니다. 모든 인간은 태어나는 순간부터 이미 원초적인 죄인으로 태어난 존재입니다. 즉 인간은 누구나 죄인의 본성을 타고납니다.

죄는 단 한 번의 경험만으로도 인간을 완전히 장악할 수 있을 만큼 무서운 힘을 가지고 있습니다. 죄는 자신의 먹이에게 일말의 자비심도 가지고 있지 않습니다. 죄는 그 유혹도 집요하고, 범하고 나면 그 지속됨도 대를 이을 만큼 끈질깁니다. 죄의 본질은 인간을 파멸에 이르게 하는 사탄의 손짓입니다.

만약 인간이 처음부터 영생의 존재가 아니었다면, 인간은 어차피 유한한 생명으로 끝나야 하기에 우리에게 죽음은 아무런 문제가 되지 않을 것입니다. 그러나 애초에 인간은 영생하는 존재로 창조되었기에 죽음이 비극으로 다가오게 되는 것입니다. 인간이 죽는 것은 그가 죄인이기 때문이며, 이로써 죽음은 곧 죄의 대가라는 등식이 성립합니다. 그렇다면 죄야말로 인간을 영생의 원천이신 하나님과 단절시키는 주범이라 하겠습니다. 그리고 이 죄에서 우리가 벗어나기 위해서는 무엇보다 먼저 자신이 죄인이라는 사실을 자각하고, 이어 자신의 죄를 하나님 앞에 고백하며 회개하는 방법 외에는 없습니다. 기독교는 회개로 시작해서 하나님의 용서를 통한 영생의 재획득 즉 구원으로 종결되는 종교입니다.

그리고 이 구원의 중심에는 예수그리스도가 계십니다. 예수그리스도는 우리의 원죄는 물론 과거와 현재와 미래의 모든 죄를 일시에 도말하실 수 있는 분이십니다. 예수님 외에 이러한 자격과 권세를 가지신 분은 아무도 없습니다. 성경은 예수님을 가리켜 "다른 이로서는 구원을 얻을 수 없나니 천하 인간에 구원을 얻을만한 다른 이름을 (하나님께서) 우리에게 주신 일이 없다."[2]고 선언하고 있습니다.

기독교인이 된다는 것은 겸허한 마음으로 하나님 앞에 무릎 꿇고 자신의 죄를 고백하는 사람이 된다는 것을 의미하며, 이것이야말로 우리를 위해 십자가에서 대신 피를 흘리신 예수그리스도 앞에서 자신의 구원을 위해 가장 먼저 취해야 하는 인간의 자세입니다.

---

2) 사도행전 4장 12절

질문 2
죄란 무엇입니까?

　기독교의 교리 가운데 가장 중심에 있는 내용은 바로 죄의 회개를 통한 하나님의 용서입니다. 앞에서도 말한 바와 같이, 하나님을 믿는 것은 자신이 죄인임을 인정하는 데서부터 출발합니다. 그리고 용서의 주체는 예수그리스도이시며 구원은 오직 예수그리스도의 죄사함을 통해서만이 가능한 것입니다. 그러므로 자신이 죄인임을 인정하지 않는 자는 결단코 예수님께 다가갈 수가 없습니다.

1) 죄의 모호성
　기독교에서 죄는 당연히 하나님 말씀대로 하지 않는 것을 의미한다고 이미 말씀드린 바 있습니다. 그런데 이것은 하나님의 존재를 인정하는 사람들에게만 해당되는 정의(定義)일 뿐 그 외의 사람들에게는 전혀 의미가 없는 기준입니다. 그렇다면 그들에게 죄란 무엇일까요? 죄를 짓지 않기 위해서는 먼저 죄가 무엇인지부터 알아야 할 것입니다.
　그러나 하나님을 떠나서 인간은 불행히도 죄가 므엇인지 알 수가 없습니다. 왜냐하면 죄나 정의(正義)와 같은 것들은 대단히 추상적이고 모호한 것이어서 그 정의와 기준이 사람마다 제각각 다를 수 있기 때문입니다. 또 각자의 기준은 언제나 타인의 기준과 상치하게 될 것입니다. 한 예로, 우리가 그동안 너무도 당연하게 죄악이라고 믿어 왔던 것들 가운데, 가장 극단적인 악행 중의 하나라고 할 수 있는 살인이라는 행위를 가지고 설명해 보도록 하겠습니다.
　만약 살인이 죄냐고 묻는다면 여러분은 뭐라고 대답하시겠습니까? 아마 대개의 분들은 당연히 그렇다고 대답하실 것입니다. 그렇다면 왜 죄가 되느냐고 재차 묻는다면 어떻게 대답하시겠습니까? 남의 목숨을 빼앗는 행위이기 때문이라고 해야 할까요? 그럼 남의 목숨을 빼앗는 것이 왜 죄가 되느냐고 거듭 묻는다면 또 뭐라고 대답해야 할까요? 이쯤에서 여러분은 너무도 당연한 것을 계속 물어오는 이 질문 앞에 점차 당황스러워지실 것입니다. 그리고는 더 이상의 답변은 의미가 없다고 생각하게 되실 것입니다. 왜냐하면 대답을 해봐야 질문은 계속해서 보다 더 궁극을 향해 꼬리를 물고 이어져 갈 것임을 눈치 채셨을 것이기 때문입니다. 그리고 질문의 끝은 결국 모호함에 빠져 명확한 결론을 내릴 수 없게 되리라는 것도 직감하시게 될 것입니다.

그렇습니다. 우리가 무엇에 관해서든 그 시원(始原)에 도달하기까지 캐고 묻는다면 명쾌하게 대답할 수 있는 것은 아무 것도 없습니다. 우리가 그동안 안다고 믿어 왔던 모든 것들은 실상은 개연(蓋然)에 기반을 둔 것일 뿐입니다. 개연이란 '확실하진 않지만 그럴 것 같음'이라는 뜻입니다. 모든 사물에서 이 개연의 포장을 냉정히 벗겨버리면, 그동안 우리가 안다고 믿어왔던 것들은 실제로는 모두가 막연히 알고 있는 것이었을 뿐임을 깨닫게 됩니다.

죄도 마찬가지입니다. 우리가 그동안 생각하고 있던 죄의 개념 역시도, 냉정히 고찰해 보면 막연한 개념 즉 개연적인 정의(定義)에 의한 것일 뿐입니다. 즉 우리 각자가 죄라고 믿고 있었던 것은 실은 확실한 기준에 의한 것이 아니라 다분히 주관적인 의견에 속한 것일 뿐이었으며, 실제로 그것이 진짜 죄인지는 모호함 속에 가려져 있음을 알게 되는 것입니다. 결국 우리는 궁극적으로는 이제껏 진짜 죄가 무엇인지도 모르고 살아 왔음이 드러나고 맙니다. 죄뿐만이 아니라 선(善)이나 행복 등 모든 대상과 사물도 마찬가지입니다. 이렇게 보면 우리는 그동안 실제를 아는 것은 아무 것도 없이 그저 모호함 속에 방황하며 살던 존재였던 것입니다.

이 같은 방황은 결국 인간으로 하여금 자신의 편의에 따라 저마다 다른 선악의 기준을 갖도록 만들었습니다. 이렇게 만들어진 우리의 윤리는 기껏해야 상대방도 나와 같은 생각을 갖고 있다는 전제하에서만 효력을 발휘하는 한정된 힘만을 갖게 됩니다. 만약 상대방이 "나는 그렇게 생각하지 않는다."고 주장한다면 더 이상 아무런 힘도 발휘할 수 없는 것이 우리의 윤리입니다.

예컨대 제2차 세계대전을 일으킨 히틀러는 무려 600만 명에 달하는 무고한 유대인의 생명을 빼앗았습니다. 그럼에도 불구하고 그는 자신이 저지른 악행에 대해 아무런 잘못도 인정하지 않았습니다. 오히려 그의 행동을 미루어 볼 때, 그는 생명을 빼앗긴 유대인이야말로 죽어 마땅한 자들이고 자신은 그 일을 집행하는 정의의 사도라고 내심 외쳐대고 있었는지도 모릅니다. 이렇듯 우리의 윤리는 상대방이 나의 기준에 동의하지 않을 때에는 전혀 무력한 것일 뿐입니다. 그러므로 우리가 알고 있던 선과 악은 모두가 그 본질은 모르는 모호함에서 비롯된 주관적이자 개연적인 판단에 불과한 것일 뿐입니다. 그럼에도 분명한 것은 우리가 규명하지 못하고 있을 뿐 선과 악은 분명히 존재한다는 사실입니다. 정의내리지 못한다고 해서 그것이 없는 것은 결코 아닙니다.

반면, 기독교는 죄에 대하여 명쾌한 정의(定義)와 기준을 제시합니다. 기독교에서 악이란 절대의 선이신 하나님과 다른 품성의 것이며, 그로부터 죄란 바로 하나님의 말씀대로 하지 않는 것을 말합니다. 그런데 앞에서도 말한 바와 같이 이와 같은 정의는 하나님을 믿는 자들에게만 해당되는 것일 뿐, 하나님을 믿지 않는 자들에게는 무의미한 정의이기도 합니다. 그러므로 하나님을 믿지 않는 자들에겐 여전히 모호함 속에 '죄란 무엇인가?'라는 궁극적인 질문이 남게 됩니다. 결국 하나님을 떠나 있는 인간은 선이나 죄에 대한 정의를 내릴 수 없으며 영원히 이에 대한 명쾌한 해답을 얻을 수 없는 암흑과 공허 속에 머물게 됩니다.

이에 대해 혹자는 선과 악의 기준으로 법이나 관습, 전통 따위를 제시할지도 모르겠습니다. 그러나 그와 같은 것들은 인간에 의해 정해진 것으로 언제든 상황과 필요에 따라 바뀔 수 있는 것들입니다. 또 모든 사람이 같은 법과 관습, 전통을 따르는 것도 아닙니다. 다시 말해 이곳에선 잘못된 일이 다른 곳에선 잘못이 되지 않는 경우도 얼마든지 생길 수가 있습니다. 우리가 따르는 법과 관습, 전통이 정녕 진리라면 만인에게 공통되고 또 영원히 변하지도 않는 것이어야 하는데 그렇지가 않다는 말입니다. 엄밀히 따져 그와 같은 것들은 그 기반이 정의로운 것이 아니라, 단지 저마다 자기가 속한 사회의 질서를 유지하기 위해 구성원들끼리 합의하에 정한 임의적인 약속에 불과할 뿐입니다. 그러므로 그것은 온 인류에게 통용되는 선악의 절대기준이 될 수는 없습니다.

요컨대 인간은 자신들의 생존과 질서를 위해 관습과 경험 등에 의지하여 스스로 죄를 규정하고 자신들의 규칙과 법률을 제정하였다는 점에서는 나름 훌륭하다 할 수 있습니다. 그러나 엄격히 따져 이것은 절대적인 정의에 기반을 둔 것이 아니라 단지 사회적 편의[1]를 위한 임의적 약속에 의지한 것에 불과하며, 따라서 이는 본질적인 진리를 따르는 것이라기보다는 본질을 떠난 방황 속에서 진리의 희미한 그림자를 움켜잡으려 노력하는 인간의 가련한 양태를 보여주는 것이라고도 하겠습니다. 18세기 프랑스의 사상가 루소[2]는 말하기를 "인간은 정의를 알지만 행하지 않고, 그것을 찾지만 어디에 있는지 알지 못한다."고 했습니다.

결국 하나님을 떠난 인간은 죄가 무엇인지 알지 못한 채 혼돈과 무지 속을 방황할 뿐입니다. 그러므로 인간은 죄인입니다. 왜냐하면 죄가 무엇인지 모르는 무지 속에 살면서, 그들은 적어도 자신도 모르는 사이에 이미 수많은 죄를 지어왔을 것이기 때문입니다. 또 자기만의 정의를 주장하지만 그것은 절대자 앞에서 공허한 외침일 뿐 여전히 그들은 죄인으로 남아있는 가련한 존재일 뿐입니다.

---

[1] 또는 통치자의 편의로 표현할 수도 있다.
[2] 루소(Jean Jacques Rousseau, 1712~1778) : 프랑스의 계몽사상가, 사회학자. 그는 인간이 구성하는 사회성의 자연적 상태는 우정과 조화가 지배하고 있다고 설명하고 이 자연상태의 인성을 회복할 것을 주장했다. 사회적으로 그의 자유민권사상은 프랑스혁명(1789) 당시 혁명지도자들의 사상적 지주가 되기도 하였다. 저서로는 사회계약론, 에밀, 고백록 등이 있다.

2) 인간의 방황

이렇듯 인간은 누구나 할 것 없이 모두가 죄인입니다. 그런데 문제는 인간은 자신이 죄인인줄을 모르고 산다는 사실입니다. 왜냐하면 아담 이후 인간은 이미 원초적인 죄인의 몸으로 태어나 죄로 물든 세상에서 죄를 먹고 마시며 성장했으므로 스스로는 죄를 알아보는 것이 불가능해졌기 때문입니다. 죄가 무엇인지 알지 못하기에 인간은 자신이 죄인인줄도 알지 못하고, 또 태어날 때부터 너무도 자연스럽게 죄를 호흡하며 살아 왔기에 이 세상에 만연한 죄악이 원래부터 그런 듯 당연한 것으로 여기며 삽니다. 이는 마치 흙탕물에서 태어난 물고기가 세상의 모든 물은 흙탕물인줄로 아는 것과 같은 이치입니다. 하지만 이 같은 우리의 삶은 원래의 위치를 떠나 현재의 좌표와 궁극의 목적지도 모른 채 칠흑 같은 암흑과 맹목 속을 방황하는 상태의 것입니다.

반면 기독교는 인간과 세상은 본시 이런 것이 아니었다고 주장합니다. 비록 현재의 인간이 죄의 유전자를 머금은 악인으로 태어났고, 또 세상에는 납득할 수 없는 오류와 무질서와 그 외 설명할 수 없는 수많은 혼돈이 넘쳐나지만, 이러한 것들이 원래부터 그랬던 것은 아니라고 이야기합니다. 기독교윤리는 세상이 원래 악한 것이냐 아니면 선한 것이냐 하는 기원의 설명에서부터 시작합니다.

기독교는 인간을 고향인 하나님의 품을 떠나 객지를 방황하는 나그네로 바라봅니다. 인간은 하나님과 함께 영생을 누려야 할 본분에서 죄인의 신분으로 추락한 비련의 주인공이기 때문입니다. 고향을 떠난 떠돌이의 초라한 객지생활이란 맹목과 무지 속의 방황과 휴식 없는 생로병사의 고된 삶뿐입니다. 그리고 눈물과 회한 등 세상의 온갖 수고와 무거운 짐을 지고 신음하다 결국 그 지친 삶의 종착에선 생명의 끝인 죽음을 운명으로 맞이하게 됩니다. 그 가운데 자신이 맹목 속을 방황하는 죄인임을 깨달은 자는 하나님의 빛을 찾으며 구원의 희망을 바라보게 되지만, 그렇지 않은 사람은 자신이 누구인지도 모른 채 죄 가운데 살다가 나그네로 생을 마감한 채 끝내는 죄의 대가를 지불해야 하는 세계로 떨어지는 불행한 존재가 되고 마는 것입니다.

질문 3
율법이란 무엇인가요?

    원래 율법이란 구약성경 가운데 하나님께서 이스라엘민족에게 내려주신 생활과 행동의 규범을 말합니다. 쉽게 말하면 하나님께서 인간에게 '이렇게 하라' 또는 '이렇게 하지 말라'고 정해주신 도덕적 규준들을 가리킵니다. 이 율법은 선(善)의 기준이신 하나님에 의해 정해진 것인 만큼 인간에게는 죄의 기준이 되는 것이라고도 할 수 있습니다. 따라서 이 율법을 지키고 따르는 것은 곧 선이며 이것을 어기는 것은 악이 됩니다. 다시 말해 이 율법을 모두 지키는 자는 하나님 앞에 의인이 되고, 하나라도 어기는 자는 하나님 앞에 죄인이 되는 것입니다.

    그리고 율법을 어기는 행위에 대한 결과는 사망입니다. 이 말은 죄의 대가는 죽음이라는 말과 같습니다. 율법은 인간이 완전선(完全善)이신 하나님과 함께 하기에 합당한 존재인가 아닌가를 결정케 하는 경계, 즉 우리에게 선과 악을 선택케 하는 분수령으로서 자리하고 있습니다. 그리고 이것을 어길 경우 영생불멸의 근원이신 하나님과의 단절인 죽음을 맞이할 수밖에 없다는 것이 율법의 근간입니다. 그 단적이 예가 바로 선악과 사건입니다. 즉 하나님께서는 아담에게 선악과를 먹지 말 것과 만약 그것을 먹게 되면 정녕 죽게 될 것이라고 하셨습니다.[1] 그런데 불행히도 아담은 이 율법을 어겨 그 과일을 따먹고 말았습니다. 그로 인해 영원히 살도록 창조되었던 그는 결국 930세를 끝으로 죽음을 맞이하고 말았습니다.[2]

    이 율법은 인간이 정한 세속의 법률과는 성격이 다른 것입니다. 우리가 일상에서 따르는 법이란 우리가 속한 사회의 필요에 따라 인간에 의해 정해진

---

1) 창세기 2장 16절~17절
2) 창세기 9장 5절

약속에 불과한 것으로 언제든 필요에 따라 수시로 변할 수 있는 것이지만, 율법은 창조주 하나님께서 정하신 것이므로 그 자체로서 이미 선험적이며 또한 불변이자 절대적인 것이기 때문입니다. 또 어찌 보면 이 율법은 하나님을 섬기던 이스라엘민족만의 도덕규범으로 생각될 수도 있겠지만, 엄밀히 말해 이것은 아담 이후 하나님께서 인간에게 주신 유일한 도덕규범이므로 실상은 우리가 모르고 있었을 뿐 이미 온 인류에게 적용되던 규범이라 하겠습니다.

하나님께서 유독 이스라엘민족에게만 율법을 주신 이유는 그들이 하나님께서 택하신 아브라함의 후손들이기 때문입니다. 첫 인간 아담이 죄를 범하여 에덴이란 낙원에서 추방된 이후, 그 후손들은 세대를 거듭하며 온 세상에 흩어져 여러 민족을 이루며 살게 되었습니다. 그렇게 오랜 세월이 흐르는 동안 인간은 점점 더 죄에 물들어 갔고 그에 따라 하나님과의 교통도 점차 단절되어 나중에는 거의 모든 사람의 기억 속에서 하나님은 잊히게 되었고, 그렇게 인간은 어느덧 하나님과는 아무 관계도 없는 것처럼 살아가게 되었습니다. 극히 일부의 사람들은 막연히 하나님에 대한 옛 조상들의 희미한 추억을 떠올렸으나 이미 세상에 넘쳐나는 죄는 그들로 하여금 스스로는 하나님을 찾을 수 없게 만들었습니다. 그럼에도 사람들은 아직도 영혼 한 구석에 흐릿한 잔영으로 남아있는 하나님과 자신들 옛 본향에 대한 본능적인 그리움으로 저마다 우상과 미신을 하나님 대신 만들어 그것을 하나님처럼 믿고 만족하며 살았습니다. 에덴을 떠난 이래 인간은 이와 같이 상고시대부터 하나님을 까맣게 잊은 채 살고 있었으며, 그리하여 하나님의 율법이 무엇인지도 알지 못했고, 따라서 죄가 무엇인지도 알지 못하며 살아가고 있었습니다.[3]

이에 하나님께서는 인류의 구원을 위해 아브라함이라는 사람을 택하셔서 그의 후손인 이스라엘민족을 자신의 백성으로 삼으셨고, 그들을 통해 율법을 주시고 훗날 오실 그리스도를 예비하셨습니다. 따라서 하나님을 잊은 채 살아가던 다른 민족들이라고 해서 율법과 무관하다고 볼 수는 없습니다. 하나님

---

3) "죄가 율법 있기 전에도 세상에 있었으나 율법이 없을 때에는 죄를 죄로 여기지 아니하느니라."(로마서 5장 13절)

을 알지 못한다고 해서 그들이 창조주이신 하나님이 정한 규범으로부터 자유로운 것은 아니며 그들 역시 하나님의 율법 아래 놓여있기는 매한가지입니다.

만약 율법이 없다면 죄의 기준은 사라지게 됩니다. 20세기 프랑스의 작가 앙드레 지드[4]는 '하나님이 없으면 용서받을 것이 없다'고 했습니다. 죄에 대한 절대적 기준이 없다면 죄가 무엇인지조차 모르게 되어 그나마 회개하고 용서받을 기회도 사라지게 된다는 말입니다. 용서받지 못한 죄는 나중에 하나님의 심판을 받아 영벌(永罰)의 멸망에 이르게 되는 단초가 됩니다. 거듭 말씀드리지만 죄의 대가는 사망입니다.

반면 죄의 기준인 율법이 있으면 우리는 이를 어겼을 때 스스로 죄인이라는 사실을 자각할 수 있게 됩니다. 그러므로 율법의 역할은 첫째 인간으로 하여금 죄가 무엇인지 알게 하여 자신이 죄인 됨을 깨닫게 하고, 둘째 그럼으로써 스스로 회개하는 마음을 품게 하여 하나님을 바라보게 하는 것입니다. 이런 의미에서 신약성경에서는 이 율법을 가리켜 몽학선생이라 표현하고 있습니다. 몽학선생이란 조선시대 서당에서 어린 아이에게 초등수준의 학문을 가르치던 훈장을 이르는 말입니다.

[이같이 율법이 우리를 그리스도에게로 인도하는 몽학선생이 되어 우리로 하여금 믿음으로 말미암아 의롭다 함을 얻게 하려 함이니라. 믿음이 온 후로는 우리가 몽학선생 아래 있지 아니하도다.] (갈라디아서 3장 24~25절)

이 몽학선생이란 말은 성경원전에는 헬라어 '파이다고고스'(Paidagwgov)라고 나오는데, 이는 원래 그리스시대에 어린 아이에게 시중을 들고 때론

---

[4] 앙드레 지드(André Gide, 1869~1951) : 프랑스의 소설가, 비평가. 20세기 기독교문학의 대표자로 평가됨. 그는 인간의 육체가 소유한 본능을 무시한 채 이성과 정신에 의한 욕망의 억압을 요구하는 도덕적 의무를 부인하고, 이에 인간의 욕망을 직시하는 도덕적 가치를 부여해야 한다고 주장함. 반면 동성애자로서 사촌누이 마들렌 롱도와의 백색결혼(한 번도 동침하지 않은 결혼생활)은 그의 도덕관에 다양한 평가를 내리게도 한다. 저서로는 좁은 문, 전원 교향곡, 교황청의 지하실 등이 있다. 1947년 노벨문학상 수상.

초등학문을 가르치기도 하는 등 어린이의 보호와 인도를 담당하던 일종의 후견인을 이르는 말입니다. 이 말이 몽학선생으로 번역된 것은 성경이 처음 한국어로 번역되던 구한말 당시에 우리의 상황에 맞추어 그렇게 해석된 것으로 보이며 지금은 초등학교 저학년 선생님 정도로 이해하시면 될 듯합니다. 참고로 이들은 실제로는 대개가 아이의 부모에게 소유된 노예의 신분이었지만 여기서는 단지 초등수준의 안내자 역할을 담당한다는 의미로 사용된 것일 뿐 노예신분의 그것과는 전혀 상관이 없는 말입니다.

그러므로 결국 율법이란 죄인을 향한 하나님의 원대한 구원의 계획 가운데 가장 기초적인 단계로서, 우리로 하여금 죄인임을 자복하고 회개케 하여 그리스도 앞으로 인도하는 도구라 하겠습니다. 즉 몽학선생인 율법은 죄의 기준으로서 우리에게 죄가 무엇인지를 가르쳐 주고 또 우리가 하나님께 나아가기 위한 첫 번째 관문에서 우리를 안내하는 역할을 담당하는 것입니다. 율법의 최우선 목적은 그것이 지켜지기에 앞서 우리가 먼저 죄인이라는 사실을 자각시키기 위한 것입니다.

물론 예수님이 오시기 전까지 이것은 지켜지기 위해 있었습니다. 그러나 역사 이래 이 율법을 단 일점이라도 지킨 사람은 아무도 없었습니다. 참고로, 율법의 종류를 모두 합하면 그 종류는 대략 613가지[5] 정도가 된다고 합니다. 율법에 그리도 목매던 바리새인들도 이것을 지키기엔 하나님의 기준으로는 모두 613점 만점에 0점이었습니다. 그럼에도 그들은 자신들이 선하다 착각하며 예수님 앞에 그리도 교만해 했던 것입니다. 인간의 능력으론 하나님의 율법을 지킬 수 없습니다. 이 점을 바리새인들이나 그 외 행위종교를 따르는 사람들은 오해하고 있었던 것입니다.[6]

---

[5] 이는 유대교 율법주의인 바리새파의 규정에 의한 것이다. 그러나 율법을 정확히 몇 개 조항이라고 확정짓기는 어려운 일이며, 바리새파에게도 정황에 따라 그 외에 다른 많은 보조적인 규범들이 추가되었다.
[6] "그러므로 율법의 행위로 그의 앞에 의롭다 하심을 얻을 육체가 없나니 율법으로는 죄를 깨달음이니라."(로마서 3장 20절)

그런데 그리스도이신 예수님께서 이 율법을 한 점도 남김없이 모두 지켜내셨습니다. 그러므로 그분은 죄가 한 점도 없는 분이십니다. 따라서 그분은 죽어야할 이유도 없습니다. 그럼에도 그분은 돌아가셨습니다. 그것도 십자가에서 처참하게 죽임을 당하셨습니다. 그분이 받으신 고통은 바로 죄인 된 우리가 받아야 할 고통이었으며, 그분의 죽음은 바로 우리에게 주어져야 할 죄의 대가였습니다. 이 모든 것을 아무 죄도 없는 예수님께서 우리를 대신해 홀로 십자가에서 죄값을 치르신 것입니다. 이것이 바로 예수그리스도의 십자가 대속입니다. 그 덕에 우리는 이제 더 이상 죄로 인해 죽지 않아도 되게 되었습니다. 예수님께서 우리의 모든 죄를 대신 갚아주셨기 때문입니다. 이는 하나님께서 죄인으로서 당연히 죽어야할 우리를 구하기 위해 예수님을 우리 대신 죽음에게 내어주신 것입니다.[7)]

이로써 우리는 예수그리스도의 대속으로 말미암아 죄의 굴레에서 해방되게 되었습니다. 율법에서 벗어나 예수님이라는 도피성 안에서 살 수 있게 된 것입니다. 그러므로 이제 우리에겐 율법에 얽매여 하지 못할 것은 없습니다. 율법을 어기는 것은 그것의 원칙상 여전히 죄가 되는 것이긴 하지만 우리가 예수그리스도의 대속에 의지하는 순간 죄는 더 이상 우리를 붙들지 못하고 놓아주어야만 하게 된 것입니다. 예수님께서 나의 과거와 현재와 미래의 모든 죄를 이미 남김없이 십자가 위에서 대속하셨기 때문입니다.

죄로부터의 해방은 곧 율법으로부터의 자유로움을 의미하는 것이자 동시에 죽음으로부터의 해방을 의미하는 것이기도 합니다. 이러한 예수님의 대속은 하나의 죄를 용서받을 수 있는 일회용도 아니고 일부 특정인에게만 적용되는 편파적인 것도 아닙니다. 그분의 대속은 온 인류 각 개인 모두에게 동등하게 그리고 평생토록 효력을 발휘하는 것입니다. 이것이 하나님의 아들 예수님께서 이룩하신 대속의 능력입니다. 그리고 이것은 누구에게든 무조건적으로 주어지는 하나님의 은혜이기도 합니다.

---

7) "하나님이 세상을 이처럼 사랑하사 독생자를 주셨으니 이는 저를 믿는 자마다 멸망치 않고 영생을 얻게 하려 하심이니라."(요한복음 3장 16절)

이제까지 누구에 의해서도 지켜진 적이 없던 율법은 이제 예수님이라는 한 사람에 의해 모두가 완벽히 지켜졌기에, 이 전례로써 율법은 이제 온전히 완성됨을 입어 그 역할을 끝내게 되었습니다. 그리하여 이제 율법의 시대는 가고 예수그리스도에 의한 은혜의 시대가 도래하게 되었습니다.

그러므로 율법을 오해하여 마치 기독교가 금욕을 강요하는 종교인 것처럼 생각해서는 안 됩니다. 그것은 행위종교들의 주장입니다. 기독교는 행위종교가 아니라 대속의 종교라는 것은 이미 앞에서 말씀드린 바 있습니다. 기독교는 결코 인간의 현실을 외면한 도덕적 삶을 요구하는 종교가 아닙니다. 기독교가 다른 종교와 다른 점이 있다면, 그것은 '인간은 결코 도덕적으로 완성된 인격을 소유할 수 없다'는 사실을 인정하는 종교라는 것입니다.

그렇다고 인간이 죄를 짓지 않을 수 없는 타락한 존재라는 사실을 핑계로 자신의 도덕적 무위와 나태를 합리화하려 한다면 이 역시 하나님 앞에 합당하지 않은 태도일 것입니다. 인간이 바리새인이나 기타 행위종교자들처럼 극기나 금욕 등을 통해 자기 힘으로 천국에 갈 수 있다고 주장하는 것도 문제겠지만, 반대로 인간은 어차피 도덕적으로 완전함이 불가능한 존재이니 이를 핑계로 처음부터 노력을 포기하는 것도 문제일 것입니다.

요컨대 하나님은 알되 인간의 본성을 모르면, 인간은 스스로의 노력으로 신의 세계에 도달할 수 있다고 착각한다는 점에서 도덕적인 오만에 빠지게 됩니다. 반대로 하나님은 없이 인간의 본성만을 알 때면, 어차피 인간은 죄를 짓지 않을 수 없다는 사실만을 바라본다는 점에서 이번에는 도덕적 절망에 빠지고 맙니다. 바로 그 가운데 예수그리스도가 계십니다. 오만한 자에게는 인간이 타락한 존재라는 사실을 알게 함으로서 겸손을 가르치고, 절망하는 자에게는 우리를 대속하신 구원자가 계시다는 사실을 알게 함으로서 희망을 갖게 하기 때문입니다. 이것이 바로 하나님께서 예수그리스도를 우리에게 허락하신 이유입니다. 그분이 있음으로 해서 우리는 그분을 통해 도덕적 오만을 피하고 또한 절망적인 인간의 모습으로부터 희망과 위안과 안식을 바라볼 수 있게 되기 때문입니다.

만약 욕망이 스스로를 견딜 수 없게 한다면, 또 금욕이 생활 속에서 오히려 자신에게 올무가 되어 평화를 빼앗아간다면 차라리 금욕을 하지 않는 편이 좋을 것입니다. 하나님의 사랑 속에서 자기의 능력을 벗어난 금욕은 아름다운 것이 아니기 때문입니다. 예컨대 사도바울은 말하기를, 하나님만을 사랑하기 위해서는 한편으로 배우자에게 사랑을 빼앗길 수 있는 결혼을 하지 않는 것이 좋다고 말했습니다. 그러나 그럴 만큼 금욕할 자신이 없다면 결혼하는 것이 좋다고도 하였습니다.[8] 다시 말해, 할 수 있으면 좋지만 만약 그것이 자신에게 무리가 되고 기쁨을 빼앗아 간다면 하지 않는 것도 좋다는 것입니다. 이것이 하나님께서 우리가 누리기를 원하시는 사랑 가운데서의 자유입니다. 하나님과의 사랑 속에서 나쁜 것(Bad)은 없습니다. 거기에는 좋은 것(Good)과 더 좋은 것(Better) 그리고 가장 좋은 것(Best) 중의 선택만이 있을 뿐입니다. 사랑은 자유로운 것이며 그러기에 아름다운 것입니다. 사랑은 율법을 비롯한 모든 것에 우선하며, 사랑보다 위대한 것은 없다는 것이 사도바울의 사랑에 대한 해석입니다. 하나님이 원하시는 사랑이란 강요에 의한 구속이 아니라, 기쁨과 평화 속에서 삶의 아름다움과 자유로움을 얻는 것입니다.

그렇다고 하나님의 사랑이 방종에 동의한다는 것은 절대 아닙니다. 사랑은 금욕을 강요하지도 않지만 방종을 허락하지도 않습니다. 하나님의 사랑은 그 자체 자유로운 것이고 평화로운 것이지만 한편 개개인의 인격적 존중을 바탕으로 하는 것이기에, 각자가 자신의 삶을 소중히 생각하고 아름답게 추구하는 것을 미덕으로 여기는 것이지, 어떤 방종이나 중독에 빠져 자신의 삶을 피폐하게 만들거나 남에게 피해를 주는 것마저도 포용하는 것은 아닙니다. 방종이나 중독 역시도 알고 보면 죄의 유혹이라는 또 다른 양태의 강요에 자신을 속박시키는 것임을 깨달아야 하며, 따라서 진정한 자유와 방종의 구분은 하나님께서 허락하신 기독교인의 지혜로써 충분히 가능한 일입니다.

---

[8] 고린도전서 7장 32절~40절. 참고로 바울은 사도들 가운데 유일한 독신이었다.

질문 4
십계명이 무엇인가요?

원래 십계명은 출애굽 당시 하나님께서 시내산(山)에서 모세에게 두개의 돌 판에 새겨 내려주신 열 가지 계명을 말합니다.[1] 따라서 이것은 오랜 세월에 걸쳐 인간의 필요에 의해 생성된 규범이 아니라 처음부터 하나님께서 명시적으로 우리에게 주신 삶의 규칙입니다. 성경의 여러 곳에서 이야기되고 있는 이 십계명은 출애굽기 20장에 처음 언급되고 있습니다. 이 십계명의 내용을 정리하면 다음과 같습니다.

1. 나 외에 다른 신을 위하지 말라.
2. 우상을 섬기지 말라. 나는 질투하는 하나님이다.
3. 내 이름을 망령되이 일컫지 말라. 내 이름을 망령되이 일컫는 자, 죄 없다 아니하리라.
4. 안식일을 지키라.
5. 네 부모를 공경하라.
6. 살인하지 말라.
7. 간음하지 말라.
8. 도둑질하지 말라.
9. 네 이웃에게 불리한 거짓 증언 하지 말라.
10. 네 이웃의 재산을 탐내지 말라. 이웃의 아내나 남종이나 여종이나 소나 나귀나 그 밖에 이웃의 어떠한 것도 탐내지 말라.

---

1) 출애굽기 31장 18절.

이상이 십계명의 간추린 내용입니다. 앞에서 율법은 대략 613가지가 된다고 말씀드린 바 있는데, 사실 그것은 십계명이 여러 면으로 응용되고 파생되어 그렇게 가지를 치게 된 것입니다. 다시 말해 613가지의 율법을 정리하면 결국은 위 열 개의 계명으로 함축될 수 있는 것입니다. 그만큼 십계명은 모든 율법의 기본골자가 되는 계율이라고 할 수 있습니다. 그런데 이 십계명 역시도 알고 보면 결국은 다음의 두 가지 계명으로 함축되는 것이라고 예수님께서는 말씀하셨습니다.

[첫째는 네 마음을 다하고 목숨을 다하고 뜻을 다하여 주 너의 하나님을 사랑하는 것이요. 둘째는 네 이웃을 네 몸과 같이 사랑하는 것이니 이 역시 첫째 계명 못지않은 것이요, 이 두 계명이 온 율법과 선지자의 강령이니라.] (마태복음 22장 37절~40절)

위 말씀을 정리하면 첫째는 하나님을 전심으로 사랑하고 둘째는 이웃을 내 몸처럼 사랑하라는 것인데, 복잡하게 생각할 것 없이 이것이 율법의 전부라는 것입니다. 구약의 성경구절들을 인용하신[2] 예수님의 이 말씀은 십계명을 비롯해 모든 율법은 결국 사랑에 기반을 두고 있다는 것으로, 이것이야말로 구약성경에 나오는 모든 율법을 간단하고도 명료하게 정리해 주신 대목이라 하겠습니다. 요컨대 율법의 본질은 바로 하나님의 성품인 사랑에서 출발하는 것입니다.

그럼에도 십계명을 읽다보면 그 규율들이 너무 경직된 것 같아 하나님에 대한 두려움부터 느껴진다고 하는 분들이 있는데 이는 하나님을 잘 알지 못하는데서 기인한 오해일 뿐입니다. 실제로 우리의 하나님은 사랑이 충만하시고 늘 우리 곁에서 우리와 기쁨을 나누기를 원하시는 자상하고 포근한 분

---

2) "너는 마음을 다하고 뜻을 다하고 힘을 다하여 네 하나님 여호와를 사랑하라."(신명기 6장 5절) "원수를 갚지 말며 동포를 원하지 말며 이웃 사랑하기를 네 몸과 같이 하라. 나는 여호와니라."(레위기 19장 18절)

이시란 사실을 아셔야 합니다. 그러기에 율법도 하나님의 사랑을 기반으로 하고 있음은 엄연한 사실입니다. 그러므로 십계명도 하나님께서 우리를 얼마나 사랑하시는지를 알게 하는 좋은 증거가 될 수 있으니, 지금부터 그것에 담긴 참된 의미를 짚어 보도록 하겠습니다.

1) 나 외에 다른 신을 위하지 말라.

이 계명에는 두 가지의 의미가 내포되어 있습니다. 첫째는 하나님은 유일신이시라는 선언이며, 둘째는 하나님은 우리를 사랑하고 계시다는 선언입니다.

먼저 유일신에 관한 내용을 설명 드리면, 이 계명에서 다른 신을 위하지 말라는 것은 진짜로 하나님과 동등한 다른 신이 있어서 그 신을 섬기지 말라는 것이 아닙니다. 하나님 외에 진정한 신은 없습니다. 다만 위 계명은 인간이 만들어낸 신이건 또는 그 자체 피조물로서 자격미달의 거짓 신이건 우리가 신이라고 착각하는 모든 통칭의 대상에 대해 헛된 숭배를 하지 말라는 의미입니다.

둘째로 이 계명에 담겨있는 또 하나의 의미는 하나님은 우리를 사랑하고 계시다는 것입니다. 그런데 이 계명은 얼핏 보면 하나님께서 자기만을 주장하는 이기적인 독선이나 심술궂은 횡포를 부리시는 것처럼 여겨지기도 하며 실제로 그렇게 오해하는 이들도 더러 있습니다. 그러나 그 같은 생각이야말로 하나님과 인간을 갈라놓으려 하는 사탄의 이간질에 속은 것일 뿐, 오히려 이 계명으로 인해 십계명은 하나님께서 우리를 진심으로 사랑하고 계시다는 선언에서부터 시작되고 있음을 깨달아야 합니다.

이 계명을 좀 더 쉽게 이해하기 위해 먼저 우리는 '좋아하는 감정'과 '사랑하는 감정'의 차이에 대해 잠시 이야기해 보도록 하겠습니다.

사랑하는 것과 좋아하는 것은 어찌 보면 거의 비슷한 감정이긴 하지만, 두 감정 사이에는 분명히 본질적인 차이가 있습니다. 좋아하는 감정은 한 사람이 동시에 다수의 상대와 동일한 관계를 맺고 그들과 동일한 감정을 교환해도 별 문제가 없지만, 사랑하는 감정은 오직 한 사람과만 관계를 맺고 다른 사람과는 그와 동일한 감정을 교환할 수 없습니다. 사랑하는 감정의 특징은 좋아하는 감정과 달리 상대를 향한 독점과 소유의 개념이 강하게 개입되기 때문입니다. 따라서 좋아하는 감정은 복수(複數)의 관계를 맺어도 감정의 유지가 가능하지만 사랑하는 감정에는 그것이 불가능합니다. 만약 어떤 사람이 여러 사람의 이성을 동시에 사랑한다면, 그와 같은 행위는 상대에게 질투와 슬픔 등의 아픔을 느끼게 한다는 점에서 허락되지 않습니다. 사랑은 특정한 한 사람과만 특별한 관계를 유지키로 한다는 상호간의 묵시적인 약속을 전제로 합니다. 왜냐하면 사랑에는 소유욕이나 독점욕과 같이 인간의 감정 저변에 자리한 순수한 욕망이 자연스럽게 발동하기 때문입니다. 좋아하는 감정에는 질투라는 감정이 개입되지 않지만, 사랑하는 감정에는 질투가 개입되어 마음을 지배합니다. 그러기에 사랑에는 이 질투를 피하기 위하여 소유욕을 자극하지 않으려는 서로간의 배려가 작용합니다.

사랑은 값싸고 흔한 것이 아닙니다. 왜냐하면 우리는 아무나 사랑하지 않고 반드시 내가 사랑받고 싶은 상대를 골라 그만을 사랑하기 때문입니다. 오직 그만을 사랑하기에 그도 나만을 사랑하기를 바라고 또 나만이 그를 소유하고 싶어 하는 것이 바로 사랑입니다.

하나님은 우리를 사랑하십니다. 그러기에 우리에게 질투할 것이라고 하셨습니다. 십계명 가운데 이 말씀은 사랑의 속성을 너무도 잘 표현하고 있는 부분이라 하겠습니다. 하나님은 우리에게 경배나 제사를 원하시지 않습니다. 그분이 우리에게 원하시는 것은 바로 사랑입니다.

17세기의 과학자 파스칼[3]은 말하기를 이 세상에 "나는 신이다. 나는 위대하다. 그러므로 나를 섬기고 받들어라!"고 외치는 신들은 많지만, 우리 곁에

---

3) 파스칼(Blaze Pascal, 1623~1662) : 프랑스의 수학자, 물리학자, 호교론자. 그가 기독교의 해설과 전파를 목적으로 기록한 유작 '팡세'는 호교론(護敎論/기독교 옹호론의 약자)의 명작으로 꼽힌다.

조용히 다가오셔서 다소곳이 우리 어깨를 감싸시며 "나를 사랑해 주지 않겠니?"라고 조용히 묻는 신은 오직 기독교의 하나님밖에는 안 계시다고 했습니다.

우리는 누군가를 사랑하게 되면 그만을 바라보고 또 그에게도 나만을 사랑해 줄 것을 자연스럽게 원하게 됩니다. 그리고 자신이 사랑하는 이의 마음을 독차지하지 못하고 있다고 여겨질 때면 슬픔과 외로움을 느끼게 됩니다. 또 나를 사랑한다고 하면서 그가 나 몰래 다른 이성을 사랑하고 있다는 것을 알게 된다면 격렬한 질투와 고통을 느끼게 됩니다. 사랑은 이런 것입니다. 그렇다면 우리를 진정으로 사랑하시는 하나님께서 우리처럼 당신만을 사랑해 달라고 하시는 것이 과연 지나친 요구일까요?

십계명의 첫째 계명인 이 계명은 바로 우리를 사랑하시는 하나님께서 우리에게도 당신만을 믿고 의지해 주며 당신만을 사랑해 달라는 당연한 요구를 하고 계시는 것입니다. 나머지 계명도 이런 맥락에서 접근해 보면 하나님께서 우리에게 무엇을 요구하시는지 쉽게 이해가 될 것입니다.

2) 우상을 섬기지 말라. 나는 질투하는 하나님이다.

우리를 지극히 사랑하시는 하나님은 신은 물론이거니와 짐승이나 자연물 등 하나님 이외의 어떤 대상에 대해서도 그것을 당신보다 위하는 것을 원치 않으십니다. 이는 당신께서 사랑하시는 대상, 즉 우리를 향한 철저한 독점의 선언으로 첫 번째 계명의 보충이라고도 할 수 있습니다. 우상이란 눈에 보이는 것만이 해당되는 것은 아닙니다. 재산이나 재물, 가족, 취미 등 우리가 하나님 보다 더 소중하게 생각하는 것은 모두가 하나님 앞에 우상이 됩니다. 사랑은 자신보다 더 소중하고 우선되는 것이 있는 것을 용납하지 않습니다. 이것이 충족될 때 사랑은 행복을 느끼며 비로소 자신을 기쁘게 내어줍니다. 사랑은 아주 사소하고 유치스런 행동만으로도 금방 슬퍼지거나 기뻐할 만큼 섬세한 감정입니다. 하나님께서도 아브라함이 자신을 얼마나 사랑하는지 시험하시기 위해 그가 100살이나 되어 어렵게 얻은 아들인 이삭을 제물로 바치라고 요구하신 적이 있습니다. 물론 실제로 바치게 하진 않으셨지만, 그만큼 사랑은 언제나 상대의 진심을 확인받고 싶어 하고 확인받을 때 극적인 행복을 느끼게 되는 감정입니다.

요컨대 우상을 섬기지 말라는 이 계명은 하나님께서 우리를 그만큼 깊이 사랑하고 계시다는 것을 다시 한 번 대변하는 말씀이기도 합니다.

3) 내 이름을 망령되이 일컫지 말라. 내 이름을 망령되이 일컫는 자 죄 없다 아니하리라.

이 계명은 사랑에 임할 때에는 예의를 지키라는 의미를 담고 있습니다.

젊은이들을 보면, 사랑하는 연인을 만나러 갈 때에는 가장 예쁘게 단장하고 언제나 아름다운 모습을 보여주려고 합니다. 예쁜 옷을 꺼내 입고 머리를 가꾸고 아끼던 물건들로 치장을 하고는 만나려고 합니다. 또 만나기 전에는 무슨 말로 어떻게 기쁘게 해줄까를 고민하고, 만나서는 서로를 존중하고 예의를 갖춰 이야기합니다.

또 친구들 앞에서 자신이 사랑하는 사람을 이야기할 때에는 '우리 그이' 또는 '우리 그녀'라고 호칭하며 사랑하는 사람에 대한 존중을 표합니다. 만약 상대를 남들 앞에서 '그 아이', '그 녀석' 따위의 호칭을 사용하여 부른다면 그것은 사랑하는 이에 대한 예의가 아닐 것입니다.

이 세 번째 계명은 바로 이런 의미에서 우리에게 주어진 계명입니다. 즉 하나님께서는 우리를 소중히 여기시며 사랑으로 대하시는 만큼 우리에게도 하나님에 대해 그에 걸맞은 사랑의 예절을 갖춰주기를 요구하시는 것입니다.

4) 안식일을 지키라.

하나님은 6일 동안 세상을 창조하셨고 일곱 번째 되는 날 쉬셨습니다. 이 일곱 번째 날이 안식일이며 이날에는 일절 아무 일도 하지 말고 쉴 것을 율법으로 정하고 있습니다.

유대인들은 안식일을 거룩히 여겨 일손을 놓고 휴식하며 경건한 마음으로 예배를 보았습니다. 그런데 나중에는 이 경건함이 지나친 나머지 극단에 빠져 안식일만 되면 해야 할 일마저도 무조건 하지 못하게 함으로써 생활에 큰 불편과 지장을 초래하기도 하였습니다. 심지어는 전쟁 시에도 안식일에는 전투를 하지 못하게 하여 이를 이용한 적군에 의해 많은 사상자가 발생하는 경우도 있었습니다.

이와 같은 율법의 오해에서 비롯된 폐단으로 인해 예수님도 이 안식일에 관한 문제를 가지고 문자주의에 빠진 유대교도들과 마찰을 빚기도 하셨습니다. 자기신앙의 과시를 위해 외형적인 겉치레로만 율법을 지키던 당시의 율법학자들은 인간에 대한 하나님의 사랑과 배려라는 이 계명에 담긴 참뜻을 보지 못했던 것입니다. 모든 율법이 그러하듯 이 계명에서도 안식일의 권위에 집착된 편견을 제하고 나면 사랑이 보입니다. 하나님은 권위의 하나님이시기 이전에 사랑의 하나님이시기 때문입니다. 하나님을 신으로만 섬길 때 십계명은 권위로 다가오지만, 하나님께서 나의 아버지임을 알 때 그것은 사랑으로 다가옵니다.

안식일을 지키라는 이 계명에는 두 가지 의미가 담겨있습니다. 첫째는 인간을 향해 하나님께서 원하시는 사랑의 교감, 말하자면 일종의 스킨십을 요구하시는 하나님의 마음이며, 두 번째는 사람을 위한 하나님의 인간주의 사상입니다.

먼저 교감에 관한 의미를 말씀드리면, 하나님께서는 우리가 당신을 진심으로 사랑한다면 최소한 일주일에 한 번씩은 만날 것을 요구하고 계시다는 것입니다. 상대방과 서로의 마음의 교감과 확인이 없다면 그것은 사랑이라 말할 수 없습니다. 그러기에 사랑하는 사람이 상대에게 만남을 요구하는 것은 당연한 일입니다. 그렇게 만나 끊임없이 서로가 상대에게 자기의 마음을 확인시켜 주고 또 상대로부터 마음을 확인받는 행위가 지속될 때 사랑은 유지됩니다.

따라서 이 계명은 우리를 인격적으로 사랑하시는 하나님께서 우리에게 하시는 당연한 요구라고 할 수 있습니다. 당신께서는 우리 시간의 칠분의 일은 당신의 것이라고 선언하심으로써, 이 날은 하나님을 위해 할애해 주기를 원하시고 계신 것입니다. 즉 사랑하는 이로서 우리에게 최소한 일주일에 한 번은 직접 만나 교감하자는 것으로, 이를테면 일종의 데이트를 청하는 것과 같다고 하겠습니다.

다음으로 이 계명에 담겨있는 두 번째 의미는 인간의 평등과 우애 등을 담고 있는 인간주의 사상입니다.

[안식일을 기억하여 거룩히 지키라. 제 칠일은 너의 하나님 여호와의 안식일인즉 너나 네 아들이나 네 딸이나 네 남종이나 네 여종이나 네 육축이나 네 문안에 유하는 객이라도 아무 일도 하지 말라. 이는 엿새 동안에 나 여호와가 하늘과 땅과 바다와 그 가운데 모든 것을 만들고 제 칠일에 쉬었음이라. 그러므로 나 여호와가 안식일을 복되게 하여 그 날을 거룩하게 하였느니라.] (출애굽기 20장 8절~11절)

위 말씀을 보면 안식일은 하나님께서 축복하신 날로 사람이나 짐승이나 모두가 아무 일도 하지 말고 휴식을 취할 것을 명하시고 계십니다. 그런데 여기서 주의 깊게 보아야 할 것은 안식일엔 주인과 그 가족만 쉬라는 것이 아니라, 그 외에 그 집에서 일하는 남종과 여종 그리고 문간방에서 빌붙어 사는 식객, 게다가 가축을 포함해 노동에 혹사당하는 모든 이가 이 날은 똑같이 쉬라고 말씀하고 계시다는 점입니다. 즉 안식일에는 모두가 평등하게 휴식을 취하라는 것입니다. 평소 먹는 것, 입는 것은 다를지라도 일주일에 하루만큼은 쉬는 것은 평등하게 쉬라는 것입니다. 쉬는 데에는 차이가 있을 수 없습니다. 이것이 안식일에 담겨있는 평등의 사상입니다. 안식일은 하나님께서 인간을 옥죄기 위해 만드신 것이 아니라, 인간으로 하여금 그들이 원초적으로 자유롭고 서로 간에 평등한 존재임을 잊지 말도록 하기 위해 직접 마련해 두신 최소한의 안전장치입니다. 그리하여 일주일에 최소한 하루만큼은 누구나 할 것 없이 모두가 자유와 해방을 만끽하도록 하셨습니다.

이날은 하나님께서 복을 주신 날로 인간은 자유를 누리는 가운데 하나님을 예배할 수 있도록 하셨으며, 특히 강자들 앞에서 눈치 보며 숨죽이고 살아야 하는 힘없는 자들에게는 해방이 허락된 축복된 날이 되도록 하셨습니다.

[너는 기억하라. 네가 애굽(이집트) 땅에서 종이 되었더니 너의 하나님 여호와가 강한 손과 편 팔로 너를 거기서 인도하여 내었나니 그러므로 너의 하나님 여호와가 너를 명하여 안식일을 지키라 하느니라.] (신명기 5장 15절)

  하나님께서 모세를 통해 십계명을 주시기 전, 이스라엘민족도 이집트에서 노예로 혹사당했던 과거가 있음을 상기하고, 그들은 자신들이 당했던 것처럼 약한 자를 너무 가혹하고 모질게 대하지 말 것을 하나님께서는 엄히 당부하고 계십니다. 이것은 가난한 자, 낮은 자, 약한 자에 대한 배려였으며 동시에 부자와 높은 자, 강한 자의 권력남용에 대한 경종이기도 합니다. 그러므로 안식일은 하나님께서 혹시 있을지도 모를 자비 없는 자들이 자신의 부를 위해 가난하고 힘없는 자를 쉼도 없이 부리지 못하도록 안식일을 정해 먼저 쉬셨다고도 할 수 있습니다. 요컨대 안식일의 계명은 세상의 소외된 자들을 챙기라는 하나님의 명령이며 아울러 땀 흘려 일한 후에는 휴식을 즐기되 그와 함께 하나님과의 사랑을 확인하는 시간을 갖자는 교감의 메시지라 하겠습니다.
  이상과 같은 위의 네 가지 계명은 모두 하나님과 인간의 관계에 적용되는 것으로 인간이 하나님께 지켜야 할 율례들입니다. 요약하면 예수님의 말씀대로 '네 마음을 다하고 목숨을 다하고 뜻을 다하여 주 너의 하나님을 사랑하라'는 것에 해당됩니다.
  다음 다섯 번째 계명인 '부모를 공경하라'부터 열 번째인 '네 이웃의 재산을 탐내지 말라'까지의 여섯 가지 계명은 인간끼리 지켜야 할 규범, 즉 '네 이웃을 네 몸과 같이 사랑하라'는 한 마디 말씀으로 함축됩니다.

[간음하지 말라, 살인하지 말라, 도적질 하지 말라, 탐내지 말라, 한 것과 그 외에 다른 계명이 있을찌라도 네 이웃을 네 자신과 같이 사랑하라 하신 그 말씀 가운데 다 들었느니라. 사랑은 이웃에게 악을 행치 아니하나니 그러므로 사랑은 율법의 완성이니라.] (로마서 13장 9절~10절)

결국 정리하면 십계명은 예수님께서 말씀하신대로 첫째 '네 마음을 다하고 목숨을 다하고 뜻을 다하여 주 너의 하나님을 사랑하라'는 것과, 둘째 '네 이웃을 네 몸과 같이 사랑하라'는 이 두 마디 말씀을 풀어서 세부적으로 나열한 것에 불과하며, 그것을 다시 확대해서 나열한 것이 613가지의 율법인 것입니다. 이렇게 볼 때 율법은 궁극적으로 하나님의 사랑을 그 기반으로 하고 있는 것이며, 아울러 하나님께서 우리에게 원하시는 것은 바로 사랑이라는 사실을 일깨워주고 있습니다.

여기서 우리가 율법에 대해 또 분명히 알고 넘어가야 할 것은, 율법은 그 자체 이치에 어긋나는 것이 단 한 점도 없지만 단지 우리가 죄인이기에 그것을 단 하나도 지키지 못하고 있을 뿐이라는 사실입니다.

질문 5
대속이란 무엇인가요?

대속(代贖)이란 '대신 속죄한다'는 뜻의 기독교 용어라는 것은 이미 누차 말씀드린 바 있습니다. 이는 예수그리스도께서 나를 비롯한 온 인류의 과거와 현재와 미래의 모든 죄를 짊어지시고 십자가에서 온 인류를 대신해 죽으신 것을 말하며, 이로 인해 인류는 구원을 받을 수 있는 자격을 얻게 되었음을 의미하는 말입니다. 쉽게 말하면 하나님 앞에 죄인일 수밖에 없는 내가 그 벌로 마땅히 죽어야만 하는 것을 예수님께서 대신 죽으셨기에 나는 안 죽어도 된다는 것입니다. 이 대속이야말로 기독교 교리 가운데 가장 중심된 개념이라고 할 수 있습니다. 즉 예수그리스도께서 십자가에서 우리의 죄를 대속하여 돌아가셨다는 사실을 믿는 자는 누구든지 구원을 얻게 된다는 것이 바로 기독교의 핵심교리입니다.

[영접하는 자, 곧 그 이름을 믿는 자들에게는 하나님의 자녀가 되는 권세를 주셨으니] (요한복음 1장 12절)

1) 대속의 종교와 행위의 종교

사실 대속의 개념을 갖고 있는 종교는 기독교가 유일합니다. 그런 이유로 기독교를 '대속의 종교'라 부르기도 합니다. 물론 다른 종교들 역시도 죄 짓지 말 것을 가르칩니다. 하지만 대속의 개념을 가지고 있지는 않습니다. 다른 종교에서는 죄를 짓지 않는 것은 인간의 의지와 노력으로 가능하다고 가르칩니다. 이와 같이 인간의 의지나 노력에 따른 행위 자체에 선의 가치와 비중을 두는 종교를 '행위의 종교'라고 부릅니다. 행위종교는 죄를 짓지 않기 위한 방편으로 인간의 극기와 금욕을 제시합니다.

그러나 기독교에서는 이를 인간으로서는 실행 불가능한 도덕적 교만으로 간주합니다. 즉 모든 인간은 죄인이라고 주장하는 기독교는, 원래는 우리가 죄인이 아니었는데 살면서 죄를 지었기 때문에 죄인이 된 것이 아니라, 본시 우리는 태어날 때부터 죄인이었기 때문에 당연히 죄를 짓는 것뿐이라고 보기 때문입니다. 즉 인간은 그 태생과 본질이 이미 죄인이므로 스스로는 죄 짓지 않을 능력을 이미 상실했다고 보는 것이 기독교의 시각입니다.

사실 극기와 금욕 등 자신의 능력만으로 죄를 짓지 않고 스스로 지고의 선에 도달할 수 있다고 하는 것은, 인간이 선(善)을 인식하고 그로부터 도덕적으로 나아갈 방향을 설정했다는 점에서 위대한 것일 수 있습니다. 하지만 반면에 이것은 인간의 능력을 과대평가한 나머지 인간 스스로 완선한 선을 행할 수 있다고 주장함으로써 자력(自力)만으로 하늘의 위치에 도달할 수 있다고 주장하는 것과 같습니다. 이것은 곧 인간이 스스로 하나님의 위치에 나아갈 수 있다고 주장하는 것과 같은 것으로 결과적으로는 인간으로 하여금 악마적 오만[1]이라는 또 다른 악덕에 빠뜨리게도 하는 것입니다.

이에 반해 기독교는 이미 인간은 타락하여 자신의 힘으로는 한 발도 하나님께 나아갈 수 없는 존재이며, 따라서 하나님과의 만남은 오직 하나님께서 우리 곁에 다가오셔야 만이 가능하다고 가르칩니다. 즉 인간은 결단코 스스로를 구원할 수 없으며 오직 하나님께서 나를 건져주실 때만이 구원은 가능하다는 것입니다. 예수그리스도께서 이 땅에 오신 이유도 바로 그 때문이며, 그러므로 오직 그리스도이신 예수님만을 통해 구원은 성취된다고 기독교는 이야기합니다. 이렇듯 대속의 종교인 기독교와 그 외 행위의 종교들 사이에는 인간의 본질과 능력에 대한 근본적인 시각의 차이가 있습니다. 즉 인간이 자신의 의지에 의해 도덕적으로 완성된 인격을 소유할 수 있느냐 없

---

[1] 악마는 본래 루시퍼란 이름을 가진 최고지위의 천사였으나, 교만이 극에 달해 스스로 하나님이 되고자 권좌에 도전하다 추락한 천사이다. 이후 사탄으로 이름이 바뀌었으며 타락한 천사들의 수괴로 모든 악의 시발이자 원천이며 일명 마귀라고도 불린다. 제2부, '기독교의 기본적인 교리에 대하여' 중 질문11. '사탄은 무엇인가요?' 참조.

느냐, 나아가 자신의 능력으로 스스로를 구원할 수 있느냐 없느냐에 대한 입장에 따라 각 종교는 인간본질에 관한 근본적인 해석의 차이를 갖는다고 하겠습니다.

2) 유월절의 속죄양 예수그리스도

이스라엘민족은 매년 유월절 기간이 되면 무교병을 먹으며 하나님 앞에 자신의 지난 한 해의 죄를 용서받기 위해 속죄제라고 하는 제사를 지냈습니다. 속죄제의 방식은 자신의 죄를 대신할 짐승을 제물로 잡아 그 피를 성소의 특정한 장소에 뿌리거나 바르고 고기는 불에 태우는 것이었습니다.[2] 제물로는 성서의 지침(指針)에 따라 양이나 염소, 송아지와 같이 반추하는 짐승의 어린 수컷이나 그 외 다른 몇 가지 짐승[3]이 사용되었는데 주로는 양이 많이 사용되었습니다. 또 자신의 죄를 대신해 죽임을 당하도록 제물로 바쳐진다 하여 이 양을 속죄양 또는 희생양이라 불렀습니다. 이렇게 이스라엘민족은 매년 속죄의 제물을 바쳐 자신의 죄를 대속했던 것입니다.

이 속죄제를 드리던 유월절은 BC15세기 중반 이집트에서 노예생활 하던 이스라엘민족을 하나님께서 선지자 모세를 시켜 해방한 날을 기념하는 축제일로, 이후 이스라엘민족에게는 가장 큰 명절 중의 하나가 되었습니다. 이 유월절은 넘을 유(逾), 넘을 월(逾), 즉 '건너뛰다'(Skip) 또는 '지나치다'(Pass)라는 의미를 갖는 절기로서 다른 말로는 지날 과(過), 넘을 월(逾)자를 써서 과월절이라고도 합니다. 유래는 이스라엘민족이 이집트를 떠나기 전날 밤, 노예로 있던 이스라엘민족을 풀어주라는 하나님의 명을 거역하던 이집트 왕을 벌하시기 위해 하나님께서 이집트인 백성의 모든 장남과 가축의 맏배가 죽는 재앙을 내리셨는데,[4] 그 때 이스라엘 백성들은 양의 피를 문설주에 바르도록 하셔서 이를 표식으로 죽음의 사자가 그냥 지나갔다는

---

2) 제물을 통째로 불에 태운다 하여 번제(全燔祭) 또는 즐여서 번제라고도 함.
3) 가난한 사람들은 산비둘기나 집비둘기를 사용하기도 했다.(레위기 5장 7절)
4) 출애굽기 11장 5절

데에서 유래합니다. 참고로, 여기서 문설주에 발라진 양의 피는 장차 인류의 대속을 위해 예수그리스도께서 십자가에서 흘리실 피를 상징합니다.

날짜는 유대력으로 1월인 니산월(月)[5]의 14일째 되는 날이며 오늘날의 양력으로는 대개 3월 내지 4월에 해당됩니다. 이날엔 온 이스라엘 사람들이 예루살렘에 모여 자신의 죄를 대신할 희생양을 잡아 제사를 지냈습니다. 그리고 유월절 다음날부터 7일간은 무교병을 먹었는데 이 기간을 무교절(無酵節)이라 하며, 또 유월절로부터 첫 번째 안식일의 이튿날은 초실절(初實節)이라 불렀습니다. 따라서 초실절은 무교절 기간과 중복이 되는데 예수님께서 부활하신 날이 바로 초실절입니다.

아마도 매년 유월절이 되면 예루살렘의 성전에는 전국에서 몰려온 사람들이 바친 제물들의 피비린내가 진동했을 것입니다. 제물이 죽임을 당할 때의 그 잔인한 모습은 우리가 죄로 인해 그렇게 죽어야하는 것을 상징합니다. 그런데 이 속죄제의 효력은 단지 일 년에 불과했습니다. 따라서 이듬해가 되면 이스라엘백성들은 또 다시 어린 양을 잡아 속죄제를 지내야 했습니다.

그런데 여기서 알아야 할 것은, 예수님께서 돌아가시던 날이 바로 유월절 기간이었다는 사실입니다. 즉 어린양을 제물로 바쳐 자신의 죄를 속죄하던 바로 그날 예수님께서 돌아가신 것입니다. 이것은 결코 우연이 아니며 구약성경에 등장하는 수많은 하나님의 예언자들이 꾸준히 외쳐오던 예언들의 핵심적인 주제였습니다. 이는 바로 예수님께서 우리의 죄를 대신해 죽임을 당하시기 위해 오신 어린 양이었음을 말해주는 것입니다. 요단강의 성자 세례요한은 예수님을 향해 다음과 같이 외쳤습니다.

[보라, 세상 죄를 지고 가는 하나님의 어린 양이로다!] (요한복음 1장 29절)

유월절 예수그리스도께서 십자가에서 돌아가시며 흘리신 피는 일 년간

---

5) 또는 아빕월(月)이라고도 함.

의 죄를 사해주는 희생제물의 피와는 차원이 다른 것입니다. 예수그리스도의 피는 온 인류를 구원하시기 위해 하나님께서 몸소 인간이 되어[6] 온 인류의 죄를 대신 짊어지시고 십자가에서 죽으시며 흘리신 피입니다. 그것은 일년이 아니라 우리의 전 생애를 걸친 모든 죄를 한 순간에 없애주시는 구세주의 권능 있는 대속의 피입니다. 기독교가 이야기하는 대속이란 바로 이런 것이며, 기독교는 이와 같이 예수그리스도의 죽음을 통한 대속의 종교입니다.

이에 관해, 여러분의 쉬운 이해를 돕기 위하여 여기 대속에 관한 재미있는 우화 하나를 소개하고자 합니다. 이 이야기는 교회에서 목사님들이 설교 중에 곧잘 인용하시는 비유 가운데 하나로, 사랑과 공의 가운데 이루어지는 하나님의 대속의 내용을 함축적으로 잘 담고 있어 초신자분들을 위해 나름대로 정리하여 적어 봅니다.

- 아들을 사랑한 임금님 이야기-

옛날에 어질고 지혜로운 임금님이 다스리는 나라가 있었습니다. 그곳은 아름답고 부유하며 살기 좋은 나라였습니다.

그런데 어느 날부터인가 나라 안에는 이상한 풍속이 생겨나기 시작했습니다. 그것은 젊은 남녀들이 훤한 대낮에 부끄러운 줄도 모르고 거리에서 끌어안고 낯 뜨거운 행동을 벌이는 것이었습니다. 이러한 소식을 접한 임금님은 마음에 근심이 가득해졌습니다.

"그런 부끄러운 일들이 내 나라에서 벌어지다니…"

임금님은 왕으로서 자신의 나라에서 철없는 젊은이들이 벌이는 이 불미스러운 사태를 그대로 방치할 수 없었습니다. 임금님은 고심 끝에 엄한 명을 내렸습니다.

"앞으로 그런 해괴한 일을 벌이는 자들은 두 눈을 뽑아 버려라! 그런 망

---

[6] "말씀이 육신이 되어 우리 가운데 거하시매 우리가 그 영광을 보니 아버지의 독생자의 영광이요 은혜와 진리가 충만하더라."(요한복음 1장 14절)

측한 자들에게는 이 나라의 아름다운 모습을 보지 못하게 하라!"

너무나 무서운 벌이었습니다. 이렇게 왕명이 내려지자 그런 행동을 하는 자들은 금세 모두 사라지게 되었습니다. 임금님의 나라는 다시 평화를 찾으며 예전처럼 살기 좋은 나라가 되었습니다.

그런데 얼마가 지난 후 한 젊은이가 그 같은 소행으로 붙들려 왔다는 소식이 들렸습니다. 이에 격노한 임금님이 신하들에게 말했습니다.

"그는 왕명마저 우습게 아는 자구나. 그런 녀석은 일벌백계의 차원에서 내가 직접 문책하겠다. 그 자를 당장 끌어다 내가 보는 앞에서 두 눈을 뽑아라!"

이 말을 마치고 잠시 후 그 젊은이가 임금님 앞에 끌려왔습니다. 순간 임금님은 소스라치게 놀랐습니다. 잡혀온 죄인은 다름 아닌 자신의 외아들인 황태자였기 때문이었습니다.

임금님은 깊은 고민에 빠졌습니다. 정말로 어찌해야 할지를 몰랐습니다. 마음 한편으론 자신이 정한 엄한 벌이 후회가 되기도 했습니다. 임금님은 한동안 깊은 생각에 잠겼습니다.

"어찌해야 하나. 저 애는 내가 눈에 넣어도 아프지 않을 내 사랑하는 아들인데. 나는 도저히 저 아이의 눈을 뽑을 수 없어. 나는 내 아들이 고통 받는 모습을 감당할 수 없을 거야. 차라리 '저 아이는 내 아들이니까 예외다'라고 말할까. 저 많은 신하들이 보는 앞에서 내가 그렇게 말하면 왕의 말이니 아무도 안 된다고 말할 순 없겠지. 하지만 내가 정한 법을 내가 먼저 어기는 그 순간 모든 백성이 존경하던 나의 공의는 사라지고 이 나라는 더 이상 아름답게 다스릴 수 없을 거야. 그렇다고 저 아이에게 원칙대로 그 끔찍한 형벌을 받게 할 수는 없어. 아! 정말 어떻게 해야 하나..."

탄식 속에 한참이나 생각에 잠겨있던 임금님은 마침내 결심한 듯 아들을 슬픈 눈으로 바라보며 비장한 어조로 말했습니다.

"저 죄인의 눈을 뽑아라! 법은 지엄한 것이다." 이 말에 설마 하는 마음으로 임금님의 결정을 숨죽여 기다리던 신하들은 놀랐습니다. 그들은 평소 임금님이 아들인 황태자를 얼마나 끔찍이 사랑하고 있었는지를 너무도 잘 알고 있었기 때문이었습니다. 그들은 반신반의하며 임금님의 눈빛을 바라보았습니다. 임금님의 얼굴엔 슬픈 모습이 가득했지만 단호한 표정을 짓고 있었습니다.

그렇게 임금님의 명이 떨어지자, 왕자를 끌고 왔던 건장한 사내들은 그를 형틀에 꽁꽁 묶고는 먼저 그의 한쪽 눈을 뽑았습니다. 형이 집행되는 동안 피가 튀고 비명을 지르는 아들의 절규를 보고 있던 임금님은 마음속으로 몸서리를 쳤습니다. 임금님은 너무나 괴로워 자신도 비명을 지를 것 같았습니다.

잠시 후, 사내들이 나머지 눈도 뽑고자 왕자의 다른 쪽 눈에 칼을 들이대자, 처절한 고통을 참아 오던 임금님이 갑자기 비장한 목소리로 그들을 향해 "멈추어라!"하고 소리쳤습니다. 그리고는 말했습니다.

"나머지 한쪽 눈은 내 눈을 뽑아라!" 임금님의 이 말이 떨어지는 순간, 법정에는 한동안 정적이 흘렀습니다. 신하들은 임금님과 왕자를 번갈아 보며 아무 말도 하지 못했습니다. 그리고는 아들을 지키려는 아버지의 사랑에 감동했습니다.

임금님은 왕으로서 마땅히 공의를 지켜야 하되 아버지로서 사랑도 포기할 수 없었습니다. 임금님이 아버지로서 이 순간 아들을 위해 해 줄 수 있는 건 그것밖에 없었습니다. 이것이 자신이 정한 법에 대해 왕으로서 공의를 지키며 동시에 죄인인 아들에겐 아버지로서 사랑을 지킬 수 있는 유일한 방법이었던 것입니다. 그리하여 임금님은 아들이 받아야 할 고통을 자신이 감수하며 한쪽 눈을 아들을 위해 기꺼이 내어주었습니다. 바로 임금님이 아버지로서 대속을 한 것입니다.

이 이야기는 하나님의 대속을 비유화한 동화입니다. 대속이란 앞서도 말한 바와 같이 '네가 죽어야 할 것을 내가 대신 죽겠다'는 그것입니다. 그리고 그 대속의 이유는 오직 한 가지, 사랑하기 때문이었습니다. 예수님은 하나님을 우리의 아버지라 부르셨으며 우리를 하나님의 아들이라 하셨습니다.[7] 자식 된 인간을 사랑하실 수밖에 없는 하나님께서는 당신과 헤어져 영원한 죽음의 나락으로 떨어질 수밖에 없는 인간을 다시금 옛 에덴의 영생으로 되돌리기 위해 너무나 처절한 노력으로 사랑을 베풀고 계셨음을 예수님은 우리에게 분명히 보여주셨습니다.

 율법을 어김은 죄요 죄의 대가는 죽음이라고 했습니다.[8] 만약 예수그리스도의 대속이 없었다면 우리는 모두가 죽어야만 합니다. 그런 우리를 위해 하나님께서는 자신의 독생자 예수그리스도를 내어주어 대신 죽게 하심으로 우리를 구원하셨습니다. 신약과 구약의 모든 성서가 한결같이 바라보며 끊임없이 노래하고 있는 것은, 바로 우리를 너무나 사랑하셨기에 우리의 십자가를 대신 지시고 골고다 언덕을 향해 외로이 홀로 가실 수밖에 없었던 하나님의 마음이었던 것입니다.

---

7) 마태복음 7장 9절~11절, 요한복음 20장 17절.
8) 로마서 6장 23절

질문 6
구원은 어떻게 받나요?

1) 구원받는 자의 태도.

앞에서 모든 인류는 모태에서부터 악의 속성을 가진 채 태어났으며, 자신의 내면에 잠복해 있는 이 악의 속성으로 인해 본능적으로 죄를 짓게 된다고 했습니다. 따라서 원초적으로 죄인인 인간은 처음부터 천국에 갈 자격을 상실한 채로 태어나 죄인으로서 일생을 살고 결국엔 영원한 죽음을 맞이하게 됩니다. 즉 인간은 누구도 스스로는 천국에 갈 수가 없다는 이야기입니다. 더 솔직히 말씀드리면 인간은 태어날 때 이미 모두가 지옥행 티켓을 쥐고 나와, 삶을 마치면 영벌의 세계인 지옥으로 가야 할 운명의 비참한 존재라는 것입니다. 그렇다면 인간이 죽은 후 지옥에 가는 것은 당연한 일이고, 만약 가지 않게 된다면 오히려 그것이 예외적으로 감사한 일일 뿐이라는 이야기가 됩니다. 이것이 기독교가 바라보는 인간의 현실이며, 이런 면에서 기독교는 일차적으로는 비극적인 세계관을 가진 종교라고 하겠습니다.

그렇다고 우리가 지옥에 갈 수밖에 없는 것을 억울해하거나 누구를 원망해서도 안 됩니다. 그러한 태도는 알고 보면 모두가 자신의 교만함에서 비롯된 것입니다. 왜냐하면 자신이 지옥에 가는 것을 억울해 하거나 원망한다는 것은 자신이 원래는 지옥에 가지 않을 만큼 선한 존재라는 생각을 가지고 있기 때문입니다. 그렇다면 그에게는 하나님도 필요치 않을 것입니다. 왜냐하면 인간이 온전히 선해서 자신의 힘만으로 하늘나라에 갈 수 있거나, 아니면 죄를 지었더라도 스스로를 구원할 가능성이 있는 존재라면 애당초 하나님께서 인간을 구원하러 이 땅에 오실 필요도 없었을 것이기 때문입니다. 그러므로 자신이 스스로는 구원할 길 없는 완전하게 타락한 죄인이라는 사실을 인정하지 않고는 결단코 하나님을 만날 수가 없습니다. 요컨대 기독교인이 되기 위해서는 자기 힘으로는 단 한 발자국도 하나님께 다가갈 수 없을 만큼 완전히 타락한 존재라는 사실에 대해 철저한 자각이 무엇보다 먼저 필요합니다. 교만은 바로 자신이 하나님과 같아질 수 있다는 생각에서 기인하는 것이기에 기독교에서 가장 경계하는 악덕 중의 하나입니다.

구원은 하나님 앞에서 자신이 죄인임을 인정하며 겸허히 낮아질 때 찾아오는 것입니다. 구원은 선행을 많이 한 대가로 얻어지는 것도 아니고, 돈이나 명예, 권력 등의 지위로 얻어지는 것도 아니며, 부모나 측근의 믿음으로 얻어지는 것도 아닙니다. 구원은 오직 하나님과 나만의 일대일의 만남 가운데 죄인 된 나 자신의 부끄럽고 추한 모습을 숨기지 않는 용기와 솔직함으로 그분을 바라볼 때 이루어지는 것입니다.

2) 가벼운 짐

구원은 하나님의 은혜입니다. 다시 말해 기독교의 구원은 결코 우리가 행한 어떤 노력의 대가로 주어지는 것이 아니라 하나님께서 우리에게 일방적으로 주시는 선물과 같은 것입니다. 그렇다고 구원이 하찮은 것이어서 하나님께서 우리에게 그냥 주신다는 뜻이 아닙니다. 은혜는 오히려 우리의 능력으로는 도저히 갚을 수 없는 너무도 고귀한 것을 그냥 값없이 주시는 것이기에 은혜라고 하는 것입니다. 기독교에서 말하는 '하나님의 은혜'란 이처럼 감당할 수 없는 선물을 거저 우리에게 무한정 부어주시는 하나님의 사랑을 가리키는 말입니다. 예수님께서 제자들에게 복음전파를 명하실 때 "너희가 거저 받았으니 거저 주어라."[1]고 하신 것도 이런 맥락에서 은혜를 의미하는 말씀이었습니다. 그러므로 '거저'(은혜)라는 점에서, 구원이란 알고 보면 믿기지 않을 만큼 너무도 손쉽게 얻을 수 있는 하나님의 선물인 것입니다.

그렇다면 구원은 언제 어떻게 내게 임하게 되는 것일까요? 구원을 받았다고 해서 신체상에 어떤 변화가 생기는 것도 아니고 그렇다고 구원받았다는

---

[1] 마태복음 11장 7절.

어떤 표식이 내게 주어지는 것도 아니라면, 내가 구원을 받았는지를 어떻게 알 수 있을까요? 사실 구원이라는 이 추상적인 개념이 현실적으로 내게 이루어졌는지의 여부를 아는 것은 대단히 중요한 일일 것입니다. 구원은 내가 교회나 성당을 다닌다고 자동으로 얻어지는 것도 아니고, 기독교 집안에서 태어났다고 해서 당연히 주어지는 것도 아닙니다. 아무리 교회나 성당을 열심히 다녀도, 대대로 기독교를 믿는 집안에서 태어났어도 내게 구원의 확신이 없다면 그것들은 모두 무용한 것입니다.

먼저 하나님의 구원에 대해 반드시 알아두어야 할 사항은, 구원은 결코 복잡하고 어렵게 이루어지는 것이 아니라는 사실입니다. 구원은 바로 '예수님은 그리스도이시며 하나님의 아들이시며 내 죄를 대신해 십자가에서 돌아가셨다'라는 이 사실을 인정하는 순간 이미 내게 임한 것입니다. 가령 목사님이나 신부님이 설교 중 위 내용의 말씀을 하실 경우, 이를 졸면서 듣던, 누워서 듣던, 또는 자기만 알아듣는 소리로 입안에서 웅얼웅얼하던, 아니면 속으로 생각을 하던 '아, 그렇구나!'하고 동의하고 인정하는 순간 나는 이미 구원을 받은 것입니다. 하나님께서 베푸시는 구원은 이처럼 도무지 믿기 어려우리만치 너무도 쉽고 간단하게 얻어지는 것입니다. 우리를 사랑하시는 하나님은 결코 우리에게 무거운 짐을 지우지 않으십니다. 예수님께서는 "수고하고 무거운 짐 진 자들아, 다 내게로 오라, 내가 너희를 쉬게 하리라... (중략) 내 멍에는 쉽고 내 짐은 가벼움이라."[2]고 하셨습니다.

그런데 구원이 이렇게 쉬운 것이라고 말하면, 어떤 이들은 구원이 그렇게 쉬운 것이었느냐며 놀라면서 감사히 받아들이는가 하면 또 어떤 이들은 구원이 그렇게 쉽다는 것은 말도 안 된다며 믿지 않으려는 경우도 있습니다. 이것은 너무나 값비싼 물건을 공짜로 나누어 줄 때 의심하는 것과 같은 것입니다. 그러나 이것은 하나님의 인심을 감히 인간이 자신의 기준으로 판단하려는 위험한 생각일 수 있습니다. 자신이 불가능하다고 하여 하나님도 하

---

[2] 마태복음 11장 28절, 30절

실 수 없을 것이라고 판단하는 것은 지극히 교만한 생각입니다. 하나님을 인간의 기준으로 끌어들일 때 인간은 하나님을 결코 이해할 수 없습니다. 왜냐하면 그것은 자신이 하나님과 같다고 생각하는 교만 가운데서 하나님을 바라보는 것이기 때문입니다.

이에 관한 예로 베드로와 가룟 유다의 경우가 있습니다. 예수님께서 체포되실 때 경우만 조금 다를 뿐 베드로도 어찌 보면 그분을 배신했다는 점에서는 가룟 유다와 마찬가지였습니다. 그런데 유다는 그 후 자신의 죄를 뉘우치며 자살을 했고 베드로는 예수님이 부활하셨다는 소식을 듣고 제일 먼저 무덤으로 달려갔습니다. 이것만 놓고 보면 자살한 유다가 훨씬 책임감 있는 사람으로 여겨질 수 있습니다. 반면 예수님을 세 번이나 부인해 놓고 그분이 살아나셨다고 하자 아무런 미안함도 없이 곧바로 그분 앞에 달려간 베드로는 염치도 없는 철면피한 사람으로 비쳐질 수 있습니다. 그러나 이들의 행동의 결과는 완전히 달랐습니다. 베드로는 구원을 받았고 유다는 그렇지 못했습니다.

이유는 바로 하나님 앞에서 인간이 스스로 자신을 책임지려고 했느냐 그렇지 않느냐의 차이에 있습니다. 자살한 유다의 행동은 얼핏 인간적으로 보일 수 있습니다. 또 인간끼리의 문제에서 그랬다면 유다는 자살의 도덕적 논의를 떠나 일단은 책임 있는 사람으로 결론지어졌을 것입니다. 그러나 상대는 온 인류의 죄를 해결하러 오신 하나님의 아들 그리스도셨습니다. 그런 점에서 그는 예수님을 한 사람의 인간으로서만 여겼을 뿐 하나님의 아들이신 그리스도로서는 내심 인정하지 않고 있었다는 것을 알게 합니다. 그리하여 그는 결과적으로 하나님 앞에서 인간인 자신이 책임을 지려했다는 점에서 교만했던 것입니다. 반면 몰염치하게도 예수님의 무덤을 찾아간 베드로는 자신의 추한 모든 것 마저도 하나님께 맡기는 신앙의 태도를 상징하고 있습니다. 그는 예전에 예수님께 "주는 그리스도시요 살아계신 하나님의 아들이십니다."라고 고백했던 사람이었습니다.

그가 정말로 예수님에 대한 깊은 신학적 해석을 갖고 있어서 무덤을 찾아갔건 아니면 정말로 염치가 없어서 찾아갔건 그것은 여기서 중요하지 않습니다. 다만 하나님 앞에서 인간이 자신의 죄에 대해 스스로 책임을 지려고 했느냐 그렇지 않느냐, 즉 교만했느냐 그렇지 않았느냐의 문제만이 중요할 뿐입니다. 우리에게 하나님은 그런 존재이십니다. 하나님 앞에서 인간의 염치와 체면, 그리고 하나님 앞에서 인간이 무엇인가 조금이라도 할 수 있다고 생각하는 것은 그 자체 교만한 생각입니다. 우스운 말 같지만, 인간은 회개에 관한 한 하나님 앞에서 철면피가 되어야 합니다.

다시 본론으로 돌아와, 하나님께서 구원을 위해 얼마나 쉽고 가벼운 짐을 예비해 두셨는지는 성경에 나오는 한 이야기를 예로 들어 설명토록 하겠습니다.

때는 BC15세기 중엽, 하나님의 명을 받은 모세가 이집트에서 노예생활을 하던 이스라엘민족을 이끌어 내어 조상의 땅인 가나안으로 향하던 시기였습니다. 그러나 모세를 따라나선 이스라엘민족은 가는 도중 광야의 건조한 날씨와 뜨거운 뙤약볕, 그리고 식수와 식량문제 등 조금이라도 불편한 일을 겪기만 하면 자신들을 구원해 주신 하나님께 감사함을 잊고 그때마다 불평과 투정을 부리며 모세에게 대들기 일쑤였습니다. 이에 노하신 하나님께서는 광야에 독사가 들끓게 하여 많은 사람이 뱀에 물려 죽게 되는 벌을 내리셨습니다.

참고로 이스라엘민족이 출발한 이집트 지역에서 가나안까지는 건장한 남자의 걸음으로 약 보름 정도 걸리는 거리입니다. 그러나 그들이 이 거리를 가는 데에는 놀랍게도 무려 40년이란 세월이 소요되었습니다. 그들은 가는 내내 불평과 불만, 하나님을 배신하는 우상숭배 등 끊임없는 불순종을 일삼음으로써 하나님께서는 그들을 광야에서 유랑하게 하시며 오래도록 연단을 주셨던 것입니다. 그만큼 당시의 이스라엘민족은 참으로 말 안 듣고 하나님 속을 썩이던 민족이었습니다. 그러나 알고 보면, 이같이 끊임없는 이스라엘의 불순종도 사실은 죄 가운데 머물며 하나님께 나아가지 않으려는 바로 우리의 인생을 상징하는 것입니다.

아무튼 뱀에 물려 많은 사람이 죽을 위기에 몰리자 이들은 잘못을 뉘우치며 모세로 하여금 하나님께 도움을 청해 줄 것을 간청했습니다. 이에 모세가 기도를 드리자 하나님께서는 모세에게 구리로 뱀을 만들어 장대에 높이 걸어 놓을 것을 명하시며, 이를 바라보는 사람은 뱀에게 물렸어도 죽지 않을 것이라고 일러주셨습니다. 모세는 그대로 시행하였고 그 후 그 구리 뱀을 쳐다본 사람은 모두가 죽음의 독으로부터 나음을 입는 기적을 체험했습니다. 이상은 구약성경의 민수기 21장 4절부터 9절까지에 나오는 내용을 정리한 것입니다. 여기서 독사의 독은 죄를 상징하며, 장대에 높이 달린 구리 뱀은 우리의 구원을 위해 십자가 위에 달리신 예수그리스도를 상징합니다.

구원은 이렇듯 단순하게 이루어지는 것입니다. 뱀에 물린 사람들이 모세의 말을 믿고 장대에 달린 구리 뱀을 바라보았을 때 그 즉시 나음을 입었던 것과 같이, 우리도 그리스도의 대속하심을 믿고 십자가에 달리신 예수님을 바라볼 때 그 즉시 구원을 얻게 됩니다. 여기에는 금전적인 대가가 필요한 것도 아니고 어떤 복잡한 형식이나 절차가 필요한 것도 아닙니다. 그저 단순히 구리 뱀을 바라보는 것만으로 모든 것이 해결된 것입니다. 이처럼 하나님의 구원은 결코 어렵게 다가오는 것이 아닙니다. 하나님께서 우리에게 구원을 얻도록 준비해 두신 짐은 누구나 들 수 있는 너무도 가볍고 쉬운 그리스도의 최소한의 짐입니다.

3) 믿는 자와 믿지 않는 자

한편, 모세가 구리로 뱀을 만들어 장대에 달아놓았을 때 뱀에 물린 사람들의 반응은 성경에 나오지는 않지만 두 가지였을 것입니다.

첫 번째는, 좋은 약 다 써봤는데도 낫지 않았는데 장대에 달린 구리 뱀을 쳐다만 본다고 낫겠느냐며 말도 안 되는 소리로 일축하여 믿지도 않고 쳐다보지도 않은 사람들입니다. 결국 그들은 뱀의 독으로 다 죽었습니다. 이성과 논리, 확률의 계산으로 이것저것 따져보고 구원을 얻으려는 자들은 이미 하나님에게 합당하지 않습니다. 그들이 믿는 것은 하나님이 아니라 자신들의 오만스런 지혜이며, 그들의 신은 과학이지 하나님이 아니기 때문입니다.

때론 하나님의 구원은 너무도 가볍고 쉬워 교만한 자에게는 오히려 싼 티가 나고 경멸스런 것처럼 보일 수 있습니다. 성경에는 하나님께서는 똑똑한 자들을 부끄럽게 하시려고 기꺼이 어리석은 자들을 택하셨다고 기록되어 있습니다.[3] 그런 이유로 기독교의 교리는 과학적, 이성적 내용만을 담고 있지는 않습니다. 그리하여 자신의 지혜를 뽐내는 교만한 자들은 하나님을 믿을 수 없도록 하셨습니다.

[하나님께서 세상의 미련한 것을 택하사 지혜 있는 자들을 부끄럽게 하려 하시고, 세상의 약한 것들을 택하사 강한 것들을 부끄럽게 하려 하시며] (고린도전서 1장 27절)

마찬가지로 하나님께서 우리를 위해 이처럼 가벼운 짐을 예비해 두셨음에도 불구하고, 어떤 이들은 구원받는 게 그렇게 쉬울 리가 없다며 하나님의 은혜를 믿지 않고 거부하는 모습을 보이는 경우가 있는데, 이것이야말로 인간이 얼마나 강퍅하고 불의한 존재인가를 여실히 보여주는 한 증거라 하겠습니다. 왜냐하면 앞에서도 말한 바와 같이 자신이 그만한 인심을 베풀지 못한다 하여 하나님께서도 그렇게 하시지 못할 것이라는 생각은 이미 자신을 하나님과 동일시 한다는 점에서 교만한 것이며, 또 무한한 하나님의 사랑을 한낱 인간의 관용의 척도로 판단하는 것은 진정한 사랑 앞에 드러난 자신의 인색함을 끝까지 합리화시키려는 행태로서 그 자체 불의한 것이기 때문입니다.

반면 두 번째로는, 좋은 약 다 써봤는데도 소용없고 이제 어차피 죽을 거라면 큰 힘이 드는 것도 아닌데 속는 셈치고 한번 쳐다나 보고 죽자며 장대의 구리 뱀을 바라본 자들입니다. 그들은 그 순간 모두 나음을 입는 기적을 체험했습니다. 우리가 십자가 밑에서 가져야 할 덕목은 회개하는 낮은 마음과, 하나님은 나를 구원하실 수 있다는 순진한 믿음, 그리고 하나님을 만나려는 간절한 소망입니다. 그리고 이것은 각기 별개의 것이 아니라 하나 가운

---

3) 고린도전서 1장 18절~29절. 소위 '어리석은 교리'로 정리되는 이 내용은 교만한 자를 속아내시려는 하나님의 의도를 잘 설명하고 있다.

데서 동시에 융화되어 우리의 영혼에 다가오는 조용한 동요입니다. 구원이란 나의 죄인 됨을 인정하는 가운데 자신을 버린 겸허한 마음으로 그리스도의 대속을 바라며 십자가를 바라보는 자에게 다가오는 것입니다.

4) 아무나 오라

예수님은 인간을 구원하시고자 이 땅에 오신 분이십니다. 예수님은 자신이 오신 이유가 잃어버린 자를 찾아 구원하기 위함이라고 하셨습니다.[4] 성경을 보면, 처음 예수님을 찾아오던 사람들은 실은 구원이 무엇인지도 모르고 예수님이 그리스도라는 사실 조차도 모르던 사람들이 대다수였음을 알 수 있습니다. 그들은 예수라는 사람이 병자를 고치고 귀신을 쫓으며 기적을 행한다는 소문을 듣고 단지 자신의 병이나 문제 등을 치유받기 위해 찾아온 사람들이었습니다. 그러나 예수님은 자신에 대한 믿음을 갖고 찾아온 이들에게 치유는 물론 그들이 미처 기대하지 못했던 천국의 문까지 열어주셨습니다. 중풍병자에게는 "네 죄를 용서받았다."[5]라는 말씀으로, 소경에게는 "네 믿음이 너를 구원했다."[6]라는 말씀으로, 그리고 문둥병자에게는 "내가 원하노니 깨끗함을 받으라."[7]고 하시며 구원하셨습니다. 또 12년을 하혈로 고생하던 여인에게는 "네 믿음이 너를 구원하였으니 평안히 가라."[8]고 하시며 구원하셨습니다. 이 외 일일이 열거할 수 없을 만큼 많은 예들이 있지만, 이들 모두는 자신의 병을 고칠 목적이었지 구원받을 목적으로 찾아온 사람들은 아니라는 사실입니다. 그들은 병을 고침 받은 후 예수님의 뜬금없는 구원의 말씀을 처음에는 알아듣지 못했습니다. 그러나 분명한 사실은 그들은 그 순간 구원을 받았다는 사실입니다. 비록 구원이 미처 뭔지는 몰랐지만 그래도 자신

---

4) 누가복음 19장 10절
5) 마가복음 2장 9절
6) 마가복음 10장 52절
7) 누가복음 5장 13절
8) 누가복음 8장 48절

의 병이 나을 수 있다는 믿음을 가지고 예수님을 찾아와 만난 그 열심과 행위 자체만으로 예수님은 그들에게 구원을 허락하셨던 것입니다.

예수님은 자기를 부르는 자마다 그의 영혼에 새겨져 있던 지옥행 주홍글씨를 지우고 그 자리에 아무런 조건 없이 천국의 낙인을 찍어 주시는 분이십니다. 오직 자기 이름을 부르고 눈을 마주쳤다는 이유 하나만으로 예수님은 기꺼이 구원의 증표를 내어주시는 것입니다. 이것이 사랑의 하나님께서 우리에게 주시는 구원의 은혜입니다. 사실 마음만 먹으면 우리가 하늘나라에 가는 일처럼 쉬운 일도 없습니다. 그리고 이 엄청난 은혜가 예수님을 처음 만난 자신에게 값없이 주어진데 놀라 이유를 물으면 그분은 미소 속에 오직 한 마디 "너를 사랑하니까!"라고 우리에게 말씀하십니다.

기독교가 말하는 구원은 타락한 인간이 예수그리스도를 통해 타락하기 이전의 아담의 상태, 다시 말해 영원한 생명과 완전한 선을 소유한 하나님의 아들로서 복권되는 것을 말합니다. 예수님께 나아가 자신의 죄인 됨을 자복하는 자는 그가 누구이건 이제까지 무슨 죄를 지었건 불문하고 반드시 구원을 얻습니다. 하나님께서는 자신이 죄인임을 인정하고 회개하는 자에게는 그의 과거와 현재의 죄는 물론이거니와 앞으로 지을 미래의 죄까지도 모두 용서하십니다. 이것은 죄인 된 우리를 구원하시기 위해 발동하신 거대한 사랑으로서 전능자이신 하나님께서만이 가능한 권능입니다. 게다가 하나님께서는 다시는 그의 죄를 기억치 않으실 것이라고 약속하셨습니다.[9] 또 나아가 하나님께서는 그를 의로운 사람이라 칭하시고[10] 동시에 원래 하나님과 인간의 관계였던 아버지와 아들의 관계가 회복될 것[11]이라고 성경은 선언하고 있습니다. 이것이 하나님의 은혜이며 예수그리스도께서 십자가에서 이룩하신 구원입니다.

---

9) "나 곧 나는 나를 위하여 네 허물을 도말하는 자니 네 죄를 기억지 아니하리라."
   (이사야 43장 25절)
10) 이를 교회에서는 칭의(稱義)라 한다.
11) "영접하는 자 곧 그 이름(예수)을 믿는 자들에게는 하나님의 자녀가 되는 권세를 주셨으니…"(요한복음 1장 12절)

질문 7
예수 믿고 구원받으면
더 이상 죄를 짓지 않나요?

　천만의 말씀입니다. 하나님을 믿는 자들은 단지 죄가 무엇인지 알고 있는 것일 뿐 죄를 짓지 않는 것은 결코 아닙니다. 기독교인들도 예수님을 믿기 전에는 수없이 죄를 짓고 살았었으며, 믿은 후에도 여전히 죄를 짓습니다. 인간은 누구나 근본적으로 하남 앞에 죄인이라는 데에는 예외가 없습니다. 이것이 바로 죄 앞에 무력할 수밖에 없는 인간의 실체입니다.
　위대한 성자였던 사도 바울 조차도 죄의 유혹 앞에 무기력하게 무너지는 인간의 현실을 다음과 같이 고백하고 있습니다.

[나는 내가 하는 일을 도무지 알 수가 없습니다. 내가 해야겠다고 생각하는 일은 하지 않고 도리어 해서는 안 되겠다고 생각하는 일을 하고 있으니 말입니다...(중략)... 마음으로는 선을 행하려고 하면서도 나에게는 그것을 실천할 힘이 없습니다. 나는 내가 해야 하겠다고 생각하는 선은 행하지 않고 해서는 안 되겠다고 생각하는 악을 행하고 있습니다. 그런 일을 하면서도 그것을 해서는 안 되겠다고 생각하고 있으니 결국 그런 일을 하는 것은 내가 아니라 내 속에 들어 있는 죄입니다...(중략)...내 몸 속에는 내 이성의 법과 대결하여 싸우고 있는 다른 법이 있다는 것을 알고 있습니다. 그 법은 나를 사로잡아 내 몸 속에 있는 죄의 법의 종이 되게 합니다. 나는 과연 비참한 인간입니다. 누가 이 죽음의 육체에서 나를 구해 줄 것입니까? 고맙게도 하나님께서 우리 주 예수그리스도를 통하여 우리를 구해 주십니다. 나는 과연 이성으로는 하나님의 법을 따르지만 육체로는 죄의 법을 따르는 인간입니다.] (로마서 7장 15절~25절)[1]

---

1) 공동번역성경(대한성서공회) 참조.

위 구절은 아무리 죄의 유혹을 버텨내려 해도 마침내는 죄 앞에 무너질 수밖에 없는 인간의 참담한 현실을 적나라하게 고백하는 내용입니다. 기독교는 죄 앞에 인간의 무력(無力)을 고백하는 것으로 또한 시작합니다. 그리고 죄 가운데 잉태된 육신이 있는 한, 죄에 대한 무력이 구원을 얻었다고 바뀌는 것은 아닙니다.

인간이 죄를 짓는 것은 생득적인 필연이자 운명입니다. 기독교는 우리가 살면서 죄를 지었기 때문에 죄인이 되었다고 말하지 않습니다. 반대로 우리는 원래 죄인이기 때문에 죄를 짓는 것뿐이라고 말합니다. BC10세기 초반 유다의 왕이었던 다윗은 자신의 죄를 눈물로 회개하며 기도하기를, 그는 자신이 어머니 뱃속에 있었을 때에 이미 어머니가 죄인이었음을 기억해 달라며 하나님께 절규했습니다.[2] 다시 말하면, 자신은 원래 온전했는데 살다 보니 죄를 지어 이제는 하나님 앞에 죄인이 되었다는 것이 아니라, 아예 처음부터 죄인의 몸으로 태어났기에 죄를 짓는 것뿐이라며 자신의 처지를 애통해 하며 울부짖었던 것입니다. 하나님의 총애를 받던 다윗마저도 눈물로 토설할 수밖에 없었던 이 같은 고백은 매일같이 수없이 죄를 짓고 사는 우리에게는 역설적으로 엄청난 위안을 주는 대목이기도 합니다. 성서의 위대한 성자들의 죄짓고 실수하는 모습은 차라리 저와 같은 범인(凡人)에게는 안도와 함께 미천한 자도 하나님께 다가갈 수 있다는 희망을 열어주기 때문입니다. 그렇다고 우리가 죄를 지어도 괜찮다는 말은 결코 아닙니다. 하나님께서는 우리의 처지를 너무도 잘 알고 계시기에 우리가 죄짓는 것 보다 그 죄를 뉘우치며 회개하는 모습을 더 소중히 보신다는 것이지, 우리의 입장을 잘 아시니까 우리가 죄짓는 것도 용납하신다는 것은 결코 아닙니다. 하나님은 우리가 회개하기를 기다리시며 오래 참으시는 것일 뿐 결코 죄를 용납하시는 분은 아니십니다.

[네가 이 일을 행하여도 내가 잠잠하였더니 네가 나를 너와 같은 줄로 생각하였도다. 그러

---

[2] "내가 죄악 중에 출생하였음이여, 모친이 죄 중에 나를 잉태하였나이다."(시편 51편 5절)

나 내가 너를 책망하여 네 죄를 네 목전에 차례로 베풀리라 하시는도다.] (시편 50편 21절)

인간의 본질은 선행을 하기엔 이미 타락해 버렸습니다. 우리가 선행이라고 하는 것은 솔직히 현재 인간의 자의적인 기준에 의한 것일 뿐, 과거 하나님을 기쁘게 했던 타락하기 이전의 아담의 기준에는 턱도 없이 부족한 것입니다. 성경에는 예언자 이사야가 하나님 앞에 다음과 같이 고백하는 구절이 나옵니다.

[무릇 우리는 다 부정한 자 같아서 우리의 의(義)는 다 더러운 옷 같으며 우리는 다 쇠패함이 잎사귀 같으므로 우리의 죄악이 바람 같이 우리를 몰아가나이다.] (이사야 64장 6절)

위 구절에서 '더러운 옷'의 원래 어휘는 히브리어로 '사용한 생리대'를 가리키는 '이딤'이라는 단어입니다. 우리의 죄악은 물론이거니와 잘했다고 한 일도 하나님께서 보시기에는 여자의 월경기저귀와 같을 뿐이라고 이사야는 고백하고 있는 것입니다. 하나님 앞에 인간은 그 정도로 죄인입니다.

결론적으로, 기독교인들 역시도 죄를 짓습니다. 그것도 매일매일 거의 남들만큼 짓습니다. 앞으로도 질 것입니다. 다만 그들이 비기독교인과 다른 것은 죄가 무엇인지와 자신이 죄인이라는 사실을 안다는 것, 그리고 매일매일 같은 죄를 지으면서도 매일매일 자신의 죄를 하나님 앞에 솔직히 고백하고 겸허히 눈물로 회개하는 것만이 다를 뿐입니다.

그러나 그렇게 눈물로 회개하며 다시는 죄짓지 않을 것을 다짐하지만, 얼마 못가 또 죄를 짓고 맙니다. 그것이 우리 인간이며 그러기에 사도바울도 스스로를 가리켜 비참한 인간이라고 했던 것입니다. 죄의 힘은 마치 중력과 같아서 아무리 힘이 센 장사라도 물건을 들어 올린 후 시간이 지나면 결국은 힘이 빠져 팔을 내릴 수밖에 없는 것처럼 죄의 힘도 우리를 그렇게 지배합니다.

그렇다고 우리의 처지가 그러하니 죄를 지어도 괜찮은 것은 결코 아닙니다. 예수그리스도의 은혜로 우리가 구원을 받고 죄로부터 해방되었다는 것이, 죄를 짓고도 가책을 느끼지 않아도 되는 철면피의 삶을 허락받았다는 말은 아닙니다. 죄는 지어서는 안 되는 것이지만 우리의 힘으론 그것이 불가능하기에 내 죄를 대속하신 그리스도의 절대적 은혜 앞에 우리는 감사와 겸손의 자세를 가져야만 합니다. 그리스도의 은혜는 죄를 지어도 괜찮다는 교만의 허락이 아닙니다.

신앙생활은 오히려 매일같이 죄인 된 자신의 비참한 현실에 신음하며 또 한편으로는 그 죄의 숙명 속에서 벗어나 구원받은 것에 감사하며 예수그리스도를 바라보는 것이 기본적인 태도입니다. 호교론자 파스칼은 우리가 신앙생활을 하는 것은 이와 같이 '신음하며 추구하는' 것이라고 했습니다. 죄를 짓지 않을 수 없는 인간의 본질을 놓고 볼 때 우리는 신음할 수밖에 없는 것이며, 반면 그렇다고 좌절하여 자신을 마음대로 죄짓도록 내버려 두어서도 안 된다는 점에서 우리는 매일같이 추구해야 하는 것입니다. 비록 날마다 죄 앞에 넘어질지라도 결코 포기하지 않고 죽을 때까지 십자가를 바라보며 죄짓지 않으려 노력하는 그것이야말로 기독교인이 가야하는 길이라 하겠습니다. 그리하여 고난과 슬픔과 겸손, 감사와 기쁨, 사랑과 희망 등이 어우러진 양면의 모습 속에서 기독교인이 가져야하는 덕목이 싹트는 것입니다.

우리는 이제 율법 가운데 사는 것이 아니라 십자가 위에서 우리를 해방시키신 예수그리스도의 은혜 가운데 살고 있습니다. 기독교는 율법이 지배하는 행위종교가 아니라 은혜가 지배하는 대속의 종교입니다. 그리고 대속은 바로 사랑으로 완성되었습니다.

예수님을 믿고도 매일같이 죄짓는다고 기죽을 필요는 없습니다. 또 예수님께서 대속하셨으니 어떠한 죄를 지어도 된다고 방자해져서도 안 됩니다. 오직 우리는 언제나 감사와 겸허한 마음으로 하루하루를 반성하며 하나님을 사랑하는 나의 마음을 담아 항상 기도하는 데 힘써야 할 것입니다. 비록 우리가 죄 가운데 살지라도 하나님께서는 우리의 죄로 인해 분노나 슬픔을 가지시는 것이 아니라, 우리가 반성과 기쁨 가운데 예수님을 바라볼 때 그것만으로도 충분히 기뻐하시는 분이십니다.

질문 8
죄인의 태도는 어떤 것인가요?

　인간은 누구나 죄를 짓는다는 것은 이제껏 누차 언급해 온 내용입니다. 아무리 의인이라 할지라도 인간인 이상 죄를 짓지 않을 수는 없습니다. 물론 죄를 짓는 것 자체도 나쁘지만, 죄를 짓고도 이를 인정하지 않으려는 태도는 더욱 나쁜 것입니다. 이점이 인간을 더욱 악한 죄인으로 만드는 중요한 요인이 되기도 합니다. 비록 인간이 죄인일 수밖에 없는 것은 그 속성상 어쩔 수없는 숙명이라 할지라도, 죄를 짓고도 이를 인정하지 않으려는 태도야말로 스스로에게 자신이 진정 불의한 존재라는 사실을 증명하는 것이라 하겠습니다. 그러므로 죄를 지은 후 즉시 자신의 죄를 겸허히 반성하며 회개하느냐 그렇지 않느냐의 여부에 따라 인간은 하나님 보시기에 종국적으로 구원에 합당한 의인과 그렇지 않은 죄인으로 구분된다 하겠습니다. 이에 관하여 파스칼은 "하나님 앞에 인간은 오직 두 종류만이 있을 뿐인데, 하나는 '자신을 죄인이라고 생각하는 의인'이고 다른 하나는 '자신을 의인이라고 생각하는 죄인'이다."라고 했습니다. 여기서 '자신을 죄인이라고 생각하는 의인'은 그리스도 앞에서 자신의 죄를 인정하고 회개하며 구원을 바라보는 기독교인들을 말하며, '자신을 의인이라고 생각하는 죄인'은 마음에 하나님이 없이 스스로 자만에 빠져 자신이 죄인임을 인정하지 않고 사는 사람들을 가리킵니다.

　사실 잘못된 행동을 하면서도 이를 인정하지 않으려는 태도는 그동안 우리 주변에서 너무도 쉽게 행해지고 목격되던 모습입니다. 그런데 죄인의 전형적인 양태이기도 한 이 같은 태도의 근본은 바로 자신만이 옳다고 생각하는 교만에서 출발하는 것입니다. 교만은 앞서도 말했듯이 기독교에서 가장 경계시하는 악덕 중의 하나입니다.

　교만한 자는 자신의 죄를 뉘우치지 않습니다. 그들은 마음에 하나님이 없기 때문입니다. 그들은 자신이 죄인이 되지 않기 위해 자신이 하나님이 되어야 합니다. 그러기에 그들은 언제나 자신이 세상의 중심이 되어야 하고 그렇게 하여 모든 것을 자신이 정한 기준에 따라 판단합니다. 이미 죄에 관한 한 그들은 무의식 속에서 스스로가 하나님이 되어 버린 것입니다. 그것만이 자신이 죄인이 되지 않는 유일한 수단이기 때문입니다. 결국 하나님을 믿지 않는 무신론자들의 태도란 알고 보면 그 본질은 하나님 앞에서 스스로 교만하기 때문입니다.

그들은 언제나 자신이 의인이어야 하고 결코 죄인이 되어서는 안 된다는 원칙을 가지고 삽니다. 그래서 언제나 입술로 자신을 변호하며 자신이 저지른 모든 실수를 스스로 정당화합니다.

[저희가 말하기를 우리의 혀로 이길찌라. 우리 입술은 우리 것이니 우리를 주관할 자 누구리요 함이로다.] (시편 12편 4절)

이것이 바로 악인의 태도입니다. 이들은 자신의 죄를 인정하지 않는다는 점에서, 즉 회개하지 않는다는 점에서 기독교인과는 자연스럽게 반대의 위치에 있는 자들입니다. 그들은 자신이 저지른 죄에 대해 다음의 다섯 가지 원칙에 따라 처신합니다.

1) 자기합리화

자기합리화는 죄인이 스스로를 의인으로 만들기 위해 가장 많이 사용하는 방식입니다. 이것은 글자 그대로 자신의 죄를 스스로 합리화하는 것을 말합니다. 이를테면, 그들은 언제나 자신이 잘못한 것은 전부 어쩔 수 없었던 일이고, 그럴 수밖에 없는 것이었으며, 따라서 잘못한 것은 결국 내가 아니라 상황이 그랬다는 것입니다. 기독교윤리는 이와 같은 행태를 엄격히 부인하며 경계합니다.

이러한 처세방식에 의지하면 인간은 하지 못할 행동이 없습니다. 왜냐하면 어떠한 잘못을 범해도, 그리고 남에게 큰 피해를 입히더라도 나중에 가서 "그때는 상황이 그랬다"고 하면 그만이기 때문입니다. 그리고는 상대에게 안겨준 상처와 고통에 대해서는 책임을 지지 않습니다. 오직 중요한건 자신의 상황과 입장뿐입니다. 만약 자신의 잘못이 들춰질 것 같으면 오히려 자신이야말로 당시의 상황을 이해받지 못하는 외롭고 가련한 피해자인양 행동함으로써 타인의 비난을 피하려 듭니다.

인간은 합리화만 시킬 수 있다면 못하는 행동이 없는 동물입니다. 합리화만 가능하다면 소위 명분이란 미명하에 전쟁이나 대량학살과 같은 무자비한 살상도 서슴지 않는 사악함을 보이기도 합니다. 합리화는 악인에게는 무소불위의 무기와 같은 것으로 죄인을 의인으로 포장시켜 주기도 하고, 때로는 그 포장된 악으로 도리어 의인을 매도하기도 합니다. 이것은 거의 모든 상황에 적용될 수 있고 그때마다 막강한 위력을 발휘합니다.

그러나 이러한 합리화의 본질은 어디까지나 위선의 악일뿐더러, 오히려 하나님 앞에서는 자신이 그만큼 간교한 죄인이라는 사실을 고발하는 증거가 되어 최후에는 하나님의 분노만 더 할 뿐인 어리석은 행동입니다.

[하늘에 계신 자가 웃으심이여 주께서 저희를 비웃으시리로다.] (시편 2장 4절)

사람이 사람을 속일 수는 있어도 결코 하나님까지 속일 수는 없습니다. 사람이 제아무리 영특한 꾀로 죄를 교묘히 포장해도 하나님 앞에서 죄는 어디까지나 죄일 뿐이며 용서받지 못한 죄는 결코 자신에게서 사라지지 않습니다.

2) 보편화

둘째로, 죄인이 자신의 죄를 인정하지 않으려 들 때 나타나는 또 다른 양상이 바로 자신의 잘못을 보편화시키는 것입니다. 이를테면 남들도 다 그러는데 왜 나만 갖고 그러느냐고 우기는 것입니다. 여기에는 인간의 천성이 선하지 못함을 증명하는 두 가지 양태가 숨어 있습니다. 그 첫째로는 자신이 죄인이 되지 않기 위해 남들도 다 죄인으로 만들어 버림으로써 죄를 면해보고자 하는 추한 양태이며, 둘째로는 그럼에도 자신이 죄인 됨을 피할 수 없을 경우 죄를 회개할 생각은 않고 자기만 비난받는 것을 억울해 하는 양태입니다.

물론 다수가 죄를 지었다고 해서 그 죄가 선으로 바뀌지는 않습니다. 왜냐하면 진리는 도도한 것이기 때문입니다. 가령 100명 가운데 99명이 죄를 범했다고 해도 죄인은 분명 그 99명인 것이지 나머지 1명이 죄인이 될 수는 없습니다. 진리는 그 자체 불변할 만큼 너무나 도도한 것이어서 설사 불의가 절대다수라고 해도 결코 타협하지 않습니다. 그러므로 하나님은 의로운 사람이 세상에 단 한 사람밖에 남아 있지 않더라도 오직 그만을 의인이라 부르시며, 결코 불의가 다수라 해도 그들과 양보나 타협을 하시는 분이 아니십니다. 이에 관하여는 성경에 나오는 소돔과 고모라성의 멸망[1]이 좋은 예입니다. 진리의 세계는 다수결의 원칙이 지배하지 않습니다. 그럼에도 인간은 악이 만연해지면 그것이 이제 다수가 되었으니 더 이상 악이 아닌 양 착각을 합니다. 하지만 분명한 것은, 비록 어느 사회에서 악이 다수가 되었더라도 결코 그 악이 선으로 변하는 것은 아닙니다. 단지 그것은 죄인 된 다수에 의해 은연중 강요된 사회적 묵인과 묵시적 담합, 그리고 이에 편승한 영적으로 타락한 지성인들의 세련된 수사학적 합리화가 어우러져 만들어낸 착시현상일 뿐입니다. 세상이 아무리 악에 뒤덮여 바뀌더라도 결코 하나님마저 거기에 동의하신 것처럼 오판해서는 안 됩니다.

3) 책임전가

인간은 자신의 죄를 감출 때만큼은 진정으로 최선의 노력을 기울이는 모습을 보입니다. 그것은 죄가 부끄러운 것임을 본능적으로 알기 때문입니다. 그러나 인간은 곧바로 자신의 죄를 뉘우치고 회개를 할 만큼 선하지 않습니

---

[1] 창세기 18장 16절~19장 29절에 나오는 이야기로, 타락이 극에 달한 고대도시 소돔과 고모라가 하나님의 심판을 받아 멸망할 때 그 성의 백성 가운데 의인이었던 롯의 가족 3명만이 구원받는다는 내용.

다. 그렇기에 어느 달변의 의인을 만나 앞서 말한 합리화나 보편화의 방법으로 자기 잘못이 감춰지지 않을 경우, 대개는 그쯤에서 회개하기보다는 여전히 자신은 의인이어야 한다는 강팍한 생각을 포기하지 않습니다.

그리하여 자신이 죄를 외면하기 위해 인간이 사용하는 세 번째 방법이 책임전가입니다. 잘못이 있다면 그것은 자신에게 있는 것이 아니라 상대방이나 제 삼자에게 있다고 우기는 것입니다. 마음에 하나님이 없는 인간은 자신이 스스로 하나님이 되어야 하기에, 그의 무의식 속에는 언제나 자신은 잘못이 없는 의로운 사람이어야 한다는 강박과 자만심이 가득 차 있습니다. 이 같은 교만은 어떤 잘못을 저질렀을 때 그것의 원인은 자신이 아니라 모두 다른 사람 때문이라는 믿음을 갖게 합니다. 또 설사 자기에게 잘못이 있다 하더라도 자신은 부득이하게 개입하게 된 지극히 소극적인 종범이며 따라서 책임이 있다면 자신에겐 최소한의 것만이 있을 뿐이라고 주장합니다.

이러한 좋은 예가 선악과를 따먹은 후 아담이 보여준 태도입니다. 그는 하나님 앞에서 자신의 죄에 대해 아내인 이브에게 책임을 전가하고 있습니다.[2] 비록 이브가 먹으라고 권하기는 했어도, 아담은 그녀가 자기를 위해 가져 온 선악과를 보고 나무라기는커녕 그녀의 사랑에 감동한 듯 냉큼 받아먹어 놓고도, 이제 와선 책임추궁이 두려워 자기만 살겠다고 죄를 몽땅 아내에게 뒤집어씌우는 부끄러운 모습을 보이고 있습니다. 그렇다고 이브는 하나님께 회개하는 모습을 보였느냐 하면 그것도 아닙니다. 그녀는 이어 뱀에게 책임을 떠넘기고 있습니다.[3] 이를 볼 때 인간은 하나님의 말씀을 어기고 선악과를 따먹은 직후부터 이미 전형적인 죄인의 태도를 보이고 있습니다. 이때부터 인간에겐 서로에 대한 실망과 불신, 미움과 다툼의 역사가 시작된 것입니다.

이어 남에게 책임전가를 해서도 자신의 불의를 감추기가 어려운 경우, 이제는 그만 자신의 죄를 인정하고 회개하면 좋을 텐데 인간의 타락성은 정의 앞에

---

[2] "여자 그가 그 나무 실과를 내게 주므로 내가 먹었나이다."(창세기 3장 12절)
[3] "뱀이 나를 꾀므로 내가 먹었나이다."(창세기 3장 13절)

여전히 굴복하지 않으며 또다시 고집을 부려 잘못을 인정하지 않도록 인간의 마음을 지배합니다. 인간이 이 정도에서 죄를 자복하고 뉘우칠 만큼 선한 존재였다면 예수그리스도께서 굳이 이 땅에 오실 필요가 없었을지도 모릅니다.

4) 피장파장

자신의 잘못을 끝까지 인정하지 않고 버티다 급기야 한계에 부딪히게 되면, 다음으로 죄인이 취하는 태도는 적반하장식의 행동입니다. 말하자면 '그러는 당신은 뭘 잘했다고 그러느냐?'며 오히려 상대를 공격하는 것입니다. 털어서 먼지 안 나는 사람 없다는 말이 있듯, 따지고 보면 당신도 다 같은 죄인이면서 뭘 그러느냐는 것입니다. 이제까지는 죄 짓지 않은 사람인양 행세하다 죄가 드러나게 되자, 세상에 죄 없는 사람이 어디 있느냐는 식으로 갑자기 보편적 윤리관을 들이대며 따지는 것입니다. 즉 평소엔 자신이 하나님이었다가 불리할 때에만 사람이 되어 인간의 불완전성을 들먹이는 것입니다. 결국 자신은 이제까지 두 개 이상의 도덕기준을 가지고 있었음을 드러내는 것이라 하겠습니다.

먼저 이 경우의 소극적 양태로는 일단 사과를 하는 척하다 잠시 후면 상대방으로부터 과잉된 질책을 받아 자존심이라도 상한 양 화를 내며 공격하는 것입니다. 이는 마치 자신을 나무라는 상대를 인색한 인격자인 것처럼 몰아 그의 태도나 말 가운데 일부가 자신에게 어떤 과오를 저지른 것처럼 트집을 잡아 같이 비난하며 그와 동시에 자신의 잘못을 희석시키는 것입니다. 이 역시 자신은 잘못을 범하는 사람이 될 수 없다는 교만함에서 출발한 행동으로, 결국 잘못을 인정하며 사과하는 낮은 태도를 수용하기보다는 꾸중하는 상대와 자신을 끝까지 동등한 위치에 놓으려는 옳지 못한 태도입니다.

사과는 자기의 잘못을 진심으로 인정하는 자세를 말합니다. 그러기에 사과할 때는 겸손한 태도가 요구됩니다. 사과는 용서받기 위해 하는 것이지, 잘못을 인정할 줄 아는 사람인 척하기 위한 거짓된 양심의 허세로 하는 것이 아닙니다. 그런 경우는 잠시 사과하는 척하다 이내 자존심이 상한 양 상대에게 역성을 내며 대들기 일쑤입니다. 사과하는 것과 사과하는 척하는 것은 엄연히 다릅니다. 참된 사과는 상대로부터 용서를 얻을 때까지 하는 것입니다.

나아가 이보다 적극적 양태로는 현재의 시빗거리와는 아무 상관도 없는 일을 끄집어내어 상대의 트집을 잡아 대드는 것입니다. 예를 들면 거짓말을 한 사람이 이를 나무라는 상대에게 그가 과거에 교통위반 했던 일을 들먹이며 대드는 것과 같습니다. 그리하여 상대가 어이없어 하거나 낭비스러운 논쟁을 피하고 싶어 그만두자는 체념의 말이 나올 때까지 계속 논쟁을 이어가는 것입니다. 이렇게 함으로써 자신의 죄는 결국 상대 앞에서 흐지부지되어 자인하지 않고 넘어가게 됩니다.

그러나 위의 두 경우 모두 죄는 사라지지 않고 자신의 양심의 기록에 그대로 남아있게 됩니다. 사라졌다면 그건 오직 자신의 기억 속에서일 뿐, 차후 하나님 앞에서 심판 받아야 할 죄로는 그대로 남아있는 것입니다.

5) 최후의 외면

이상과 같은 각양의 양태는 자신이 언제나 옳고 의로운 존재이고 싶어 하는 의지에 기반을 두고 있습니다. 즉 인간은 선해야 한다는 원칙을 부인하지는 않는 것입니다. 그들이 의인이 되고자 한다는 것은 역설적으로는 그들 역시 마음속에는 악을 미워하는 본능이 잠재되어 있음을 반증하는 것이기도 합니다.

반면 죄인의 행동 중 가장 극단적인 것은, 아예 처음부터 일말의 죄의식도 거부한 채 자신의 잘못에 대해 "그래, 나 죄인이다. 어쩔래?"하며 노골적으로 본색을 드러내는 태도입니다. 이것은 처음부터 죄를 숨기기를 거부하고 자신의 악을 폭력에 의지하여 정당화하려는 극단적 행위로서 인간의 악이 보여주는 최후의 양태입니다. 불행히도 인간은 분명 이러한 야만성을 충분히 가지고 있는 동물입니다.

사실 자신의 잘못에 대해 "미안해. 내가 잘못했어. 다음부터는 조심할게. 부디 용서해 줘."라고 말하는 것처럼 상대방의 감정을 녹여주는 말도 없습니다. 자신의 잘못을 솔직히 인정하고 겸손히 사과하며 용서를 구하는 것은 결코 비굴하거나 자존심을 해치는 행동이 아닙니다. 그것은 오히려 용감하고 아름다운 행동입니다.

하지만 인간은 쉽게 그러지를 못합니다. 물론 때로는 너무 미안해서 말하지 못하는 경우도 있겠지만, 대개는 잘못을 감추려 하고 그러다 들키면 오히려 분노하며 잘못을 들춰낸 상대를 증오하는 경우가 더 많습니다. 만약 상대가 힘을 가졌을 경우에는 비록 겉으로는 잘못을 인정하는 척하지만 속으로는 뉘우침 없이 다만 운이 없어 들켰다고 여기며 이후로는 더욱 교활한 방법을 사용하는 데에 골몰하기도 합니다. 이것은 분명 악인의 태도입니다.

또 우리가 죄에 대하여 알아야 할 것은, 죄는 꼭 타인에게 짓는 것만이 아니라는 사실입니다. 실제로 우리의 죄는 타인보다 자기 스스로에게 짓는 죄가 더 많습니다. 예컨대 무시로 찾아오는 마음속의 음욕이라던가 또는 정치인이나 연예인과 같은 공인에 대한 원망이나 원색적인 험담 등은 모두 자기가 자기 스스로에게 짓는 죄입니다.

그렇다면 남에게 잘못한 것은 그에게 용서를 구하면 된다지만, 내가 나 자신에게 지은 죄는 누구에게 용서받아야 할까요? 자기 스스로 용서하면 되는 걸까요? 그렇다면 세상은 너무나 진지하지 못하고 장난스러운 질서로 가득 차게 될 것입니다. 인간은 불행히도 스스로에게 지은 죄를 용서받을 방법을 가지고 있지 못합니다. 그것은 오직 창조주이신 하나님만이 가능한 일입니다. 그리고 타인에게 지은 죄 역시 그 당사자에게 용서를 받았다고 해서 그 죄가 사라지는 것도 아닙니다. 용서가 된 것은 인간끼리의 문제일 뿐 하나님께 용서받지 않은 죄는 여전히 하나님 앞에 죄인 것입니다.

용서는 회개를 전제로 합니다. 회개하지 않은 죄의 용서란 없습니다. 우리는 우리 자신을 위해 하나님 앞에 모든 죄를 숨김없이 자복하고 회개해야 합니다. 잘못을 인정하지 않으려는 삶은 공허하고도 외로운 윤리적 몸부림 속에 결국 쓸쓸하고 허탈함으로 가득 찬 인생을 살게 만들 뿐입니다. 회개가 아름다운 것은 죄인으로서의 우리가 하나님 앞에서 할 수 있는 가장 의로운 행동이기 때문입니다. 이는 우리의 회개를 정의롭게 여기시며 진심으로 기뻐하시는 사랑의 대속자 예수그리스도가 계시기에 그렇습니다.

질문 9
삼위일체란 무엇인가요?

오늘날 기독교는 삼위일체론(三位一體論)을 정통의 교리로 받아들이고 있습니다. 기독교에서 말하는 삼위일체론이란 성부하나님과 성자하나님, 성령하나님은 한 몸이시자 같은 분이시란 이론입니다. 다시 말해 하나님은 유일신이시지만 성부(聖父)와 성자(聖子)와 성령(聖靈)의 세 위격(位格)으로 나타나셨으며, 이 세 위격(位格)은 동일한 본질을 유지하고 유일한 실체로서 존재한다는 교리입니다. 여기서 위격이란 사람에게 인격과 같은 의미로 하나님의 성품을 가리키는 말입니다. 하나님에게는 인격이란 말을 쓰지 않고 위격이라는 말을 사용합니다. 즉 이 말은 기독교에서 하나님에게만 사용되어지는 극존의 용어입니다.

삼위일체라는 말은 성경에 직접 나오는 용어는 아니며, 이는 신약시대 초반 기독교에서 교리로서 채택한 신학적 용어입니다. 따라서 하나님을 믿지만 예수님이나 성령님을 인정하지 않는 유대교에는 삼위일체론은 존재하지 않습니다.

한 마디로 삼위일체란, 기독교의 하나님은 성서에 성부하나님과 성자하나님 그리고 성령하나님 이렇게 세 분으로 나타나셨는데, 이 성삼위의 하나님은 각각 다른 분이 아니라 동일한 한 분이시라는 이론입니다. 사실 이 말은 이해하기에 좀 어려울 수 있습니다. 기독교는 유일신을 믿는 종교인데 그렇다면 하나님은 한 분이셔야지 성부와 성자와 성령의 삼위는 무엇이며, 또 그렇게 삼위가 계시다면 하나님이 세 분이시라는 것인지 제대로 정리가 되지 않습니다.

사실 이 삼위일체론은 그 외관적 논리의 난해함으로 인하여 초대교회시대부터 많은 이단이 출현하는 원인이 되기도 했습니다. 즉 성부만을 하나님으로 인정하고 예수님을 인간으로 이해하거나 또는 예수님은 하나님으로 인정하되 성령님을 하나님으로 인정하지 않는 등 여러 형태로 삼위를 각각 분리하여 해석함으로써 당착과 모순에 빠져 이단으로 전락하고 말았던 것입니다.

우리가 인식하는 유한된 시공(時空)의 차원에서 하나님의 삼위일체 되심을 완전히 이해하기란 어쩌면 불가능한 일일지도 모릅니다. 비단 이뿐만이 아니라 하나님의 세계에 관해 우리의 인식으로 이해할 수 없는 것들은 수없이 많습니다. 에덴을 떠나있는 우리에겐 이제 하나님의 세계가 우리 인식의 한계를 벗어날 만큼 멀고 비의에 가득 찬 것으로 비쳐지게 되었습니다. 그럼에도 한편으로 우리가 삼위일체와 같은 하나님의 본질적인 모습을 그나마 알 수 있게 된 것은, 우리를 사랑하사 하나님께서 그동안 비의에 가려져 있던 성자하나님 즉 예수님을 우리에게 밝히 보여주셨기 때문이며, 이어 예수님은 그동안 스스로를 드러내신 바 없으셨던 성령님의 존재를 우리에게 기꺼이 보내주셨기에 가능한 일이었습니다. 이렇듯 하나님께서는 스스로를 알리시고자 우리에게 빛을 허락하셨기에, 신의 세계에 대한 무지의 흑암 속에 갇혀있던 우리는 예수님이 오신 이후 삼위일체 되시는 하나님을 어렴풋이나마 알 수 있게 되었던 것입니다.[1] 요컨대 우리가 성서를 통해 알 수 있는 것은, 하나님은 세 분으로 표현될 수도 있겠으나 그 본질은 분명히 한 분이시라는 사실입니다. 이것은 구약시대엔 알 수도 없었던 것을 예수그리스도께서 우리에게 나타내신 하나님의 모습이었습니다.

우리는 앞에서 하나님은 시간이나 공간을 초월해 계신 분이라는 이야기를 했습니다.[2] 하나님은 시간이나 공간이 존재하기 이전에 계셨고, 또한 시간과 공간을 창조하신 분이기 때문입니다. 그러므로 하나님은 시간이나 공간의 개념에 구속될 수 없는 분이십니다. 마찬가지로 하나님은 숫자의 개념에도 구속되는 분이 아니십니다. 하나님은 수(數)라는 개념이 존재하기 이

---

1) "우리가 이제는 거울로 보는 것 같이 희미하나 그때에는 얼굴과 얼굴을 대하여 볼 것이요, 이제는 내가 부분적으로 아나 그 때에는 주께서 나를 아신 것 같이 내가 온전히 알리라."(고린도전서 13장 12절)
2) 제1부, '기독교의 기초적인 상식에 대하여' 중 질문6. '하나님은 어떻게 생기셨나요?' 참조.

전부터 계셨고 또 그 수라는 것조차 하나님에 의해 생겨난 것인 만큼, 하나님은 수의 개념을 초월해 계시는 분이시기 때문입니다. 따라서 하나님이 한 분이시다 또는 세분이시다 하는 것처럼 우리의 수의 개념으로 하나님의 존재를 설명한다는 것은 아무런 의미가 없는 이야기입니다.

분명한 것은 성서는 하나님은 유일신이라는 사실을 공언하고 있으며,[3] 그로부터 성부하나님과 성자하나님 그리고 성령하나님은 각기 독립적으로 계신 분이 아니라 그 자체로 한 분이시라는 것을 알 수가 있습니다. 그러기에 우리는 다른 모습으로 나타나신 것처럼 보일 수 있는 그분들을 세 분이 아닌 삼위라는 말로써 표현하며 그 자체 하나의 본질로서 계시는 동일체로 이해하는 것입니다.

하나님은 유일하신 분임에도 만약 우리의 수의 인식으로 접근한다면 하나님은 한 분이실 수도 백 분이실 수도 있는 분이십니다. 예컨대 하나님은 우리나라에도 계시고 동시에 미국에도 유럽에도 계십니다. 하나님은 현재 60억 인구 각 사람마다 일대일로 만나시며 그들 각자의 기도를 동시에 들으시고 응답하십니다. 이에 대해 우리는 하나님을 무소부재(無所不在)하시다고 말할 뿐 결코 60억분이 계시다고는 하지 않습니다. 이처럼 우리의 숫자의 개념은 하나님의 본질을 설명하는 데에는 의미가 없습니다. 다시 말씀드리건대 하나님은 한 분이십니다. 다만 하나님은 성서를 통해 우리에게 성부와 성자와 성령의 세 가지 모습을 보여주셨기에 우리는 하나님을 삼위로 설명하고 있는 것이며, 또 하나님은 한 분이시라는 성서의 대전제 하에 삼위 그 자체가 한 분이시라는 사실을 알 수 있는 것입니다.

1) 삼위일체론의 정립배경

이 삼위일체론은 서기4세기 초반까지 많은 논쟁을 거듭하다 서기325년 기독교 최초의 종교회의[4]인 니케아 종교회의에서 처음으로 공식적인 기독교

---

[3] "이스라엘아 들으라. 우리 하나님 여호와는 오직 하나인 여호와시니"(신명기 6장 4절)
[4] 니케아 공의회라고도 함.

교리로서 정해지게 되었습니다.

당시 삼위일체를 부인하던 대표적인 사람으로는 알렉산드리아 교회의 원로사제였던 아리우스를 꼽아야 할 것입니다. 그는 리비아에서 태어나 안티오키아에서 신학을 공부한 후 알렉산드리아 교회에서 사제가 된 사람입니다. 그의 신학은 성부하나님만을 인정하고 성자와 성령의 하나님 되심은 부정하는 것이었는데 이것은 그의 스승 루키아노스의 설을 계승한 것이었습니다. 그의 이론은 비잔티움을 중심으로 로마의 동부지역에 널리 퍼져 교회 내에 커다란 세력을 이루고 있었습니다. 그러나 그리스도가 피조물이라는 주장을 펴던 그는 결국 서기321년 알렉산드리아 교회에서 파문당하고 니코메디아로 피신하는 몸이 되었습니다.

그럼에도 비잔티움을 중심으로 한 로마동부의 교회에서는 여전히 그의 추종자들이 상당한 세력을 유지하고 있었습니다. 이에 성삼위의 일체되심을 인정하던 로마의 정통기독교단은 아리우스의 주장을 정면으로 반박하였고 이로 인해 로마교회 전체는 심한 교리갈등 속에 빠져들게 되었습니다. 그러자 당시의 로마황제 콘티탄티누스 1세는 이 문제를 해결하기 위하여 니케아란 곳에서 동서교회의 대표주교들을 소집하는 종교회의를 개최하였는데 이것이 바로 니케아 종교회의[5]입니다. 로마에서 기독교가 공인된 해(313년)로부터 12년 후에 열린 이 최초의 종교회의에서 두 유파는 격론을 벌인 끝에 아리우스는 결국 이단으로 단죄되었고 변방인 일리리쿰이란 곳으로 유배형을 받았습니다. 그리고 이 회의에서 개최자인 로마황제 콘스탄티누스 1세는 삼위일체론을 기독교의 정통신조(正統信條)로 채택함을 선언했습니다.

그럼에도 삼위일체에 관한 논쟁이 여기서 완전히 정리된 것은 아니었습니다.

---

[5] 삼위일체론이 기독교가 발생한지 300여년간이나 명확한 교리로서 정립되지 못한 이유에는 그때까지 기독교를 공개적으로 믿을 수 없었던 사회적요인도 크게 작용했을 것 것으로 보인다. 은밀히 신앙생활을 유지해야 하는 상황에서 모든 이단의 출몰을 통제하기란 사실상 불가능한 일이다. 따라서 기독교가 공인되고 12년 만에 열린 니케아공의회는 기독교가 세계에서 인정받자마자 열린 최초의 공개적인 교리회의라고 할 수 있다.

왜냐하면 이후에도 예수의 신성을 인정하지 않는 풍조는 여전히 남아 있었기 때문입니다. 이러한 교리논쟁을 완전히 종식시키고 삼위일체론이 오늘날과 같이 확고한 교리로 자리를 잡기까지에는 알렉산드리아의 총대주교 아타나시우스[6]의 노력을 빼놓을 수 없을 것입니다. 그 과정은 니케아 종교회의 이후에도 여전히 로마에서 활동하던 아리우스의 추종자들과 성부·성자·성령 삼위의 동일본질을 주장하는 아타나시우스 간에 서로의 사활을 건 대결이었습니다.

그러나 아타나시우스와 아리우스가 생전에 서로 맞붙은 것은 아니었으며, 정확히 말하면 아리우스가 이단으로 정죄되어 유배된 후에 소위 아리우스파(派)라고 불리던 그의 동료 및 추종자들과의 대결이라고 해야 할 것입니다. 아리우스는 아타나시우스에 비해 나이가 40여년 이상이나 연배였으며 따라서 아리우스가 활동할 당시 아타나시우스는 무명의 젊은 사제였습니다. 그러므로 정작 싸움은 차후 아타나시우스가 알렉산드리아의 총대주교에 임명되고 나서였습니다. 이때 그는 아리우스가 이미 니케아 종교회의에서 이단으로 규정되어 유배형을 받았음에도 여전히 그의 추종자들이 득세하는 것을 보고 이에 대해 올바른 교리를 정립하고자 그들 세력에 맞섰던 것입니다.

한편 아리우스파는 니케아 종교회의에서 패배했음에도 불구하고 콘스탄티누스 1세를 설득하는데 성공하여 계속 존속할 수 있었고, 이후 콘스탄티우스 2세[7] 때에 가서는 오히려 전 로마에 퍼질 만큼 큰 세력을 떨치기도 했

---

6) 아타나시우스(293?~373) : 알렉산드리아의 총대주교. 그는 328년 대략 35세의 젊은 나이에 파격적으로 총대주교에 임명되었다. 총대주교가 되기 전인 325년 그의 선임주교 알렉산더를 따라 부제자격으로 니케아 종교회의에 참석하여 아리우스논쟁의 현장을 목격하였고, 이후 아리우스의 이론을 이단으로 공격하며 평생을 그 투쟁으로 보냈다. 이로 인해 그는 다섯 차례나 주교직을 박탈당하고 도피를 반복하는 처지가 되기도 한다. 아리우스파에 맞서 삼위일체론을 정립한 그는 오늘날 정통신앙의 아버지로 불리고 있다.

7) 콘스탄티우스 2세(재위 337~361) : 콘스탄티누스 1세의 셋째 아들. 처음에는 3형제가 제국을 3분하여 동방의 황제로 등극하였으나 후에 단독황제가 되었다. 그의 치세 시 아리우스파는 자신들의 신도였던 그의 비호 아래 세력을 강화하며 아타나시우스파를 박해하였으나 결국 그의 사망과 함께 급격히 쇠퇴하고 말았다.

습니다. 당시의 상황은 아직 삼위일체론이 확립되기 전이었고, 또 황제는 콘스탄티노플을 중심으로 이전부터 로마의 동부에서 세력을 떨치던 아리우스파를 정치적인 입장에서 무시할 수 없었으므로, 아리우스의 패배에도 불구하고 정치적 타협이 작용하여 그들의 이론을 지지하는 입장을 취하고 있었습니다. 그러나 콘스탄티우스 2세의 사망 후 아리우스파의 이단설을 좌시할 수 없었던 반대파 즉 아타나시우스파(派)의 사제들은 반격을 개시하여 서기381년 콘스탄티노플 종교회의에서 다시금 아리우스파를 이단으로 규정하고 이의 논쟁에 대한 결정적인 종지부를 찍게 되었습니다. 이후 삼위일체론은 서기451년 칼케돈 종교회의에서 다시금 추인됨으로써 기독교의 정통신조로 확립되었습니다. 이렇게 하여 삼위일체론은 천주교나 개신교, 정교회 등 모든 기독교에서 정통신조로서 오늘날까지 이어지고 있습니다.

2) 성삼위(聖三位) 하나님

그러면 이제 성부, 성자, 성령하나님은 어떤 분이신지 성경에 나오는 내용을 중심으로 간략히 설명 드리도록 하겠습니다.

가. 성부(聖父)하나님

성부하나님이란 글자 그대로 '성스러우신 아버지 하나님'이란 뜻입니다. 여기서 아버지란 명칭은 예수님께서 기도하시거나 하나님에 관한 말씀을 하실 때 '아버지'라는 호칭을 사용하신 데에 따른 것입니다. 앞에서도 말씀드린 바와 같이, 하나님을 아버지라 칭한 것은 예수님이 처음이었으며, 그 전에는 하나님을 여호와, 주님 또는 그대로 하나님이라는 호칭을 사용했습니다. 그러므로 하나님과 우리의 사이를 부자관계로 밝히신 것은 예수님께서 처음이었습니다.

그렇다고 하나님의 성별이 남성이어서 예수님께서 그렇게 칭하신 것은 결코 아닙니다. 하나님은 성별을 초월해 계신 분으로 우리와 같은 성별 따위는 가지고 계시지 않습니다. 그럼에도 예수님께서 하나님을 부르실 때 아버지라는 호칭을 사용하신 것은, 첫째로는 사랑으로 인간을 창조하시고 그 사랑을 절대은총으로 우리에게 쏟아 부으시는 하나님을 인간이 할 수 있는 최고 사랑의 대명사인 부모에 비유하셨던 것이고, 둘째로는 당시는 남성에게 대표성이 부여되던 시대였으므로 부모 가운데 위엄과 가족대표의 이미지를 갖는 아버지를 택하신 것이지 하나님의 성별이 정말로 남자여서 그렇게 부르신 것은 아닙니다. 다시 말씀드리지만 하나님은 시공을 초월하여 계시듯 성별도 초월하여 계신 분이십니다.

사실 하나님께서는 부모의 사랑보다 더 큰 사랑으로 우리를 보살피고 계십니다. 다만 인간의 인식으로는 그것을 헤아릴 방법이 없기에 예수님께서는 어렵고 막연한 표현보다는 피부에 와 닿는 표현을 사용하셨던 것이며, 그리하여 인간이 할 수 있는 가장 큰 사랑인 부모의 사랑으로 설명함으로써 우리를 이해시키려 하셨던 것입니다. 비슷한 예로, 성서도 때로는 가장 현실적인 방법으로 우리에게 하나님의 사랑을 이해시키기 위해, 구약의 아가서(書)나 호세아서에서처럼 하나님의 사랑을 열렬히 타오르는 연인간의 사랑으로 비유하여 설명하기도 합니다.

성부하나님의 존재는 신약성경에서만 오직 음성으로 단 세 차례 나타나셨습니다. 첫 번째는 예수님께서 세례를 받으신 직후 하늘에서 성령이 비둘기 모양으로 예수님의 머리 위로 내려앉으며 하늘로부터 "이는 내 사랑하는 아들이요, 내 기뻐하는 자라!"[8]는 우레와 같은 음성이 울려 퍼졌을 때입니다.

그리고 두 번째는 예수님께서 어느 날 제자 가운데 베드로와 요한과 야고보를 데리고 일명 변화산[9]에 올라 밤을 새워 기도하실 때였습니다. 이때 제자들은 예수님의 모습이 빛과 같이 밝게 변하며 갑자기 나타난 모세와 엘리야와 대화를 나누시는 놀라운 광경을 목격하게 되었는데, 이 이변에 놀란 베드로가 뜬금없이 예수님께 초막집 세 개를 지어 예수님과 모세, 엘리야에

---

8) 마태복음 3장 17절
9) p.311 참조.

게 하나씩 바치겠다는 스스로도 무슨 말인지 모를 말을 엉겁결에 뇌까리자, 순간 모세와 엘리야는 사라지고 갑자기 구름이 모든 사람들을 덮어 싸며 구름 속에서 "이는 내 사랑하는 아들이요 내 기뻐하는 자니 너희는 저의 말을 들으라!"[10]는 큰 음성이 들렸습니다. 이것이 성부하나님께서 두 번째로 자신의 존재를 드러내신 사건이었으며, 이때 역시 음성으로만 나타나셨습니다.

이어 세 번째는 예수님이 체포되시기 며칠 전 앞으로 당신이 겪어야 할 대속의 처절한 죽음의 공포를 느끼셨을 때였습니다. 예수님도 한편으론 인간이셨는지라 죽음에 대한 두려움으로 한순간이나마 이를 피하고 싶은 인간적인 갈등을 느끼셨습니다. 그러나 죽음 앞에서의 깊은 고독과 고뇌 속에서도 자신이 감당해야 할 대속의 임무를 상기하시곤 이내 하나님께 순종하며 영광을 돌리자 하늘로부터 "내가 이미 영광스럽게 하였고 또 다시 영광스럽게 하리라!"[11]는 우레와 같은 음성이 울려 퍼졌습니다. 순간 주변에 있던 사람들이 이 소리에 두려워하자 예수님은 "이것은 나를 위해서가 아니라 너희를 위해서 들려온 음성이다."[12]라고 하시며 오히려 그들을 위로하셨습니다.

이것이 우리가 성경 전체를 통해 만날 수 있는 성부하나님의 전부입니다. 솔직히 우리가 성서를 통해 성부하나님에 대해 아는 것은 더 이상 없습니다. 분명한 것은 성부하나님은 실존하시는 분으로 예수님께서 아버지라 부르시며 기도를 올리던 바로 그 분이시라는 사실입니다.

나. 성자(聖子)하나님

성자하나님이란 인류의 구원을 위해 이 땅에 강림하신 대망의 그리스도 즉 예수님을 가리킵니다. 또한 그리스도는 이미 앞에서 수차례 언급한 바와 같이 구약성경에 나오는 이스라엘민족의 역사와 수많은 성서 속 위인들의 삶 속에 계시되고, 또 많은 선지자들의 예언과 노래 속에 일관되게 예비 되

---

10) 마태복음 17장 1절~5절, 누가복음 9장 29절~35절
11) 요한복음 12장 28절
12) 요한복음 12장 30절

던 주제였습니다. 그리고 이 그리스도가 바로 예수님이라는 것으로 기독교는 성립한다는 것 역시 이미 질문 13번에서 밝힌 바 있습니다.

  예수님은 우리와 똑같이 여자의 몸속에서 열 달 동안의 잉태를 거쳐 태어나셨고, 여느 누구와 똑같은 성장과정을 거치며 자라셨으며, 하나님 말씀을 전파하시다 십자가에서 돌아가시기까지 33년여의 인생을 우리처럼 사셨습니다. 그런 점에서 그분은 명백한 인간이셨습니다. 그러면서 한편으론 그리스도로서 수많은 표징을 보여주시며 스스로 신성(神性)을 보유하고 계심을 입증하셨다는 점에서 그분은 또한 분명한 하나님이셨습니다. 우리가 예수님에 대해 반드시 알아두어야 할 사항 중 하나는 예수님은 신이자 동시에 인간, 즉 인류유일의 신인(神人)이시라는 사실입니다.

  먼저 예수님은 구약성경에 나오는 여호와 하나님 바로 그분의 현신이십니다. 그러므로 그분은 창조주이시자 우리에게 구원을 허락하시는 권세와 영생의 주권을 가지신 하나님이십니다. 동시에 그분은 우리와 같은 육체적 인성(人性) 다시 말해 시간과 공간에 제한받는 육신과, 그 안에서 움직이는 희로애락 등 인간본연의 감정, 노쇠함이나 죽음과 같은 숙명적 본질 등 우리와 동등한 인간의 성분을 모두 가지신 분이시기도 합니다. 즉 예수님은 그 본성은 하나님이셨지만 온전한 인간의 속성도 함께 지니고 이 땅에 오신 하나님이신 것입니다.

  예수님의 인성에 대하여 말씀드리면, 그분은 어디를 가실 때에는 일일이 걸어가셔야 했고 먹지 않으면 배고프셔야 했고 그래서 끼니때마다 꼬박꼬박 드셔야 했고 또 피곤하셔야 했고 주무셔야 했습니다. 그리고 십자가에 못박혀서는 고통스러워 하셨고 피 흘리시고 마침내는 죽기까지 하셔야 했습니다. 과연 하나님께서 뭐가 답답하셔서 여기서 저기를 가시는데 일일이 걸어가셔야 했고, 배고프셔야 했고, 잡수셔야 했고, 피곤하셔야 했고, 주무셔야 하셨을까요? 진정 뭐가 아쉬우셔서 하나님께서 그러셔야 하셨을까요? 이유는 바로 우리 때문이었습니다. 하나님이 인간이 되어 세상에 오신 것은 바로 우리를 대속하여 구원하기 위해서였던 것입니다.

  태초에 세상을 창조하신 하나님께서는 사랑하는 인간이 범죄하자 곧바로 그들의 구원을 계획하셨고, 그것을 이스라엘민족을 통해 나타내셨으며, 그들에게 주신 수많은 예언들은 곧 그 구원을 이룰 그리스도에 대한 약속이었던 것입니다. 그리고 그 약속대로 하나님께서는 구원을 이루시고자 이 땅에 임하셨습니다. 그분이 바로 베들레헴의 마구간에서 태어나신 대망의 그리스도 예수이십니다. 그분은 우리와 똑같이 여자의 몸을 통해 아기로 태어나 성장하시며 역시 우리와 똑같은 인생을 사셨습니다. 그동안 그분은 우리와 똑같이 먹고, 마시고, 주무시고, 때론 지치고 피곤해 하셨으며 또 함께 기뻐하시고 때론 눈물을 흘리시는 등 누구와도 다를 바 없는 삶을 사셨습니다. 또 인간으로서 당시 사회의 규범들을 인정하고 따르셨습니다. 다만 그분이 우리와 다른 것은 그 가운데 죄를 짓지 않으셨다는 것뿐입니다.

그렇다고 예수님께서 하나님의 신성(神性)을 상실하신 것은 아니었습니다. 그분이 하나님으로서 저 높은 지존의 보좌를 비우시고 우리를 구원하고자 죄악으로 가득 찬 이 낮은 곳으로 임하시긴 하셨지만 그렇다고 그분이 하나님이 아닌 것은 아닙니다. 예수님은 여전히 신성을 소유하고 계신 분이십니다. 이에 대해 성서는 예수님이 곧 태초부터 계신 분이시자 우리를 구원하기 위해 몸소 인간이 되어 세상에 오신 하나님이시라고 여러 곳에서 선언하고 있습니다. 이는 성경의 일관된 주장으로 그 중 한 구절을 소개하면 다음과 같습니다.

[태초에 말씀이 계시니라. 이 말씀이 하나님과 함께 계셨으니 이 말씀은 곧 하나님이시니라. 그가 태초에 하나님과 함께 계셨고 만물이 그로 말미암아 지은 바 되었으니 지은 것이 하나도 그가 없이는 된 것이 없느니라... (중략) 참 빛 곧 세상에 와서 각 사람에게 비추는 빛이 있었나니, 그가 세상에 계셨으며 세상은 그로 말미암아 지은 바 되었으나 세상이 그를 알지 못하였고, 자기 땅에 오매 자기 백성이 영접치 아니하였으나, 영접하는 자 곧 그 이름을 믿는 자는 하나님의 자녀가 되는 권세를 주셨으니... (중략) 말씀이 육신이 되어 우리 가운데 거하시매 우리가 그 영광을 보니 아버지의 독생자의 영광이요 은혜와 진리가 충만하더라... (중략) 하나님을 본 사람이 없으되 아버지 품속에 있는 독생하신 하나님이

나타내셨느니라.] (요한복음 1장 1절~18절)

    이에 따라 구약에 나타나신 하나님은 성부하나님이 아니라 성자하나님 즉 예수님이 이 땅에 오시기 전의 모습이라고 보는 것이 오늘날 교계의 일반적인 견해입니다. 또 예수님 자신도 스스로를 아브라함이 태어나기 전부터 계셨다고 말씀하셨습니다.

[예수께서 가라사대 진실로 진실로 너희에게 이르노니 아브라함이 나기 전부터 내가 있느니라 하시니라.] (요한복음 8장 58절)

    이렇듯 예수님은 창조주이시자, 자신이 창조한 세상에 오신 그리스도이시며, 동시에 하나님의 아들 즉 하나님의 독생자이신 성자하나님이십니다.
    여기서 외아들이란 의미의 독생자란 표현도 예수께서 이 땅에 거하실 때 하나님을 아버지라 부르셨기에 그분을 '하나님의 아들'이라고 하는 것이지, 정말로 하나님이 우리처럼 결혼을 해서 낳은 그런 자식은 아닙니다. 앞서 말한 바와 같이 성별을 초월하신 하나님은 결혼도 하지 않으십니다.[13] 하나님은 스스로 존재하시는 분으로서 만유의 본질이시자 모든 시원(始原)의 궁극마저도 초월해 계시는 분이시기 때문입니다. 그러므로 여기서 말하는 성부하나님과 성자하나님의 관계는 사람이 생각하는 부자관계와는 전혀 다르다 하겠습니다.
    또 예수님이 하나님과 동등한 분이라는 사실을 성경은 다음과 같이 증언하고 있습니다.

[그는 근본 하나님의 본체시나 하나님과 동등 됨을 취할 것으로 여기지 아니하시고, 오히려 자기를 비어 종의 형체를 가져 사람들과 같이 되었고, 사람의 모양으로 나타나셨으매 자기

---

13) 예수께서도 우리가 훗날 천국에 가면 하늘나라에서는 우리에게도 결혼과 같은 것은 존재하지 않는다고 말씀하신 바 있다.(누가복음 20장 35절 참조)

를 낮추시고 죽기까지 복종하셨으니 곧 십자가에 죽으심이라.] (빌립보서 2장 6절~8절)

그러므로 예수님을 믿는 것은 결국 하나님을 믿는 것과 동일하다 하겠습니다. 이상을 정리하면, 예수님은 하나님이시며 동시에 인간과 동질의 형상을 지니시고 이 세상에 오신 분이라는 이야기가 됩니다. 예수님이 이와 같이 세상에 오신 것은 바로 우리의 죄를 대속하기 위함이셨으며 그 대속의 거룩한 완성이 바로 십자가에서의 죽음과 부활인 것입니다.

이와 같은 하나님의 강림과 구원의 성취 그것이야말로 성경 전체가 노래하는 주제이자 기독교의 핵심이기도 합니다. 그리고 그것을 이루기 위해 이 땅에 오신 하나님이 바로 예수그리스도이시며, 이를 우리는 다른 말로 '성자 하나님'이라 부르는 것입니다.

다. 성령(聖靈)하나님

성령하나님은 구약시대엔 거의 알려진 바 없다가 신약시대에 와서 예수님에 의해 구체적으로 소개되었습니다. 예수님은 어느 날 제자들에게 자신이 떠나면 곧 보혜사(保惠師)를 보내시겠다고 말씀하셨는데 이분이 곧 성령하나님이십니다. 성령하나님은 다른 말로 성신(聖神)하나님이라 부르기도 합니다.

[내가 아버지께 구하겠으니 그가 또 다른 보혜사를 너희에게 주사 영원토록 너희와 함께 있게 하시리니] (요한복음 14장 16절)

이어 예수님께서는 이 분이 곧 성령이시라고 말씀하셨습니다.

[보혜사 곧 아버지께서 내 이름으로 보내실 성령 그가 너희에게 모든 것을 가르치시고 내가 너희에게 말한 모든 것을 생각나게 하시리라] (요한복음 14장 26절)

위 말씀 중 보혜사의 한자(漢字) 의미는 '우리를 보호하시고 은혜를 베풀어주시는 분'이란 뜻으로, 우리를 곁에서 돕고 지켜주시는 성령하나님을 가리켜 예수님께서 사용하신 표현입니다. 신약성경의 요한복음에만 나오는 특별한 표현[14]이기도 한 '보혜사'라는 말은 헬라어 '파라클레토스'(παρακλητοο)를 우리말로 번역한 것입니다. 헬라어로는 변호하는 자, 위로하는 자, 중재자, 협조자 등의 뜻을 갖는데 우리말성경에 나오는 '보혜사'라는 단어는 성령님에게만 특별히 사용하기 위해 번역된 극존의 표현입니다.

이 성령님에 대해 구약성경에서는 다음과 같이 예언하고 있습니다.

[나는 내 영을 만민에게 부어 주리니 너희의 아들과 딸은 예언을 하리라. 늙은이들은 꿈을 꾸고, 젊은이들은 환상을 보리라. 그 날 나는 남녀 종들에게도 나의 영을 부어 주리라. 나는 하늘과 땅에서 징조를 보이리라] (요엘 2장 28절~30절)[15]

구약시대까지 모호했던 이 예언은 신약시대에 이르러 예수그리스도로 인해 우리에게 밝히 나타나게 된 것입니다. 그리고 이분이 그리스도에 이어 우리를 도우러 오시는 보혜사 성령님이시라는 것도 알게 되었습니다. 요한복음 14장 16절부터 16장 15절까지에는 성령님에 관해 예수님께서 하신 많은 이야기가 나오는데, 정리하면 성령님은 예수님의 승천 후 예수님을 대신할 보혜사로서 우리 곁에 오실 것이며 우리를 진리로 인도하시는 하나님이시라는 것입니다.

사도바울도 성령님은 우리의 연약함을 아시고 간절한 마음으로 언제나 우리를 도우신다고 기록하고 있습니다.

[이와 같이 성령도 우리 연약함을 도우시나니 우리가 마땅히 빌 바를 알지 못하나 오직 성령이 말할 수 없는 탄식으로 우리를 위하여 친히 간구하시느니라] (로마서 8장 26절)

---

[14] 성령에 관해서는 네 개의 복음서 가운데 요한복음만이 유일하게 언급하고 있으며, 그 후 바울서신 등에서 여러 차례 언급되고 있다.
[15] 공동번역성경(대한성서공회) 참조.

또 사도요한도 자신의 복음서에서 사용한 보혜사라는 표현 외에, 서신서에서는 한편으로 이 보혜사 성령님을 대언자(代言者)라 표현하며 이분이 바로 예수님이라고 언급하기도 합니다.

[만일 누가 죄를 범하면 아버지 앞에서 우리에게 대언자가 있으니 곧 의로우신 예수 그리스도시라] (요한 1서 2장 1절)

대언자란 하나님 앞에서 우리의 잘못을 대신 변호해주는 자라는 뜻으로 결국은 보혜사와 같은 의미로 사용되고 있습니다. 따라서 대언자가 예수 그리스도시라면 성령님은 결국 예수님과 동일한 분 즉 다른 위격의 같은 하나님이 되시며, 나아가 성부하나님과 예수님(성자하나님) 그리고 성령님은 종국적으로는 모두 동일한 하나님이 되시는 것입니다.

예수님은 십자가에서 죽으신 지 3일 만에 부활하신 후 40일간 세상에 머무시며[16] 여러 가지 증거로써 자신이 여전히 살아 계시다는 것을 보여 주셨습니다. 예수님은 부활하신 후 어느 날 제자들과 식사를 하시던 자리에서, 다시금 이 성령님에 관하여 제자들에게 언급하시며 그들에게 예루살렘을 떠나지 말고 아버지께서 약속하신 선물을 기다리라고 당부하셨습니다. 그리고 이 선물은 예수님께서 이미 여러 차례 말씀하셨던 바로 그 성령님이라는 것도 구체적으로 일러 주셨습니다.

[사도와 같이 모이사 저희에게 분부하여 가라사대, 예루살렘을 떠나지 말고 내게 들은바 아버지의 약속하신 것을 기다리라. 요한은 물로 세례를 베풀었으나 너희는 몇 날이 못 되어 성령으로 세례를 받으리라.] (사도행전 1장 4절~5절)

그리고 이 성령님은 예수께서 승천하신 후 첫 번째 오순절(五旬節)에 마침내

---

16) 사도행전 1장 3절

우리에게 임하셨습니다. 오순절이란 초실절(初實節)로부터 50일 째 되는 날로 칠칠절(七七節) 또는 맥추절(麥秋節)이라고도 불리는 유대교의 절기입니다.[17]

먼저 초실절에 대해 설명 드리면, 이날은 유월절 이후 돌아오는 첫 안식일의 이튿날로 봄에 보리나 밀을 수확할 때 그 이삭 첫 단을 하나님께 바치는 절기입니다. 그런데 예수님께서 부활하신 날이 바로 초실절 아침이었으며, 이런 이유로 오늘날 기독교에서는 이 유대교의 초실절을 부활절이라 부르며 예수님의 부활을 기념하고 있습니다.

다음으로 오순절은 이 초실절로부터 50일 후에,[18] 그해 농사의 수확이 끝나고 첫 소출을 하나님께 예물로 드리는 이를테면 유대교의 추수감사절과 같은 성격의 절기입니다. 이 날을 칠칠절이라고도 부르는 이유는 초실절로부터 일주일(7일)이 일곱 번 반복되고 이튿날 찾아오기 때문이며, 또 이날은 보리나 밀 등 햇곡식의 수확을 감사하는 날이라 하여 맥추절이라고도 불립니다.[19] 그리고 오순절은 효모를 넣지 않은 빵(무교병)을 먹는 유월절과 달리 효모를 넣어 구운 빵을 봉헌하며 추수의 마감을 즐겼습니다. 말하자면 초실절이 수확하기 전에 하나님께 감사를 드리는 절기라면 오순절은 추수 후에 수확을 감사드리는 절기라고 하겠습니다.

신약성경의 사도행전 2장 1절~13절을 보면, 이 오순절에 성령님이 강림하시던 광경에 대해 구체적으로 묘사하고 있습니다. 이에 대해서는 앞에서도 자세히 설명하였습니다.[20] 오늘날 기독교는 초실절을 '부활절'로 기념하듯, 이날 오순절은 성령께서 강림하신 날이라 하여 '성령강림절'이라 부르며 기념하고 있습니다.

이상을 정리하면, 예수님은 유월절에 돌아가셨고 초실절에 부활하셨으며,

---

17) 레위기 23장 9절~14절
18) 레위기 23장 15절~22절
19) 반면 오늘날 한국의 교회에서는 맥추절을 오순절과 분리하여 매년 7월 첫 번째 주일을 '맥추감사절'이라 이름을 바꿔 따로 지키는 경우도 많이 있다. 이는 한국의 밀 수확기에 맞추어진 절기의 토착화라고 볼 수 있다.
20) 제1부 '기독교의 기초적인 상식에 대하여' 중 질문20. '예수님의 생애에 대하여 이야기해 주세요'-7) '승천과 성령의 임재' 참조.

오순절에 성령님께서 강림하셨습니다. 다시 말해 성령님의 강림은 예수님께서 부활하신 날로부터 50일째 되는 날이었고, 승천하신 날로부터는 10일 후가 되는 날이었습니다. 이날은 온 인류에게 복음이 열리게 되었음을 다시금 각인시켜 알리는 놀랍고도 기쁜 날이며, 또한 성령님의 강림은 기독교사에 새로운 시대가 열렸음을 알리는 축복과 기쁨의 사건이었습니다.

질문 10
이단이란 무엇이며 어떻게 구별해야 하나요?

　오늘날 기독교에는 많은 이단종파들이 난무하고 있습니다. 이들은 겉으로는 기독교를 가장하고 예수님을 믿는 사람과 믿고자 하는 사람들을 미혹하고 있습니다. 이들의 기독교에 미치는 폐해는 심대하지만, 문제는 그것들 모두가 겉으로는 예수님과 십자가의 구원을 논하고 있기에 초신자분들은 이를 분별해 내기가 쉽지 않다는 것입니다. 기독교가 널리 전파되기 이전에는 경험이 많이 부족했던 터라 요즘의 시각으로 보면 어처구니없는 이론의 이단들도 많이 나타났었지만, 지금은 그동안의 많은 경험과 신학적 검증을 통해 그와 같은 노골적인 이단들은 거의 도태되었습니다. 그러나 역설적으로 이것은 이단들도 그만큼 더욱 교묘하고 교활한 양태로 모습을 바꿔 사람들을 미혹하고 있다는 것을 의미하기도 합니다.

　이단은 우리가 구원의 길에 들어서지 못하도록 하나님의 역사를 방해하려는 마귀의 요설이므로 결코 가까이 해서는 안 됩니다. 그러나 이단의 주장은 미워할지언정 그 이단에 속한 사람들마저 미워하지는 말아야 할 것입니다. 왜냐하면 그들 중에는 자신이 믿고 있는 교리가 이단인 줄도 모른 채 믿는 사람들이 의외로 많기 때문입니다. 그들 역시도 예수님의 입장에선 구원을 받아야 할 사람들이기에 우리는 그들을 사랑과 동정의 시선으로 대해야 할 것이며 항상 기도하는 마음으로 바라보아야 할 것입니다. 그러나 이단에 대한 특별한 신념이 없이는 함부로 그들과 마주하지 마시기를 바랍니다. 이단에 현혹된 사람들은 이미 객관적인 대화가 불가능할 만큼 올바른 것을 판단할 이성적 능력을 박탈당한 채 자신들의 교리를 신봉하고 있으며, 그러기에 맹목이라 할 만큼 대단히 편협하고 폐쇄적인 사고에 갇혀있는 사람들이 대부분이기 때문입니다.

이단(異端)이란 그 글자를 풀어보면 다를 이(異), 끝 단(端) 즉 다른 쪽 끝이라는 뜻입니다. 그러므로 이단은 얼핏 겉으로는 기독교의 모습을 띠고 있는 것처럼 보이지만 실제로는 기독교의 정통적인 교리와는 다른 것을 전하는 집단을 의미합니다. 이런 측면에서 이단은 다른 말로 '사이비'(似而非)라고도 하는데, 이는 닮을 사(似), 말 이을 이(而), 아닐 비(非) 즉 비슷하지만 실제로는 아닌 것을 말합니다. 실제로 이단들은 거짓된 기독교의 옷을 입고 기독교인양 행세하며 사람들을 현혹하는 양상을 띠고 있습니다.

우리가 이단에 빠지지 않기 위해 무엇보다 분명하게 명심해야 할 것은, 구원은 오직 예수님뿐이라는 이 '뿐'에 굳건히 서야 한다는 것입니다.[1] 즉 구원은 '100% 오직 예수'로 시작해서 '100% 오직 예수'로 끝난다는 절대의 진리를 확고히 믿는 신념을 가져야 한다는 것입니다. 구원은 그 누구도, 그 어떤 일말의 것도 개입될 수 없는 예수그리스도만의 전권입니다.[2] 이 말은 곧 구원이란 하나님의 절대은총으로만 가능하다는 뜻이기도 합니다. 다시 한 번 강조하건대 구원은 오직 예수님만으로 완성되는 것이며, 이는 아무리 반복하고 강조해도 지나친 말이 아닙니다. 이 절대진리를 우리는 무슨 일이 있어도 잊어서는 안 되며, 이 '뿐'신앙만 단단히 지키고만 있어도 우리는 적어도 이단에 현혹되는 일은 없을 것입니다.

그렇다면 이단이란 간단히 말해 이 '뿐'신앙을 흔들려고 하는 것들이라고 정리할 수 있겠습니다. 기독교 역사상 이단은 그동안 너무도 다양하고 복잡한 양태로 출몰해 왔는바, 이를 여기서 모두 다룰 수는 없을 것입니다. 다만 여기서는 그 대표적인 것들에 대해 초신자분들이 쉽게 분별할 수 있도록 그것의 기본적인 틀을 정리해보도록 하겠습니다. 각양의 이단유형들을 종

---

1) 이 '뿐'에 관한 신념은 평생을 이단연구에 전념하시다 1994년 이단종파 추종자에 의해 순교하신 故탁명환 선생님의 철학이기도 한데 너무도 명쾌한 지적인 것 같아 여기 소개한다.
2) "그러므로 다른 이에게는 구원이 없나니 이는 하늘 아래서 우리가 구원을 받을 수 있는 다른 이름을 인간에게 주신 적이 없음이라."(사도행전 4장 12절)

합적으로 정리해 보면 크게 다음의 네 가지로 분류할 수 있을 것입니다.

첫째는, 구원은 예수님 외에 다른 곳에도 있다고 주장하는 이단입니다. 이는 예수님을 믿어도 구원을 얻을 수 있지만, 그것 말고도 자신들의 교주를 믿거나 다른 방법을 통해서도 구원이 가능하다고 주장하는 부류입니다. 즉 예수님은 여러 구원의 수단 가운데 하나일 뿐 유일한 방법은 아니며 다른 방법을 통해서도 구원을 받을 수 있다고 주장하는 이단입니다. 하지만 예수님을 떠나서도 얼마든지 달리 구원을 얻을 수 있다고 하는 것은 우리의 구원을 방해하기 위해 미혹하는 악마의 요설에 불과합니다. 이러한 이단에는 교주가 하나님 또는 재림예수라 자칭하며 미혹하는 경우가 많습니다.

둘째는, 구원을 받기 위해선 예수님을 믿는 것이 가장 중요하다고 말은 하지만 그것만으론 구원의 완성이 충족될 수 없다고 주장하는 부류입니다. 이것은 얼핏 예수님에 의한 구원을 말하는 듯 보이지만, 알고 보면 예수님으론 조금 부족하고 결국에는 역시 자신들의 교주 또는 교리를 믿는 등 다른 방법이 추가되어야 완성될 수 있다고 주장하는 것입니다. 이는 구원을 위해서는 마치 예수님을 최우선으로 인정하는 척하여 첫 번째 유형의 이단에 비해 설득력이 있어 보이지만, 알고 보면 예수님만으로는 완전한 구원을 얻지 못한다고 주장한다는 점에서 첫 번째의 이단보다 더욱 간교한 요설로 무장하고 있는 사악한 이단이라 하겠습니다. 이와 같은 이단도 역시 자신들의 교주가 예수님 이래 하나님의 특별한 계시를 받고 세상에 나온 예언자라거나 예수님과 버금가는 권세를 지닌 소명 받은 자라고 자칭하는 경우가 많습니다.

이상과 같은 이단의 공통적인 양태를 살펴보면, 겉으로는 얼핏 예수님에 의한 구원을 논하는 것 같지만 알고 보면 예수님만으론 구원이 100% 완성되는 것이 아니라는 주장이며, 결국 구원의 완성을 위해서는 예수님 외에 자신들의 교주나 그들만의 경전 또는 기타의 어떤 교리를 내세워 그 구원의 부족한 부분을 채워야 한다는 궤변을 내세우는 것입니다. 결국 정도의 차이일 뿐 모두가 구원에 대한 예수님의 신성한 전권을 흔들려는 궤계스런 목적이 숨겨져 있습니다.

　이러한 이단들은 대개가 궁극에 가서는 자신들의 이론을 합리화하기 위해 교주가 신의 계시나 어떤 기적과 같은 초자연적인 체험을 했다고 주장합니다. 그렇게 하여 자신들의 정당성을 확보하려는 것입니다. 그러나 사실 기적이란 진리를 증거하는 여러 수단 가운데 하나일 뿐 그 자체가 진리는 아닙니다. 기적은 우상숭배나 이방종교에서도 존재합니다. 기독교는 신의 계시나 기적과 같은 신비성에 기반을 두는 종교가 아니라, 단지 그것을 예수그리스도를 증거하는 수단으로 삼는 종교입니다. 요컨대 기독교는 아담 이후 단절되었던 하나님과의 사랑의 복원[3]을 최종목적으로 하는 종교로서, 이 사랑은 오직 예수그리스도의 십자가를 통해서만이 구현될 수 있다고 이야기하는 종교입니다. 따라서 적어도 기독교에서의 계시나 예언, 초자연적인 이적은 모두가 오직 예수그리스도만을 향하며 그 누구도 이것을 가로채려고 하는 자는 이단으로 보아 무방할 것입니다. 구원은 100% 전권을 가지신 오직 예수님의 은혜로써만 완성되는 것이며 따라서 그 모든 감사와 찬양은 오직 십자가에서 돌아가신 예수님만이 받으셔야 할 예수님만의 영광입니다.

　이어 세 번째로는, 구원은 오직 예수님에게만 있는 것이 맞지만 현재의 교회는 타락하여 구원이 떠나갔으며 이제 유일하게 구원이 남아 있는 교회는 자기들뿐이라고 주장하는 이단입니다. 이들은 자신들을 제외한 모든 교회가 예수님을 잘못 전하고 있다고 강조함으로써 기존의 신자들 보다는 아직 기독교를 잘 모르는 초신자들이나 또는 기독교에 막연한 거부감을 갖고 있는 사람들을 대상으로 미혹을 합니다. 이들 역시 다른 유형의 이단과 같이 자신들만이 하나님께 특별히 선택된 교회라고 주장하는 특징을 갖습니다. 이러한 이단이 출몰하게 되는 이유에는 오늘날 일부의 교회가 본연의 사명을 떠나 하나님의 사랑을 왜곡되게 한 책임도 없다고 말할 수는 없습니다.

---

3) 이것을 구원이라 한다.

그러나 이에 대해 교회가 회개하여야 하는 것은 맞겠지만 그렇다고 하나님께서 당신의 반석 위에 직접 세우신 교회 자체를 떠나신 것처럼 교회 전체를 매도하고 부인하는 것이야말로 하나님께서 세우신 교회를 욕되게 하는 일이라 할 것입니다.

네 번째로는, 구원은 예수님에게만 있지만 오늘날의 교회는 예수님과 하나님을 잘못 전달하고 있는 탓에 구원이 존재하지 않는다고 주장하는 이단입니다. 결국 구원은 올바른 예수님과 하나님을 전하는 자신들의 교회에서만 가능하다며 미혹하는 것입니다. 이들은 예수님만의 구원을 말하면서도 다른 한편으론 원죄의 부정 또는 성육신이나 삼위일체 등을 부정함으로써 기독교의 본질을 왜곡하여 그 가운데 예수님에 대한 은밀한 신성모독을 기도하는 부류입니다. 즉 예수님만의 구원을 인정은 하지만 원죄를 부정함으로써 예수님의 대속을 희석시킨다거나, 또는 예수님의 신인(神人)되심이나 삼위일체를 부인함으로써 예수님에 대한 신성에 흠을 내려는 것입니다. 이는 초점을 구원 보다는 기독교의 본질에 맞춰 이에 훼손을 가함으로 하나님을 모독하려는 이단입니다. 이것은 가장 교활한 형태의 이단으로 가장 그럴 듯하게 기독교로 포장되어 있습니다. 이들은 얼핏 세 번째 유형의 이단과 비슷해 보이지만 동일선상에서 다른 교회의 타락을 논하기보다는, 나름 상당한 신학적 이론을 구비하여 기독교의 근간을 흔들려고 한다는 점이 다르며, 그로써 자신들만이 진정한 구원을 위한 은밀한 비의를 가지고 있는 양 행세하는 가장 위험한 부류의 이단입니다.

위와 같은 이단들의 특징은 오직 예수님만의 구원을 인정하는 척 하지만, 한편으론 예수님의 하나님 되심이나 삼위일체와 같은 기독교의 근간이 되는 신조들을 부인함으로써 본질적으로는 예수님의 신성과 지존성에 흠집을 내려는 의도가 숨겨져 있는 것입니다. 특히 이러한 이단은 신비성보다는 나름 논리적이고 체계화된 이론을 앞세워 미혹한다는 점에서 더욱 경계심을 가져야 합니다. 하지만 자세히 보면, 이것 역시 하나님께 잘못된 영광을 돌리도록 유혹하여 정통교회의 권위에 도전하고 종국적으로는 하나님의 권위마저 흔들어보려는 사탄의 술수에 불과합니다.

　결국 모든 이단의 본질은 구원에 관한 예수님의 절대권한을 부인, 폄하, 훼손하거나 성삼위 하나님의 본질을 왜곡시킴으로써 신도들에게 혼란을 야기하여 온전한 구원에 이르지 못하도록 미혹하려는 데 있습니다. 이것은 곧 예수님에 대한 신성모독으로 함축되는 것이기도 합니다. 그렇다면 영적으로 볼 때 이런 행동을 할 자는 오직 하나, 즉 그 심부에는 사탄이 숨어있다고 하겠습니다. 결국 이단의 목적은 구원을 논하는 양 그럴듯한 요설을 늘어놓지만, 사실은 거짓된 말로 사람들을 현혹함으로써 종국적으로는 예수님의 구원의 역사를 방해하여 인간을 멸망에 이르게 하려는 사탄의 술책이라 할 수 있습니다. 물론 위에서 언급한 네 가지 유형의 이단이 복합적으로 섞여있는 이단의 양태도 있습니다. 결국 이단의 주장에는 영적으로는 예수님의 권한에 대한 도전이라는 악마적 본질이 감춰져 있다고 하겠습니다. 그럼 이상의 이야기를 정리하여 이단의 분별을 위해 좀 더 자세히 설명하도록 하겠습니다.

1) 구원의 완성이 예수님에게 있지 않다고 주장하는 이단

　위에서 처음 첫 번째와 두 번째 유형의 이단은 구원에 대해 예수님 외의 제삼자를 내세움으로써 구원에 관한 예수님의 전권(全權)을 부정하는 부류입니다. 그러나 이 두 가지 가운데에서 보다 위험한 것은 두 번째 유형의 이단일 것입니다. 물론 그들도 한편으론 기독교로 행세하기 위해 예수님의 구원에 관하여 이야기합니다. 그러나 이것은 자신의 본질을 감추기 위한 기만의 포장일 뿐, 실제로는 우리가 아는 예수님 외에 자기 종파의 교주나 기타 어떤 특정한 인물을 내세워, 그들이 재림한 예수라거나 혹은 예수의 재림을 준비하기 위해 앞서 나타난 선지자, 또는 예수님을 능가하는 또 다른 구원자, 또는 하나님의 대행자, 심지어는 스스로를 하나님이라 자처하며 구원은 자신들에게만 있다고 사람들을 현혹합니다.

　또 이들이 내세우는 교리의 요지 가운데 공통된 점은 예수님만 믿어서는 완전한 구원을 받을 수 없다는 것인데, 즉 예수님만으로 구원을 받기에는 뭔가 2% 부족하다는 것이며 이 부족한 2%를 충족시키기 위해서는 예수님 외에 자신들의 교주나 은밀한 교리 등을 믿어야 한다고 주장합니다. 예를 들면 그들은 주로 다음과 같은 말로 속삭이며 사람들에게 다가와 미혹합니다.

"예수를 믿어 구원을 받는다는 것은 전반적으로는 맞는 말이긴 하지만, 사실 그것만으론 구원이 완벽하게 이루어지는 것은 아니야. 예수만 믿어서는 완전하게 구원을 얻을 수가 없다는 말이지. 완전한 구원을 얻기 위해선 예수 외에도 뭔가가 더 필요하다는 사실을 당신은 모르고 있어. 그것은 하나님의 뜻으로 감추어진 은밀한 비밀이니까. 이제까지의 다른 교회에는 그것이 없어. 하나님의 반석 위에 진실로 서있는 교회가 아니니까. 우리는 그것을 알고 있지. 가르쳐줄까? 그럼 우리 교회에 다녀봐."

이것이 바로 예수님만으로 완성되는 구원을 훼방하는 행위이며, 사탄의 본질이라고 할 수 있는 예수님의 신성(神聖)한 주권에 대한 도전이자 은밀하고 교묘한 모독의 시도인 것입니다. 다시 한 번 강조하건대, 구원은 오직 예수님에 의해서만 온전히 완성되는 예수님만의 전권입니다.

또 이단들은 자신들의 당위성을 증명한답시고, 성서를 공의에서 벗어나 자기중심적으로 억지 해석하여 성경의 구절들이 자신들의 교주나 교리를 가리키는 것이라고 주장합니다. 여러분의 이해를 돕기 위해, 어느 이단종파가 곧잘 인용하는 성경의 한 구절을 예로 들어 설명해 보도록 하겠습니다. 물론 이것은 한 예에 불과합니다.

[예수께서 다시 이르시되, 내가 진실로 진실로 너희에게 말하노니 나는 양의 문이라, 나보다 먼저 온 자는 다 절도요 강도니 양들이 듣지 아니하였느니라. 내가 문이니 누구든지 나로 말미암아 들어가면 구원을 얻고 또는 들어가며 나오며 꼴을 얻으리라. (중략) 삯군은 목자도 아니요 양도 제 양이 아니라 이리가 오는 것을 보면 양을 버리고 달아나나니 이리가 양을 늑탈하고 또 헤치느니라. 달아나는 것은 저가 삯군인 까닭에 양을 돌아보지 아니함이나, 나는 선한 목자라 내가 내 양을 알고 양도 나를 아는 것이 아버지께서 나를 아시고 내가 아버지를 아는 것 같으니 나는 양을 위하여 목숨을 버리노라.] (요한복음 10장 7절~15절)

예수님께서 하신 이 말씀에서 양의 문이나 선한 목자란 죄인 된 자기 백성을 구하러 오신 예수그리스도 자신을 말하며, 삯군이란 입으로는 하나님과 진리를 외쳐대지만 세속과 타협하여 실제로 신도들을 하나님께로 인도하는 데는 안중에도 없던 당시의 타락하고 위선된 성직자들을 가리킵니다.

그런데 이단들은 여기에 나오는 양의 문이나 선한 목자는 자신들의 교주를 가리키며, 삯군은 이제까지 일반교회의 사제들이라고 주장합니다. 나아가 이 같은 구절들은 성경도 이미 자신들의 출현을 예언하고 있다는 증거이며, 따라서 선한 목자인 자신들의 교주만이 유일하고 참된 인도자이기 때문에 구원은 자신들에게만 있다고 주장합니다. 아울러 자신들이 등장하기 전까지의 성직자들은 모두가 그동안 진리를 기만해온 거짓된 삯군으로 징벌을 받을 것이라고 합니다. 참으로 아전인수식의 해석이 아닐 수 없습니다.

물론 오늘날 일부 성직자들 가운데에는 객관적으로도 보기에 딱하고 실망스러운 분들이 계시기는 할 것입니다. 사실 극히 일부 그런 분들의 잘못된 행태로 말미암아 이단이 활동할 수 있는 신앙적 틈이 생기는 안타까운 면도 있습니다. 이단은 교회에 조금이라도 틈만 생기면 어김없이 그 틈새를 비집고 들어와 교회의 근간을 흔들며 신도들을 유혹하고 자신들이 행세하려는 속성이 있습니다. 따라서 교회는 이를 바로잡기 위해 그분들의 자성과 회개를 위해 기도하며 언제나 깨어있는 마음으로 하나님 앞에 자신을 올바로 세우도록 해야 할 것입니다. 그렇다고 이것이 곧 이단들 자신이 예수님이 되고 다른 성직자들은 삯군이 되는 것과는 전혀 다른 문제입니다. 이 주장에 숨어있는 저들 주장의 허구를 지적하자면 다음과 같습니다.

먼저 저들 이단이 위 구절에 나오는 양의 문이나 선한 목자가 자신들의 교주라고 주장한다면, 우리는 오히려 그 양의 문이나 선한 목자는 그들의 교주가 아니라 우리 옆집에 사는 아저씨를 예언하고 있는 것은 아니냐고 반문해 볼 수 있습니다. 다실 말해 그들이 자신들의 교주에게 적용하는 모든 구절이나 내용들이 사실은 그들 교주를 가리키는 것이 아니라 정작은 우리 옆집 아저씨를 가리키는 것이라고 주장한들 달라질 것은 아무 것도 없기 때문입니다. 왜 그 구절들이 그들 교주에게는 적용이 되고 옆집 아저씨에게는 적용이 안 된다고 할 수 있을까요?

양의 문이나 선한 목자와 같은 내용들이 예수님을 가리키는 것이라고 한다면 우리는 더 이상 할 말이 없을 것입니다. 왜냐하면 구약과 신약을 통 털어 성경의 모든 내용은 예수그리스도에게 초점을 맞추고 있기 때문이며, 이것은 역사적으로도 검증되었고 따라서 성경과 예수님이 결합될 때 우리는 그 어디에도 끼어들 틈을 찾을 수 없기 때문입니다. 그러나 그 구절들에 예수님 외의 엉뚱한 사람을 맞추려 한다면, 우리 역시도 거기에 맞서 그 내용은 그가 아니라 오히려 옆집 아저씨를 가리키는 것일 수도 있다고 역설할 수 있습니다. 왜냐하면 성경이 예수님을 벗어난 이상, 이제는 그들 교주든 옆집 아저씨든 그 성경구절이 가리키는 내용과 아무 상관없기는 매한가지이며, 그걸 가지고 자기편의대로 억지춘향식의 주장을 펴자면 그것은 서로가 피장파장이기 때문입니다. 과연 성경의 내용이 명백히 그들의 교주만을 가리키고 있는 것이라고 주장하려면, 적어도 그들은 우리의 반론에 대해 그들이 근거로 내세우는 내용들이 왜 우리 옆집 아저씨가 아니라 자신들의 교주를 가리키고 있는지를 명확하게 증명해야 할 의무가 있습니다. 그러나 그것은 불가능합니다.

상황이 이쯤에 이르면, 그들은 앞서 말한 대로 드디어 자신들의 교주가 경험했다는 계시나 예언 또는 기적 등의 신비체험을 거론하며, 다양한 형태의 신비성을 내세워 자신들의 교리에 정당성을 부여하려고 노력하기 시작합니다. 그러나 이러한 그들의 노력은 오히려 그들의 종교가 이단일 수밖에 없다는 사실만을 밝혀주는 가련한 증거가 될 뿐입니다. 왜냐하면 기독교는 기본적으로 초능력이나 기적 또는 신비체험 등으로 구성되는 종교가 아니기 때문입니다. 앞에서도 말한 바와 같이 기독교에서 기적은 진리를 증명하는 여러 수단 중의 하나로 여길 뿐 기적 그 자체를 진리로 보지는 않습니다. 따라서 성경으로 공증되지 않는 신의 계시[4]나 성경의 본질과 벗어난 몇 개의 기적 따위로 자신을 예수님과

---

[4] 성서를 근본으로 하여, 모든 것을 성서에 대조하여 이해하고 풀이하는 것을 '원리적인 해석'이라 한다. 성서를 가지고 성서를 푸는 것도 이에 해당한다.

같은 존재라 주장하려는 것은 어불성설입니다. 왜냐하면 앞서도 이야기 했듯 그런 종류의 기적은 미신이나 이방종교에도 널려 있기 때문입니다. 요컨대 자신이 적어도 예수님과 같은 존재라면 성경에 나오는 모든 기적을 포함해 구약이 바라보는 모든 내용의 핵심이 자신을 향하고 있음을 증명해야만 합니다. 반면, 예수님은 이 모든 것이 증명되었기 때문에 우리가 인정하고 찬양하는 것입니다.

요컨대 우리는 그들의 교주가 성서를 통한 구원의 완성자가 됨을 증명하라는 것이지, 그가 기적이나 스스로 계시라고 말하는 어쭙잖은 신비체험을 했느냐 안 했느냐 또는 얼마나 체험했느냐에 관해서는 관심이 없습니다. 그럼에도 불구하고 이상한 신의 계시나 몇 개의 기적을 체험하곤 그것이 진리 그 자체인양 착각하여 이를 체험한 자신들을 믿으라고 요구한다면, 이는 오히려 그들이 목적과 수단조차도 구분하지 못하는 몽매한 자들임을 개탄해야 할 것입니다.

물론 종교가 과학과는 다른 세계의 것을 논하는 것인 만큼 어느 부분에서는 신비성이나 비과학적인 모호성을 소유하고 있기는 합니다. 그렇다고 종교가 신비성이나 모호성만을 내세워 자신의 권위를 인정받으려 한다면 그것은 종교가 아니라 미신으로 전락하게 됩니다. 또 반대로 종교가 신비성은 결여한 채 논리나 이성만을 강조하여 자신을 설명하려 든다면 그것 역시 종교가 아닌 이신론(理神論)[5]으로 변질되게 됩니다. 따라서 참된 종교는 신비성을 가짐으로써 권위를 갖고, 반면 이성의 측면도 소유함으로써 이성적 체계에서 사고가 출발하는 우리들에게 자연스럽게 다가갈 수 있는 설득력을 갖춰야 합니다.[6] 이점에서 신비체험을 강조하는 교주를 내세우는 이단의 부류는, 기독교의 흉내는 내지만 종국에 가서는 신비성에 기반을 둔 권위를 내세워 설득하려는 미신의 범주를 크게 벗어나지는 못합니다.

---

[5] 이성의 시각으로 신을 바라보며 이를 기반으로 논리나 과학적 명증을 통해 신에게 다가가려는 사상. 고대 그리스의 스토아사상도 여기에 속하며 이후 다양한 형태로 나타났으나 특히 18세기 계몽주의시대에 유행하였다. 기독교에서 이신론은 무신론에 속하는 철학의 한 분야로 간주한다.

[6] 결국 종교란 과학이 설명하지 못하는 부분을 포함함으로써 권위를 유지하고 또 한편으로는 과학과 같은 이성적 시각을 갖춤으로써 무신론자들에게 설득력을 갖추어야 한다.

구원의 성취는 앞서 말씀드린 대로 예수님에 의해 나의 죄를 용서받음으로써 완성되는 것이며, 나의 모든 죄를 사할 수 있는 권한은 처음부터 끝까지 오직 예수님 '뿐'이라는 사실을 절대 명심하시기 바랍니다.

2) 예수님의 본질을 왜곡하는 이단

우리가 이단을 분별하는데 필요한 또 한 가지 중요한 사항은 바로 '예수님은 인류유일의 신인(神人)'이라는 사실의 인정입니다. 즉 예수님은 하나님이면서 인간으로 사셨던 유일한 분이십니다. 하나님이시자 동시에 인간이셨다는 것, 이것은 우리가 예수님을 알고 올바른 신앙생활을 하는 데에 잊어서는 안 되는 중요한 내용입니다. 또한 이것은 이단을 구분하는데 중요한 기준이 되기도 합니다. 예수님의 인성을 부인하고 신성만을 인정한다거나, 반대로 신성을 부정하고 인성만을 인정하는 것은 모두 이단입니다.

이와 같은 이단은 사도들이 생존하던 초대교회시대부터도 이미 존재하고 있었습니다. 예수님이 하나님이라는 사실에만 치우쳐 예수님의 인성을 부인하고 신성만을 인정하는 주장은 영지주의(靈智主義/Gnosticism)를 낳았고, 반대로 예수님의 신성을 부정하고 인성만을 주장하던 자들은 에비온주의(Ebionism)에 빠졌습니다. 사도들은 이들을 모두 이단으로 정죄하고 있습니다.

먼저 영지주의에 대하여 간단히 말씀드리면, 예수님은 신이시기 때문에 결코 사람이 될 수 없으며 따라서 신이신 이상 죽을 수도 없고 그러므로 예수님이 십자가에서 돌아가신 것은 실제로 죽은 것이 아니라 단지 죽은듯한 모습을 하신 것이라는 주장입니다. 이러한 주장을 가현설(假現說/Doketism)이라고 하는데, 쉽게 말하면 이 땅에 오신 예수님은 현실적 실체로서가 아니라 신의 능력에 의한 착시 즉 가짜로 나타나셨다는 뜻입니다. 이는 성육신의 근본을 부정하는 것이고, 십자가에서 피 흘리신 그리스도의 대속의 근간을 뒤집는 이단입니다. 이와 같이 그릇된 사상은 사도시대 이후에도 기독교 역사에 끊임없이 존속하고 있었습니다.

성서에 나오는 대표적인 가현론자로는 사도시대에 안티오키아교회에서 일곱 집사 중 한 사람으로 뽑힌 니골라라는 사람이었습니다.[7] 그는 그리스인으로 제우스 등 그리스의 다신교를 믿다가 유대교로 개종하였고 다시 기독교로 개종하여 집사까지 된 사람이었습니다. 그의 가현설은 물질계는 오염되고 불완전한 것이기 때문에 거룩한 하나님의 신성이 물질계에 속한 육체에 섞일 수 없다는 이원론에 근거를 두었습니다. 이러한 이론은 세계를 이데아와 현상계의 이원적 해석으로 파악한 플라톤의 관념론과 같은 맥락으로 풀이됩니다. 그러나 이러한 그의 이론은 당시의 그리스적인 사상을 벗어나지 못한 것으로, 결국 가현설을 주장하다 이단으로 정죄되고 말았습니다.

성서에서는 그의 추종자들을 니골라당(黨)[8]이라 부르며 그들에게 미혹되지 말 것을 강력히 권고하고 있는데, 특히 당시에 이와 같은 이단에 분노하며 대응한 자가 바로 사도요한입니다. 3년여를 예수님과 동거하며 그분의 일상을 목격하고 체험한 요한의 입장에서는 영지주의는 도저히 용납할 수 없는 것이었습니다. 그는 예수님이 육신을 지닌 사람이 아니었다는 니골라당의 주장에 대해 다음과 같이 강하게 반박하며 고백하고 있습니다.

[그분은 태초부터 계셨고, 우리는 그분에 대해 듣고, 눈으로 보고, 손으로 만져 본 바 되었다.] (요한 1서 1장 1절)

그리고는 영지주의적 이단자들을 향해 '그리스도의 적'[9]이라고까지 쏘아붙였습니다. 성서는 예수님이 명백히 육체를 가지신 분명한 인간이셨다고 일관되게 주장하고 있습니다. 복음서에 보면 예수님도 부활하신 후 제자들과 함께한 자리에서 자신은 분명한 육신을 가진 사람이라고 직접 증명하고 계시는 기록이 나옵니다.

---

7) 니골라의 이름이 직접 거론되지는 않지만, 사도행전 6장 3절에 나오는 7명의 집사 가운데 그가 포함되어 있었다.
8) 요한계시록 2장 6절, 15절
9) 요한 1서 2장 18절, 요한 2서 1장 7절.

[나를 만져 보아라. 유령은 살과 뼈가 없다. 그러나 나는 너희가 보는 것처럼 살과 뼈를 가지고 있다.] (누가복음 24장 39절)

한편, 영지주의자들에 반해 에비온주의자들은 예수님을 단지 인간으로만 이해하려 했던 부류입니다. 그들은 예수님은 인간일 뿐이며 모세의 율법을 완전하게 지켰기 때문에 그리스도가 된 것이라고 주장했습니다. 하지만 이는 율법의 굴레에 놓여있던 인간으로서의 예수님만을 극단적으로 강조한데서 비롯된 오류라고 할 수 있습니다. 인간의 자력(自力)에 의한 율법의 완성을 논한다는 점에서 이들은 바리새파적인 색채가 강한 이단이라 할 수 있습니다. 이들은 또 모세의 율법에 집착한 나머지 야곱이나 베드로와 같은 사도는 율법을 지켰으므로 참 사도지만 바울은 율법을 부정하였으므로 거짓사도라고 비난했습니다.

바울은 이방인의 선교를 위해 세 차례나 온 세상을 다니며 선교활동을 한 사도였습니다. 그는 그때마다 자신이 머무는 지역의 주민들과 어울리며 함께 생활했는데, 낯선 땅의 사람들이 유대교의 관습이나 율법을 알 리 없는 것은 당연한 일이었습니다. 그들은 저마다의 풍속을 가지고 있었고 바울은 이러한 상황을 고려하여 자신이 머무는 지역의 풍속을 따르며 선교활동을 수행해 나갔습니다. 이에 에비온주의자들은 이것을 가지고 바울이 율법을 지키지 않는 거짓사도라고 매도한 것입니다.

그러나 바울은 이제까지 모든 인류가 이룩할 수 없었던 율법의 완벽한 준수를 마침내 예수그리스도께서 해내심으로, 이제 율법이 그리스도로 인해 완결되었음과 그로 인한 율법의 합법적인 종결 그리고 '율법으로부터 그리스도의 은총으로의 대체'를 논했을 뿐 율법의 부정이나 파괴를 논한 것이 아니었습니다.

율법에 관해 예수님은 "내가 율법이나 선지자나 폐하러 온 줄로 생각지 말라. 폐하러 온 것이 아니요 완전케 하려 함이다."[10]고 하셨습니다. 율법의

---

10) 마태복음 5장 17~18절

발원자이자 동시에 초월자이신 하나님으로서의 자격을 발휘하면 예수님은 율법을 지키지 않아도 되는 입장이셨습니다. 하지만 그것은 인간으로 오신 예수님이 하나님으로서의 직권을 앞세운 율법의 파괴일 뿐 합법적인 폐지는 아닙니다. 이에 예수님은 스스로도 모든 율법을 지키실 것임을 가리켜 '율법을 완성하러 왔다'고 말씀하신 것입니다. 그리고 세상을 사시는 동안 모든 율법을 지켜내셨고 그로써 율법은 인류 처음으로 완결되었던 것입니다.

따라서 예수님은 율법을 모두 지키신 완성자이기에 죽어야 할 이유가 없으셨습니다. 왜냐하면 죄인이란 율법을 어긴 자를 말하며 그 대가는 사망이라는 율법의 원칙에 예수님은 저촉되지 않기 때문입니다. 그럼에도 예수님은 십자가에서 돌아가셨습니다. 여기서 율법의 모순이 벌어지게 되는 것입니다. 즉 '율법을 어긴 자는 사망'이라는 율법의 대원칙을 이제는 율법 스스로가 어기게 된 것입니다. 따라서 예수그리스도로 인해 모두 이루어진 율법도 마지막에 가서는 자기위배를 범하게 되어 스스로 사라져야 할 운명에 처해지게 된 것입니다. 그리하여 율법은 첫째 그것이 인간에 의해 모두 지켜졌다는 점에서, 둘째 율법 스스로가 율법을 어겼다는 점에서 이 율법은 더 이상 존속할 이유가 사라지게 되어 마침내 대단원의 종결을 맞이하게 되는 것입니다. 이것은 예수님께서 하나님으로서의 직권을 발휘하여 율법을 무시하고 파기한 것 아니라 오히려 이를 모두 숭고히 지켜내심으로 얻어낸 합법적인 종결이자 값비싼 대가를 치르고 얻어낸 순리적인 용도폐기인 것입니다. 그리하여 율법은 예수님의 죽으심으로 인해 자기시대의 막을 내리게 되었고, 이후 그리스도께서 죄 없이 죽으셔야 했던 십자가를 바라보는 모든 이는 예수님의 은혜 가운데에 머물며 더 이상 율법에 구속되지 않는다는 것이 바울사도가 주장한 율법으로부터의 해방의 요지입니다.

[다른 복음은 없나니 다만 어떤 사람들이 너희를 요란케 하여 그리스도의 복음을 변하려 함이라. 그러나 우리나 혹 하늘로부터 온 천사라도 우리가 너희에게 전한 복음 외에 다른 복음을 전하면 저주를 받을찌어다.] (갈라디아서 1장 7절~9절)

사도바울이 이처럼 강렬한 어조로 비난하고 있는 이단은 바로 이 에비온주의자들을 겨냥한 것이라 하겠습니다.

성육신(成肉身)이란 하나님께서 몸소 인간이 되신 것을 의미합니다. 그렇다고 우리 하나님의 강림이 그리스신화에서처럼 제우스 같은 신이 잠시 세상에 내려와 보는 것과 같은 것으로 이해해서는 안 됩니다. 그리스도의 강림은 그리스신화처럼 신이 자신의 신분과 본질을 그대로 가지고 잠시 세상을 시찰하러 오신 것이 아닙니다. 그것은 단지 신의 현신일 뿐 성육신에 의한 강림과는 완벽히 구별됩니다. 신의 현신에 관해서는 성서에서도 하나님께서 소돔성을 멸하실 때처럼 잠시 인간의 모습으로 직접 세상을 감찰하러 오신 경우가 있습니다.[11] 그러나 이 때는 성육신의 차원이 아니라 단지 하나님 그대로의 입장에서 오신 것이었습니다. 성육신이란 하나님께서 우리와 똑같은 인간의 방식으로 세상에 태어나시어, 우리와 똑같은 방식으로 성장하시고, 친구를 사귀시고, 우리와 똑같은 신체적 대사(代謝)를 하며 생활하시고, 또 십자가에서 단말마의 고통을 겪으시다 숨을 거두시고 3일 만에 다시 살아나신 그리스도 예수 안에서만 성립됩니다.

그러므로 그리스도 예수의 신인성(神人性) 즉 성육신을 부정하고 '예수는 오직 신일 뿐이다' 또는 '오직 인간일 뿐이다'라고 하는 주장은 모두가 이단입니다.

3) 사도신경에 의한 분별

이단의 종류를 분별하기 위한 또 하나의 훌륭한 기준으로는 사도신경을 들 수가 있겠습니다. 사도신경이란 초기기독교시대 이래 빈번하게 나타났던 각종 이단들로부터 교회가 신도들을 보호하고 올바른 신앙의 방향을 제시하기 위하여 기본적인 교리를 요약해 놓은 일종의 신앙고백으로 지금도 많은 교회에서 예배 시작 전에 이를 암송토록 하고 있습니다. 사도신경의 내용은 다음과 같습니다.

[전능하사 천지를 만드신 하나님 아버지를 내가 믿사오며, 그 외아들 우리 주 예수그리스

---

11) 창세기 18장 2절~33절

도를 믿사오니, 이는 성령으로 잉태하사 동정녀 마리아에게 나시고, 본디오 빌라도에게 고난을 받으사 십자가에 못박혀 죽으시고, 장사한지 사흘 만에 죽은 자 가운데서 다시 살아나시며, 하늘에 오르사, 하나님 우편에 앉아 계시다가, 저리로서 산 자와 죽은 자를 심판하러 오시리라. 성령을 믿사오며, 거룩한 공회와, 성도가 서로 교통하는 것과, 죄를 사하여 주시는 것과, 몸이 다시 사는 것과, 영원히 사는 것을 믿사옵나이다. 아멘.]

원래 라틴어로 되어 있는 이 사도신경이 언제 우리말로 번역되었는지는 정확히 알 수 없습니다. 다만 기독교가 우리나라에 전파된 직후인 대략 서기1900년 전후쯤인 것으로 알려져 있습니다. 따라서 오래 전의 번역이다 보니 사도신경의 표현이 현재의 사용하는 말과 비교하면 다소 어색한 면도 없지 않습니다. 최근에는 현대말로 개역된 사도신경이 새로 발표되기도 했지만, 그럼에도 아직까지는 전통을 중시 여기는 한국교회의 특성상 위와 같은 옛 번역의 사도신경을 그대로 사용하는 경우가 대부분이므로 여러분도 편의상 그대로 외워두시면 좋을 것 같습니다.

이 사도신경이 언제, 누구에 의해서 만들어졌는지는 분명치 않습니다. 사도신경의 역사적 기원에 대해서는 의견이 분분하지만, 현재까지 알려진 것으로는 고대 로마교회에서 세례의식 전의 신앙고백용[12]으로 삼던 것이 수정 보완을 거쳐 4세기경에 정립된 것이라고 보는 것이 일반적인 견해입니다. 따라서 사도신경은 성경에는 나오지 않습니다. 물론 이 사도신경이 분명 사도들이 만든 것은 아니지만, 그러나 그 기본적인 원안은 어떤 형태로든 사도시대 때부터 존재하던 것이라고 보는 견해가 지배적입니다.

---

[12] 이를 로마신조라고 하는데, 사도신경의 원조격인 이 로마신조의 기원에 대해서는 학자들에 따라 서기100년, 2세기 후반 또는 3세기 초반 등 다양한 학설이 제기되고 있다. 한편 일부 개신교도 중에는 사도신경이 번역 상의 문제나 역사적 근거의 애매성, 기타 가톨릭에서 유래했다는 등의 이유로 근본적으로 부인하는 이들도 있는데, 이러한 주장은 교회에서 고려하지 않는 편협하고 현학적인 일부의 독선일 뿐이며, 나아가 초신자들에게는 오히려 올바른 신앙을 소유하는데 혼란만 초래할 뿐이므로 초신자분들은 이 같은 주장에 현혹되지 말기를 당부한다.

고대 로마교회에서 신앙고백문은 이 사도신경 말고도 몇 가지가 더 있었습니다. 오늘날에도 종파에 따라 여러 가지의 신앙고백문이 있습니다만 서로 기본적인 내용은 같습니다.

사도신경은 다음과 같은 내용들을 믿고 있음을 고백하게 합니다.

1. 성부하나님은 전능자이자 창조주이시며 우리의 아버지가 되신다는 것.
2. 성자하나님이신 예수님은 성부하나님의 독생자로서 우리에게 그리스도가 되신다는 것.
3. 예수님은 하나님의 능력에 의한 처녀잉태를 통해 세상에 오셨다는 것.
4. 예수님은 빌라도의 법정에서 재판을 받으시고 십자가형으로 죽으셨다는 것.
5. 예수님은 죽으신지 삼일 만에 부활하셨고 이어 승천하시어 하나님과 함께 계시다는 것.
6. 예수님은 재림하실 것이며 이때는 모든 산 자와 죽은 자의 심판자로 오신다는 것.
7. 성령하나님의 존재와 삼위일체를 인정한다는 것.
8. 교회는 거룩한 장소라는 것.
9. 신도들은 각각 그리스도의 지체로서 서로 교제해야 한다는 것.
10. 하나님은 우리의 죄를 전적으로 용서해 주신다는 것.
11. 모든 이는 심판 때에 부활할 것이며 신도들은 영생을 얻으리라는 것.

여기에는 기독교의 기본적인 교리가 모두 함축되어 있으며, 따라서 누군가 이 내용을 부정하거나 배치되는 주장을 한다면 이는 하나님의 주권에 대한 불복종이자, 인류구원을 향한 예수님의 신성한 권위와 전권을 부정하는 것이므로 모두 이단으로 보아 무방할 것입니다.

질문 11
사탄은 무엇인가요?

사탄은 세상 모든 악의 근원이자 원흉으로 하나님과 대척점에 있는 영체입니다. 사탄은 다른 말로 마귀 또는 악마라고도 불리며 모든 악령(귀신)과 타락한 천사의 우두머리이기도 합니다. 예수님시대에 사탄은 '바알세불'[1]이라고도 불렸습니다.

1) 사탄이란 이름의 유래

사탄은 본시 하나님의 천사로 원래의 이름은 루시퍼(Lucifer)였습니다. 그러므로 사탄도 알고 보면 하나님의 피조물입니다. 그는 천사 중에서도 가장 높은 천사장(天使長)의 지위에 있었는데, 그만큼 그는 천사들 가운데에서도 가장 빛나는 존재로 하나님의 피조물 가운데 으뜸가는 존재였습니다. 말하자면 그는 하늘나라에서 2인자의 자리에 해당하는 위치에 있었다고 볼 수 있습니다.

그러나 천사 루시퍼는 자신의 지위에 교만을 품은 나머지 결코 해서는 안 되는 짓을 범하고 말았습니다. 그는 하나님의 자리를 넘보고 그 자리를 빼앗으려 반역을 일으켰던 것입니다. 루시퍼는 하나님을 배신한 유일무이한 천사입니다.

루시퍼라는 이름은 성경을 통 털어 이사야 14장 12절에 단 한 차례 나오는데 이 구절에서는 '계명성'[2]으로 번역되어 있습니다.

---

[1] 마태복음 12장 22절. 바알세불은 히브리어로 '파리 떼의 왕'이란 의미이다.
[2] 원래 계명성이란 금성을 가리키는 말로 샛별 또는 새벽별로도 번역될 수 있으며, 성서에서는 가장 밝은 별을 상징하는 말로 쓰이고 있다.

[너 아침의 아들 계명성이여 어찌 그리 하늘에서 떨어졌으며, 너 열국을 엎은 자여 어찌 그리 땅에 찍혔는고. 네가 네 마음에 이르기를 "내가 하늘에 올라 하나님의 뭇별 위에 나의 보좌를 높이리라. 내가 북극 집회의 산 위에 좌정하리라. 가장 높은 구름에 올라 지극히 높은 자와 비기리라"하도다. 그러나 이제 네가 음부 곧 구덩이의 맨 밑에 빠치우리로다.] (이사야 14장 12절~15절)[3]

  천사들의 좌장이었던 루시퍼는 자신의 높고 아름답고 화려한 모습에 도취된 나머지, 하나님을 보좌하고 수종들어야 할 자신의 본분을 내팽개치고는 스스로 하나님이 되고자 그분께 도전을 했던 것입니다.
  그는 자신의 목적을 이루기 위해 온 천사들에게 하나님을 무고하고 다녔는데, 그의 교활함이 얼마나 대단했는지 이때 그에게 속아 동조한 천사가 전체 천사 중 삼분의 일이나 되었다고 합니다. 성경에서 천사의 수를 천천만만[4]이라 표현한 것을 비추어 볼 때, 전체 천사의 삼분의 일이란 수는 인간으로서는 표현하기 어려운 단위의 천문학적 숫자일 것입니다. 이처럼 하나님에 의해 창조되고 그분과 비등할 만큼 권세를 지녔던 루시퍼는 천사의 삼분의 일이나 되는 많은 천사들을 대동하고 하나님께 대들었습니다.
  그러나 루시퍼는 어디까지나 하나님의 피조물에 불과했으며 따라서 창조의 능력이 없음도 당연했습니다. 그런 그가 창조주의 자리를 대신한다는 것은 처음부터 어불성설이었으며 시켜주어도 감당치 못할 불가능한 일이었습니다. 결국 하나님을 반역하고 덤비던 그는 하늘에서 쫓겨나 흉악한 몰골이 되어 흑암의 바닥으로 떨어졌는데 이 때 그의 이름도 루시퍼에서 사탄으로 바뀌게 되었습니다. 물론 그를 추종하던 천사들도 함께 추방되었습니다.
  사탄이란 '참소하는 자', '모함하는 자'라는 의미인데, 쉽게 풀이하면 '없는

---

3) 이 구절은 외관상으로는 당시 최강대국이었던 바빌론의 교만한 왕을 가리키는 것이지만, 대부분의 성서학자들은 추락하기 전의 사탄을 가리키는 것으로 해석하고 있다.
4) 다니엘 7장 10절

죄를 있는 것처럼 꾸며대는 자'라는 뜻입니다. 참소나 무고는 남에게 누명을 씌우거나, 남을 의심케 하거나 또는 이간질하는 데에 목적이 있습니다. 이것이 사탄의 사악한 본성 가운데 하나입니다.

예컨대 사탄은 우리의 믿음을 방해하기 위해 수시로 우리로 하여금 하나님에 대해 의심을 품게 만듭니다. 이것이 바로 사탄이 하나님을 무고하여 우리와 이간질하려는 역사입니다. 우리 마음속에 하나님에 대해 의심이 든다는 것은, 바로 하나님과 우리를 이간하려고 우리 마음의 귀에 대고 사탄이 하나님을 무고하는 속삭임입니다. 우리는 믿음 위에 굳건히 서지 않으면 마귀의 미혹에 걸려들기 쉽습니다.

또 사탄이 우리를 유혹하기 위해 곧잘 사용하는 수법 가운데 하나는, 죄짓기 전에는 "하나님은 관대하시니 설사 죄를 지어도 용서해 주실 것이다."라고 유혹하다가, 막상 죄를 짓고 나면 "죄를 지었으니 이제 너는 끝장이다."라며 얼른 안색을 바꿔 우리를 참소하며 괴롭힙니다. 이때 예수님에 대한 믿음이 약하면 마귀의 참소에 흔들려 마음 아파하며 자책에 빠지기 쉽습니다.

하지만 어떠한 경우에라도 우리 곁에는 언제나 우리를 사랑으로 보살피시며 위로와 용기를 주시는 예수님이 계심을 의심하면 안 됩니다. 그분은 언제나 내 입장에서 나를 위해 생각하시는 영원한 내 편이심을 믿으십시오. 그분은 위로하실 때에도 언제나 내가 가장 좋아하는 방식으로 나를 위로하십니다.

우리는 사탄의 참소에 기죽지 말고 "네가 무엇인데 감히 내 죄를 입에 담느냐? 내 죄는 오직 나와 내 주님이신 예수님 사이의 문제일 뿐 네가 개입할 계제가 아니다. 나는 오직 주님의 십자가 은혜 속에서 살 뿐이다. 당장 그 입 닥치고 물러가라!"고 꾸짖어 쫓아버려야 합니다.[5] 죄에 걸려 넘어졌을 때 우리에게 필요한 것은 주님을 향한 조용한 회심의 기도이지 자책이나 마

---

5) "다만 나를 판단하실 이는 주시니라"(고린도전서 4장 4절)

귀와의 타협이 아닙니다. 마귀의 속삭임은 절대로 귀담아 들으시면 안 됩니다. 사탄은 언제나 제 이름 그대로 우리 앞에서는 하나님을 무고하고 하나님 앞에서는 우리를 무고합니다.

2) 절대악(絕對惡)

사탄은 모든 죄의 아비이며 모든 타락한 천사들의 수괴가 되는 악마입니다. 예수님은 그를 가리켜 '처음부터 살인한 자요 진리 편에 서 본 적이 없는 거짓의 아비'[6]라고 하셨습니다. 자신을 창조하신 하나님을 배반하고 오히려 그 자리를 넘보려 대들었던 사탄의 패악함의 근본은 바로 교만이었습니다. 교만은 바로 사탄의 본질적 속성이며 그래서 기독교에서도 가장 배척하는 악덕으로 여기고 있습니다.

사탄에 대해 사람들로부터 가장 많이 받는 두 가지 질문이 있는데, 그것은 첫째 그도 회개하면 하나님께 용서를 받느냐는 것과, 둘째 왜 그는 회개하지 않느냐는 것입니다. 먼저 이 질문에 대한 대답부터 말씀드리면, 그도 회개하면 하나님은 용서하실 것이지만 절대로 그는 회개하지 않으리라는 것입니다.

사탄은 절대로 회개하지 않습니다. 그는 절대악이기 때문입니다. 이점에 대해 우리는 분명히 알아야 합니다. 사탄은 선(善)의 개념이 전무한 존재입니다. 그는 악의 본질로서 그에게는 단 일말의 선한 마음도 존재하지 않습니다. 따라서 혹여 그를 우리처럼 생각하며 그도 어떤 선행을 할 수 있다거나 아니면 회개를 할 수도 있지 않을까 하는 생각은 전혀 사탄을 이해하지 못하는 데서 나온 그릇된 착각입니다. 사탄은 그야말로 완전히 타락한 존재이며 마음속에는 일말의 선도 남아있지 않은 그 자체 절대악입니다. 따라서 그는 선행이나 회개가 완전히 불가능한 존재입니다.

만약 여러분이 사탄은 왜 하나님 앞에 회개하지 않느냐는 생각을 하신다면, 그러한 생각은 바로 여러분이 선하기 때문에 가능한 생각이며 또한 그

---

[6] 요한복음 8장 44절

러기에 여러분은 구원을 받을만한 자격이 있는 것입니다. 역설적으로 들리실 수도 있겠지만, 사탄의 회개를 생각한다는 것은 곧 인간이 선하다는 증거가 되기도 합니다. 비록 인간이 하나님의 선에 도달할 능력을 상실했을 만큼 타락한 존재이기는 하지만, 그럼에도 마음속에는 여전히 선을 향하려는 의지가 희미하게라도 남아 있기에 그 가능성만으로도 하나님께서는 이를 소중히 보시고 우리에게 구원을 허락하셨습니다. 다시 말해 우리에겐 여전히 선을 향한 의지가 남아있기에 구원이 가능한 것입니다.

그러나 사탄은 다릅니다. 이미 그는 선을 바라볼 일말의 의지나 가능성도 찾아볼 수 없는 그 자체 절대악의 존재이기에, 그에게서 어떤 선행을 기대한다거나 회개를 기대한다는 것은 대단히 위험한 발상이며, 나아가 그에게서 어떠한 동정심이나 연민의 정과 같이 감상적인 생각을 갖는 것도 절대금물입니다. 다시 한 번 강조하건대 선의 잔영이 남아있는 우리의 기준으로 사탄을 바라보는 것은 절대금물입니다. 그와 같은 따뜻한 인간애는 오히려 사탄의 미혹에 넘어갈 수 있는 좋은 빌미가 되기 십상입니다.

사탄은 완전한 악의 존재입니다. 그는 우리가 상상할 수 있는 악의 개념을 넘어선 완전한 악의 세계의 왕입니다. 그러기에 사탄은 구원의 대상도 되지 못합니다. 하나님에게 그는 재생할 가치조차 없는 악 그 자체로서 쓰레기와 같은 존재입니다. 기독교인이라면 이점을 명심하셔야 합니다. 간혹 어떤 경우를 보면 멋모르고 루시퍼라는 이름을 애용하는 이들이 있는데, 이는 사탄을 몰라도 너무 모르는 데서 기인한 대단히 위험한 행위입니다. 사탄은 우리의 영혼을 늑탈하기 위해 수단과 방법을 가리지 않고 있습니다. 사탄의 수법은 온통 비열하고, 야비하고, 잔인하며, 포악하고, 교활할 뿐입니다. 또 그는 간특한 나머지 때론 우리 앞에 빛의 천사로 가장하여 나타나 기만하기도 합니다.[7]

---

[7] "이것이 이상한 일이 아니라 사탄도 자기를 광명의 천사로 가장하나니"(고린도후서 11장 14절)

3) 사탄의 흉계

사탄은 인간을 본능적으로 혐오합니다. 왜냐하면 인간은 하나님을 닮았기 때문입니다. 하나님께서는 인간을 당신의 형상대로 만드셨기에 사탄은 인간만 보면 하나님 생각이 나기 때문입니다. 그러기에 사탄은 본질적으로 인간을 사랑할래야 사랑할 수가 없는 존재입니다. 그래서 사탄은 인간만 보면 파멸시키려고 합니다. 하나님께서 가장 사랑하시는 인간을 파멸시키는 것이야말로 하나님의 가슴에 대못을 박는 최고의 방책이라는 것을 사탄은 너무도 잘 알고 있기 때문입니다. 그래서 그는 인간만 보면 죄를 짓게 하여 하나님과 멀어지게 하려고 수단과 방법을 가리지 않습니다. 이는 인간으로 하여금 구원을 얻지 못하게 하여 하나님의 마음을 아프게 하기 위함입니다.

사탄은 사람들 앞에 자신을 노골적으로 드러내지 않습니다. 왜냐하면 그 흉악한 몰골과 인간에 대한 적개심을 보게 되면 사람들은 너무도 당연히 하나님을 찾게 될 것이기 때문입니다. 사탄은 그렇게 어리석지 않습니다. 사탄은 교묘하고도 우회적인 방법을 사용하여 우리로 하여금 하나님을 부정하게 합니다. 그는 결코 '하나님을 믿지 말고 나 사탄을 믿어라!'라고 말하는 식의 어리석은 행동은 하지 않습니다. 그는 때로는 과학을 맹신케 하여 하나님을 부정하게 하고, 때로는 재물에 눈멀게 하여 하나님을 무시하게 합니다. 하나님을 믿지 않으면, 그리하여 하나님의 아들에 속하지 못하면 그들은 본인의 의지와 관계없이 모두가 자연스럽게 사탄의 소유가 됩니다. 어차피 전 우주가 하나님의 것일진대 그중 하나님께 속하지 않는 것이 있다면 그것은 자연히 자신의 것이 되기 때문입니다.

사탄은 아담 때부터 지금까지 줄곧 인간을 지켜봐 온 존재입니다. 어쩌면 그는 인간을 우리 인간보다 더 잘 파악하고 있을지 모릅니다. 아니, 그것이 사실입니다. 그는 인간보다 인간을 더 잘 알고 있으며, 나보다 나를 더 속속들이 간파하고 있는 자입니다. 예수님이 도와주시지 않으면 우리의 힘만으로는 결단코 사탄을 이겨낼 수 없습니다.

예수님은 언제나 우리 곁에서 우리를 지켜주십니다. 성경은 우리에게 "두려워 말아라. 우리 편이 저편보다 많다"[8]고 독려하고 있습니다. 마귀의 졸개들인 타락한 천사가 전체 천사의 삼분의 일이 된다 하여도 그들은 어차피 패잔병들이고, 게다가 그 두 배가 되는 천사들이 우리를 도우며 지키고 있습니다. 악마의 졸개 하나가 우리를 유혹한다면 두 명의 천사가 또한 우리를 지키고 있음에 우리는 용기를 가져야 합니다.

예수님은 사탄을 원수라고 하셨습니다.[9] 인간과 사탄은 어떠한 타협이나 이해심, 동정이나 관용도 존재할 수 없는 관계입니다. 예수님도 사람에게 빙의한 악령을 내쫓으실 때에는 '더러운 귀신'이라 부르며 추상같은 호령으로 준엄히 꾸짖어 내쫓으셨습니다. 여기서 '더럽다'는 말은 아람어로 '재생할 가치도 없는' 또는 '똥과 같은'이라는 의미입니다. 예수님께서 귀신을 쫓으실 때면 '과연 이분이 평소의 그 인자하시던 예수님이 맞나?' 싶을 정도로 무자비하게 학대하고 무안 주고 저주하며 내쫓으셨습니다. 그때만큼은 전혀 자비심을 보이지 않으셨던 것입니다. 예수님에게는 악령에게 고통 받는 사람 즉 하나님의 사랑스런 자녀만이 관심이 있으셨지, 그 안에 기생하는 버러지 같은 악령에게는 일절 사랑이나 관심도 없으셨습니다. 예수님에게 악마는 사랑의 대상이 아니라 인간을 괴롭히는 저주받아 마땅한 죄악의 원흉일 뿐이었으며, 그러기에 훗날 우주의 쓰레기통에 버려져야 할 폐기물과 같은 존재로 여기셨습니다.

4) 교활한 약탈자

지금의 사탄은 창세 때에 이브를 유혹하여 선악과를 먹도록 한 바로 그 사탄입니다. 또 예수님이 금식하실 때에 그 앞에 나타나 예수님을 시험하던 그 사탄입니다. 그는 예수님에게 온 세상을 보여주며 '저것이 다 내 것'이라며 너스레를 떨며 예수님께 절을 하도록 유혹했던 자입니다. 그는 바로 우리의 조상 아담으로부터 세상의 주권을 약탈해간 도적입니다.

---

8) 열왕기하 6장 16절
9) 마태복음 13장 39절, 누가복음 10장 19절

창세기에 나오 듯, 사탄은 이브를 유혹할 때 이미 자신의 교활함을 적나라하게 보여주고 있습니다. 인간을 미혹하기 위해 그는 먼저 당시 가장 화려했던 동물인 뱀으로 변장하여 그녀에게 다가갔습니다. 아니, 다가간 것이 아니라 그녀가 선악과 앞을 지나갈 때까지 집요하게 기다렸습니다. 그리고는 마침내 그녀가 지나가자 마치 우연히 만난 듯 태연한 표정을 지으며 말했습니다.

[하나님이 참으로 너희더러 동산 모든 나무의 실과를 먹지 말라 하시더냐?] (창세기 3장 1절)

제일 먼저 사탄이 이브에게 던진 이 질문에는 참으로 교활한 그의 성정이 그대로 담겨져 있습니다. 이 질문을 자세히 살펴보면 그는 선악과를 가리키며 단순히 "하나님이 너희더러 이 나무의 실과는 먹지 말라고 하셨느냐?"라고 직설적으로 묻지 않았습니다. 만약에 그랬더라면 이브는 "그렇다." 또는 "아니다."라고 간단히 대답하곤 그냥 지나쳤을는지도 모릅니다. 그러나 사탄은 그렇게 묻지 않았습니다. 위 질문을 자세히 보면 그는 "하나님께서 동산에 있는 모든 나무의 실과를 먹지 못하게 하셨느냐?"는 식으로 묻고 있습니다. 즉 선악과만을 가리키며 '이 나무의 실과'라고 직접 지적하여 물은 것이 아니라 '동산 모든 나무의 실과'라는 통칭으로 에둘러 말하며 이브로 하여금 단답형의 단순한 대답이 아니라 뭔가 부연설명이 필요한 질문을 던졌던 것입니다. 이것은 선악과에 대한 이브의 관심도를 간파해 보려는 음흉한 유도심문이었습니다.

이 사탄의 말에 이브는 다음과 같이 대답하고 있습니다.

[동산 나무의 실과를 우리가 먹을 수 있으나 동산 중앙에 있는 나무의 실과는 하나님의 말씀에 너희는 먹지도 말고 만지지도 말라. 너희가 죽을까 하노라 하셨느니라.] (창세기 3장 2절~3절)

참으로 자세한 설명을 곁들인 대답이 아닐 수 없습니다. 생각건대 만약 그녀가 "이 열매는 먹지 말라고 하셨는데, 네가 무엇 때문에 그걸 묻느냐?"며 핀잔을 주고 그냥 지나쳤더라면 사탄의 유혹은 실패했을 것입니다. 그러나 이브는 사탄의 질문에 귀를 기울였고 더욱이 자세한 설명까지 곁들여 대답해 주고 있습니다. 이것은 심리적으로 그녀가 선악과에 대해 관심이 많다는 속내를 드러내는 것이었습니다. 사탄이 그것을 눈치 채지 못했을 리가 없습니다.

이브가 선악과에 대해 호기심을 갖고 있음을 간파한 사탄은 순간 "옳거니, 저 여자가 이 과일에 관심이 있구나. 걸려들었다!"하며 속으로 쾌재를 부르짖었을 것입니다.

이브의 친절한 대답에 사탄이 다시 말했습니다.

[너희가 결코 죽지 아니하리라.] (창세기 3장 4절)

이것은 하나님께서 하신 말씀과 정반대되는 말입니다. 하나님께서는 사람이 이 과일을 먹을 시에는 "정녕 죽으리라."[10]고 말씀하셨습니다. 그런데 사탄은 '결코 죽지 않을 것'이라고 정반대의 거짓말을 하고 있는 것입니다. 여기에서도 하나님과 맞서려는 사탄의 본성이 그대로 드러나고 있습니다. 스스로 하나님과 같아지겠다는 사악한 교만으로 가득 찬 그는 이제 온 세상마저 패악의 수렁에 빠트리고자 낙원의 주인인 인간을 미혹하고 있는 것입니다. 추악한 배역으로 패망한 그는 다가올 처단 앞에 혼자만 죽을 수는 없다는 생각에 하나님께서 끔찍이 사랑하시던 대상을 죄 가운데로 끌어들이고 있었던 것입니다.

사탄은 말을 이어 갔습니다.

[너희가 그것을 먹는 날에는 너희 눈이 밝아 하나님과 같이 되어 선악을 알줄을 하나님이 아심이니라.] (창세기 3장 5절)

---

10) 창세기 3장 1절

질문 11. 사탄은 무엇인가요?

사탄은 이제 자신의 본성을 노골적으로 드러내고 있습니다. 그가 하는 말의 요지는 '인간이 그 과일을 먹으면 하나님과 같아질 것이기에 하나님은 이를 시기하여 못 먹게 하신다'는 어이없는 이야기입니다. 인간이 자발적으로 하나님을 사랑한다는 증거로서 주어진 이 나무를 사탄은 하나님께서 인간을 경계하고 시기하여 생겨난 금단(禁斷)의 물건으로 왜곡시켰습니다. 사랑의 확인을 위한 금단을 경계와 배척을 위한 금단으로, 사랑의 표징을 위압의 표징으로 변질시켜 놓은 것입니다.

인간을 사랑하시는 하나님께서 인간을 시기하신다는 것, 인간을 위해 모든 것을 허락하신 하나님께서 인간을 경계하신다는 것, 이것이 교활하고 사악한 사탄이 하나님을 모함하는 위 구절의 내용입니다. 사탄은 바로 자신의 전유물인 시기를 하나님에게 적용시켰던 것입니다. 그러나 이 모든 것이 거짓이었음은 우리를 위해 십자가에 못박히신 예수그리스도의 죽으심으로 확연히 확인되었습니다.

사탄은 거짓으로 가득 찬 궤휼로 인간에게 의심을 불어넣어 하나님과 이간을 하고 있습니다. 그는 언제나 간교한 거짓으로 하나님을 모함하고 의심을 품게 만들어 인간으로 하여금 하나님으로부터 멀어지게 만들려고 합니다. 이것이 바로 사탄 즉 '모함하는 자'로서 그가 하는 행동의 본질입니다. 그리고 이것의 바탕은 바로 자신이 하나님과 같아지려는 사악한 교만에 있습니다.

그런데 사탄의 말을 귀담아 들은 이브는 그 말에 속아 하나님을 의심했으며 한편으론 자신도 하나님과 같아질 수 있다는 생각에 결국 그 과일을 따 먹고 말았습니다. 그리고는 남편인 아담에게도 사탄이 한 말을 자세히 설명하며 먹도록 했습니다.

사탄이 노린 것이 바로 이것이었습니다. 그는 인간으로 하여금 선악과를 따먹게 함으로써 이제는 하나님을 더 이상 사랑하지 않는다는 아픈 선언을 하나님께 하도록 한 것이며, 그리하여 이제는 하나님과 더 이상 함께 할 수 없게 된 인간에게서 세상의 주권을 빼앗아 사탄 자신이 그것을 차지하여 장악하고 인간은 죽음의 종으로 전락시켜 버렸습니다. 하나님께서 사랑하시는 아들 아담에게 선물하신 세상의 찬탈이 벌어진 것입니다.

그들이 사탄에게 속아 선악과를 먹는 순간 그들은 사탄의 말처럼 선악을 구별할 수 있게 되었습니다. 하지만 그와 동시에 그것을 주관할 능력은 정작 상실하고 말았습니다. 또 부끄러움이 무엇인지 느낄 수 있게 되었지만 그것을 없애는 방법은 알지 못했으며 고작 나뭇잎으로 치부를 가리는 것만이 그들이 할 수 있는 전부였습니다.[11] 반면 그들은 하나님을 마주하기 부끄러운 죄인이 되어 자신에게 주어진 영생을 포기해야 했습니다. 인간의 비극이 시작된 것입니다.

여기서 인간의 실수는, 창조주로부터 지상의 모든 권세를 부여받은 자로서 정 궁금하면 하나님께 직접 물어봐도 될 일을 일개 뱀이 떠드는 소리에 귀를 기울였다는 것이며,[12] 그럼으로써 스스로 의심과 탐욕을 일으켜 자신도 하나님과 같아지겠다는 교만에 사로잡혔다는 것입니다.

마귀의 속삭임에 귀 기울여서는 안 됩니다. 마귀 즉 사탄은 허무맹랑한 날조만으로 거짓을 꾸미기도 하지만, 때론 얼핏 사실인 듯한 내용들을 둘러대며 사기극을 연출할 때도 많습니다. 또 때로는 우리를 위하는 척 언동하는 가증스러움을 보이기도 합니다. 그러나 이 모두는 최종적으로 기만을 위한 궤변에 불과하며 얼핏 그럴듯하지만 실제로는 아닌 사이비(似而非)일 뿐입니다.

지극히 교만하여 하나님을 배역하다 패망한 사탄의 인간에 대한 증오는 하나님과 인간 사이의 사랑을 이간하는 것으로 표출됩니다. 그는 이 목적을 이루기 위해 지금도 틈만 나면 우리로 하여금 하나님을 의심케 하고 멀리

---

11) 창세기 2장 17절
12) "그들의 눈이 밝아 자기들의 몸이 벗은 줄을 알고 무화과나무 잎을 엮어 치마를 하였더라. 그들이 날이 서늘할 때에 동산에 거니시는 여호와 하나님의 음성을 듣고 아담과 그 아내가 여호와 하나님의 낯을 피하여 동산 나무 사이에 숨은지라…" (창세기 3장 7절~8절)

하게 만들려 자신이 할 수 있는 모든 짓을 다하고 있습니다.

그러나 사탄이 너무도 두려워하는 것이 한 가지 있습니다. 그것은 바로 예수님께서 우리에게 전해주신 사랑입니다. 미움은 사랑을 이길 수 없으며, 교만이 사랑의 겸손을 결코 넘어설 수 없습니다. 종교개혁자 마르틴 루터는 "아무리 초신자라 할지라도 그가 하나님께 조용히 무릎 꿇고 기도할 때면 사탄은 떤다."라고 말했습니다. 비록 초신자라 할지라도 기도하는 자에게는 이미 하나님의 사랑이 빛나기 때문입니다. 사탄이 가장 두려워하는 것은 바로 사랑입니다.

창조 이래 인간과 사탄은 서로 대척점에서 마주할 수밖에 없는 숙명적인 원수관계이며, 이에 우리는 언제나 사랑으로 무장하여 사탄을 무찔러야 합니다.

질문 12
예정론은 사실인가요?

본론부터 말해 예정론에 관한 문제는 사실 결론내리기 어려운 일입니다. 이것은 현재 교계 안에서도 교단에 따라 찬반의 양론이 있을 만큼 명확한 결론이 나있지 않은 문제입니다. 그러나 기독교에 관심이 있는 많은 분들이 이 문제를 질문하고 있으며, 그만큼 궁금해 하는 사람들이 많다는 점에서 여기에 간략히 기술하도록 하겠습니다.

1) 예정론과 자유의지론

먼저 예정론이란 간단히 말해 인간 각자는 자신의 태어남과 삶의 경위 그리고 죽음에 관해 모든 것이 이미 하나님에 의해 정해져 있으며 또 각자의 구원의 여부도 미리 결정되어 있다는 신학이론입니다. 쉽게 말하면, 우리의 인생은 하나님에 의해 저마다 각본이 짜여 있으며 그 각본대로 산다는 이야기입니다.

예정론은 운명론과 같은 의미이지만, 예정론은 만유를 주관하는 자가 있다는 시각 즉 교회에서 말하는 표현이며, 반면 그러한 주관자는 없다는 교회 밖 무신론자들의 시각에서는 운명론이라고 부릅니다. 예정론은 16세기의 종교개혁자 칼빈에 의해 주창된 이론입니다. 그의 예정론은 5세기의 신학자이자 교부철학의 창시자인 아우구스티누스[1]의 이론을 계승 발전시킨

---

1) 아우구스티누스(Aurelius Augustinus, 354~430) : 북아프리카의 누미테아 출생. 북아프리카 히포의 주교. 가톨릭교리에 이론적인 기초를 다졌으며 중세의 기독교사상에 큰 영향을 끼쳤다. 그의 신학이론은 지금도 가톨릭과 개신교에 현저한 영향을 미치고 있다. 성삼위일체를 주장하던 그는 AD418년 원죄를 부정하던 이단자 펠라기우스를 상대로 논쟁을 벌여 단죄하였다. 저서로는 삼위일체, 고백록, 신국론 등이 있다.

것입니다.

반면 예정론에 반대하는 자유의지를 주장하는 교단도 적지 않은데 이는 하나님은 인간의 운명을 정하지 않으셨다고 주장하는 이론입니다. 즉 인간의 삶은 미리 정해져 있는 것이 아니라 각자의 자유의지의 선택에 따라 결정되는 것이며, 따라서 구원 역시도 인간의 의지에 달려 있다고 여기는 신학이론입니다. 이 주장의 근간은 인간을 사랑하시는 하나님께서는 결코 인간의 운명을 정하시거나 구원을 미리 결정해 놓으실 분이 아니라는 데에서 출발합니다.

그런데 이 두 이론 사이에서 문제가 복잡해지는 이유는 예정론이나 자유의지론이나 모두가 성서를 근거로 하고 있다는 데에 있습니다. 성서에는 예정론의 근거가 될 수 있는 내용들도 많고 반면에 자유의지론의 근거가 될 만한 내용들도 수두룩합니다. 하나님은 모든 것을 미리 알고 계시는 전지전능의 창조주라는 점에 초점을 맞춰서 보면 예정론이 맞는 것 같고, 반대로 하나님은 사랑으로써 언제나 인간의 편에서 역사하신다는 점을 생각하면 자유의지론이 맞는 것 같습니다.

서로 상충되는 이 두 이론에 대해 무엇이 옳은지 판단하기에는 솔직히 저의 식견으로는 부족하고, 다만 여기서는 두 이론의 근거가 되는 성서구절 몇 가지 정도를 소개하는 것으로 만족해야 할 것 같습니다.

먼저 예정론의 근거가 되는 구절로는 다음과 같은 것들이 있습니다.

[질그릇 조각 중 한 조각 같은 자가 자기를 지으신 자로 더불어 다툴진대 화 있을진저 진흙이 토기장이를 대하여 "너는 무엇을 만드느뇨?" 할 수 있겠으며, 너의 만든 것이 너를 가리켜 "그는 손이 없다" 할 수 있겠느뇨? 아비에게 묻기를 "네가 무엇을 낳느냐?" 어미에게 묻기를 "네가 무엇을 낳으려고 구로(劬勞)[2]하느냐?" 하는 자에게 화 있을진저] (이사야 45장 9절~10절)

---

[2] 자식을 낳아서 기르느라고 힘을 들이고 애를 씀.

[하나님이 미리 아신 자들로 또한 그 아들의 형상을 본받게 하기 위하여 미리 정하셨으니, 이는 그로[3] 많은 형제 중에서 맏아들이 되게 하심이니라. 또 미리 정하신 그들을 또한 부르시고, 부르신 그들을 또한 의롭다 하시고, 의롭다 하신 그들을 또한 영화롭게 하셨느니라] (로마서 8장 29절~30절)

[이뿐 아니라 또한 리브가가 우리 조상 이삭 한 사람으로 말미암아 잉태하였는데, 그 자식들이[4] 아직 나지도 아니하고 무슨 선이나 악을 행하지 아니한 때에, 택하심을 따라 되는 하나님의 뜻이 행위로 말미암지 않고 오직 부르시는 이에게로 말미암아 서게 하사, 리브가에게 이르시되 큰 자가 어린 자[5]를 섬기리라 하셨나니… (중략) 모세에게 이르시되 "내가 긍휼히 여길 자를 긍휼히 여기고 불쌍히 여길 자를 불쌍히 여기리라" 하셨으니, 그런즉 원하는 자로 말미암음도 아니요 달음박질하는 자로 말미암음도 아니요 오직 긍휼히 여기시는 하나님으로 말미암음이니라.] (로마서 9장 10절~16절)

[이 사람아, 네가 뉘기에 감히 하나님을 힐문하느뇨? 지음을 받은 물건이 지은 자에게 어찌 나를 이같이 만들었느냐 말하겠느뇨? 토기장이가 진흙 한 덩이로 하나는 귀히 쓸 그릇을, 하나는 천히 쓸 그릇을 만드는 권이 없느냐] (로마서 9장 20절~21절)

 이상의 구절들은 성경에서 예정론에 관계된 내용의 극히 일부에 해당하는 것들입니다.
 반면 자유의지론의 근거가 되는 구절로는 다음과 같은 것들이 있습니다.

[너희의 구속자요 이스라엘의 거룩하신 자이신 여호와께서 가라사대 "나는 네게 유익하도

---

3) '그분을'이라는 의미로 여기서는 앞 구절의 '그 아들' 즉 예수님을 가리킨다.
4) 이삭과 그 아내 리브가의 사이에서 태어난 쌍둥이 에서와 야곱을 가리킨다. 제1부, '기독교의 기초적인 상식에 대하여' 중 질문17. '이스라엘은 무슨 뜻인가요?'-1) '쌍둥이형제의 탄생과 유년시절' 참조.
5) 여기서 큰 자와 어린 자는 각각 형 에서와 동생 야곱을 뜻한다.

록 가르치고 너를 마땅히 행할 길로 인도하는 너희 하나님 여호와라. 슬프다! 네가 나의 명령을 듣지 아니하였도다. 만일 들었더면 네 평강이 강과 같았겠고 네 의가 바다 물결 같았을 것이며...] (이사야 48장 19절)

이 구절을 보면 하나님께서는 우리를 인도하시고 가르치고자 하시지만 그 뜻을 따르는 것은 어디까지나 인간의 자유의지에 의한 선택이라고 말씀하고 계십니다. 이와 같이 인간의 미래는 결정되어 있지 않음을 적시하는 구절을 몇 가지 더 소개하면 다음과 같습니다.

[내(하나님)가 언제든지 어느 민족이나 국가를 뽑거나 파하거나 멸하리라 한다고 하자. 만일 나의 말한 그 민족이 그 악에서 돌이키면 내가 그에게 내리기로 생각하였던 재앙에 대하여 뜻을 돌이키겠고, 내가 언제든지 어느 민족이나 국가를 건설하거나 심으리라 한다고 하자. 만일 그들이 나 보기에 악한 것을 행하여 내 목소리를 청종치 아니하면 내가 그에게 유익케 하리라 한 선에 대하여 뜻을 돌이키리라.] (예레미야 18장 7절~10절)

[(전략)... 그들이 이런 가증한 일을 행하여 유다도 범죄케 한 것은 나의 명한 것도 아니요 내 마음에 둔 것도 아니니라.] (예레미야 32장 35절)

[만일 의인이 그 의를 떠나 죄악을 행하고 인하여 죽으면 그 행한 죄악으로 인하여 죽는 것이요, 만일 악인이 그 행한 악을 떠나 법과 이를 행하면 그 영혼을 보전하리라. 그가 스스로 헤아리고 그 행한 모든 죄악에서 돌이켜 떠났으니 정녕 살고 죽지 아니하리라. 그런데 이스라엘 족속은 이르기를 주의 길이 공평치 않다 하는도다. 이스라엘 족속아, 나의 길이 어찌 공평치 아니하냐? 너희 길이 공평치 않은 것이 아니냐? 나 주 여호와가 말하노라! 이스라엘 족속아 내가 너희 각 사람의 행한 대로 국문할찌라. 너희는 돌이켜 회개하고 모든 죄에서 떠날찌어다. 그리한즉 죄악이 너희를 패망케 아니하리라.] (에스겔 18장 26절~30절)

위 구절을 보면 결국 선악의 선택은 최종적으로 인간 자신에게 있는 것이며 하나님은 그 행실에 따라 판단하시고 그것이 공평한 것이라고 말씀하십니다.

또 하나님께서는 당신께서 장차 행하시기로 결정하신 일이라 하더라고 인간의 태도에 따라 그 뜻을 거두시기도 합니다.

[하나님이 그들의 행한 것 곧 그 악한 길에서 돌이켜 떠난 것을 감찰하시고 뜻을 돌이키사 그들에게 내리리라 말씀하신 재앙을 내리지 아니하시니라.] (요나 3장 10절)

또 사사기 13장에도 우상숭배를 거듭하던 이스라엘 민족을 내치시려고 하셨으나 그들이 회개하자 다시금 도와주지 않으실 수 없으셨던 하나님의 마음을 기록하고 있습니다.

["너희가 나를 버리고 다른 신들을 섬기니 그러므로 내가 다시는 너희를 구원치 아니하리라. 가서 너희가 택한 신들에게 부르짖어서 너희 환난 때에 그들로 너희를 구원하게 하라." 이스라엘 자손이 여호와께 여짜오되 "주의 보시기에 좋은대로 우리에게 행하시려니와 오직 주께 구하옵나니 오늘날 우리를 건져내옵소서." 하고 자기 가운데서 이방 신들을 제하며 버리고 여호와를 섬기매 여화께서 이스라엘의 곤고를 인하여 마음에 근심하시니라.] (사사기 10장 13절~16절)

또 이와 같은 또 다른 예로는 사무엘상 23장에도 나옵니다. 즉 다윗이 자신의 군사 육백여명과 함께 '그일라'라는 곳에 머물고 있을 때, 다윗을 시기하던 사울 왕이 그를 없애려 군대를 이끌고 그곳에 가려 하자, 다윗이 하나님께 그곳 사람들이 사울의 공격을 피하려고 자신을 잡아 사울에게 넘길지를 묻는 장면이 나옵니다.

[다윗이 가로되 "이스라엘 하나님 여호와여. 사울이 나의 연고로 이 성을 멸하려고 그일라로 내려오기를 꾀한다 함을 주의 종이 분명히 들었나이다. 그일라 사람들이 나를 그의 손에 붙이겠나이까? 주의 종의 들은 대로 사울이 내려오겠나이까? 이스라엘의 하나님 여호

와여 원컨대 주의 종에게 일러 주옵소서" 여호와께서 가라사대 "그가 내려오리라" 다윗이 가로되 그일라 사람들이 나와 내 사람들을 사울의 손에 붙이겠나이까? 여호와께서 가라사대 "그들이 너를 붙이리라" 다윗과 그의 사람 육백명 가량이 일어나 그일라를 떠나서 갈 수 있는 곳으로 갔더니, 다윗이 그일라에서 피한 것을 혹이[6] 사울에게 고하매 사울이 가기를 그치니라.] (사무엘상 12장 10절~13절)

위 내용을 보면 하나님께서는 다윗의 질문에 사울이 그일라로 올 것이라 하셨고, 또 다윗이 생포되어 사울에게 넘겨질 것이라고 하셨습니다. 이 말에 다윗이 그곳을 떠나자 사울은 출동을 포기하였고 다윗은 붙잡히지도 않았습니다. 이것은 하나님의 예정된 일이 이루어지지 않은 경우입니다.

위 구절의 내용 중 하나님께서 '사울이 내려올 것이다'고 말씀하신 것과 '네가 붙잡힐 것이다'라고 말씀하신 것은 이미 예정된 것들입니다. 만약 인간이 그렇게 말했다면 그것은 단순히 예측한 것으로 끝나는 일일 수 있겠으나 하나님께서 말씀하신 것은 전혀 다른 이야기가 됩니다. 즉 하나님께서 사울이 추격해 올 것이고 다윗이 붙잡힐 것이라는 말씀은 곧 예정된 일이었던 것입니다. 이 말씀에 다윗은 부하들과 그 자리를 피해 달아났고, 그 결과 다윗은 붙잡히지도 않았으며, 그들이 달아났다는 소식을 들은 사울 역시 추격을 포기하고 오지 않았습니다. 이것은 예정론을 정면으로 반박하는 내용입니다.

이러한 예는 신약성경 가운데 예수님의 경우에서도 찾아볼 수 있습니다.

예수님께서 부활하신 이후의 이야기인 누가복음 24장 13절~32절의 내용을 보면, 예수님을 믿던 두 사람이 엠마오라는 곳을 지나다가 어느 행인을 만나 동행하게 되는 이야기가 나옵니다. 그런데 그 행인의 성서에 관한 해박함과 설변이 너무도 대단하고 감동적이어서 두 사람은 그와 더 많은 이야기를 나누고 싶어 했고 마침 시간도 저녁이 다 되어 그들은 함께 여관에

---

6) '어떤 사람이'라는 의미.

서 묵고 갈 것을 그에게 간청했습니다. 이에 그 행인은 따로 갈 곳이 있다며 정중히 거절하였으나 그들의 간곡한 청에 어쩔 수 없이 함께 여관으로 가게 되었습니다.

그리고는 저녁식사를 위해 식탁에 둘러앉아 기도를 마치는 순간 그들은 그 행인이 바로 예수님이라는 것을 알게 되었습니다. 예수님은 이때까지 그들의 눈을 닫아 자신을 알아보지 못하게 하셨던 것입니다. 예수님은 이렇게 자신을 밝히시고는 이내 그들의 눈앞에서 사라지셨고 그들은 반가움과 놀라움에 예수님을 찬양하였습니다.

이 이야기 가운데 중요한 부분은 바로 예수님께서 두 사람의 간청에 의해 당신의 가실 길을 잠시 미루시고 그들과 함께 여관으로 가셨다는 사실입니다. 이때 그들이 만난 예수님은 부활하신 후의 예수님, 즉 하나님으로서의 신성을 복귀하신 상태의 예수님이셨습니다. 물론 부활하신 후에도 예수님은 뼈와 살이 있는 인간의 몸을 여전히 소유하고 계시기는 하셨지만,[7] 이제는 인간의 죽음을 완전히 초월한 위치에 계시는 분이셨습니다. 또 이제는 지금처럼 수시로 시공을 초월해 이동하실 만큼 자유롭게 신성을 행사하시기도 하는 분이 되셨습니다. 그러한 분이 두 사람의 강권적인 간청에 의해 처음 가고자 하셨던 계획을 접고 그들과 함께 여관으로 가셨다는 것은, 이 역시 인간의 의지에 의해 하나님의 의지가 변할 수 있다는 것을 강하게 시사합니다.

이처럼 때로 하나님의 결정은 절대불변이 아니라 번복이 되기도 합니다. 창조주이시자 진리의 주관자이신 하나님께서 당신의 뜻을 바꾸시고, 그리하여 정하신 일이 이루어지지 않는다는 것은, 인간의 입장에선 참으로 놀라운 일이 아닐 수 없습니다.

그러나 이것은 하나님이 변덕스러우셔서도 아니고 하나님의 능력이 부족하거나 약해서도 아닙니다. 그것은 오직 하나님께서 우리를 사랑하시기 때문입니다. 하나님께서는 우리를 너무도 사랑하시기에 우주와 만유의 법칙보

---

[7] 누가복음 24장 39절~40절.

다도 우리를 우위에 놓으셨으며, 또 우리를 당신의 권위보다도 더 소중하게 생각하셨습니다. 이것이 높디높은 보좌를 비워 두시고 낮디낮은 마구간으로 예수그리스도께서 임하신 이유입니다.

앞서 야곱에 관한 이야기를 할 때, '자식 이기는 부모 없다'는 이야기를 한 바 있습니다.[8] 이 말은 부모가 힘이 없어서가 아니라 그만큼 자식을 애절히 사랑하기에 그를 위해 자신의 뜻을 포기하게 된다는 말입니다. 부모에게 자식보다 더 소중한 것은 없습니다. 그러기에 자식을 향한 부모의 내리사랑은 언제나 질 수밖에 없는 것입니다. 더 애절한 쪽이 질 수밖에 없는 것이 사랑이기 때문입니다. 아니, 솔직히 말하면 져 준다는 표현이 더 정확할 것입니다. '자식 이기는 부모 없다'는 속담은 하나님에게도 예외는 아닌 듯합니다. 하나님께서도 우리를 위해서라면 불의한 것이 아닌 한 당신의 뜻을 곧잘 포기하시기 때문입니다. 이것이 바로 야곱이 이스라엘[9]로 개명되는 동기이며 또한 하나님께서 인간을 너무도 사랑하신다는 또 하나의 증거이기도 한 것입니다. 사랑은 이기려고 하는 것이 아니라 져주는 것입니다. 사랑은 그만큼 애절한 것이기 때문입니다.

2) 하나님의 진정한 완전성

성서에는 많은 예언이 수록되어 있습니다. 예언이 있다는 것은 이미 정해진 미래가 있음을 의미하는 것일 수 있습니다. 그러나 예언과 예정은 다른 것입니다. 이는 둘 다 하나님께서 장차 이루실 것을 이야기하는 것이지만, 엄밀히 말하면 예언은 아직 미래가 정해져 있지 않으나 하나님께서 장차 그렇게 하시리라는 것이고, 예정은 미래가 이미 정해져 있다는 것을 의미합니다.

그렇다면 예언의 의미가 아직 미래가 정해져 있지 않다는 것이라면, 과연 하나님께서도 미래를 알지 못하신다는 말인가요? 전지(全知)하신 하나님께서

---

[8] p.175 참조.
[9] 히브리어로 '하나님과 겨루어 이기다'라는 뜻. 제1부 '기독교의 기초적인 상식에 대하여' 중 '질문17. 이스라엘은 무슨 뜻인가요?' 참조.

모르시는 것이 있다는 것은 말이 되지 않습니다. 하나님은 모르시는 것이 없습니다. 그 범위는 존재의 영역과 존재하지 않는 영역 모두를 포함합니다.

그런데 우리는 예수님께서 자신도 모르는 것이 있다고 말씀하신 적이 있다는 데에 잠시 주목해봐야 합니다. 예수님께서 이 세상에 다시 오실 그 때는 당신도 알지 못하신다고 말씀하셨습니다.

[그러나 그 날과 그 때는 아무도 모르나니 하늘의 천사들도, 아들도 모르고 오직 아버지만 아시느니라.] (마태복음 24장 36절)

성자하나님이신 예수님께서 모르시는 것이 있다니 이건 또 무슨 말씀일까요? 우리는 도무지 이해할 수 없습니다.
그러나 이 외에 구약성경에도 하나님께서 모르시는 것이 있음을 암시하는 내용이 있습니다.

[여호와 하나님이 흙으로 각종 들짐승과 공중의 각종 새를 지으시고 아담이 어떻게 이름을 짓나 보시려고 그것들을 그에게로 이끌어 이르시니 아담이 각 생물을 일컫는 바가 곧 그 이름이라.] (창세기 2장 19절)

위 구절은 하나님께서 아담에게 모든 동물의 이름을 짓도록 하실 때, 그가 어떻게 짐승들의 이름을 짓는지 하나님께서는 모르고 계셨음을 강하게 시사합니다. 다시 말해 그때까지 하나님께서는 아담을 위해 짐승들의 이름을 정하지 않고 계셨던 것입니다. 이것은 아담에 대한 존중이자 그에 대한 하나님의 한없는 사랑과 배려를 엿볼 수 있는 대목입니다.
그러나 하나님께서 모르시는 게 있다는 것은 솔직히 우리가 이해하기엔 매우 곤란한 문제입니다. 하지만 성서가 언급하고 있는 한 우리는 이를 되새겨 보아야 할 것입니다.
하나님이 전능하시다는 것은 모든 것이 가능하시다는 의미이지만, 그러나 역설적으로 생각하면 그것은 '못하시는 그 자체'는 하지 못하신다는 것을 뜻하는 것이기도 합니다. 엄밀한 의미에서 이것은 완전한 전능은 아닙니다.

예컨대 16세기 프랑스의 회의주의 사상가였던 몽테뉴[10]는 "내가 무엇을 아는가?"라는 유명한 말을 남겼습니다. 이것은 우리가 사물의 본질을 명백히 알 수 있는 것은 아무 것도 없다는 의미에서 한 말이었습니다. 그러나 그는 "나는 아무 것도 모른다."라고 말하지 않았습니다. 왜냐하면 "나는 아무 것도 모른다."라는 말은 곧 자신이 아무 것도 모르는 그 자체는 안다는 것을 의미하기 때문입니다. 그런 의미에서 그는 진정한 회의주의자라고 할 수 있습니다.

그렇다면 마찬가지로 위에서 말한 전능하다는 것은 '못하는 그 자체'는 못한다는 의미를 내포하는 것이기도 합니다. 그러나 하나님께서는 '못하시는 것 그 자체'를 포함해, 못하시는 것이 있어서는 안 됩니다. 하나님께서는 이것마저도 하실 수 있어야 합니다. 그것이 완벽한 의미에서의 진정한 전능입니다.

요컨대 하나님의 전능하심은 이것도 가능한 전능하심입니다. 그러나 '못하는 그 자체'의 행위가 '못하는' 그 상태에서 머문다면, 그것은 또한 진짜로 못하는 것이 되고 마는 또 다른 역설이 생겨납니다. 이것 또한 전능의 원칙에 위배됩니다. 그러므로 하나님은 그것마저도 해결하심으로 해서 전능을 이루시는 것입니다. 어려운 이야기이지만, 이러한 끝없는 역설과 역설이 맞물리는 가운데 하나님의 전능하심은 설명됩니다. 변증의 꼬리를 물고 역동적으로 움직이는 순환의 고리가 연결되는 가운데 하나님의 전능은 설명되는 것입니다.

한 예로, 예수님의 죽음을 놓고 이야기해 보겠습니다. 많은 이단들은 하나님은 죽으실 수 없다고 주장했습니다. 그로 인해 영지주의를 비롯한 많

---

10) 몽테뉴(Michel Eyquem de Montaigne, 1533~1592) : 프랑스 남부 페리고르 지방의 몽테뉴 출생. 대대로 보르도의 부유한 상인 가문이었다가 훗날 귀족으로 신분상승이 되었다. 24세 때에 보르도 고등법원 참사관을 거쳐 44세 때에는 앙리4세의 비서로 궁정생활을 하였다. 그의 회의론은 훗날 파스칼, 데카르트 등 많은 철학자들에게 정신적인 영향을 끼쳤다. 저서로는 '수상록', '여행기' 등이 있다.

은 이단이 태동했습니다. 그러나 하나님이 죽으실 수 없다는 것은 오히려 하나님의 전능성을 해치는 것일 수 있습니다. '신은 죽으실 수 없다'는 것 역시 하나님께서 못하시는 것이 있다고 하는 것이기 때문입니다. 하나님은 못하시는 것이 없어야 합니다.

이에 하나님께서도 죽으실 수 있다는 것을 보여주신 것이 바로 예수님의 십자가 사건이었습니다. 그러므로 이것은 하나님께서 진정으로 전능하시다는 것을 역설적으로 보여주는 사건이기도 합니다. 하지만 여기서 예수님께서 죽으신 것으로 그대로 끝난다면 이것 역시 하나님의 전능성을 해치는 일입니다. 왜냐하면 죽음은 그 자체 생명의 유한성과 불완전성을 의미하기 때문입니다. 이에 예수님은 영생의 부활을 하셨습니다. 그럼으로써 예수님은 죽음 가운데서 하나님의 진정한 전능하심과 완전하심을 보여주셨습니다. 이렇듯 십자가의 죽음과 부활은 서로 역동적으로 연결되어 움직이며 하나님의 전능하심을 보여주는 것입니다.

제가 할 수 있는 설명은 여기까지인 것 같습니다. 피안에서 영원의 순환고리 가운데 역동하는 신의 세계의 원리를 우리의 인식으로 수용하기란 불가능한 일입니다. 결코 인간이 하나님의 세계를 모두 알 수는 없습니다. 그것은 어디까지나 천상(天上)의 일이고, 지금은 우리에게 가르쳐줘도 전혀 이해하지 못 할 내용들일 것입니다. 이는 마치 예수님께서 당대의 유명한 신학자 니고데모의 질문에 대답하신 말씀을 연상케 합니다.

[내가 땅의 일을 말하여도 너희가 믿지 아니하거든 하물며 하늘 일을 말하면 어떻게 믿겠느냐?] (요한복음 3장 12절)

성서는 우리에게 언제나 주님을 사랑하는 마음과 쉬지 말고 기도할 것을 요구합니다. 사실, 예정이니 자유의지니 하는 것은 모두 하나님을 사랑하는 데에는 부수적인 것들에 불과한 것이며, 중요한 것은 오직 하나님을 바라보고 그분만을 사랑하는 마음자세일 것입니다.

철학과 과학이 비슷하나 다르듯 신앙과 신학도 다른 것입니다. 신학은 성서를 기반으로 하나님의 섭리를 연구하는 학문이지만, 신앙은 예수그리스도의 사랑과 은혜 가운데서 하나님을 바라보는 행위입니다. 애당초 신앙이 있고나서 그것을 더욱 공고히 하기 위해 생겨난 학문이 신학이라면, 그 신학이 결코 신앙을 앞설 수는 없는 일입니다. 신학은 학문이자 지식이지만 신앙은 내 몸과 마음속에서 살아 숨 쉬는 영혼의 노래입니다.

예정론이니 자유의지론이니 하는 것은 신학의 한 분야일 뿐으로 초신자 여러분들은 참고적으로 '이런 것이 있다' 정도로만 아는 것으로도 충분하다 생각하며, 어차피 인간의 인식으론 알 수도 없을 이런 것들에 갑론을박하는 것은 신앙생활을 하는데 올바른 태도는 아니라고 봅니다. 신앙인이 여기에 신경 쓸 시간이 있으면 차라리 그 시간에 기도를 한번 더하고 찬송을 한 곡 더 부르는 것이 보다 하나님을 기쁘시게 하는 행위일 것입니다.

[그러므로 때가 이르기 전 곧 주께서 오시기까지 아무 것도 판단치 말라. 그가 어두움에 감추인 것들을 드러내고 마음의 뜻을 나타내시리니 그 때에 각 사람에게 하나님께로부터 칭찬이 있으리라] (고린도전서 4장 5절)

솔직히 저 개인적으로는 예정론에 동의하지 않습니다. 예정론은 인간의 자유의지를 간과한다는 점에서 어딘가 부담감이 드는 건 사실이기 때문입니다. 그렇다고 이 말이 하나님 앞에서 인간의 자존심을 내세우자는 것은 아닙니다. 다만, 예정론에 기울다 보면 하나님의 신실하심과 사랑에 회의 내지는 의구심이 드는 것은 사실이기 때문입니다. 예정론이 옳다면 하나님을 향한 인간의 사랑을 위해 하나님께서 선악과에 허락하신 자유의지의 아름다운 의미가 사라지게 되며, 이는 곧 하나님을 사랑해야 하는 인간을 무위와 나태에 빠지게 할 충분한 여지가 생겨나기 때문입니다. 또 그렇게 되면, 장구한 이스라엘의 역사 속에서 하나님과 동행하며 울고 웃던 저 수많은 성현들과 선지자, 영웅들의 인생도, 나아가 예수님께서 예루살렘을 바라보시며 서럽게 우셨던 눈물도,[11] 제자들과 동고동락하시며 추억을 새기던 그 아름다웠던 시간도 그리고 홀로 짊어지셔야 했던 십자가 위에서의 그 고독하고 처절했던 죽음도 모두 감동은 사라진 채 모든 것은 단지 하나님께서 인간을 엑스트라로 삼아 연출하신 감동 없는 드라마로 전락하고 말게 됩니다. 그럼에도 불구하고 그것조차 모두가 하나님의 섭리 가운데 있는 것이라고 한다면 더 이상 할 말은 없습니다.

예정론은 하나님을 사랑이 넘치는 우리의 아버지로 보기 보다는 위대하시고 거룩하신 신으로 보는 시각이 상대적으로 강한 것이 사실입니다. 하나님을 모든 것을 주관하시는 만주의 주이시자 전능자이신 창조주로서만 본다면 예정론이 맞을 것입니다. 그러나 하나님은 그와 동시에 우리를 사랑하시고 또 그 사랑으로 인해 고뇌하시고, 질투하시고, 기뻐하시며 나를 위해 모든 것을 가장 좋은 것으로 예비하시는 분이라는 사실도 결코 간과해서는 안 됩니다.

적어도 제가 믿는 기독교는 자신의 의지에 따라 운명을 개척하고 바꾸는 힘을 갖게 하는 종교입니다. 그리고 그 운명의 전환은 오직 사랑의 힘에 의해 가능한 것이라고 저는 개인적으로 믿습니다. 기독교는 인간을 사랑의 힘으로 강하게 만드는 종교이며 그러기에 운명에 맞서도록 하며 그 무엇에도 굴복하지 않도록 나를 그리스도의 반석 위에 굳건히 서게 하는 종교입니다.

---

11) "예루살렘아 예루살렘아! 선지자들을 죽이고 네게 파송된 자들을 돌로 치는자여, 암탉이 그 새끼를 날개 아래 모음같이 내가 네 자녀를 모으려 한 일이 몇 번이냐. 그러나 너희가 원치 아니하였도다."(마태복음 23장 37절)

후기

　먼저 이 졸필의 글을 끝까지 읽어주신 독자분들에게 깊은 감사와 경의의 마음을 표한다.
　하나님에 관하여 해야 할 이야기는 아직도 너무 많이 남아 있지만, 어설픈 문장실력으로 그걸 다 쓰다 보면 더욱 감당치 못할 분량이 되고 말 것 같아 내 능력의 끝이라고 여겨지는 이쯤에서 펜을 놓는다. 나의 모자람을 알아서 그런지 아쉬운 마음도 많이 남아 있다. 하지만 여기서 더 많은 것을 이야기한다 해도 나중 마음은 마찬가지 일게다. 신앙이 깊은 분들이 볼 때에는 이 책의 내용이 보잘 것 없게 여겨질 수도 있겠지만, 그래도 나름의 욕심은 책머리에도 언급했듯 기독교에 관심이 있는 미래의 잠재적 신자나 이제 교회에 첫발을 내디딘 초신자분들에게 조금이나마 도움이 되었으면 하는 마음이다.
　밝히자면, 나는 교회에서 흔히 볼 수 있는 그런 경건하고 반듯한 신앙인은 아니다. 오히려 매일을 생활 속에서 주님과 버성기며 그분 속을 푹푹 썩이는 비주류 교인이다. 하지만 누가 뭐래도 나는 분명한 기독교인이고, 예수님의 넘치는 사랑을 받고 있는 자이며, 구원의 확신을 갖고 사는 사람이다.
　따라서 이 책에 대해 한 가지 분명히 이야기할 수 있는 것은, 나는 내가 만난 예수님과 이제껏 나와 동행해 주신 예수님을 그대로 이야기했다는 것이다. 그래서 나는 아는 것을 아는 만큼만 적었다. 거기에는 그동안 내가 그분과 동행하며 체험했던 기쁨과 눈물, 감동 그리고 수많은 불순종과 실수와 반성 등이 바탕이 되었을 것이다. 그 진심이 독자들에게 통했다면 그것으로 감사한 일이다.
　또 가끔씩 깊은 신학적인 고찰이 요구되는 내용들을 다룰 때에는 신학적 지식보다는 내가 예수님을 만났던 체험들이 그것을 해석하는 기본적인 기준이자 열쇠가 되었다. 기독교는 상념의 틀 안에 머무는 이론의 종교가 아니라 실생활 속에서 부딪히고 깨지고 깨달아지는 체험의 종교이니까 말이다. 적어도 내가 아는 기독교는 그렇다.

  아무튼 부족한 실력으로 시작했던 작업을 이제 마무리하면서, 돌이켜 보건대 기도가 많이 부족했던 점을 다시금 되새겨 반성하며 낮은 마음으로 글을 맺는다.

- 저 자 -